한국적 최강 CEO장기영
뛰면서 생각하라
한운사 지음

동서문화사

1934년, 조선은행 청진지점에 근무하던 시절의 장기영(왼쪽에서 두 번째)과 지점 멤버들

1949년 가을, 조선은행 조사부장 시절, 가족들과 함께한 비원에서의 들놀이(오른쪽 그의 어머니)

1958년 8월, 장기영이 경무대(지금의 청와대) 뜰에서 이승만 대통령에게 재일동포 학생야구 단원들을 소개하고 있다.

장기영 부부의 한 때. 부부의 표정이 소담스럽고 정겹다.

제15차 유엔총회에 한국대표단의 일원으로 참석한 장기영
(가운데). 김활란 씨, 이철원 씨와 함께.

불타버린 한국일보 사옥 터를 돌아보며 재기의
열정을 쏟고 있는 장기영 한국일보 사주.

장기영은 밤 10시가 가까운 시각에도 일에서 손을
떼지 않았다.

한국일보사의 연날리기 대회에서 이승만 대통령이 얼레를
추스르고 있다. 오른쪽이 장기영.

1964년 12월 10일, 박정희 대통령 수행하여 서독을 방문한 장기영(오른쪽에서 두 번째). 박대통령(세 번째)이 빌리 브란트 베를린 시장과 우의의 악수를 나누고 있다.

1966년 11월, 미국의 존슨 대통령 방한시 영접위원장으로 나선 장기영(가운데). 오른쪽은 박정희 대통령.

1968년 4월 13일, 소월시비제막식에서. 오른쪽으로부터 박종화, 최은희, 홍종철, 장기영, 이효상, 김현옥.

사주 장기영이 주재하는 화요회의의 한 장면. 한국일보는 매주 한 번씩 화요회를 통해 신문 발전을 모색했다.

한국일보사 주최 연날리기 대회에서의 장기영 (왼쪽).

▲ 1966년 2월 방한한 미부통령 험프리와 환담하는 장기영 부총리.

◀ 1966년 5월, 부총리 재직 당시 서독을 방문한 장기영이 뤼프케 대통령과 나란히 서 있다.

1969년 4월 25일, 서울대학교 행정대학원 창립 10주년을 기념하여 서울대 강당에서 장기영 한국일보 사장의 특별강연회가 열렸다.

▲ 1967년 5월, 제65차 IOC총회에서 IOC위원으로 피선된 뒤 귀국하는 장기영 부총리를 체육인들이 환영하고 있다.
▶ 1968년 7월 16일, 프랑스 혁명 기념일 파티에서 로제 샹바르 주한 대사와 환담하고 있는 장기영 한국일보 사장.

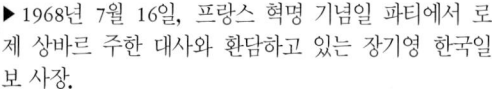

1968년 6월, 방한한 브런디지 IOC위원장을 김포공항에서 맞이하고 있는 장기영 IOC위원.

1968년 2월, 서독을 방문한 장기영은 에르하르트 전 서독수상
의 자택을 찾았다.

민정시찰에 나선 장기영 부총리가 재래시장을 둘러
있다.

한일협력위원회 창립총회 리셉션에서 사토 일본수상과 건배를
하는 장기영. 가운데는 기시 노부스케 협력위 일본 측 회장.

1968년 2월, 일본을 방문하여 사토 에이사쿠 수상과 만나 인
사를 나누는 장기영 대통령 특사.

"어디, 나도 한번……" 물지게를 진 장기영.

차 한일정기각료회의 참석차 서울에 온 후쿠다 다케오
시 일본 대장상(왼쪽에서 두 번째)을 맞아 환담하고 있
장기영(오른쪽에서 세 번째).

다나카 가쿠에이 전일본수상과 담소하는 장기영(오른쪽).

기영 사장(왼쪽 끝)이 1970년 7월 21일, 한국일보사 주최 제1회 한국미술대상전에서 박정희 대통령을 안내하고 있다.

한일협력위원회 창립을 주도한 장기영이 나카소네 야스히로 뒷날 총리와 두터운 우의를 다지기도 했다.

노벨상 수상작가 가와바타 야스나리 씨를 맞아 환영연 베풀고 있는 장기영 한국일보 사장(왼쪽).

1973년 3월 30일, 무용가 조택원 〈裂娑胡蝶〉 출판 기념회에 유진산과 장기영 사장(오른쪽).

1971년 4월, 대통령 선거 유세장에서 박정희 대통령과 장기영.

1973년 9월 22일, 서울운동장에서 열린 박정희 대통령 컵 축구대회장의 박 대통령과 장기영.

장기영은 네덜란드 헤이그, 이준 열사의 유택을 찾아 참배했다.

장기영 부총리(왼쪽)는 박정희 대통령(앞 오른쪽)과 함께 방직공장의 시설을 둘러보고 있다.

1973년 3월, 평양에서 열린 남북조절위원회 회의에서 김일성 주석과 악수하는 장기영 (왼쪽).

1975년 3월 26일, 이승만 박사 탄생 100주년을 맞아, 장기영은 동작동 묘소에서 미망인 프란체스카 여사를 위로하고 있다.

작가 선우휘(鮮于煇)와 대화하는 장기영(오른쪽).

1976년 8월, 장기영 IOC위원(가운데)이 손기정의 베를린 올림픽 마라톤 제패 40주년 축하연서 손기정(오른쪽), 김윤하 의원과 함께 담소하고 있다.

한국적 최강 CEO장기영

뛰면서 생각하라

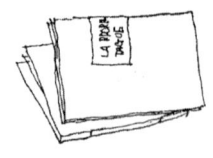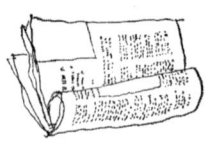

대한민국 경제에 불을 붙인 사나이
질풍노도 불도저 CEO를 찾아서

처음에는 그를 하나의 큰바위쯤으로 생각했다. 그러나 갈수록 그는 점점 커지고 마침내는 엄청난 산으로 나를 압도해 왔다.

그는 1백 킬로그램이 넘는 거구에다 울퉁불퉁한 인상이지만 밉지가 않다. 사람들은 그와 마주치면 먼저 위압감부터 느낀다. 발걸음은 왜 그리 빠른지, 항상 증기기관차처럼 식식거리며 달렸다. 언제나 넘쳐흐르는 에너지를 주체 못할 정도로 젊고 정력적이던 그는 평생을 박력으로 일관해온 인물이다. 물불 가리지 않고 뛰는 '질풍노도CEO' '불도저 경제총리'라는 별명과 함께 세단이 아닌 검정 지프를 타고 다니는 그에게 물었다.

"왜 항상 지프를 탑니까?"

"24시간 뛰어야 하는데 갑갑하게 세단을 탈 수 있습니까?"

호기로운 그의 대답이었다. 그는 와신상담의 마음으로 지프를 애용했다. 인생은 장래를 위한 준비기간이라면서 마지막 날까지 전진전진한 그였다.

해박한 지식, 끝없이 샘솟는 정열, 박진감 넘치는 행동, 금융·경제·

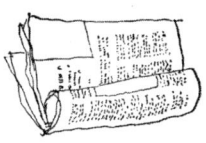

정치·언론 여러 분야에 발군의 직관, 딜레탕트, 버라이어티, 다이내믹, 우직하면서도 위트와 유머가 넘치던 왕초 기질, 그 누구보다도 강한 하드보일드파였다. 때로는 폭군처럼 부하들을 엄하게 다루었으나 따사로운 인정의 사람이었다.

"일은 만들어서 하라" "아이디어 없는 인간은 목석이다"

일갈 몰아붙이면서도 밑창이 떨어진 부하의 구두를 보고는 슬며시 구두 값을 쥐어주었다.

그의 성공적인 독창적 구상은 그 열정으로 풀이된다. 그는 '인간 불도저'로 불리기도 했으나 그보다도 '철학적인 노력가'라고 평가할 수 있었다. 그는 언제나 '무엇에든 미쳐보라'고 했는데 그것이 성공의 으뜸 비결이었다.

금융·정치·경제·신문·체육 어느 한 분야를 잡고 보아도 그가 남긴 발자취는 크기만 하다. 그는 다섯 사람 몫의 다섯 분야를 혼자 맡아 정진했다고 할 수 있다. 어느 분야에서나 그는 개척자였고 중심인물이었다. 그뿐만이 아니다. 그의 재치 있는 글은, 글을 본업으로 삼는 사람들마저 무색케 할 정도로 빼어났다. 그의 기지에 찬 재담은 단연 남의 추종을 불허하였다. 끊임없이 샘솟는 유머와 위트, 기발한 착상, 점퍼를 입고 지프를 타고 쉼 없이 바쁘게 활동하는 그의 모습은 전장을 누비는 야전사령관 모습 그대로였다.

경제기획원은 나라경제 총수의 개성·경륜·리더십에 따라 그 권위와 능력이 부침한다. 엘리트 관료의 능력과 정력을 결집하고 한국경제 고도성장의 명실상부한 견인차 역할을 하게 된 것은 그의 경

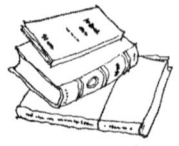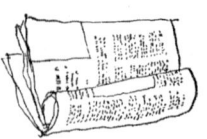

제기획원시대에서 비롯됐다. 야간경제대책회의는 마치 로마시대 콜로세움 광장의 열기띤 검투기장을 방불케 했다. 콧대 높았던 장관들을 코너로 몰고, 기획원안이 통과되면, 부하직원들은 마음 속으로 우리 왕초 만세! 쾌재를 부르며 기뻐했다.

국제개발은행(IBRD)을 비롯 외국연구기관에서, 그를 비롯 한국경제기획원 브레인들의 탁월한 기획능력과 행정능력을 격찬하게 된 것도 그의 열정의 소산이다. 그는 당당하게 국민 앞에 꿈을 제시하고, 꿈에 도달하는 길을 인도하고, 꿈이 이루어지는 것을 보여주었다.

그는 마침내 주위의 반대를 일축하고 금리의 현실화를 실천해냈다. 한국경제의 건전을 도모한 것은 그가 깊은 사색과 식견에 대한 자신을 가지고 있기 때문이었다. 그는 늘 지식공부에 부단한 노력을 하였다. 마르크스, 아담 스미스, 케인즈 말고도 밀의 자유론, 몽테스키외의 법 정신, 세계문학철학 셰익스피어, 플라톤까지 탐독 교양지식도 풍부하였다. 그는 실무적이면서도 끊임없이 이상을 추구해 나가는 학구적 야심가였다.

제1차 5개년경제개발 시절, 어려운 이 나라 경제 총책을 맡아 성공시키고야 말겠다는 과감한 추진력과 밤낮을 가리지 않고 돌진해 나가는 열정, 국민경제 발전에 도움이 된다고 판단되면 어느 누구의 간섭과 눈치를 보지 않고 실천에 옮기는 두둑한 배짱, 정부기관들의 마찰을 컨트롤하는 탁월한 행정 수완, 시시비비 이해관계가 상반된 정치인들을 설득시키는 조정감각도 뛰어났다.

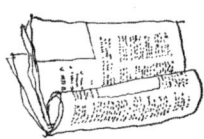

그야말로 그는 이 나라 경제가 고도의 급성장을 할 수 있도록 기틀을 다진 제1인자였다. 형편없는 산업시설, 국민소득은 1인당 80달러도 못되고 수출 또한 몇 천만 달러밖에 되지 않았던 초라하기 짝이 없던 시절이었다.

그가 한국의 경제발전을 시동한 공로는, 그를 좋아하지 않던 사람들까지 그를 높이 평가했다. 할 일은 많고, 돈은 없고, 밖으로는 외자를 구걸하러 다니고, 안으로는 청와대 주변 권력자들의 비위와 압력을 피해야 하고, 개발정책에 따른 온갖 부작용에 밤낮으로 국회에 불려가 얻어맞아야 했다. 그의 긍정적 낙천적인 성품은 이 어려운 일들을 해결해 나가는 데 윤활유가 되었다. 그를 가리켜 국회의원들은, 누구도 미워할 수 없는 '여야원내총무'라고까지 했다.

그가 그의 둥지 한국일보로 돌아갈 때 박정희 대통령은 그의 손을 잡으면서 말했다.

"적도 많았지만, 누가 뭐라해도 대한민국 경제부흥에 불을 붙인 사람은 백상이었습니다. 이 나라 근대화가 순조롭게 추진된다면 장기영 이름 석 자는 영원히 빛날 것입니다. 수고 많으셨어요."

"이 사람 저 사람 의견을 수렴하여 상의해서 일하는 것이 원칙이겠습니다만, 시간을 절약하느라 그냥 밀고 나갔습니다. 젊은 엘리트들은 방법을 가르쳐 주면 똑똑하고 박력있게 일을 잘해 나갑니다. 대통령께서 이들을 주목해 주시기 바랍니다."

"무슨 뜻인지 알겠습니다."

"우리나라 밑천은 인간밖에 없다고 생각합니다. 겉만 번지르르한

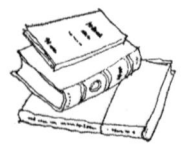   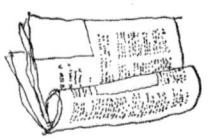

경력보다 실력 위주로 평가해 주시면 기운낼 사람들이 참으로 많이 있습니다."

대통령은 고개를 끄덕였다.

제2차 세계대전으로 독립된 140여 국가 중 경제 10대국에 진입한 나라는 오직 한국뿐이다. '우리도 할 수 있다'는 불굴의 신념으로 온 국민이 한 덩어리가 되어 오늘의 대한민국을 건설한 것이다.

그런데 어쩌자고 지금 나라 꼴이 이 지경이란 말인가. 그의 걸걸한 호통이 들려오는 것만 같다.

"이놈들아, 정신 차려!"

질풍노도로 달린 사나이, 불도저 백상 장기영!

오늘 그가 그립다. 그를 다시 만나고 싶다.

2006년 10월 1일
한운사

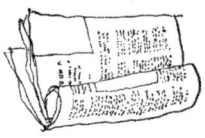

한국적 최강 CEO장기영

뛰면서 생각하라

차례

대한민국 경제에 불을 붙인 사나이 질풍노도 불도저 CEO를 찾아서

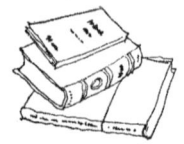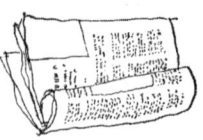

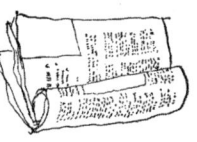

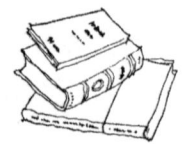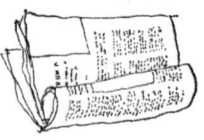

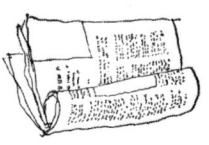

인생은 행동이다

인간이란 태어날 때 그릇의 차이는 근소한 것이다.
그것이 환경에 의해 차츰 거리를 넓혀가면
이미 비교할 여지도 없게 되어 버린다.

1. 폭풍우 속에서

열의에 찬 행동없이 이룰 수 있는 일은 하나도 없다. 절망의 길
에는 행동으로 옮기지 못한 꿈들이 여기저기 뒹굴고 있지 않은가.

"나는 할 수 있다."

먼저 자신을 설득하는 것은 훌륭한 시작이다. 적절한 계획에 맞
추어 과감히 행동에 들어가라. 우리가 생각하는 일들을 행동으로
옮기면 결국 현실로 이루어진다. 이때 부정적인 생각들이 의식 속
에 떠오르면 그 순간 재빨리 물리쳐야 한다.

인생은 행동과 창조이다. 뛰면서 생각하라.

이 세상의 것은 그 누구의 것도 아니다. 그 누구의 것도 아니란
말은 즉 모든 사람을 위해 있다는 말이다.

장기영의 삶과 꿈은 이러했다.

쉬이이아아악….

쉬이이아아악….

유리창이 요란스레 덜그렁거린다. 장기영은 눈을 번쩍 떴다. 폭
풍이 오는가.

미친 듯 울부짖는 바람소리가 집 모서리를 깎아먹는 듯 날카로운

비명을 지른다. 그는 고개를 돌려 사랑스러운 아내와 첫딸 일희가 곤히 자는 모습을 지그시 바라본다. 사발시계는 4시 반. 먼동이 트기엔 아직 이르다.

커튼을 제치고 밖을 내다보았다. 어슴프레한 공간 속에서 쉼없이 떨리는 것이 있다. 아니, 90도로 몸이 휜 채 경련하고 있다. 정원수다. 모든 것이 산산이 부서져 흩어져 날아가는 것만 같다. 태풍이 아닌가. 초가을에 드문 일이었다.

세상 난리가 너무 오래간다고 하느님이 노한 것일까.

문득 무엇인가 번쩍하는 것이 느껴졌다.

또 번쩍했다. 숨을 죽이고 지켜보니 등대불이다. 고동소리가 울리는 것 같은데 세찬 바람소리 때문에 들리지 않는다.

커튼을 닫고 다시 잠자리에 들려던 찰나, 아내가 '아!' 신음소리를 내며 깨어났다. 발을 밟았던 것 같다.

바깥 요란함에 눈이 휘둥그레진 아내는 놀란 표정이다.

"머가 이래 시끄러운교?"

"폭풍이야."

그는 다시 누웠다.

아내는 부시시 일어나며 중얼거렸다.

"배 가진 사람들 잠 몬자겠네요."

"어?"

장기영은 다시 벌떡 일어나 앉았다. 머리에 떠오르는게 있다.

그렇다. 이 폭풍 속에서 배 걱정도 안 하고, 큰 대(大)자로 누워 코를 드르렁거릴 수는 없다. 조선은행 청진지점은 이 항구에 많은 돈을 깔아놓았다. 그 주요 대상은 두말할 것도 없이 어업관계 사업가들이다.

정어리 풍어가 계속되는 날의 항구는 잔치 분위기이다. 그것은 참으로 신나는 일이었다.

장기영은 열여덟 살에 선린상업(善隣商業)을 나오자마자 조선은
행에 입사하여 이곳에 부임한 지 벌써 9년이 된다. 잔뼈가 굵어지
고 남편과 아버지가 되는 사이, 청진을 그 바닥 태생보다도 더 사
랑하게 되었으며, 청진에서 일어나는 일치고 자기 모르게 진행되는
일은 있을 수 없다고 자신할 정도였다.

선주들이 지금 이 폭풍 속에서 무엇을 하고 있는가는 매우 중요
한 문제이다.

장기영은 벌떡 자리에서 일어났다. 두툼하게 차려 입는 남편을
보고 아내가 말렸다.

"왜이러능교? 이 폭풍 속에 어델 갈락 하능교?"

남편은 대답도 않고 현관으로 나갔다.

장화를 꺼내 신는 그의 뒤통수에다 아내는 마구 쏟아부었다.

"걱정 말아요!"

장기영은 와르륵 문을 여닫고 나가 버렸다.

저 성미, 우짤꼬. 나를 낚아 챌 때부터 그러했다.

"넌 예쁘구 착해. 나하고 결혼하는 거야……."

열아홉 살 철부지는 그 한 마디에 찍소리 한 번 지를 겨를도 없
이 시집오고 말았다.

그녀 아버지에게도 일방적 통고로 그쳤다.

"제게 따님을 주십시오. 지금은 이렇게 살지만, 10년 뒤엔 고생
안 시키겠습니다."

하늘과 땅이 싸움이라도 하는가. 땅이 고분고분 말을 안 들었나
보다. 하늘은 남자고 땅은 여자인가. 말을 안 들으면 싸워야지, 맞
아야지.

그의 내면에 숨어 있던 유머가 불쑥 고개를 내밀었다. 그는 힘차
게 폭풍우가 요란한 부둣가로 다가갔다.

조선은행 지점 처마 밑에 피신하여 부두 쪽을 바라보니 훤해지는

동쪽 하늘을 배경으로, 천 길 만 길이나 됨직한 파도 기둥이 쾅쾅 치솟는다.

북만주로 군수물자를 실어나르는 커다란 수송선도 망망대해의 일엽편주일 뿐이다. 이리저리 춤추는 집채만한 파도와 크고 작은 어선들은 광란의 무도장을 방불케 한다.

가히 장관이라 할 수밖에 없다. 문학이 좋아 무수한 명작들을 읽어 왔지만, 저런 장관을 실감나게 묘사한 문장을 읽은 적이 없다.

'굉장하구나 장관이야!'

다시 감탄할 때였다. 어디선가 가느다란 고함소리가 들려왔다. 잠시 귀를 기울이니 또 들려온다.

점점 밝아 오는 시야 저쪽에 바다를 손가락질을 하며 움직이는 사람이 보인다.

저게 누구인가? 장기영의 두 발은 이미 그쪽을 향해 움직이고 있었다.

그 사람은 털석 주저앉아 있다. 바싹 다가가서 얼굴을 들여다보듯 허리를 굽혔다.

선주 설경동(薛卿東)이었다.

"아니, 이렇게 일찍 웬일이십니까?"

슬픈 시선이 곤두박질하는 어선 쪽으로 향하고 있을 뿐, 그는 대꾸가 없다.

"선생님 배가 부서졌습니까?"

"보면 모르오?"

장기영은 그의 시선을 따랐다. 산산조각난 배의 파편들이 바다에 둥실거리고, 혹은 육지로 튕겨져 올라왔다.

"나는 망했어. 나는 망했어!"

거의 울부짖음에 가까운 비통한 소리였다.

"선생님 같은 분이 망하시다니요?"

설경동의 눈이 힘없이 그를 쳐다보았다. 장기영은 부서진 배 조각을 가리키며 자신만만하게 외쳤다.

"배는 나무하구 철만 있으면 만드는 거 아닙니까?"

"돈 꿔 주겠소?"

"꿔 주잖구요! 이런 폭풍 속에, 이 꼭두새벽부터 여기 나와 계신 이 자체가, 돈을 빌릴 만한 자격이 있다는 증겁니다. 제가 해 드리죠. 염려 마십쇼, 선생님……."

주저앉아 있던 설경동이 서서히 일어나며 장기영의 손을 꽈악 잡았다.

"내 신용 지킬꺼요."

"선생님이 신용이 없으시다면 청진 바닥에 누가 있단 말씀입니까!"

"고맙소! 고맙소!"

"폭풍은 불가항력입니다. 인간의 힘으로 어쩔 수 없잖습니까? 기운 차리세요! 그만 들어가세요!"

그러나 그는 아직도 불안하다.

"아, 사업가가 은행에서 돈 빌려 쓰는 게 뭐가 부끄럽습니까?"

"일본 아이들이 반대 안 할까?"

장기영은 손가락으로 자기 가슴을 가리키며 미소를 지었다.

"저를 믿으십쇼. 제가 조선은행 청진지점 대부 주임입니다."

그 이튿날 오후.

언제 폭풍이 불었냐는 듯이 청진 앞바다는 고요해지고 맑게 개었다. 동해는 푸르고 잔잔하다. 이제 하늘과 땅의 싸움은 끝났다.

장기영은 일본인인 요코바리(橫張) 부지배인 앞에 서서 서슴지 않고 주장하고 있다.

"이런 사람 안 꿔 주고 누굴 꿔 줍니까?"

그러나 키가 작고 빈상(貧相)인 요코바리는 서류를 들척이며 못

마땅해하는 기색이다.

"좀 두고 생각해 봅시다."

그는 책상 위 서류를 덮으려 했다.

"한시가 바쁜 일입니다. 배가 부서진 거 못 봤습니까? 돈을 빌려 주려면 때를 맞춰 줘야 유용하게 쓸 거 아닙니까?"

누가 상사이고 누가 아래인지 모를 위압이다.

때마침 지나가던 이구치(井口立平) 지배인이 뭘 그러느냐고 들여다보았다.

"폭풍 피해를 입은 어업가들을 단시일 내에 구제해 주자는 대부건입니다."

장기영의 설명을 듣자 이구치는 그 서류를 가지고 자기 책상으로 갔다.

지배인은 항상 장기영을 믿었다. 이 사나이 장기영은 청진 바닥에서 사업깨나 한다는 사람들은 물론, 그들의 사돈의 팔촌까지도 척척 들이대는 수완가이다.

한참 서류를 들여다보던 지배인은 별로 의심하는 기색도 없이 묻는다.

"이렇게 큰돈을 빌려 줘도 뒤탈 없는 사람이겠지?"

"물론입니다."

"그런데……."

그는 의자 뒤로 몸을 눕혔다.

"폭풍이 쳐 온게 바로 어젠데 어째서 이렇게 동작이 빠르지?"

"어제 새벽 폭풍 현장에서 융자 신청을 받았고, 현장에서 감정이 끝났습니다."

장기영은 전날 새벽일을 설명하며, 태풍을 헤치며 거기 나온 사람의 사업가적 자질을 높이 평가한다고 했다.

"흠, 흠……."

듣고 있던 이구치 지배인은 싱긋이 웃으며 그에게 농담을 하고 싶어졌다.

"말하자면 '폭풍감정(暴風鑑定)'을 한 셈이군."

"말하자면 그렇게 된 얘깁니다."

"알았어! 전격적으로 선처하도록!"

요코바리의 반대 같은 것은 아랑곳없다는 듯 장기영은 유유히 자기 자리로 돌아갔다.

한국은행 총재를 지낸 민병도(閔丙燾)는 조선은행 청진지점시절 장기영을 이렇게 회고한다.

백상 장기영과 나의 첫 대면은 백상이 조선은행 청진지점에서, 그리고 내가 서울 조선은행 본점 영업부에 근무하고 있을 때였다.

"너 청진지점에 있는 장기영이라는 행원을 아느냐!"

내가 대학을 졸업하고 한국은행에 들어가니 일본행원들이 느닷없이 물어왔다. 그리고 하는 말이 '장군은 매우 유능하고 장래가 촉망되는 행원'이라고 극구칭찬을 하기에 신원조사표를 보았더니 고등학교를 졸업하고 말단직에 있는 행원에 불과하다는 것을 알고 매우 의아하게 생각하면서 한번 만나보고 싶었다. 그러던 차에 청진지점에서 처음으로 만나 보니 야심이 만만찮은데다 패기 충천한 청년임을 알게 되고, 그가 장래 크게 대성할 인물이라는 것을 직감하였다. 그 후 해방을 맞이하니 기다렸다는 듯이 그가 활동할 대지가 열려 제일 중요한 조사부장에 취임하였고, 종횡무진 주야를 가리지 않고 활동하여 오늘의 한국은행 조사부의 초석을 닦아 놓은 것은 주지의 사실이다.

그때 나는 출판업으로 을유문화사를 경영하고 있을 때인데, 그가 그 바쁜 중에도 출판에 특별한 관심을 가지고 여러 가지로 조언을 해주어 을유문화사의 출판 방향을 지도하여 준 그의 우정은 지금까지 잊지 못하며 간직하고 있다.

2. 교우유연 (交友悠然)

청진의 금융기관에 와 있는 조선인은 50명 정도에 이르렀다. 이들은 친목을 도모한다는 명목 아래 이따금 모여서 야구 시합도 하고 음주(飮酒) 대회도 열었다.

이 모임의 회장이 장기영이었다. 20대의 약관은 두려움 없이 회원들을 이끌어 나갔다. 야구할 때 그는 외야 중앙을 수비하고, 공격에서도 가장 중요한 4번 타자였다.

잘 때리고 잘 뛰었다.

연식정구도 잘 쳤다. 구름 한 점 없이 파랗게 갠 날, 하얀 모자에 하얀 운동복을 입고, 이리 뛰고 저리 뛰는 그의 모습을 부럽게 바라본 사람들이 얼마나 많았는지 모른다.

음주 대회라는 것은 매우 특이한 놀이였다. 도대체 물자가 귀하여 구하는 것조차 힘들던 시대에 누가 술을 더 많이, 더 오래 마실 수 있느냐를 경쟁했으니 가당치도 않은 일이다.

그러나 그는 그 술을 기어코 어디선가 구해내고야 만다. 그리고 회원들을 모아 맘껏 마시게 하는 것이다.

회장인 장기영은 큰방 상좌에 한복을 입고 떡 버티고 앉아 술을 마셨다.

그의 주량은 상당했다. 오뉴월 밤의 논바닥 개구리들처럼 왁자지껄한 회원들을 내려다보며, 권하는 술잔을 넙적넙적 받아 먹던 그는 바깥을 보더니 갑자기 소리쳤다.

"대야 가져오너라!"

심부름하는 아이가 '예에' 하고 대야를 들여대기가 무섭게, 그는 '으악어억' 토하기 시작한다. 걱정이 된 회원이 달려와서 등을 두드려 주자, 그는 손을 저으며 괜찮다고 했다.

수건으로 입을 쓱싹 닦고는 그는 다시 눈앞의 잔을 꿀꺽 비우고 소리를 지른다.

"이거 누구 잔이야?"

한 친구가 다가오자 가득히 따라 주고, 또 다른 잔을 받는다.

마시고 마셔도 쓰러지지 않는다. 불가능을 가능케 해 보이는 그는 아무것도 두려워하지 않는다.

상업은행 청진지점에 있는 장기영의 술친구 김현성도 시종 웃음을 머금고 그의 동작을 살핀다.

개중에는 술을 못 마시는 친구들이 있다. 그럴 때면 장기영은 짓궂게 불러서 잔을 건넨다.

"어이, 술도 못 먹으면서 무슨 금융인 노릇을 하나? 거래선하구 교제가 돼? 꿔 줄 때두 마시구 꿔 달랄 때두 마시구, 마시면서 애기하는 게 금융인이라는 거야. 마셔!"

상대는 꼼짝 못하고 잔을 비우게 마련이다.

온 지 얼마 안 되는 진경득은 놀랐다. 못 해내는 일도 더러는 있겠지 했더니 술까지 저 지경이다.

익히 장기영을 겪어 온 주보린은 훈련 제대로 받았다는 듯이 넙적넙적 잔을 비웠다. 설경동과는 자주 술자리를 같이 하는 편이었다. 특히 '폭풍감정' 뒤 서로를 평가하는 차원이 달랐다. 서로를 '물건이다'라고 단정해 버린 마당에, 많은 말을 주고받을 필요가 없었다.

이 무렵 청진의 몇몇 관청에 와 있는 조선인 지식인들의 숫자도 적지 않았다. 그 중에서도 재판소의 김용식 판사와 검찰청의 최세황 검사는 특히 그와 왕래가 잦았다.

물자가 귀한데다 식량이 배급제라 일상생활도 거북하기 이를 데 없다. 그렇다고 누구에게 불평을 말할 자유로운 공간이 남아 있는 것도 아니다.

그런데 장기영은 이따금 그들을 집으로 불러서 정종이다 고기다 잔뜩 먹여 주는 마술을 선보인다.

횡경막 속에 평화가 오면 인간은 너그러워진다는 것이 임어당의 말이다.

그들은 느긋해져서 이 이야기 저 이야기 꽃을 피운다.

"도대체 시국이 어떻게 돼 가는 거요? 이기고 있는 거요, 지고 있는 거요? 신문을 보면 이따금 이상한 냄새가 나던데……."

장기영이 시국담을 꺼낸다.

김 판사는 허공을 바라보며 눈을 껌벅이다가 말 끝을 흐렸다.

"글쎄요……."

"나한테두 글쎄욥니까? 재판정에서는 좋지만 여기선 진짜를 좀 털어놔 보라구요. 대체 어떻게 돼 가는 판국이요, 이게?"

"글쎄요……."

김 판사의 대답은 그 이상 나오지 않는다.

그는 '소데스네' 판사로 유명했다.

'글쎄요'는 일본말로 '소데스네'이다.

일본인 재판장이 심의를 해 나가다 배석하고 있는 김 판사에게 의견을 물으면 그는 한참 생각하다

"소데스네 ……."

이렇게 말문을 닫고 다신 열지 않는다. 그의 '소데스네'는 조선 사람들에게 상당한 의미가 있었다. 창씨개명(創氏改名) 안했다고 미움을 받아서 붙들려 온 사람, 일본에 반항했다는 명목으로 중형 이 선고된 피고, 징용에 응하지 않았다는 이유로 죄인이 되어야만 하는 억울한 사람, 그 조선 사람들을 재판하는 마당에서도 김용식 판사는 '소데스네'만 되풀이하고 있었던 것이다.

그래서 장기영은 그를 좋아한다. 그러나 우리끼리 못할 말이 무

엇 있는가.

그는 최 검사를 돌아보았다.

똑 부러지는 대답이 나왔다.

"지는 데선 지고, 이기는 데선 이기고 있지요."

"합계해서 플러스요, 마이너스요?"

"그걸 내가 어떻게 알우?"

"누가 알아요, 그럼?"

유난히 날카로운 최 검사의 눈은 술잔을 물끄러미 쏘아보다 꿀꺽 마셔 버린다.

장기영도 단숨에 잔을 비우고 한 마디 내뱉었다.

"납득이 안 가!"

김 판사와 최 검사는 반사적으로 그의 표정을 살폈다.

"첫째 일본군의 남방진출에 큰 구실을 했던 야마모토 연합함대사령장관의 전사가 4월 중순께였는데, 한 달 반 만에 국장(國葬)한 사실, 둘째 5월 말에 애투도(島)가 전멸당한 사실, 셋째 학생들을 마음대로 동원시키며 국민을 언제든지 징용할 수 있게 하고, 여자 학도 동원령까지 결정해야만 했다는 사실, 넷째 일·독·이(伊) 3국 동맹이 이탈리아부터 붕괴하기 시작했다는 사실, 다섯째 마침내 문과계 전문·대학생들을 군문(軍門)으로 끌어가야만 했던 궁색한 형편……."

현관문 여는 소리가 와르르 들려왔다.

세 사람은 귀를 주뼛 세웠다.

"누구야?"

장기영이 소리쳤다.

"내다."

어머니다.

"이렇게 늦게 어딜 갔다 오세요?"

"앞집에 마실 갔었다. 손님이시냐?"

"네."

어머니의 발소리는 안으로 사라졌다.

김 판사와 최 검사가 일어났다. 장기영도 일어나며 약손가락을 내세우며 말했다.

"결론을 말해 볼 것 같으면, 만주 먹은 건 기정사실로 치고, 중국 대륙? 넓은 땅덩어리를 어떡허겠다는 거요? 거기다 버마, 필리핀, 샴, 인도차이나, 인도, 수마트라…… 이거 다 누가 다스리며, 어떻게 관리해 나가겠다는 거요? 계산이 안 맞아요. 욕심을 너무 부렸다구. 과식해서 소화가 안 돼요. 배탈이 날 거야!"

최 검사가 별안간 웃음을 터뜨리며 오른손을 휘휘 저었다.

"욕심이나 없는 사람이 그런 소릴 하면 애교나 있죠."

장기영은 펄쩍 뛰는 시늉을 했다.

"내가 무슨 욕심이 있어?"

"아, 방에 가득 찬 책하며, 레코드판하며……."

"또?"

"은행에선 주판질 잘하구, 야구장에선 공 잘 치구, 술고래에다 미인까지 좋아하니, 그게 다 욕심이 없어서 그러는 거요?"

이번에는 장기영이 몸을 뒤로 젖히며 한바탕 웃어댔다.

"아직두 하구 싶은 일이 수두룩한데……."

이때 '소데스네' 선생이 싱긋이 웃으며 한 마디 거들었다.

"나도 술값으로 한 마디 하고 갈까요? 아마도 국가 경륜을 다루는 친구들이 청진에 장 아무개가 있다는 것을 모르고들 그러는 모양인데, 꾹 참고 기다려 보소. 조선은행 맡기겠다고 삼고지례(三顧之禮)를 다 할지 누가 아오?"

기분 나쁘지 않다.

"아닌게 아니라 조선은행 총재 한 번 지내고 죽을 작정이야!"

유쾌한 웃음소리가 마당으로 쏟아져 나왔다.

20대 청춘들이다. 지위도 있다. 두려울 것이 무엇이냐만, 두려운 것은 있다. 일본인이 그것이다. 세 사람은 말은 하지 않지만 서로 훤히 알고 있다. 저마다 가슴 속을.

문 밖까지 나와 배웅하고 들어오니 어머니가 걱정스러운 낯으로 손님들이 누구냐고 물으신다.

"김 판사하구 최 검사예요."

"아이구, 얘 말조심해라. 시골에선 징용인가 뭔가루 막 실어 간다더라."

"알았어요. 주무세요."

서재로 들어온 장기영은 한동안 허탈한 기분으로 책장을 잡고 서 있었다. 괜한 소리를 했나? 그러나 그런 소리도 못할 친구들이라곤 생각해 본 일이 없다.

그래서 어떻게 하겠다는 이야기가 아니다. 어떻게 하긴 무엇을 어떻게 한단 말인가?

3. 문학청년

장기영의 집은 고갯길을 한참 올라가서 있었다. 튤립과 코스모스가 이 집 분위기를 알려 주었다. 아담하게 가꾸어졌다.

그러나 놀랄 일은 집 안에 있었다.

어느 날, 주보린과 함께 놀러 온 진경득은 장기영의 방 사방 벽에, 그것도 모자라 방 한복판에까지 꽉 들어찬 책을 보고, 이게 대체 어떻게 된 것인가 했다.

장본(藏本)이 바로 그 소유주를 말하던 시대이다. 은행 관계와 상법·민법·통제경제론·화폐론 등은 알겠는데, 마르크스의 자본론은 놀라웠다. 거기다가 소설책까지 많다. 수필·역사책도 만만치 않은

데다 조선 소설도 상당히 있었다. 장식이겠지 하고 열어보면 빨간 밑줄이 곳곳에 그어져 있다. 읽었다는 분명한 증거이다.

《문예춘추(文藝春秋)》에다 《중앙공론(中央公論)》·《개조(改造)》까지 보고 있구나.

문학에 대하여 남 못지않은 취미를 가지고 수많은 세계명작들을 섭렵해 왔다고 자부하는 진경득에게는, 상업학교만 나온 일개 은행원이 이럴 수가 있을까 불가사의하기만 했다.

다니자키 준이치로(谷崎潤一郎)의 《싸락눈(細雪)》이 실린 《중앙공론》을 들여다보고 있을 때다.

장기영이 들어왔다.

"뭐보구 있수?"

진경득은 책을 보여 주었다.

"뭐라구 읽는지 아슈?"

"글쎄요……."

"사사메유키, 잘게 오는 눈이요. 싸락눈……. 이 친구, 거 묘한 데가 있지. 묘사가 섬세해서 말야, 심장 어느 부분이 간들간들 흔들리는 기분이라구. 나두 한 번 그렇게 써 봤으면 좋겠어. 글 쓰는 게 제일 부럽단 말야. 얼마나 좋아!"

진경득은 그저 선망의 눈초리로 그를 바라보았을 뿐이다.

우정이 생기자면 여러 가지 종류의 계기가 있다. 문학청년 진경득은 장기영에게 반하고 말았다.

다음은 진경득의 회고이다.

전쟁이 막바지에 접어들면서, 젊은 일본인 직원들은 모조리 군에 끌려가고, 마침내 커다란 은행합숙소는 홍유선(洪惟善)과 나만의 차지가 되어 버렸다. 우리는 타향에서 압도적인 고적(孤寂)과 굶주림과 싸우는 날들을 보냈다. 그런 때에 장 선배가 가끔 우리를 저녁 식사에 불러 주기만 하면 우리는 사기충천했다.

우리는 문학 얘기를 자주 했다. 그 중 잊혀지지 않는 것이 하나 있다. 어느 날 밤 그는 기쿠치 간(菊池寬)의 《도주로의 연애》란 소설 내용을 들려 주었다.

'한 무대배우가 유부녀를 유혹하는 역을 처음으로 맡았으나 연기에 자신이 없어 민민(悶悶)했다. 개막전야(開幕前夜), 평소에 잘 아는 여관에 투숙하는데 이 여관 주인은 소문난 미모의 미망인이다. 귀한 손님을 보살피느라고 여주인은 손님 방을 열어 본다. 손님은 잠이 든 모양이다. 다가가서 이불을 치켜 어깨에 덮어 주는데, 손님의 손이 그녀의 손에 와 닿는다. …… 그녀는 손님 머리맡의 등잔불을 훅 끈다. 그 순간, 배우는 자신을 얻고 이불을 박차고 뛰쳐나간다. 다음 날 아침 개막을 준비하러 모인 인부들은 무대 정면의 대들보에 목을 맨 여관 여주인을 발견한다.'

뒷날, 나는 이 원작을 읽어 보았으나, 청진에서 장기영 씨한테 들었을 때 같은 그런 감동은 느끼지 못했다.

그로부터 시간만 나면 경치 좋은 곳을 찾아 산책하며 담소를 나누었다.

"나 어디 사람인 줄 알우?"

파도가 부딪치는 바위 위에 앉아 그는 수평선을 바라보았다.

"서울, 남산 남쪽의 무시막골 한남리라구 했지. 봄에는 복숭아꽃, 살구꽃, 벚꽃, 철따라 딴 꽃…… 가히 도원경(桃源境)이라 할 만했지. 눈앞에는 푸른 한강이 흐르고, 멀리는 관악산이 보이고……. 소나무숲이 쭉 뻗은 끄트머리엔 언더우드가 지은 양옥이 있었어. 고종 황제가 제일 좋은 땅을 고르라구 했더니 거길 달랬다나. 난 그 언저리를 뛰어다니며 놀았지. 외조부 댁에 가 있으면서 말야. 내 손이 외조부님 손과 닮았대. 귀염 독차지하면서 천자문을 깨우치고, 언문 배우고, 일본 '가나' 다 떼고, 할아버지가 YMCA 이상재 선생하고 함께 지어 놓은 한남보통학교에 가니까 1등으로 들어가게 되더군. 거저먹기였어. 그 다음에 선린이 어렵다구 해서 들어가 봤더니 별거 아니구 말야. 쭉 부급장을 했지. 나이가 어려서 말야. 전문이나 대학에 가고 싶은 생각도 있었지만, 조선은행 들어가는 게 어렵대잖아. 오기루 쳤더니 됐어. 그리고 이리로 온 거야. 내 청춘을 이 청진에서 다 익힌 셈이지. 후회스럽기두 하고, 담담하기두 하고……. 이대로 은행원으로 일생을 마칠 것인가……. 어릴 땐 갖은 장난 다 치면서 야망도 많았는데 말야……."

여기서 잠시 장기영의 출생지와 외조부에 대해 살펴본다.

장기영이 태어난 곳은 한성시 남문외 은행동(漢城市 南門外 銀杏洞)이다. 지금의 행정구역으로 말하면 서울특별시 중구 봉래동, 남대문초등학교 남쪽담 근처 돌축대 위에 은행 고목 한 그루가 눈에 뜨이는데, 물론 그의 옛집은 자취를 찾을 길 없지만 이 늙은 은행나무가 바로 그의 뒷마당에 있었던 것이다.

장기영의 증조부는 이조말엽에 이곳에서 소위 물산객주(도매상)를 했는데 그때 전라도 고창에 사는 거상(巨商) 김모 승지와 친구가 되어 소위 합방전후 세태가 어지러워지자 장사를 접고, 장기영이 태어나자마자 친구를 따라 천리 타향인 전북 고창군 무장면으로 이사를 갔다. 그때 장기영의 부모는 20세 동갑내기였다.

고창에서 살기를 3년, 그가 세 살 때 다시 서울로 올라왔으니 그곳이 바로 세상 사람들이 그의 출생지로 알고 있는 한남동이다. 그러니까 호적상의 출생지는 전북 무장이며, 본적은 한남동 445번지이다. 한남동은 그의 외갓집이 있는 곳. 장기영의 외가는 2천 섬을 거둔 부잣집으로서 외조부는 4형제의 맏이였다. 장기영의 선친으로 본다면 처갓집이 있는 곳으로 이사를 한 셈이다. 그로부터 수십 년을 장기영은 이 한남동에서 살아 왔다.

그러니 그의 고향을 한남동으로 삼는다 해도 조금도 잘못이 아닐 것이다. 이 곳에는 그가 처음 살다가 바로 옆집으로 이사해서 청년 시절을 지낸 집이 지금도 남아 있다.

막 항구로 들어오는 커다란 배가 뚜우—— 기적을 울렸다.

"저 기적 소리, 안개 낀 밤의 고동 소리, 눈 내리는 밤, 비 오는 오후, 그리고 주기적으로 닥쳐와서 나를 음악 속으로, 독서 속으로 몰아붙인 고독……."

진경득은 슬프디슬픈 장기영의 얼굴을 지켜보았다. 위로해 줄 말이 없다.

지기 싫어하는 오기가 그의 넓다란 이마에 또렷이 새겨져 있다. 가느다란 두 눈과 결심한 것은 실행하고야 말겠다는 두꺼운 입술.

은행 내의 현상논문 모집에 응모하여 《저축과 물가 그리고 인플레》로 1등 당선이 되었으니, 대체 어떻게 된 사람인가?

언젠가 서울에 출장 간 장기영은 전보 한 장을 보내왔다.

'ブジツイタアツサキビシチヨウキエイ (무사 도착 더위 혹심함 장기영)'

지점장은 싱긋이 웃으며 전문을 회람에 부쳤다.

보통 '무사 도착'으로 끝낼 이야기에 더위까지 덧붙인 얄밉고도 유머러스한 성격.

영국 신사 구본요(具本堯)는 무표정하게 읽고 옆으로 돌렸다. 심장이 간지러워진 것은 주보린이었다. 그는 가슴 속 가득히 번지는 웃음과 기쁨을 충분히 즐긴 뒤 진경득에게 돌렸다.

진경득은 입맛을 다시고, 다시 읽고, 생각하고, 또다시 읽다가 주보린 옆으로 왔다.

"이 여유 어디서 나왔을까요?"

"이제사 알았수?"

"재밌습니다. 하여튼 여러 모로 무궁무진한 분이군요."

"겪어 봐야 안다니까요."

"그런데……."

"에?"

"노래 솜씨는 어떤가요? 베토벤의 심포니에다 차이코프스키의 비창까지 레코드를 갖춘 점으로 보면, 또 여러 모로 빈틈 없는 성품으로 보면 노래도 잘할 것 같은데……."

"글쎄…… 노래 부르는 건 나도 본 적이 없는데……. 한잔 들어가면 봉선화나 흥얼거릴까?"

주보린이 꽁무니를 빼자 진경득이 놓치지를 않는다.

"이건 모른다 소리 못할 거요. 그 구하기 힘든 정종을 이 양반 대체 어디서 구해내는 겁니까?"

"흐흐……."

그는 웃으면서 주위를 살피고 살짝 말했다.

"그야 정종 만들어 내는 근본을 잡으면 틀림없겠지. 양조장 주인 내외가 이 양반 말이라면 껌뻑 죽거든."

4. 인연을 소중히 하라

청진의 봄여름가을겨울은 시적(詩的)이라고 장기영은 말했다. 이 탈리아의 소렌토를 연상케 한다는 청진항 일각의 절경, 밀려와서 부서지는 파도소리를 쿵쿵 반향(反響)하는 천마산의 바윗덩이, 높은 언덕마루에서 훤히 내려다보이는 동해의 끝없이 펼쳐진 신비의 수평선, 눈 내리는 날 밤의 외로움, 비 내리는 봄의 감상(感傷), 계절마다의 특징을 그 누구보다도 잘 안다고 자부했다. 혼자 살 때 그는 비 오는 날 만나는 사람과 눈 오는 날 만날 사람을 구분했다.

어느 날 돌연 그의 눈에 띈 것이 이문자(李文子)라는 예쁘고 귀여운 아가씨였다. 장기영은 허공을 날던 독수리처럼 조그만 새를 덮쳤다.

이문자는 그냥 여자였다. 천성적으로 여자랄 수밖에 없는 미(美)와 사랑의 덩어리였다. 조그만 그녀를 꼭 껴안으면 이 세상에 따지고 싶어지는 것이 하나도 없었다.

장기영은 그녀를 남에게 보이기 싫어했다. 새장 속에 가두어 놓은 새처럼 먹이를 갖다 주고, 혼자 사랑하는 아주 소중한 것이었다. 대구에서 부모를 따라 이곳에 온 그녀는 세상 물정을 하나도 모르는 순진무구한 아가씨였다. 그녀는 오직 남편의 얼굴만 쳐다보고 살았다.

일희(一姬)를 낳았을 때 남편이 춤을 추다시피 반가워하던 얼굴을 그녀는 영원히 잊을 수가 없다.

사랑이 무엇인가, 부부가 무엇인가를 그녀는 그때야 비로소 알게 되는 것 같았다.

일희의 기저귀가 조금 젖기만 해도 남편은 떠들썩했다.

"여보, 애 오줌쌌어! 기저귀 갈아 줘야지! 기저귀, 기저귀!"

"와 그리 소리를 지르고 야단인교?"

아기엄마가 기저귀를 갈아 주는 데도 빨리하라고 옆에서 재촉을 하는 그였다.

울음을 그친 아기를 번쩍 안아 들고 어르며, 뺨을 비비면서, 그는 중얼거린다.

"요게 벌써 눈치코치 다 아는 모양이야. 요 웃는 것 좀 봐. 얼럴럴러…… 까꿍 까꿍……."

만족스러워하는 남편과는 반대로 젊은 아내는 시름겨운 얼굴을 하고 있다.

"왜 그래? 뭐 있었어?"

눈치 빠른 그가 묻는다.

"어머니가 뭐라고 하셨어?"

"무서워요."

"무섭긴…… 외아들을 가진 어머니는 다 그러시는 거야. 빨리 졸업해야 돼. 괜히…… 쓸데없는 데 신경쓰지 말라구……."

그러나 젊은 아내의 입장을 그가 알 리 없다. 출근하고 난 뒤의 대면에서 그녀가 얼마나 가슴을 조이며 시어머니 눈치를 살펴야 하는지 그는 모른다. 누구나 겪는 신혼 초기의 즐거운 비명인 것이다.

5. 그들 세상은 끝났다

겨울이 왔다.

청진의 겨울은 언제나 갑자기 오는 것만 같다. 바다에서 오는지 뒷산에서 내려오는지, 그것은 꼭 어디 숨어 있다가 사람들을 놀라게 할 양으로 '왔다!' 소리 지르며 오는 것만 같다. 얼음도 얼고 눈도 내렸다. 사람들은 움츠리고 집에 들어앉아 동장군 지나가시기만을 기다린다.

그러나 3월이 되면 봄은 살그머니 또다시 찾아온다.

그것은 바다에서 오는지 나진에서 오는지, 회령에서 오는지, 고성산에서 오는지, 수성천을 따라 스며들어오는지, 남쪽의 주을온천(朱乙溫泉)에서 경성(鏡城)을 거쳐 오는지, 처녀의 수줍음처럼 망설이며 살며시 온다.

장기영의 거구는 기지개를 켜고 바다를 내다보았다. 커다란 배가 정박하고 있다. 돈을 실은 배다.

오사카 조폐소에서 찍어낸 조선은행권은 이제까지 관부연락선(關釜連絡船)이 다니는 현해탄을 건너 경성(京城 : 서울) 본점으로 수송

되었지만, 작년 가을 '곤린마루(崑崙丸)'가 현해탄에서 어뢰에 저촉되어 폭파된 사건이 있고는 쓰루가(敦賀)에서 청진 쪽으로 운반되기 시작했다. 조선은행권은 여기서 남으로, 만주은행권은 북으로 간다. 말하자면 일본제국의 돈줄기 위의 한 점이 바로 이 청진항이다.

조선반도 내에서 일어나는 것만으로도 시국이 보통이 아니라는 것은 충분히 느껴졌다. 1월 20일 전국의 비이과계(非理科系) 전문대 학생들이 조선학도 특별지원병이란 미명 아래 군문으로 끌려들어갔다.

그리고 2월 8일 드디어 조선에도 징병제가 실시되기 시작했다. 증세법(增稅法)이 통과되고, 신문 석간이 폐지되고, 여자정신대 강화정책이 발표되어 시골의 처녀들을 떨게 하고 있다.

그럴 리가 없다고 생각하던 일본의 군부 상층에서는 초조한 기분으로 나날이 들어오는 전황을 분석하면서, 비로소 패배라는 두 글자를 생각하게 되었다.

세상은 변하고 있는데 모르는 것은 국민들뿐이었다.

바로 옆에 소련이 있다. 소련은 언제나 위험한 존재. 블라디보스토크에서 바다로 나와 청진항에다 대고 함포라도 한 방 쏘고 나면 하루를 지탱할 수 없으리만큼 일대 혼란이 일어날 것이다.

그러나 소문에도 막강한 관동군(關東軍)이 만주에 있고, 그들의 존재는 저들로 하여금 그렇게 간단히 이쪽을 넘보게 하진 않을 것이다.

일본을 의심하면서 믿는 것이 국민들이다. 장기영의 예민한 감각도 그 범주에서 그렇게 멀리 벗어나 있지는 못했다.

어느 날 《경성일보》 청진지국의 주효민(朱孝敏) 기자가 왔다. 그라고 해서 뾰족한 정보를 입수했을 리는 없을 터인데, 이야기하는 것이 대담무쌍하다. "일본은 망한다. 그들 세상은 끝났다" 주효민은 말했다. 억지라는 것이 한도가 있는 법인데, 일본이 하는 짓이 그 도를 넘은 지 이미 오래됐다는 것이었다.

그는 본사에서 기사를 함부로 썼다고 좌천당해 온 몸이다. 키가 헌칠하고 할 말 다 하는 성미 같았다. 장기영은 조심스럽게 그를 대했으나 내심 놀랐다.

이 무렵 조선은행은 일본인에게만 지급해 오던 수당을 조선인 행원에게도 주기로 하여 차별대우를 없앤다고 했다.

당연하다는 것도 우스울 정도로 마땅한 일인데, 본점에서는 그 첫 수당을 국방 헌금으로 내놓자느니, 어떤 형식으로든 감사의 뜻을 표하자는 소리가 들려왔다.

장기영은 화가 났다. 여태까지 차별대우를 받아 온 것만도 억울한데 감사가 무슨 놈의 감사냐고 편지를 썼다.

본점의 조선인 행원들은 이 편지를 받아 보고 속이 시원해졌다. 지난해 수천 명의 행원 가운데서 경제 논문을 모집했을 때 당당히 당선의 영광을 차지한 장기영의 의견이라 하여, 사람들은 그의 주장을 따랐던 것이다.

그 당시의 일을 신병현(申秉鉉)은 이렇게 회고하고 있다.

백상은 내가 만나고 싶었던 사람이었다. 왜냐하면 내가 1943년 한국은행 본점에서 일하게 된 지 얼마 안 되어 청진지점에서 근무하던 백상이 수천 명의 직원 가운데서 경제에 관한 사내 현상논문에서 당당 1등 당선이 되어 당시 몇 안되는 한국인의 기세를 높였기 때문이다.

뿐만 아니라 일본의 패망이 다가왔던 1944년 한국은행은 한국인 직원의 환심을 사기 위하여 그 때까지 일본인에게만 지급해 왔던 수당을 한국인에게도 줌으로써 일본인과의 차별대우를 없애기로 하였다.

이를 계기로 한국인 직원의 직원 대회가 열렸다. 본점에서 근무하던 약 50명 가량의 직원이 모였다. 대회의 취지는 첫째 차별대우 철폐에 따라 우리 한국인 직원들은 은행에 대하여 감사하다는 사의 표명을 하여야 할 것이 아니냐. 그러면 어떠한 형태로 할 것이냐 하는 것이었다.

어떤 상당히 나이 든 분이 일본인과 동등한 대우를 받게 된 우리로서 첫번 받는 수당을 국방헌금으로 내놓아 그 고마움을 표시하자는 한심스러운 제안을 하였다. 대다수의 직원은 무슨 감사냐고 마음속으로 생각하였지만 당시의 상황으로 감히 입 밖에 내지 못하고 있는 터에 어떤 선배 한 분이 청진지점의 백상으로부터의 의견이라 하며 편지를 소개하였다.

그 내용인즉 지금까지 차별대우를 받은 것만도 억울한데 이런 모임을 갖고 감사를 표시한다는 것 자체가 어리석지 않느냐 하는 것이었다. 모두 속시원한 백상의 의견을 지지하여 결국 감사대회는 그대로 무산되고 말았다.

6. 일본 최후의 날

1944년 봄, 서울 본점에서 전문이 날아들었다. 지점장은 장 주임을 불러 새 행원이 온다고 했다.

장기영은 세단 차를 타고 역으로 나갔다.

"당신이 홍유선(洪惟善) 씨요?"

그는 다짜고짜 물었다.

"그렇습니다."

키가 비교적 작고 동그란 얼굴의 홍유선은 경계하는 눈초리로 대답을 했다.

"나 여기 청진지점 장기영이오. 환영하러 왔소."

홍유선은 역 구내를 빠져 나오며 속사포같이 퍼붓는 질문에 어리둥절할 수밖에 없었다.

"왜 더 진학 안 하고 은행에 들어왔소?"

"독자입니다. 전……."

"군대 걸리나?"

"징병 3기입니다."

"진학해도 괜찮잖아?"

"안 했습니다."

"학병 걸리나?"

홍유선은 대답을 안 했다. 가령 경성고상(京城高商)에 들어갔다고 하자. 몇 가지 훈련을 받고 나면 소위 계급장 달고 만주로 가게 되어 있었다. 그것을 피해서 온 거다.

차를 타고 들어오는 사이, 장기영은 바다를 내다보며 중얼거렸다.

"독자는 군대 나가면 안 되지. 나도 독자인데……."

"본점에서 말씀 들었습니다."

"어떻게?"

"청진에 조키에이(張基榮), 나진에 야스카와라구요."

"허허…… 내 옆에 꼭 붙어 있으쇼."

홍유선은 장기영이 이곳에 부임해 올 때와 똑같이 새파란 나이이다. 그래서 장기영은 유달리 그를 감싸주고 싶었다.

징용 문제로 숨가빴던 때, 구사일생으로 벗어날 수 있었던 진경 득의 이야기다.

그해, 겨울 나는 또다시 징용 영장을 받았다. 나는 만사를 체념하고 신체검사장에 나가서 검사를 받았다. 결과는 '갑종 합격(1급 판정)'이었다. 착잡한 심정으로 검사장을 나오는 데 바로 문 밖에 장 선배가 서 있지 않은가!

우리는 나란히 은행 쪽으로 걸어갔다. 그는 한참 만에 입을 열고, '일본 은행원은 징용이 면제되어 있으니 조선은행의 일은대리점(日銀代理店) 계원도 같은 취급을 받아야 하지 않겠느냐고, 지금 시청에 가서 교섭하고 왔노라'고 일러 주었다. 결국 나는 징용이 면제되고, 이듬해 남들과 같이 해방을 맞이할 수 있었다.

무더운 여름 어느 날.

그 큰얼굴 만면에 웃음을 띠고 장기영이 나타났다.

"나도 2세를 얻었어! 아들을 낳았다구."

강재(康在)였다. 말이 없던 어머니도 한시름 놓은 것 같은 기쁨을 감추지 않았다.

장기영은 신바람이 났다.

정초 어느 날, 서울 본점 일부 건물에서 불이 났다. 4월 29일, 이른바 천장절(天長節)까지는 수리를 완료해야 되니 목재를 댈 수 있는 지점은 급히 알리라는 공문이 날아들었다.

지점장은 별볼일 없는 건으로 밀어놓았는데, 갑자기 장기영이 나섰다.

"회령에 다녀오게 해 주십시오."

"거긴 왜?"

"압록강, 두만강의 뗏목은 목재를 나르는 것 아닙니까. 제가 가서 구해 보겠습니다."

번개 같은 동작이었다.

배정기(裵貞基)는 장기영이 구한 목재를 싣고 달리는 화차에 올라타 1주일 만에 서울역에 도착했다.

본점에서는, 특히 부총재 기미시마(君島一郎)가 깜짝 놀랐다.

수리 공사는 예정대로 무사히 끝났다.

'장기영' 이름 석 자는 조선은행 본점 두취를 비롯 간부들 간에 한층 믿음을 주는 것이 되었다.

무엇이든 해내는 사나이——중앙에 대고 한 번 더 강조한 결과가 된 것이다.

1945년 7월도 마지막에 접어든 어느 날, 홍유선이 사표를 내며 집으로 가겠다고 했다. 천마산 기슭에서 근로봉사에 나갔던 행원이 죽은 사건이 발생한 뒤의 일이었다.

장기영은 묵묵히 고개를 끄덕였다.

"할 수 없지……."

무더운 여름이 기승을 부리고 있었다.

역사의 수레바퀴는 인간들의 운명에는 아랑곳없이 쌓이고 쌓인 원인들에 따라 갈 곳으로 굴러가고 있었다.

과달카날(남태평양 솔로몬 제도 남동부의 섬) 전투와 미드웨이(하와이 제도 최서단에 위치한, 두 개의 환초 섬) 해전에서 패한 일본은 나락을 향하여 줄달음질치고 있었으니, 어리석은 것은 일본이 패하지 않는다고 믿고 있던 국민들 뿐이었다.

1945년 8월 초, 소련군이 함흥 일대에 침공해 왔다는 소식은 장기영을 놀라게 했다. 이어서 웅기(지금의 북한 지명은 선봉)를 점령한 소련군은 나진, 청진을 공략하기 시작했다.

이 해 5월에 추축국(樞軸國)인 히틀러의 독일이 무조건 항복했을 때부터 심산은 불안했다. 그러나 상호불가침조약을 맺은 소련이 이처럼 돌변할 줄은 아무도 몰랐다. 번갯불에 콩 구워 먹을 재간이 있다고 자부하던 장기영도 몰랐다.

강재가 이 세상에 나온 지 두 달 만의 일이다.

장기영은 뛰기 시작했다.

함재기가 새까맣게 날아와 세 번째의 폭격을 하고 난 뒤였다. 그는 가족에게 흰옷을 입고 산속으로 피하라고 하더니, 다시 말했다.

"아니다. 주을(朱乙)에서 만나자. 그리로 가서 기다려라."

어머니는 일희를, 아내는 강재를 업고 집을 나섰다.

함포사격이 계속되고, B29가 한밤중에 공습을 감행했다. 청진은 불바다가 되었다.

산마루에 앉아 천지개벽이란 이런 것인가 하던 아내는 일본 사람과 구별되게 흰옷을 입으라는 명령도 들었고, 미숫가루를 가지고 피난하라는 귀띔도 들었고, 강재의 기저귀도 가지고 나왔지만 주을까지 100리 길을 걷다보니 다리가 통통 부었다. 도중에 무개차를 타는 요행이 있었지만 주을에 닿았을 때는 기진맥진, 세상만사 모두 귀찮아졌다.

남편도 소용 없고, 이 세상에 희망이란 아무 것도 없는가 보다고 절망에 빠져 있을 때 번개처럼 장기영이 나타났다.

행원들과 그 가족들을 태운 버스를 몰고 온 그 재주에 놀랄 사이도 없었다. 장기영은 헐레벌떡 숨을 가다듬으며, 청진 바닷가에서 일본 사람들이 60명이나 목을 잘렸다고 눈을 휘둥그레 굴리면서도, 조선이 독립되는 것 같다고 미소를 머금기도 했다.

이것이 3·8 이북에서 가족과 만난 마지막이 될 줄이야.

젊은 아내가 어머니와 함께 일희와 강재를 업고 끌고 함흥으로 갔다가 그곳에서 강재가 소화불량으로 애간장 다 녹이던 일, 어머니가 이질에 걸려 외할머니가 아편 조각으로 다스려 주자 어머니는 먼저 일본인과 함께 개성으로 떠나신 일, 절름발이 흉내를 내면서 얼굴에 까만 칠을 하고 소련군을 피해 다니던 아내, 그러나 친절한 소련군 장교가 있어 철원까지 오게 된 일, 동두천에 다다라 10월 초 추위에 우는 강재를 달래며 가까스로 서울에 들어온 일, 책으로 엮어도 능히 한 권을 이룰 만하다고 주변에서는 회상을 더듬었다.

이때 장기영은 무엇을 하고 있었는가. 행원과 그 가족들을 보호하며 은행의 중요 서류와 예금주의 장부, 현금 등을 챙겨 가지고 배낭을 멘 채 리어카를 끌고 남쪽으로 향하고 있었다.

"세상이 어떻게 되는 거야?"

어떤 산마루를 넘으면서 그는 동행에게 물었다.

"글쎄, 일본은 끝장이 났지만, 붉은 군대가 저렇게 들어와 설치니, 반도가 새빨갛게 되는 거 아닐까?"

그러나 장기영은 고개를 갸우뚱했다.

"내가 이따금 읽은 지식에 의하면 미국이란 나라, 저거 엉성한 것 같아도 보통 아니야. 소비에트와 어떤 밀약이 돼 있는진 모르지만, 우리 반도를 그렇게 간단히 포기할 나라가 아니라고."

그러면서도 그 또한 일본의 패망이 어디까지인지를 헤아리지 못했다.

서울에 도착하자마자 장기영은 조선은행 본점을 찾아가 청진지점의 중요 서류와 돈꾸러미를 내려놓았다.

그 난국에 이렇게까지 책임감을 가진 사나이가 다 있었던가, 놀란 것은 일본인 간부들이었다.

조선은행 한쪽에 '청진지점 사무취급소'가 생겼다. 가장 고마워한 사람은, 몸만 빠져나온 설경동·전택보 등 청진 출신 실업가들이었다. 그들은 난리통에도 자기 예금을 지켜 준 사나이의 덕을 톡톡히 본 것이다.

"인간의 활동에는 항상 두 가지 면이 있다. 그 하나는 사사로운 정, 또 하나는 공적인 정……이라고 대부분의 사람들은 사물을 둘로 나누어서 생각한다. 그러나 둘로 나누면 공을 위해서 언제나 사사로운 정을 버려야 하는 괴로움만이 남게 된다. 여기에 인간 그릇의 크고 작음을 분별하는 중요한 구분이 있다. 장기영, 이 인간에게 기대해 본다."

이렇게 생각을 한 조선은행 두취(頭取:은행장) 호시노(星野)는 마지막으로 이 땅을 떠나면서 다음과 같은 발령을 했다.

'명(命) 지배인대리 장기영'

난세를 헤쳐 나가는 사람

경영에서는 《눈에 보이는 요인》과 함께
《눈에 보이지 않는 요인》이 중요하다.

1. 나는 어디에 서 있나

서른이 채 안 된 장기영은 바지 주머니에 손을 넣은 채 조선은행 본점 창가에 서서 거리를 내다보고 있다.

해방만세! 대한민국만세!를 부르짖는 행렬이 매일같이 계속되고 그 옆을 미군 지프가 분주히 오가고, 어제까지 이 땅에서 주인 행세를 하던 일본인들은 초라한 모습으로 떼를 지어 떠나고 있다.

역사라는 것이 이런 것인가. 엄청난 변화를 순식간에 해치우는 기적을 가져왔으니 말이다.

삼팔선이라는 것이 그어졌다.

눈으로 직접 본 붉은 군대가 북쪽에 주둔하고, 귀축(鬼畜) 같다던 미군이 남쪽에 진주했다.

해외에서 돌아온 혁명투사들은 이승만(李承晩)·김구(金九)·김규식(金奎植) 등 헤아릴 수 없을 만큼 숫자가 늘어나고, '대한 사람 대한으로' 애국가가 거리마다 골목마다 울려퍼져 가고 있다.

친일파·매국노를 때려눕히라는 노성(怒聲)은 날카롭기만 하고, 친일했던 사람들은 두려움속에 숨을 죽이고 있다.

나는 무엇인가? 장기영은 자문해 보았다.

나는 어디에 서 있나?

1916년 '대한제국'이 일본의 총칼 앞에 무릎을 꿇은 지 6년째 되던 해. 서울 남문 밖 은행동 1번지에서 곡물상 장동후(張東厚)의 아들로 태어나, 외조부 이종묵(李鐘默)의 가르침을 받아 가며 무시막골 한남보통학교를 나와, 선린상업을 졸업하고, 18세에 조선은행원이 되어, 청진지점에 몸담기를 12년. 잔뼈가 굵어지면서 생긴 온갖 기운과 정열을 쏟는 사이 일본인 상사들로부터 '너 잘한다'는 소리도 무수히 들었고, 인정도 받던 장기영……

말이나 문장이나, 행동이나 경우나, 무엇 하나 일본인에게 뒤질 것 없이 자란 '조키에이(張基榮)'.

그런데, 당황 속에서 행원들을 질타하며 빠져나오기는 했지만, 청진이 불바다가 되는 것을 보면서 느낀 엄청난 어떤 감동, 막혔던 앞이 탁트이는 것 같던 어떤 환희, 우리 것을 찾았다는 광대한 안도감…….

그것들은 다 무엇인가?

창씨개명의 노도 속에서도 '장기영' 이름 석 자를 지킨 것은 그렇다 하더라도 조선인에게, 행원들에게, 거래선(去來先)에게 못할 짓을 한 적이 없었던가?

의견을 가졌으면서도 그것을 마음대로 토해 놓지 못한 죄는 있다. 그 밖에 내가 조선 사람으로서 부끄러워해야 할 일은 없었던가?

'소데스네(글쎄요)' 하면서, 억울하게 징용에 걸린 사람을 죄 없다 풀어 주고, 징병을 기피했다 하여 끌려온 젊은이에게 되도록 가벼운 형을 주던 김용식 판사 생각이 난다. 면도칼 같은 날카로운 눈매에 이상한 미소를 머금던 최세황 검사도 생각난다. 부리부리한 눈매에 뭉툭하게 뻗어 내린 콧날을 씨근거리며, '그 아이들' 하고 일본 사람들을 깎아내려 말하던 주효민 기자의 반골(反骨)도 이제사 보니 큰 뜻이 있었다.

삼대 독자를 내세워 요리조리 징병이며 징용을 피하다가, 끝내는 7월 말께 사표를 내고 달아난 홍유선의 아슬아슬한 곡예는 무슨 예감에서였던가? 재향군인회에서 걸릴까봐 몰래 손을 써 주었는데, 그래서 퇴거계(退去屆)가 원만하게 나온 줄도 모르고 걸음아 날 살려라 서울로 달아난 순진성.

그러고 보니 참 우리 동족끼리의 우의는 두텁고도 따뜻한 것이 있었다. 이제 보니 무엇 하나 무의미진 않았다.

지금 쏟아져 나오는 항일투사, 독립운동의 영웅들에 비할 바는 아닐지 모르지만, 우리는 우리대로 조선 사람으로 돌아오는 데 지장이 있는 짓을 해온 사람들은 아니었다.

그러면 됐다. 그렇게 이 막은 내려져야 할 성질의 것이리라.

이것은 하나의 혁명이다.

새로운 장(章)이 열렸다. 입장을 분명히 하고 출발하자.

2. 조선은행 조사부 차장

장기영이 가족들과 재회했을 때 당장 들어가 잘 집이 없었다. 그는 염치불구하고 아현동에 있는 설경동의 집 근처에 있는 설경동의 몫으로 되어 있는 집으로 갔다. 폭풍감정의 은혜뿐만 아니라 은행 장부를 다 가지고 내려온 장기영 덕분에 힘을 갖추게 된 것을 생각하면 그만한 것쯤은 대수롭지 않은 일이었다.

장기영도 마음 편히 먹고 살았다.

그 집은 적산 가옥이다.

어느 날 설경동은 자기가 비켜 주는 것이 도리일 것 같은 생각이 들었다.

그 뜻을 전했을 때 장기영은 멋적은 얼굴을 했다.

"이래도 되는 겁니까?"

"같이 살아야지 뭐. 걱정 말고 은행일이나 잘 해요."

그 뒤, 그는 무섭게 은행일에 몰두하기 시작했다.

우선 큰 방을 요구하고 조사부원이 박인준(朴仁俊) 한 사람밖에 없다는데서 분발하기 시작했다. 그는 자기 마음대로 임시로 사람을 채용하여 아침부터 밤 늦게까지 아무런 불만 없이 일하게 하였다.

이따금 딴 부서의 사람이라도 부르면 진경득·김정렴(金正濂)·신병현(申秉鉉) 등이 와서 번역일 같은 것을 도와 주었다.

당시 여신부 소속이었던 진경득의 추억이다.

일본인들이 철수한 조선은행의 조사부 장 차장은 그 뛰어난 식견과 놀라운 업적으로 은행 내외에서 각광을 받기 시작했다. 나는 여신부 여신과의 행원이면서 장 차장이 부르면 달려가서 해외 경제자료를 받아다가 밤새 번역해 내는 그런 일도 했다. 어떤 때는 조사부에서 야근을 하다가 장 차장과 함께 충정로 댁에까지 가서 일을 했다. 그 일이란 장 차장이 적어 준 제목을 하나 놓고 새벽 2시까지 생각나는 대로 원고지 5매를 메워 놓고 자야 하는 일이었다. 장차장은 지시만 하고 옆방으로 사라졌다.

배가 고프면 일이 안 된다고, 장기영은 중국집과 거래를 터서 식권을 발행했다. 자장면, 우동 한 그릇으로 '자기 존재'를 알아 주는 그와 어울려 집에까지 일을 가져가서 해다 주는 우의는 매우 순수했다.

화폐가 문제였다. 일정(日政) 말기에서 미군정(美軍政)으로 넘어오는 사이, 또 삼팔 이북과 이남으로 갈리는 사이, 그 분포는 대체 어떻게 되어 있는 것일까? 또 패망했다고는 하지만, 일본과의 관계는 어떻게 마무리지어야 하나? 일본 국채(國債)나 공채(公債)나 확실한 상업 어음을 가지고 있는 사람들은 그 수를 헤아릴 수 없을 정도이다.

그 소중한 재산들을 휴지조각처럼 버릴 수야 없지 않은가? 하나의 기존채권(旣存債權)인데 말이다.

그는 그런 것을 세밀히 조사시키고, 그 자료를 정리하여 상부에 보고했다.

"뭐야 이게? 일본은 망했잖은가?"

상부에서는 의아해하였다.

"일본은 망했습니다. 그러나 정부가 들어서고 세상이 안정되면써 먹을 때가 있을 것입니다."

"그럴까?"

상부에서는 대수롭지 않게 생각하는 모양이었다.

그때의 상부. 일본 유수의 제대(帝大) 출신도 있고, 상대(商大) 출신, 고상(高商) 출신들이 기라성 같았다.

군정 때여서 고문으로 미해군 월터 스미스 소령이 와 있고, 최순주(崔淳周)가 조선인 총재이며, 비서실장이 천병규(千炳圭)였다. 처음부터 조선은행에 들어온 사람은 구용서(具鎔書)·김유택(金裕澤)·안명환(安命煥)·나승호(羅承鎬)·김영찬(金永燦) 등. 그리고 1934년에 같이 입행한 백두진(白斗鎭)·박도희(朴璿熙)·오정환(吳正煥)·이상덕(李相德) 등이었다.

장기영에게는 빤히 보이는 그 위가 아득한 것 같기만 했다. 학력을 중시하는 풍조는 선린상업 밖에 나오지 못한 그로서는 어쩔 도리가 없는 것이다.

백두진만 해도 그렇다. 그는 도쿄상대(東京商大) 출신이라는 데서 중용되고 있는 셈이다.

그러나 해 보자. 도전적 정열이 그의 가슴 속에서는 훨훨 타오르고 있었다.

남이 10시간에 해치우는 일을 나는 20시간 걸려서라도 해내리라.

남이 12시간 걸려서 하는 일이라면 나는 24시간, 한잠도 안 자면서라도 해내리라.

그는 자료를 토대로 신문에 소논문을 발표하기 시작했다. 《서울신문》의 오종식(吳宗植)이 그를 이끌어 주었다. 《서울신문》에 《화폐가치안정책의 원칙》 《중앙신문》에 《신화폐 대책은 물가노임 안정 후에》를 경제사설로 기고하는 한편, 《조선은행조사월보》를 열심히 만들어 내며 《경제연감》과 《조선경제연보》를 엮어내는 데 전력을 다했다.

그의 열정은 상부에까지 닿았다.

상부는 잠시도 가만히 안 있는 장기영을 주시하고 있었다.

문종건(文鍾健)은 당시 장기영의 활약에 대해 다음과 같이 이야기한다.

그는 나타나는 곳마다 바람을 불러일으키는 존재였다. 조사부만하더라도 의욕적인 커다란 방을 점령하고 도서를 닥치는 대로 사들이고 우수한 대졸 직원을 대폭 증원하고 나섰다. 당시 운동화짝을 끌고 시시한 타월을 목에 걸고 나대는 장기영은 흡사 촌부자의 모습이었다. 그 뒤 조선은행의 《조사월보》가 잡다한 월보계에 군림한 것은 이 촌부자가 몰고 온 바람이었다. 한국은행 이사 시절이다. 외화대부라는 것을 시작했을 때 이에 관계했던 상사 한 분이, '그 자에게 일을 맡기면 고삐 풀린 망아지 같아서 십 리 밖으로 뛰니 휘어잡을 겨를도 없다'고 나에게 술회한 일이 있다. 그만큼 그에게는 무사안일은 없고 소신껏 일을 추진해 나갔다. 그의 특유한 고집이 활력의 요소가 된 것이다.

해방 정계(政界)의 혼란은 한 치도 앞을 내다볼 수가 없었다. 세계의 2대 사상이 이 곳에서 대결하는가. 민주주의와 공산주의의 시험장으로 변해 버린 조선반도였다.

그는 가느다란 눈을 한층 가느다랗게 뜨고 세상을 내다보았다.

울적할 때는 기생집으로 달려갔다. 천병규 비서실장, 진강현 서무부장이 곧잘 어울렸다. 일제강점기 때 그처럼 높아 보이던 요정 문턱이 별거 아닌 것처럼 느껴졌다.

청진의 우정 김용식(金溶植)을 은행 법률고문으로 추천한 것은 이 무렵의 일이다.

친구만큼 좋은 것은 없다. 맡은 일이 일인지라, 누구든 그는 찾아가 만날 구실이 있었다.

조사부를 큰 방에 차리고 유명 대학 출신들을 모아 놓고, 장차 이 나라 중앙은행의 모양을 꾸며 보는 것은 자부심을 가질 만한 일이었다.

오사카 상과대학을 나온 천병규가 비서실장으로 앉아 있는 것은 여러 모로 편리한 일이었다. 장기영은 의식적으로 그와 가까이 지냈다. 두 살 아래인 천병규는 인생의 선배로 그를 따랐다.

장기영의 대담한 행동을 뒷받침해 준 것은 비서실장 자리에 있는 바로 그였다.

밤이면 이틀이 멀다 하고 두 사람은 충무로에 있는 청향원(淸香園)으로 어울리거나 홍등가를 누비고 다녔다.

"내 로맨스? 로맨스 많지. 로맨스 없는 인생이 무슨 가치가 있어?"

"술자리에서는 여자 다루는 법이 있지. 그거 모르고 노는 건 숙맥이야."

그와 어울리면서 천병규는 많은 것을 배웠다.

천병규의 뇌리에는 장기영은 의협과 의리에 사는 멋있는 사나이였던 것이다.

책이 필요하다고 장기영은 주장했다. 은행 도서관에 있는 장서라는 것은 2차대전이 일어나기 전의 경제학 서적이나, 전시중에 나온 통제경제에 관한 것뿐이었다.

"뭘 알아야 방향을 잡고 달려갈 것 아니오? 공부 열심히 하려고 소장파들 눈이 초롱초롱한데 뭐 볼 것이 있어야지……."

쓸쓸한 표정을 지으며 장기영은 한탄했다.

"뭘 구해다 주면 됩니까?"

천병규은 궁금하다는 듯이 물었다.

"자료와 책…… 전쟁이 끝났으니까 세계 각국에서 여러 가지 신학설도 나왔음직한데, 깜깜이란 말야. 우린……."

"어떡하면 좋습니까?"

"돈만 대슈. 책과 자료는 내가 구해 올 것이니."

"어디서요?"

"일본에서……."

"루트가 있습니까?"

"있잖고. 재일교포한테 협조해 달라고 할 테니까……."

그리하여 신지식이 흘러들어오기 시작했다. 케인스(Keynes) 혁명도, 브레턴 우즈 체제(Bretton Woods System)——국제통화기금, 국제부흥개발은행의 설립에 관한 국제적 협의——와 가트(GATT) 등에 대하여 비로소 알게 되니, 국내 경제계는 눈을 활짝 뜨게 되었다.

3. 조택원과의 만남

"장 차장요, 바쁘지 않으면 잠깐 오시오."

백두진 업무부장의 전화였다. 백두진은 이사(理事)까지 겸하고 있다. 같은 해에 입행했지만 이쪽 직위는 조사부 차장이다.

그래서 언제나 자신도 모르게 의식하고 마는 라이벌이다.

별관에 있는 장기영은 단숨에 본관으로 달려갔다. 화려한 옷차림에 환한 얼굴을 한 청년 신사가 백부장 앞에 앉아 있다.

"소개하지요. 내 휘문고보 동창, 조택원(趙澤元)이오. 보성전문을 나와 일본으로 가서 이시이 바쿠(石井漠) 무용연구소에 들어갔지요. 최승희 알지요?"

"압니다."

"바로 이 친구하고 같이 유럽에 가서 활약했어요."

"영광입니다."

허리를 굽히면서도 강렬하게 이글거리는 장차장의 눈초리를 백부장은 조심스럽게 '감정'하며 말을 이었다.

"이 친구가 또 서양이 그리운가 봐요. 도미(渡美) 공연을 가겠다고 30만 원만 융자해 달라는데……. 이해해 줄 사람이 있어야지. 우리 은행 안에……."

장기영의 두 눈은 순간적으로 이 사나이의 모든 것을 '감정'하고 있었다.

"장 차장밖에 상의해 볼 상대가 없어요. 장 차장밖에 뭐든지 아는 사람이 없어요."

말하자면 후원자를 구하는 백부장의 말이다.

그 뒤 몇 번 접촉하는 사이에 두 사람은 십년지기처럼 서로를 좋아하게 되었다.

일은 제대로 진행되었으며, 낙원동 화원에서 환송회가 열렸다. 미국에서 《초당(草堂)》이라는 작품을 출판하여 화제를 일으킨 강용흘(姜鏞訖), 정부수립 후 초대 공보국장이 된 이정순(李貞淳 : 한국일보 출신 이용훈(李鏞薰)의 부친), 그리고 조택원과 장기영 네 사람만의 오붓한 모임이었다.

한여름 대낮, 창 밖에는 억수 같은 소나기가 쏟아지고 있다.

장기영은 조택원의 말끔한 용모와 언동이 매우 마음에 들었다.

조택원도 미국행의 꿈을 실현하게 해 준 것은 바로 당신이라고, 장기영에게 매우 고마워하였다.

얼마 뒤 인천항에서 배에 오르며 조택원은 장기영의 손을 꼭 잡고 몇 번이나 감사하다는 말을 했다.

"꼭 성공하십시오!"

격려하는 장기영의 마음도 진실로 가득했다.

미국행. 독립했다고는 하나, 아직 무엇 하나 안정된 것이 없는 이 나라에서 꿈의 나라, 부자의 나라로 가는 저 사람은 얼마나 행복할까?

나도 그런데 가 볼 기회가 있을까. 언제? 무슨 일로?

이들의 만남은 앞으로 긴 세월에 걸쳐 면면히 우정을 다져 간다. 인생의 막을 내리는 그 날까지.

4. 혼란 속에서 부장 승진

1947년 여름, 아내는 또 한 명의 옥동자를 낳아 주었다. 재구(在九)이다.

일희와 강재도 잘 자란다. 행복의 여신은 우리에게 각별한 애정을 가지고 있구나.

장기영은 신나게 뛰었다.

세상은 여전히 어수선했다. 신탁통치를 놓고 미·소는 왔다갔다하며 회의만 거듭하고, 우익은 반대, 좌익은 찬성으로 연일 데모가 그치지 않았다.

근로인민당 당수 여운형(呂運亨)이 피살되고, 남한에서의 공산당 활동이 불법화되더니, 해를 넘겨 1948년 유엔한국위원회 감시하에 첫 국회의원 선거가 시행되었다. 그러자 대한민국 정부수립이 선포되고, 북쪽에는 조선민주주의인민공화국이 성립되었다. 반도의 비극이 그 원형을 굳혀 버린 것이다.

'내가 정치가라면!'

장기영은 울화통이 터질 지경이었다. 어떻게 안 되는가? 같은 동족끼리.

어느 쪽도 전부 자기 쪽이 원하는 대로 가기만을 고집하면 안 된다. 대화라는 거, '니고시에이션(negotiation : 교섭·협상)'이라는 게 필요하다.

폭력으로 때려부수고, 찔러 죽이고, 그리하여 어진 백성들이 갈 바를 모르게 하면…… 답답한 노릇이다.

진경득은 당시 혼미했던 사회의 한 단면을 보여 주는 일화를 말한다.

1948년 중앙은행법을 기초하기 위해 아더 브롬필드 박사가 왔을 때 나는 그를 돕는 일을 하였다. 매일 국내 신문들을 훑어보고, 브롬필드 박사가 필요하다고 생각되는 기사를 번역하는 것이 나의 일과였다. 나는 사전과 씨름하면서도 보람을 느끼며 일했다.

그러던 어느 날, 형사 두 사람이 찾아와서 나를 양편에서 잡고 지프차에 태워 중부서로 연행했다. 나는 영문을 몰랐다. 취조를 받으면서 나는 남로당원의 혐의를 받고 있음을 알았다. 참으로 날벼락을 맞은 것이었다. 아무리 부인해도 소용이 없고, '자백을 하라. 자백만 하면 풀어 주겠다'는 말을 되풀이했다. 오랜 시간 공갈과 협박이 나를 괴롭혔다. 취조관은 '벌써 체포된 당원이 솔직히 불었으니 순순히 대라'면서 다른 취조실로 데려갔다. 거기서는 옆방에서 일어나는 고문의 비명 소리가 귀를 찢었다. 최후 통첩 같은 자백 강요에 나는 심한 갈증을 느끼면서 아니라고 했다. 잠시 침묵이 흘렀다.

그때 방문이 열리더니 두 사람이 나타났다. 한 사람은 장 차장, 또 한 사람은 중부 서장이었다. 서장은 나를 노려보면서 '혐의가 풀린 것이 아니라 너의 상관이 너를 전인적(全人的)으로 보증하겠다는 서약서를 썼기 때문에 놓아 준다'고 했다. 자정이 가까웠다.

우리는 서로 나와서 퇴계로 길을 걸었다. 말문을 잃고, 서글프기만 했다. 충무로 입구에서 헤어지면서 장 차장은, '잊어버리자'고 했다.

그러나 장기영 개인에게는 세월이 나쁘게 흐르지만은 않았다. 이해 1948년 12월 1일, 그가 한국은행 조사부장이 된 것이다.

인재가 드문 건국 직후라고는 하지만, 이와 같은 특진은 전무후무한 일이었다. 주위가 모두 놀랐다. 위에서는 조심스럽게 내려다보고 있었다.

놈, 확실히 물건은 물건이로구나. 그러나 학벌은 학벌이다. 상업학교만 나오고 거기까지 왔으면 다 온 셈이다. 잘 해 보라.

그런 눈치도 있었다.

박승순(朴勝珣)은 조사부장 장기영을 추억한다.

입사 3개월 만인 1949년 1월 1일 구용서 부총재로부터 정식행원 사령장을 받았다.

이날 사령장을 받은 몇몇 동료들과 인사부장 박승준에게 인사를 갔는데, 그는 '나는 당신을 발령한 일 없소'라고 할 정도로 장기영의 추진력은 위 아래가 없었다.

장기영이 조사부에 있을 동안은 조사부원들의 대부분이 우선 임시직원으로 채용되고, 그들의 업무와 보고서를 평가하여, 직접 총재에게 '내가 필요한 사람이니 발령하시오'라고 건의하여 정식 채용하는 식이 지속되었다.

장기영의 주장은 조사부원들이 국내외 경제 흐름을 진단, 평가해야 하는데 입행시험 때 주판알 튕기는 주산 등이 뭐 필요하냐는 것이다.

이렇게 발탁된 조사부원들은 한 달에 5~6건의 보고서를 작성하게 된다.

이렇게 조사부의 왕성한 연구활동으로 당시 최고였다는 산업은행 조사부를 능가할 수 있었고, 그것이 조선은행이 1950년 6월 중앙은행으로 전환되는 원동력이 되었다.

정부는 뉴욕의 미연방준비위원회(FRB)에 중앙은행을 설립하는데 도와줄 것을 요청, 시카고대 경제학 박사 학위를 마친 지 8년이 되는 중견 경제금융전문가 아더 브롬필드를 1949년 9월 내한케 하여 1년여에 걸쳐 한국은행법안을 만들도록 하였다.

이때 장기영이 주로 아더 브롬필드와 접촉을 가졌는데, 그 결과 조선은행이 중앙은행으로 승격하는 동시에 한국은행으로 개칭되었다.

조사부장 장기영은 책을 구하느라 동분서주하였다. 좋은 말을 들으면 그 자리에서 메모를 하기도 했다.

최순주 총재는 한국은행법 제정을 서두르면서 김도연(金度演) 재무부장관과 상의하고, 금융이론의 권위자를 불러다가 자문을 청하기도 했다. 초청되어 온 사람은 앞서 말한 뉴욕의 미연방준비위원회 국제수지 조사국장 아더 브롬필드 박사였다.

장기영은 그와 많은 접촉을 하면서, 왜 일찌감치 영어 회화를 배워 두지 않았나 심한 후회를 했다.

그가 초(草)한 안(案)은 영미법(英美法)에 의한 것으로, 중앙은행의 독자적 권한을 방대하게 부여한 것이었다.

장기영은 이 초안을 들고 유진오(兪鎭午) 법제처장을 찾아다니며 역설했다.

국회에서는 대륙법(大陸法)의 영향을 받은 의원이 많아서 크게 반발을 했지만, 뜻은 관철되었다.

"내가 맡은 일인데……."

장기영은 회심의 미소를 머금고 다음의 전투에 대비했다.

1949년 새해가 밝아 오면서 아시아의 정세는 커다란 변화를 가져왔다. 중국 대륙에서 장개석(蔣介石)의 국민당이 대만으로 옮겨가고 공산군이 베이징에 입성했다. 북한은 소련으로부터 2억 1,000여만 루불을 빌리며 경제문화협정을 체결하고, 미국도 이에 질세라 한국정부를 승인하는 동시에 1억 5,000만 달러의 원조를 제공하기로 했다. 그러나 남한에 주둔하는 미군이 500명의 고문단만 남기고 철수하겠다는 발표는 일반에게 커다란 충격을 주었다.

그해 여름 6월 26일 상해임시정부 주석이며 한국독립당 당수인 김구(金九)가 피살되자, 정가의 긴장은 극에 달했다.

태어나는 새 생명은 그런 것에 개의치 않았다. 장기영의 3남 재민은 한여름의 더위도 아랑곳없이 힘찬 울음소리를 터뜨렸다.

"일희로부터 2년 간격으로 한 마리씩 나와서, 네 마리가 기어다니며, 울고, 노는 것을 보면 대견하다구……."

장기영은 곧잘 친구들에게 그런 소리를 하면서 껄껄 웃었다.

"약소국간데 말야, 한 다스쯤 날까? 국력에 도움이 될 거야. 그러나 마지막 나오는 놈은 내가 다 늙어빠졌을 때니까 가엾겠군. 그만 날까?"

어머니와 아내도 말할 수 없이 기뻤다.

"애야, 외아들 집안에 이게 웬일이냐?"

"어머니 소원 풀어 드리는 거예요."

이의두(李義斗)·정상윤(丁相允) 등과 한국은행 내에 농구부를 둔 것은 이 무렵이었다.

문제안(文濟安) 등과 테니스를 친 것도 이 무렵이다.

5. 창설 도쿄지점

장부장은 총재실을 노크하고 들어갔다.

"장부장, 나하구 여행할 생각 없소?"

구용서(具鎔書) 총재가 만면에 웃음을 띠고 의자 뒤로 몸을 기대며 물었다.

"어딜 가시는데요?

"지구 끝까지……."

"영화 제목 같습니다. 수행해얍죠."

"당신 주장하던 도쿄지점 개설 준비하러 가자구!"

"네?"

1950년 새해 벽두부터 희소식이다.

한일교역협정(韓日交易協定)에 조인한 것은 작년 4월의 일이었다. 일의대수(一衣帶水)라는 문자 그대로 현해탄 저쪽에 있는 일본. 비록 원한에 얽힌 36년간의 치욕적 사연이 있긴 하지만, 그렇다고 영원히 등을 지고 살 수도 없는 이웃.

그나저나 절대로 질 리가 없다던 그 콧대 높은 군국주의자들이 어떻게 맥아더 원수의 통치를 받고 있을까?

그러나 두 사람에겐 심각한 고민이 있었다.

도쿄지점을 개설하겠다는 계획을 정부와 주한 ECA(경제협조처)에 처음 제시했을 때, ECA측은 때가 아니라고 반대했다. 구용서 총재기 직접 찾아가서 그것이 왜 필요한가를 납득시켰을 때, 일본측도 호혜원칙(互惠原則)에 입각하여 서울에 자기들 지점을 내게 해 달라고 할 것이 뻔하다고 했다.

그런데 이승만 대통령이 일본 것은 받아들일 수 없고, 우리 것만 저쪽에 내도록 하라는 엄명을 내린 것이다.

폭격으로 폐허가 된 도쿄에 내렸을 때, 장기영은 전쟁의 위력에 놀랐다. 지존도, 지대(至大)도, 오만도, 불손도 모조리 잿더미로 만든 거대한 힘.

'귀축미영(鬼畜米英)'이라 침을 뱉던 일본인들은 천황도 신격(神格)에서 내려놓고, 맥아더 원수를 하늘같이 우러러보며 초라한 차림으로 걸어다니고 있었다.

그러한 그들이 호혜원칙을 내세우고 나오면 큰일이다.

두 사람은 주일대표부를 찾아 사정을 이야기했다. 대표부에서는 SCAP(연합군 최고사령부)의 경제과학국장 마카트 소장(少將)을 방문하게 해 주었다. 뜻밖에도 그는 흔쾌히 승낙을 해 주었다.

일본은행의 이치마다(一萬田尙登) 총재와 만나니, 여기 또한 순하게 승낙하는 것이 아닌가. 호혜 이야기는 나오지도 않고, 운영자금까지 걱정해 주면서, 구용서 총재가 SWAP(상환거래) 거래 방식을 채택하고 싶다고 제의하자 그것도 동의해 주었다.

호텔로 돌아온 구 총재는 기분이 좋았다. 술 한 잔을 나누면서 그는 장기영을 돌아다보며 한마디 던졌다.

"애들이 왜 이래? 맥아더 점령하에 있다는 게 이렇게 무서운 건가?"

"전적으로 그것만은 아니죠. 총재님 화술이 주효한 겁니다……. 이건."

"허허…… 자기 화술이 좋았다는 칭찬 듣고 싶어 그런 소릴 하나?"

"제 화술도 괜찮았습니까?"

"일본인 뺨치는 일본말에다, 당신의 그 끈덕진 어프로치, 일품이었어. 안 넘어갈 사람 없어요."

두 사람은 호탕하게 큰 소리로 웃었다.

일본은 상전이 아니었다. 일본은 대등한 나라, 아니 우리보다 낮은 패전국이었다.

대장성, 통상성, 외환관리국 등 9개의 관계기관에서도 걸리는 데 없이 모두 양해가 되었다. 불과 2주일 동안의 일이다. 식민지시대의 열등감 같은 것은 까마득한 과거지사가 되고 말았다.

두 사람이 한참 기분이 좋을 때 최병우(崔秉宇)가 들어왔다.

"진짜 공로자가 나타났습니다."

장기영 부장은 그를 환영했다.

"이 사람의 특출한 영어가 모든 걸 매끄럽게 진행시켜 주었습니다."

"정말이야!"

구용서 총재도 반갑게 그를 맞이했다.

장기영 부장은 요 얼마 동안 비서격으로 그를 데리고 다니면서 홀딱 반할 몇 가지 점을 발견했다. 첫째 우리 나라 명문고교인 경기(京畿)를 나와 일본의 고치고(高知高)를 다녔다는 수재다운 머리, 둘째 영어회화에 능통하고, 셋째 누구를 만나도 겁내지 않는 대담성과 저돌성.

그를 만나게 된 것은 하나의 연분인지도 모른다. 구 총재와 도쿄로 건너왔을 때, 비서격으로 쓸 사람 좀 빌려 달라고 주일대표부의 이능섭(李能燮)에게 부탁했더니 보내준 사람이 바로 최병우였다.

"미스터 최, 지금 약혼자 만나구 오는 길이죠?"

"어떻게 그렇게 잘 맞추십니까?"

"당신 얼굴에 써 있어요. 일본 최고의 재원들이 모이는 도쿄여고사(東京女高師) 출신이라면서요?"

"그렇습니다."

"지금 대표부에서 서기관이지요?"

"발령은 안 났지만 그런 대우를 받고 있습니다."

"우리 은행 발령을 받지. 어때요? 도쿄지점 여는 데 합류하시오."

사람의 운명이란 알 수 없는 것이다.

그 해 4월, 최병우는 재원 김남희(金南姬)와 결혼을 했다. 그러면서 계속 지점 개설 작업을 도왔다.

5월 20일, 도쿄 한복판 마루노우치(丸の內) 빌딩 안에 한국은행 도쿄지점의 간판이 걸렸다.

김정렴(金正濂)은 도쿄지점 개설에 결정적인 역할을 한 장기영에 대해 다음과 같이 회고한다.

은행가로서 또 하나의 비범한 발상은 한국은행 동경지점의 개설을 들 수 있다. 조사부장으로 승진되었던 장 부장은 한국은행 창립을 위한 한국은행법 제정을 총참모장격으로 추진하고 있던 중 미국의 전문가에 의한 한은법 초안이 거의 마무리되어 갈 1950년 1월 동경지점 개설의 필요성을 주창하였다. 당시 우리 나라 실정에 비추어 볼 때 동경지점의 필요성이 절대적인 것도 아니었고, 또한 일본 점령 당국인 맥아더 사령부 및 일본 정부와 교섭해서 인가를 받는 것이 쉬운 일이 아닌지라 감히 엄두도 못 낼 형편이어서 무모하고 무망하다는 행내 여론도 적지 않았다.

장 부장 일행은 놀랍게도 도일한 지 2주일 만에 원칙적인 내락을 얻고 귀국했다. 동경지점은 그후 약 4개월 만에 개점을 보았고, 한국은행은 6월 12일에 창립되었다.

6·25 전쟁이 발발하자 1개월 전에 막 개점한 동경지점은 우리 나라 외화자산(外貨資産)의 대리 총할(總轄), 전시중 은행권(銀行券)의 인쇄와 수송, 그리고 민생물자 긴급수입, 지원 등등 전시(戰時) 경제에 지대한 기여를 했다. 동경지점 개설을 주창한 장 부장의 선견지명에 탄복할 뿐이다.

임원은 환금은행 전무로 있던 김진형을 도쿄 주재 부총재로, 그와 함께 해방 후 뉴욕에 가서 공부하고 돌아온 술과 의리의 친구 천병규를 지점장으로, 지점장대리에 홍용희, 행원에 송정범·이해명, 그리고 최병우를 합쳐 모두 6명이었다.

6. 무슨 놈의 전쟁이야

조사부장이라는 자리는 때론 방파제나 마찬가지이다.

신문기자들이 덤비거나 상부에서 대답하기 귀찮을 때는 으레 이렇게 말했다.

"조사부장이 잘 알고 있어요. 거기 자료가 있으니까 잘 설명해 줄 거요."

그러면 순하게 넘어가기도 하지만 대부분의 경우처럼 꼬치꼬치 캐물어 오면 진땀이 난다. 다 털어놓을 수도 없고, 그렇다고 사실 무근으로 꾸며댈 수도 없어 어느 때는 이런 말을 하기도 했다.

"여러분이 형사입니까? 좀 심한 것 같습니다. 정 그렇게 나온다면 나도 여기 그만두고 기자가 될랍니다."

물론 유머이다. 뱃심 있는 말을 할 줄 아는 장부장을 기자들은 좋아했다.

도쿄지점 개설에 이어 한 달 만에, 정확히 말해서 1950년 6월 12일, 드디어 한국은행(본점)은 새 간판을 걸고 출범했다.

초대 총재는 구용서 그대로였다.

그 조금 전에 이승만 대통령은 맥아더 초청으로 도쿄에 다녀왔다. 한일 해운잠정협정이 성립된데다 신통상협정까지 서명되었다.

남한에서 지하활동하던 공산당 간부 이주하(李舟河)·김삼룡(金三龍)의 검거를 고비로 공산당 조직은 일단 붕괴되었으며, 농지개혁이 실시되고, 국무총리 서리에는 신성모(申性模)가 되었으며, 제

2대 국회의원 선거 결과는 무소속의 압승이라는, 어수선한 세태였다.

덜레스 미국 대통령 고문이 와서 삼팔선을 시찰하고 돌아간 직후 조만식(曺晩植)과 이주하·김삼룡을 맞바꾸자는 남쪽 제의를 북쪽이 안 하겠다고 잡아뗀 지 엿새 만인 6월 25일 일요일 새벽. 북쪽은 탱크를 앞세우고 대포를 쏘아대며 남침을 시작했다.

한가로이 아이들과 시간을 보내려던 장기영 부장은 뉴스를 듣고 거리로 뛰쳐나왔다.

이 소문이 사실인가? 해괴망측한 소리가 거리마다 골목마다 흘러가고 스며드는 사이 장기영의 발길은 한국은행으로 향했다.

축제 분위기가 채 가시지도 않은 한국의 중앙은행은 죽은 듯이 말이 없다.

구용서 총재는 예금뇌취(預金雷取)를 두려워했다. 정부가 삼팔선을 사수했다는 전황 발표 때문에 26일은 그런 현상이 나타나지 않았다. 이튿날부터 혼란은 시간마다 심각해졌다. 날이 밝아지자 아연실색하지 않을 수 없었다. 각 은행 창구는 아수라장이 되었다.

지금은(地金銀) 4톤의 운반, 미발행은행권(未發行銀行券) 40억 원, 중요 문서의 이송, 외환서명권에 관한 도쿄지점에의 지시 등 황망중에도 침착하게 일을 처리해 가는 총재를 장 부장은 도왔다.

"장 부장, 만약의 경우 당신은 끝까지 여기를 지키다가 나오시오. 당신밖에 해낼 사람이 없어."

"알았습니다. 그런데, 이게 무슨 놈의 전쟁입니까?"

"난들 알겠소?"

"동족끼리 쏘구 찌르자는 겁니까? 정치하는 친구들 너무 졸렬해서 못 봐 주겠습니다. 저 같으면 벌써 통일 했습니다."

"당신이 대통령 될걸 그랬나봐."

한 마디 던지고 구 총재는 서둘러 나갔다.

이 날 오후, 금은 4톤과 미발행은행권을 실은 트럭은 남으로 떠났다.

거리엔 루머가 새끼를 낳아 벌써 인민군이 의정부까지 쳐내려 왔다는 소리가 파다했다.

억수같이 비가 퍼붓는 하늘 북쪽에서 쿵쿵쿵 소리는 연달아 들려왔다.

다저녁때 구 총재는 임송본 부총재와 총재인(總裁印), 행인(行印), 중요 문서 등을 가진 안호열 문서국장을 태우고 떠나면서 장 부장에게 지시했다.

"장 부장, 최후부대요. 끝까지 은행을 지키다가 안양으로 오시오."

《쿼 바디스(Quo Vadis)》라는 작품이 생각났다. 어디로 가느냐, 가엾은 민족아!

맥아더 사령부 전방 지휘소가 서울에 설치되고 국군은 총반격에 나서 북진 중이라는 방송이 시민들을 어리둥절하게 했다.

그날 밤 장 부장과 함께 남은 것은 신병현(申秉鉉)·문상철(文相哲) 두 과장과 비상 숙직원들 뿐이었다.

담배를 피워 물고 허공을 바라보니 또 한 번 욕이 나온다.

"돌대가리들!"

젠장, 술 한 잔 없나? 명월관 기생은 다 어딜 갔어? 누구를 위한 무엇을 위하여 이 밤이 존재하나?

쿵 쾅! 천둥치는 것 같은 저놈의 소리! 귀를 돌리는데 바깥에서 고함소리가 들려왔다.

뛰어나가니 옥상에서 파수 보던 사람이 정강이를 안고 울면서 보고한다.

"큰일났습니다, 부장님. 요 앞에 적군이 들어왔습니다요, 벌써!"

장기영은 본능적으로 옥상을 향하여 뛰어올라갔다.

퇴계로 쪽에서 콩 볶는 소리가 났다. 따발총이다. 탱크의 포소리도 멀리 가까이 교차되고, 거리엔 피난민 행렬이 흘러가고 있다.

시계를 보니 12시 가깝다. 그는 급히 뛰어내려와 고함을 쳤다.

"철수 준비! 철수 준비! 빨리 차에 올라타라구!"

승용차와 스리쿼터가 조선호텔 쪽으로 빠져나갔다. 어두운 골목엔 공포만이 가득 찼고, 시커먼 빌딩도 무슨 마루(魔樓)같이 흉물스러웠다.

시청 앞은 피난민과 트럭이 서로 엉키어 일대 혼잡을 이루고 있었다.

천신만고 끝에 남대문을 빠져나와 삼각지를 지나 한강다리에 이르니, 총칼을 든 헌병들이 삼엄한 경계를 하고 있다.

가까스로 다리를 건너 얼마쯤 갔을까. 난데없이 뒤쪽에서 천지가 무너지는 굉음이 났다. 돌아다보니 불길이 솟아올라 한강 상공이 붉게 물들어 있는 것이 아닌가?

안양 윤인상(尹仁上)의 농장에 도착한 것은 28일 아침이 훤히 샜을 때다. 뒤따라 온 문상철과 수위 윤황로(尹黃老)는 한강을 건너 노량진쯤에 왔을 때 다리가 폭파되는 것을 보았다고 했다.

"건너던 차량과 사람들은 어떻게 됐어?"

장기영은 질린 목소리로 물었다.

"다 강물 속으로 들어갔습죠……."

장내는 숙연해졌다. 구 총재가 비통하게 중얼거렸다.

"라디오는 밤새 서울 사수를 외치고 있었어. 박승준(朴勝準) 부장은 지금 평상 근무를 한다고 막 떠나려던 참이었다구."

"개판입니다."

장기영이 내뱉은 말이었다.

"그나마 조직적으로 서울을 빠져나온 건 한국은행뿐일 겁니다. 남으로 가셔야 합니다."

그 와중에서도 큰 활약을 한 장기영을 신병현은 이렇게 회고한다.

1951년 1월 4일 북한군 재침을 앞두고 백상과 나는 서울에서 모든 한국은행 직원과 가족을 후퇴시킨 후 지프차로 저녁 늦게 수원까지 갔다. 가족이 있는 부산까지 달려갈 수도 있었으나 백상은 수원에서 1박하자고 하였다. 그 이유인즉 한국은행 인천지점장이 6·25 전쟁 때 서울 본부의 연락이 없어 인천지점을 고수하다가 북한군에게 피랍 희생되었는데, 그런 불상사가 또다시 발생하여서는 안되겠으니 우리들이 내일 인천지점에 연락을 해주어야 한다는 것이다.

백상과 나는 다음날 수원에서 포성이 요란한 영등포를 지나 인천으로 지프차를 몰고 갔다. 인천으로 가는 길에는 인적 하나 없고 심지어 개도 얼씬거리지 않는 무인연도였다. 금방이라도 어디서 북한군의 기총소사나 매복기습이 있을 것만 같은 무시무시하고 불안한 순간의 연속이었다. 당시 문서과장이던 나는 부총재인 백상보고 되돌아가자고 하고 싶은 마음이 간절하였으나 감히 입 밖에 내놓지 못했다.

우리가 인천 가까이 갔을 무렵 인천에는 이미 북한군이 점령하여 우리는 그 함정에 빠지는 것만 같았다. 백상은 '괜찮을 거야' 하고 혼잣말을 하였는데, 이 말은 백상이 극한상황에 대한 각오와 자기 자신을 안심시키기 위하여 하는 말만 같았다. 다행히도 우리의 연락을 받기 전에 인천지점 직원과 전가족은 이미 부산행 기선에 승선하였음을 확인하고 우리는 인천에서 수원으로 가는 샛길(지금은 산업포장도로)로 빠져 부산으로 달렸다.

백상은 이처럼 의리있고, 남의 사정을 내 일처럼 생각하였다. 그는 생전에 많은 사람을 도왔고 또 많은 문제들을 해결하였으며, 이러한 과정에서 때로는 자기희생을 무릅쓰기도 하였다.

슬픈 행렬이 시작되었다. 패전보를 들으며 쫓기듯 남으로 남으로 피란가는 행렬이었다.

7. 우리도 싸우고 있다

유엔군이라는 기치 아래 미군이 참전했지만, 인민군의 선봉은 낙동강 방어선까지 밀고 내려와 대구를 압박하고 있었다. 호남에서 진주 쪽으로 옆질러오니, 대한민국이 갈 곳은 시퍼런 바다밖에 없었다.

대구에서 부산으로 내려온 한국은행은 그 본래의 업무를 수행하는 데 조금도 엉성하지 않았다.

대구에서의 일을 배수곤(裵秀坤)도 이렇게 회고한다.

6·25 당시 임시수도가 잠시 대구로 옮겨져 있을 때, 한국은행 본부도 임시로 대구지점으로 이전하고 있던 1950년 7월 중순경. 막대한 군사비 수요로 은행권의 공급이 따르지 못하여 엄격한 현찰 지급 제한이 실시되고 있을 시기였다. 어떤 일선 부대 장교가 대구지점 창구에서 카빈 총구로 위협하면서 현찰지급을 강요하고 있었다. 그 장교의 형상은 필사적으로 보였으며 매우 험악한 분위기여서 지점 책임자가 감당을 못할 지경이었다. 이 때 이를 알아차린 한국은행 조사부장이던 백상이 2층 본부실에서 창구로 내려와 '전쟁은 당신들만 하고 있는 것이 아니라 우리도 다 같이 싸우고 있다' 하면서 호통을 치는 바람에 그 장교도 기가 죽어 물러가는 현장을 직접 목격한 바 있다. 대단한 용기에 감명받지 않을 수 없었다.

경상남·북도 일원을 마지막 교두보로 국군과 유엔군이 버티는 동안 그들은 막대한 전비(戰費)를 치러야 했고, 유엔군에게도 자금을 대여해야 했고, 다달이 늘어가는 화폐 수요를 충당해야만 했다.

8월이 이글거리며 타고 있었다. 숨가쁜 고비에 접어들었을 때 구 총재가 장 부장을 찾았다.

"서울서 빠져나올 때 장 부장이 맨 마지막에 나왔지요?"

"그랬습니다."

"그럼 맨 먼저 올라가는 것두 장 부장이라야겠구먼……."

"예? 무슨 말씀이십니까?"

구 총재는 장 부장을 가까이 불러 조그만 소리로 일러 주었다.

장 부장은 두 눈을 커다랗게 떴다.

"갑니다! 제가 갑죠! 제가 제일 먼저 갈 자격이 있습니다!"

"당신은 꼭 난세(亂世)에 필요한 사람이오."

"전 일이 없으면 심심해서 자살할 놈입니다."

그로부터 장기영은 해군에 드나들기 시작했다. 8월 25일 해군 작전본부 고문이 되어 달라는 위촉을 받았을 때 그는 무엇인가 있긴 있구나 실감하기 시작했다.

9월 15일 미해병대가 인천상륙작전에 성공한 것은 세계를 놀라게 한 빅뉴스인 동시에 항도(港都) 부산에 몰려와 와글거리던 모든 피난민들의 숨통을 트이게 한 소생제였다.

"자 떠나시오. 장 부장!"

구 총재가 내미는 손을 꽉 잡으며 젊은 장 부장은 한 마디했다.

"자살할 정도로 심심하게 지내진 않게 됐습니다."

"그 여유! 믿어요. 서울 가면 당신이 한국은행 총재 행세를 하는 거요."

"장래를 위해서 연습해 두겠습니다."

자신만만한 걸음으로 나가는 장기영의 뒷모습을 바라보는 구 총재는 미소를 머금지 않을 수가 없었다.

인공기 아래 조국통일이 이루어져 가고 있다고 자신만만해하던 인민군은 허를 찔리어 풍비박산되었다. 유엔군 승세는 하늘을 찌르고 있었다.

9월 20일 장기영을 장(長)으로 하는 한국은행 선발대는 해군 LST에 은행권을 잔뜩 싣고 부산항을 떠났다.

감개무량했다. 솟구쳐오르는 기쁨을 이 배 안에서 어떻게 하란 말인가?

저만치 누워 있는 가난한 땅. 흑이면 흑, 백이면 백이라고밖에 말할 줄 모르는 순진무구한 백성들을 2대 사상의 시험대에 올려놓고 장난을 친 자는 누구인가?

전쟁의 잔인성을 익히 알았을 터이니, 이제는 정신 차려 가자, 어진 백성들아!

그는 그렇게 외치고 있었다.

배가 인천항에 닿은 것은 하루 만이었다.

얼마나 쏘아댔는지 인천시가는 참혹한 폐허가 되어 있었다.

그러나 지점은 남아 있었다. 남쪽으로 피하지 못하고 인민군 아래서 3개월을 견뎌낸 행원들은 그를 붙들고 울었다.

"빨리 빨리 합시다. 문을 열어야 해요. 인천에 있는 모든 은행 지점, 개점 준비하도록 도와야 해요."

장 부장의 호령은 서릿발 같았다. 서울 쪽에서는 아직 포성이 들려오고 있었다.

드디어 25일, 한국은행 인천지점은 문을 열었다. 그 이튿날 모든 금융 기관들도 문을 열었다.

서울이 수복됐다는 9월 28일, 장기영은 개선장군처럼 본점으로 들이닥쳤다. 동대문 밖에서는 아직도 총성이 그치지 않고 있을 때였다.

본관은 타 버리고 외벽과 기둥, 지하창고만 엉성하게 남아 있다.

각 방을 돌아보았다. 책상과 집기 등 모든 비품이 다 타 버렸다.

전쟁, 그것은 장엄한 슬픔만 남겨 놓는 행사로구나.

옥상에 올라가 보았다. 서울의 하늘에 슬픈 가스는 남아 있지만 어딘지 모르게 그래도 생기가 돋아나고 있다.

문득 건너편 저축은행이 그의 눈에 띄었다. 멀쩡한 것 같았다.

급히 달려간 그는 내부나 집기, 비품 등 아무 이상이 없는 것을 보고 결심했다.

"여기다. 여기가 한국은행 본점이다."

부산의 총재에게 연락을 하니 오케이였다. 그리하여 문을 연 것이 10월 1일.

그 이튿날엔 시중은행도 일제히 문을 열게 했다.

강을 건너지 못해 서울에 남아 있어야만 했던 행원들이 몰려와 눈물을 흘리면서 개선장군처럼 자기를 환대하던 그 감동.

구용서 총재를 선두로 부산 임시본부가 돌아왔을 때 장기영은 귀띔을 해 주었다.

"미안합니다."

구용서 총재는 고개를 숙이며 그들을 위로했다.

"여러분이 취할 바 행동을 내가 지시하고 알려 줬어야 할 텐데, 하도 어처구니없이 내려가는 바람에……, 정신이 없었습니다. 그동안 고생들 많으셨죠? 진심으로 사과 말씀을 드립니다."

그 뒤 한참 가서 도강파(渡江派)니 잔류파니 하여 말이 많았지만 한국은행으로서는 별일 없었다.

할 일이 많았다. 남한 전역의 금융기관 점포 문을 하루 속히 열어야만 된다.

10월 19일 제6차 금융통화위원회가 개최되었다. 전란 발생 후 처음이다.

그 동안의 통화 발행과 총재가 취한 긴급조치를 확인하는 한편, 임시부흥본부를 설치하기로 결의했다.

한국은행의 전시체제의 강화를 꾀하자는 것이었다.

누구에게 맡기느냐? 임시부흥본부는 국민경제의 급속한 부흥을 위하여 은행에 부과된 전시적·임시적 긴급 비상업무를 신속하게 일원적으로 기획·추진·심의·조정·연락하는 것을 목적으로 설치된다는 것이다. 과연 누가 이 거창한 일을 해낼 수 있느냐?

총재는 말했다.

"세상에는 묘한 사람도 있어서 일이 없어 심심해지면 자살하구 싶어진다는 위인이 있습니다."

모두들 웃으며 호기심을 보였다.

"서울에서 6월 28일 마지막까지 은행을 지키다가 남하한 사나이, 이번에 올라올 때는 제1번으로 선발돼 와서 번개처럼 인천지점, 서울본점, 각 금융기관의 문을 열게 한 사나이……장기영 조사부장이 바로 그 사나이올시다. 나는 그 사람이 이 일을 맡으면 자살 같은 것을 생각할 겨를이 없어 좋고, 우리 좋고, 나라 좋고, 일석다조(一石多鳥)의 효과를 거두리라고 확신합니다."

박수갈채가 쏟아져 나왔다.

장기영 부장의 감격은 이루 말할 수 없었다. 전란 후의 어지러워진 금융계 질서를 자기보고 바로잡으라는 소리가 아닌가?

그는 일에 박차를 가했다. 가장 급한 것은 전시통화조치와 공급이며, 전화(戰禍)를 입은 지역의 금융기관을 되살리는 대책이다. 만약에 북한으로 진격하여 승리를 거둔다면 그곳 금융기관의 접수와 건설을 맡아야 된다.

좋다. 정말 자살할 시간 없겠구나.

그러나 술 먹을 시간은 만들어야지.

술은 먹어 주는 것을 바라는 물건이니까. 마치 여자는 사랑해 주기를 바라듯이 말이야.

장기영은 그렇게 생각하며 여유 있게 웃어 보았다.

어느 날 '소데스네 판사' 김용식과 한 잔했다. 변호사 개업을 하고 있는 그를 한국은행 법률고문으로 추천한 것은 청진에서 맺은 맑은 우정 때문이었다.

8. 올챙이 거물

국군과 유엔군은 노도와 같이 북한으로 쳐올라갔다. 평양·원산이 함락되고, 선발은 깊숙히 올라가고 있었다.

한국은행은 할 일이 많아졌다. 북한에 지점을 내어 빨리 민심을 안정시켜야 된다.

부흥본부장 장기영은 그의 소관이라 분주히 뛰고 있다.

구 총재는 지그시 그를 지켜보았다. 저 친구를 야전사령관으로 보낼까? 그러나 본부에서 할 일이 태산 같은데 저 친구가 없으면 참모가 빠지는 격이 된다.

그럼 누구를 보낸단 말인가?

한국은행 출범 당시 임원진은 수석부총재에 허민수, 부총재 김진형·임송본, 감독부장에 안명환, 감사에 나승호였다. 그러나 허민수는 곧 신탁은행 두취(頭取 : $^{은행}_{장}$)로 갔고, 김진형은 도쿄에 주재하니, 실질적으로 그를 보좌해 줄 사람은 임송본밖에 없다.

이래서야 일이 제대로 되겠는가?

구 총재는 외로웠다. 결심 끝에 그는 상공은행으로 가 있는 박도희를 불러들였다. 전란 후 장기영이 야전을 지휘했지만 극심해진 전쟁 인플레를 극복하기 위한 통화신용정책을 강력히 펴나가자면 그는 참모역에 전념해야 된다.

평양총지점을 내기 위하여 박도희가 뛰는 동안에 전황이 달라졌다. 중공군들이 물밀듯이 압록강을 건너 개입하기 시작한 것이다.

얼마 안 가 유엔군의 후퇴가 시작되었을 때 한국은행은 자세를 가다듬었다.

12월에 들어서자 금통위(金通委)는 임송본을 수석부총재에, 박도희와 장기영을 부총재에 임명했다. 두 말할 것도 없이 구 총재 의중의 사람들이었다.

서울을 다시 내놓고 부산으로 내려가는 비운의 1·4 후퇴 때 장기영은 그 슬픔과 승진의 기쁨을 중화시키는 데 무진 애를 먹었다.

그러나 선린상업을 나온 열세에서 해방 때 차장이 되고, 얼마 안 가 부장이 되고, 이제 34세에 한국은행 부총재가 되었다. 있을 수 없는 진급이다. 그런만큼 책임은 더 막중해졌다.

김용성(金龍成)은 1·4후퇴 때 서울에 잔류했던 금융인들을 '부역' 누명을 벗어나게 해 준 장기영을 다음과 같이 회고한다.

1·4 후퇴 때의 일이다. 모두 부산으로 피란하느라 아수라장이었는데 미처 피란길에 오르지 못한 선량한 국민들과 한국은행, 식산은행 등 금융계의 우수한 인재들이 대부분 서울에 잔류하게 되었고, 부역이란 누명을 쓰고 CIC에서 조사를 받고 있었다. 장 부총재는 이 사실을 알고 재빨리 당국에 교섭하여 행원들의 신원을 인수하고 뒷책임은 은행과 자신이 지겠다는 약속으로 이들을 구출하였다. 그리고 이들을 금융계의 적재적소에 배치하여 전시나 전후 국가 재건에 큰 도움을 준 것은 세상이 다 아는 일이다.

구용서(具鎔書) 총재도 이러한 전쟁 와중에 예지와 행동력을 겸비한 장기영의 도움을 많이 받게 된 것이다. 이때에 장 부총재는 거래선을 잘 도와주어 피란살이 기업들이 무난히 유지되는 데 촉매제 역할을 한 것이다. 그야말로 전쟁시 한국경제의 윤할유였던 셈이다.

부산과 대구에 몰린 피란민들은 우왕좌왕했다. 내일을 장담할 수 없는 비극 속에서 개인의 힘이란 아무 것도 아니었다.

통화는 마구 찍혀 나왔다. 유엔군 대여금은 날로 늘어갔다.

장기영은 일람표를 가지고 총재실로 들어갔다.

"큰일났습니다. 아무리 전쟁이라곤 하지만 이렇게 통화가 팽창해서야 우리 나라가 살 길이 없습니다."

그는 설명을 시작했다.

전란 초의 은행권 발행액은 1950년 6월 말 669억 원이었는데, 지난 12월 한 달 동안의 증가액이 790억 원을 넘었다.

"1951년 1월에는 528억, 2월에는 334억, 3월에는 225억 원입니다. 이 추세로 간다면 파탄밖에 없습니다."

그는 덧붙였다.

"유엔군 대여금이 문제입니다. 우리를 위해서 이런 데 와서 희생을 무릅쓰고 싸워 주는 건 고맙지만요. 근본적으로는 사상전(思想戰)의 시험장 아닙니까? 그들 정부에 요청해서 쓴 만큼 받아내야 우리가 살 겁니다."

구 총재는 고개를 끄덕였다.

"중간 상환도 좋고 정기적 상환도 좋습니다. 작년 7월 한·미 간에 체결된 '유엔군 경비지출에 관한 협정'에 의거해서 요구할 수 있습니다."

구총재는 또 고개를 끄덕이며 말했다.

"아무래도 대통령께서 한 말씀 해 주셔야겠군. 환율 문제도 있고 말야."

우리가 유엔군에게 돈을 꾸어 주고 있다고 생각하는 것이 이승만 대통령의 입장이었다. 환율을 인상하면 그만치 우리가 밑진다. 그는 완강히 반대했다.

ECA의 키니 보좌관이 본국으로 돌아가게 되자, 이승만 대통령에게 환율을 인상해 달라고 강력히 주장했다. 이승만 대통령은 배석한 최순주(崔淳周) 재무장관에게 어떻게 생각하느냐고 물었다.

"환율을 현실화하는 것이 좋다고 생각합니다. 아니면 은행이 문을 닫게 됩니다."

이 대통령의 눈빛이 달라졌다.

"구 총재, 정말 은행이 문을 닫게 되는 겁니까?"

이 대통령이 물었을 때 구 총재는 신중히 생각했다.

"환율 문제와 은행이 문을 닫는 것과는 직접 관계가 없을 것입니다."

이 대통령은 벌떡 일어나서 나갔다.

사랑을 받던 최순주 장관은 물러나고, 백두진 식산은행장이 그 후임으로 들어앉았다.

막후의 장 부총재는 눈을 똑바로 떴다. '입행 동기가 재무장관이 되었구나.'

도쿄상대와 선린상업의 차이인가?

분수를 지키겠다. 그는 유엔군 대여금 상환을 끈덕지게 물고 늘어졌다.

환율이 4월부터 조정되었다. 4,000원에서 6,000원이 되었다.

1951년 4월에 열린 금통위는 구체적으로 중간 상환 또는 정기적 상환을 요구함과 동시에 연리 4%의 이자까지 청구하는 결의를 했다.

그리하여 가을에 결실을 보았다. 처음으로 1,215만 달러의 상환을 받았던 것이다. 한화로 730억 원에 달하는 것으로, 전체 대여금 3,200억의 5분의 1이 넘는 액수로 대여금에 관하여 처음으로 협정이 이행되었다는 점에서 커다란 의미가 있었다.

"한국 사람이 죽느냐 사느냐 하는 판인데, 양보가 어디 있어! 돈 많은 사람들을 뜯어먹어도 시원찮은데……"

35세의 젊은 부총재는 좋아하는 술이라도 한 잔 들어가면 기염을 토했다.

"매월 받아내야 됩니다. 무역이 부진한 이때에 무엇으로 인플레를 억제합니까? 필요한 수입량 확대에 소요되는 외화 자금을 이것으로 조달할 생각까지 해야 됩니다."

구용서 총재는 독자적 판단에 합치되는 참모들의 말을 채택하는 데 용감했다.

"여보, 장 부총재. 요즘도 술하시오?"

어느 날 구 총재가 물었다.

"그거 안 하면 무슨 재미로 삽니까? 틈만 있으면 합니다."

"자살 생각할 겨를이 없지요?"

"전혀 없습니다."

"문학책은 여전히 읽고?"

"한 줄이라도 안 읽으면 잠이 안 옵니다."

"참 바쁜 팔자로군. 그러면서도 한가로워요. 여유라구 할까?"

여유라면 여유다. 한반도 전체의 구질구질한 운명에 대한 비관도 있지만 인간으로 돌아가, 순수한 한 인간으로 돌아가 생각하는 시간을 못 낼 것도 없다.

난세에 도망칠 생각을 가진 사람들이 많은데, 거꾸로 뿌리를 내리면서 부를 꿈꾸는 야심가들도 있었다. 무역업자들 중엔 호경기를 누리는 사람들이 있었다. 폭풍감정의 설경동의 대한산업, 삼성물산의 이병철(李秉喆), 동아상사의 이한원(李漢垣) 등이 그러했다.

장 부총재는 재계에서 많은 친구를 얻었고, 관계에서도 널리 알려졌다.

이병철은 부산 피란 시절 장기영과의 첫 만남을 다음과 같이 이야기한다.

부산 피난 시절 당시 장기영은 30대 중반으로 한은부총재를 맡아 전시의 금융수습에 진력하고 있을 때였다.

무더위가 한창이던 어느 날 그로부터 만나자는 연락이 왔다.

한은 부총재실로 들어서니 당당한 체구의 한 장년이 나를 반기며 두툼한 손으로 악수를 청했다.

"안녕하십니까? 장기영입니다. 이 사장님 말씀은 많이 들었습니다."

걸걸한 목소리에 바위 같은 거구, 얼굴은 호랑이상이었다. 비록 나이는 나보다 여섯 아래였지만 첫눈에 호쾌한 인물임을 느낄 수 있었다. 그는 나를 앉도록 권하더니 부속실 직원에게 준비한 것을 가져오라고 했다. 잠시 후 쟁반에 담긴 큼지막한 배(梨) 두 개가 탁자 위에 놓였다.

"이 사장님! 더운데 우리 시원한 배나 같이 드십시다."

장 부총재는 과도를 꺼내 손수 배 껍질을 깎아 통째로 내게 건네주었다. 나는 엉겁결에 배를 받아들고 말했다.

"같이 드시지요."

"아닙니다. 제 건 여기 있습니다."

그는 남은 배 한 개를 집어 껍질을 깎더니 그 큰 배를 와작와작 순식간에 먹어치우는 것이었다.

이 가식 없는 파격(破格)! 나는 그와의 만남에서 소탈한 인간미, 그리고 심저(心底)에 잠긴 광대무변(廣大無邊)한 잠재력을 직감할 수 있었다. 그로부터 30년 가까운 세월을 우리 두 사람은 서로 신뢰하고 존경하는 붕우로서 때로는 동고하고 때로는 동락했다.

신문기자들은 여전히 그의 주변에 들끓으면서 난문(難問)들을 퍼부어 대곤 했다.

부산 거리에는 피란민들이 이리저리 방황하는데, 그는 '선택된 사람'임을 자인해야만 될 때가 많았다. 객관적으로 그는 이미 거물다운 인상을 풍기고 다녔던 것이다. 약관 35세의 주제에 말이다.

9. 군표(軍票)사건

비서가 들어오더니 신문기자가 찾아왔다고 했다.

"무슨 일이야?"

장 부총재는 의아한 얼굴을 했다.

"긴히 말씀드려 볼 게 있다구 하는데요."

"들어오라구 그래."

기자가 쑥 들어왔다.

"안녕하십니까? 부총재님……."

"뭐 좋은 소식이라도 있수?"

"아직 모르시나요?"

"뭐 말이오?"

"도쿄지점에서 최병우(崔秉宇)가 다녀갔죠?"

"얼마 전에 왔다 갔죠."

"지 아이 머니(G.I. money)를 보내셨나요, 그편에?"

"에?"

뜨끔했다.

"일본 세관에 걸렸습니다. 신문에 나고 야단이었는데, 모르시나요?"

형사의 신문 같다. 안색이 변하는 것을 보고 기자는 더 유유히 짓궂게 물었다.

'머저리 같으니. 그것을 들키다니…….'

"보내긴 보내셨나요?"

"보냈습니다."

장기영은 우물거리지 않았다.

"사적으로 보내신 겁니까, 공적으로 보내신 겁니까?"

"공적인 돈인데 사적으로 보냈죠."

"왜 공적으로 보내지 못했나요?"

대답할 수가 없다. 이승만 대통령의 달러에 대한 관심은 세상이 다 아는 바다. 오죽하면 도쿄지점 개점 때 1만 달러만 쓰라고 했겠나?

1만 달러를 가지고 도쿄 한복판에서 5~6명의 직원을 거느리고 어떻게 은행이랍시라고 문을 열 수 있겠는가?

도쿄지점의 김진형 부총재가 알아서 적당히 한 모양인데 이번 경우도 그렇다.

도쿄지점에서 최병우가 왔을 때 그쪽 사정을 물으니 개점 초기라 늘 자금이 달리고, 문방구·집기조차 구하기 힘든 형편이라는 이야기였다.

전란이 일어나기 며칠 전에 개업한 도쿄지점은 그 동안 화급한 은행권을 찍어서 부산본점으로 보내오는 중대한 역할을 맡았다. 규정에 따라 부산까지 오는 배편에는 은행 직원이 한 사람 동승해야 했고, 그 일을 가장 자주 맡았던 사람이 최병우였다.

상은 못 줄망정 그렇게 군색해서야 되느냐, 장기영은 재무부장관의 양해를 얻어, 미군표 2만 4,000달러를 최병우편에 보냈다. 이대통령에게 허가를 얻으려다간 십중팔구 '노' 소리를 듣게 마련이기 때문이었다.

그런데 그것이 걸렸다? 큰일났구나. 도쿄지점의 김진형 부총재도 당황하고 있었다.

현송(現送)을 끝내고 돌아와야 할 날, 최병우는 엉뚱하게도 일본 세관에 붙잡혀 있다는 전화 연락이 왔다.

사연인즉 본점 명령에 따라 비공식으로 군표를 가져왔는데, 세관에서 발각되어 잡혀 있으니 해명을 좀 해 달라는 것이었다.

급히 본점에 연락해 보니 장관의 양해로 장 부총재가 보냈다는 것이 확인되었다.

최병우는 곧 풀려 나왔고 미군정의 협조로 이 문제는 무난히 수습되었다.

그러나 신문지상에 보도된 것이 문제였다. 이승만 대통령은 크게 노하고, 직접 진상 규명에 나서겠다고 했다.

세론이 부채질을 했다. 때가 때이니만큼 개인적인 송금이 아니었냐는 것이다.

이 대통령의 노여움은 더욱 커졌다.

주일대표부에서 도쿄지점 책임자를 즉시 경무대(지금의 청와대)로 보내라는 연락이 왔다. 지점에서는 본점에 문의했다. 나올 것까지야 있겠느냐, 본점에서 수습하겠다는 답이다.

그러나 며칠 후 다시 대표부에서 독촉이 왔다. 할 수 없이 천병규 지점장이 부산으로 날아왔다.

"그 무슨 사건 있잖아, 미군 돈 말이야?"

이승만 대통령은 처음부터 언짢아했다.

"너희들, 일본에 있는 놈들과 짜고 한 것이지? 바른말 안 하면 사직(司直)에 말해서 잡아넣겠어."

"아닙니다. 각하……."

한 시간이 넘도록 땀 흘리며 변명했다.

이승만 대통령은 선 채로 눈을 부라렸다.

나중에는 대통령의 옷소매를 붙잡고 천 지점장은 도쿄지점의 어려운 사정을 이야기하며 호소했다.

"알았어. 죄가 없는 것 같으니, 빨리 가서 일이나 해."

이렇게 해서 군표 사건은 끝났다.

그러나 장 부총재를 보는 주위의 눈빛은 달라졌다. 특히 기자들의 눈은 그를 자극했다.

빌어먹을! 나도 신문기자나 해 볼까? 그는 홧김에 술잔을 확 기울였다.

은행 생활 17년 만에 처음 당한 망신이었다.

10. 제2의 혁명

백두진 식산은행 두취가 재무장관으로 영전한 후 한국은행 임원진은 자주 바뀌었다.

임송본이 식산은행 두취로 가고, 가을바람이 불자 김유택이 수석부총재로 왔다. 또 서울시 부시장이었던 전예용(全禮鎔)도 부총재로 왔다.

구용서 총재는 새로운 세대들의 진출을 보면서 이제 자기의 교량역할은 끝난 것이라고 판단, 이 대통령을 찾아가 사표를 냈다.

1951년이 저물어 갈 무렵이다.

놀라 달려온 장기영을 그는 미소로 맞이했다.

"그동안 마구 부려먹어서 미안했소. 김·전·장의 최고경영진이 활약할 무대가 왔어요. 당신의 그 끈덕진 추구력, 박진감이 있는 실천력, 반드시 결실을 볼 날이 있을 거요. 가다가 난관에 부딪쳐도, 당신은 젊으니까. 지금 한창 때니까……"

장기영은 깊숙이 머리를 숙이면서 그의 손을 꼭 잡았다.

"선배님 덕분에 배운 게 많았습니다. 특히 이 나이에 부총재까지 시켜 주신 뜻, 잊지 않고 분투하겠습니다."

"선린 나와서 상급학교에 갔다면 당신은 평범한 사람이 되고 말았을지도 몰라. 당신은 노력가야. 활성의 발동기를 가지구 다니는 사람이야. 그보다 더 소중한 재산이 어디 있소?"

좋은 상사를 모셨었구나. 군표 사건 이래 우울해하는 나를 여러 모로 감싸 주기도 하는 위로의 말일 게다.

해방 후 난세의 연속 속에서 그가 겪었던 여러 가지 일들이 주마등처럼 머릿속을 지나갔다.

그리고 문득 나도 여기서 그만둔다면 어떻게 되나? 무엇을 할 수 있을까? 의문을 품어 보았다.

전택보가 이야기한 적이 있었다.

방응모(方應謨) 사장이 납치되어 간 이후 조선일보사는 극심한 경영난에 부딪쳐 자기에게 대표취체역을 맡겼다. 자기 회사 창고에 와서 무진 고생을 하며 명맥을 이어가는 것이 풍전등화 같으니 한 번 맡아서 해 보지 않겠느냐고.

은행에 있으면서 사귄 기자들도 상당수 있다. 찰거머리 같으니, 귀찮으니 했지만, 세상이 몇번이나 변하는 동안에 정도 꽤 들었다. 조선은행 때부터 사귄 기자는 정인익·금철·김용장·송병효·이정순, 그리고 청진 때부터의 주효민 등이 있다.

《서울신문》에는 자기에게 익명으로 한동안 경제사설을 쓰게 한 오종식(吳宗植)이 있다.

도쿄지점 개점 때문에 인연이 생긴 최병우도 언론계 진출을 권한 적이 있지 않은가?

"따지고 보면 현대 민주주의 국가들은 위정자가 국민을 다스려 나가는 것이 아니라, 신문이 다스리는 겁니다. 언론은 천하를 상대하는 거니까요."

그는 그렇게 말했었다.

"내가 배운 건 은행일밖에 없는데, 될까?"

"혼자 하는 게 아닙니다. 베테랑들을 모아서 그들이 만들게 하면 되는 거 아닙니까?"

《서울신문》의 도쿄특파원으로 있는 주효민을 붙들고 타진했더니, '난리판이라 그렇지, 신문이라는 게 원래 대장부가 해 볼 만한 일' 이라고 했다. 거기다 김용식도 오케이다.

장기영의 마음은 기울어졌다. 해 볼까? 은행 안에서의 자기 위치를 살펴보았다.

군표 사건 이후 무엇인가 이상한 눈초리로 자기를 보는 분위기가 아직도 가셔지지 않고 있다. 그보다도 훨씬 마음에 걸리는 것은 항상 자기보다도 높은 데서 내려다보는 싸늘한 시선 몇 줄기가 있다는 사실이다. 무엇이 못마땅하냐? 소리를 지를 수도 없고 참으로 유쾌하지가 않다.

장기영은 이런 때 술을 찾지 않으면 숨통이 답답해진다. 그는 동래로 가서 진탕 먹었다. 백지 상태로 돌아가 볼까? 그리고 그려 볼까, 새 그림을.

백두진 재무장관이 취임한 지 9개월 후 김유택이 한국은행 제2대 총재로 온 뒤부터 장기영의 마음은 편안치가 않았다.

어느 날 보수동 은행 사택으로 김세련(金世鍊) 문서국장이 찾아왔다. 선린상업 2년 후배이다.

"총재의 명을 받고 왔습니다. 사연은 잘 모르겠습니다만 장선배님의 사표를 받아 오라고 하셨습니다."

장기영은 대답을 하지 않았다. 온갖 잡념이 추상화처럼 뿌옇다. 누구의 짓인가? 왜 나를 밀어내는가? 이대로 밀려나가는 게 좋은가, 나쁜가.

"그대로…… 돌아갈까요?"

장기영은 일어나 옆방으로 갔다. 종이를 펴놓고 묵묵히 생각에 잠겼다. 각오를 다듬을 시간도 안 주고 당장 나가라는 것인가?

그 시간은 내가 얻어야겠다. 안 주면 내가 만든다. 최소한 한 달은 필요하다.

그는 한 달 뒤 날짜로 사표를 썼다.

김세련은 얼굴을 들지 못하며 그것을 받아 가지고 나갔다.

한 발짝 거리에 나가면 직장도 없고, 의지할 곳도 없고, 돈도 없는 피란민들이 우굴거린다.

한국은행 부총재, 얼마나 높고 당당한 자리인가. 얼마나 행복하고 포근한 자리인가?

그러나 그는 미련을 버렸다. 주저는 따랐지만 두 주먹을 불끈 쥐었다.

전택보에게 최후의 태도를 밝혔다. 기다리고 있었다는 듯이 그는 조선일보측에 그 뜻을 전했다.

그리하여 부산의 남포여관에서 장기영은 실무진 대표격인 《조선일보》편집인 최용진(崔鎔振)과 만나 첫 회담을 가졌다.

장기영을 사장으로 추대하되 재산권 변동에 관한 것을 제외하고는 5년 동안 납치된 방응모 사장 소유 주(株)의 권리 행사를 위임한다는 조건이었다.

돌다리도 미리 건너 보고 건너간다는 장기영은 당시 조진만(趙鎭滿) 법무부장관 비서로 가 있는 금철에게 어떻게 생각하느냐고 물어 보았다.

"허셔야죠."

작달막하나 딴딴하게 생긴 금철이 찬의를 표했다.

"나 좀 도와주겠소?"

"돈만 빼놓고는 뭐든지 말씀허세요. 내 요 머릿속에 아이디어가 꽤 저장돼 있습니다."

장기영은 유쾌하게 웃었다.

"그렇다면 맡지. 그 대신 내가 오랄 때는 달려와 줘야 됩니다."

"약속한다구요. 한 가지 물어볼 게 있어요."

"뭔데?"

"사동이 여기 있습니다. 뜻이 안 맞아서 벼르고 벼르다가 나간다구 했어요. 주인이 말리다가 그럼 할 수 없지 할 때……."

"서운하지. 술 한 잔 합시다 우리."

큰 사나이가 작은 사나이의 어깨를 안고 술집으로 갔다.

천하가 벌써 자기 손아귀에 들어온 듯, 금철과 장기영은 호쾌하게 웃으며 제2의 혁명을 맞이했다고 호언한다.

거나한 얼굴로 돌아온 아들을 보고 어머니는 걱정스럽게 물었다.

"어디 새로 취직이 됐냐?"

"어머니, 걱정 마세요. 제가 언젠 일자리 없어서 처자 굶길 놈으루 뵙디까? 아무 걱정 마시구 주무세요."

안에서 갓난아기 우는 소리가 들려왔다. 들어가보니 정월에 낳은 재국을 안고 누워 있던 아내가 벌떡 일어나 앉는다.

"고단하거든 자요."

"아니라예. 그보담도……."

"뭐?"

"직장은 우애 됐능교?"

"그런 거 묻지 말아요."

"걱정이 돼서 안캅니까?"

"내가 바라는 내조는 바깥일 안 묻고, 아이들이나 충실히 길러주는 거야. 알잖아, 당신두?"

그는 나란히 자고 있는 일희와 강재와 재구와 재민의 머리를 쓰다듬어 주면서 말했다.

"나는 바삐 돌아다니는 사람이니까 이 아이들, 당신이 맡아야 돼요. 원망하지 말구……."

"이따금은 애들 좀 귀여워해 주이소."

"그 말은 아픈데……. 어디, 야 이 녀석 재구가 왜 이렇게 땀을 흘리지? 거 수건, 수건……."

장기영은 재구 이마의 땀을 닦아주고, 아이들을 어루만져 준다. 그리고 아내를 돌아보며 씩 웃었다.

"미안해. 자자구……. 《조선일보》를 맡았어. 이제부턴 신문기자 마누라야."

도전과 야망

무슨 일이 있더라도 이것은 완수하고 싶다, 성공시키고 싶다는
강한 열의를 가졌을 때, 이미 일은 반쯤 성취된 거나 다름없다

1. 조선일보 사장

1952년 4월 28일, 한국은행을 나온 지 꼭 한 달 만에 장기영은
조선일보 대표취체역 사장에 취임했다.

미국 트루먼 대통령이 맥아더의 만주 폭격 주장을 위험하게 생각
하여 해임시키고, 8군사령관 리지웨이 후임으로 밴플리트 장군을
임명한 때였다.

전선은 다시 밀고 올라갔는가 하면 중공군의 반격이 맞서는 가운
데 전쟁 초기의 긴장감은 다소 피한 상태.

장기영 사장은 모든 시민들의 서울 수복 움직임을 보고 서둘러
상경했다.

폐허였다. 아담했던 서울시가의 모습은 어디로 갔단 말인가? 또
한 번 '갓뎀'이다. 전쟁은 욕설을 퍼붓고 증오해도 시원찮은 마물이
다.

조선일보사에 들러 보니 만신창이다. 전란 동안 그래도 신문을
내보겠다고 고심한 사람들이 모여들어 구세주처럼 자기를 바라보는
눈초리를 그는 충분히 의식하고 있었다.

그는 팔을 걷어붙이고 호령하며 뛰기 시작했다. 1920년 3월 상업
은행 두취(頭取) 출신 조진태(趙鎭泰) 사장이 시작한 《조선일보》이

니만큼 한국은행 출신인 그가 맡는 것도 우연한 인연만은 아닌가 보다.

이상재(李商在)·신석우(申錫雨)·안재홍(安在鴻)·조만식(曺晚植)·방응모(方應謨)·이광수(李光洙)·홍명희(洪命熹) 등 기라성 같은 인재들에 의하여 자라온 신문, 여기서 끊어질 수야 있나?

전란 중에 냈다 말았다 하는 신문들이 모두 가판이었는데, 지사·지국 없이 무슨 놈의 장사가 된단 말인가?

우선 제작진용을 제대로 갖추자.

전세 호전, 정전회담은 성공할 것 같고, 정치활동도 제법 활기를 되찾아, 민중은 신문을 보고 싶어하는 상황까지 왔으니, 이제는 그 욕구를 누가 제일 잘 채워 주느냐가 문제이다.

첫째 큰 소리를 쳐야 된다. 시류를 감시하고, 혼내 줄 것은 혼내 주고, 칭찬할 일은 칭찬해 주어야만 한다.

장기영 사장은 오종식(吳宗植)을 찾아갔다. 해방 후 박종화(朴鍾和)와 《서울신문》을 맡았을 때 자기에게 경제논설을 쓰게 한 선배이다. 의기가 살아 있는 오종식은 논설을 펴는 데 앞장서 줄 것을 약속했다.

《동아일보》의 우승규(禹昇圭)를 설득하여 전홍진(全弘鎭)·유봉영(劉鳳榮)과 함께 논설진을 갖추고, 편집국장에는 성인기(成仁基)를, 청진부터의 인연 주효민과 홍유선, 한국은행 시대의 지기 금철·최병우·송병효 등을 모조리 특채로 끌어들여 활기 있는 단합으로 새 출발을 했다.

그의 집념은 무서웠다. '무엇이 꼭 필요하냐. 없어서 안 될 것은 마련해야 될 게 아니냐' 하는 주의 아래 공장시설이 수리 확충되고, 사진부, 영문 활자와 마리노식 윤전기를 신설하고, 6월 15일부터 배대판으로 실질적인 증면을 단행했다.

반응은 고무적이었다. 다 죽어 가던 《조선일보》는 살아나기 시작했다.

방응모 사장의 장손 일영(一榮), 차손 우영(又榮)의 존재에 그는 신경을 썼다.

5년 계약이다. 그것이 지나면 당신들이 맡아야 할 사업, 잘 지켜보고 익힐 것을 익혀라. 그렇게 그는 염원했다.

소생의 속도는 눈에 보이게 빨랐다.

우선 신문이란, 출근 시간 전에 가정에서 훑어보고 나가게 해야 될 것이 아닌가?

적중했다.

보도자료는 차례로 얼마든지 생겼다.

거제도 포로수용소에서 포로들에게 수용소 사령관이 포로가 되는 얼빠진 일이 생기는가 하면, 장택상(張澤相)이 국무총리가 된 후 백골단 시위, 서민호(徐珉濠) 의원이 군인을 쏘았는가 하면 국회의원 50여 명이 헌병대에 연행되고, 김성수(金性洙) 부통령이 비장한 선언 끝에 사임, 부산 국제구락부에서는 야당 인사들이 반독재호헌구국선언을 하다가 괴한들의 습격을 받는 등, 거기다가 발췌개헌 이후 첫 직선에서 이승만이 재선되는 등 국민들이 알아야 할 일이 자극적으로 연달아 일어났다.

부산에 유건호(柳建鎬)를 못박아 놓고, 서울엔 대한통신 서울본사를 설치한 직후, 백두진이 국무총리서리가 된 것은 장 사장에게 하나의 감회를 안겨 주었다.

당신이 거기까지 갔는가. 일국의 재상이 되었는가.

당신 울타리 안에서 빠져나와 장기영도 죽지 않았다. 죽기는커녕 지금 펄펄 나는 기개로 나날이 신문사의 모양을 달리해 가고 있다.

건투해 보시라. 나는 물론 건투하고 계시다.

1952년이 저물어 갈 무렵, 영국정부에서 언론계를 시찰해 보라는 초청이 왔다.

"가지! 배워야지!"

그는 새해가 엄숙하게 밝아 오는 1953년 1월 1일 비행기에 몸을 실었다.

일행은 김활란(金活蘭)·김동성(金東成)·설국환(薛國煥)·최세황(崔世璜)이었다.

2. Say yes sir!

김활란 여사는 세상이 다 아는 이화여대의 상징에다 이승만 대통령의 눈에도 들어 공보처장을 하는 분, 김동성은 《조선일보》의 선배인데다 역시 공보처장을 지낸 분, 설국환은 설의식·정식의 조카로 설원식의 아들이며 영어를 잘하는 집안에서 자란 베테랑 기자.

장기영은 이 일행에 만족했다.

37세의 유럽 첫나들이는 흥분할 일투성이었다.

"세 분이 다 영어 귀신인데, 나만 못하니 꿀리는데요?"

그는 곧잘 위트와 유머로 동행들을 웃겼다.

미국을 거쳐 영국으로 갔을 때였다. 오랜 시간 비행기를 타 양복바지가 엉망으로 구겨졌다.

"이거 옷좀 다려 입어야지, 내일 《런던 타임스》를 찾아갈 거 아닙니까?"

장 사장의 말에 설국환은 고개를 갸우뚱했다.

"글쎄요. 오늘이 마침 일요일이라 어떤지 모르겠네요."

장기영은 웨이터를 불렀다. 바지를 내보이며 짧은 영어로 다려 달라고 부탁하니 아니나다를까,

"오늘은 노는 날이라 안 됩니다."

딱 잡아떼었다.

설은 거보라는 듯 표정을 지었다.

그러나 장기영은

　"웨이트 어 모먼트!"

하더니 호주머니에서 5실링을 꺼내어 웨이터 손에 쥐어 주며 말했다.

　"쎄이 예스 써!"

　웨이터는 나머지 두 사람을 보다가 대답한다.

　"예스 써!"

　폭소가 터졌다.

　순간적인 일이지만 김동성도 설국환도, 이 사나이의 배짱에 대하여 새삼 놀랐다.

　더 놀랄 일은 그 이튿날 일어났다.

　네 사람이 《런던 타임스》 편집국을 찾았을 때, 국장은 아주 미안해하며 그들의 도착을 공항에서 잡은 사진이 실린 신문을 보여주었다.

　장기영이 안 나왔다.

　국장은 변명을 했다.

　"네 분 찍은 것을 동판으로 했는데 치수가 약간 커서요, 미스터 장을 살리려니까 딴 두 사람이 안 들어가고, 세 사람을 살리자니 미스터 장이 반밖에 안 나오기에 몽땅 잘라 버렸습니다. 미안하게 됐습니다."

　장기영은 그 신문을 들고 유심히 보는 척하다가 씩 웃었다.

　"아이 앰 투 빅 포 런던 타임스!"

　일행도 웃었거니와 국장이 폭소를 터뜨리며 장 사장을 껴안았다.

　"그렇습니다. 장 사장의 거구를 담기에는 《런던 타임스》 지면이 좁았습니다."

　일행의 시찰은 그래서 더욱 재미났다. 그러나 장 사장은 신문인으로서 무서운 전통을 배우고 있었다.

편집국의 엄숙한 분위기는 그에게 많은 것은 가르쳐 주었다. 특히 텔레타이프에서 흘러나오는, 전 세계의 뉴스는 그의 눈길을 끌었다. 신속한 세계 뉴스의 전달이야말로 신문의 생명이 아닌가. 외신부 최병우가 내자(內資)아파트(세종로 근처 외국인 전용 아파트)에 드나들며 외국 기자들과 만나 무슨 낌새를 맡아 오면 큰 것으로 알았는데, 한국은 아직도 멀었구나.

알았다! 그는 고개를 끄덕이었다.

보인다. 보인다. 저렇게 신천지가. 눈앞을 가로막았던 장벽이 탁 트이면서, 저렇게 선명히 여러 가지가 보인다. 여태까지 은행 구석에 쑤셔박혀 무엇을 하고 있었는가?

유럽을 내 눈으로 보았다는 자부심은 큰 몫을 했다. 이제부터는 일본은 물론 미국과 여기를 내 집 드나들 듯하며, 어리석은 백성들에게 세계는 지금 어떻게 달라져 가고 있는가를 알려 주어야겠다. '이렇습니다 저렇습니다' 외쳐야겠다. 오랜 잠에서 아직 깨어나지 못한 사람들을 흔들어 깨워 주어야겠다.

그리고 또 한 가지 결심해야겠다. 영어를 배워야겠다. 하루 몇 개 단어라도 꼭 외워야겠다. 중얼거리며, 카드에 적어서라도.

그 옛날길을 걸으며 하급생에게, '내 옷소매를 잡고 인도해라. 나는 책을 읽을 테니까' 그렇게 공부했듯이.

3. 재무장관이나 한은총재하시죠

1953년 초에 영국을 다녀온 장기영 사장은 눈에 보이게 활기를 더했다.

이른봄 한·일회담 대표의 한 사람으로 참석했을 때 그의 눈에 비치는 《아사히신문》이나 《요미우리신문》 등 일본 신문들이 예사 것이 아니었다.

편집, 제목 뽑는 것, 관점, 제작기술 등 그에게는 모두가 교과서였다. 문화와 스포츠에 관한 관심이 두드러지게 짙어졌다.

신문사 사장이라는 타이틀은 회의에 임할 때 전보다 많은 것을 이야기해 준다고 생각되었다.

해 볼 만한 일을 맡았다는 기분은 모든 접촉, 교섭에서 그의 활기를 배가해 주었다.

1년 동안 시험해 본 결과, 새벽 배달과 호외 작전은 큰 효험을 나타냈다. 사옥 2층의 옛 부사장실에다 야전용 침대를 놓고 아래위로 뛰어다니던 열성은 한 해 동안에 부수 350%, 지대(紙代) 수입 640%, 광고 수입 518%의 기적적인 성장을 이루게 했다.

휴전협정이 성립되고 피난갔던 서울 사람들이 돌아왔을 무렵, 아이디어맨 금철은 의미심장한 제의를 했다.

"민심이 아직 갈피를 못 잡고 있어요. 이참에 애국 한번 합시다."

"무슨 소리가 그렇게 거창하우?"

장기영이 물었다.

"휴전협정도 이루어지고, 평화 무드가 상승하는 이때에 전국고교 야구선수권대회라도 열면, 여러 모로 히트할 거예요."

"수지도 괜찮을까?"

"괜찮다고 봅니다."

"해 볼까?"

"해 봅시다. 한번!"

민심의 기미를 찌른 기획이었다. 참으로 오래간만에 서울운동장에서 '와아 와아' 함성이 들려왔고, 평화로운 분위기는 전국에 퍼져 갔다.

이것을 계기로 부수가 부쩍 늘었다.

장기영 사장은 이제서야 신문의 묘미를 맛보았다.

국제 정세가 어떻게 되어 가는 건가, 모두들 궁금해할 거 아니냐 해서 강연회도 열어 보았고, 배재강당을 빌려 '새로 지은 우리 노래의 밤'이라는 것도 해 보았다.

이승만 대통령이 대만을 방문하고 장개석 총통과 회담하는 것을 신문기자 입장에서 추적해 보니 재미있고, 1954년이 밝아 오자마자 신인 음악회를 부활시켜 보니 문화를 사랑하는 국민의 열망도 알 만하다.

이럭저럭 신문의 맛에 중독되어 가는가 보다. 보람을 느낀다는 것은 적성에 맞는다는 이야기가 아닌가?

"한층 평화 무드를 펴나갑시다. 바둑대회 어때요?"

금철의 아이디어를 믿는 판이다. 한국기원 조남철에게 이야기하니 대찬성이다.

"그거 좋지요."

봄기운이 완연한 어느 날, 방일영이 그의 방을 노크했다.

"어려운 시기에 맡아서 《조선일보》를 소생시켜 주신 과정, 옆에서 보면서 감사했고, 크게 공부가 됐습니다. 이젠 저도 열심히 하면 되겠다는 자신이 생겼습니다."

장기영 사장은 방일영 업무국 부국장의 눈을 조용히 음미하고 입을 열었다.

"그래서? 맡아서 하겠다는 애긴가요?"

"그렇습니다."

장 사장은 담배에 불을 붙였다. 연기를 후욱 뱉으며 잠깐 생각에 잠겼다가 입을 열었다.

"알았어요. 내드리죠."

"할아버지 유업을 이어가고 싶어서 그럽니다."

방일영은 미안한 양 조심스럽게 나갔다.

장기영은 눈을 감았다.

5년 계약을 2년에 그쳐 달라는 거다. '못 내놓겠다. 계약대로 하자'면 그만이다.

상승일로의 세월이었다. 10만 부 돌파의 고개가 어렴풋이 윤곽을 드러내는 듯싶은 시점이다.

여기서 그만두라? 담배를 박박 빨다가 그는 여비서 미스 김을 불렀다.

"주 부장 좀 오라구 그래."

주효민 경제부장이 왔다.

장 사장은 방금 있었던 일을 알리고 물었다.

"어떻게 하는 게 좋겠소?"

주 부장은 잠시 생각하다가 고개를 들었다. 미소마저 머금었다.

"고깝게 듣지 마십시오. 돌려 주시죠."

장기영은 눈을 딱 감았다.

"망하게 되니까 위임을 했는데요, 이제 되살아나잖았습니까? 누가 해냈습니까? 장 사장이 해냈잖아요? 그 정력, 그 역량, 모두 놀라구 있는데, 아깝잖습니까? 당신 사업에 그걸 쓰시죠."

장기영은 여전히 눈을 감은 채였다.

주 부장은 다소 격앙했다.

"재산관리인이란 무엇입니까? 흥할 때 돌려 주면 칭송이나 듣지요, 기울 땐 원성을 듣습니다."

장기영은 두 눈을 갑자기 크게 떴다.

"돌려 준다구 했습니다. 실제 돌려 줄 겁니다. 그 대신 조건이 있습니다. 나, 신문 그만둘 수 없어요. 중독됐어요. 나두 모르는 사이에……. 판권(版權) 하나 사 주십쇼. 주 부장이 나서서……."

주 부장은 싱긋이 웃으면서 낮은 목소리로 타일렀다.

"조금 쉬다가 재무장관이나 한은 총재 하시죠."

"싫습니다!"

벌떡 일어나며 그는 외쳤다.

"판권 사 주십쇼. 급합니다!"

4. 대망의 불씨

주효민은 《태양신문》의 임원규(林元圭) 사장을 찾아갔다. 전쟁 중 골병이 들어 적자투성이의 울분을 달래느라 걸핏하면 술좌석을 같이했었다.

"골치 아픈데, 신문사 이거 나한테 넘기지."

다짜고짜 나오는 말에 임원규 사장은 자못 놀랐다.

"돈 벌었나베. 어디서 생겼어?"

주효민 부장은 털어놓았다.

"딴 사람 같으면 내가 나서지두 않아. 장기영 사장, 그 사람은 물건이라구."

"청진 때부터 안다구 그랬지?"

"한다는 일은 해내고야 마는 성미니까……."

"그러나 자네가 나서는 건 좀 심하다. 윤전기까지 다 알선해 준 사람이, 어떻게 그런 사형선고를 하나?"

"장가들구 시집가는 것두 궁합이 다 맞아야 되는 거 아냐? 이건 찬스라구. 서운치 않게 교섭해 줄게."

그리하여 명동 향원에서 장·임이 첫 회담을 갖고 1954년 4월 24일 판권과 시설의 이양 계약을 맺었다.

그러는 사이 장기영을 뒷받침해 준 힘이 있었으니, 한국은행 시절 알게 된 김용성과 이한원.

이한원은 송현고개 마루턱에 있는 적산건물(현재 한국일보 자리 일부)을 제공키로 하고, 김용성은 운영자금을 대주기로 했다. 그리고 장기영은 운영 전체를 맡기로 한 출발이었다. 주식회사를 만든다는 구상이었다.

중학동 송현 마루턱의 고무신 공장은, 대지 300평에 건물 200평의 도깨비가 나올 것 같은 형편 없는 건물이었지만, 도심에 이만한 것이 어디인가?

게다가 바로 옆에 중앙청이 있다.

벼락같이 이사를 해야 직성이 풀린다. 장기영은 서둘렀다.

용의주도한 그는 벌써 논설위원에서 편집국의 기자, 공무국·업무국의 요원까지 교섭을 해놓았다.

"나 여기 손 떼고 딴 신문사 하러 갑니다. 같이 갔으면 하는데, 따라오시겠어요?"

장기영의 프로포즈를 받은 임원이나 기자들은 일기당천의 엘리트를 자부하는 사람들로, 그가 빈사 상태에 놓여 있던 《조선일보》를 일으키는 과정에 참여한 사람들이었다. 젊은 사장의 능력에 매력을 느낀 그들은 한결같이 '따라가겠습니다' 분명한 답을 했다.

1954년 4월 30일, 조선일보 주주총회에서 사의를 표명한 장기영 사장은 방일영 2세가 능히 이끌고 나갈 수 있는 시기가 왔다고 역설했다.

위임 맡은 지 2년 만의 일이었다.

장기영은 지프 한 대, 이스즈 트럭 한 대, 《코리아 타임스》지와 현금 500만 환을 가지고 조선일보사를 떠났다.

그를 따라나서겠다고 한 요원들 전홍진·주효민·임창수·김주묵·김용장·최병우·김자환·김종규·이형(李馨)·서광운·홍유선 등과 그리고 《코리아 타임스》의 박수창·나성돈·홍순일·서제숙 등이 선선히 뒤따랐다. 이를테면 대부대의 이동이다.

"사단장 같군."

누가 웃으며 말했다.

"군단이지요. 장차 두구 보슈."

당당하게 응수하는 여유를 가진 젊은 장기영 사장은 단 하루라도 앞당겨 내야 된다고, 5월 25일, 《태양신문》의 제호 아래 제작을 시작했다. 발행부수 8,000부, 유가지(有價紙)는 4,000부에 불과한 이 신문을 어떻게 길러 가느냐.

5월 31일, 중학동 사옥으로 윤전기 한 대를 옮기고, 조선일보에서 평판인쇄기 3대를 찾아와 공장을 꾸며 놓으니 제법 일하는 곳 같았다.

장 사장은 오케스트라의 총지휘자가 이런 것이 아닌가 했다. 지프와 트럭으로 왔다갔다하면서 이사를 지휘하는 한편, 오종식 주필을 모셔 오는 일, 각 국·부장을 비롯한 기자의 보충과 배치, 공무(工務) 직원의 확보를 기하며, UP통신과의 특약시설, 해외 지사 설치 등 실로 눈코 뜰 새 없는 나날이었다.

사기를 돋우기 위해 술 한 잔 없을소냐. 숨을 돌리기 위해서다.

편집국 전원은 익선동의 요정 봉황으로 모여라. 공장에서는 고사를 지내고 막걸리로 사기를 돋워라. 자축을 겸한 전야연(前夜宴)은 흥겹고 신나게 열렸다.

100와트짜리 전등불이 대낮같이 환하게 신사옥 전면을 비추고 있었다. 지나가는 사람들은 저것이 무엇인가 했다. 그러나 세상은 장기영이 어느 만큼 해내는가를 냉엄한 눈으로 지켜보고 있었다.

이 무렵 아현동 집에서는 부인 이문자가 몸풀 날이 다가왔음을 주위에 알렸다.

시어머니 이씨는 만반의 준비를 다 해 놓았다. 계집애였으면 좋겠다고 생각했다. 손자는 강재·재구·재민·재국 등 넷으로 충분하다. 일희같이 얌전한 계집애가 좋겠다. 그렇게 사뭇 기대하고 있었다.

5. 한국일보 창간

"나팔을 불어대요! 《한국일보》가 뭔지 알 게 뭡니까?"

"귀찮아서 돌아다볼 정도로, 따가워서 귀를 막을 정도로 외쳐요. 《한국일보》가 나옵니다라구! 대신문이라구! 멋있는 신문이라구!"

심이 박힌 장기영 사장의 목소리는 공장에서 복도로, 복도에서 편집국으로 울려퍼졌지만 아무도 상을 찡그리는 사람이 없다.

그렇다. 하자꾸나. 딴일은 몰라도 내가 맡은 것은 최선을 다하겠다.

사원들의 눈빛은 비상하게 반짝였다.

《태양신문》에 커다란 사고(社告)가 나왔다.

제호는 '한국일보'로 바뀐다. 조간으로 연중 쉬지 않고 발행한다. 새로운 필봉(筆鋒)에다 새로운 진용이 제작한다. 신소설도 연재한다. 해방 후 우리 나라에서 나오는 유일한 대신문이다.

시내 요소 요소에는 광고지가 붙었다.

'신속, 공정, 친절한 《한국일보》'

장 사장은 지프를 타고 다니며 자기 손으로 붙이기도 했다.

어떤 사원이 점잖이 일러 주었다.

"그런 일은 사장님이 직접 안 하셔도 되잖습니까?"

"사장이 뭔데? 회사를 위한 일이라면 뭐든지 앞장서서 해야 될 거 아냐?"

"지시만 하십시오. 아랫사람들이 뜻을 받들 겁니다."

"아랫사람, 윗사람 구분 없어요. 뜻이 같아야 돼요. 앞으로 모든 일을 그렇게 해 나갈 겁니다. 같은 뜻이 아래위를 꿰뚫어야 돼요."

그는 이러한 열린 사고를 몸소 실천했는데, 그의 열정에 대해 김규동(金奎東)은 이렇게 쓰고 있다.

한국일보 초창기는 문자 그대로 무에서 유를 이루는 피와 땀의 과정이었다.

이 영광스러운 작업에 참가하여 장사장의 불 같은 호령과 뒷잔등이 서늘해지는 갖가지 채근과 독려를 겪어 냈던 일을 나는 필생의 좋은 추억으로 간직하고 있다.

'당신, 밥을 먹을 사람이요, 안 먹을 사람이오'라는 심한 꾸지람을 들은 것은 언제 적일까.

보잘것없는 조그만 광고 동판 하나를 넣지 않고 판을 짰다가 이런 면박을 당했으나 분하기는 해도 불쾌하다고 느낄 수는 없었다.

밤잠 안 자고 싸우는 사장의 피끓는 정열과 초인적인 부지런함이 언제나 쳐다보였기 때문이다.

출근길에 현관에 들어서자마자 사장실 창문으로 내다보고 있던 사장이 불러들인다. 간이 콩알만해져서 그의 앞에 서면 묻는다. '문화면 다 읽는 데 몇 분 걸립니까?' 창졸지간에 내가 대답을 못하자 '20분 걸립니다. 아침 변소에서 읽고 밥 먹으며 읽어도 20분이면 돼요. 당신 못 잡은 오자 내가 잡았으니 보시오.' 그러면서 붉은 연필이 가로 세로 그어진 신문을 내놓는 것이었다.

이런 할말이 없는 장면을 너무나 많이 겪었던 나는 사장에 대해 늘 미안한 마음뿐이었다.

요란한 선전은 계속되고, 모든 사원들이 이리 뛰고 저리 뛰며 중학동으로 이사를 했다. 장기영 사장은 홍길동처럼 그 어느 곳에서나 끼어들었다.

1954년 6월 9일, 드디어 《한국일보》 제호 아래 창간호가 나가자, 장안은 온통 《한국일보》 화제로 메워져야 된다고 장 사장은 기대했다.

조동재(趙東宰)는 창업 당시 장기영 사장의 인재 스카우트에 대해 다음과 같이 회고한다.

금융계에서 하루 아침에 언론계로 정궤(正軌)를 벗어난 이러한 급선회를 아무 거리낌없이 해낸 이 비범한 인물 이야기는 이미 많은 사람들의 입에 오르내리고 있었다.

그러던 그가 하루는 내 사무실에 그 소문난 거구를 이끌고 성큼 들어설 줄은 꿈에도 몰랐다. 무슨 일로 왔는지 설명도 없었다. 그저 처음엔 정중한 인사뿐이었다.

그 당시 나는 지금도 몸을 담고 있는 아시아 재단에 관계하면서 청사(晴史) 조풍연(趙豊衍)과 '진문사'라는 간판을 걸고 도서출판에 손을 대고 있었다. 첫날은 잡담만 하고 돌아갔던 장 사장은 그 이튿날 또 비슷한 시간에 오더니 그제서야 청사는 《한국일보》로, 나는 《코리아 타임스》로 와서 도와달라고 제의해 오는 것이었다.

우리의 처음의 곤혹이 감격으로 변하는 데는 긴 시간이 걸리지 않았다. 일간 신문 두 가지의 운영 총책임을 맡고 눈코 뜰 새 없을 그가 이렇게 이 보잘것없는 누옥(陋屋)을 직접, 그것도 한두 번도 아니고 일주일을 내리 오다니! 우리는 그가 믿고 있는 능력이 있고 없고를 떠나서 우선 해보아야 되겠다고 결심한 것은 당연한 노릇이었다. 이렇게 해서 그 이튿날부터 우리 둘은 한국일보 사옥으로 나가 장 사장의 창업 업무를 받들어 주는 데 성의를 다했다.

곧 《코리아 타임스》의 편집진용이 자리가 잡히자, 나는 장 사장에게 양해를 구하여 관훈동 재단 사무실로 되돌아왔다. 달수로 치면 불과 2~3개월도 안 되는 짧은 기간이었다. 이러한 보살것없는 서비스를 백상은 어떻게 보았던지, 그 후 추석 때나 연말이면 으레 그의 명함이 박힌 선물꾸러미가 우리 집으로 전달되었다. 그 의리에 감동하였다기보다 나는 그 큰 몸집과 이러한 세심한 배려가 보여주는 그 대조에 보다 많은 충격을 받았다.

나중에 알고 보니 결국 이러한 '유비(劉備)의 삼고(三顧)식 인재 스카우트는 백상의 특기였고, 그 주위에 인물들이 운집하게 된 원동력이었다는 것이다.

그때 집안에서부터 놀랄 일이 있었다. 5남 재근(在根)이 우렁찬 울음을 터뜨리며 이 세상에 나온 것이다.

"또 사내 녀석이다, 얘."

어머니는 손녀가 아닌 것이 못내 섭섭하신 모양이다.

"좋습니다, 어머니. 내가 일을 많이 하니까 일꾼을 자꾸 내보내 주는데요. 괜찮습니다. 어머니……."

"신문사 일도 중요하지만, 새끼가 나온다는데 들여다볼 틈도 없었느냐?"

"신문도 오늘 태어났습니다. 혼났어요. 나도 자그마치 160명 사원하구 그 가족들을 먹여 살려야 됩니다. 이제부터……."

아버지 볼 틈이 없는 아이들은 이리저리 매달리며 좋아라 했다.

장기영은 누워 있는 아내를 보고 '허헛' 웃음을 터뜨렸다.

"사내 녀석만 낳는 기계인가, 웬일이야?"

"어머님이 서운하신가봐요."

"이젠 반 타스 낳았으니까 스톱하자구. 수고했어. 《한국일보》를 낳다 보니까 산모 역할이 얼마나 어려운가 알겠더라구."

"생일이 같아요. 이 애하고 신문사하고……."

"그래서 기분이 좋은가?"

"그럼 좋지 않구요."

전화 벨이 울렸다.

"알았어 알았어. 정중히 손님들을 모시라구. 내 곧 갈게."

아빠는 아이들 모두에게 뽀뽀 한 번씩 해 주곤 홱 달아나 버렸다.

회사는 축제 분위기였다. 높고 낮은 관공서, 크고 작은 회사, 정객, 예술인 등 장안의 저명인사들이 모여들었고, 언론계의 명물 오종식 주필과 환담하니, 햇병아리 신문사라는 냄새는 조금도 나지 않는다.

그들은 장기영 사장의 손을 잡으며 의례적인 축사를 하는 사람도 있었고, 시끄러운 신문 하나 생겼다고 농을 하는 사람도 있었다.

장 사장의 입은 딱 벌어졌다.

"내 오늘 여러분에게 밝힐 일이 하나 있습니다. 6월 9일의 '69' 이거 보통으로 보시지 않기를 바랍니다. 태극 무늬도 되지만 칠전 팔기한다는 오뚝이도 됩니다. 서양 말로 씩스나인이라면 운치 있는 말이 되구요."

와악 폭소가 터졌다.

장기영은 턱을 쓱 문지르고 나서 씩 웃었다.

"오늘 대한민국 국세가 하나 늘어난 것을 여러분 모르시죠? 우리 집에서도 여섯 마리째가 나왔습니다. 그만 낳랍니다. 이제."

사장실의 웃음소리는 바로 위의 편집국까지 울려퍼졌다.

기자들의 기분도 우쭐했다.

인상적인 일은 조선일보사 방일영 부사장의 내방이었다.

'나가 주시오' 할 때는 서운한 기분도 들었지만 지금은 오히려 고맙다는 생각이 들었다. 장기영은 따뜻이 그의 손을 잡았다.

"할아버지를 사장으로 모셨더군요."

"그렇습니다."

부사장은 겸손하게 말했다.

"여러 가지로 열심히 공부하겠습니다."

"허셔야죠. 누가 더 잘 만드나 경쟁두 좀 허구요. 선의의 경쟁 말입니다. 허허……."

이상백(李相佰) 서울대 교수가 나타나자, 그는 쌍수를 들어 반겼다. 대한체육회 부회장도 맡고 있는 터다. 이른바 VIP이다.

"여러 가지로 신세 많이 지게 됐습니다. 귀찮으리만큼 연락드리게 될 겁니다."

키가 헌칠한 이상백 교수는 만면에 웃음을 띠고 유유히 장기영의 손을 흔들었다.

"우리 체육회야말로 귀찮으리만큼 연락할 일이 많을 거요."

6. 올챙이기자 모집

우수한 신문을 만들자면 우수한 기자가 필요하다.

《한국일보》 창간 당시 신문계를 눈여겨 훑어보고, 이 사람이다 점 찍히는 사람은 돈 쓸 생각하고 불러 모았다.

그들은 역전의 용사요, 일기당천의 기자 근성을 가지고 있다.

그러나 어딘지 모르게 불안하다. 그들이 《한국일보》 여기 있노라 큰 소리 칠 수 있을 때까지 붙어 있으리라는 보장은 아무도 해 주지 않는다. 언제 어디서 어떠한 유리한 제의가 오면 훌쩍 떠날지 모르는 일이다.

최병우가 불쑥 들어왔다. 기자 확보가 걱정이라니까 최는 슬그머니 눈치를 보면서 말했다.

"길러내는 방법이 하나 있습니다."

"길러내다니?"

"대학에서 갓 나온 친구들을 뽑아서 기르는 겁니다. 처음엔 쓸모 없겠지요. 그러나 얼마 안 가서 그들은 신문이 뭔가 곧 익힐 겁니다. 그러면 부패한 기성보다도 정의의 칼을 휘두를 수 있는 용사들이 될 겁니다."

장기영은 고개를 갸우뚱했다.

"음."

그는 신음 비슷한 긍정을 했다.

"보수는?"

"물건이 될 때까진 참으라죠 뭐."

"좋았어! 그걸 뭐라구 하지? 견습기자? 병아리기자? 기자후보생?"

"맨 처음 게 제일 점잖지 않을까요?"

"그런데, 요즘 우수한 졸업생들은 은행이나 관공서로 들어가잖아?"

"엘리트는 신문이란 것에 항상 흥미를 갖게 마련입니다. 은행·관공서에 동창들이 퍼져 있으면 더욱 좋죠. 기자 활동의 범위가 넓어집니다."

창간 한 달 만의 결단이다. 사고(社告)를 내니 신문계에선 화제가 되었다. 아무도 해 보지 않은 시도를 장기영이 한다.

지망자는 구름같이 몰려들었다. 8월에 입사한 사람은 김훈·최종기·장익환·이순기·임철규·홍성원 등이었다.

손이 모자랄 때이다. 이들은 이내 편집국의 손발이 되어 동으로 서로 뛰기 시작했다.

이 결단은 뒷날 한국신문계에 커다란 의미를 부여하는 것이 된다. 결국 모든 신문들이 이 제도를 따라가지 않을 수 없게 되었다.

서광운(徐光云)은 당시 견습기자 모집에 대해 다음과 같이 회고한다.

농부들이 논밭을 갈고 비료를 주고 씨앗을 뿌리는 일은 봄에 한다. 가을이면 무르익은 곡물을 수확하게 된다. 이렇듯 장기영은 겨울철에 견습기자를 모집하여 춘 3월이면 그들을 알맞는 곳에 배치하고 그 동안의 활동을 음으로 양으로 살펴본 후 가을인 10월에 승진발령을 내어 다음 해에 대비하곤 했다.

그래서 예전에는 한국일보의 인사발령은 으레 3월 1일과 10월 1일로 정해진 채 오랫동안 시행되어 왔었다. 때로는 꾸지람을 함으로써 용기를 불어넣어 주고 '실패는 재산'이라고 격려해 주는 비료를 정신적으로 뿌려 줌으로써 장기영은 인간농사를 지어 왔던 것이다.

해어화(解語花 : '말을 알아듣는 꽃'이라는 뜻. 중국 당나라 때 현종이 양귀비를 가리킨 말)라는 중국의 고사가 있듯이 남자 견습기자뿐 아니라 해방 후 처음으로 여자 견습기자도 모집하여 젊은 여성들에게도 사회 일에 참여할 수 있는 기회를 마련해 주도록 했으며, 여자 견습기자는 아직도 《한국일보》의 손꼽을 만한 전통으로 남아 있다.

장기영은 최병우의 견습기자 채용 건의를 기꺼이 받아들여 한 해에도 두 번씩 모집하는 강행군을 했다. 그만큼 한국일보나 코리아 타임스의 사세가 일진월보로 신장된 까닭도 있었겠지만 장기영은 외로움보다는 바쁜 분위기 속에서 일을 척척 진행시키는 편을 좋아했기 때문에 무수한 젊은 씨들이 좌절 없이 자라기를 원했다.

한 마디로 장기영은 한국일보의 젊은 일꾼들이 '뿌리 깊은 나무'가 되어 '춘추필법(春秋筆法)의 정신'으로 즐겁게 일하는 모습을 지켜보려 했던 것이다.

7. 행사는 노다지

창립 축하 때 대한체육회 부회장인 이상백 교수와 나눈 인사는 각별한 의미를 가졌다. 며칠 후 장기영은 대한올림픽위원회(KOC) 위원으로 추대되었던 것이다.

이상백 입장에서는 이 야망에 찬 사나이에게 거는 기대가 많았다. 빈약한 한국체육계에 그는 틀림없이 일대 활기를 불어넣어 줄 것이다.

야구협회 이사로 있는 금철이 또 있다. 《주간 스포츠》를 하던 이용일도 있다.

긴 말 안 해도 서로 통할 것이다.

그의 기대는 적중했다. 《한국일보》는 육·공군 야구전을 체육사업 제1탄으로 쏘아댔다.

장기영은 손원일(孫元一) 국방장관에게 부탁하여 비행기에서 떨어뜨리는 볼로 시구(始球)를 던져 달라고 했다. 화려한 행사였다.

제2탄은 한국농구팀 선발전. 8월에 초청해 놓은 미국 오리건대학 팀과 겨룰 팀을 뽑는 것이다.

연대·고대·홍대·중대에다 6개 일반팀이 참가해 배재고교 특설 코트에서 9일간에 걸친 경기를 가졌다.

"공항에서부터 칙사 대접을 해요!"

장기영 사장의 명령에 따라 공항에서부터 칙사 대접을 받은 오리건대학 팀은 원더풀을 연발하면서 입경(入京), 이튿날부터 묘기백출로 연대·해병대·농우단(籠友團)을 격파했다.

KBS는 전국에 중계방송했다. 배재고교 일대는 인산인해를 이루었으며 한국일보사 로고는 그들의 눈길을 끌었다.

"제3탄은 뭡니까?"

장기영은 금철에게 성급하게 물었다.

"해방 후 처음으로 전국에 깔려 있는 야구선수들을 한자리에 모아 보면 어떨까요?"

"그래서 뭘해요?"

"옛날에 8회까지 갔었는데, 이번에 우리 신문사 주최로 제9회 도시대항 야구선수권대회를 열죠."

"어디 어디서 나올 수 있습니까?"

"서울·부산·대구·인천·대전·광주·마산·이리…… 도합 8개 팀이 됩니다."

"전국에서 다 나오는 거 아녜요?"

"그렇습니다."

"빨리 서둘러요! 사고(社告) 내세요! 시구는 변영태 총리한테 내가 직접 부탁하겠어요."

"그러죠."

나가려는 금철의 동그란 뒷통수를 향하여 장기영은 속사포처럼 쏘아댔다.

"조락의 가을입니다. 각종 문화행사 있잖아요?"

기가 차다. 금철은 짐짓 되물었다.

"가령 뭐가 있습니까?"

"가령…… 있잖아요, 왜…… 뿡빠 뿡빠 나팔을 분다든가 노래를 한다든가……."

"허허…… 이젠 딴따라두 하실 작정입니까?"

"뭐는 못해! 다 해! 난 다해 볼 작정이야! 속이 후련해질 때까지……."

"숨 좀 돌려 가면서 합시다. 잠잘 시간은 주셔야죠."

"아, 기생 무릎 베구 자게 해 주면 될 거 아냐?"

"오늘요?"

"오늘은 사고(社告)도 짜야 하고, 바쁠 거 아냐?"

"허허?"

똥글똥글한 몸집이 나가다가 또 돌아보았다.

"이러다간 서커스 문지기까지 해야 될지두 모르겠군요."

"서커스?"

장기영은 벌떡 일어나서 두어 발짝 다가왔다.

"서커스…… 국내 건 시들었구. 가만 있자, 어디서 하던데…… 하던데……."

"허긴 뭘 해요?"

"좌우간에 내일 모레 일만 생각할 게 아니라 백년대계, 그런 거 있잖아요? 당신하구 나하구 죽은 뒤에두 계속할 수 있는 거 말이야. 《한국일보》 깃발 아래…….”

“아, 그거 누가 몰라서 그래요? 어저께 태어난 아이보구 뛰라니 깐 그렇죠.”

“뛰라구 했나? ……그런가? 그렇군. 성급해. 허허…….”

금철도 웃었다. 저게 사람 죽이는 거다. 고집을 부리다가도 자기 주장이 ‘아닌가?’ 할 때는 딱 꺾인다.

장기영 사장은 이용일 체육부장을 불러 포부를 말했다.

“좌우간 대한민국에서 제일 가는 시합·경기, 주최할 건 주최하 구, 후원할 건 후원하구 활발하게만 하세요. 《한국일보》가 쉬지 않 구 뭘 하는구나, 체육계 사람들한테두 국민한테두 인식시키세요. 손기정 선수를 낳은 민족 아닙니까. 이때 사기 올려주지 않으면 언 제 올려줍니까?”

금 총무는 문화의 거리 명동으로 나가면서 혼자 웃었다. ‘뿡빠 뿡빠 있잖아?’ 말하는 뚱뚱이의 그 표정. 누가 스냅을 찍어서 사진 콩쿠르에 내면 입상은 틀림없을 거다.

명동 거리는 복잡했다.

피난지에서 돌아온 서울 토박이들도 나와 다니지만 경상도 사투 리가 판을 치는 것 같다. 아주 그들이 서울을 점령해 버릴지도 모 를 일이다.

작가·음악가·미술가·연극인들이 많이 드나드는 다방에 들어가니 현제명(玄濟明)이 한 패의 남녀 학생들과 무엇인가 열심히 이야기 하고 있다.

바싹 다가가 뒷자리에 앉아 들으니 노래다. 가사가 희한하다.

우리에게는 오직 한 길뿐
겨레도 하나 나라도 하나 사랑도 하나……

금철은 그만 허허 소리를 내어 웃었다.

"뭐가 그렇게 모두 하나밖에 없습니까?"

그러자 현제명이 홱 돌아보고 반색을 했다.

"《한국일보》에 가 계시다죠?"

"예, 뚱뚱이한테 붙들렸습니다."

"거 참, 그 양반 희한합디다. 《조선일보》 때도 예술에 흥미를 갖더니 《한국일보》 만들어 내는 거 보니까 매우 지성적이고 문화적이에요."

"뚱뚱이니까 통큰 뱃속에 가지구 있는 것두 여러 가진가 봐요. 뭐 하나 꾸며 보세요. 도와드릴 테니까."

그러자 현제명은 바싹 달라붙었다.

"실은 말이죠, 그랜드 오페라 《왕자호동》을 기획하구 있는데요, 어느 신문사하구 할까 생각 중이었어요."

고기는 낚싯밥을 물었다. 휭 돌아와 사장에게 보고하니 묻는 게 많다.

"해방 후에 몇 개나 오페라를 했죠?"

"《카르멘》에다 《춘희》에다……."

"흥행 됐습니까?"

"대성공이었답니다."

"이번에두 될까?"

"예술계의 권위자 현제명 씨가 하는 일입니다. 만에 하나 수지가 안 맞는다 해두 《한국일보》의 격이 올라가는 건 틀림없습죠."

"격 좋죠. 누구 데리구 하는 거예요?"

"서울대학의 음악대학 학생들이 대거 출연하구요, 이상춘(李想春)·임만섭(林萬爕)에다가 소프라노 이경숙(李慶淑)·엄경원(嚴敬瑗)이랍니다."

"합시다! 우리가 주최하구 서울대 음대가 후원하구!"

그리하여 예술의 전당 시공관이 오래간만에 뻐개지게 흥청거렸다. 난리통에 예술에 굶주린 지성인들이 대거 몰려들었던 것이다.
　그 광경을 보고 나온 장기영은 마치 왕이 신하를 거느리듯 명동 거리를, 한참 활보하다 어느 빌딩으로 들어갔다.
　조남철의 한국기원이었다. 자유중국 초청으로 대만에 가서 한·중 친선 바둑대회에 참가할 대표선수를 뽑는 대회가 열리고 있는 것이다.
　"잘 돼 갑니까?"
　다가서는 장기영 사장을 보고, 조남철·김봉선·민영현·장국원 등은 일제히 일어나서 인사를 했다. 장기영이 말했다.
　"바둑은 아시다시피 두뇌 스포츠니깐요, 이번에 잘 해 보세요. 한국의 바둑두 일본처럼 갈 수 있을 거예요. 왜 안 됩니까? 노력 안 하니까 안 되지……."
　조남철은 말했다.
　"《한국일보》가 선두에 나서서 일해 주시니까요, 모두 용기를 얻었다구 그럽니다. 앞으로도 꾸준히 도와주십쇼."
　"필요하다는 도움 다 드리겠어요. 그 대신 뿌리를 내리세요, 단단히! 거목으로 자랄 수 있는 뿌리를 말입니다. 그러다 보면 중국의 오청원(吳淸源)이처럼 일본 점령 할 수 있을 거예요. 하세요, 얼마든지!"
　《동아일보》·《조선일보》·《경향신문》과 어깨를 나란히 한 기분이다. 자신이 생긴다.
　점수를 많이 딴 이 계절에 박차를 가하자.
　장기영 사장은 《자유부인》으로 대히트를 친 정비석(鄭飛石)을 초청했다.
　"우리 신문에도 히트작을 하나 주십시오, 정선생……. 고료는 딴 데보다 많이 드리겠습니다. 좌우간에 낙양의 지가를 높여 주세요."

삽화는 동양화가 운보(雲甫) 김기창(金基昶)에게 간청했다. 그는 신문 삽화엔 처음이었다. 그리하여 《민주어족(民主魚族)》이 연재되기 시작했다.

소설가도 많이 알아 두어야겠다고 장기영은 생각했다.

알아 두어서 안 될 직업은 아무 것도 없구나. 어쩌면 내 성미와 그렇게도 닮았는가? 인간이 하는 짓은 다 해 보고 싶으니 말이다.

장기영은 일거리를 만드는 재주가 비상하다. 따라서 그는 어떤 포지션을 맡아도 일거리를 스스로 만들어 하기 때문에 남이 보기엔 이상할 수밖에 없다.

"한직이 어디 있어? 소사(사환을 말함) 노릇을 제대로 못하는 놈은 장관 자리를 줘도 못해내는 놈."

이렇게 그는 흔히 말한다. 사실 따지고 보면 세상에는 자기에게 주어진 일을 책임있게 완수해내는 사람도 드물지만 그보다도 자기에게 주어진 응분의 권리를 찾지 못하고 남에게 뺏겨버리는 사람도 적지 않다. 이런 점에서 볼 때, 그는 자기의 일은 물론 여력으로 남의 일까지를 해치우는 버릇이 있다.

그것은 일제 때 조선은행 청진지점 때도 그랬거니와 해방 후 한국은행 때도 그랬다. 차장으로 있을 땐 부장의 일까지 해치워 주기 때문에 부장은 누워서 떡먹기, 그러나 그가 부장으로 승진하고서부터는 차장이 필요없을 정도로 차장일까지를 자기가 해치운다. 뿐만 아니라 부총재의 일까지도……그래서

"너무 침범한다."

동료로부터의 이런 핀잔도 많이 받았지만, 여하튼 그는 그렇게 하지 않고는 못 배기는 사람이다. 어디선가 말한 것처럼 세계에서 제일 가는 일등병이 되겠다는 신념(信念)의 작용이리라. 그래 그런

지 신문사를 경영할 때도 국장이니 부장을 중시하지 않는다. 웬만큼 큰 사건이 터지면 자기가 국장 노릇, 부장 노릇, 거기다 사장 노릇까지 해버리는 성미다.

"사장 장기영 겸 편집국장."

이렇게 자기 스스로 발령을 해놓고는 의젓이 편집국장 자리를 점령하고 앉아서 진두지휘한 일도 있었다.

그런데 그러한 성미가 입각 후에도 두드러지게 나타났다.

사실 경제기획원을 오늘의 위치, 즉 명실 공히 경제부처의 브레인의 위치에 올려 놓은 것이라든가, 정제각료의 메카로써 군림하게 된 것은 그의 이러한 실력의 소산이 아닐 수 없다.

우리나라에서 경제 기획원이 생기기 전까지만 해도 재무부가 경제각료의 주류였다. 그러던 것이 61년 7월 기획원이 탄생, 경제개발 5개년계획과 예산편성권, 그리고 원조 및 차관 업무를 관장하게 되자 그 위세가 재무부와 맞설 정도로 커지기는 했다. 그러나 실질적으로 기획원이 경제부처의 우두머리 노릇을 하기 시작한 것은 장기영 장관이 취임한 후부터였다.

물론 정부조직법상 그 관장하는 범위가 경제 전반의 중요한 문제를 다루고 있기 때문이긴 하지만, 그전에는 그렇듯 저널리즘의 시비 대상에 오르지 않았다. 그러던 것이 경제개발 5개년계획, 대일청구권 자금 문제, 거기다 쌀값 파동에다 연탄 파동까지를 몽땅 걸머지고 잘잘못을 책임지세끔 된 것은 역시 장 장관이 이른바 '일을 만들어 하는' 덕택이라 해야 할 것 같다.

65년 9월에 실시한 저 유명한 금리현실화 때만 해도 그렇다.

주무부인 재무부보다 기획원이 앞장섰고, 뉴스 원(源)이 재무부에서 기획원으로 옮겨지고 말았다. 주객의 전도라 할까, 남의 일까지 끌어다 해치우는 그 성미의 좋은 상징이 아니랴.

그래서 그의 이러한 성격탓으로 곧잘 재무장관과 의견의 차이를 노정시켜 여론화되기도 했고, 일부 장관이 사표를 내던지고 나가버린 일도 있었다.

또한 이러한 기획원의 이상비대를 달갑게 생각지 않는 경제계 일각에서는 예산권을 미국의 그것처럼 대통령 직속 기관으로 예산처 같은 것을 만들어 전담시켜야 한다는 말도 나오고 있으나, 아마 장 장관이 그 의자에 고수하는 한 어려울 것이라는 게 일반적인 전망이다.

그는 결코 자기 소관을 남에게 뺏길 그런 위인이 아니라는 것을 모두들 잘 알고 있기 때문이다.

그래서 그를 모시고 있는 부하들은 자칫 잘못하다간 로보트가 되기 쉽고, 그를 부하로 데리고 있는 사람도 역시 '아차' 하다간 누가 상관인지 모르는 엉뚱한 곳에 빠지기 쉽다.

좋다면 좋고 나쁘다면 나쁜 습성이지만 어쨌든 맡은 일을 남에게 뺏기거나, 아니면 그것을 해내지 못하는 것보다는 백배 천배 훌륭하다 해야 할 것 같다.

신문사에 있을 때 일을 시킬 때도 그랬다. 물론 자기가 맡은 책임을 잘 못하는 사람에겐 지독히 감점을 해버리지만 일을 만들어서 시켜 달라고 하는 직원에게는 그것이 그에게 해당되는 일이 아니더라도 서슴지 않고 맡긴다. 예를 들자면 '이러이러한 기획이 있으니 채택해 주시면 제가 맡아 해 보겠습니다' 하고 아이디어를 내놓으면 그것이 그리 대단한 기획이 아니더라도 즉석에서 쾌히 승락하곤 일을 맡긴다. 말하자면 일을 만들어서 하겠다는 그 자세가 마음에 들어서다. 그래서 그 논설위원을 제쳐놓고 일개 기자에게 논설을 쓰게 한 경우가 한두 번이 아니다.

한국일보에서 외국에 특파를 가는 기자는 대개의 경우 해당 기자의 아이디어를 그대로 사서 보내 주는 것이 대부분이다.

"중동에 가서 이러이러한 점을 중점적으로 취재했으면 좋겠습니다.”

이렇게 구체안을 가지고 의논하면 거의 받아들인다. 그래서 한때는 한국일보의 해외특파원이 도하의 그 어느 신문사보다 많았고, 그것은 기발한 지면을 만드는 데 많은 도움을 주기도 했다.

아마 그가 제일 좋아하는 사람은 바로 자기처럼 ‘일을 만들어서 하는 사람’일 것이다.

비록 현재 그 밑에서 일을 하고 있지 않는 사람이라도 좋은 기획을 가지고 그에게 의논하면 즉석에서 받아들이는 수가 많다. 곧 사원으로 채용, 그 일을 맡기는 것이다. 이런 예는 수 없이 많았다. 따라서 그는 이런 사람을 중용(重用)하기 때문에 때로는 서열을 무시하는 과오를 범하는 수도 있다.

그는 흔히 말해왔다.

“아이디어가 없는 자는 목석(木石)과 같다.”

장기영의 비상한 아이디어에 대해서 이상우가 가지고 있는 추억이 있다.

나는 한국일보에 근무하면서 장기영 씨로부터 신문 제작과 경영에 관해 많은 것을 배웠다. 그는 뛰어난 편집기자였고 또한 뛰어난 경영인이었다. 그는 경제인 출신이라 그런지 매사가 분명했고, 기발한 아이디어가 많았다. 그리고 일반적인 신문 사주들과 사뭇 달랐다. 보통 신문사의 사주라면 지휘계통을 따라 보고를 받거나 명령을 내리는데, 장기영 씨는 계급이나 직위에 연연하지 않았다. 국장이나 부장, 평기자는 물론, 견습기자와 마주앉아 아이디어를 나누기도 했다.

비상한 머리에 힘차게 밀어붙이는 뚝심을 겸비한 ‘컴퓨터 달린 불도저’ 장기영 씨는 좋은 아이디어다 싶으면 주위의 반대도 개의

치 않고 뜻을 관철해 나갔다. 실제로 내가 겪은 일화가 있다.

어느 날 밤 편집국에서 일을 하고 있는데 장기영 씨가 일본어로 된 책을 한 권 주었다.

"이거 번역해서 2백자 원고지 반 장 분량으로 매일 연재해."

제목이 〈꿈의 해석〉이었는데 민간에서 내려오는 해몽과 비슷한 내용이었다. 문답형식으로 되어 있어서, '어젯밤 고양이 꿈을 꾸었습니다. 오늘 제가 어떠어떠한 일을 하려고 하는데 어떻게 하면 좋을까요?' 이런 질문에 대해 '고양이는 어떠어떠한 것을 상징하는 것이니 어찌어찌 하라'는 답이 들어 있었다.

"이거 미신입니다. 이런 걸 내면 우리 신문 권위가 떨어집니다."

내가 반발하자 장기영 씨는 확신에 찬 목소리로 대답했다.

"꿈은 누구나 관심을 갖는 거야. 사람들이 관심을 갖는 것은 다 신문에 낼 수 있는 거야. 1면에 예고 기사 내."

장기영 씨는 1면에 매일 시를 넣을 정도로 파격적이었다. 나 역시 기발한 아이디어를 많이 내는 사람이었지만, 미신 같은 꿈 이야기를 신문에 연재한다는 것은 심한 것 같았다. 그래도 사주의 말을 거역할 수 없어 투덜거리며 신문에 실었다.

꿈 연재가 시작되자 그날부터 신문사에 문의전화가 빗발쳤다.

"나는 고양이 꿈이 아니라 개꿈을 꾸었는데, 이럴 경우는 어떻게 해야 합니까?"

그야말로 폭발적인 인기였다. 나는 그 일을 겪으면서 새삼 감탄했다.

"역시 장기영이구나. 내 머리가 모자랐구나."

장기영 씨는 그때 이미 대중의 존재를 인식하고 대중의 요구가 무엇인가도 간파할 줄 알았던 것이다. 그때까지만 해도 신문에 엔터테이먼트란 요소를 넣는다는 것은 감히 엄두도 내지 못했다. 그런 벽을 장기영 씨가 깬 것이었다.

또한 장기영 씨는 자기 신문사 직원이어도 과외의 성과를 올리면 반드시 사례를 했다. 비록 그 금액은 많지 않았지만 받는 사람으로서는 인정받았다는 사실에 기분이 하늘로 날아오를 듯 기뻤다. 나도 괜찮은 아이디어를 낸 공로로 여러 번 아이디어료를 받았다.

바둑 이야기로 돌아가 보자.
다음은 우리나라 바둑의 대표적 인물, 조남철(趙南哲)의 회상이다.

백상선생은 《한국일보》를 창간하기 전 잠시 《조선일보》를 운영한 일이 있었다. 그 무렵 한국기원은 사단법인체로 발족하여 제1회 승단대국을 가졌는데 그 기보가 《조선일보》에 연재되었다. 그리고 당시 총무국장이던 고 금철씨가 기원에 자주 와서 5급 실력을 발휘하고 있었다.

그 후 백상선생은 《한국일보》를 창간했고 때마침 제1회 한·중 교류전이 실현되자 그 기보를 《한국일보》에 연재하게 되었다.

그러다 1957년 여름, 금철씨를 따라 《한국일보》 구사옥에 가서 처음으로 백상선생을 만나게 되었다. 나는 우선 우람한 체격에 압도되었다. 그러나 첫인상과는 달리 매우 다정한 말로 반겨주고 '우리 《한국일보》의 사우가 되어 주시오. 앞으로 바둑에 관한 일만 협조하면 됩니다' 하고 부탁했다. 금철씨에게 미리 듣고 있었기 때문에 나는 선뜻 응낙했다. 이 자리에서 백상선생은 '바둑은 안 두지만 관전기만은 소설 이상으로 재미있게 보고 있다오' 하고 호탕하게 웃었다.

아마 주로 일본의 《요미우리신문》이 주최하는 큰 승부바둑을 말함이라고 생각되었다. 특히 《요미우리신문》이 오청원을 간판 스타로 내세워 백만 부를 증가시킨 일을 중요시했나 싶었다.

이리하여 바둑이 《한국일보》의 특집으로 등장하게 되었다. 지금은 명인전만 주최하고 있지만 그간에 백상의 독특하고 기발한 아이디어로 성과를 크게 거둔 바둑 행사는 무려 일곱 가지나 된다.

우선 앞서 말한 제1회 한·중 친선 바둑(1955년 3월) 기보가 처음으로 《한국일보》 지상을 장식했다. 당시는 지금과 달리 기보를 일일이 손으로 그렸기 때문에 지금처럼 깨끗하게 볼 수는 없었지만 그것만으로도 약 10만 정도의 바둑팬의 인기를 독차지했다.

다음부터는 임시 기전으로 바둑판을 이어갔다. 그 중에서 나와고 김명환 3단(당시)의 7번기는 선상선(先相先) 치수로 1957년 7월부터 두기 시작하여 김3단의 형편으로 5국에서 끝났지만 백상선생의 특별한 배려로 조용한 절간을 찾아다니며 두게 된 것은 잊지 못할 일이다.

그 후 고정 행사로 등장한 것은 1958년에 발족한 전국 아마튜어 바둑 선수권 대회로서 이것이야말로 바둑 인구를 증가시키는 결정적 행사였다. 비단 저변의 확대만이 아니라 프로 기사의 유일한 양성 구실도 되었다. 매회 거의 10대 소년이 우승하여 아마튜어 정상급으로 성장했고, 한편 무수한 전문기사도 배출되었다.

1963년 1월 6일에 두어진 한·일 전화바둑도 물론 백상선생의 기발한 아이디어로 실현된 것이었다. 한국측은 조훈현 초단(10세)이고 일본측은 이시다 요시오(石田芳夫) 초단격(13세)이었다. 그리고 64년 12월 13일에는 조치훈 소년과 김인 5단(당시)의 전화바둑이 화제로 되었다.

그로부터 10여 년 후인 77년에는 조치훈 7단과 서봉수 명인, 또 조치훈 7단과 윤기현 7단(당시)의 전화바둑이 팬들을 열광케 했다.

백상선생은 유망한 기사를 항시 아끼고 지원했다. 바둑에서도 일본을 능가해야 된다는 것이다.

내가 사우의 예우를 받았을 뿐 아니라 나의 조카 조치훈도 지나칠 만큼 적극적인 후원을 받았다. 조치훈의 오늘날은 백상 선생의 혜택이 큰 힘이었다고 할 수 있다.

그밖에도 당시 일본에서 수업 중인 우리 기사도 거지반 백상선생의 물심양면의 도움을 받았다. 이와 관련하여 1969년 11월에는 제 1회 한·일 프로기사 교류전을 주최하여 3회에 걸쳐 시행했다.

이 외에 대학생들의 요망에 호응하여 전국 대항전과 한·일 대학생 바둑 교류전도 주최해 주셨다. 이 모든 행사가 지금은 중단 상태이지만 저변확대에 지대한 공헌을 남긴 것은 틀림없는 사실이다.

《한국일보》의 '간판'이랄 만한 명인전이 1967년 12월 11일 화려한 막을 올렸다. 올해 17기를 맞이하여 명실공히 한국 정상의 타이틀전으로 군림하게 되었다.

'명인전'은 원래 백상선생이 일본의 명인전 이상으로 키워 볼 생각으로 명명한 것이고, 대국료와 상금도 다른 기전의 2배나 되어 당시 타사에 커다란 충격을 주었다.

백상선생의 뜻은 결코 타사를 앞지르는 것이 아니라 기사들의 노고에 상당한 보수를 주어 앞날의 발전을 기대하는 것이었다고 생각된다.

어쨌거나 명인전에 자극을 받은 여타 기전이 대국료를 나름대로 인상할 수밖에 없었던 것은 사실이다.

백상선생은 바둑 기보에 못지않게 바둑 관전기를 중요시했다.

참고로 《한국일보》의 바둑은 전임해설자인 내 손을 거쳐 처음에는 시인 고 유해수가 한동안 쓰다가 그 후 20년 가까이 중국문학가로 문학상까지 받고 국제펜클럽 회원으로 활약하던 일구 권희철씨가 계속 전담하고 있다.

이상으로 백상선생의 면모를 바둑인으로서 못다 표현했으나 한마디로 말해서 백상선생이 한국 바둑계에 남긴 공로는 이루 말할 수 없이 크며, 더욱 내 개인적으로도 잊지 못할 분이다.

장기영의 바둑사랑에는 숨겨진 비화가 있다. 이상우의 이야기를 소개한다.

장기영 씨는 어느 날 기자 휴게실을 편집국 옆에 만들어놓고 거기에다 바둑판과 장기판을 갖다놓게 했다. 그리고 기자들에게 매일 거기서 장기나 바둑을 두라고 독려(?)했다. 그러고는 자주 내려와서 휴게실을 점검했다.

"까만 돌 빨리 채워놓아."

"여기 지저분한 데 닦아."

"바둑판 반듯하게 놔."

툭하면 잔소리를 하기에 내가 한번은 건의를 했다.

"사장님, 바둑판을 없애면 안 됩니까?"

"왜 없애?"

"기자들이 일도 안 하고 맨날 모여서 바둑이나 두고 앉아 있는데 좋지 않은 일 아닙니까?"

내 말에 장기영 씨는 혀를 끌끌 찼다.

"이런 돌대가리 같으니라고. 내가 왜 이러는지 이야기해줄까? 일 끝나고 난 뒤에 다들 술 먹으러 가버리고 없으면 특종기사가 터져도 쓸 사람이 없잖아. 그러면 어떻게 신문을 만들거야?"

바둑판을 설치하면 휴게실에 반드시 한두 사람은 있게 마련이다. 그러면 비상시에 써먹을 수 있었다. 바둑에 빠져 집에 가는 것도 잊게 되는 속성을 이용(?)하는 것이었다.

8. 일요판 히트

"오늘 구독신청 몇 건이요?"

"광고가 있어야 신문 같지. 어떻게 된 거야? 가만히 있으면 내

달라구 와 주나, 누가?"

시끄러운 장기영은 배달사고라도 나면 온 회사가 발칵 뒤집히게 야단을 친다.

"신문이 뭐야? 누가 두 부씩 사 보나? 한 부가 얼마나 소중한 건지 여태까지 몰라? 배달사고 나면 내가 직접 갖다 주겠어요. 독자한테는 눈꼽만치도 불편을 줘선 안 돼요!"

발족한 지 수개월 동안 피눈물 나는 부수 확장을 꾀해 보았다. 한꺼번에 몇천 부 몇백 부씩 왕창 들어오지 않는 것이 신문구독이라는 거다.

무료신문을 뿌려 보았다. 고정독자로 잡기 위해선 우선 우리 신문을 안 보면 답답하게 만드는 것이다.

어떻게 하면 그렇게 될까?

《동아일보》·《경향신문》·《조선일보》·《서울신문》 등을 청장년이라고 한다면 여드름깨나 나는 소년기에 들어선 것이 《한국일보》이다.

몇 달 동안에 사춘기에 접어든 것만 해도 대견하다고들 말해 주었다.

그러나 내 성에는 차지 않는다. 어떻게 해야 부수가 단번에 늘어날까?

좋은 기자, 유능한 기자를 스카우트해 오라고 주효민 논설위원에게는 만날 때마다 졸라대, 갈 사람은 가고 올 사람은 왔다. 보수는 딴 신문사보다 월등하다.

그런데, 전통이라는 것이 그렇게도 무서운 것인가?

최병우가 사장실에 쑥 들어왔다.

"우리도 주간지 한 번 안 해보시겠어요?

"아닌 밤중에 홍두깨 내미는군."

"조풍연(趙豊衍) 부장 아이디어인데요, 그럴싸합니다."

"털어놔 봐요."

조 부장의 말인즉, 지금 한국의 신문은 멋대가리가 없다, 뉴스뿐만 아니라 일상생활에 즐거움을 주는 오락 같은 거, 연예 안내, 재미있는 가십, 석천(昔泉)이 주장하는 지성 냄새 풍기는 거 그런 것들이 담긴, 가령 일요판 같은 것을 딴 신문에서 안 하고 있으니 《한국일보》가 선수를 쳐서 시도해 보면 인기를 얻을 게 틀림없으리라는 것이었다.

"그거 재미있는데……."

장기영은 첫마디에 솔깃해졌다.

장본인을 불러 자상한 이야기를 들으니 더욱 구미가 당긴다.

"그런데 그 기사, 원고를 누가 씁니까?"

"그게 문젠데요. 사내에서 받은 메울 각오 하구, 외부에서 받은 받구!"

"받을 원고가 그렇게 많습니까?"

"끌어 내야죠. 학계·문화계·연예계하구 인연을 맺어야 됩니다. 그 사람들이 《한국일보》를 찾게 해야죠."

"기자가 필요한가요?"

"필요하지요. 4~5명은 일요판을 위해서 전념해야 됩니다."

오종식 주필에게 상의해 보았다. 지성의 냄새를 피운다는 데서 그의 호기심을 샀다.

간부회의에서도 대찬성이었다. 그리하여 특집부가 신설되었다.

치밀한 데까지 신경을 잘 쓰는 김용장(金容章) 부장이 맡게 하고, 한국은행의 인연 장영창(張泳暢), 천관우(千寬宇) 소개의 한운사(韓雲史), 부녀 담당의 베테랑 박현서(朴賢緖), 시인 김규동(金奎東) 등을 배치하니 정치·경제에서 세계의 화제, 오밀조밀한 오락·취미에다 소설, 바둑까지 재미있는 타블로이드 8면의 호화 부록이 되었다.

그즈음 이 호화 부록에 참여한 시인 김규동이 말하는 일화를 소개한다.

나는 평소에 그의 문장력이나 사고방식에 있어서의 현실 감각이나 날카로운 감성에 대하여 새삼 놀라곤 하였다.

'기사는 발로 써라' '사설은 오늘 아침 콩나물값이 얼마라는 것부터 써라'는 등의 이루 헤아릴 수 없이 많은 명언들을 속사포같이 토했지만, 그 모든 발언의 핵심에는 리얼리티가 있었다. 그리하여 이것은 언제나 전진을 위한 촉진제 역할을 하였다.

전세방을 전전하며 가난했던 나는 가불 선수였다. 당시 경리 미스 김이 언제나 사정을 잘 봐 준 것을 지금 감사드리지만, 이런 상태이면서도 양담배 두 갑씩 피우는 나에게 사장이 이런 말을 던졌다.

"당신, 하루 담배 몇 갑 핍니까?"

"두 갑입니다."

내가 대답했다.

"양담배 10년에 벽돌집 한 채."

그는 이렇게 한 마디 하고 내 책상 앞을 지나갔다.

당시에는 양담배를 시판하고 있을 때지만, 쥐뿔도 없으면서 양담배 피는 나를 멋지게 면박을 준 말인 것이다. 장기영 사장같이 부지런하게 노력하고 또 꿋꿋한 투지를 지닌 분을 다시 만나 보기는 어려울 것이다. 빠른 생각, 속전속결, 과감한 추진력, 그때뿐이지 뒤가 없는 부드러운 마음씨, 이 모든 것이 잊혀지지 않는 가운데도 '신문기사는 시다'라고 설파한 이 우연한 한 마디는 길을 걷다가도 정신을 번쩍 들게 하는 명구가 아닐 수 없었다.

시처럼 아름답고 간절하고 애정에 가득 넘친 신문기사——얼마나 훌륭한 말인가.

이런 말을 책이나 이론에서가 아니고 직접 신문을 만들어 가는 그 피나는 투쟁의 과정에서 체득하여 우리에게 선뜻 던졌을 때, 나는 실로 그가 놀라운 인물로 보였던 것이다.

시를 쓴다는 자신이 새삼 부끄럽게 느껴지면서——.

이 글을 쓰고 있는 지금도 그 목소리가 들린다. 불도저 사장님의 그 쇳소리 음성이.

11월의 첫 일요일에 나간 주간지는 판을 거듭할수록 선풍적인 인기를 끌어, 김영흠 보급부장은 큰 소리로 사장에게 보고할 수 있었다.

"일요판 때문에 야단났습니다. 전국의 지사·지국에서 더 보내 달라구 아우성입니다."

"어느 정도의 아우성이길래 나한테 와서 아우성이오?"

"다방이나 정거장 같은 데서 일요판만 따로 20환, 30환에 팔립니다. 그것두 날개 돋친 것처럼 말씀이죠."

"도둑놈들 아닌가. 본지하고 합해서 20환인데……."

"한 달 동안에 본지 부수가 1만 부나 늘었습니다."

"그래?"

그는 벌떡 일어났다. 이거다! 그거다, 바로! 독자들이 걸려들어 주셨구나. 맛있게 먹어 줄 것이 있었어. 실망시키면 큰일이다. 더욱더 재미있게 차려 내야지.

그는 따닥따닥 슬리퍼 소리를 내며 편집국으로 올라갔다.

특집부가 바삐 돌아가고 있다. 교정쇄를 들고 문선부로 뛰어가는 기자가 '돼지, 또 올라왔구나' 하는 표정으로 획 지나갔다. 그들이 자기 별명을 '돼지'라고 했다는 소리를 들었다. 덩치가 커서 그랬을 게다. 상관 없다. 아니, 욕심이 많다고 그랬나? 그것도 상관없다. 신문만 잘 만들어 다오. 그게 내 욕심이니까.

논설위원실로 들어가 보았다.

오 주필이 《런던 타임스》를 펼쳐 들고 있다. 천관우(千寬宇) 위원이 붓으로 논설을 쓰고 있다. 달필에다 글줄기에서 힘이 확확 솟아오른다. 그가 휙 돌아다보았다.

"아, 사장님께 한 가지 부탁드릴 말씀이 있습니다. 제발 제가 쓴 사설엔 손대지 말아 주십시오. 대셔야 될 일이 있을 때는 저를 불러서 제 손으로 고치도록 해 주십시오."

"허허……. 요전처럼 기물은 파손하지 말아 주기 바랍니다."

장기영은 나가다가 주효민 위원이 쓰다 만 원고를 들여다보고, 오 주필을 돌아다보았다.

"주 위원 글씨는 꼭 털이 난 것 같아요. 어떻게 알아보기 쉽게 안 됩니까?"

오 주필은 웃었다.

"문선에서 다 알아보니 됐지 뭐."

허허 웃으며 장기영은 그 방을 나왔다.

무서운 사람들만 모인 방이다.

며칠 전이다. 밤중에 와 보니 교정쇄가 책상 위에 쌓여 있었다. 읽다가 논설에 가필을 좀 했다.

얼마 후에 천관우 위원이 한 잔 한 것이 분명한 목소리로 전화통에다 대고 '왜 마음대로 남이 쓴 글에 손을 댔느냐'고 항의해 왔다.

사장으로서 염려가 돼서 그랬노라고 했더니, 와장창! 전화통 부서지는 소리가 나고, 곧 이어 쨍그렁 유리창 깨지는 소리가 들려왔다.

거참, 불같은 사람이구나, 그는 꾹 참고 김종규 비서를 불러 지시를 했다.

"편집국 전화통이 깨졌을 테니 새걸로 바꿔 놓고, 유리창은 내일 아침 일찍 갈아넣도록 해요. 그 사람 참 대단한 사람이군 그래."

여기서 천관우의 회고 이야기를 들어보자.

장기영 선생을 처음 뵈옵기는 1954년 《한국일보》 창간에 내가 말단 기자의 한 사람으로 참여했을 때였다. 나를 그리로 인권해 준 최병우(崔秉宇) 형이 여러해 전에 갔고, 이제 '한국' 창업의 주인마저 가셨다는 소식에 20여 년이라는 세월이 다시금 실감되기도 하려니와 이 분의 저 억척스러움이 우리 사회를 위해 좀더 발휘되어야 할 일이 아직도 많이 남아 있는데 하는 생각에 못내 한스러움이 앞설 뿐이다.

그 억척스러움이란 일종 통쾌할 정도의 것이었다. 논설이나 중요 기사의 '갤리'를 일일이 '체크'하는 신문사장, 야전침대 같은 것을 가져다 놓고, 새벽녘 강판(降版)에서 윤전기 돌아가는 것가지 지켜보는 신문사장은 그 때 처음 보았다. 4·19 직전의 마산 사건 때는 논설기자까지 현지에 내려보내 전화로 매일 사설을 송고시키는 데는 정말 놀랐다.

신문사 안에서 통하던 애칭이 '장기자'였고, 고인 자신도 이 애칭을 과히 싫어하시지는 않는 눈치였다. 탁상일기에는 자작의 경구 몇 가지가 매일처럼 새로이 기록되곤 했다. '대사건은 일요일에 터진다'는 것도 그런 경구의 하나다. 기자는 일순도 방심이 있어서는 안된다는 뜻이다. 이분은 늘 새로운 것을 생각해 냈다. 신문이란 항상 새로운 것이어야 한다면, 고인은 그런 의미에서는 전형적인 신문인이었던 것이다.

고인이 탁월한 신문경영자였다는 것은 모르는 이가 없겠지만 문장으로도 직업적인 문필가 못지않았던 것을 아는 이는 많지 않을는지도 모른다.

'한국일보'가 창간되고 얼마 안되어 처음 미국여행에서 보내 온 통신은 뒤에 《태평양공로》라는 책이 되어 남아 있지만 그 엉뚱하고도 섬세한 관찰, 그 유려하고도 당당한 행문은 기행문의 모델의 하나로 삼아도 좋을 것이었다.

"신문사장이란 '오케스트라'의 지휘자 같아야 되겠습니다. 편집, 경영, 공무, 이것이 모두 조화가 되자면 그 속을 다 알아야 하니 말이오."

그래서였던지 한번은 사장이 직접 편집국장을 겸해서 몇 달동안 제작을 진두지휘하기도 했다.

그러나 고인은 당신께서 하신 말씀보다도 훨씬 더 규모가 큰 '오케스트라'의 지휘자였다고 하는 것이 옳겠다. 경제인으로서, 언론인으로서, 관료로서, 정치인으로서, 체육인으로서 당대를 주름잡은 여러 사업에 전신을 불태우고 또 그것이 훌륭한 조화를 이룬 일생이었던 것이다.

역시 '한국' 창간 직후의 어느 날 밤 나는 대취해서 신문사로 돌아와 젊은 기운에 전화통 한대를 부순 일이 있다. 그 보고를 듣고 빙그레 웃기만 하더라는 후문이었다. 언젠가는 새 전화통을 꼭 하나 가져다 드리겠다고 별렀건만, 이제는 그 빚을 갚을 길도 영영 없어지고 말았다.

정계로 투신하신 뒤로는 나의 발걸음도 자연히 뜸해졌었다.

"당신이 처음에 만든 '메아리(단평란)'를 당신이 다시 와서 써주어야 되지 않겠소."

하시던 것은 반농반진이었겠지만 이렇게 쉬이 가실 줄 알았더라면 그 앞을 지나 칠 때라도 가끔 뵈옵고 말씀이나 드렸어야 했을 것을 그것도 이제는 빈말이 되고 말았다.

돌이켜보니 만년(晩年)인 셈인데 고인이 남북통일 일에 관계하신 일에 나는 저으기 기대와 관심을 가졌었다. 이분 같으면 이 거창한 사업에 무엇인가 전진을 가져올 수 있을 것 같아서였다. 이제는 지하에서라도 여기에 도우심을 주실 것을 바랄 수밖에 없는가.

위를 보고 달리자

절대로 포기해서는 안 된다. 절대로 희망을 잃지 않는 일이 중요하다
거기에서 대망의 문이 열린다

1. 오색비상조 날아오르다

미국 정부로부터 언론 시찰 오라는 초청을 받았다.

도쿄에 극동 12개국의 언론인이 모여들었다. 장기영은 눈코 뜰
새 없이 바쁘게 돌아야만 하는 신문사에서 빠져 나온 것이 도리어
허전했다. 그는 도쿄에서 모든 시간을 단 1분도 헛되이 쓸 수 없다
고 생각했다.

여기저기 연락을 했다. 술 먹을 사람과는 술을 먹었다. 일본 신
문들을 보면 화가 난다. 우리는 언제나 이런 신문을 만들어 낼 수
있나?

도쿄를 떠난 것은 7월 30일.

끝없는 하늘, 끝없는 바다. 대우주의 문턱에서 맴도는 것에 불과
할 터인데, 이 광활한 하늘과 땅 사이.

구름이 아름답다. 그것은 마침내 자연의 대예술이다.

아인슈타인의 얼굴 같은 놈, 해골 같은 모양, 춤추는 선녀, 나는
독수리, 주인 없는 왕관……. 형용할 길이 없어 다 비유할 수가 없
을 뿐 구름의 조화는 천태만상으로 오묘하기 그지없다.

밤이 되었다. 세상은 폭음뿐이다.

장기영은 종이와 펜을 꺼냈다. 기자는 생각나는 것을 적어 두어

야 한다.

견습기자를 맞이했을 때 나도 견습기자라고 한 말이 생각난다.

'제1신=동경—웨이크 간 기상에서 7월 30일 밤'이라고 적어 보았다.

하늘도 바다도 창 밖은 검푸름뿐이다. 달도 별도 구름도 없는 날이다. 천지현황(天地玄黃) 우주홍황(宇宙洪荒)일는지도 모른다. 비행기 속은 공기가 희박하여, 비만한 사람에게는 심장에 압박이 오는 듯 술을 마셔도 빨리 취한다. '기중금주(機中禁酒)'를 했다는 어떤 선배의 생각도 났지만, 한 번 사양했던 술을 다시 달라고 청해 본다.

어떤 선배란 수주(樹州) 변영로(卞榮魯)의 이야기이다. 한국 최초로 국제 펜클럽회의에 가는 비행기 속에서 수주는 안 먹기로 약속했던 술을 청했다. 동행한 모윤숙이 말렸으나 막무가내였다.

프라하에서 모윤숙이 써 보낸 글은 《한국일보》의 특종이 되었다. 폴란드에서 오지 못한 문인들이 '볼가에서 다뉴브까지 달빛은 하나다'라는 전문을 보내와 세계의 문인들이 우레 같은 박수를 보냈다고 했다.

그 낭만, 멋있지 않은가. 이번 나의 미국 방문길에서도, 그런 멋이 깃들여졌으면 좋겠다. 문학청년으로 돌아가자.

처음으로 밟은 미대륙은 문자 그대로 컸다. 무엇이든지 컸다. 사람도 건물도 회사도 모두 다 컸다.

그러나 그렇다고 내가 작을 수는 없다.

장기영은 잠을 이루지 못했다. 한국이란 나라가 너무나도 작고, 너무나도 존재가 없으며, 너무나도 뒤떨어져 어디서부터 손을 대야 옳을지 모르겠다.

이승만 대통령, 국내에서 보면 크고 우뚝하지만 여기서는 무엇인가?

한국을 구제할 길은 없는가. 어디서부터? 어떻게?

무리를 하다 보니 감기에 걸렸다. 스케줄은 사정없이 진행되었다. 어떤 유학생이 기이하다는 듯 물었다.

"어째 카메라를 안 가지고 다니십니까?"

"귀찮아서……."

"여기 오는 사람치고 카메라 안 메고 다니는 사람 없습니다."

"내 눈으로 똑똑히 봐야지."

덴버에선 전(前) 대학총장의 부인이 차를 몰고 와 시내 안내를 해 주면서 똑같은 눈치를 보였다.

장기영은 웃으면서 말했다.

"나는 눈으로 보기도 하고 듣기까지 하니 걱정 마십시오. 오히려 카메라를 가지고 다니면 사진 찍는 데 신경 쓰느라고 육안으로 보는 양이 적어지지 않습니까. 이를테면 나는 우리 나라에서 사진과 귀로만 볼 수 있었던 미국을, 내 눈으로 보고 눈으로 들으러 왔습니다. 자연 렌즈인 이 두 눈의 셔터를 다 눌러서 봤으니 걱정 마세요. 현상은 머릿속에서 붓끝으로 흘러나올 수도 있는 거 아닙니까?"

궤변 같지만 그렇게 말했다. 영어회화를 일본말만큼이나 할 수 있다면 얼마나 좋겠는가? 그놈의 것을 마스터한다는 게 아직 뜻을 이루지 못했다. 돌아가면 다부지게 배우리라. 국제무대에서 영어 못하면 병신이다.

본 것, 느낀 것을 열심히 메모했다. 돌아가서 살을 붙여 장기자가 미국 다녀왔다는 증거를 남겨야 한다.

가다가는 호텔 창 밖을 물끄러미 내다보며 온 몸 안에 가득 차오르는 감미로운 감상이 눈시울을 적셔 주었다.

한국, 어디로 가나! 코리아, 너의 운명은 어떻게 된 것이냐! 쿼 바디스!

저널리스트적, 은행가적, 스포츠맨적, 그리고 정치를 방관할 수 없는 감각이 뒤범벅이 되어 슬픔을 자아냈다.

트루먼 대통령과 만났을 때는 영어를 자유롭게 할 수 있으면 막 쏘아대고 싶었다. 2차대전 때 왜 한국을 양분했는가? 전란 땐 왜 맥아더 장군을 불러들였는가? 만주를 폭격했으면 한반도는 통일되었을지도 모르는데……

거대한 미국 대륙은 한 마디로 '번영'이란 두 글자로 표현할 수 있었다.

한없이 부러워하며 돌아오는 길에 상하(常夏)의 나라 하와이에 들르니 사람과 거리에서 동양을 느끼게 된다. 고향 가까이 왔다는 안도감과 더불어 이제부터 무엇을 어떻게 하느냐, 와이키키 비치를 거닐면서 하염없는 생각에 잠겼다.

드디어 9월 6일 김포공항에 내리니 파란 초가을 하늘이 따뜻하게 맞이해 주는 것 같았다.

일아, 덤벼라! 스케일도 알았다. 스피드도 알았다. 무엇이든 덤벼라!

그는 허리를 쭉 펴고 씩씩한 걸음으로 조국 땅을 밟았다.

다음은 뒷날 장기영에 대한 유광렬의 이야기.

의지와 투쟁으로 뛰면서 산 생애, 그리운 마음 가이없이 긴 한을 남길 뿐……. 의지와 투쟁으로 일관했던 장기영은 눈깜짝할 새에 홀연히 사라졌다.

사람은 자기를 알아주는 사람을 위해 죽는다. 여자는 자기를 알아주는 사람을 위해 얼굴을 가꾼다.

옥상에 와 앉았던 오색비상조(五色非常鳥)는 뭇사람이 놀라서 칭찬하던 중에 홀연히 날아가고 자취조차 없다.

선린 상업을 나온 후 한국은행의 변변치 않은 행원으로 출발하여 일국의 경제를 좌우하는 부총리 겸 경제기획원 장관으로 종횡무진의 수완을 발휘하던 정치인 겸 금융인이었고, 맨손으로 《한국일보》를 창간하여 매일 아침이면 지프를 타고 독자의 집을 순회하던 사장 겸 사환이던 그는 오늘의 《한국일보》의 대성을 보았고, 남에게 눌변이라는 말을 듣던 그는 선거운동을 한 지 며칠이 안되어 서울의 아성으로 까다로운 종로·중구 선거구에서 당선의 화살을 명중시켜 국민의 대변자가 되었고, KOC위원장으로 한국의 스포츠를 대표하다 세계스포츠 무대로 진출하여 IOC 위원이 되었다.

이렇게 다진 국제무대의 경험으로 마침내 국제 환시(環視) 중에 남북조절위원회의 위원장대리로 이 나라의 깊은 근심을 풀기에 혼신의 힘을 기울였던 중이었다.

이 다채로운 활동과 끊임없는 노력은 그의 강철과 같은 의지와, 인생은 투쟁이라는 신념에서 나온 것이었다.

그는 '뛰면서 생각한다'는 표어로써 남이 다 물러서는 '괴로운 길'을 피와 땀으로 노고를 아끼지 않았다.

하늘은 이 쉬지 않는 사람에게 수명을 주기를 인색했음인지, 얼마 전부터 심장병의 징조가 있었으나 불같은 열의는 이를 극복하려고 안간힘을 썼었다.

옆의 사람이 권고하는 조섭도 물리치고, 세상 떠나던 날 새벽까지 불휴(不休)의 노력을 기울이다 마침내 한시도 못 잊던 이 나라와 사회를 등지게 되었으니 어찌 한스럽지 않으랴.

그는 표면으로는 무뚝뚝한 사람같이 보이나 실상은 동지를 사랑하고 부하를 아끼는 섬세한 감정도 있었다.

일찍이 사장시절에 밤 깊게 글을 쓰는 사원에게 '추우냐'고 자기의 외투를 등에 덮어주고 때로는 '시장하지 않느냐'고 함께 나가 식사를 같이 하던 상냥한 일면도 있었다.

중년에 홀로 된 어머니에게 효성이 지극하여 무엇이나 그 뜻을 거스르지 아니하고 이르는 말씀을 순종했으며, 자기의 부모를 공경하는 마음을 그대로 옮기어 일터의 다른 노인까지 공경하는 것은 맹자(孟子)의 이른바 '노오노이급인지노(老吾老以及人之老)'이었고, 자녀에 대한 사랑을 그대로 옮기어 소년사원들의 신발까지 근심하고 보살펴 주던 터였다.

그리고 '아는 것이 힘이다'라는 생각으로 항상 배우는 자세로 널리 독서를 하여 그의 해박한 지식에 빛을 더 했고, 그 바쁜 중에서도 외국어에 남달리 전력하여 사교장에서 서구인과의 종횡(縱橫)한 담론은 사람을 놀랠 만큼 깊은 수양을 쌓았었다.

이러한 강유(强柔)를 다 가지고 있는 성격은 그의 사업이나 공적에 많은 도움이 되었다. 그 초인의 정력과 다감한 성격은 사업가로서나 정치가로서나 경국제세(經國濟世)의 대성을 기대했었는데 하루 아침 병마로 세상을 떠나니 그 오색비상조는 어느 하늘로 날아갔는가.

2. 천하인재 모두 모아라

문화부의 한운사 기자가 들어왔다.
장기영 사장은 금철과 앉아 있다가 물었다.
"당신 마해송(馬海松) 씨 알아요?"
"일본에서 기쿠치 간(菊池寬)과 《문예춘추》를 시작한 분 아닙니까……."
"《모던 일본》이란 잡지의 사장도 하고."
"지금은 아동문학가로 활약 중이에요."

금철이 도왔다.

"기쿠치 간의 연애소설 읽어 본 적 있지요?"

"읽었습니다."

"《문예춘추》라는 잡지가 일본에서 제일가는 잡지라는 것도 알죠?"

"《중앙공론》·《개조》 같은 것과 함께 이름난 잡지라는 거 알고 있습니다."

"그 《문예춘추》 편집장을 했어요, 마 선생이…… 대단한 거 아닙니까?"

"네."

"이분 원고 받아 보세요. 내가 말씀드려 놨으니까."

"네."

"일류로 가는 겁니다. 우리 문화면 참신하고 지성적이라고 인기 좋아요. 천자춘추도 권위 있잖습니까?"

"알겠습니다."

한운사 기자는 말을 이었다.

"국내 문단이 문총이니 뭐니 떼를 지어 다니는 것 같아서 《타임》·《뉴스위크》 등 외국 잡지에서 세계의 문화 흐름을 주로 소개하고 있습니다. 양해해 주시기 바랍니다."

"그거 평 좋아요. 그래야 지성지 아닙니까. 소신껏 해 보세요."

한운사 기자는 명륜동으로 마해송을 찾아갔다. 조그마한 체구에 깔끔한 인상이다. 《한국일보》를 칭찬하면서 그는 《앙그리께》라는 아동소설을 연재하기 시작했다.

어느 날 금철은 어슬렁어슬렁 걸어들어오면서 말한다.

"우리 나라에서 여류작가가 신문에 연재소설 쓰고 있는 사람 없지요?"

그러면서 장 사장 앞으로 다가왔다.

"김말봉(金末峰)씨가 한때 쓴 적이 있었지만, 최근엔 들어본적 없는데…… 왜요?"

"한 번 해 보면 어떨까요? 목포에 박화성(朴花城) 여사가 칩거하고 있는 모양인데요. 옛날 《백화(白花)》라는 역사소설을 써서 낙양의 지가를 올려놓잖았습니까?"

"그거 좋구만!"

장기영 사장은 무릎을 탁 쳤다.

"당장 교섭해 보세요!"

금철은 목포지사장에게 전화를 걸었다. 편지도 써 보냈다.

아닌 밤중에 홍두깨였으나, 박화성 여사는 장차 기회가 있으면 《한국일보》에 먼저 쓰겠다고 했다. 사장의 지시를 받은 한기자는 간곡한 편지를 띄웠다.

그리하여 《고개를 넘으면》이 연재되기 시작하자 장안의 화제로 들끓었다.

장기영 사장은 회심의 미소를 머금었다.

두고 보라. 한국의 문화계는 모두 《한국일보》를 쳐다보게 만들고야 말리라. 또 반드시 그렇게 될 것이다.

어느 날이었다.

"바둑?"

장기영은 소리치며 후다닥 일어났다. 대만 원정의 기회? 얘기가 되지. 기계(棋界)의 1인자 조남철과 김봉선을 불러 상의하니 고맙다마다.

"이승만 대통령께 인사드리고 가야죠."

두 사람과 함께 경무대로 들어가니 이 대통령 기분이 활짝 개어 있다.

"바둑판 가져 와. 내 앞에서 한 수 두어 보라고……."

두 기사는 황송해하며 두기 시작하니 이 대통령은 훈수까지 하면서 말했다.

"우리 나라의 특유한 화점식 바둑을 발전시켜서 건전한 오락으로 기르면 좋을 거야."

"명심하겠습니다."

장기영은 허리를 굽혔다.

"이웃 나라에선 신문에 바둑란이 있습니다. 우리 나라에선 지금 아무 신문에서도 취급 안 하고 있습니다만, 저희 《한국일보》에서 시작하겠습니다."

"바둑이라는 게 좋은 게야. 백성들이 평화롭게 즐길 수 있도록 해야지."

"알겠습니다."

나오자마자 장기영은 한운사 기자를 불러 즉시 바둑란을 설치하도록 지시했다.

"저도 하나 생각하는 게 있는데요. 우리 나라 지금 방송과 영화 이외엔 민중의 오락이 없습니다. 방송 프로그램을 싣고, 이따금 시평(時評)을 하고 싶습니다."

"그거 좋은데? 일본 신문에선 그날 그날의 프로 다 소개하고 있잖아. 지면이 문제지만……. 하여튼 당신 맘대로 해 봐요. 문화면에 이것 저것 다 등장시켜야 됩니다."

그때만 해도 영화관엔 외국영화들뿐이고 국산영화는 영 맥을 못 출 때이다.

동명영화사 이철혁은 그의 아내 조미령을 주인공으로 《춘향전》을 만들었다.

한운사 기자는 시사회를 보고 '이것은 된다'고 판단, 국산영화의 재기를 촉구할 각오로 이철혁을 만났다.

아니나다를까 극장에 붙이자 인산인해를 이루는 대성황, 한 기자는 문화면 전면 기사로 이 영화를 치켜 올렸다.

편집국장 임창수는 화를 버럭 내며 한 기자를 힐난했다.

"이런 기사가 어디 있어요? 신문을 망쳐 놔두 분수가 있지. 얼마를 받아 먹었길래 이렇게 크게 다뤄 주느냐구 욕하는 전화가 오잖아요!"

"내가 얻어 먹은 건 커피 한 잔밖에 없습니다. 이런 때 계기를 만들어 주지 않으면 국산영화는 죽으란 말입니까?"

이야기는 장 사장 귀에도 들어갔다. 그는 한 기자를 불렀다.

《춘향전》 찬양 기사를 펼쳐 들고 그는 빙그레 웃었다.

"크게 다뤘군. 돈 줍디까?"

"아뇨."

"아무 인사두 없어요?"

"커피 한 잔 얻어 먹었습니다."

"난 당신이 물들었다구 생각되지는 않아…… 편집국장이 야단인데, 당신 소신껏 해요. 문화면은 당신이 만드는 거니까."

"예."

"이런 기사 좋아요. 치켜 줄 사람은 대담하게 취급해요. 우리가 뭐 있습니까. 인재밖에……. 인재는 크게 다루세요. 한국영화에 활기 불어넣어 준 거 좋아요."

자사 기자들에게 자신감을 불어넣어준 장기영의 선견지명은 이어령(李御寧)의 회고에서도 엿볼 수 있다.

거의 20년 넘게 언론계에 몸담게 되었던 것은 바로 백상 장기영 선생님 덕분이었다. 생면부지의 장 사장님으로부터 당시 홍승면 선배가 전담하여 문자 그대로 장안의 지가를 올렸던 '메아리'의 칼럼란을 맡아 달라는 제의였다. 나에게 자신감을 불어 넣어 준 분, 남들이 다 눈을 흘길 때 젊은이의 앞길에 꽃다발을 던져 주신 분. 그만한 이유만으로 그분을 못 잊어하는 것은 아니다. 흑판에 '정상이 보인다'라고 써 놓고 점퍼 바람에 야전군 사령관 같은 모습으로 진두지휘를 하셨던 선생님이 구상유취한 글을 쓰고 있던 나에게, 단 한 번도 무엇을 주문하거나 비판하는 소리를 듣지 못했다.

더구나 군사혁명이 일어나 매일같이 '메아리'란이 깎여 나가고 대신 그 자리에 우유 광고가 실렸던 그런 시절에도 일체 젊은이의 기개를 꺾는 타협의 눈치 같은 것을 보이시지 않았다.

《한국일보》의 문화란 전체 면에 '고전의 바다'를 1년 동안 연재를 하고 마쳤을 때에도 참으로 해괴한 일이 벌어졌다. 최종회와 '연재 끝'이라는 광고가 나갔는데도 장기영 사장은 더 계속하라고 당시 이영희 부장에게, 그것도 일본에서 장거리 전화로 특명이 내린 것이다.

그뿐만이 아니다. 연재소설 필자를 천거하라는 바람에 나는 이영희 문화부장에게 황석영을 추천했다. 하지만 황석영 작가는 아직 신인이어서 문단에나 겨우 그 이름이 알려져 있을 때여서 장기영 사장의 결재가 나지 않고 있었다. 그러나 한 가지 조건이 있었다. 그 작가를 추천한 이 아무개의 각서 같은 것을 받아 오면 고려해 보겠다는 것이었다.

세상에 듣지도 보지도 못한 희한한 각서를 쓰게 되고 그 결과로 《장길산》의 문제작이 탄생하게 된다.

젊은이에 대한 장기영 사장의 특유의 포용력과 대담한 투자열이 없었더라면 내 '고전의 바다'도, 황석영의 《장길산》도 햇볕을 보기 힘들었을 것이다.

어느 날 〈애국가〉를 작곡한 안익태(安益泰)가 25년 만에 귀국을 했다.

한운사 기자는 재빨리 연락하여 국내 음악인과 좌담회를 가졌다.

"일류 호텔에서 하고 싶습니다."

한운사 기자의 제의에 장 사장은 오른손을 번쩍 들며 대답했다.

"일류 좌담을 하자면 일류 호텔이라야지. 비용 걱정 말아요."

국내 음악인으론 이흥렬(李興烈)·김세형(金世炯)·김대현(金大賢)·윤이상(尹伊桑)·박태현(朴泰鉉)·윤용하(尹龍河) 등을 부르니, 안익태의 〈애국가〉 작곡할 무렵의 이야기가 한결 흥겨워졌다.

그 기사가 나간 뒤 한 보름 만에 정부는 문화포장(文化褒章)으로 그를 대접했다.

"잘 했어요. 그렇게 하는 겁니다."

그로부터 얼마 안 가 한운사는 출근길에 인사발령 벽보를 보고 깜짝 놀랐다. 문화부장으로 발령돼 있지 않은가?

그는 오종식 주필을 찾아가 못 하겠다고 했다.

"뭘 안 해?"

오 주필은 호통을 치면서 사장실로 그를 데리고 갔다.

"이 사람이 문화부장 안 하겠답니다."

"왜요?"

장기영 사장의 눈이 번쩍 했다.

"선배들도 있구요, 제가 아직 나이도 어리고, 자격이 없습니다."

"당신, 한국의 문단을 개똥으로 안다고 했잖아?"

"네."

"그 기개 보구 발령한 거야. 꿀릴 거 없잖아, 아무 것두……. 해 봐요! 하다가 싫어지면 그만두라구."

나가려는 한운사 기자를 그는 '잠깐!' 하고 되불렀다.

"당신이 소개해서 들어온 홍승면(洪承勉), 이번에 외신부장 됐지요?"

"네."

"그 사람 처음 들어올 때 외신부장 주라고 당신이 말했잖았어?"

"그랬습니다."

"그 동안 당신 평기자로 불평 없이 일해 온 거 다 알고 있어요."

"감사합니다."

"천관우 씨가 당신 소개했고, 당신이 홍승면 씨 소개했고…….
셋이서 문리대 출신다운 기개 펴 봐요. 《한국일보》 얼마든지 젊어
져두 좋습니다."

"알겠습니다."

물러가는 한 기자의 뒤통수를 향하여 이번에는 오 주필이 소리를
질렀다.

"한 부장!"

"네?"

"잘 해봐. 못하겠단 소리 말구…….."

"네."

"계속 한국의 문화계를 개똥같이 알란 말야! 파벌 짜구 다니는
것들 무시해!"

"네."

피라미 문화부장이 나간 뒤 두 사람은 크게 웃었다.

"동숭동 대학가에선 《한국일보》가 인기랍니다."

장기영 사장은 그것이 자랑이었다.

장기영의 초인적인 점은 스태미너도 스태머너지만 다른 하나는
숫자기억력이라 할 것이다.

전번에 말한 전화번호 기억도 물론 여기에 속하지만 그의 이 계
수의 기억력이란 그 밑에서 일해 본 사람이면 혀를 내두르지 않는
사람이 없다. 이 비상한 숫자 기억력은 그가 부총리 겸 경제기획원
장관으로 입각하고서 더욱 각광을 받게 되었지만, 그는 그 어마어
마한 정부의 예산으로부터 각부처의 예산, 심지어 시중은행의 여신

실적(與信實績) 등을 모조리 외우고 있다.

물론 메모도 없다. 그래서 그에게 결재를 맡으러 가는 직원이면 우선 그 안건의 계수 내용을 암기해 두지 않으면 안 된다.

"총액이 얼마며, 그 내역은?"

그는 결재 서류의 안건만 보고 내용을 들춰 보기 전에 눈을 지긋이 감고 그 직원의 구두설명부터 듣는다.

"저……"

즉각 답변을 못하고 이렇게 나오는 날에는 낙제다. 그럴 땐 설명을 듣기 전에 그가 먼저 읊어댄다.

"총액 ×××천만 원, 인건비 얼마, 경상비 얼마, 또 뭣은 얼마……"

기관총모양 이렇게 내 갈기고는 다시 묻는다.

"그렇지요?"

"네, 그렇습니다."

"최소한 자기가 다루는 안건의 계수 정도는 알아 둬야 하잖아요?"

"……"

할 말이 없다. 그러나 그런 기억력이 아무에게나 있다간 오히려 곤란할지 모른다.

하루는 이런 일이 있었다. 신문사 사장으로 있을 때의 일이다. 아침 간부회의에서 여담으로 한일회담의 대일청구권 얘기가 나왔다. 얼마를 청구해야 정당하냐는 문제로 제나름의 숫자풀이가 나왔다. (민주당 정부가 한창 한일회담을 하고 있을 무렵에)

이때 그는 이렇게 말했다.

"여러분들, 일본패전 당시 조선은행(한국은행) 금고에 금이 얼마나 있었는지 아시오? 금 ××관, 그때 돈으로 따져서 ××××××원, 그것을 지금으로 환산하면 ××××××억 환,

그것을 ××관, 일본이 가져갔단 말이오. 그로부터 15년, 그것을 국제 기준의 금리를 따지면 ×××억 환, 원리 합계 ××××××억 환. 더 요구할 것도 없어요, 더도 말고 이것만 돌려 달라면 되는 거요. 이것을 지금 돈으로 따지면 ×억 불. 아주 간단합니다."

좌석에 앉은 사람들의 눈이 휘둥그레졌다. 아무도 그의 입에서 총알처럼 쏟아져 나오는 숫자를 새겨 듣질 못했다. 물론 그 숫자를 그는 메모 하나 들여다보지 않고 외웠다. 그 후 그는 한일회담 대표로도 활동했으니 실제로는 주역할을 맡았다고도 하지만, 그 진위(眞僞)야 어쨌든 대일청구권은 그때 풀이한 그 선에서 매듭지어졌다고 생각된다.

그리고 그가 단행한 경제시책 중 가장 중요한 것이라는 금리현실화를 실시한 후 경제계는 말할 것도 없고 일반에서까지 그 혁명적 단안의 성공 여부가 조심성있게 주시되고 있을 때다.

그 성공 여부의 바로미터가 되는 시중은행의 장기저축성예금의 추이에 있었다. 거의 매일처럼 도하 은행장회의가 그의 방에서 열렸다. 그는 그 자리에서 각 지방에서의 그것과 합해서 낱낱이 계수를 따졌다. 물론 그 전부를 외워두는 것이다. 그러고는 이 문제에 대한 기자회견에서 그는 그 숫자를 하나하나 열거했다.

"이런 계수로 봐서 이번 금리현실화는 성공."

이렇게 대담하게 자신을 피력한 적이 있었다.

그는 대소를 막론한 사업의 방향설정은 물론 정치적 성격을 띤 경제문제를 비롯하여 신문 제작까지도 언제나 '숫자'에 대해서 남다른 관심을 가지는 사람이었다. 콤마 하나 틀리는 데 억대가 틀릴 수 있는 것이 이 숫자다.

그래서 그는 이런 말로서 부하에게 숫자에 대한 인식을 강조해 왔다.

"숫자란 요술쟁이다."

"숫자는 거짓이다."

숫자란 확실히 요술쟁이처럼 둔갑을 잘 하는 것. 여간 정신을 차려 확인하지 않으면 백발백중 틀리게 마련이다. 은행이나 혹은 다른 숫자놀음을 직업으로 삼고 있는 사람은 당장 납득이 가리라. 그래서 '숫자는 거짓이다'는 역설까지 쓰는 것이다. 아무리 자신이 있더라도 '틀린 것이다' 하는 생각으로 두 번 세 번 확인하라는 뜻이다.

그의 이 숫자에 대한 관심 내지는 기억술은 그 은행생활에서 몸에 밴 점도 있었겠지만 그의 독특한 기억술에 의해 정리된다. 그러나 그것은 아무도 모른다. 하기야 요즘 책자로도 출간되어 나왔지만 특이한 기억술을 각자가 창안해 내기란 그리 어려운 것은 아니지만.

그래서 그는 때로 '숫자에 대한 관심을 높이기 위해서는 가끔 섯다 노름 정도는 해 보는 것이 좋다'는 말까지 한다. 그리고 그는 어쩌다 짬이 생기면 논설위원실에 찾아 가서 거기 있는 바둑판의 흐려진 줄은 손수 그어주기까지 한다. 바둑을 애호하기 때문이 아니다. 바둑놀이나 '섯다' 등을 통해서 숫자적 두뇌의 훈련을 쌓는 것을 좋게 보기 때문이다. 그는 바둑을 잘 두지는 못해도 바둑 애호가를 몹시 존경하고 좋아한다. 그래서 그런지 한국일보는 여러 가지 바둑 연례행사를 주최하기도 했다.

3. 텔레비전의 꿈

"텔레비전을 해 보지 않겠소?"

이순용(李淳鎔)이 물어 왔다.

"외국에 가서 봤을 때 부러워했지만, 지금 전쟁을 치르고 녹초가 돼 있는 우리 나라에서 누가 수상기를 사며, 무엇을 내보냅니까?

사업이란 수지가 맞아야 성립되는 것 아닙니까?"

장기영은 그렇게 대답했다. 그리고 며칠 동안 생각해 보았다. 이상하게 유혹을 느낀다. 그렇지 않아도 당시 미대사관의 문정관인 슈버커로부터 그런 제의를 받은 바 있었다.

지금 한국 사람들은 이따금 들어오는 외국 영화를 갈증난 사람들처럼 허겁지겁 들이켜고, 라디오 방송을 유일한 낙으로 삼고 있는 형편이다.

그래서 신문이 대중의 허전한 마음 구석을 채워 주기 위하여 온갖 신경을 다 써야 될 판이지만 그 성과엔 한도가 있다. 텔레비전은 라디오 방송과 영화를 합친 것 같은 것이라고 생각해 보니, 그 장래가 너무나도 광활하다는 확신이 선다.

한 번 해 볼까?

더 자세히 알아보았다. 1956년 5월 12일에 발족한 KORCAD TV는 원래 황태영(黃泰永)이란 사람이 미국 RCA와 거래를 하다가, 그곳 밀러라는 사람과 절친한 사이가 되어 시작한 것이다. 그러나 TV 수상기를 들여와 판매하려 드니 재무부에서 100% 관세를 부과하여 장사가 안 될 뿐 아니라 매달 500만 환의 적자를 내고 있다는 것이었다.

처음부터 《한국일보》는 이 TV사에 대하여 관심을 가지고 보도해 왔다. 이제 그것이 내 손아귀 속에 들어올 움직임을 보이고 있다는 것은 또 무슨 인연인가?

그러나 넘겨받자면 필요한 것이 돈이라는 것이다. 그 돈이 지금 자기를 피해 다니고 있는 중이시다. 신문사 꾸려가는 것이 이처럼 힘든데 그 막대한 돈을 어디서 어떻게 구한단 말인가?

단념해야지. 두 토끼를 쫓다가는 한 마리도 잡지 못하는 법. 과욕이야. 이렇게 자신을 타이르고 난 뒤에도 또다시 고개를 드는 텔레비전의 꿈.

장기영은 벌떡 일어났다. 언제는 돈 쌓아 놓고 일을 시작했던 가? 작심이 반이다. 만사 출발시켜 놓고 처리해 나가라는 것이 나의 운명이 아니었던가.

그는 이순용 앞에서 황태영과 만나 계약서를 작성했다. 인수가격은 20만 달러. 환율이 500환이니 1억환이란 돈이 된다. 깜짝 놀랄 액수다.

장기영은 이리 뛰고 저리 뛰어 보았으나 헛일이었다.

돈을 주고 받아야 하는 날, 그는 배짱을 정했다. 그 제의로 나갈 수밖에 없다. 다달이 500만 환의 손해를 보고 있는 상대이다.

"목돈으로 주는 게 원칙이지만, 사정이 그렇게 안 돌아갑니다. 매달 1,000만 환씩 갚아 가겠습니다."

황태영은 눈을 껌벅이며 한참 동안 생각했다. 사채 이자가 1할 5푼 가는 시대인데, 원금의 이자도 안 되는 돈을 매달 받아 가란 말인가?

장기영은 뱃심 좋게 말을 이어 나갔다.

"나는 돈벌이보다도 우리 나라 문화 수준을 한 단계 올려놓자는 데 뜻이 있습니다. 필리핀·일본·태국에 이어 겨우 네 번째 아닙니까? 아시아에선……. 시작한 황 선생의 공로를 평가하고, 자꾸만 밑지신다니 내가 한 번 해보겠다는 것입니다. 맡겨 주십시오. 신문사하고 연결시켜서 꼭 물건을 만들어 보겠습니다."

황태영의 어진 마음은 고개를 끄덕이고 말았다.

장기영의 표정은 확 밝아졌다.

됐다. 이것은 내것이다. 내가 한국의 TV문화를 정착시켜야 된다.

우선 《한국일보》 제공 TV뉴스 시간을 마련했다. 프로그램의 다양화를 위하여 최창봉(崔彰鳳) 편성부장, 강진구(姜晉求) 기술부장, 황문평(黃文平) 음악 담당 등을 불러 수시로 지시를 했다.

《한국일보》의 열을 그쪽으로도 고스란히 전해야 된다.

외국의 경우 왕성한 광고활동이 방송국을 지탱하게 하고 있다.

그는 USIS 슈버커 문화 담당에게 간청하여 1,600권의 TV 필름을 지원받기로 하고, 한국은행·전매청·대한중석·조선전업·제분협회 등 30여 기관을 찾아다니며 협찬을 요구하여 확약을 받았다. 사원들에게 그는 명령했다.

"행사하시오! TV에 재미들이게 하시오. 안 보면 못 견디게 하시오."

우선 서울운동장에서 열리고 있는 전국고교 학생축구대회 결승전을 실황 중계해 보았다.

아나운서 이수열(李壽烈)은 열을 올리고 방송했다. 수상기는 시내 요소요소에 설치돼 있다. PX에서 흘러나온 것들이 대부분이지만 어떻게 해서든지 그것도 제대로 들여오게 해야 된다.

'서울시민 위안의 밤'이라는 것을 해 보았다. 경음악단이 나오고, 가수가 나오고, 코미디를 하고, 전쟁에 시달린 시민들은 좋아서 어쩔 줄을 몰랐다.

어렵고 힘든 가운데에서도 장기영 사장은 황태영에게 매달 일금 1,000만 환씩을 갚아 나갔다. 그런 조건을 마다않고 받아들인 사람에 대한 예의는 꼭 지켜야 된다.

온갖 열의를 쏟아 부어도 수지는 좀처럼 개선되지 않았다.

할 수 없이 안국화재보험회사 비서실장으로 있는 박희진(朴熙珍)을 빼내어, 단단히 일러서 임시 국장으로 앉혀 보았다.

"흑자, 흑자 내세요. 까만 글자입니다. 빨간 글자는 안 돼요!"

기적이랄까. 가을철에 접어들면서 그는 기어코 흑자를 내기 시작했다. 서울시민들이 모두 수상기를 가지고 있으면 얼마나 좋을까? 텔레비전은 좋은 무기이다. 국민들을 이끌고 갈 수 있는 마력을 지닌 상자이다.

그는 영광스러운 내일을 그리고 있었다. 그것은 무지개와 같다. 그 찬란한 빛깔! 그것을 바라보면 현실적인 고통이 아프지 않았다.

그리하여 1957년을 보내고 새해를 맞이하여 이제 꽃피는 춘삼월을 기다리게 된 어느 날.

장 사장은 황태영에게 마지막 돈을 건네주며 말했다.

"내가 부자가 아니라서 찔끔찔끔 돈을 드려 미안했습니다. 잘 참아 주셨습니다. 이젠 다 갚아 드린 거죠?"

황태영은 고개를 끄덕이었다.

"틀림없이 다 받았습니다. 다만 이 시설에 대한 보험금 1,000여 불이 미결로 남아 있습니다."

"그것도 드려야죠. 지금은 돈이 없습니다."

황태영은 일어나면서 악수를 청했다.

"그 동안 장 사장한테 불평도 품었었지만 존경합니다. 그렇게 열심히 하시면 꼭 성공하실 겁니다. 나는 흉내낼 수도 없는 일을 다 해내셨습니다. 성공하십시오!"

"꼭 성공시켜 놓고야 말겠습니다!"

굳은 악수를 나누고 며칠 뒤, 밤 1시가 지났는데 소방차 사이렌 소리가 요란했다. 장 사장은 사장실에서 무엇인가를 쓰다가 사회부로 전화를 걸었다.

"불났어요. 빨리 취재 내보내세요."

그러나 그는 '어?' 하고 벌떡 일어났다. 내 TV방송국에 불이 났다? 현장에 달려갔을 땐 화염이 하늘을 찌르고 있었다.

이것은 무슨 징조인가? 이것은 나를 시험해 보자는 것인가? 꿈의 회사가 타고 있다. 꿈도 태워야만 없어지는 것인가?

그는 화염을 지켜보았다. 아득해지는 순간이었다.

그 당시 장기영을 박용학(朴龍學)은 이렇게 회고한다.

그는 철저한 행동가요 실천가였다. 그래서 결단도 빠르고, 말하는 시간이 아깝다는 듯이 행동도 빨랐다.

한국일보 옛 사옥이 불났을 때였다. 소식을 듣자마자 나는 안국동으로 달려갔다. 그러나 화재의 현장에서 만난 백상은 마치 여러 날을 두고 짠 작전계획을 진두지휘하는 일선사령관과 같았다. 불꽃이 튀는 속에서 백상은 이미 내일 아침에 나갈 신문의 인쇄를 수배하고 편집 지시를 하고 있었다. 사옥이 다 타 버렸는데도 단 하루의 휴간도 없었던 것은, 어떠한 위기 속에서도 냉철한 사고력과 판단력을 잃지 않은 백상의 비범함을 가장 입증하고 있다.

화재가 다 수습된 뒤 장기영은 황태영을 찾아갔다.

"보험료를 안 물어 드렸습니다만……."

말이 끝나기가 무섭게 황태영은 손을 저으며 말했다.

"내가 받을 건 그 보험료뿐입니다. 대금은 전부 받았으니까요. 어서 보험회사에 연락하셔서 보상을 받으십시오. 그리고 더 멋진 걸 지으십시오. 그 건물 너무 낡았어요."

이 말을 듣고 장기영 사장은 그의 손을 꽉 잡고 눈물을 글썽거렸다.

황태영은 장기영의 이런 모습을 보더니 다시 한마디 한다.

"나는 장 사장의 의욕을 존경하는 사람입니다. 일꾼이십니다. 위대한 일 하십시오!"

얼마 후 장 사장은 보험회사로부터 보상을 받았다. 그는 그 돈을 가지고 오랫동안 생각했다. 어떻게 재건할 것인가. 모처럼 손아귀 속에 들어온 거액의 돈.

이것은 역시 이곳에 써야지. 한국에 TV문화를 꽃피우는 데 써야지. 그는 그렇게 결심했다. 다급한 신문사 형편에도 약간씩 돌렸다. 그러나 그것은 벌어서 채우리라. TV의 꿈은 버리지 않으리라.

그는 그렇게 생각했었다.

그러나 시간이 감에 따라 신문사 쪽으로 자꾸만 돈이 빨려들어갔다. 윤전기에 종이가 사정없이 빨려들어가듯이.

4. 아, 최병우

토도락거리는 텔레타이프를 지켜보던 정연권 기자는 눈을 화등잔같이 뜨고 기사를 들여다보았다.

대북발(臺北發) AP통신. '금문도(진먼 섬)에 상륙한 최병우 기자가 부상을 입었다.'

정연권 기자는 야간 편집책으로 앉아 있는 홍유선에게 기사를 내보였다. 홍유선은 사장에게 달려가 보고했다.

"뭐? 최병우가 다쳐? 어딜? 얼마나?"

그러나 아무도 대답할 건덕지가 없다. 불과 며칠 전 홍승면 편집국장과 전화로 대담하여 1면 톱기사를 장식한 그가 아니었던가?

'대만해협의 위기' '고비 넘은 폭발점—미(美)의 대중공(對中共) 회담 동의에 국부(國府)측 냉담' '중공 저의는 발언권 강화' 등 문답식 기사로 《한국일보》의 취재 스케일을 과시해 준 그였다.

그러나 이튿날 그는 전화를 걸어 왔다. 타박상을 입고 야전병원에 들어갔었으나 군용기편으로 대북에 후송되어 다시 기사를 보낸다고.

'금문도는 싸우고 있다' '드높은 국부군(國府軍)의 사기…… 본토 수복의 발판'이라고 외치는 기사다.

"그것 보라고. 최병우가 누군데. 그 사람은 불가사리야. 안 죽어요!"

군복에다 헬멧을 쓴 사진은 사기도 드높은 모습이다. 이어서 그는 진성(陳誠) 행정원장과 단독 인터뷰에 성공, '금문도 침공하면 보복' '연안 도서에서 철수 않는다'는, 그날 UPI통신에 의하여 일본의 《아사히신문》《요미우리신문》 등에 크게 전재되었다.

양양한 장기영 사장의 의기를 팍 꺾은 것은 그날 밤 최병우가 다시 입원했다는 소식이었다. 그는 급히 조사부장 김종규를 대북으로 출발시켰다.

"최병우는 금문도에 다시 갈 생각 말라구 그래요!"

위험을 무릅쓰는 데도 한도가 있는 법. 만약의 경우를 생각하면 온 몸이 오싹해진다.

그런데 세상은 이상하게 돌아갔다. 중공의 미그 전투기 100대와 국부기(國府機) 32대가 마조도(馬祖島) 상공에서 일대 공중전을 벌였다. 전화(戰火)는 또다시 타오르기 시작한 것이다.

35명의 내외 기자들이 금문도로 날아갔다는데, 김종규가 그 속에 끼어 있다.

최병우는 대북에서 기사를 중계한다는 이야기.

평소와는 달리 어딘지 모르게 마음 한구석이 불안하다. 어디를 가나 남북 문제는 이렇게 심각한가. 이데올로기는 끝내 인간을 아수라장으로 몰아넣고야 말 작정인가? 염병할 전쟁! 인간의 지랄병! 내일이 추석이라는데……

장기영은 위스키를 따랐다. 쪼르르 소리가 외로움을 달래주는 것 같다. 홍유선과 정연권이 들어왔다.

"뭐요?"

"최병우 씨가 실종됐습니다."

"뭐? 누가 그래?"

그는 벌떡 일어났다.

"AP통신으로 들어왔습니다. 금문도 3km 해상에서 배가 뒤집혀서 신문기자 6명이 순직했다는 기사입니다."

"확인됐단 말야?"

"그런 말은 없습니다."

"미확인이야! 잘 알아보구 얘기해요. 최병우가 왜 죽나? 거기 가지 말라고 그랬어. 통신사에 알아봐요. 남 놀래키지 말구……."

정연권은 안국동에 있는 세계통신사로 달려갔다. 로이터통신은 '최병우를 비롯한 6명의 기자가 행방불명이 됐다'고 보도하고 있었다. 이 보고를 들은 장기영은 소파에 주저앉았다.

그는 숨이 멎은 것처럼 굳어졌다. 이윽고 넓찍한 양볼을 타고 흘러내리는 두 줄기 눈물이 전등불에 반사되었다.

"못난 사람! 가지 말라구 했잖아, 내가……."

어깨를 들먹이는 뚱뚱이. 뱃심 좋고 억지부리고, 이 세상 모든 것에 도전하는 듯하던 왕초가 저렇게 쉽게 울 수가 있는가?

정연권은 왕초의 눈물을 보고 울었다. 너무나 인간적인 인간을 본 감동에서였다.

중천엔 휘황한 달이 떠 있었다. 내일이면 추석, 아니 이미 추석이다.

최병우! 하필이면 죽을 날이 없어 이날 갔단 말인가. 여태까지 부려먹기만 하고 집 한 채 사 주지 못하여 찜찜했었는데, 이제는 조금 기운을 차려 때를 보자고 생각했었는데 그대는 갔는가!

사옥 뒤뜰을 그는 천천히 걷고 있었다.

한국은행 도쿄지점을 개설하기 위하여 처음 만났을 때 그렇게 재주 많고 유능하게 보이더니, 군표사건 때 운명을 같이하고 《조선일보》로 같이 와 주더니, 유능한 세계 기자들과 제일 잘 어울려 주더니, 《코리아 타임스》의 장래를 그대 때문에 부푼 꿈으로 간직하게 해 주더니, 그대는 갔는가? 어디에서 숨을 거두었는가? 35세의 악착 같은 정신으로도 견딜 수 없는 파도였던가. 이 바보 같은 사람아!

이튿날 외신들은 그의 실종을 확인하는 것뿐이었다. 대북방위 미군사령관도, 장개석 총통도 애도의 뜻을 표하고 말았다.

기정 사실이 되고 만 것이다. 장 사장의 바지런도 잠깐 흔들렸다.

김종규가 손때 묻은 영문 타자기와 최병우의 일용품이 든 두 개의 가방을 들고 김포공항에 도착하던 날, 장 사장은 마중 나가 또 한바탕 울먹이며 고혼을 나무랐다.

"어서 돌아오라구 그랬는데…… 금문도엔 가지 말라구 그랬잖아……."

김종규는 고개를 숙이고 조용히 말했다.

"사장님 그 말씀을 고인은 갔다 오라는 뜻으로 해석하고 껄껄 웃더군요."

최병우의 영결식은 그의 모교인 경기고등학교 교정에서 엄수되었다.

36세의 젊은 미망인 김남희 여사와 8세짜리 딸 미희 양의 모습이, 그리고 노부모의 넋을 잃은 허망이 사람들을 울렸다.

장기영 사장은 맨 앞에 앉아 몇 번이나 손수건을 꺼내어 눈시울을 닦았다. 만남과 이별! 이런 것인가? 이렇게 허무한 끝맺음인가.

장기영 사장의 고개는 자꾸만 수그러졌다. 간 것이 사실이라면, 그것이 돌이킬 수 없는 일이라면, 내가 할 일이 있어. 할 일이 있어.

그는 자기 마음에 다짐하고 있었다.

우락부락한 장기영의 따뜻한 마음씨에 대해서 이상우는 이렇게 회상한다.

장기영 씨는 자신의 신문사에 근무하는 기자들에게도 항상 촌지를 주었다. 한번은 이런 일이 있었다. 함께 동경에 갔을 때였다.

장기영 씨는 일본에 가면 항상 제국호텔에 묵었다. 거기엔 나와 정치부장, 일본 특파원 등 세 명이 있었다. 장기영 씨가 자신의 방에 한 사람씩 오라고 해서 들어갔더니 봉투를 내밀었다.

"이거 특별히 자네한테만 많이 주는 거야. 밖에 나가서 얘기하지 마."

나중에 우연히 이야기가 나와 받은 금액을 서로 비교해보니 셋이 똑같았다.

장기영 씨는 이런 말을 하기도 했다.

"신문사를 경영할 줄 아는 사람은 이 세상의 어떤 경영도 할 수 있어."

경제인 출신인 그로서도 신문사 경영이 다른 어떤 경영보다 어렵다고 실토를 했다.

5. Was ist Leben?

한참 핏대를 올리고 있는데 손일근 비서가 슬그머니 들어와 쪽지를 내보였다. '심연섭(沈鍊燮) 씨가 오셨습니다'

"왜 왔대?"

장 사장의 말은 타력이 있어 컸다.

"모르겠습니다."

"들어오시라구 그래."

손 비서가 나가자, 장기영은 시가에 불을 붙이며 의자 뒤로 벌렁 눕다시피 기댔다.

기자가 고개를 숙이고 있다. 심연섭이 들어섰을 때 그는 기자에게 속사포처럼 쏘아붙였다.

"신문은 오케스트라예요. 기자는 그 연주자의 한 사람이에요. 한 사람이 연주를 잘못하면 그 연주는 망치는 거예요. 매일매일 연주곡이 달라요. 그 창작을 하는 것이 바로 신문이에요."

기자는 계속 고개를 숙이고 있다. 이런 때 사양 없이 자기 감상을 말하는 것이 글 쓰는 사람의 특권이다.

"거 명언을 말씀하시는군요."

심연섭이 한 마디하고 의자에 앉을 때이다. 장기영은 얼굴빛 하나 달라지지 않으며 말했다.

"들었어요? 글 쓰는 분이 명언이라고 했어요. 당신, 나한테 지금 명언을 들은 거야. 명심하세요. 가 보세요. 연주 좀 잘 해 주세요."

기자가 나갔다. 심연섭이 물었다.

"아니, 무슨 부 기자인데 중학생 다루듯 합니까?"

"포대로 돈을 가지고 가는데 강탈당한 사건이 발생했잖아. 그걸 빼먹으면서 경찰 출입기자라고 그러니 웃기잖아."

"허허…… 거 나도 딴 신문에서 읽었는데 느낌이 이상합디다. 도둑놈이라고 미워지는 게 아니라 '한 밑천 잡았군' 하는 기분이 들더라구요."

장기영은 파안대소했다.

"그게 세상의 인심이니 다 됐지 뭐야. 정치를 하도 잘 하니까 이젠 만사 거꾸로 생각하게 마련이거든."

심연섭은 눈치를 보지 않고 말하는 편이다.

"백상(百想)은 권력지향형(權力志向型)이라고 알려져 있는데, 이런 때 정부에 들어가서 한바탕 휘저어 보시지요."

"당신한테만 이야긴데 이 박사가 나를 장관시키라고 했다는데, 아래에서 움직이질 않는다는 거야."

"아래를 움직이게 하지 그러세요?"

"싫어. 지금은 때가 아냐. 팀웍이 안 되면 아무 것도 못해요. 속상하는 부 장관밖에 안 돼."

그는 벌떡 일어나며 씨익 웃었다.

"오늘 한 잔 할까? 이진섭(李眞燮)이 불러내서……."

"좋죠."

"어디루 할까? 청운각·대원각은 당신들한테 맞지 않구, 멕시코? 가스등? 라 칸티나?"

"이왕이면 이국적으로 놉시다."

"멕시코 좋지. 진섭이 불러요. 유한철(劉漢徹)이도 오랄까?"

북창동 한국은행 뒤. 은근한 조명 아래 걸물들의 방담(放談)은 끝이 없다. 6·25 때 인민군 장교복을 입었던 유한철은, 도쿄로 달아나 있는 놈을 끌어들였더니, 특유의 재간으로 세상을 건너가는데 그 얼렁뚱땅은 아무도 당할 도리가 없다.

이진섭은 가는 선 같은데 굵고, 굵은 것 같은데 넓다.

심연섭은 영국신사처럼 구는데 은근짜다.

그들 보스로 앉아서 마시는 술은 무진 맛이 있다. 잠시 세상을 잊다보니 경영상의 문제들도 까마득한 곳으로 밀려 나간다.

진섭의 《라비안호제(장미빛 인생)》는 언제 들어도 좋다. 파리에 태어났으면 장 콕토 2세 행세도 할 수 있었을 터인데, 나라를 잘못 골라 태어났다.

멕시코 마담은 멋쟁이다. 이 괴상한 친구들의 협주곡을 잘 어레인지해 주는 재간이 있다. 호스테스들은 당대의 모던 걸들이다. 그 세련된 얼굴, 옷맵시를 보면 여기가 정말 문화의 전당 같다.

낭만으로 머릿속의 잡스러운 것들을 씻어내는 시간이다.

"바스 이스트 레벤(Was ist Leben)"

갑자기 이진섭이 소리를 지른다. 어떤 수준을 넘으면 그는 안하무인격이 된다.

"인생이 무엇이냐? 개똥이다!"

이맘 때쯤 장기영은 화장실 가는 척하고 슬그머니 자리를 빠져

나간다. 바스 이스트 레벤? 소리가 점점 멀어진다. 그래, 정말 무엇일까, 인생이라는 것이……

차가 네거리를 꼬부라졌다. 신문사가 가까워 온다.

사진과 시(詩)만으로 된 신문은 있을 수 없을까? 그런 시대가 언젠가는 오는 것이 아닐까?

그땐 신문기자는 시인이라야 한다. 특히 편집기자는 시를 써야 한다. 신문 제목은 하나하나가 시라야 한다.

윤종현(尹宗鉉)은 이에 대해 다음과 같이 술회한다.

글을 쓰든, 사설과 기사를 고치든, 그의 붓길이 닿으면 내용은 확실히 젊어졌다. 생기가 돌며 산문이나 수필의 맛이 흐르게 해 놓는다. 제목붙이는 것엔 더구나 천재적이었다. 시와 같고 쉽게 붙인다는 것이 그의 모토였다. 또 회의석상이든 사석에서든 그의 말은 좀 독특하다. 재치나 유머도 적지 않지만 아주 '과학적인 표어'가 술술 섞여 나온다. 그래서 말의 분량은 많아도 그 인플레는 없기 마련이다. 이는 분명히 '언어의 상록수'를 의미하고 그를 통한 정신의 진동을 감촉케 하는 것이다.

장기영의 어린 시절과 어머니에 대한 추억을 들어보자.

일곱살 때였다.

학교 들어가기 전에 천자(千字) 붙임을 외우면서 동몽선습(童蒙先習)을 배우기 시작할 때이니까.

아침 한나절 외조부 사랑에 가서 배우고 온 것을 저녁때면 마루에 앉아서 큰 소리로 복습을 한다. 그 때면 어머니는 부엌에서 저녁을 지으실 때다. 웬만큼 복습을 하고나서는 한바탕 나가 놀다가 돌아온다. 저녁을 먹고 자기 전에 다시 한번 외워 볼 때는 놀다가 잊어버린 구절이 생겨서 떠듬거리게 된다. 그럴 때 어머니가 막히는 구절을 이어주실 적이 있었다. 우리 어머니는 가정에서 언문을 깨치고 편지를 배우신 것 외에는 '진서' 공부는 안하신 분이다.

내가 마루에서 큰 소리로 글을 읽긴 했지만 그 때는 부엌에서 분명히 도마소리가 났었는데 어느 새 듣고 외워 두셨을까.

우리 어머니는 녹음기였나 보다. 어머니 귀에는 도마소리는 안들리고 아들 글 읽는 소리만 들렸음인가.

나이 들어 어머니에게 들은 이야기이지만 천자붙임이나 동몽선습의 시작쯤은 어머님 머리속에 밑천이 있었다는 것을 알았다. 혹 '어깨너머 글'이란 말을 하지만 희한한 담너머 글 이야기 한토막을 소개한다.

어머님은 열다섯 살에 한남동에서 남대문 밖으로 시집 오셨다. 선인(先人)과는 동갑이었다. 그 때 부엌 뒷문 밖에 바로 글방 사랑의 담이 있었다 한다. 저녁상을 보실 때면 한창 글 읽을 시간이다. 선인은 글 읽는 틈틈이 연날리기를 많이 즐기신 것 같다.

부엌 뒷문 밖에 큰 은행나무가 있었다. 그 노목은 지금도 살아 있어 남대문에서 염천교로 가는 도중 바른쪽에 있다. 돌축 위에 그대로 보존되어 있다. 은행나무 뒤가 바로 성밑 언덕이었고 그 언덕이 동네 청소년들이 모여서 연날리기에 좋은 장소였다.

글방 선생이 담 너머로 선인의 아명(兒名)을 긴 소리로 부른다.

'연 그만 날리고 들어와서 글 읽으라'는 재촉이다.

시조부모, 시부모 층층시하에 15살 맏며느리는 새색시로서 글방 선생의 신인 부르는 소리를 들을 적미디 에를 태웠다. 그 시절에 담 너머로 들었던 글귀를 15년이 된 후에(내가 일곱살 때 어머니는 갓 서른이셨다) 내 글 읽는 소리 속에서 되찾아 두셨다가 저녁에 막힐 때면 도와 주셨던 것이다. 한번 맛을 들인 외아들 소년은 그

후 글 읽다가 막히기만 하면 어머님을 조르고 곧잘 심술을 부렸을 것이다.

"우리 어머님은 잡수시지도 않고 잠도 안 주무시고 83세를 사셨습니다."

이것이 재작년 어머니 돌아가셨을 때 우리집 사람의 울먹이면서 회상한 한마디였다.

"도대체 시어머님께서 무엇을 잡수시고 잠을 주무셔야지 며느리도 먹고 자지 않겠습니까. 아시는 것은 오직 아들 하나였습니다."

우리 어머니는 그렇게 근면하시고 그렇게 엄하시고 규모가 있으셨다. 얼마나 부지런하시고 어떻게 알뜰한 살림을 하셨나 가지가지 그 이야기를 쓰자면 책 한권이 모자랄 것이다.

연금술사

사람이란 날 때부터 선인도 악인도 아닌 모양이다. 내 눈으로 선악을 결정해 버리는 것은 큰 과오를 초래하는 근원이 된다. 이건 악인, 이건 선인 정할 경우에는 반드시 그 바닥에 편견이 숨어 있다. 결국 자기 편리에 따라 선인으로 악인으로 정하는 게 아닐까.

1. 미스코리아 대회

장기영 사장은 혼자서 무언가 생각에 잠겨 있다가 최정희의 생긋 웃는 고운 얼굴이 떠오르자 불현듯 기발한 아이디어가 떠오른 것이다. 언젠가 최정희에게 들은 파인 김동환이 발행하던 《삼천리》 잡지 '조선일색대회' 이야기였다. 그 내용은 이러했다.

1931년 10월 《3주년 기념호》에는 《삼천리 일색(一色)》을 발표했다. '일색'이란 '뛰어난 미인'이란 뜻으로 '미스 코리아' 선발대회이다. 우리나라 '미인선발대회'는 삼천리사가 그 효시인 것이다.

심사위원은 이광수·염상섭·김안서·안석주·이승만·이청전·허영숙·라혜석·김일엽·최승희 등이었고, 최고의 영예를 차지한 특선 미인은 대전 출신으로 18세의 최정원(崔貞嫄)이었다. 차선 박부봉(朴芙峯)·엄신혜(嚴信惠)·백순득(白順得) 등과 입선으로 10명이 뽑혔다.

《삼천리》 인기는 나날이 상승하여, 조선팔도는 물론 만주·중국·일본에까지 보급되었으며, 미국 등지에서도 주문이 쇄도했다. 도쿄와 오사카에 광고취급소를 둘 정도였다. 《삼천리》의 최고발행부수는 1만 부라는 기록이 있으나 전하는 바로는 3만 부가 넘었다고 한다. 1932년 5월호에는 '13만 독자의 기대를 받들고자 ……' 발행인의 말이 있고, 1936년 4월호는 '《삼천리》창간 8년 발행 총부수 50만 부 돌파 기념'이라고 크게 내세우며, 면수도 창간 이래 가장 많은 A5판(국판) 400면으로 발행한다. 《삼천리》는 B5판·타블로이드판·A5판 등 체재 변화가 많았다.

1931년 《삼천리》 10월호에 백범 김구도 《축사》를 보내온다.

"정치적 경제적으로 대로에 입한 오늘의 조선에서 만난을 배하야 삼년이나 꾸준히 발행을 계속하여 온 귀지의 노력을 감탄하는 동시에 앞으로 더욱 내용을 충실히 하고 특히 우리 민족의 총력량을 집중하야 민족의 진운에 많이 공헌이 있도록 항상 유의하여 주기를 기망하야 축사에 대합니다."

간부회의를 소집했다. 반드시 누군가가 '안 됩니다' 소리를 할 것이다.

그러나 매력 있는 사업이 아닌가. 세계미인대회에 우리 나라 최고 미인을 보낸다는 것은.

오종식 주필이 시무룩하니 들어왔다. 편집국장, 부장들은 장 사장 입을 쳐다보았다.

"희한한 안건입니다."

장 사장은 웃었다.

"여러분, 미인 싫어하십니까?"

무슨 소리인가?

"우리 나라에서 누가 제일 예뻐요? 여러분, 보신 적 없지요? 나도 본 적 없습니다. 보구 싶잖으세요? 미인 싫어하는 분, 계세요? 손 들어 보세요."

오 주필이 껄껄 웃었다.

"거 무슨 이야기를 할려구 서두가 깁니까?"

"미스 유니버스 뷰티 패전트! 해마다 7월에 롱비치에서 열리는 세계미인 제전에 우리 아가씨도 한 번 보내 보자는 얘깁니다. 관직 없는 대사, 평화로운 친선사절이라고 합니다. 공산진영 빼놓고 세계 56개국에서 대표들이 모여드는 일대 행사입니다. 우리도 한 번 뽑아 보내 볼까요?"

"점잖지 못하게시리……."

오 주필은 혀를 찼다.

"《중앙일보》가 하다가 스캔들이 생기잖았어요?"

"우리가 하면 품위 있게 해야죠. 나도 미인 좋아합니다. 스캔들 싫습니다."

"어떤 행사고 간에 대중이 따라와 주는 것을 해야지. 《한국일보》가 지금 지식층의 지지를 기반으로 자라가고 있는데 무슨 짓이냐고 할 사람이 많지 않을까요?"

모두 싱그레 웃고들 있다.

"딴 분 의견 말씀해 보세요. 문화부 의견 어때요? 한 부장……."

"저도 미인은 보고 싶습니다만 독자들이 따라와 줄는지 의문입니다. 진짜 미인은 육체도 빼어나야 하지만 정신적인 면도 갖추어야 하잖습니까? 그러자면 양갓집 규수도 나와야 할 터인데 글쎄요, 전 나오지 않으리라고 생각합니다."

그러나 조풍연이 불쑥 나섰다.

"선진국가에서 하는 일, 처음에 들여오자면 반드시 거부감이 있게 마련인데, 시작이야 어렵겠지만 횟수를 거듭하다 보면 독자들도 따라와 주는 거 아닙니까?'"

임창수(林昌洙) 편집국장이 찬성을 표시했다.

장 사장은 결론을 내렸다.

"나는 하고 싶습니다. 이제부터 국제무대를 겨냥한 일들 자꾸 하고 싶어요. 한국사람들 우물 안의 개구리 아닙니까? 롱비치에 해마다 대표를 보내 보세요. 우리 아가씨들 개명시키는 데 큰 촉진제 구실을 할 겁니다. 욕? 언젠 욕이 두려워서 하고 싶은 일 못했습니까?"

논란은 계속되었다. 그러나 장 사장은 행사를 어떻게 치르느냐 하는 호화로운 꿈을 꾸기 시작했다.

성격상 《코리아 타임스》의 사업부장 심래섭이 전담케 했다. 심 부장은 뛰기 시작했으나 동방예의지국은 끄떡도 하려 들지 않는다. 사고(社告)는 나갔으나 반응이 없다.

"큰일났습니다. 별짓 다해 봤습니다만 응모자가 없습니다."

그는 사장에게 보고했다.

"아직 충분한 지식을 안 줘서 그래. 연기하자구. 그 동안 내가 손을 쓸게."

5월 5일 좋은 날은 그냥 지나갔다.

"구슬 같은 눈동자니, 비단결 같은 살결이니 하는 말은 두었다가 뭘 해? 이런 때 써 먹으라고…… 상품 많이 준다는 것도 큰 소리로 외치고……."

'참!' 장 사장은 종이에다 적어 보았다. 심사위원을 격조높게 짜면 사람들 감각이 달라질 것이다.

모윤숙(毛允淑)은 한국 현대 여성 감각의 상징이다.

박화성(朴花城)·채선엽(蔡善葉), 경기여고 교장 박은혜(朴恩惠), 이화여대 교수 이메리라면 누가 뭐라고 할 것인가?

남자는? 화단의 거봉 고희동(高義東), 대한적십자사 총재 손창환(孫昌煥), 연극인 이해랑(李海浪), 서울미대학장 장발(張勃), 화가 도상봉(都相鳳), 민속학자 최상수(崔常壽), 대한체조협회 이사장 엄점득(嚴點得).

기라성 같은 심사위원들을 먼저 발표하니 아닌게 아니라 인식이 달라졌다. 연일 응모자의 프로필이 소개되기 시작했다.

마감을 또 한 번 연기하고 드디어 한국 최초의 미인선발 제전은 막을 올렸다. 57명 중에서 서류 심사로 18명을 뽑았다.

명동 시립극장에서 본선을 가지니 내외의 이목이 쏠리는 것 같았다. 장기영은 인사말에서 이 행사의 뜻을 힘주어 역설했다.

3명의 미스 코리아가 탄생했다. 푸짐한 상품이 주어졌다.

장 사장은 미의 여왕으로 뽑힌 박현옥(朴賢玉)과 샤프롱 이메리와 함께 경무대로 인사를 갔다.

이승만 대통령 내외가 좋아한 것은 두말할 것도 없다.

"장 사장, 재미있는 일 많이 하는군 그래. 연날리기, 활쏘기, 미인뽑기……."

"예, 욕심이 많습니다."

"욕심 많이 내야지. 좋은 일 많이 해."

"예."

피로가 일시에 풀리는 것 같다. 그날 밤 장기영은 몇몇 친구들과 술을 한잔 마셨다.

"딴 신문들이 냉담하게 보고 있던데……."

누군가 말했다.

"냉담이면 좋게. 조소하구 있더라구."

딴 친구의 말이다. 장기영은 빙그레 웃었다.

"두고 보라구. 만사 역사가 말해 주는 날이 있을 테니까."

미인 대표들은 롱비치로 떠났다. 사내(社內)에서도 비판적인 의견들이 많았으나, 그는 변명하지 않았다. 글쎄, 두고 보라고. 역사가 말해 주는 날이 있을 테니.

2. 아이스 쇼

제국(帝國)호텔. 이름이 좋다.

도쿄 한복판. 높은 층에선 궁성(宮城)이 저만치 보이고, 바로 뒤엔 동양 최고의 번화가 긴자(銀座)가 있고, 눈 아래엔 극장가.

역사도 길거니와 여기 묵는 사람은 지위나 돈이나 인격이나 무엇인가 한 가닥 내밀 것이 있는 층이다. 나도 여기 묵어야겠다고 생각한 것은 썩 잘한 일이다. 방도 방이지만 로비가 널찍하여 사람을 만나는 데 권위가 서는 것 같다. 거기다 건축을 공부하는 김수근(金壽根)의 이야기에 의하면, 이것이 세계적인 건축가 프랑크 로이드 라이트의 걸작이란다.

장기영은 여기에 오면 서울의 자기 방에서보다도 더 큰 생각이 샘솟듯했다. 신문을 들춰 보니 아이스 쇼단이라는 게 와서 롱런 흥행을 하고 있다. 아이스 쇼? 뭘 하는 것인가.

김수근이 왔다.

"자네 아이스 쇼라는 거 본 적이 있나?"

"보지 못했습니다."

"조풍연 씨가 보고 와서 자랑하던데, 한 번 가 볼까?"

김수근은 학생이다. 올 때마다 부탁 받은 학비를 전해 주니 마치 비서처럼 부려먹어도 미안할 것이 없다.

희한했다. 반라에 가까운 요정 같은 아가씨들이 빙상에서 온갖 재롱을 부린다. 시원함이 있고, 아름다운 시정(詩情)이 있고, 웃음이 있고, 스피드가 있고……

이것을 서울에 가서 하면 우리 한국 사람들은 얼마나 놀랄까?

호텔로 돌아와 아이스 쇼단의 지배인을 불렀다. 한국엔 가 본 적은 없으나 개런티 여하에 따라서는 움직일 의향이다.

개런티. 돈벌이다. 너도 벌고 나도 벌 수 있는 약정이라야겠는데 간단하지가 않다. 수지가 안 맞으면 돈 없는 판국에 빚만 느는 격.

한국에선 옛날부터 유랑극단이라는 게 있었다. 여기서 한참, 저기 가서 한참 나팔을 불며, 춤추며, 노래하며 요란스레 다니는 서커스단도 있었다.

이것을 한다면 그런 식의 단장이 되겠다는 각오 없인 안 된다. 그건 대신문사 사장으로서 격을 떨어뜨릴 짓이라고 할 터.

로비가 아니라서 방 안은 조용했다. 장기영은 잠깐 눈을 감았다. 할까 말까 할까 말까. 온 세계가 까만 것도 같고 붉은 것도 같고, 정신은 점점 아득해졌다.

이윽고 코를 골았다. 보고 있던 아이스 쇼 단장도 김수근도 놀랐다.

송건호(宋建鎬)는 장 사장의 수면 습관을 다음과 같이 쓰고 있다.

장기영 사장은 하루 3시간만 잔다고도 하고 4시간밖에 안 잔다고도 사원들 간에 쑥덕공론이 있었다. 그러나 사실은 8시간 정도는 꼭 잠을 잤다.

어떻게 잤느냐 하면 당시 승용차는 대부분 지프차였는데 차 속에서 잠깐 자고, 회사에 와서는 없다고 비서진에게 얘기하고 30~40분 자고, 이렇게 3~4시간, 밤에 3~4시간, 합해서 8시간 잠을 잤다. 《한국일보》는 조간이기 때문에 새벽 2시, 3시까지 신문 제작을 하는데, 장 사장은 그때까지도 진두지휘했다.

기자들은 졸음으로 몽롱한 상태였으나, 장 사장은 언제나 생기가 솟아나듯 원기왕성했다. 도대체 장 사장은 잠을 안 자는 강철 같은 사람이라고 수군대기도 했지만 사실은 낮에 30분 전후 또는 20분 전후씩 토끼잠을 7~8번씩 자면서 하루 8시간 잠은 꼭 자는 편이었다. 어떤 때는 사장실을 잠그고 전화 오면 없다고 하라 하고 두어 시간 자기도 했으나, 또 어느 새 일어나 활동하기도 하는 가히 초인적인 일꾼이었다.

아이스 쇼 단장은 양어깨를 으쓱 올렸다 내리며 웃었다. 김수근도 웃었다. 쇼단장은 담배를 꺼내 물었다. 2~3분이 지났을까?

"할로우!"

침묵을 깨고 장기영이 큰 소리로 불렀다.

"합시다! 오시오. 서울로! 내가 저 세상에 가서 물어 봤더니 된다 그래!"

모두들 껄껄대고 웃었다.

이 행사를 가져왔을 때 신문사 내에서는 야단이 났다. 도대체 뭘 하자는 것인가. 씨름꾼 같은 유한철(劉漢徹)이 들이닥치며 말했다.

"사장, 단군 이래 처음 있는 흥행 성적을 올려야 됩니다. 내가 기도 봐 줄게요."

"기도는 내가 볼 거야. 당신은 공짜로 들어오는 놈 망이나 보라구."

중앙청 앞에 임시 막사를 치고, 아이스 쇼장을 만들 때, 장기영은 운동모자에다 점퍼 모습으로 소리소리지르며 진두지휘를 했다.

요란스럽게 내라는 사고(社告)를 자그맣게 만든 것은 이것들이 시골뜨기라서 그렇다. '더 크게, 더 요란스럽게'를 외치다 보니 손님들이 들끓는다. 장안은 온통 '아이스 쇼' 이야기로 가득 찼다.

신나는 음악소리를 들으며 그는 막사 밖을 돌고 있었다. 김충한(金忠漢) 비서가 뒤따랐다. 난데없이 빗방울이 떨어졌다.

"어? 비오나?"

김충한은 웃으면서 위를 쳐다보았다. 어떤 소년이 참지못해 급한 대로 오줌을 누고 있다.

"아닙니다. 저 위에서 오줌을 누고 있습니다."

"그래? 비만 아니면 돼."

까짓것, 쓱쓱 걸어가는 왕초의 뒤통수를 보고 김충한은 웃음을 삼키느라 혼이 났다.

흥행은 연일 대성공이었다. 현장에서 표를 팔지 말고 비서실에서 팔아야 한다. 도둑놈은 감시의 눈이 허술한 데 와서 우굴거리니까.

신문사 앞에 사람이 몰려들어 야단법석이다. 장기영은 몽둥이를 들고 나가 줄서기를 정리하고 있었다.

"한쪽으로 서요! 두 줄로 서면 안 돼요!"

이때 누군가가 절을 꾸벅 하며 인사를 했다.

"안녕하세요, 사장님."

그때에 비서가 뛰어나와 소리를 질렀다.

"사장님, 전화입니다."

장기영은 절을 꾸벅 하던 사나이에게 몽둥이를 건네주며 소리쳤다.

"내가 올 때까지 이 사람들 정리 좀 해. 두 줄로 못 서게 해!"

그리고는 들어가 버렸다.

"원 세상에, 내가 당신 신문사 사원이야?"

그러면서 받아든 몽둥이를 음미하던 사나이는 중앙청(中央廳: 일제강점기에 조선총독부 건물. 정부수립 후 중앙행정 관청으로 사용하였다.) 1986년에 국립중앙박물관으로 개조하였다가 1995년 철거되었다.) 출입을 하는 다른 신문사 기자였다. 그의 이름은 봉두완(奉斗玩).

그 뒤 그는 《한국일보》와 인연을 맺고 워싱턴 특파원까지 했다.

장기영의 이러한 특유의 불도저 같은 면모는 문제안(文濟安)의 글에서도 느낄 수 있다.

내가 장기영 사장을 싫어하면서도 존경하지 않을 수 없는 것은 그가 '천의 얼굴을 가진 사나이'이기 때문이다.

1953년 가을이었던가? 나는 정부의 기피 인물──불온기자로 지목되어 있었는데, 그런 나를 장 사장은 굳이 만나자고 현재의 조선일보사 유건호 부사장을 몇 번인가 보내고, 또 전화까지 해서 조선일보사로 찾아갔다. 옛날 조선일보 건물 뒤에는 장 사장이 인계

받은 후에 만든 정구장이 있었는데, 마침 장 사장은 그 바쁜 가운데서도 사원들과 함께 테니스를 즐기고 있었다.

그런데, 나를 보더니 정구장 밖으로 나와 유건호 님이 소개할 사이도 없이 '말씀 많이 들었습니다'고 말하며 손을 내밀었다. 나는 꾸벅 절을 하고 악수를 했는데, 잇달아 '내일부터 나오시오. 처음에는 평기잡니다. 유건호 씨가 잘 해 줄 겁니다.' 그리고는 내 대답도 듣지 않고 다시 정구장으로 들어가 버렸다. 그때 이미 방송국과 신문사 등으로 조고계(操觚界 : 문필에 종사하는 사람의 사회) 경력이 10여 년이 된 나를, 내 뜻은 전혀 묻지도 않고 평기자로 출근하는 것으로 정해 버리고 만 것이다. '제왕의 면모'가 뚜렷했다고나 할까?

이튿날 아침 장 사장은 불러 '취재한 것은 쓰기 전에 사장에게 알리라'든가 '조선일보 지면을 매일 아침 평해 달라!'든가 하는 일방적인 명령이 계속 떨어졌다. 그러나 나는 '정보원이 아니다'는 이유로 정보 제공을 거절했고, 신문평 역시 편집국장 이하 선배들이 있으므로 못하겠다고 거절했다.

그래도, 미워하기는커녕 사흘 후에는 사회부 차장으로 승진(?) 발령해 주었다.

돈은 부대로 들어왔다. 장기영의 입은 싱글벙글 벌어졌다. 이래서 딴따라들이 지방 순회를 하는구나. 아무러면 어떠냐. 그놈의 돈이라는 것이 나만 피해 다니는 줄 알았더니 이렇게 순순히 따라와 주는 경우도 다 있구나.

사내 편집국에선 신문 제쳐놓고 장사하는 데 열중하기냐고 투덜대는 소리가 자못 높았다.

딴 신문사에서도 '어물전 망신시키는 꼴뚜기'가 나타났다고 빈정댔다. 그러나 한국의 신문이 때로는 수지 맞는 일도 해야 된다는 것을 깨달은 것은 이 '아이스 쇼'를 보고 나서부터의 일이다.

폭풍우처럼 한 달 가까이 법석을 떨다가 조용해진 어느 날, 슬리퍼를 끌고 편집국을 일주하던 장기영의 눈에 낡아빠진 테이블이 띄었다.

"야, 편집국의 테이블이 그게 뭐야? 모두 박물관으로 보내고 호마이카로 만든 새 테이블 들여와!"

비서실장의 '네' 소리는 노래를 하는 것처럼 아름다웠다.

"2년 뒤에 또다시 와요."

장기영의 이런 제의에 힘차게 답하는 아이스 쇼단의 지배인도 기뻐서 어쩔 줄 모르는 얼굴이었다.

"예스 써!"

3. 동아 조선 따라잡기

어떻게 하면 동아일보, 조선일보를 따라잡을 수 있을까?

좋은 신문을 만드는 길밖엔 없다. 어떻게 하면 좋은 신문을 만들 수 있나? 제작정신이 살아 있어야 한다.

나 장기영은 《한국일보》의 오너이기 때문에 항시 그 정신에 살고 있다. 그러나 기자들은? 데스크는? 편집자들은? 논설위원들은?

나와 똑같지가 않다. 가다가는 멍청한 친구들이 태연히 책상을 지키고 있을 뿐, 호통을 쳐도 무신경이다.

그런 것들이 《한국일보》의 전진 속도에 브레이크를 거는 것들이다. 무슨 방법이 없을까?

하나의 계기가 다가왔다. 조석간 발행을 도약의 발판으로 삼자.

전사원의 일치단결을 촉구해야겠다. 전사원이 나와 똑같은 생각으로 움직여 주어야겠다.

학교에서 조회라는 것을 한다. 우리도 그것을 해 보자. 매일 하면 좋지만 어려울 거다. 1주일에 한 번씩이라도 좋다.

1958년 11월 7일, 월요일 아침 8시에 전사원을 편집국으로 모아 보았다. 이런 때 유창하게 언변이 흘러가면 좋으련만 그렇게 안 되니, 배짱 가지고 임할 수밖에 없다. 몇 번 해 보는 동안에 요령이 생겼다.

의표를 찔러 욕을 해 보자. 지난 주 신문을 보니 이러이러한 졸렬한 기사가 나가지 않았느냐, 누구 책임이냐? 매국노가 아니냐, 이적행위 아니냐, 그런 무리는 월급 버러지라고 할 수밖에 없다 등 망신 주는 것이 의미가 있겠다.

그렇게 했다.

그러나 잘한 것을 칭찬하는 것은 훌륭한 조화를 찾는다는 나의 열의를 전달하는 것이 될 것이다. 시상도 해 보자.

일요일에 실컷 술을 퍼마신 사람들이 출석을 게을리하는 것이 보이자, 화요일 아침으로 바꿔 보았다. 훨씬 나아졌다.

배워 둔 경구, 명언, 머리를 스쳐가는 어떤 생각들을 남김없이 털어놓다 보니 전사원에게 자기 피의 고동(鼓動)이 전달되는 것 같고, 자신을 정리, 반성하는 뜻있는 시간이 되는 것도 같았다.

특히 견습기자들의 빛나는 눈은 청년신문 《한국일보》의 내일을 상징하는 것 같아 흡족하기만 했다.

1기의 김훈·이순기·임철규·장익환·최종기·홍성원, 2기의 이광표·정연권·최정호, 3기의 정태연·유일연·문윤곤·유태길·임영·진성섭, 4기의 김성우·김성진·김수철·박승택·박윤희·유한성·이원홍·최종수 등은 벌써 중견기자로 성장하였고, 5기의 권혁승·김종하·박현태·김각·위상욱·이광호·이기양·이명원·이주현, 6기의 김중배·연기호·제재형·조두흠·조순환·김대수·공대식, 7기의 김창렬·오도광·남재희·김태웅·이종수·정해헌·조성찬·최영철·최정민·최태순·김덕린·고광애, 최근 뽑은 8기 김영희·김장수·김정부·박승렬·방태영·백승길·심명보·유영종·유지호·이동복·이성구·정경희·조규하·홍성화 등

빛나는 눈동자 속에 대(大)기자를 향한 열망이 가득 차 있다.

10년 후를 내다보면 일기당천의 준마들이 넘쳐날 《한국일보》이다.

최병우는 선견지명이 있었다. 권위 의식 속에서 어깨만 으스대는 기성들도 좋지만, 우리 뜻에 맞는 젊은 유능한 기자를 뽑아 우리 손으로 기르자고 하던 그의 총명.

젊은 《한국일보》이다. 무럭무럭 자라라. 나의 욕심을 따르라. 볶아치는 나의 질타는 그대들이 자라기 위한 물과 비료이다.

장기영의 이러한 깊은 뜻은 기자들과의 일화에서도 나타난다. 다음은 이상우(李祥雨)가 쓴 글이다.

새벽 2시. 요란한 전화 벨 소리가 깊은 잠을 깨웠다. 나는 잠결에도 그것이 우리 왕초의 전화라는 것을 안다.

"여보세요."

"이봐! 자네는 그래 이따위 엉터리들이 신문을 만들게 해 놓고 잠이 잘 오는 거야?"

도대체 무슨 영문인지 알 수가 없는 불호령이 떨어진다. 귀청이 찢어질 듯하다. 그 강도로 봐서 충청판이나 경기판 편집에 무슨 잘못이 있는 모양이다.

"내 차를 보냈으니까 당장 나와."

그리고 또 전화를 일방적으로 끊어 버린다.

편집국에 들어서자마자 사태를 짐작할 수가 있었다.

외신면 편집자가 편집부 책상 위에 점잖게 누워서 코를 골고 있고, 다른 편집자들이 원고를 들고 정신없이 뛰어다닌다.

외신면 편집자인 E군이 동창회에 참석했다가 한 잔 두 잔 마신 술이 회사에 들어와서야 효력을 발휘해 충남판 강판시키는 것을 깜박 잊고 인사불성인 채 영 깨어날 줄을 모른다는 것이다.

외신면을 개판(改版)하지 않아 어제 아침에 나간 1단짜리 기사 한 건이 중복되어 다시 나온 것이다. 다른 편집자들이 즉각 개판을 했지만 기사가 중복된 신문이 일부 나갔다는 것이다.

E기자는 흔들어 봐도 영 꿈쩍을 않는다.

악몽은 지나가고 새벽 5시께, 10층에서 전 편집부원에게 올라오라는 전갈이 왔다.

"또 죽었구나!"

밤을 새워 2층, 3층을 이리 뛰고 저리 뛰며 강판 시간을 대기 위해 허둥거리던 편집자들은 축 늘어진 채 모래를 씹는 듯한 깔깔한 입맛을 다시며 엘리베이터를 타고 10층으로 올라간다.

"이봐, 자네들이 도대체 신문기자야?"

할 말이 있을 수 없다. 방금 나온 서울판 신문을 편다. 잉크 냄새가 물씬 풍긴다.

이때부터 근 한 시간 동안 신문에 대한 강평이 시작된다.

"1단짜리 기사라고 해서 함부로 취급해선 안 돼. 1단짜리 기사가 통 기사보다 몇 배나 중요하다는 것을 몰라? 1단짜리! 1단짜리 부음 기사 한 줄, 1단 짜리 단수(斷水) 기사 한 줄, 그것이 어떤 독자에게는 톱 기사보다 백 배 천 배로 중요한 거야."

이날 새벽의 결론이다.

말씀이 끝나자 두 개의 봉투를 내놓는다.

"이 부장, 이거 하나는 부원들하고 나가서 해장국 먹고, 이거 하나는 차비해서 집에 가게."

"우리 부장은 마음이 약해서 자기 차비도 해장국 값으로 내놓을 텐데요."

M기자가 농을 던진 것이 화근이다.

"맞았어! 자네는 말이야, 마음이 약해서 그게 탈이야. 부하를 호되게 다룰 줄을 모른단 말이야. 신문을 망치려고 드는 놈은 칼로

찌르듯이 해야 돼. 발로 차고 뺨을 때려서라도 정신을 차리게 해야 돼. 어물어물하다가는 다 굶어 죽게 돼. 너희들 편집자가 수천 명의 한국일보 가족 생계를 맡은 사람들이야. 너희들 하나가 잘못하면 신문이 망하고, 신문이 망하면 이 많은 한국일보 가족들이 어떻게 되는지 알아? 정신들 차려."

그날 새벽은 이것으로 끝났지만, 그 다음 날부터가 문제였다.

"이봐! 술 먹고 신문 망친 E기자 내 방으로 데리고 와."

불려 갔다가는 불벼락을 뒤집어쓰거나 사표를 쓰게 될 거라고 생각하고 가지 않았다. 그러나 일주일 이상 매일 E기자를 보내라는 독촉이다.

하는 수 없이 어느 날 밤 E기자는 일생일대의 단단한 각오를 하고 10층으로 올라갔다.

편집국에서 초조하게 면담(?) 결과를 기다리는 나한테 10여 분후 E기자가 나타났다.

"어떻게 됐니?"

"예. 저어…… 딱 한 마디만 하시더군요. 나쁜 술을 마시고 다니지 말라. 술을 먹으려면 앞으론 이런 술을 마시라며 한 병 주시던데요."

E기자는 싱글벙글 웃으며 화이트 호스 한 병을 내놓는다.

"과연 왕초다."

M기자가 탄성을 울린다.

이상우가 회상하는 또 다른 재미있는 일화가 있다.

장기영 씨는 주로 전화로 업무지시를 내려서 차에는 물론이고 집의 화장실에도 전화기를 달아놓았다. 그러나 그 전화를 받는 사람들은 고역이었다. 전화에 대고 온갖 잔소리를 퍼붓고 고함을 지르기 때문이다. 그래서 기자들은 '10층에서 온 전화'라면 손사래를 저었다. 장기영 씨는 전화를 걸면 자신을 밝히는 대신 10층이라고 말했다. 집무실이 10층에 있었기 때문이다. 그러나 기자들은 나름대로 사주의 잔소리를 견뎌내는 방법을 고안해냈다.

어느 날, 사회부장으로 있는 이목우 씨 옆을 지나다 보니 그의 행동이 이상했다. 일을 하다 말고 수화기를 들고 "예" 하고 말하고는 책상 위에 내려놓았다가 다시 일을 하다가 또 수화기를 집어들어 "예" 하고 내려놓았다.

"뭐하는 거요?"

내가 궁금해서 묻자, 이목우 씨의 대답이 걸작이었다.

"왕초인데, 하도 뭐라고 해서 건성으로 대답만 하는 거요. 안 듣는다고 뭐라 할까봐 듣는 척은 하느라고……."

그런 걸 알아차렸는지 잠시 후 장기영 씨가 편집국으로 쫓아내려왔다.

"이목우, 이놈 어디 갔어?"

낌새를 알아차린 이목우 씨는 이미 도망간 뒤였다.

한번은 사회부에 전화벨이 울리자 경찰 출입기자가 전화를 받았다.

"이봐, 너 누구야?"

장기영 씨가 대뜸 소리를 지르자 장난기가 발동한 기자가 모르는 척하고 맞대꾸했다.

"이 새끼야, 넌 누구야?"

"나 사장이야."

"우리 사장은 전화 걸어서 무식하게 '너 누구야?' 그 따위 소리 안 해. 거짓말하지 마."

기자가 이렇게 말해놓고 줄행랑을 쳤다. 아니나 다를까, 잠시 후 장기영 씨가 뚱뚱한 몸을 이끌고 내려와 소리쳤다.

"조금 전에 사회부에서 전화 받은 놈 누구야?"

기자들은 웃음을 참으며 다들 모르는 척 고개를 갸우뚱했다.

4. 언론의 길 찾아 구만리

"한국에 언론자유가 있습니까?"

장기영 사장이 물었다. 소파에 깊숙이 기대앉으며 홍종인(洪鍾 仁)《조선일보》주필은 파이프 담배를 빨았다.

"무슨 뚱딴지 같은 소리야?"

"도쿄에서 IPI(국제신문협회) 아시아 지역회의가 있었는데, 우리 한텐 무소식이니 말입니다."

"아직도 미군정법령 제88호가 유령처럼 살아 있어서 허가제인데 무슨 놈의 자유야."

"내버려둬야 됩니까?"

"어쩌겠다는 거야?"

"인터내셔널 프레스 인스티튜트의 권위를 빌립시다. 우리가 가입 하잔 말입니다."

"받아준대, IPI가?"

"받아 주도록 해야죠!"

그렇게 이야기를 시작한 것이 1956년 봄이었지만, 몇 가지 손을 써 보아도 '한국에는 신문의 자유가 없다'를 이유로 상대도 해 주지 않았다.

장기영은 두 눈을 딱 감고 생각해 보았다. 모든 신문기자들이 정 부의 비리와 무식을 때리기를 좋아한다. 세상은 모두 야(野) 편에 서서 그런 신문을 읽으려 든다. 그래서 인기를 독차지하다시피 하 는 신문도 있었다.

그것은 경영이 잘 돼 간다는 이야기가 된다. 정부를 때리고 싶어 하지만, 상대가 너무 강해서 주춤거린다.

《한국일보》는 어떤가? 시시비비(是是非非)를 내세우고 불편부당으로 가다 보니, 자칫 평범한 정론지로 몰리어 외면당하는 경우가 있지 않았는가?

미묘한 딜레마 선상이다. 의기양양 가다 보면 얻어맞고, 다소곳이 가다 보면 맥이 없고.

당당한 백그라운드가 없는가. 그것이 IPI다. '무관(無冠)의 제왕'들이 모인 세계적인 권위이다.

그래서 거기 가입하자고 이리 가고 저리 뛰는 것이다.

1958년 4월, 워싱턴에서 세계신문인대회가 있을 때 홍종인 주필이 나가 연설을 하게 해 보았다.

허사였다.

1959년 5월, 서독 베를린으로 갈 때는 비장한 각오를 했다.

신문발행인협회 회장인 장기영, 동양통신 및 《연합신문》 사장인 김성곤(金成坤), 《조선일보》 주필 홍종인, 세 사람이다.

옵서버 자격이지만 배알을 한 번 보여주자.

그러나 때마침 《경향신문》이 폐간되고 두 편집인이 구속되는 사태가 벌어졌다. 아니나다를까 아직도 한국엔 언론의 자유가 없다고 국가 단위의 가입을 거부당했다. 몇몇 신문인들의 개인적인 가입은 승인되었다.

"이대로 또 물러가야 됩니까? 특별 발언권을 얻어서라도 한 마디 해야겠어요."

세 사람은 이마를 맞대고 이야기의 핵심을 정리했다. 그것을 또 영문(英文)으로 옮겼다.

"뱃심 좋은 왕초가 해야지 반응이 있을 거야."

김성곤이 주장했다.

보통 표현 가지고는 안 된다.

"우리 대표단은 우리 입장을 여러분에게 밝히기 위하여 북극을 돌아 1만 마일을 날아왔습니다. 여러분은 이미 이 총회에서 길고 많은 연설을 들으셨을 것이니, 우리는 짧고 간단하고 진지한 성명을 밝히겠습니다."

장내는 숙연해졌다. 장기영은 아랫배에 힘을 주었다. 평소 여러 사람 앞에서 이야기하는 것을 좋아하지 않지만 피할 수 없는 한판 승부다.

"우리는 IPI 집행이사회가 우리 한국 신문인을 개인 자격으로 가입시켜 주기로 결정한 데 대하여 심심한 사의를 표합니다. 그러나 …… ."

그의 억양은 강해졌다.

"우리 국가 단위의 가입 신청이 거부된 데 대하여 놀라움과 실망을 솔직하게 표명하지 않으면 우리는 정직하지 않은 것이 됩니다. 우리는 우리의 가입 거부가 우리 나라에서의 언론자유를 돕는다기보다는 후퇴시키게 된다고 믿습니다. 귀 이사회는 우리 공화국에 충분한 언론자유가 없기 때문에 국가 단위 가입을 허용할 수 없다고 주장합니다. 우리는 공산 위협과 싸운다는 구실 아래 취해지는 어떤 정부 행동에도 불구하고 상당한 자유를 누리고 있다는 것을 지적하지 않을 수 없습니다. 사전 검열이 없습니다. 우리는 끊임없이 정부 정책에 도전하는 강력한 독립지를 가지고 있습니다. 사실은 우리 신문의 5분의 4는 독립지 아니면 야당지입니다."

그는 신중한 목소리로 나직히, 그러나 진실을 담은 눈으로 장내를 훑어보며 말을 이었다.

"솔직히 말해서 우리 나라에선 신문의 자유를 위협하는 어떤 불행한 사태 진전이 있습니다. 그것이 바로 우리가 오늘 여기 날아온 이유입니다. 귀 이사회는 1년간을 기다려 다시 한 번 한국의 신문사정을 조사한 후에 우리 국내위원회 가입 여부를 결정하겠다고 시사했습니다. 우리는 한국의 자유를 위하여 즉각 우리를 가입시키는 것이 더 좋은 생각이라고 봅니다.

우리에게 1년간의 시험 기간을 주시고, 현지 조사차 시찰단을 파견하십시오. 그때 가서도 우리 형편이 기준에 미흡하다면, 우리 국가 단위 회원권(會員權)을 철회하십시오. 우리는 우리 회원권이 지금 1959년에 필요하다고 생각하지 않는다면 여러분에게 이와 같이 해 달라고 요구하지도 않습니다."

박수 소리가 들려왔다. 장기영은 손수건으로 이마의 땀을 훔치며 자리로 돌아왔다.

김성곤과 홍종인은 장내 분위기를 살폈다.

엄숙하고 냉정했다. 그러나 장기영은 할 이야기를 다했다고 자부했다.

언젠가는 그날이 올 것이다. 자유롭게 모든 것을 이야기하고, 자유롭게 모든 것을 쓸 수 있는 권위를 빌려 쓸 날이.

그해 12월 취리히 총회에 참석하기 위해 또다시 북극을 돌아가는 비행기 안에서 백상(百想 : 장기영 의 호)과 성곡(省谷 : 김성곤 의 호)은 서로 바라보며 껄껄 웃었다.

"우리 둘이서 무슨 연애하는 줄 알겠다."

성곡이 입을 열었다.

"IPI 가입될 때까진 날아다녀야죠."

"될까?"

"되게 해야죠."

"당신만 믿소."

"믿으십시오. 꼭 해낼 테니까요."

"그나저나……."

성곡은 창 밖 어슴프레한 불모의 극지를 내려다보며 말했다.

"이렇게 자주 왔다갔다하다 보니까 유럽이라는 것도 별거 아닌 것 같아."

"그렇죠?"

백상이 얼굴을 쑥 내밀며 웃었다.

"옛날엔 그렇게 꿈나라처럼 생각되더니 말이오."

"코쟁이들 코도 별로 높은 것 같지 않고……."

"돈이 말을 하는 세상 아닙니까?"

"돈이 우째?"

"우리 한국 사람도 돈만 좀 벌고 나면 이 세상 두려운 것이 적어질 겁니다."

"현실이 저런 걸 우짜노……."

"답답합니다."

"첫째, 게을러서 못쓴다. 우리 백성들은……."

"영원한 거지 근성은 아닙니다. 식민지 시대가 만들어 놓은 특성입니다."

"어떻게 구해야 되노? 어떻게 해야 당신처럼 모두 부지런해질 수 있노?"

"저헌테 한 번 맡겨 보십시오."

"그럴까? 당신한테 맡기면 참 뭐가 될 것 같다."

"허허……."

"허허……."

두 사람은 웃었다.

이 무렵, 주네브(제네바) 대학에서 국제법을 공부하던 정일영(鄭一永)은 취리히로 급히 오라는 장기영의 연락을 받고, 박사학위 논문도 막 출판하고 난 뒤라 서둘러 달려왔다.

호텔 보락크의 샹들리에가 찬란한 다이닝 룸에서 IPI회의는 열렸고, 예에 따라 한국은 정식 회원국이 되고 싶다는 청을 한 뒤 식사가 시작되었다. 세계 최고의 언론인 30여 명은 술잔을 기울이며 포크와 나이프를 잡았다.

그런데 오르되브르를 건드리던 장기영의 나이프와 포크가 움직임을 멈추더니 드르릉 코 고는 소리가 주위를 진동하지 않는가?

모두 기이해하는 얼굴로 그를 바라보는데, 김성곤이 소리를 질렀다.

"백상, 그만 자거라!"

그 소리에 놀라 눈을 뜬 장기영은 벌떡 일어나서 주위를 휘둘러 보면서, 태연스레 싱긋 웃고 말했다.

"실은 지금 단꿈을 꾸고 있었습니다."

이어 모두들 박수를 치며 웃어댔다.

SAS가 개척한 북극 통과 DC 7 프로펠러기는 도쿄로부터 장장 40시간을 날아 이곳에 도착했다.

보통 기진맥진하게 마련인데 IPI 회의는 그들이 도착한 지 바로 몇 시간 뒤부터 시작된 것이다.

이때의 참석은 진일보한 수확이 있었다. IPI 이사장 슈발츠 박사는 다음 해 봄에 있을 도쿄대회에서 보자는 긍정적 반응을 보여주었다.

5. 끈질긴 도전

그러나 막상 도쿄대회에 나가 보니 1960년 마지막에 가서 보자는 것이 아닌가?

"직접 와서 보십시오! 우리가 초대합니다."

백상 장기영은 외쳤다.

조사위원단 6명과 각국 대표 40명을 신문발행인협회와 신문편집인협회 공동으로 초청하는 형식을 취하고, 김포공항에 도착하는 순간부터 강렬한 인상을 주기 시작했다.

때마침 3·15 부정선거를 규탄하는 소리가 날로 요란해져 전국이 들썩들썩할 때.

신문은 포화를 퍼붓듯 정부를 맹공하고, 거리엔 데모대와 경찰의 충돌이 날마다 가열해져 가는 속에서 IPI 대표단은 모든 것을 직접 듣고 눈으로 보았다.

4월 7일 신문의 날이다. 군정법령 88호를 폐기하라는 아우성을 그들은 읽었다.

그리고 내린 결론이 역시 '연말총회에 가서 보자'였다. 장기영은 실망하지 않았다.

IPI 무관의 제왕들은 한국이 어떠한 나라인가, 얼마나 열렬히 민주화되기 원하는가를 보았을 것이다. 언젠가는 열매맺을 것이라고 믿었다.

그들이 떠나간 며칠 후에 일어난 4·19 학생 의거는 이 문제를 깨끗이 풀어 주었고. 1961년 1월 IPI 한국위원회를 창립, 초대 위원장에 장기영이 선임되었다.

IPI를 향한 끈질긴 백상 장기영의 도전은 드디어 승리의 깃발로 장식되었던 것이다.

다음은 박승탁(朴升鐸)의 회고.

1963년 11월 23일 새벽 3시 30분, 무교동 흥진옥에 가기에는 좀 이른 시간이었다. 그래서 편집국 모퉁이에 붙어 있는 야근자 휴게실에 가서 냄새가 고약한 이불 위에 옷을 입은 채 잠시 눈을 붙였다.

얼마나 지났을까. 누군가가 케네디가 죽었다면서 몸을 흔든다. 짓궂은 동료 기자의 장난이 아니었음은 곧 판명됐다. 외신부 텔레타이프 앞에 몇 사람이 모여 서서 숨을 죽이고 있었다. '케네디가 총에 맞았다. XYZ XYZ……'라고 되풀이할 뿐 한참 동안 자세한 보도가 뒤따르지 못했다.

그런데 어느 새 편집국에 올라왔는지——저쪽 편집국장석에는 이미 장기영 '기자'가 국장 행세를 하고 있는 것이 아닌가. '윤전기를 멈추어라.' '이 기사——박내무와 이치안국장, 오늘 중 인책사임——를 옆으로 밀고, 이것과 이것을 버려라.' '지방에 발송할 호외준비를 하라.' '누구 누구를 빨리 불러내라'는 등, 이 세기의 뉴스 앞에 새벽의 편집국은 잠시 활기(?)를 띠었다.

그 동안 텔레타이프는 기사가 되기에 충분한 내용을 보내왔다. '몇 사람이 텔레타이프를 계속 지켜봐야 합니다'라면서 '장국장'은 외신부로 다가오더니 '박승탁씨(그가 애용하는 씨라는 호칭은 늘 듣기가 좋았다), 미대사에게 전화를 걸어 나 좀 대 주시오. 그리고 미국대사관 주변을 샅샅이 스케치하시오."

라는 것이었다.

물론 이 세기의 사건은 이날 아침 한국에서는 '한국일보'의 특종이었다고 기억된다. 그때에만도 가끔 이러한 외신 특종이라는 게 있었다. 그래서 외신부 야근자만은 통금 해제와 함께 흥진옥에서 '따귀'를 즐기지도 못하고, 동료 부원이 출근하는 아침 8시 반께까지 텔레타이프 옆에 혼자 멍하니 앉아 있을 때가 많았다.

'정상' '정상' 하던 그 '정상'이 바로 눈 앞에 있었건만 얼마 후 백상은 끝내 입각했다. 본인에게는 '영광'이었을지 몰라도, 청춘을 한국일보에서 불태우려던 우리에게는 다소 쇼킹했다. '한국일보 추풍낙엽'이라는 악질 루머(요즘 말로는 유비통신)도 있었지만 사실과는 달랐던 것 같다. 동료 사원인 김종규 사장을 모시고 우리는 좋은 신문 만들기에 여념이 없었다.

그러던 중 어느 날 퇴근길이었다. 지방판인 3판부터 조그마한 특종이 실린 날로 기억된다. '구보(驅步)의 계단'을 막 내려서자 그곳에서 '장부총리'와 마주쳤다.

"박승탁씨, 바빠요?"

"바쁘지 않습니다."

"그럼 좀 기다려요."

그는 비서실 쪽으로 들어가더니 곧 현관으로 나왔다. 또 하나의 동료가 합류, 우리는 '장사주'를 따라 안국동 네거리 구 신민당 당사 뒤 어느 술집에 들어섰다. 마담이 그를 반기는 모습은 여간 아니었다.

취기가 조금씩 돌 때까지 별 화제가 없었다. 그 동안 그 마담은 백상에게 요즘 잘 들르지 않는다며 바가지를 긁고 있었다. 백상은 또 한 번 우리들에게 술잔을 건네 주면서 말했다.

"좋은 기사를 오늘같이 많이 써 주시오. 한 사람이 하나씩만 써 주면 신문 팔기가 누워서 떡먹기지요."

그는 역시 신문인이었다. 관계(官界)의 고독을 젊은 부하 기자와의 대작으로 잠시 달랬을까.

백상은 3년여의 부총리 생활을 청산하고 돌아온 뒤에는 신문 제작에 더욱 정열을 쏟았던 것 같다.

1969년 2월 하순. 설악산 조난 사고를 커버하던 취재 팀이 '설악산에는 눈만 내리면 '살피'라는 신발을 신고 종횡으로 기동하는 산 사람들이 살고 있다. 이들은 조난 지점을 대강 짐작하고 있다. 틀림없는 것 같다. 그런데 취재비가 좀 많이 필요하다'는 말에 서울에 있던 장사장은 시외전화로

"신중을 기하라. 취재비는 아끼지 말라. 인명에 피해가 있어서는 안 된다."

간곡히 당부했다.

백상은 다음날 아침 한국일보의 세스나를 띄워 속초국민학교 교

정에 돈뭉치를 떨어뜨려 주었다. 거금이었다. 다소의 장비를 구입한 뒤 우리는 시내 한복판에 있는 갈비집으로 달려갔다. 모두 15명 가량이었다. 강원도 갈비는 매우 질겼지만 모두들 잘 먹었다.

뒤에, 본부(취재)를 망각한 월권행위라는 비난도 있었지만, 한국일보 단독 수색반은 '죽음의 계곡' 부근에서 조난 현장을 발견, 극적 개가를 올렸다.

며칠 뒤 모신문 편집 간부 회의에서 이런 말이 오갔다고 전해진다.

"그것은 한국일보에서만 가능해. 취재기자의 욕망이 장사장에게 즉각 상달된다는 거야. 장사장은 또 장사장대로 철저한 신문인이고 ……."

1972년 8월 초. 정든 한국일보를 떠나기로 결심했다. 한국일보가 싫어서가 아니었다. 솔직히 말해서 5일에 한 번씩 닥치는 철야 야근이 다소 고되게 느껴졌는데다가 그럴싸한 '혼담'이 있었기 때문이었다.

국장에게 사의를 표명했더니 그때 진행중이던 남북예비회담 취재나 마치고 가라는 분부였다. 8월 27일 마지막 예비회담의 기사를 데스크에 넘기니 국장실에 백상이 앉아 있었다.

"그동안 수고했소. 그러나 당신은 한국일보를 그만두는 것이 아니요. 나는 당신을 미국대사관에 특파하는 것이오."

가난을 추방하자는 혁명이야

진정한 리더는 물이 새는 배를 타고
불타는 집에 앉은 마음가짐이 있어야 한다

1. 이 나라 어디로 가고 있는가

조병옥(趙炳玉) 박사가 미국 월터리드 육군병원으로 갈 때 민주당 사람들은 너무 슬픈 표정을 하고 있었다.

절대 군림하는 이승만 박사에게 정면으로 도전하는 그의 호랑이 같은 얼굴을 일반대중들도 기대를 걸고 쳐다보았다.

'못살겠다 갈아 보자'는 슬로건은 썩 잘 먹혀들어갔다. 사람들은 변화를 보고 싶어했다.

만송(晩松) 이기붕(李起鵬)과 가까이 지내면서도 장기영은 조병옥 박사의 표정을 읽는 데 게으르지 않았다.

조병옥 박사가 미국 월터리드 육군병원에서 운명했다는 소식이 들어왔다.

장기영은 들고 있던 팬을 탁 놓았다.

큰 별이 하나 떨어졌구나. 한국 민중들이 우러러보던 거대한 호랑이 얼굴이 사라졌구나. 갈아 보자던 민중의 여망은 물거품이 되었구나.

한강변에서 20만 군중을 모아 놓고 사자후(獅子吼)하던 해공(海公) 신익희(申翼熙)가 불시에 사라지더니, 나머지 희망인 조병옥 박사마저 갔구나.

이승만 박사의 아성은 끄떡도 안 하겠다.

이기붕의 2인자 자리도 이제는 굳혀졌다고 할 수밖에.

그러나 3·15 선거 결과는 이상하게 되고 말았다. 마산 시민의 궐기에 이어 전국적으로 번져 가는 노도와 같은 반발.

4월 19일, 수도 서울은 뒤집히고야 말았다. 편집국은 전장처럼 긴장하고, 함성소리는 도처에서 우렁차게 솟아올랐다.

백상은 광화문에서 중앙청까지 개미떼처럼 꿈틀거리는 '민중'이라는 생명체의 움직임을 보았다.

조국은 어디로 가고 있는가? 이 나라는 대체 어떤 내일을 향해 가고 있는가?

새생명은 어떠한 얼굴을 하고 태어날까?

백상은 옥상에 서서 동서남북을 돌아보며 눈시울이 뜨거워지는 것을 느꼈다.

눈 깜짝할 사이에 자유당 시대가 끝난 것 같다.

홍승면 편집국장이 들어왔다. 웃는지 우는지 그의 표정은 이상했다.

장 사장은 보던 서류를 밀어 놓고 물었다.

"뭐 또 쇼킹한 뉴스라도 들어왔습니까?"

"아주 쇼킹한 뉴스일지도 모릅니다. 이기붕 일가가 죽음을 택했습니다."

"그게 무슨 소리야?"

"서로 합의한 끝에 다 죽기로 하고 쏜 모양입니다."

"누가 쏴?"

"장남 강석(康石)이가 쏘고, 맨 마지막에 자신도 쏜 모양입니다."

"아!"

장 사장은 긴 탄성을 지르고 나서 소파에 기대더니 눈을 감았다. 숨이 멎는 것 같았다.

인생이 그런 것인가? 권좌란 그런 것인가.

이 나라 제2인자 자리를 굳히는 것 같더니, 그렇게 허무한 최후를 택했단 말인가? 아니 단순한 허무는 차라리 깨끗하다. 자식이 아비와 어미를 쏘는 순간. 강석은 어떤 자세로 권총을 겨누었단 말인가. 처참한 피바다! 아수라장! 잔혹의 극(極)!

"좀 심한 말이 될지도 모릅니다만, 역사의 흐름으로 봐서는 차라리 잘한 일인지도 모릅니다."

홍 국장은 앉으면서 조용히 말했다.

"4·19를 치르고 난 민중은 커다란 전환점을 마련했다는 자부심을 갖는 것 같습니다. 구세대에 깨끗이 종지부를 찍는다는 의미에서 이들의 죽음은 깨끗한 인상을 주고, 인정 많은 우리 민족의 동정심을 살지도 모릅니다."

장기영은 눈을 떴다. 한동안 그는 홍 국장의 냉철한 눈을 응시했다. 그러다가 그 눈이 결코 냉철하지만은 않다고 느꼈다.

"슬픕니다."

장기영은 입을 열었다.

"기사…… 잘 다뤄 주세요."

"네……."

"역사가 바뀌는군요."

"우리나라의 운명이 바뀌고 있습니다."

"어디로 가는 것일까요? 장차의 한국은……."

"무질서해시리라고 봅니다. 뒤죽박죽의 시대가 진개될는지도 모르죠. 하지만, 그 무질서 속에서 질서를 찾는 순간 한국의 민주주의는 눈부신 비약을 꾀하리라고 봅니다."

"비약……."

"미국에 보내주셔서, 거기서 익히 봤습니다. 모두 자유분방, 제멋대로지만 그 속에 질서가 있었습니다. 그것이 민주주의 사회라는 것을 배우고 왔습니다."

"우리 신문의 나아갈 길이 어느 쪽입니까?"

홍 국장은 미소를 머금고 손을 비비며 조용히 일어섰다.

"그것은 사장님이 더 잘 알고 계실 겁니다. 저는 무질서 속의 질서를 바라보며 신문을 만들겠습니다."

그는 고개를 '꾸벅' 하고 나갔다.

장 사장은 상체를 똑바로 하고 크게 숨을 몰아쉬었다.

신시대의 전개이다. 이제는 저 위에서 호통치는 사람이 없다. 내가 말하고 싶은 것을 말할 수 있다.

2. 쇠는 달궜을 때 쳐라

맛을 보고 맛을 아는 언로(言路)였다. 이제는 누가 말하는 사람이 없다.

정말 없다.

정부도, 정당도, 정객들도 트집을 잡고 덤비는 자가 없다. 대한민국 하늘 아래 언로의 자유는 넘치도록 충만해 있다. 그러다 못해 이따금 너무 많은 것이 아닌가 고개를 갸우뚱거리게도 된다.

신문이라는 것의 위엄이 제대로 인정받고 있다. 기자들은 민주사회 건설의 화려한 역군이 되었다. 정치인들이 신문사를 찾아온다. 옛날같이 그렇게 높은 자세가 아니다. 실업인들이 찾아온다. 부정축재자에 대한 보복이 상식화되자, 그들은 신문기사의 한 구절에 울기도 하고 웃기도 한다.

백상은 우쭐해지는 기분 속에 살았다. 살맛이 난다는 것은 이런 것을 두고 하는 말일 게다.

4·19 혁명은 학생들의 순수한 정의감으로 이루어졌다. 구정권을 난공불락의 아성으로 쳐다보던 어제가 우스워진다. 사람이란 이렇게 간사한 것인가?

그러나 어차피 세상은 탈바꿈을 했다. 더 좋은 것이 더 좋은 것이다.

7월에 장기영은 대한올림픽위원회(KOC) 상임위원을 맡게 되었다. 11월에는 신문발행인협회 이사장 감투를 그대로 쓰고 있으라고 했으며, 가위 천하를 내려다보는 고지 위에 선 것 같다.

그 여세가 서울시장 출마까지 가서 낙선의 고배를 마시게 했지만, 오늘의 실패는 내일의 승리를 위한 초석이다.

자매지 《소년한국일보》와 《서울경제신문》을 창간한 해로 기억하자. 44세의 스케줄로서는 결코 낙제 점수를 얻은 것이 아닐 것이다.

부산 시절부터의 오랜 인연 신영수(申英秀)가 애썼다. 지모(智謀)와 광범한 교우 관계를 가지고 있는 그는 위험한 고비 때마다 존재가치를 과시하는 사나이이다. 장차 《니혼게이자이신문(日本經濟新聞)》처럼 권위 있는 유력지로 키우는 것이 그와 장기영의 꿈이다. 그 신문은 신영수의 것이라고 선언해 주었다.

역사적인 해 1960년이 저물어 간다. 좋은 계절이다. 한국의 장래를 위하여 이것은 뜻깊은 계절이다.

백상은 비는 마음이었다. 역사의 커다란 수레바퀴여, 제발 이 계절이 오래 가소서. 그리하여 풍성한 열매를 맺으소서. 이 가난한 나라의 백성들이 광장으로 뛰어나와 북 치고 꽹과리 치고 춤추고 노래하게 하여 주소서.

'쇠는 달궜을 때 치라'고 했다. 이 좋은 계절에 틀을 만들자. 한국은 괜찮은 그릇이 될 수 있다.

3. 서울시장 입후보

1960년의 무더운 6월 어느 날. 세상은 4·19 직후의 혼돈의 상태에서 무엇인가 나타날 것을 기대하고 있었다.

민주당은 때를 만났다. 그런데 그 구파(舊派) 리더인 유진산(柳珍山)이《한국일보》사장실을 노크했다.

"거물이 웬일이오?"

백상은 진산을 판자집 식당으로 안내했다.

진산이 입을 열었다.

"해위(海葦 : 윤보선의 호)한테서 무슨 연락 없었어?"

"별로……."

"실은 이번 조각(組閣)에 당신을 재무장관으로 기용하자고 윤대통령이 장면(張勉) 총리에게 추천했어."

"나를?"

백상은 별로 놀라지 않았다. 시킬 리도 없지만 귀에 쏙 들어오는 소리도 아니다.

"지금 한참 신문사가 재미나고 보람도 느끼고 있는데……."

"해위와 나는 자네가 이론도 알고 실제도 아는 사람이라고 했지."

"당치않은 과찬……."

"아니야. 당신이 한번 나와서 솜씨를 보여 줘야겠어."

그때 백상은 '당신들이 나를 아는 만큼은 장면 총리도 알고 있을 텐데' 하는 생각이 들었다. 정말로 내가 필요하다면 총리 자신이 직접 얘기해 올 일이 아닌가?

그러나 기분 나쁠 것까지는 없는 이야기이다. 신파·구파로 갈리어 하늘에서 거저 굴러들어온 정권을 제대로 받아서 소화할 능력이나 있는 것인지. 어딘지 모르게 믿음직스럽지가 못하다.

아니나다를까 얼마 안 가서 조각 발표가 나왔지만, 장기영의 이름은 없었다.

그 해도 다 갈 무렵에서였다. 그것이 인연이 되었는지 이번에는 진산이 고흥문(高興門) 의원과 함께 찾아왔다.

"당신, 서울시장 한번 안 해 보겠어?"

진산은 다짜고짜로 덤볐다.

"신파·구파 싸움엔 말려들기 싫은데……."

"당신은 서울 시정(市政)을 한 번 휘어잡아 볼 능력이 있는 사람이야."

이번에도 기분 나쁘지 않은 소리이다. 그러나 섣불리 나섰다간 무슨 망신을 당할는지 모른다.

백상은 싱글싱글 웃으면서 사양했다. 그러나 그의 마음 구석 한 곳에 생각이 전혀 없다는 것은 거짓말이다.

백상은 지프를 타고 거리를 누비면서 '서울시'라는 것을 다시 돌아보았다.

할 일이 참으로 많다. 동족상잔의 전쟁을 치렀다고는 하지만 일국의 수도치고 이렇게 초라할 수가 있는가? 사람들은 옛 감각에 살고 있고, 선진국에 비하면 내로라할 게 하나도 없다.

만약에, 만약에 내가 서울시장이 된다면 서둘러 호령할 일이 무엇 무엇일까?

유진산·양일동·서범석 의원 등은 번갈아 가며, 때로는 고흥문 의원을 보내어 출마를 권했다.

유·서·양 세 사람이 한꺼번에 찾아왔을 때이다.

백상은 껄껄 웃었다.

"아니, 장기영이가 뭔데 이렇게 거물들이 '삼고지례'를 다 하는 거요? 나는 신문에 반한 사람이니 더 꼬시지 말고, 이렇게 모이는 것도 어려운 일, 모인 김에 사진이나 한 장 찍읍시다. 야, 거 카메라맨 오라구 그래!”

원탁에 앉은 네 사람은 녹색 칠판을 배경으로 찰카닥 사진을 찍었다.

이것은 하나의 전진이었다. 얼마 후 백상은 ‘정히 그렇다면⋯⋯’하고 수락의 뜻을 비쳤다. 진산은 곧 선거자금조로 1,000만 환을 보내왔다. 백상은 그것을 선거사무장 격인 서범석 의원에게 건네주었다.

계동 어느 술집. 밤이 깊어 가고 있다. 진산과 백상은 얼큰히 취했다.

“백상⋯⋯.”

진산이 불렀다.

“일이 이쯤 됐으니 이제 입당하는 게 순서가 아니겠나?”

백상은 ‘노오’ 하고 손을 저었다.

“당선되면 입당 안 해. 만약에 낙선이 되면 입당해서 복수전을 치러야지.”

“그렇게 늘 보통 사람과 다르게 가야만 되나?”

“아냐. 나는 이로(理路) 정연한 이야기라구. 하나 더 붙일 것이 있지. 장차 진산이 총재가 되는 날이 꼭 있을 텐데, 그때는 말야. 그때는 나를 간사장(幹事長) 자리에 앉혀야 된다구⋯⋯.”

“좋다! 그거 각서로 써서 교환하자.”

어린애 같은 어른들이다. 두 사람은 각서를 썼다. 진산은 그것을 차곡차곡 접어서 지갑에 넣었다.

백상의 라이벌은 신파의 카이젤 수염이다. 김상돈(金相敦) 의원. 마포에서 4선을 한 백전 노장.

상당한 난립이 예상되었으나 공영금(公營金)을 납부한 것은 카이젤 수염과 김포 출신의 정준(鄭濬) 의원, 그리고 백상뿐이었다.

백상은 선거엔 초년생이다. 결국 집권당인 민주당의 신파와 구파 싸움이 되었다. 무엇보다도 어리석었던 것은 조직이 없이 무작정 덤벼들었다는 것이다. 짧은 시간, 그것도 영하의 세모(歲暮) 밑에서 이리 뛰고 저리 뛰는 사이 이런저런 작전도 좀 펴 보았다.

장관을 역임한 장기영(張基永)을 찾아가 동명이인임을 지상해명(紙上解明)토록 시켜 보았고, 《한국일보》 민권상담소에서 '억울한 일은 없습니까?' 설문을 신문에 내어 도로 포장, 노후한 변압기 수리 등을 해결해 주어 간접적인 선거운동을 하기도 했다.

신파에서는 낮간지러운 짓이라고 욕을 해댔다.

좌담할 때는 괜찮은데, 군중들 앞에서는 왜 입이 얼어붙을까? 백상은 고민스러웠다.

"시 행정까지 민주당에 맡기면 어떻게 됩니까? 내 뒤에는 정치 자금을 노리는 정당도 없고, 이력서 뭉치도 없습니다. 지금 우리는 민주당 정권하에 있습니다. 서울시장까지 그들에게 맡겨서는 안 됩니다. 나는 무소속으로 출마한 사람입니다. 시정(市政)을 정쟁(政爭)에서 구해내야 됩니다."

백상은 이렇게 역설하고 다녔으나 카이젤 수염은 연설도 잘하고, 쇼맨십이 뛰어났다.

12월 29일의 투표 결과는 참패였다.

카이젤은 모든 구에서 압도적이었고, 백상이 이긴 곳은 종로 갑구 단 한 구뿐이었다.

"4땡은 5땡한테 지는 거지? 44세의 장난이었어. 허허…… 술 가져와라. 목 좀 축이자!"

백상은 씁쓸한 웃음을 띠고 잔을 기울였다.

4. 파란(波蘭)에 가다

"나보고 공산국가 폴란드엘 가라니."

그때는 상상도 못 할 일이었다.

그러나—. 백상은 씨익 웃었다. 동행은 《조선일보》의 홍종인이다. 유엔협회세계연맹(WFUNA) 총회 참석이라는 명분은 꼭 위험 많은 여행이라고는 할 수 없다. 멀끔한 신사 홍종인과 작은 체구가 아닌 장기영이 코리아 대표라고 나타나면 공산권 사람들도 신기하다는 눈길을 보내 주겠지.

그런데 가만 있자. 누구 의사 소통에 능한 사람이 없나?

있다. 백상은 법대교수로 있는 정일영을 불렀다. 일찍이 《한국일보》 논설을 쓰던 친구이다.

"폴란드를 가자구요? 비자는 어떻게 받습니까?"

정일영은 눈을 휘둥그레 굴리며 놀랐다.

"그러니까 당신보고 동행하자는 거 아니오? 유럽에 그만치 있었으면 그 정도는 해결할 줄 알아야지."

도쿄로 건너갔다. 폴란드 대사관을 무조건 찾아가서 이야기했더니 상대편은 차가운 표정으로 대답했다.

"본국에 조회해 봐야겠소."

"며칠이나 걸립니까?"

정일영이 물었다.

"모르겠소."

"국제회의인데, 개회일은 촉박하고……."

"글쎄, 왜 빨리 신청하지 않았소?"

이때 백상이 불쑥 나섰다.

"비자 없이 그냥 들어가 볼까?"

정일영은 이 말에서 힘을 얻었다.

"여보시오, 영사! 어떻든 우리는 당신 나라로 향하겠는데, 혹시 오스트리아 귀국 대사관에서 비자를 얻을 수 있도록 본국에 요청해 줄 수는 없는지요?"

"빈에서? 가 보세요. 어디까지나 당신들의 리스크입니다."

"그러면, 빈으로 갑니다."

백상은 또 나서며 한마디 거든다.

"그런데 폴란드 영도자 고물카는 정말 위대한 인물이란 말야."

하고는 손을 흔들면서 사라졌다.

영사는 이렇게 돌아가는 백상 일행을 유심히 지켜보았다.

9월 3일 아침 하네다공항을 떠난 PAA제트기는 홍콩을 향해 날았다. 남지나해 상공에는 구름의 대잔치가 벌어졌다.

백상은 펜을 들었다.

3만 1,000피트 기상(機上)에서 하늘의 대평원을 내려다본다. 조각구름 떼의 백병전이다. 성하(盛夏)에서 돌아가는 봉우리 구름이 드문드문 있을 뿐, 같은 크기의 편운(片雲)이 쭉 깔렸다.

간혹 말을 탄 놈도 있으나, 대부분은 가엾은 보병들이다.

그들은 오늘 어디까지나 제한 없는 행군을 할 것인가. 지상에서 저 구름 떼를 보고 천고마비의 9월이 왔다느니, 대기를 마신다느니, 하늘을 우러러 딱 버티고들 서 있는 생각을 하면 기가 막힌다.

'손오공(孫悟空)'이나 '백발삼천장(白髮三千丈)'의 작문가는 완전한 예언자였다. 지상에서 느끼지 않던 카메라의 필요성을 느끼게 된다.

(중략)

구름과 사람 외엔 아무 것도 없는 세계이다. 세계적인 유행어 '디럭스'를 자랑하는 소꿉질 같은 기상의 서비스는 국적이 다른 여배우들의 경연장과도 같다.

벌써 도쿄서 입국 비자가 여의치 않은 첫째 파란(波瀾 : 일이 평온하지
못함, 소동)이 있었다. 파란까지 가는 데에 몇 파란이나 있을는지.

홍콩을 떠나 열대권으로 접어들더니, 비행기는 폭풍 속을 지나며 불안한 몇 시간을 보냈다.

온갖 생각이 그들을 괴롭혔다.

방콕에서 뉴델리로 가는 사이 하늘은 개었다. 기내에서 만난 이방인 청년과의 대화가 한결 지루함을 덜어 주었다.

천신만고 끝에 빈에 도착하니, 모든 것이 깨끗하고 문명스러웠다.

호텔에서 하룻밤을 쉬고 아침 8시 반쯤 정일영 교수로 하여금 폴란드 대사관에 전화를 걸어 보게 했다.

"곧 와 보라는데요? 어쩐지 내줄 눈치입니다."

"그래? 그럼 쳐들어가야지!"

대사관은 상당한 건물이었다. 영사는 두툼한 부피의 조서(調書)를 가지고 물었다.

"당신네 정부도 정책이 좀 바뀌었소?"

이렇게 묻고 나서 소정의 수속을 마치자 비자를 내주었다.

점심도 못 먹고 비행장으로 달려갔다.

철의 장막으로 들어가는 입국 수속은 꽤 까다로웠다. 간신히 마치고 게이트로 나가 보니 비행기는 문을 닫고 트랩도 치우고 시동을 걸고 있는 것이 아닌가?

"우리가 타야 돼!"

소리지르며 뛰쳐나가는 세 사람을 그라운드 호스티스는 끌어안다시피 막으며 안 된다고 버티었다.

조종실에 앉은 기장도 안 된다고 손을 저었다.

"우리가 타야 된다구! 못 타면 큰일나!"

세 사람은 외치며, 손짓하며 다가갔다.

기장은 이들을 내려다보다가 씩 웃으며 엔진을 껐다. 해치를 열고 트랩을 내려주니 세 사람은 '오 하느님' 하며 올라탔다.

분위기가 왠지 무겁다. 비행기가 뜬 다음 기장이 다가와서 아까는 미안했다고 사과를 했다. 그러면서 농담을 한다.

"시간이 돼도 안 나타나길래 일부러 프로펠러를 돌려 보았지요."

백상과 눈이 마주친 정교수는 싱긋이 웃으며 응수한다.

"우린 미개국에서 왔는데 말도 안 통하고, 이렇게 비행장이 넓은데다 똑같은 비행기가 많이 있는 것을 처음 봤기 때문에 어떤 것을 타야 할지 몰라 프로펠러를 돌리는 비행기가 있으면 그것을 타려고 기다리고 있었지……."

폭소가 터졌다. 비행장에는 2대의 비행기밖에 없었다. 기장은 손을 저으며 웃었다.

"제발 놀리지 마십쇼. 바이카운트라는 영국산 중거리 비행기 여섯 대를 가지고 몇 달 전에 시작한 세계에서 제일 작은 오스트리아 비행기회사입니다. 많이 이용해 주십시오."

그러고 보니 기내도 깨끗하고 여승무원도 애교가 좋다. 백상은 일부러 큰 소리로 외쳤다.

"거 《프라우다》하고 《이즈베스티야》 좀 가져와요!"

"읽을 줄도 모르면서 그러세요?"

여승무원은 핀잔조로 응수한다.

"냄새라도 맡으면 다소의 세뇌는 될 게 아닌가……?"

앞자리에 앉은 빨간 코트의 중년부인을 의식하면서 한 소리였다.

비행은 평온했다. 기분 탓인지 기내의 분위기도 밝아진 것 같다.

밖을 내다보았다. 저것이 철의 장막 안의 하늘인가?

하늘은 똑같건만, 바다 위를 날 때 보면 바다도 똑같건만 어찌하여 인간들은 국경을 설정하고 이데올로기로 대립하며 싸우고만 있는가?

남북 분단 비극의 연속 속에서 철의 장막과는 인연을 끊고 살아온 한국인들이 지금 처음으로 이곳에 발을 들여놓는다.

이것이 우리 나라 역사 진전에 보탬이 될 것인가, 마이너스가 될 것인가?

일행은 바르샤바에 무사히 내렸다.

회의를 하는 동안 그들은 열심히 사람들과 시가지를 살펴보았다. 모든 것을 비상한 눈초리로 들여다보았다.

'지동설의 코페르니쿠스, 화학자 마담 퀴리, 그리고 프레데리크 쇼팽을 낳은 바르샤바 거리는 오늘도 낭만 깃든 쌍두마차 말발굽소리와 함께 아침이 밝아오고 있다.'

6일 후 폴란드를 떠나면서 그는 이렇게 본사로 타전(打電)했다.

모르고 살아온 세계의 반쪽을 들여다본 기분이었다. 아주 뜻깊은 여행이라고 생각되었다.

5. 당신 배때기에는 철판 깔았소?

군이 쿠데타를 일으킨 5월 16일, 무엇을 어떻게 판단해야 할지 혼란스러운 하루를 보내던 장기영 사장은 전화벨 소리에 깜짝 놀랐다.

"저 손형호(孫炯鎬) 비서입니다. 군에서 오셨는데요. 바꿔 드리겠습니다."

"여보시오, 장 사장입니까?"

"그렇습니다."

"나 혁명군 박 대령이오. 우린 이렇게 밤낮없이 뛰어다니면서 나라 걱정을 하는데 장 사장은 집에서 편안히 잠만 자고 있습니까?"

아찔했다.

"빨리 신문사로 나오시오. 나와서 혁명에 동참하든지 않든지 의

사를 밝히시오."

신문사로 나오라구? 비서실에서 거는구나. 문을 차고 들어오면 내가 있는데…….

"우린 장 사장 과거를 잘 알고 있소. 서대문이 집이라는데 지금 당장 나오지 않으면 내가 당신 집으로 가겠소."

"지금이 한밤중인데……."

"당신 배때기에는 철판을 깔았소?"

"그런 게 아니라요."

목소리를 낮췄다.

바로 옆방이다. 차분하게 가자.

"나는 자유당 때부터 정부의 특혜를 받은 바가 없구요, 순전히 내 힘으로, 우리 사원의 노력으로 오늘날의 《한국일보》를 키워 왔습니다. 우리도 나라와 민족을 위해서 열심히 일하는 사람입니다. 죄 되는 게 있다면 날 잡아 가십시오. 지금 자다 깨어서 정신이 맑지 못합니다. 아침 9시 정각에 신문사에 나가 있겠습니다. 용서하십시오."

"아침 9시?"

"네."

"꼭 나오는 거죠?"

"나가겠습니다."

"나도 정확히 올 거예요!"

전화가 끊어졌다. 후유 숨을 내리쉬고 나니 간이 콩알만해졌다. 어수선하던 바깥이 조용해지고 지프차 떠나는 소리가 들려왔다.

손비서와 김중기 비서가 들어왔다.

"놀라셨죠, 사장님?"

"갔나?"

"갔습니다."

"몇 사람이나 왔어?"

"한 열 명 됩니다. 권총 차고 기관단총 가진 병사 데리고……들이닥치자마자 사장님 댁으로 전화 걸라고 위협해서 할 수 없이 걸었습니다."

"이 방에 있다는 걸 알았으면 어떻게 될 뻔했어?"

"죄송합니다."

"당장 국방부 출입하는 윤종현·박재욱 기자 부르고, 홍유선 국장, 김자환 부장, 그 밖의 간부들 다 나오라구 그래요. 비상시야. 목숨이 왔다갔다하는 거야."

손비서는 손일근 비서실장에게 먼저 보고하고 정신 없이 다이얼을 돌리기 시작했다.

불안하다. 어떻게 돌아가는 것인가?

총? 총은 나도 있다. 다이얼을 돌렸다.

"엽총 있잖아, 그거 날이 새자마자 신문사로 가져와."

까닭을 설명할 시간이 없다. '백주의 결투'가 아니라 '아침의 결투'가 벌어지는지도 모른다.

왜들 안 오나? 좌불안석으로 방 안을 왔다갔다하다가 장기영은 소파에 몸을 파묻고 눈을 감아 보았다.

가만 있자. 이렇게 흥분해서 될 일인가? 그야말로 목숨이 달린 일인데……

흥분은 금물이다. 상대는 죽기를 각오하고 나라를 뒤엎은 사람들이다. 차분히 살펴봐야 한다.

두어 시간 지났을까. 한 사람 두 사람 모여들기 시작했다.

"박 대령이라는 사람이 어떤 사람이야?"

제일 궁금하다.

인민군 유격대 출신 장교로 매우 강직하고 직선적이며 타협을 모르는 전형적인 군인이라는 게 중론이었다.

비상긴급대책회의는 계속되었으나 뾰족한 대응책은 나오지 않았다.

혁명은 하루 전에 일어났고, 그 성공 여부도 아직 모른다.

시간은 초조하게 갔다.

드디어 9시 정각에 박 대령은 나타났다.

장 사장은 담대심소(膽大心小)를 생각하고 있었다.

은근히 노고를 치하하며 혁명군의 참뜻이 무엇이냐고 물어 보았다.

썩은 사회를 말끔히 청소하는 것이라고 할 때 장 사장은 무릎을 탁 치며 외쳤다.

"바로 그겁니다! 우리 《한국일보》는 청년신문입니다. 때묻지 않았습니다. 세상 바로잡는 데 전력을 다하겠습니다."

박 대령은 그것을 협조하겠다는 소리로 받아들였다. 1시간 반 가량의 담판이었지만 싱거울 정도로 무사히 끝났다.

박 대령 일행이 물러가는 것을 보고 간부들은 후유 안도의 숨을 내리쉬었다.

역시 우리의 왕초는 강하다.

그러나 세상은 과연 어떻게 달라질 것인가?

6. 군사혁명

군사정권은 청신한 기풍을 진작하여 이 나라를 구하겠다고 선언했다.

장도영(張都英)·박정희(朴正熙) 장군 등의 이름이 연일 신문에 클로즈업되었다.

이것은 또 어떤 고개인가?

어떻게 될는지도 모르는 무질서보다는 나은 곳으로 국민들을 끌고 갈 수 있을까?

어쩐지 그 무질서는 좀 우스운 데가 있었던 것도 같다. 민도(民度)라는 것이 그래서 문제인가보다. 뒤죽박죽이라고 하는 사람들이 있었다.

그러나 군사정권이란, 어딘지 모르게 으스스한 데가 있다. 우선 국가재건최고회의라는 것도 색다르거니와 부정축재자라고 해서 가차없이 가두고, 구정치인들을 묶고, 이것 저것 하는 짓마다 퍼런 서슬을 느끼게 한다.

불편부당(不偏不黨)의 사시(社是)를 꼭 껴안고 있을 수밖에 없다. 꽃을 활짝 피우려던 언로(言路)가 다시 원점으로 돌아간 느낌이다.

미국에선 젊은 케네디 대통령이 취임하여 패기만만한 소리를 꽝꽝 지르고 있다. 그들은 군사정권을 지지했다.

누가 실력자인가가 아리송하더니 장도영 의장이 혁명주체세력 암살 음모로 몰리고 박정희 장군이 뒤를 잇고, 송요찬(宋堯讚)이 내각 수반이 되었다. 그들은 즉각 반공법을 공포했다. 얼떨떨하다. 박 의장 뒤에는 젊은 영관급들이 버티고 있단다.

김종필(金鍾泌)이란 이름 석 자는 겉으로 나타나지 않는만큼 사람들의 호기심을 끌었다. 중앙정보부라는 것이 생기고, 그는 그 부장이라고 했다.

날이 갈수록 호기심은 커졌다. 박(朴)이며 김(金)이며 도대체 이 나라를 어떻게 하겠다는 것인가?

군복 입고 선글라스 쓰고, 딱 버티고 서 있는 사진을 보면 무엇인가 결심이 보통이 아닌 것 같다.

그래! 어디 한 번 해 보시오! 이 맥 빠진 나라의 맥 빠진 사람들 정신 바짝 차리고 벌떡 일어나게 해 보시오!

장 사장은 윤종현 기자를 꼭 붙들고 있었다.

각 방면에서 '재건, 재건' 하고 새 바람이 불었다. 체육계에서는 한국체육수습 대책위원회라는 것을 만들어 위원장 자리에 장기영을 앉혔다. 이상백 등이 고문이다.

무서운 시대라 겁들이 나서 신문사를 하는 자기를 앉혔는가보다고 백상은 껄껄 웃었다.

10월에 유고슬라비아에서 세계축구 선수권대회가 있었다. 한국선수단 단장으로 갔다.

공산권 입국이라 여러 가지로 긴장되었다. 유고는 소련과는 별도의 노선을 걷는 나라라 그런지 첫인상이 그리 험하지 않았다.

특히 소피아는 아름답고 평화로운 도시였다. 거기에서 희한한 소리를 들었다. 그 옛날 칭기즈칸이 유럽을 침공했을 때 동양의 피가 거기 남게 되어 유고 사람들은 동양 사람처럼 어딘지 모르게 너그럽고 느슨한 데가 있다는 것이다. 매우 흥미로운 이야기이다.

10월 하순에 김종필 중앙정보부장이 돌연 일본으로 건너가서 모종의 막후 교섭을 하고 오더니 11월에는 박의장이 미국을 방문하여 케네디 대통령과 회담을 하고 왔다. 가는 길에는 일본의 이케다(池田) 수상과 만났다. 이승만 대통령 시대를 생각하면 매우 엉뚱하다.

재건국민운동본부라는 것이 생기더니 유진오 박사가 그 장(長)이 되었다. 백상은 달려가서 물어 보았다.

"대체 이 사람들이 뭘 하자는 겁니까?"

"뜻밖에 엉뚱한 생각들을 가지고 있는 것 같아. 민족성을 갈아치우자는 거야."

유박사는 차분히 대답했다.

"어떻게 갈아치웁니까?"

"가난을 추방하자는 거야. 조상이 알량해서 대대로 가난만 물려주고 물려 받아 왔는데, 그 가난의 보따리를 팽개쳐 버리자는 거야. 장 사장도 이 사람들 언동을 자상히 보고 힘이 돼 줄 것은 돼 줘야겠어. 나도 그런 의미에서 참여하는 거야."

들고 보니 희한하다. 무기를 가지고 나라를 점령했지만 뜻은 매우 높은 데 두고 있다는 이야기인가?

12월에 접어들더니 박정희 최고회의 의장이 '인권옹호상'이라는 것을 주었다. 이 사람들이 나를 미워하고 있는 것은 아닌가 보다.

하긴 전통적으로 우직하리만치 야적(野的)인 어떤 신문들에 비하면 우리《한국일보》는 현대적 지성지를 자부하는 터이다.

시(是)는 시고 비(非)는 비, 잘한 것은 칭찬해 주고 못한 것은 나무라는 데 용기를 잃지 않았다.

최인규·곽영주·임화수·조용수·최백근 등 자유당 시대의 포로들이 사형을 당하자 세상은 숙연해졌다. 백상은 오싹해 오는 냉기를 느꼈다. 무서운 결심이다. 이들이 옳은 방면으로 가면 비약의 계기로 삼을 수도 있지만, 그른 데로 갈 때는 엄청난 비극이 일어날 것이다.

장기영의 눈에는 안개 속에 무언가가 있는 것처럼 느껴졌다. 저 뿌연 안개가 걷혀져야만 정체를 볼 수 있을 터인데······.

화가 천경자(千鏡子)의 이야기를 들어보자.

나는 1960년 9월 어느 날 아침《한국일보》에 연재된 백상 장기영 사장이 쓰신 기행문《파란(波蘭)까지》의 첫 구절을 읽고 무척 감동을 받았었다. 그분만이 표현할 수 있었던 유니크한 글 속에서 정한(情恨)이 약동하는 슬기로움과 동심을 잃지 않은 정직함, 그리고 밑에 깔린 감상은 그지없이 신선했다.

무(無)에서 유(有)로······.

오늘날의 대신문《한국일보》를 창간한 사주 장기영 씨에게 내재

했던 정한·정직·감상의 3요소가 바로 그 글 속에 있었다. 그분은 9월 하늘을 나는 비행기 기창 밖에 깔린 허망한 흰구름떼를 바라보며 백병전을 연상했다.

아마도 일제 시대에 공부했던 사람들은 누구나 알 수 있는 일본 역사에 나오는 승병들이 떠올랐는지 모른다. 평안조(平安朝) 말기에 흥복사(興福寺) 등 여러 절에서 살았던 중들이 사령불법(寺領佛法)의 보호 때문에 하얀 옷차림에 병기를 들고 전투에 임했던 실재 역사를 배웠기 때문이다. 그것을 백병전이라 했는데, 이 백병전에 그분의 화려한 고독이었던 열정과 저항이 서려 있고, 동심은 누구나 그분을 미워할 수 없게 만든 천성으로 지닌 무기였다.

그리고 끝에 '대부분은 가엾은 보병들이다'에서 나는 한없이 따뜻한 감상을 느꼈는데, 그 속에 인간은 물론 뭇 생물에 대한 연민의 정이 스며 있었다.

1950년대에 현상소설에 당선된 김예승(金銳昇) 씨의 《일식(日蝕)》이 《한국일보》에 연재되자 삽화를 내가 그리게 되었었다. 그러나 날마다 군인들과 지프차 등만 등장시켜야 되는 작업이 나로 하여금 여간 힘들게 하였던 게 아니었다. 그런데 내가 이 삽화를 맡게 된 사연은 장기영 사장이 당시의 내 인생항로에 어떤 연민의 정을 느껴서랄까, 다달이 삽화료라도 보태 주기 위한 배려에 의해서였는데, 그 사실을 후에사 느끼게 되었다.

몇 년 뒤 손소희(孫素熙) 여사의 소설 《사랑의 계절》 삽화도 내가 그렸었는데, 역시 같은 사연에서였다. 그때까지 나는 경제적으로 피지 못하고 H대학에서 받는 월급으로 일가 권속을 거느려야 하는 생활이 계속되었다.

《사랑의 계절》을 연재하기로 결정된 어느 날 장 사장은 뒷짐을 지고 문화부 언저리를 왔다갔다하면서 부하들 눈치를 본다고 할까, 그분들의 체면을 세워 주기 위한 배려랄까, 한참 만에,

"그래도 대가 아닌가……."

하셨다는 후문을 들은 바 있었다. 나는 또 한 번 삽화를 그리게 됐다.

5·16혁명이 일어나 박정희 씨가 최고회의 의장이 된 무렵, 민주당 정권 시대 참의원 의원을 했다는 이유로 그 당시로는 이 세상에서 가장 사랑하던 사람이 잡혀가 형무소 신세를 지게 되었다. 그의 죄목은 라이벌 관계에 있는 한 사람이 모함하는 투서를 한 것이 빌미가 되었다.

그 당시의 내 처지는 나들이옷이란 단 한 벌의 여름 비단 치마 저고리뿐이었을 정도로 말이 아니었다. 그것을 걸치고 무턱대고 그를 돕기 위해 각 신문사 발행인들을 찾아다니며 억울하니까 도와달라는 진정서 서명을 받았다. 진정서 문안은 연극인 이원경(李源庚) 씨께서 써 주셨다. 또 시인 구상(具常) 씨, 윤봉춘(尹逢春) 씨가 박정희 의장과 우정이 짙다는 소문을 듣고 그 두 분의 서명도 받았다.

나는 그 꼴을 하고 장기영 사장을 방문했다. 사장실엔 1호 정도의, 내가 그린 개구리 세 마리 그림이 좋은 벽면에 걸려 있었고, 마침 사장실엔 장사장과 함께 안경 쓴 손일근 비서관이 앉아 있었다.

손비서관이 여느 때와 같이 펜을 들어 사장 대신 쓰려고 하자 대뜸 이렇게 말씀하셨다.

"아니, 붓글씨로 써욧!"

장기영 사장께서 그토록 세밀하게 신경을 써 주셔서 나는 참으로 깊은 감동을 받았다.

그분들의 온정으로 진정서는 청와대로 들어가 어쨌든간에 그로부터 3개월 만에 그 사람은 무죄로 풀려 나왔다.

세월이 약간 흘러갔다. 그 시절의 장기영 사장은 내 눈에 흘러간 영화 《카사블랑카》의 남자 주인공 험프리 보카드같이 보였었다.

그 뒤 나는 두 오누이를 데리고 한국일보사가 초청한 서독 서커스를 구경하러 갔었다. 때가 오뉴월의 계절이었던가. 오후 여섯시는 아직도 환했었다. 그런데 흡사 영화 《지상최대의 쇼》의 서커스단의 단장 찰톤 헤스튼을 방불케 하는 모습으로, 진두에 앞장서 여러 가지 준비를 지휘하는 장기영 사장을 보고 감탄과 놀라움을 금할 수가 없었다.

그때 나는 별하늘 아래에서 스릴 넘치는 공중 트래버스를 쳐다볼 때 조촐한 행복감에 싸여 있었다. 젊은 곡예사들이 프로마이드를 팔러 왔을 때 옆에서 애아버지된 사람이 느닷없이, '당케!' 하길래 웃었던 게 추억 속에 선하다.

죽기를 각오하면 살길 또한 있으리

어쨌든 싸움에는 승리와 패배가 있을 뿐이라니, 이 얼마나 준엄한
일면의 진리인 것일까. 하지 않고선 안 될 싸움이라면
매섭게 승리를 쫓는 자가 이기고, 쫓는 법이 허술한 편이 패배해 간다

1. 필화(筆禍) 사회노동당

모두들 뭐 달라진 것 없느냐고 신문을 기다리는 시대였다. 혁명
정부가 민정이양(民政移讓) 스케줄을 밝히고, 언제까지나 계엄하에
서 백성을 다스리려는 것이 아니라고 하는데도, 사람들은 군인들의
의중을 헤아릴 수 없었다. 억측은 억측을 낳았다.

홍승면 편집국장은 윤보선 대통령의 조카사위이다. 세상이 이렇
게 되자 그는 몹시 못마땅해하는 것 같고, 그 예리한 논리로 어떤
순간 어떠한 반골정신(反骨精神)을 노출시킬는지 모를 일이다.

매우 조심스럽게 군인들을 상대했다.

어느 날 그 홍승면이 사의(辭意)를 표명해 왔다.

누구를 시킬까? 감은 몇 사람 있었지만, 모두 조심스럽다. 까딱
하다간 큰일난다. 언론인 숙청설까지 나도는 판국에 말이다. 그리
하여 마침내 장기영 이름 석 자를 박아 보자는 결심을 하게 되었
다. 하나의 객기이긴 하지만, 내 이력서에 편집국장 시대가 있었다
고 하면 후일담이 애교 있지 않겠는가?

그보다도 항상 장기영은 '내가 편집국장이라면 그렇게는 안 한다'
는 의견이 있었다.

한 번 해 보자고 장기영은 편집국 중앙에 앉아 보았으나, 그렇게

맨날 붙어 있을 수는 없는 일.

1962년 11월이 다 가고 있었다.

정확히 말해서 27일 저녁 무렵, 며칠 전에 《조선일보》에서 옮겨 온 한남희 기자가 빅 뉴스가 있다고 우쭐댔다.

이윽고 그가 쓴 기사를 검토한 김부장은 국장을 겸한 장기영 사장에게 다시 한 번 데스크를 보게 했다.

장기영은 '어?' 하고 놀랐다.

"정말이야?"

"정말인 것 같습니다."

"같다는 건 뭐야?"

"소스가 든든한 뎁니다."

그는 살짝 귀에다 대고 무어라 속삭였다. 장기영의 눈은 커다랗게 굴렀다.

"불러 와요, 그 사람!"

장기영은 또다시 자세히 읽어 보았다. 이것이 사실이라면 세상 판도는 달라진다. 그러면 그렇지. 장난삼아 혁명을 일으켰겠는가?

한남희 기자는 자신만만했다.

"제가 이리로 와서 처음 써낸 기사입니다. 지금이 어느 땐데 함부로 쓰겠습니까?"

돌다리도 두드리고 건너가자. 편집회의를 소집했다. 논설위원 쪽에서 반대이다.

"사회노동당이라뇨? 혁명 주체가 정당을 조직하고 있다는 것은 널리 알려진 사실이지만 노동당은 심했습니다. 그렇잖아도 미국이 잔뜩 색안경으로 보고 있는 차제에 만약에 아니라면 어떻게 되겠습니까? 정부 입장은 어떻게 되고, 세계 여론은 어떻게 돌아가겠어요? 신중에 신중을 기해야 될 일입니다."

딴 의견은 정반대였다.

"아니땐 굴뚝에서 연기납니까? 혁명 후의 여러 가지 전개 과정으로 보아 이 사람들이 단순한 보수민주주의 지상으로 흐르고 있다는 증거도 없습니다. 놀랍기는 하지만 있을 수 있는 일 아닙니까. 단 '소스'가 어디입니까?"

소스. 주체세력의 핵심인물. 물실호기(勿失好機)! 호기를 놓치면 안전할는지는 몰라도 보통 신문에 그치고 만다. 《한국일보》가, 지성지가 기미를 알고 가만 있을 수 있나. 호랑이굴에 들어가 보자. 새끼를 잡아 가지고 나와 세상에 보여주자. '자, 여러분! 이게 호랑이 새끼입니다' 하고.

그 날의 1면 편집은 윤임술이 맡고 있었다.

"내세요, 1면 톱으로! 그것도 충격적으로!"

편집하는 사람이란 테스크를 100퍼센트 믿는 법. 윤임술은 대담하게 취급했다.

11월 28일자 《한국일보》 서울시내판 조간은 태풍의 눈처럼 장안의 독자들을 깜짝 놀라게 했다.

'新黨 《社會勞動黨》(假稱)으로'란 컷을 달고 '政綱政策 草案도 完了─ 英國勞動黨 것을 대체로 본떠' '근로대중 支持獲得과 統一에의 遠大한 목표를 前提한 듯' '郭尙勳씨 등 舊政治人 少數를 포섭' '道黨責任者로 最高委員과 몇 長官도 內定' 등 자극 만점의 타이틀들이다.

장기영은 사장실에서 잠깐 눈을 붙였다. 무엇인가가 일어난다. 우레 같은 박수소리가 들려오는가? 아주 멀지만 그것은 들려오는 것 같다. 아니면 정반대로 추상 같은 무엇인가가…… 아니다. 아닐 거야.

장기영은 비몽사몽 간을 헤매고 있었다.

이 날짜의 《한국일보》를 받은 독자들은 눈을 비비며 기사에 몰입했다.

민정에 집단적으로 참여하기 위하여 혁명주체세력과 그 동조자들이 모체가 될 이른바 신당의 당명은, 가칭 '사회노동당'으로 내정하고 발기주비(發起籌備)를 서두르고 있다. 27일 알려진 바 그 동안 정강정책과 당명 등 발당(發黨)에 필요한 일련의 문안 초안을 완료한 혁명주체세력은, 정강·정책은 대체로 영국노동당의 것을 채택하고 당명은 가칭 '사회노동당'으로 내정하였다고 하는데, 한때 '재건당(再建黨)' 또는 '신정당(新政黨)' 등의 당명이 입에 오르내렸으나, 정강과 정책은 후진성을 탈피한 진보적인 것으로 해야 하므로 당명도 그것을 집약해서 표현할 수 있는 '사회노동당'으로 내정했으며, 당명에 뚜렷하게 국가 목표를 집약적으로 표현하기 위해 상당히 부심한 것으로 알려졌다.

정강·정책에 있어 영국노동당의 것을 대체로 추려 온 것은, 경제개발 5개년계획을 수행하기 위한 근로대중의 적극적인 참가와 지지를 받을 것과, 남북통일이란 원대한 목표를 전제로 내정한 듯하며, 민정에 있어 40대의 젊은 정권을 세워, 반봉건적인 후진적 요소와 고루한 보수적인 관습을 불식 탈피하고, 진취적인 민주 세력임을 천명하는 데 그 목적이 있다고 한다.

정강·정책 및 당명을 그와 같이 작정함으로써 그들은 한국에 있어 가장 진보적 정당의 최선단(最先端)에 서게 될 것으로 보여진다.

이 기사에 곁들여 '영국노동당이란?'이라는 해설이 눈길을 끌었다.

장기영의 단잠을 깨우는 목소리는 홍유선의 것이었다.

"벌집을 쑤셔 놓은 것 같습니다. 최고회의, 내각 할 것 없이 발끈 화를 내고 있습니다."

"왜?"

"무책임한 허위보도라고, 조만간 강경한 조처를 하겠다고 합니다."

그는 김자환 정치부장과 한남희 기자를 황급히 불렀다.

"어떻게 된 거야, 이게?"

김자환은 한남희를 쏘아보았다.

"고위층이 말했다구 그러잖았어?"

"저…… 사실은 대한잠사회(大韓蠶絲會)에 있는 유정기라는 사람하구……."

장기영은 벌떡 일어났다. 우레 같은 박수와는 정반대의 것이구나.

정부 대변인 이원우 공보장관은 '《한국일보》는 허무맹랑한 허위보도를 함으로써 국민의 의혹과 대외 체면을 손상케 했으므로, 국민 앞에 사과하는 뜻에서 자진정간(自進停刊)할 것을 권고한다'고 나왔다.

최고회의는 《한국일보》는 국가안전상 극히 해로운 결과를 가져왔다고 강경한 태도를 취했다. 그 뜻은 장기영 사장과 홍유선·김자환·한남희를 구속함으로써 분명히 나타났다.

전격적인 일이었다. 이 세상에 태어나서 처음으로 구속이라는 것을 당해 본 장기영은 눈물이 나고 가슴이 철렁 내려앉았다.

서린동 삼희정 건너편의 어느 집이었다. 기관의 분실이다.

무슨 저의에서 그런 어마어마한 기사를 함부로 냈느냐고 추궁당했을 때 장기영은 비겁하게 굴고 싶지 않았다. 기자를 믿고 전적으로 자기 재량에 의하여 내보낸 것이라고 내뱉었다.

이원우 공보장관이 왔다. 그는 추궁보다도 사태 수습에 역점을 둔 이야기를 했다. 특히 박정희 최고회의 의장이 어떤 제재를 가한다기보다도 성의 있는 개심(改心)을 자율적으로 표시하기를 원한다는 것으로 전해졌을 때 장기영은 기운이 났다.

그러나 정부의 권고는 정간이었다. 장기영은 생각하다가 5일간 정간하겠다고 선언했다.

이 무렵 혁명주체세력의 장기영을 지켜보는 눈은 매우 특수했다.

그들은 처음에는 언론계 숙청 제1호 대상이 장기영이라고 지목하고 있었으나, 일부에서는 그의 언동이 거물답다고 높게 평가하고 있었다.

취조를 받고 있는 장기영에게 약간의 자유를 준 것은 김용태였다.

장기영은 이원우 공보부장관에게로 달려갔다. 이야기 도중 이원우 장관은 한 통의 전화를 받고 나더니 장기영에게 모처에 가서 기다리고 있으라고 했다.

장관실 앞에는 기자들이 몰려 와 있었다. 장기영은 뒷문으로 나가서 지정 받은 장소로 갔다.

이윽고 이원우 장관의 차가 왔다. 차는 신당동 쪽으로 갔다. 그곳에는 뜻밖에도 김종필 중앙정보부장이 기다리고 있었다.

장기영은 구세주처럼 그의 손을 잡았다. 김종필 부장은 미소를 머금고 몇 마디했다. 커다란 몸집이 몇 번이나 굽혀졌다.

"사나이십니다!"

장기영은 감격하여 김종필의 손을 다시 잡았다.

그것은 매우 짧은 시간의 일이었지만 그 의미는 굉장히 깊고 컸다.

공보부로 돌아온 이원우 장관은 긴장된 눈초리로 사태의 추이를 지켜보고 있었다.

《한국일보》 장기영 사상으로부터 전화가 왔다고 비서가 알려 주었을 때, 그는 놀라며 물었다.

"거기 어디쇼?"

"한국일보입니다."

"장 사장이 지금 신문사에 있단 말이오?"

"예, 여기 신문사입니다. 사태수습을 위해서 지금 간부들하고 상의를 하고 있습니다."

맙소사. JP는 그렇게 하라고 그에게 일러 준 것은 아닐 것이다. 그것은 잠시 난을 피해 보라는 함축성 있는 시사였을 터인데 백주에 신문사로 들어가 앉아 있다니.

그러나, 얼마나 신문사를 사랑하기에 그랬겠는가? 각도를 달리하여 생각해 보니 참으로 대담한 행동이었다. 이원우 장관은 그 순간 장기영이란 인간의 전모를 알 수 있을 것 같았다. 참으로 커다란 사나이이다.

수사는 진행되었다.

장기영은 자진해서 5일간 휴간(休刊)하겠다고 했다. 이원우 장관은 3일간만 하라고 했다. 그것도 일요일을 포함해서.

장기영은 이렇게 썼다.

공산주의에 승리할 수 있는 실력 배양은 전국민의 생명을 건 우리들의 뚜렷한 국가 목표입니다. 이 목표의 달성을 위해서 민족적 혁명과업을 수행하는 이 마당에 있어서 '사회노동당'이란 당명은 상상조차 할 수 없는 것입니다. 그럼에도 불구하고 지난 28일자 본지 제1면에 게재된 '사회노동당 발기주비 운운' 기사는 취재기자의 무지와 본인의 불명에 의한 과오였다고 사과하기에도 부끄러운 중대 오보(重大誤報)였던 것입니다.

눈시울이 뜨거워졌다. 아, 어쩌다 내가 이런 글까지 쓰게 되었나. 정상이 바로 눈앞에 보이는 것 같았는데, 의기가 하늘을 찌르고 있었는데, 이것은 또 무엇이라는 이름의 운명인가?

각고면려(刻苦勉勵), 분골쇄신(粉骨碎身), 낮도 밤도 헤아리지 않고 남의 백 배를 움직이면서 쌓아올린 공든 탑이 여기에서 무너지고 마는가?

그러나 여기는 군수사기관, 냉엄한 소령의 눈이 나의 붓끝을 보고 있다.

장기영은 다시 붓을 달렸다.

이미 본기사에 대해서는 24시간 이내에 신문윤리강령에 입각하여 전문 취소로써 전연 사실무근한 보도였음을 밝힌 바 있습니다. 그러나 이 무책임하였던 취재 보도가 국내외에 미친 충격이 너무도 컸음을 볼 때, 본인은 취소나 사과만으로는 비록 일시적이라고 할지라도 국가재건에 미친 손해를 회복할 수 없다는 것을 자성하고, 신문인의 양심과 발행인의 책임감으로써 폐사 본(本)・지사(支社)・지국(支局) 3,500 전종업원과 더불어 근신하고 반성하는 시간을 갖고자, 내 2일자부터 3일간 신문발행을 스스로 정지하기로 하였습니다.

그 동안 본사원 일동은 신문인이 지켜야 할 국가적 이익과 신문인의 사회적 위치에 대한 철저한 자각을 새롭게 하고, 신문윤리의 생명인 정확한 보도와 공정한 비판을 명기(銘記)함으로써 다시는 그같은 경솔한 보도를 되풀이 않기를 다짐하는 바이오니, 국민 제위께서는 본사의 미충과 근신의 성의를 혜량하시옵기 간망하는 바입니다.

1962년 12월 1일 새벽 2시였다.

이것은 즉시 최고회의 이후락(李厚洛) 공보실장에게 통보되고, 즉각 박정희 의장에게 보고되었다.

신문계의 거물 장기영이 꺾여 들어왔다. 군더더기 없는 깨끗한 항복이다.

사나이다운 배포이다.

혁명세력의 한 사람인 김용태가 장기영을 찾아왔다. 그는 불편을 덜어 주라고 하면서 자유 시간을 주었다. 고마운 일이었다.

오보로 인해 톡톡히 대가를 치른 필화사건이었다.

오보에 대한 장기영의 평소 생각은 이러했다.

박실(朴實)의 기록이다.

한국 언론의 근대화에 찬연한 업적을 쌓은 그분의 자취 속에 나는 이 대목을 누누이 강조하곤 한다.

그것은 곧 '오보도 특종'이라는 그분 특유의 말씀이었다. '낙종은 특종의 신호'라는 경구도 마찬가지이다.

장 사주는 신속 정확한 뉴스 보도를 역설하면서, 이런 보도를 하기 위해 노력하는 과정에서 피치 못할 오보가 생긴다 해도 이를 부끄럽게 여기고 숨기는 데 급급하지 말고 즉각 정정속보하는 용기를 가져 보라는 뜻이었다.

한때 중학교 합격자 속보 경쟁이 극성을 부릴 때 《한국일보》가 호외로 보도한 합격생 명단에 한 학생의 이름이 누락된 적이 있었다. 장 사주는 전라도 어느 시골에 사는 그 학생 집으로 전보를 쳐서 잘못되어 신문에 누락되었음을 사과하고 합격을 축하하는 신속한 조치를 취하게 한 적이 있었다.

물론 그것은 순간적인 오보로 인해 합격된 학생이 불합격된 것으로 알고 동심에 상처를 입은 나머지 무슨 사고라도 일으키지 않을까 하는 염려에서 취한 장 사주의 배려였던 것이다. 그때야말로 불합격 비관 자살이나 가출 현상이 곧잘 일어난 때문이었다.

나는 강단에 섰을 기회나 글을 쓸 기회가 있을 때마다 장 사주의 이 가르침을 즐겨 애용하고 있다. 그러던 《한국일보》가 오보 사건으로 자진 정간을 당하고 잠시나마 장 사주 자신이 영어의 몸이 된

적이 있으니, 기자의 직업을 '삭발 입산 수도의 고행' 길이라고 갈파한 적이 있는 고인의 심경을 헤아릴 수 있을 것 같다.

2. 옥중에서 경영구상

장기영은 연중무휴 정신이 허물어진 것이 부끄럽고 분했다.

손일근 비서실장이 사식(私食)을 가지고 왔다. 장기영은 그를 슬쩍 잡아당기며, 이렇게 단단히 일러 보냈다.

"본지가 없는 사흘 동안은 《서울경제신문》을 넣어 주라구 그래!"

그렇게라도 해야 허전한 마음을 조금이라도 달랠 수 있을 것 같았다.

그러나 장기영이 없는 신문사는 주인을 잃고 마냥 헤매는 꼴이었다. 간부들은 간부들대로 기자들은 기자들대로 중심을 잃고 사태의 추이만 지켜보았다. 더구나 최고회의 공보실장인 이후락이 출입기자들에게 엄포를 놓았다.

"장기영의 형이 최소 징역 8년은 될 것이니, 아예 딴 신문으로 옮기는 것이 좋겠다."

이랬으니, 어지러운 신문사 내의 분위기는 더욱 침울했다. 이런 판국에 장 사장의 간절한 옥중 지시가 먹혀들 리 없었다. 손일근의 전달을 듣고도 간부들은 간단히 무시해 버렸다.

"이왕 쉴 바에야 깨끗이 쉬는 것이 낫다."

이 말을 들은 장기영은 얼굴이 시뻘게지면서 끓어오르는 분을 참지 못하고 울부짖었다.

"왜 내 말을 안 들어!"

장기영은 손일근의 멱살을 잡고 부르르 떨었다.

"너희들이 날 무시해, 임마?"

기백이 꺾이지 않았다는 역력한 증거이다.

동석했던 수사관 강모 소령도 그를 말렸다.

이럴 수가 없는 일이다. 비록 오보가 나가게 된 것은 자기의 책임이 크다고 하더라도, 신문사를 살리고 봐야 할 것이 아닌가?

장기영은 두 눈을 감았다. 그리고 생각했다. 내가 없는 신문사의 과도 경영체제가 시급하다. 지금과 같이 지휘부가 없어서는 안 된다. 장기영은 믿을 만한 사람들을 하나하나 떠올려 보았다.

설상가상 신문사 재정이 어려울 때였다.

김동천(金東天)은 당시 봉급날이 닥쳤을 때를 다음과 같이 회고한다.

그런데 마침 그 동안에 봉급날이 닥쳐왔다. 당시는 한 달에 두 번씩 봉급이 나왔다. 장 사장은 봉급액수가 너무 적어서 한 달씩 기다리게 해서는 미안하다고 두 번에 나누어 주었었다.

잘 알려진 대로 장 사장은 봉급날짜를 절대로 어기지 않는다는 것이 신조였다. 이걸 어기게 됐으니 장 사장으로서는 큰 오점이 생기는 일이었을 것이다. 그래서 수감된 감방에 비서를 불러다가 어디 가서 돈을 돌려 월급을 꼭 제 날짜에 주라고 명령했던 모양이다.

나는 그때 《서울경제신문》에 있을 때였다.

하루는 출근해 보니 편집국장——이원효씨였던 것으로 기억되지만——이 부르더니, 오늘은 출입처에 나가지 말고 어디 가서 돈을 좀 꿔 오라는 것이었다.

지금 생각하니 호랑이 담배 피울 때 일이다. 취재기자보고 돈 꿔 오라니. 나도 처음엔 난감했다. 아마 비서실에서는 경제신문은 어떻게 되리라고 생각해서 부탁한 모양이다. 그때 편집국장 옆에 걱정스러운 얼굴로 쭈그리고 앉았던 사람이 아마 비서실의 손일근 씨였던 것 같다. 그는 장 사장의 연수표(延手票)를 내게 보였다. 그 액수가 얼마였는지는 정확히 기억나지 않지만, 아무리 적은 봉급이라도 전사원의 반 달치면 적지 않은 돈이었을 것이다.

나는 경제지 기자로서 업자들을 많이 알긴 했지만 그건 어디까지나 기사 취재의 대상으로서였는지 돈거래의 대상은 아니었기 때문에 상당히 망설여졌다.

그러나 봉급날은 바로 그 다음날이었고 장 사장이 평소 봉급날짜를 어기지 않는다는 것을 하도 강조해 왔기 때문에 우선 부딪쳐 보기로 했다.

손 비서와 둘이서 지프차——당시는 차 하면 모두 지프차였고 앞에다 사기(社旗)를 날리고 달리는 기분은 괜찮았다——에 타고 장도에 올랐다. 전사원의 봉급과 장 사장의 명예를 양어깨에 짊어지고.

처음에 찾아간 사람은 반도호텔에 사무실을 갖고 있던 H상사의 C사장. 평소에도 무슨 일이나 부탁하면 거절하는 일이 없었던 것이다. 그러나 그게 아니었다. 이 핑계 저 핑계 하더니 안 되겠다는 것이 아닌가.

풀이 죽어서 반도호텔을 나와 다음에 간 곳이 J산업의 S사장실이다. 그러나 여기서도 또 실패했다. 그 다음에 또 어디를 갔었는지 지금 다 기억이 나지 않지만 우리는 아침에 신문사를 나와 온종일 돌아다니다가 5시 은행 시간이 다 되어 버렸다. 큰일났다. 설마했더니 일이 이렇게 될 줄이야. 사업하는 사람들에게 있어서 돈이 어떤 것인지를 너무도 몰랐던 것이다. 나는 그런 사람들일수록 같은 사업하는 사람의 처지를 더 잘 이해해줄 것으로 알았던 것이다.

장 사장이 봉급날짜를 어기지 않기 위해서 얼마나 어려운 고비들을 넘기고 있었던가를 어렴풋이나마 깨달을 것 같았다.

해는 저물어 가고 손 비서와 나는 이마를 맞대고 한숨만 푹푹 쉬었다. 그때 문득 생각난 곳이 있었다. 지금은 미도파에 흡수됐지만 미도파 옆에 '미우만'이라는 조그만 백화점이 있었다. 별로 돈이 있을 것 같지는 않지만 물에 빠진 사람 지푸라기라도 잡는 격으로 둘이는 미우만으로 갔다. 마침 사장이 있었다.

미우만의 정진욱(鄭鎭郁) 사장은 나중에 권투협회 부회장을 오랫동안 지낸 사람으로 아마 본인이 권투선수였던 것 같다. 스포츠맨답게 성품이 서글서글하고 협기가 있었다. 나는 반 포기상태였으나 그저 호소나 해 볼 양으로 찾았던 것이다. 더구나 은행 시간도 다 지난 터였다.

그런데 뜻밖에도 정 사장은 선뜻 응해 주었다. 더욱이 거래은행에 부탁해서 현금인출을 할 수 있게 배려까지 해 주었다. 그때는 이미 해가 다 저물어 밖이 어둑어둑했었다.

우리는 밖에 나와 하늘을 쳐다보며 가슴속엔 만감이 교차했다. 그리고 다음 날 받은 봉급은 그렇게 자랑스럽고 고맙고 대견할 수가 없었다.

한편, 최고회의는 장기영 사장과 세 기자에 대한 수사를 세간에 파다한 악성 루머를 불식할 수 있는 기회로 삼고, 기다렸다는 듯이 엄포와 강경 일변도로 나왔다.

그들은 반공을 제일 모토로 주장해 왔었고, 오보가 나오기 4일 전에는 박정희 의장이 사회주의 정당을 환영하지 않을 것이라는 소신 표명까지 했던 터이므로, 건드려도 크게 잘못 건드렸던 것이다.

신문은 자진정간 3일을 권고하고 그후 속간시키되, 장기영을 포함한 네 사람의 처벌은 아주 엄하게 다스리겠다는 것이다. 그들은 구속 이유를 군사혁명위원회 포고령 제1호, 국가재건최고회의령 제15호, 특정범죄 처벌에 관한 임시특례법 제3조의 3을 위반한 혐의라고 발표했다.

수사를 받고 있는 장기영은 몹시 초조했다. 모든 것이 여기서 끝나는가? 그럴 수는 없다. 무슨 수를 써서라도 이 고비는 넘겨야 한다.

사장 자리를 내놓는 것이 바람직하다는 권고를 들었을 때 하늘이 무너지는 것 같았다.

그는 처음에 거절했었다. 그러나 재삼의 권유는 질풍노도라고 느꼈다. 버티다간 부러질지도 모른다. 강풍을 피하자면 휘어지기도 하는 법.

그는 깊이 생각했다. 이 난국을 감당해 나갈 만한 사람이 누구인가? 친구가 2만 명은 될 것이라고 장담해 왔는데 《한국일보》를 맡을 사람이라고 좁혀 보니 짚이는 사람이 없다.

남궁연! 그 같으면 해낼 것이다. 그 같으면 나에게 불이익되는 일을 하지 않을 것이다. 그 같으면 위신 깎이는 일을 하지 않을 것이다. 언젠가 내가 자유의 몸이 되었을 때 그 같으면 나에게 다시 자리를 돌려주는 데 주저하지 않을 것이다.

은밀하게 연락이 닿았다. 장기영은 애원을 하다시피 했다. 처음엔 사양하던 그도 끝내 '그러면 할 수 없지' 하고 나와 주었다.

김종필 중앙정보부장의 고문이라는 양순직, 이원우 공보부장관, 남궁연 그리고 신문발행인협회의 이준구 회장이 동석한 분실장실에서 장기영 사장은 발행인 변경신청서를 다 쓰고 도장을 가져오라고 손일근에게 전화를 걸었다.

이윽고 나타난 손에게 물었다.

"도장 가져왔나?"

"못 가져왔습니다."

"왜?"

"경리계장 서동원이 도장을 금고에 넣어 두고 나가 아직 돌아오지 않아서……."

장기영은 재치있게 옆에 붙어 있던 손일근에게 귓속말로 속삭였다.

"다시 갔다 오겠습니다."

'내놔! 괜찮아, 내놔!'

사실은 손일근의 호주머니 속에 도장이 들어 있었다.

그러나 손일근은 동정을 살피느라 핑계를 댔던 것이다. 손은 할 수 없이 광교 다리로 종각을 한 바퀴 돌고 돌아와서 도장을 내주었다.

미농지에다 쓴 발행인 변경신청서는 3통이었다. 장기영은 물끄러미 그것을 내려다보다가 쾅쾅 도장을 찍었다. 남궁연도 찍었다.

"자, 다 됐습니다. 남궁 사장, 수고 좀 해 주십시오."

깨끗이 손을 털고 물러앉는 장기영을 보고 양순직이 손을 내밀었다. 이어서 이원우 공보장관도 손을 내밀었다. 그의 눈은 말하고 있었다.

'장 사장, 당신은 확실히 큰 그릇이오. 모두 그걸 알게 되었소.'

이준구 회장도 말 없는 악수를 교환했다.

"옥중에서 이순신 장군의 일대기를 읽어 보았습니다. 사즉필생(死則必生) 생즉필사(生則必死)라고 하셨더군요. 위대한 철학을 배웠습니다. 독자들에게 고별인사를 쓰고 싶은데 남궁 사장, 실어 주시겠습니까?"

장기영의 얼굴을 조용히 보던 남궁 사장은 고개를 끄덕이었다.

그는 단정히 앉아서 쓰기 시작했다. 달필이다. 이따금 그는 콧날을 쓰다듬었다.

저 사나이 장기영. 과연 그는 어떠한 심정으로 고별인삿말을 쓰는 것일까?

12월 6일자의 《한국일보》는 그의 퇴임사(退任辭)를 실었다.

애독자 여러분, 참으로 죄송합니다.

금반 뜻하지 않았던 중대한 오보로 말미암아 정부 당국을 비롯하여 사회 일반은 물론, 선배, 친지 여러분에게까지 염려를 끼치게 되어 부끄럽기 짝이 없습니다. 언론인으로서 본인의 양심은 2회의 지상(紙上) 사과나 취소기사만으로 그 가책이 그치지 않아 차제에 전책임을 지고 《한국일보》 사장 자리에서 스스로 물러가기로 하였습니다.

뒷일은 평소에 본인의 사업이 잘 되기를 누구보다도 바라 왔고 《한국일보》의 정신적인 후원자였던 남궁연 씨에게 운영 일체의 권한을 이양하였습니다.

사(社)의 편성을 달리했다. 부사장 성인기(成仁基)에게 주필을 겸임케 하고 《코리아 타임스》의 부사장 겸 편집국장인 장기봉(張基鳳)이 본지 편집국장도 겸하게 하고, 논설간사에 주효민을 배치하게 하니 일응 임시체제가 성립된 것도 같다.

운명의 다음 장은 무엇인가. 굴복하라는 것인가. 이 이상의 굴복이 어디 있는가. 내 생애에서 가장 잔혹스러운 장을 겪었는데, 더 또 무엇을 견디라는 것인가?

끝나고 나니 도리어 잠이 쏟아졌다. 평소에는 누려 보지 못한 충분한 잠이었다.

내일은 내일의 바람이 분다고 누가 말했다. 나답지 않게 완전무결한 체념에도 살아 보자.

수사 당국도 태도가 누그러졌다. 장기영은 무성한 수염을 쓰다듬으며 지그시 눈을 감았다.

세상이 어떤 반응을 보여 줄까?

3. 벽과의 대화

나는 왜 성미가 그렇게 되어 있을까? 혼자 있는 것이 감옥이다. 여기는 그러니까 감옥 속의 감옥인 셈이다.

한국일보 사장 직함을 날려 버린 보통 사람 장기영이 여기 앉아 있다. 나이는 46세.

그는 책상다리를 하고 앉아 팔장을 끼고 몸을 좌우로 흔들면서 생각을 계속했다.

나는 귀가 얇은가? 그렇지 않다. 그럴 리가 없다. 돌다리도 두드려 보고 건너가는 성미라고 정평이 나 있을 정도이다.

그러나 이번 일은 우습지 않나? 내 속의 어느 부분에서 그렇게 가 주기를 원했었나? 분명히 그 고위층에게 어떤 호감 같은 것을 가지고 있었나?

'신문은 누구도 이용할 수 없다'고 주장해 왔는데, 내가 이용하려고 들었나?

이따금 논설위원들이고 기자들이고, 제법 나를 비난하는 조로 이야기하는 사람들이 있었다.

"사장, 신문을 이용해서는 안 됩니다. 신문은 개인의 것이 아닙니다."

생각해 보면 그 사람들 참 용감한 사람들이란 말이야. 때로는 내자신도 내가 신문을 이용하고 있지 않나 의심이 갈 때가 있었거든.

그런데, 신문대학이라고 할 정도로 많은 인재를 길러냈는데 이것들이 제법 날아오르는 것을 배운 뒤엔 훌쩍 날아가 버렸거든. 내곁을 떠나 버렸거든.

그건 왜 그랬을까?

내가 사람을 좋아하면서도 믿어 주지를 않아서인가? 또는 돈 꾸어 달랄 때 잘 안 준다고? 내딴엔 나처럼 너그러운 사람, 아니 멋있게 구는 사람 그렇게 많지 않다고 생각했는데…….

잔인하리만큼 폭군이라고 그러는 모양인데, 똑똑하게 굴어도 그랬나? 병신처럼, 굼벵이처럼 꾸물댄 건 누군데? 그러나……그는 쓴웃음을 음미했다. 내가 너무 사람들을 혹사시킨 모양이야. 모두 설설 기는 걸 보지 않으면 내가 절을 해야 할 판이거든. 난 사람, 멋있는 사람, 훌륭한 사람을 얼마나 내가 소중히 하는지 나도 이상할 정도가 아닌가?

아마 내가 초인을 자처하는 것이 슬그머니 못마땅해서 하는 소리들이겠지.

나는 절대 그렇게 거만하지도 않고, 반대로 비굴해지는 것도 싫거든.

내 나이에 나만치 화려한 이력을 가진 사람도 그렇게 많지는 않을 거다. 그런데 이 고독, 이 외로움은 무엇인가?

5남 1녀가 있지. 나만 보고 사는 아이들. 그런데 제대로 돌봐 주지를 못했어. 시간이 있어야지.

아내, 미안했다. 무조건 미안했다. 나는 당신한테 아이들을 맡겨 놓고 그쪽 걱정은 완전히 잊어버리고 있는 거야.

신문사에 침대를 놓고 집에 들어가는 일이 드물었던 요 몇 해. 미안하다구. 그저 미안할 뿐이라구.

양심의 문제.

되게 술이 취했을 때는 모르는 것, 모든 것이 적당히 넘어가고, 그렇게 넘어가도 별 지장이 없으니까. 일에 열중할 때도 모르는 것. 꼭 혼자 있을 때 양심은 묻고 덤비지.

그래도 괜찮은가? 가책 받는 거 없는가?

어느 때는 간단히 사과하지. '미안하게 됐습니다' 하고. 그것은 '나만 생각한 이야기가 됐습니다' 하고.

문제는 그런 사과는커녕 내가 잘 했는데 무슨 소리냐고 우길 때 생긴다.

보통 사람 장기영은 오래간만에 자성이라는 것을 즐기고 있었다. 그는 여전히 흔들흔들 몸을 좌우로 움직이고 있었다. 마치 벽시계의 추처럼.

일정하다. 밸런스가 취해진 동작이다. 나와 똑같다. 나도 정확한 사람이다.

두고 보라. 되로 주었지만 말로 받아내고야 말리라.

눈을 떴다.

벽과 대화를 하고 있었구나.

스카치 한 잔이 생각난다. 한 잔 들이키고 싶구나.

다음은 장기영에 대한 김성집(金晟集)의 이야기

내가 장선생을 가까이 처음 만나서 탁월한 결단력과 멀리 그리고 깊게 내다보는 통찰력과 타의 추종을 불허할 만큼 강한 추진력의 소유자라는 강한 인상을 받은 것은 1960년 여름이었다. 그해는 3·15 부정선거로 4·19혁명이 일어난 해로 우리 체육계도 대혼란을 겪을 시기였다.

당시 대한체육회 회장이며 대한올림픽위원회 위원장이었던 이기붕 국회의장(3·15부정선거로 부통령 당선)이 가족과 함께 자살하여 체육계 총수를 잃게 되고, 국내 정치·사회 정세가 대혼란에 접어들어 체육회 집행부가 마비될 수밖에 없었다. 집행부 총사퇴, 임시 평의원총회(대의원총회) 개최, 수습위원회 구성, 집행부 선임의 난맥상 등으로 체육회 집행부 구성 문제가 보통 어려운 처지가 아니었으므로 당면 과제인 제17회 로마올림픽대회(8월 25일~9월 12일)를 앞두고도 선수단 선발 및 파견 준비에 속수무책으로 방황하고 있었다.

이런 어려운 시기에 장선생이 KOC위원으로 나타나서 이상백 부위원장과 함께 올림픽 문제에 대하여 더이상 좌시할 수만은 없다고 하여 직접 뛰어들었다.

"6·25 전쟁을 격은 1952년도에도 헬싱키올림픽 대회에 태극기를 앞세우고 우리 나라 선수단이 당당하게 참가하였는데, 우리가 이번 올림픽대회에 출전을 못하게 된다면 우리 모든 체육 관계자들은 모두 다 역사의 죄인이 되어 버리고 맙니다. 기필코 대회 참가가 이뤄져야 합니다."

이렇게 강조하시던 그분의 말씀을 듣고 나는 이분이 불도저 같고 왕초 같은 기질을 가졌다는 생각이 들었고, 이런 분에게 소신껏 선수단 구성안을 설명하면 일이 잘 풀려갈 것 같은 확신을 갖게 되었다.

당시 나는 대한체육회 경기담당 이사로서 대표선수 선발을 위한 5인위원회의 책임을 맡고 각 경기단체로부터 자료를 제출받아 대한중석 사무실에서 작업을 계속하고 있었다. 각 경기단체에서는 한 명이라도 더 보내려고 줄기차게 요구하여 각 대표들 한분 한분을 면담, 경기력을 평가하여 이해시키고 설득하여 두 개의 선수단 구성안을 마련하였다.

체육회는 지난 1956년 멜버른올림픽대회 선수 선발 과정에서 KOC와 마찰을 빚었던 좋지 않은 일이 있었기 때문에 이번 로마올림픽은 KOC의 뜻에 따르기로 방침을 정하고서 국제구락부(현재 상업은행 뒤편)에서 개최된 KOC의 선수단 전형위원회에 자료를 갖고 나갔다. 그 자리에는 KOC의 이상백씨, 장기영씨, 이원순씨, 월터 정씨 등 원로들이 나와 있었다.

나는 어지러웠던 국내정세와 어려운 재정 등을 감안하여 선수단 30명 규모의 1안과 통과가 어려울 것이라고 생각되었지만 1안보다는 두 배가 되는 67명 규모의 제2의 선수단 안을 조심스럽게 설명하였다. 아무 말씀도 없이 묵묵히 듣고 계시던 장선생이 큰 몸을 움직이며 갑자기 한마디 했다.

"좋습니다. 제2안을 선택합시다. 선수단 파견 예산이 크겠지만 우리 힘껏 뛰고 부딪쳐 봅시다. 할 수 있습니다."

모두들 어안이 벙벙한 것 같았지만, 장선생의 어조가 너무나 당당하게 나오니 제2안 채택은 이의없이 이뤄졌다.

그 순간 나는 처음 그분을 만났을 때 가졌던 인상 그대로 역시 이분이 '불도저', '왕초'임에 틀림없구나 하는 생각이 들었다. 또한 내가 선수단 구성안을 작성할 때 대담하게 대규모 제2안이 채택되니 그때의 내 기쁨과 고마웠던 그 감정은 지금도 잊을 수가 없다.

장선생 같은 분을 만났기에 로마올림픽에 출전할 수 있었고, 또한 많은 선수가 참가할 수 있었다는 것을 우리는 기억해야 한다고 나는 선·후배들에게 즐거이 얘기할 수 있는 추억을 가지고 있다.

야전군 사령관처럼 육중한 거구인 그분이 검정 지프차를 타고 동분서주하면서 밤과 낮이 없이 활동하시던 모습이 눈앞에 선하다.

나는 체육인으로서, 86아시안게임과 88서울올림픽대회의 성공적 개최가 세계 평화와 국가 발전에 크게 기여하게 되었는데, 우리가 꼭 기억해야 될 사람이 있다면 장기영 선생이라고 본다.

장선생이 1966년 KOC위원장으로 취임하여 기자회견에서 '70년 아시안게임 유치는 국민의 절대적인 여망이다. 우리의 분수에 맞도록 운영하겠다'고 밝히고 서울 유치에 성공했으나 국내 정치적·경제적 사정 등으로 대회 유치를 반납할 수밖에 없었고 반납 과정에 어려움이 많았다. 그렇지만 장선생의 큰 꿈이 86대회와 88대회 서울 유치 및 개최에 큰 길잡이가 되었음을 우리 체육인들은 기억해야 된다고 본다.

4. 구만리 날아다닌 보람

한국신문윤리위원회의 백한성 위원장은 '신문이 스스로 자율적 규제를 할 수 있는 기회를 주기 위하여 당국이 이 사건을 윤리위원회에 일응 회부하여 주었더라면 좋았을 것을 유감스럽게 됐다'고 담화를 발표했고, 한국신문발행인협회도 12월 6일자로 결의문을 발표, 이 사건에 관대한 해결을 내려주기를 희망했다.

7일 밤 자정이다. 장기영과 홍유선, 김자환 세 사람은 풀려 나왔다. 문제의 기사를 쓴 한남희 기자만을 남겨 둔 채였다.

장기영은 지옥에서 나오는 것 같았다. 소침했던 의기는 갑자기 되살아났다. 그러면 그렇지, 내가 무슨 악의로 한 줄 아는가?

청진 때부터의 인연 홍유선을 보니 '너는 참 죽을 때까지의 인연이로구나' 새로운 우정을 느꼈다. 김자환은 '미안합니다' 머리를 긁었다.

IPI가 드디어 성깔을 부렸다.

IPI 이사회는 오늘(1962년 12월 8일) 취리히에서 열린 이사회에서, 서울에서 일어난 사건의 경위를 중대한 의혹을 가지고 검토하였다. 그 곳에서는 IPI 국내위원장이며 책임 있는 발행인 장기영이 그와 그의 사원에 대한 정부의 압력하에 주요신문 집단의 발행인 및 사장직을 사임하였다.

모든 입수 가능한 증거는 한국정부가 신문의 자유를 전면적으로 무시하고 있다는 것을 지적한다. 그러므로 이사회는 오늘 다음과 같이 결성하였다.

즉, 한국정부가 신문에 대한 정책을 급진적으로 변경치 않는다면 유감스럽지만 IPI는 한국 국내위원회에 대한 인가를 철회할 것이다. 왜냐 하면 IPI 헌장에 따라 그 인가는 신문의 자유가 확보되지 않은 나라의 위원회에 부여될 수 없기 때문이다.

이것은 혁명정부에 상당한 압력을 주었다. '장기영이 언로(言路) 찾아 구만리'를 날아다닌 보람이 이런 데서 나타날 줄이야.

장기영은 대담하고도 소심한 사람임을 자처했다. 또 그렇게 살아야 된다고 주장도 해 온 사람이다.

지금 냉철하게 모든 것을 군대식으로 처리해 가는 이 사람들이 무섭기도 하지만 톡톡히 받아내고야 말겠다고 다시 한 번 다지고 있었다. 나는 군사정부에 굴복하는 것이 아니다. 두고 보아라. 내가 누구인가를 그대들에게 보여 줄 날도 있을 것이다.

5. 재충전 58일간

사장실. 자기가 쓰던 옛 자리이건만 어쩐지 옛 그대로가 아니다.
사원. 자기가 부려먹던 사람들이건만 어쩐지 지난 날과 다르다.
약간은 쑥스럽고, 약간은 부끄럽다. 왜 내가 편집국장 자리에 내 이름을 박았던가?
밖으로 훨훨 나돌아다녔다. 윤동현이가 손수 차를 몰고 온다.
"오늘은 강화도엘 가 볼까?"
"거긴 왜요?"
"어쩐지 가 보고 싶어……."
"좋습니다."
바지저고리, 두루마기 차림이다.
"그 퍼런 수의 말야, 그거 편리하던데……."
"만들어 드릴까요. 입고 다니시게?"
"허허…… 이걸루 됐어. 이것두 속죄하는 기분으로 입고 다니는 거야."

강화도 보문사 경내에 서 보니 누르스름한 황해 바다를 무연히 내다보는 어떤 안정감이 있다. 동해의 낙산사, 남해의 보리암과 함께 3대 관음기도 도량의 하나로 손꼽힌단다.

신라 선덕여왕 4년에 고승 회정선사(懷正禪師)가 창건한 이 절은 해중진불(海中眞佛) 18나한을 모신 영검 있는 도량이다.

주지가 나와 영접해 주었다.

"저 석굴 법당에 가서요, 천연으로 조성된 불보살님께 절을 세 번 하고 주먹밥을 얻어먹으면요, 무슨 소원이든지 이룰 수 있다는 이야기가 전해져 내려오고 있습니다. 이곳은 이런 신비스러움 때문에 1년 내내 신자들의 발길이 끊이지 않고 있지요."

"보문사의 영험은?"

장기영이 물었다. 주지는 머뭇거리다가 천천히 털어 놓았다.

"신라 때 모신 스물두 분의 자연불상으로부터 유래됩니다. 여기 석모도(席毛島)의 어부 한 사람이 어느 날 그물을 쳤더니 스물두 개의 돌덩이가 올라왔습니다. 집에 와서 꿈을 꾸는데, 이 돌덩어리들이 '그대가 건진 것은 천축국(天竺國)에서 온 존자상이니 보문사 밑 석굴에 모셔두면 자손대대로 복락을 누리리라'고 하더랍니다. 그래서 어부가 돌을 가지고 보문사를 찾으니까 회정 스님이 '기다리고 있었다'면서 정중히 모셔 가지고 오늘에 내려왔다고 전해집니다."

장기영은 눈을 가느다랗게 뜨고 시퍼런 바다를 내다보았다. 많은 역사를 가지고 있는 이 기이한 섬. 오른쪽으로 바라보이는 저기 저 하늘 밑에 북한이 있겠지.

"이봐, 누가 좋을까?"

장기영이 윤동현에게 물었다.

"뭐 말입니까?"

"여길 무대로 소설을 쓸 사람……."

"사극 말입니까?"

"역사소설이지."

"박종화 씨 어떠세요?"

"그 냥반…… 그 냥반…… 말고는 없나?"

"글쎄요……."

"언젠가 한 번 쓰게 해 보자구. 누가 있을 거야."

집에 돌아오던 아이들이 몰려든다. 조금은 어려워하면서도 가장 만만한 핏줄.

"넌 몇 학년이지?"

"넌 이름 어떻게 쓰지?"

"넌 뭐가 되고 싶지?"

충충이 있는 아이들을 모아 놓고 이야기하다 보면 '허허 하하' 웃음이 절로 나온다.

가장 귀여운 것은 딸이라는 것이다. 아비 비위를 맞춰 주려고 애쓰는 것이 눈에 보여 더욱 귀엽다.

많이들 컸다. 일희가 열아홉, 강재가 열입곱…….

아내가 걱정을 한다.

"아이들이 다 컸는데, 이따금 따끔하게 야단 좀 치세요. 저희 멋대로 굴려고 들어요."

"뭐? 제 성미대로 자라야지. 개성을 살려야 돼. 씨가 좋으니까 바보는 없을 거야."

마당에서 골프 스윙을 할 때, 큰녀석 작은 녀석 다 나와 마구 골프채를 휘둘러 댄다. 언제 저것들하고 라운드 한 번 해 볼까?

아버지와 아들. 좋은 제목이다. 투르게네프의 《아버지와 아들》은 조금 이상했어. 그런 것 말고, 한국적이고도 다정한 것.

그러나 이런 잔정도 잠시, 날이 밝으면 또 나다니게 마련이다.

재수 없는 한 해가 저물어 간다. 크리스마스가 지나자 한남희 기자와 대한잠사회 기획위원이라는 유정기에 대한 첫 공판이 육군본부 군법회의에서 있었다.

　군법회의. 무시무시한 단어이다. 사람의 목숨이 왔다갔다하니 말이다.

　부드러운 사람에게 전화를 건다. 춤을 추는 조택원. 내 걱정 많이 해 주는 분. 부인이 받았다.

　"김문숙 씨 바쁘십니까?"

　"네, 별일 없는데요."

　"조 선생 좀 대주시겠어요?"

　"기다리세요. 여보…… 애인 전화……."

　"여보세요."

　조택원은 킥킥 웃는다. 장기영도 웃는다. 그저 그렇고 그런 이야기지만 두 사람은 재미있다.

　"언제 한바탕 마시고 춤출까요?"

　"무직일 텐데 맛이 나겠어요?"

　"아! 그렇죠. 내가 지금 무직 중이지요. 무직 중엔 술 먹고 춤추면 안 되죠. 우리 사원 중에 김중익이라구 있는데요. 나한테 자주 혼났죠."

　"왜요?"

　묻는 조택원의 호기심어린 목소리.

　"이 친구가 맨날 술 먹고 그어 놓고 늦게 다닌단 말예요. 나는 새벽마다 전화를 걸죠. 부인이 나와요. 잠깐만 기다리세요, 전화 바꿔 드릴게요 허죠. '여보세요' 하고 잠꼬대 같은 목소리가 나오자마자 이봐, 이놈아, 웬 술을 그렇게 마시나? 답이 없어요. 이봐! 자네 지금 듣고 있나? 네, 듣고 있습니다. 마담들은 어떻게 먹고 살라고 긋고만 다니나? 대답이 없어요. 이번엔 자네가 사인해 놓

은 것은 모두 갚아 줬으니 앞으로 술 먹을 일이 있으면 사인하지
말고 나한테로 직접 와! 알았지? 그리고 딱 끊어 버리죠."

"흐흐…… 그 뒤엔 안 그럽디까?"

"희한한 마담이 하나 있었어요. 왜 그 라칸티나의 마담 김, 본인
의 승낙 없이는 받을 수 없어요! 딱 거절하잖아요. 그래서 그 마담
한텐 점수깨나 줬죠. 허허……."

"허허……."

"허지만 그 친구는 직업이 있으니까 술 먹으러 다닐 자격은 있
죠?"

"지금의 무직 장기영 씨와는 다르죠."

"허허……."

"허허……."

윤동현이와 경기도 내의 사찰들을 여기저기 찾아다녀 보았다.
해가 바뀐다. 빨리 가라. 1962년아!

6. 은혜 잊지 않으리다

장기영은 장기봉과 중국요리집 아서원에 들어앉아 술잔을 기울이
면서 어떻게 하면 신문을 되찾을 수 있는가 궁리를 해 보았다. 아
무리 친한 친구라곤 하지만, '내가 나왔으니 되돌려 주시오, 당신
그 자리 내놓으시오' 하기엔 미묘한 주저가 따른다. 거기다가 정부
의 의중을 모르겠다. 타진해 보았으나 아리송하다.

장기봉의 의견은 솔직했다.

"요는 신문사 되찾겠다는 거 아닙니까? 누가 상대입니까? 정부
하고 남궁 사장밖에 더 있어요? 이러지 말고 그분 댁 안방에 가
앉아서 궁리하시오."

"어? 그럴까?"

"그럭허시오."

"그래도 괜찮을까?"

"장 사주답지 않게 왜 그러십니까? 지금 이 길로 가세요."

그건 그렇다. 다소 염치가 없어서 망설였지만 사실 그와 직접 애기하는 것이 제일 정직한 길이다.

장기영은 그 길로 수송동 《한국일보》 바로 옆에 있는 남궁 사장 집으로 향했다.

남궁 사장은 집에 없었다. 장기영은 물러서지 않고 버티었다.

며칠 후 돌아온 남궁 사장 앞에 그는 무릎을 꿇었다.

"아쉬울 때 방패 노릇만 해 달래서 미안합니다. 나는 신문을 다시 하고 싶어요. 용서하시오."

물끄러미 내려다보던 남궁 사장은 자리에 앉으며 말했다.

"군정하에서 견뎌낼 수 있겠어요?"

"다 깨끗이 됐는데 이제……."

"신중하세요. 자신 있다면 언제든지 물러서리다. 나는 신문해야 속이 가라앉는 사람은 아니니까……."

"이 은혜……, 이 은혜 잊지 않으리다."

친한 친구 사이에도 예의는 있는 법, 장기영은 돈수백배하는 기분으로 그의 집을 나왔다.

그러나 정부는 끄떡도 안 하고 있었다. 장기영은 혁명세력에게 간청을 넣었으나 시원한 답이 없다. 다시 오리무중을 헤매는 기분이다.

7. 다시 돌아온 《한국일보》

장기영은 재판의 결과를 기다리고 있었다. 세상은 매우 어지럽게 돌아가고 있었다. 군사혁명에 대한 기성정계(旣成政界)나 일반 국민들의 눈은 회의적인가 보다.

그 중에서도 학생들의 반발은 만만치 않다. 4·19의 기적을 만들어 낸 그들은 겁도 없이 주장을 내세우고 있다.

해가 바뀐 1963년 1월 8일. 김자환·정성관이 나가 증언을 했다.

1월 9일에 구형이 있었다. 허위사실 유포죄로 한남희에겐 징역 3년, 유정기에겐 징역 1년 6월이 구형되었다. 그들은 한결같이 '허위사실을 유포하여 혁명정부를 비방할 의사는 추호도 없었다'고 진술했다.

변호인단은 날카로웠다.

"설사 허위사실이라 하더라도 고의가 아닌 이상 범죄가 성립될 수 없다. 또 '비방' 운운은 검찰관이 만들어 낸 것으로서 말도 안되며, 설사 그렇다손치더라도 '신당(新黨)' 아닌 정부가 비방의 객체(客體)일 수는 없는 것이다. 혁명정부가 곧 신당이란 말인가? 무죄가 마땅하다."

1월 17일의 선고공판에서 재판장은 한남희에겐 선고유예를, 유정기에겐 무죄를 선고했다. 두 사람은 그날로 풀려나왔다.

장기영은 안도의 숨을 내쉬었다. 혼났다. 복귀할 뜻을 밝히고 사(社)에 나가니, 그래도 어리둥절하다. 《한국일보》 발행인은 아직도 남궁연으로 되어 있다.

우울했다. 손 쓸 만한 데는 다 썼다고 생각하는데 정부는 끄떡도 않는다.

이리저리 돌아다니며 술을 마셨다.

어느 날 밥집에서 밥을 먹는데 웬 메모가 하나 들어왔다. 정광모(鄭光謨) 기자가 밖에 와 있다는 것이다. 한시 바삐 알려 드릴 기쁜 소식이 있다는 것이다. 청와대 출입기자이다. 후다닥 뛰어나갔다.

밖에는 정광모 기자가 지프 옆에 기다리고 있었다.

"뭐야?"

"잠깐 차에 타시죠."

장기영은 빨려들듯 차에 올랐다.

정광모는 흥분된 얼굴로 이야기했다.

"박정희 의장이 어느 분의 건의를 받아들여서요, 이후락 공보실장에게 지시를 했습니다. 《한국일보》 발행인을 장기영 사장님한테 돌려드리라구요. 이후락 씨가 이원우 공보장관한테 전화를 했습니다. 오후 4시에……."

"그래?"

장기영은 순간 눈물이 글썽했다.

"정광모 기자, 특종 고맙소. 《한국일보》는 절대로 죽지 않아요!"

어깨를 펴고 그는 밥집으로 다시 들어갔다. 추운 얼음판에 신도 안 신고 나온 그의 발을 정광모는 감개를 담아 바라보았다.

장기영은 갑자기 기운이 났다. 남은 밥을 후다닥 먹고 신문사로 나갔다.

복귀한다는 뜻을 분명히 밝혔다. 그러나 모두 어리둥절하니 자기를 쳐다보고만 있다.

그러나 그 동안 수고한 성인기 부사장 겸 주필이 그만두겠다고 했다.

남궁연 사장도 물러서는 수속을 했다. 장기봉 편집국장도 사의를 표했다.

심경이 착잡했으나 새 출발의 체제를 갖추지 않을 수 없다.

그는 평생 동지 홍유선을 국장 지리에 앉혔다.

세상은 요지경처럼 돌아갔다. 김종필 중앙정보부장이 신당 창당 작업을 해 온 것으로 아는데, 순회대사(巡廻大使) 자격으로 자의 반 타의 반의 외유길을 떠나고 민주공화당은 창당대회를 열었다.

총재에 정구영(鄭求瑛), 의장에 김정열(金貞烈)이 선출됐다.

김정열? 억세게 관운(官運) 좋은 사나이로구나.

박정희 의장이 대통령에 출마하지 않겠다고 선언을 했다. '정말 인가' 장기영은 고개를 갸우뚱했다.

얼마 안 가서이다. 그는 군정을 4년 연장키로 하고 국민투표에 붙이겠다고 했다. 그랬더니 즉각 케네디 미대통령이 친서를 보내어 군정은 어지간히 종결짓기를 희망한다고 했다.

세상이 어떻게 굴러가는 것인가? 장기영은 신문에나 열중해야겠다고 마음먹었다.

정치인 고흥문(高興門)은 장기영을 어떻게 바라보았고 어떻게 평가했는지 잠시 그의 이야기에 귀를 기울여 보자.

백상만큼 아이디어가 많고, 뜻이 깊고, 정력적이었던 사람도 흔치 않을 것이다. 그의 아호가 그러하듯 고인을 기리는 우리의 상념도 아마 100가지쯤은 되리라 싶다.

내가 백상을 처음 만난 것은 4·19 이후 민주당 정권이 들어서기 얼마 전이었다. 그때 나는 민주당 구파 계열로 진산(珍山)과 손잡고 일하고 있었다. 마침 서울시장 선거에 내세울 구파 후보감을 물색하고 있던 중 우리는 신파의 김상돈(金相敦) 씨와 맞설 후보로 당시 한국일보사 사장인 백상을 지목했다. 백상을 설득하려 진산과 함께 그를 찾아간 게 첫 만남이었다.

그 후 격렬한 선거전을 치르는 과정에서 백상과 깊은 우정을 쌓게 되었는데, 나는 그때 어떻게 해서든 이기게 하려고 개인적인 지원을 아끼지 않았다. 그러나 결과는 고배를 들게 되었다. 백상의 역량이 뛰어났고 지명도도 높았지만, 카이젤 수염의 김상돈 후보는 정치적 쇼맨십과 달변으로 백상을 앞지른 것이다. 백상은 의외로 눌변이었다. 그의 연설 솜씨가 수준급만 되었더라도 그의 인생 행로는 달라졌으리라고, 그 후도 가끔 서로 회상하곤 했다. 이 일로 해서 백상과의 우정은 매우 돈독해졌다. 백상은 늘 '언제나 인형(仁兄)에 대한 빚을 갚지'라며 웃곤 했다.

그는 워낙 과묵해서 내색을 하지 않았지만 나중에 부총리가 되어 국회 정책 질의에서 맞부딪칠 때, 야당의 어려운 입장을 이해해 주던 그의 금도(襟度)는 오히려 내게 빚진 기분을 느끼게 했다.

그는 매우 어려운 시기에 3년 반 동안, 부총리 겸 경제기획원장관을 맡게 되어 야당의 세찬 공세를 한몸에 받곤 했는데, 육중한 체구답게 잘 견뎌냈다. 부총리 재임기간 중 그는 국회에서 세 번씩 해임결의의 대상이 되었다. 한 번은 언론법 파동에 말려들어, 또 한 번은 편타대출(便他貸出) 파문으로, 그리고 세 번째는 한비사건(韓肥事件) 때문이었는데, 인상적인 일은 그 표결 결과였다.

당시 여당인 공화당 의원들의 항명소동(抗命騷動)이 된 두 번째 해임 결의에서, 부결 처리키로 한 공화당 당론에도 불구하고 여당 쪽의 몇몇 의원이 해임 찬표에 가세했는가 하면, 반대로 한비사건 때는 제안측인 야당에서 해임 반대표가 다수 튀어나온 일이 있었다.

말하자면 장 부총리에 대해 여당 의원 일부가 불신임을 원했고, 거꾸로 야당 의원 일부는 해임을 반대한 셈인 것이다. 그때마다 백상은 예의 무표정한 얼굴로 눈만 꿈쩍이곤 했다. 그러나 그의 심회 깊은 자리에 '국회다운 국회' 운영을 위한 길이 무엇인지에 대한 그 나름의 사려가 자리잡고 있었다고 믿어진다.

그 점은 당시 재경위(財經委)에서의 그의 태도가 말해 준다.

그 당시 6·7대 재경위는 청구권자금, 금리현실화, 편타대출, 대불(代拂), 한비(韓肥) 밀수사건 등으로 해서 열리기만 하면 여·야, 정부·야당 간에 치열한 격론이 벌어지곤 했는데, 화살을 한몸에 받아야 했던 백상의 태도는 무척 성실하고 참을성 깊었다.

체중이 무겁듯이 그는 통이 컸고 묵중했다. 당시 재경위는 오전 10시께 시작되어 오후 늦게, 때로는 자정을 넘기는 경우가 적지 않았었는데, 백상은 야당측 주장에 일리가 있다고 생각되면 으레, '잠시 청와대를 다녀오겠다'며 정회를 요구하곤 했다.

어느 때인가는 새벽 2시쯤 청와대를 다녀온다고 자리를 뜬 적도 있었다. 그의 그런 행동은 난처한 입장을 모면해 보려는 임시변통도 아니었고, 야당의 공세를 누그러뜨려 보려는 제스처도 아니었다. 그는 진실된 사람이었다. 대통령을 설득해야 하겠다고 믿었기에 청와대를 다녀온다고 했고, 그럴 필요를 느끼면 시간에 관계 없이 대통령 면담을 청했다. 짐작컨대 대통령의 잠을 깨운 적도 있었던 것 같다.

어쨌든 그가 청와대를 다녀오면 야당측 주장의 일부가 받아들여지곤 했다. 그만큼 국회의 권위를 존중할 줄 알았고 야당 주장을 경청했으며 정치가 무엇인지를 알고 있었던 것이다. 그러던 백상이 9대 국회 때는 같은 입장이 되어 경과위(經科委)에서 마주 앉게 되었다. 언제나 까만 싱글 차림의 육중했던 모습에서, 이미 거물이 되어 있던 백상을 더욱 거물답게 느끼곤 했다.

그의 좋지 않은(?) 버릇이라면 연상 무엇인가 우물거리며 먹는 습관일 것이다. 그는 체력 유지를 위해서라면서 끊이지 않고 먹어 댔는데, 보는 사람으로 하여금 무한한 애정을 느끼게 하는 일면이 있었다.

육중한 체구와는 어울리지 않게 감기에 잘 걸려 아예 목도리를 두르고 지내다시피 했다. 건강을 돌볼 틈도 없이 지낸 그였지만 나름대로 체력 유지에 신경을 쓰는 듯 자리에서 내 손을 꼭 잡으며, '인형, 우리도 서로 건강 조심합시다'라며 다짐 아닌 다짐을 한 적이 있었다. 그때 무심결에 '그러마'고 대답했었는데, 그후 얼마 안 있어 그는 협심증에 시달리게 되었다.

9대 의원으로 지내던 어느 날 그는 자신의 삶, 특히 신문사 경영과 부총리 시절을 회상하며, '마치 장애물 경주를 한 것 같다'고 말한 적이 있다.

자신의 앞길을 가로막는 일들을 뛰어넘으며 전진해 온 그다운 말이라고 생각했다. 항간에선 그를 불도저라고 했지만, 그는 장애물 그 자체의 존재가치를 무시하지 않았으니 밀어붙이기보다는 뛰어넘었으리라. 다만 건강 장애물을 뛰어넘지 못한 것이 못내 아쉬울 뿐이다.

누가 이 시대를 창조하는가
전장에 전략이 있듯 정치나 외교상의 흥정도 마찬가지 원리이다.
비겁하니, 옹졸하니 해 보았자 싸움에 지고 나면 무슨 소용있는가.
이기기 위해서는 상대방의 결점을 샅샅이 살펴 두었다가 급소를 쳐야 한다

1. 국익 위해 한국 일본 문 열자

이승만 박사를 존경하고 좋아했지만, 그분의 실정(失政)으로서 으뜸가는 것은 이웃 일본과 너무 오랫동안 담을 높이 쌓았다는 일이다.

이제 15년간 막혔던 보가 터진 이상 서로 왕래해도 되지 않겠는가? 우선 손쉽게 할 수 있는 것부터 시작해야 한다. 서양문명을 맛보고, 동양문화의 정수도 어지간히 파고든 그들이니, 어제의 원한을 잊을 수 없노라고 언제까지 이를 악물고 노려만 볼 것인가? 누군가가 시작을 해야 된다.

일본 문화계 사람들을 불러 보자고 장기영은 주장해 보았다.

"여보시오, 조 선생! 우리 복수로 한 번 불러 봅시다. 어떤 반응이 생기는가……."

장기영의 얼굴을 빤히 쳐다보던 조택원은 환하게 미소지으며 말한다.

"후지와라 가극단(藤原歌劇團)을 불러서 우리 사람들하고 공연을 같이 하게 해 보면 어떨까요?"

장 사장은 무릎을 탁 쳤다.

"추진해 봐 주세요. 적개심을 누그러뜨리자고 소리치는 것보담

노래를 같이 부르는 게 좋겠습니다."

"가령 카르멘 같은 거……."

"좋죠!"

즉시 초청장을 띄웠다. 후지와라 요시에(藤原義江)를 비롯해서 가수 스나하라 미치코(砂原美智子), 애교스러운 디자이너 하라(原), 시사통신(時事通信)의 기요미야 류타로(淸宮龍太郎), 《문예춘추》의 다가와 히로시(田川博), 《중앙공론》의 나카지마(中島)와 사사하라 긴지로(笹原金次郎) 등을 부르니, 조심스럽게 입국한 그들은 일본에서 생각하던 것처럼 위험하지도 않고, 매우 친절한 접대에 감격해하는 형편이었다.

중견작가이며 대륙을 무대로 아시아의 옛날을 파고 드는 이노우에 야스시(井上靖)를 초청하여 강화도를 돌아보게 했더니, 그는 '풍도(風濤)'라는 제목으로 일본의 소위 원구지역(元寇之役 : _{몽고가 일본을 치려고 왔던 전쟁})을 소설로 쓰겠다고 많은 자료를 수집해 갔다.

그는 경주까지 돌아보고 간 일본 톱 클라스의 작가였다.

"이번에는 누굴 부를까요?"

장기영은 조택원에게 상의했다.

"내 친구를 불러 주쇼. 곤 히데미(今日出海)……."

"《문예춘추》의 이케지마(池島信平)도 부릅시다."

5월 초의 화창한 날, 서울 거리의 활기찬 모습을 보고 두 사람은 탄성을 올렸다.

"음, 이렇게 가까운데, 이렇게 좋은 이웃이 있었는데, 정치가들은 뭘하고 있었을까요?"

이케지마가 말했을 때이나. 장기영이 그의 말을 받았다.

"음식으로 말하자면 불편한 관계가 있었던 역사라는 것은 가장 소화하기 힘드는 것이 아닐까요? 이제부턴 좀 씹기 쉬운 역사를 만들어 갑시다."

글 쓰는 곤 히데미는 장기영의 말솜씨에 감탄했다.

"와아, 항복했습니다. 신문사 사장이란 역시 말솜씨가 다르시군요."

"실직하면 나도 소설가나 영화감독이 될까 합니다."

조택원이 나섰다.

"무용가가 되겠다고 할까 봐 겁이 나요, 나는. 저 양반은 땀을 뻘뻘 흘리면서 한 시간 두 시간 계속 춤을 춥니다. 상대하는 아가씨들이 먼저 나가떨어집니다."

와하하하, 사장실이 떠나갈 듯한 웃음소리가 서울의 공기 속으로 번져나갔다.

여기에서 삼성그룹 창업주 이병철(李秉喆)은 장기영을 어떻게 바라보았는지 그의 회상에 잠시 귀기울여 보자.

백상과 나와의 교분(交分)은 백상이 한은(韓銀)에 있을 무렵 부터이다.

해방 후 한은법을 다듬는 일에 참여했던 백상은 중앙은행의 조사기능을 획기적으로 강화하였고 해방 후 처음으로 경제연감을 펴내는 등, 중앙 은행으로서의 한은의 기틀을 잡았다.

한국일보의 창간과 연이은 자매지지(紙誌)의 발간은 하나같이 알차서 구석마다 장기영 사장의 정성과 지혜가 빛났다.

언론인으로서의 백상은 박력과 예지에 있어서만이 아니라, 사람을 아끼고 키우는데 타고난 대기(大器)의 금도(襟度)를 여실히 나타냈다.

백상의 깊고 넓은 인정과 의리 속에서 수많은 인재들이 그들의 능력을 쌓아 올렸다. 무뚝뚝한 거구의 대장부 백상의 깊은 심저에는 언제나 신의를 간직하고 있었다.

부총리 겸 경제기획원 장관으로서의 백상은 문자 그대로 천수천 안(千手千眼)의 자재력을 발휘했다. 경제부처의 상하좌우를 탄력성 있게 통괄했고, 과감하게 외자도입을 본격화했으며, 역금리체계(逆金利體系)라는 착상으로 고리(高利) 저축과 저리(低利) 융자라는, 양면의 수요를 충족시켰다.

침식을 잊은 채 업무에 전력투구한 백상은 상하의 이료(吏僚)도 그만큼 혹사했지만 별 불만을 사지도 않았다고 한다. 그것은 헌신과 일 위주라는 백상의 자세에도 그 원인이 있었겠지만, 그늘진 곳과 불우한 사람을 보살피는 백상의 인자(仁慈)에 모두가 끌렸던 탓이라고들 한다.

그 뒤 남북조절위 대표로서 조국의 평화와 통일을 멀리 내다보는 인내와 설득에 지성을 다해 왔고, 국회의원과 체육인으로서는 화동(和同)을 바탕으로 한 전진에 심혈을 기울여 왔다.

이렇듯 백상의 마음과 몸과 두뇌는 수유(須臾)도 쉴 새가 없었다.

언제나 새로운 것을 찾고, 모든 일에 온갖 힘을 쏟았으며, 그리고 주위 사람들에게 고루 사랑을 베풀었다.

2. 화류계 인기

장기영 사장은 상을 찡그렸다. 은행 마감시간이 벌써 지났는데 《한국일보》 때문에 문을 못 닫고 있다는 것이다. 그는 애매한 비서진에게 화를 내고 있었다.

맨날 이 지경이다. 예금 두둑히 해 놓고, 아쉬운 부탁 안 하면서 꾸려나갈 수 있는 때는 언제나 오려나?

비서가 문을 열고 들어섰다.

"김 마담인데 전화 받으시겠습니까?"

"내가 지금 요정 마담 전화 받게 됐어?"

"알겠습니다."

"가만!"

나가려던 비서가 되돌아보았다.

"받을게."

그는 전화기를 들었다.

"여보세요! 남 바빠 죽겠는데 왜 자꾸 전화를 걸구 그래?"

"아이구머니나, 부러워라. 이 불경기시대에 사장님만 바쁘시군요. 우리두 좀 분주히 왔다갔다하게 해 주세요. 왕초 사장님이 뭐하시는 거예요. 애들이 보구 싶대요."

간들어진 목소리다.

"왜? 손님 없어?"

"얼굴만 봐두 약이 되겠는데 콧배기 하나 보여주는 놈팡이가 없네요."

"허허…… 깡패 두목이 됐나, 왜 입이 그렇게 걸어?"

"안 오시면 체포하러 가겠어요."

"허허…… 가만 있어. 여기 불이 났어. 꺼 놓구 갈게."

"기다립니다!"

수화기를 놓는데 비서가 황급히 들어왔다.

"신영수(申英秀) 씨 전화입니다."

장기영은 황급히 수화기를 들었다.

"어떻게 됐어요? 막았어요? 막았어? 됐어. 살았군. 수고했어요. 살아났군. 당신 덕분에……."

수화기를 놓고 잠시 숨을 돌린 장기영은 또 수화기를 들었다. 민병도가 좋겠다.

"일 끝났어요? 오래간만에 보구 싶어서 그래요……. 김 마담네 집으로 오세요."

편집국과 공무국을 한 바퀴 돈 장기영은 지프에 올라탔다.

골목 안의 그 집. 입구의 전등은 휘황한데 인기척 하나 없다. 대문에 들어서서 몇 발짝 걸어가도 아무도 안 나온다.

"이 집 사람들 다 죽었나?"

어디서 튀어나왔는지 김 마담이 소리를 지른다.

"왕초 사장님 오셨다아!"

한꺼번에 기생들이 와르르 쏟아져 나온다.

"어서 오세요. 왕초 사장님!"

그녀들은 장기영의 손을, 팔을 마구 붙들고 방 안으로 들어갔다.

"역시 우리 왕초 사장님밖에 없어. 모두들 뒈졌나봐."

웃도리를 벗으며 마담의 걸쭉한 인사다.

"가만 있어. 너 무슨 신문 봐?"

"신문 안 봐요, 전."

"신문 안 보는 게 사람이야? 주소하구 이름 적어 내. 넌 뭐 봐?"

"엄마, 요전에 신청했잖아요."

"됐어, 넌?"

희극의 본무대가 전개되는 셈이다. 《한국일보》를 안 읽는 아이들은 모조리 구독신청을 해야 한다.

아가씨들은 왕초 앞에 부채처럼 펼쳐 앉아 참새처럼 재잘댄다. 그들은 다 왕초가 만만하고 좋다. 절대로 어렵게 보이지 않고, 결코 심심하게 여겨지지 않는다.

그러다가 왕초는 기다랗게 누웠다. 모두 달려들어 팔다리를 주무른다.

희한한 천지간이다. 모든 것, 목을 졸리는 듯한 은행 마감시간, 기사가 들어갔냐 빠뜨렸냐 싸우는 시간, 아첨해야 될 상대, 원망해야 될 놈팡이, 다 안개 속으로 사라지는구나, 사라지는구나…… 하다가 그는 잠들었다.

"어마, 코 곤다……."

아가씨들은 놀라며 웃으며 시시덕거린다.

"참 배짱 좋게 생겼지?"

한 아가씨가 손가락질을 하며 웃는다.

모두 다 한 마디씩 한다.

"참 욕심꾸러기루 생겼지?"

"아냐, 굉장히 인자하다구……."

"아랫사람들한테 호랑이야. 호령호령하면서……."

"절대루 째째하지 않을 것 같애. 나 저거 사 줘요 하면 단박 사 줄 것 같애."

가지가지다. 마담이 들어오더니 '어메!' 놀라면서 손가락으로 입을 가린다.

"무지무지하게 일하시는 분이야. 고단하니까 주무시는구나. 깨우지 마. 딴 손님 오실 때까지……."

발소리를 죽이며 나간다.

느지막하게 찾아온 민병도는 장기영이 코 골고 자는 것을 보고 꽥 소리를 질렀다.

"아니, 이게 무슨 장난이야?"

"어?"

벌떡 일어나며 장기영은 너털웃음을 웃었다.

"아가씨들은 코 골구 자는 모습을 채점들 하구 있었나?"

"아녜요. 우리가 팔다리를 주물러 드렸더니 이내 코를 고시잖아요."

한 아가씨가 툭 튀어나오며 말했다.

"너희들, 이 양반 잘못 건드렸다간 밑천두 못 찾는다."

"한 번 그래 봤으면 좋겠네요."

웃음이 터졌다.

"그나저나……."

민병도는 장기영을 손가락으로 가리켰다.

"맨날 잠두 안 자구 신문을 맨드는 사람이, 이 불경기에 요정엔 왜 왔어?"

"불경기니까 왔지. 요새 애들 사기가 말씀이 아니라네. 이런 때 와서 사기를 돋워 주면 후일 우리가 필요할 때 써먹을 수 있잖아."

유쾌한 시간은 만들어야 된다. 그 시간엔 맘껏 놀아야 된다. 요리값? 그런 것을 걱정하는 대장부가 무슨 일을 하나?

장기영은 춤추고, 노래하고, 땀을 뻘뻘 흘리며 즐긴다.

어느 때는 트위스트를 시간 단위로 춘다. 또 어느 때는 지그시 눈을 감고 창(唱)의 간드러진 고비고비에 고개를 끄덕이면서 감탄한다.

은행은 은행, 신문은 신문, 노는 것은 노는 것. 그것들을 한꺼번에 섞갈리게 다뤄서는 안 된다.

오 솔레미오! 장기영은 유쾌하다. 유쾌한 것처럼 좋은 것은 없다.

아래 글은 장기영이 《신아일보》에 기고한 글이다. 글을 통해 그의 생각과 체취를 느껴 보자.

하필이면 '미쳐보라'는 제목을 왜 나에게 주었는지 모르겠다. 이 제목의 책임은 전적으로 편집자에게 있다. 그러나 나도 싫어하는 타이틀은 아니다. 신문에 미치지 않는 한, 좋은 신문을 만들 수는 없다.

미친다는 것은 어떤 것이건 그것에 자기의 전부를 바칠 만큼 반한다는 것에 통한다. 미친다는 것, 넘쳐 흐르는 약동(躍動)을 말한다.

모든 오각활동(五覺活動)을 한 목표와 한 신앙과 한 창작품에, 더 크게 말하면 한 예술에 몰입하고 몸부림치는 것을 나는 미친 상태라고 해석하는 것이다. 그러면 어느 정도 반하고 미쳐야 하는가.

매일 밤 꿈 속에서도 홀연히 나타날 수 있을 만큼, 깊은 잠 속에도 꼭 붙들고 놓치지 않고 밤낮으로 애착을 느끼고, 자신과 자신의 친구들을 사랑하고 믿는 것이 있다.

윤전기실 옆에 사장실이 있다. 거기 침대 겸 소파가 있다. 처음에는 윤전기 소리에 잠을 이루지 못하고 윤전기 소리가 나면 들었던 잠도 깨었다.

신문에 미친 다음에는 윤전기 소리가 규칙적으로 들리면 자장가처럼 잠이 더 잘 오고, 윤전기 소리가 그치면 들었던 잠도 저절로 깨진다. 무슨 고장이나 난 것이 아닌가 하고.

이 정도면 윤전기와 신문에 미쳐서 윤전기와 같이 자고, 윤전기에 반하고, 윤전기를 사랑하게 되는 것이다. 미치면 오각의 작용과 감각이 같이 미친다.

같은 경험이 또 있다. 1952년 3월, 처음으로 조선일보에 관계했을 때다. 수복 전이라 침식은 대부분 폐허와 같은 사장실에서 했다. 밤이면 윤전기 소리가 나기 전에 고랑포(高浪浦) 방면에서 은은한 포성이 들린다. 처음에는 포성이 들리면 무서워서 잠이 오지 않았다.

그러나 며칠 후에는 포성이 들리면 오히려 잠이 제대로 들고, 포성이 안 들리면 혹시 우군(友軍)이 후퇴하는 것이 아닌가 하고 잠이 깨었다.

사람의 감각과 사고의 환경 적응성이라는 것은 무궁무진한 것이라 하겠다.

이렇게 환경에 따라서, 필요에 따라서, 솟아오르는 소위 오각을 지배하는 정력도 무한한 것이라고 나는 생각한다.

어떤 혁명가가 사람의 정력은 쓰면 쓸수록 솟아난다고 한 말이 있다. '오십이지천명(五十而知天命)'이라는 말이 진실임을 나는 이 나이에 와서야 비로소 깨달았다. 칼은 오래 쓰고 자주 쓸수록 자주 갈아야 하고 자주 갈면 갈수록 칼날이 젊어지고 새로워지고 날카로워지는 것이 바로 그것을 말하는 것이다.

무엇에건 미쳐보라. 무미건조한 행정사무에도 내 장사처럼 미쳐보라. 윤이 흐를 것이다. 그것이 젊음을 아끼는 길목이다.

거기 에너지의 샘과 천명(天命)과 정열의 불씨가 있다. 인생에는 파이팅이 필요하다. 뛰면서 생각하고 생각하면서 뛰는 정도는 이미 뒤늦은 옛말이다. 자면서 생각하고 꿈속에서 인스피레이션을 얻는 것이 바로 무엇엔가 미쳐보는, 무엇엔가 반하고, 그 무엇인가를 사랑하는 행복인 것이다.

견습기자 채용시험의 면접고사를 할 때 나는 묻는다.

"신문에 미쳐야 기자를 할 수 있소. 당신은 과연 미칠 만큼 신문을, 신문에 반할 수 있겠는가."

신문기자가 된다는 것은 삭발(削髮)하고 입도(入道)하는 것과 같은, 신앙에 홀릴 만한 믿음이 있어야 될 수 있는 고행(苦行)의 길인 것이다.

미친다는 것은 바로 믿음의 깊이를 말하는 것이다.

일년 열두 달 춘하추동 사시사철에, 한 가지 일을 위하여 밤낮으로 미쳐서 사는 개척자가 되는 것이다.

그만큼 미침의 가치가 있다.

무엇에건 한 가지에 미쳐보라.

당신은 인간의 창작력의 개발자, 곧 예술가가 될 것이다.

가장 날카로운 칼을 쓰는 인생을 부각하는 조각가가 될 것이다.

가장 많이 생각하는 사람, 송두리째 젊음과 사색(思索)을 바쳐 미칠 수 있는 사람이 가장 날카로운 두뇌의 소유자가 될 것이며,

인생의 새로운 행복과 철학의 선구자가 되고야 말 것이다.

3. 백만 엔만 꿔 주시오

이승만 대통령시대에 일본 기자들은 한국에 발을 붙일 수 없었다. 대통령의 철저한 항일 정신에 민중들도 습성화되어 일본은 아예 우리와 상관 없는 나라로 생각했다.

4·19 학생의거가 그 담벼락을 허물어 놓았다.

일본 기자들은 조심스럽게 고급 호텔에 유숙하면서 한국을 건드려 보기 시작했다. 그 중 《요미우리신문》의 시마모토(嶋元) 기자는 《한국일보》에 좀더 호의를 갖고 접근해 왔다. 그는 장기영 사장의 일본말과 일본통에 놀랐다.

장기영은 미국의 허스트 신문왕을 몹시 부러워했다. 그의 센세이셔널리즘을 이따금 본떠 볼까 했으나, 동방예의지국 안에서는 모험일 것 같아 삼가왔는데 《요미우리신문》은 어쩐지 마음에 든다.

쇼리키 마쓰타로(正力松太郎) 사장은 원래 경찰 출신이라는데도 사회면에 중점을 두고 오락적 감각으로 신문을 제작해 나가면서 한편으로 사업을 잘 벌인다.

프로야구팀 자이언츠의 오너이며, 시대의 총아로 등장한 텔레비전 경영까지 하여 일본 매스컴의 왕자 바로 그것이 되었다.

도쿄에 갔던 어느 날 장기영은 문득 쇼리키를 만나고 싶어져 시마모토에게 연락을 했다.

사장실로 안내를 받았을 때이다. 장기영은 통성명이 끝나자마자 느닷없이,

"돈 100만 엔만 꿔 주시오."

그러고는 노려보았다.

쇼리키는 순간 놀랐으나, 상대를 헤아리고 조용히 대답했다.

"꿔 드리죠."

이렇게 해서 《한국일보》와 《요미우리신문》은 형제 사이가 되었
다.

한국에도 자유의 바람이 불기 시작한 1960년 가을이 한창일 때,
양사는 보도제휴협정이라는 것을 맺었다.

초면에 돈 꿔 달란 사람이나, 선뜻 꾸어 준 사람이나, 피차의 그
릇 크기를 견주어 본 것 같아 시마모토 기자는 두고두고 그 이야기
를 했다.

그것은 기백의 교환이었다. '못 갚을 내가 아니다'와, '못 받아도
상관 없다'는 두 기백이 낳은 장면은 미소와 굳은 악수였다. 국경을
초월한 우정이었다. 사나이 대 사나이의 멋이었다.

남을 지도하려면 그 어떤 부문이고 남보다 더 잘 알지는 못할망
정 남 정도는 알아 두는 것이 편리하다. 물론 전문적인 지식을 갖
는다는 것은 어려운 일이지만. 상식적인 정도, 즉 새로운 것이라면
대충은 알아 두는 것이 좋다.

예를 들면, 실존주의(實存主義) 철학의 본질은 무엇이며, 피카소
의 화풍은 어떤 것이며, 마리오 란자의 성량(聲量), 혹은 케인즈의
경제이론 등등, 적어도 어떤 기업, 더구나 문화기업체를 움직이는
사람이라면 이런 정도의 상식은 필요하다.

그런데 이런 광범한 지식의 습득이란 실제로 여간 어려운 것이
아니다. 우선 책을 읽어야 하는데 정작 그런 시간을 얻기란 거의
불가능하다. 신문이나 잡지 등에서 몇 줄 비치는 것 가지고는 상식
적인 지식마저도 얻기 힘든다. 한 달, 한 해만 새 지식에 대해 둔
한히 하다가는 완전히 낙후되기 마련이다. 그래서 장기영 사장은
이 지식의 습득을 위해 묘안을 생각해 냈다.

"내 대신 독서해 주는 비서를 두자. 그리하여 그 비서로부터 요

점만 배우자."

참으로 기상천외의 착상이 아닐 수 없다.

'독서비서', 아마 독자들 중에는 이 숙어를 들은 이가 드물 것으로 안다. 그러나 이 제도는 모르기는 하지만 선진국의 위대한 사람들은 이미 오래 전부터 실용했으리라 믿는다. 왜? 그렇지 않고는 분초(分秒)를 열 개로 쪼개 써도 모자랄 사람들이 어찌 그 방대하고 무한정한 새 지식을 알 수 있겠는가.

그래서 그런지 장사장은 사실 무엇이건 상식적인 것은 모르는 것이 없다. 우주선 발사원리서부터 레이저광선의 이론, 소립자 물리학의 개론, 노벨문학상(1958년도)을 탄 소련 작가 파스테르나크의 작품 《의사 지바고》의 줄거리, 미 7함대의 병력 따위까지 대충은 알고 있다.

그가 이러한 독서비서제를 채택한 것은 어디까지나 사회적으로 업무량이 늘어난 후부터이고, 그 전까지만 해도 독서가로서도 이름이 있었다. 특히 그는 입지전이나 전기물을 탐독했었고, 그 중에서 일본의 고전에 대한 지식은 가히 전문가의 경지까지 이르렀다고 해도 좋을 정도다. 그는 따라서 신간이 나오면 우선 사 둔다. 다른 항에서도 언급했지만 한국일보 사장실은 바로 그의 서재이고 수천 권의 책이 마치 작은 도서관처럼 정연하게 꽂혀 있다.

이러한 그의 독서 취미는 중학교 때부터 있었던 모양. 등교할 때나 하학할 때 하급생에게 옷소매를 잡고 길을 이끌게 해 놓고는 자기는 독서를 하며 걸었다는 일화까지 있다. 그만큼 그는 한 가지에 몰두하는 성미였고 또 읽기 시작한 책이면 무엇이고 단번에 독파해 버리고야 마는 것이었다. 따라서 속독, 굉장히 빨리 읽는다. 그 버릇은 지금까지도 그대로지만.

그리고 그의 독서, 혹은 책에 대한 애착이라 할까 존경이라 할까, 그러한 어릴 때의 꿈을 살려서 마련한 것이 바로 한국에서는 오직 하나인 '한국출판문화상'제도의 창설. 그리고 '신문도서관'의 설립이라 하겠다.

'책'은 바로 지식이다. 이 책을 떠나서 훌륭한 사람이 될 수 없는 법. 책을 어느 정도 읽었느냐에 따라 그의 인격 형성도(形成度)가 다르다. 물론 책을 읽는다고 그것을 다 기억하는 것은 아니다. 그러나 장사장은 그 두뇌를 전자계산기처럼 훈련을 시켰다고나 할까, 그것을 대충 외워두고 있는 것이다. 여하튼 이런 점도 초인적이라 할 수 있겠다.

기억술을 말하자면 그 전화번호 암기량도 퍽 유명한 것의 하나인데, 아마 자기가 꼭 필요로 하는 사람의 전화번호라면 전부 외우고 있는 것만은 사실이다. 흔히 전화번호부를 뒤적이는 직원들을 보고 '대갈통이 썩었느냐'는 등 핀잔을 주는 것을 듣기 일쑤였으니까.

그런데 한가지 더 언급해 둘 것은 아까 말한 바 독서비서까지 둘 정도니까 그의 비서실이 미상불 한국유일의 존재로 꼽혀도 좋으리라.

도대체가 신문사에 무슨 비서실이 필요한가? 기껏해야 찻잔을 나르는 여자 사환이나 한 사람, 아니면 외래객의 안내나 전화를 받는 여비서 하나쯤 더 있으면 그만이다. 그래서 사실 다른 신문사에서는 비서실이란 명칭을 붙은 방이 없었다. 그것이 장사장이 대가족의 비서실을 차려 놓고부터는 다른 회사서도 형식상의 비서실이 생겨 오늘에 와서는 거의 없는 곳이 없다. 그러나 장사장이 거느린 비서실이란 우리들이 상상할 수 있는 그런 비서실이 아니다.

우선 비서만 해도 10명 정도, 실장이 있고 그 밑에 각 분야별로 책임을 밑고 있다.

회계, 사업, 독서, 관리 등등. 도무지 알지 못할 정도, 거기다 그 밑에 사환이 무려 5~6명, 이쯤 되면 비서사단(祕書師團)이다. 그런데 이 적지 않은 비서진이 바로 장기영 사장의 신경역할을 하고 있으니 일반이 생각하는 심부름이나 하고 수행이나 하는 비서실이 아님은 물론이다.

참고로 이 비서실에서 다루는 몇 가지 일을 적어보면 참으로 재미있다.

1. 자동차의 배차
2. 회계
3. 각종 사업의 계획과 진행
4. 각종 사업 때의 매표
5. 구호금품의 접수
6. 외국과의 서신연락, 여권수속
7. 신문사 이외의 직책에 대한 연락·처리
8. 중요 물품의 구매
9. 인사관계

이상 생각나는 것만 적어 보아도 세상에 둘도 없는 비서실이다.

과문한 탓인지는 몰라도 천하의 어느 신문사에서, 아니 어느 회사에서 이런 비서실이 또 있겠는가. 말하자면 회사의 심장부 역할을 전부 이 비서실에서 하고 있는 실정이다.

이것의 좋고 나쁨은 물론 아무도 모르는 일이며 감히 비판할 여지도 없지만, 어쨌든 묘하고 재미있는 일을 잘하는 사람임엔 틀림없다.

이제 잠시 설경동 사장을 추모하는 장기영 사장의 글을 보자. 진솔한 정이 묻어난다.

설경동 사장을 내가 처음 본 것은 이분이 34세 때인 것 같다. 1935년 조선은행 청진지점의 최연소 행원 시대다. 그 때 소문에 설 사장은 다소 실의(失意) 시대였다고 했으나 금융계에서는 벌써 주목하고 있었다.

28세 때 일본인 호걸형 실업가와 의기투합하여 벌였던 사업이 당시의 세계적인 경제공황으로 실패를 본 후 재기 중에 있었다. 그시절은 유망한 실업가에게 은행측에서 오히려 대부를 권유할 때이다. 1953년 지점장이 갈린 기회에 이분을 조선은행에서 끌기로 의논이 되었다. 나는 강하게 추천하였다.

그 때 한창 정어리 경기가 일어날 때였다. 5만 원 한도 거래에서부터 시작했다. 모든 어음거래 기일을 잘 지키는 것은 중국 사람, 다음으로 첫째였다. 은행은 계속해서 거래액을 늘려가고, 설사장의 지점출입은 잦아졌다. 해방될 때는 그 액수가——150만 원으로 늘었던 것으로 기억한다. 한국인 거래선 중 첫째 아니면 둘째였다.

그분이 건착어업허가(巾着漁業許可)를 두 개 가지고 있었다. 한국 사람으로서는 없는 일이다. 하나는 개인명의이고 하나는 동해수산(東海水產)이라는 법인(法人)명의였다. 청진어항에 정어리 가공공장을 건설하였다.

한국인과 일본인을 통틀어 백 척 가까운 건착어업자 중 설사장의 배가 제일 좋았다. 운반선도 최고로 좋았다. 설사장은 항상 부두에 나가 서서 어선을 기다리면서 진두지휘를 하였다.

성어기에 그분의 배들은 1·2등을 차지하였다. 장비 좋고, 두뇌 좋고 극성 좋으니 첫째 할 것은 떼어놓은 당상이었다.

공장시설도 제일 좋았다. 아마 건착선(巾着船) 한 척의 여름 성어기 어획고가 정어리 10만 통을 넘었던 것으로 안다. 3만 5천 통이 수지선(收支線)이다.

그의 입직은 불문가지, 본점에 보내는 그의 대부신청서에 나는 미사여구를 다 늘어놓을 수 있었다. 입버릇처럼 한국사람이 신용이 없다고 말하는 일본인 동료들에게 보란 듯이 자랑하고 뽐낼 수 있었다. 그래도 술 한잔 먹자는 말 못 들었다. 섣달 그믐께 그 추운

날 저녁에 집에 돌아가면 해마다 한두 말들이쯤 되는 큰 명란젓 통이 언 마루에 뒹굴고 있었다.

이것은 보지 않아도 설사장이 세모(歲暮)면 보내오는 고작의 선물이었다. 이분이 신축한 2층 가옥은 청진 신암동 통근길 옆에 있었다.

어쩌다 은행으로 전화가 온다. 돌아가는 길에 자기 집에 들러 달라는 것이다. 들러보면 자기 저녁상에 술 몇 도꾸리가 얹혀 있다 대작을 한다. 안주는 은행거래를 부탁하는 말이다.

이분에게 배운 것이 많다. 사업에 성공하는 사람은 돈을 많이 내는 사람이 아니라 돈을 적게 쓰는 사람이다. 늘 우는 소리 하면서도 어느 새 이분은 해방 전에 거래은행 모르게 백만 환을 서울에 예금하고 있었다. 그 일부로 관악산 밑에 민씨의 땅을 수만 평 샀다고 자랑했다.

해방 전부터 방직업에 뜻을 두고 있었다. 백만 환 예금은 청량리 밖에 있는 백모씨의 방직회사를 사려고 한 것이었다.

해방되던 날은 방직공장을 흥정하기 위하여 운이 좋게도 서울에 있었다. 이것은 해방 후에 내가 서울에 왔을 때 들은 얘기들이다.

1945년 서울 여름은 대단히 더웠다. 나는 서대문서 한국은행까지 걸어서 출근했다. 조선호텔 건너편 '테일러' 상회 자리에 군정청 관재국(管財局)이 있었다. 매일 적산불하 신청자가 그 앞에 줄을 섰다.

은행에 도착할 무렵이면 9시가 가까워 여름 해는 이미 높이 뜨고 뜨거웠다. 은행 가까운 그 관재국 앞을 지날 때면, 그 긴 줄 앞에서 몇째 안 되는 자리에 땀을 뻘뻘 흘리면서 저고리를 벗어든 비대한 설사장이 서 있곤 했다.

이렇게 부지런을 보인 그는 드디어 수원에 있는 성냥공장을 불하받았다고 하면서 나를 끌고간 것은 명월관이 아니라, 영보빌딩 아래층의, 파리를 쫓아가면서 마셔야 하는 대중식당이었다. 이분의 주량은 나와 막상막하, 취하면 큰 소리로 토론도 했다. 나는 순서울말로, 이분은 순함경도 사투리로 응수했다.

설사장은 자기 의견은 '앵이요, 앵이요'를 연발하면서 조금도 양보하지 않았다. 내가 30, 그분이 45세, 2대3의 연령시대다.

하루는 대낮에 숨가쁜 목소리로 3층 조사부에 근무중인 나를 졸라댄다. 염소산가리를 사내라는 것이다. 생전 처음 듣는 이름이다. 이것이 그때 '조삼모사(朝三暮四)'로 값이 올라가는 성냥원료로서 사기만 하면 큰 수가 나는 판이다. 성냥조차 우리 손으로 제대로 만들지 못하던 시대였다.

하여튼 어디를 어떻게 뚫었던지 염소산가리는 계속해서 확보했다. 대낮은커녕 아닌 밤중이라도 가자고 하면 끌려 갔지, 피할 도리가 없다. 설사장은 그렇게 인력(引力)도 있고, 박력도 있고, 매력, 폭력조차 구비한 실업가였다.

그 분의 사업은 성냥불길처럼 일어났다. 나는 그것을 무시로 지켜보았다. 이 설사장은 20세기 우리나라 사업계에 있어서 그 이름이 남아야 할 실력가라는 것을 증언해 둔다. 그 후에도 곡절이 많았다.

그러나 숙원이었던 방직공장을 기어코 그 손에 넣고, 그 분 사업 중의 백미라고 할 수 있는 대한전선(大韓電線)은 같은 청진 출신으로 1·2위를 다투던 실업가 배정기(裵貞基)씨가 납치된 후 그 사업을 인수한 것이다. 전자공업도 몹시 애를 쓰더니 결국 성공하고 말았다.

참으로 그 끈질긴 노력은 위대했다고 할 수 있다. 다만 한이 있다면 '크로스바' 전화교환기를 제조하지 못한 것뿐일 것이다. 내가 정부에 있을 때 한국케이블 문제로 나에 대해서 원망 이상의 소리를, 내가 듣지 않는 데서 하고 다닌다는 말을 듣고 나는 속으로 미소를 금치 못하였다.

설사장의 사업의욕을 누구보다도 일찍이 체험한 나는 '그러려니' 하고 설사장의 순진과 애교로 삼켜 넘겼었다. 과연 그분은 그 얼마 후에 새벽같이 우리 집을 찾아와 지나간 일은 물에 씻은 듯 잊어버리고 전자공업 허가를 맡는데 조력을 청하는 것이었다.

나는 별수 없이 또 눈을 비비며 끌려 나갔다. 대체 이분은 다른 사람이 쌀밥 먹고 사는지 보리밥 먹고 사는지 아는지 모르는지? 의심하면서도 아무 말도 못하고 또 따라가는 것이다. 혹시 이 글을 보는 분 중에 아는 분은 알거나 짐작이 갈 것이다.

이분은 하고 싶은 것 다하고 돌아가셨다. 아직 그 무한한 정력이 남아 있을 줄만 알았는데 불사신(不死身)도 쓰러지는가……. 기껏 60세 정도밖에 못 사시고 가셨으니 정말 돌아가셨는지 믿어지지 않는다.

그러나 5·16 후에는 심상(心傷)한 일도 많았던지 한 서너번 무슨 얘기 끝에 본인이 스스로 격하여 불현듯 눈물을 펑펑 흘렸던 일을 나는 여기 적어 두지 않을 수 없다. 대실업가도 울었다.

이태 전인가, 입원소식을 들었으나, 남에게 알리지 말라고 했다는 본인의 투지가 꺾이지 않기 위하여 굳이 병문안을 가지 않았다.

작년 늦은 여름, 대한전선 사장실에 함북(咸北)장학회 일로 처음 찾아갔었다. 조금 전에 설사장(당시 회장)이 잠깐 회사에 들렀다가 집으로 돌아가셨다는 말을 설원량(薛元亮) 사장한테서 들었다. 불편한 모양을 나에게 보이지 않으려고 한 심지를 나는 이해하였다.

그래도 때때로 잠깐씩이나마 회사에 나올 정도라면 반드시 이분은 회복할 것이라고 믿었다. 과거의 그분의 50년 사업행로(行路)가 그러했던 것처럼.

북에 갔을 때 두령급(頭領級) 사람의, 신이 나서 떠드는 목소리의 음절(音節)이, 어디서인지 낯익은 것이었다. 나중에 생각이 났다.

평안도 목바탕에 함경도 사투리가 나오는 60대의 소리! 그것은 바로 설사장의 음성과 똑같았다. 언젠가는 이 얘기를 하면서 오래간만에 크게 웃으려 했는데……

4. 청와대

"네? 청와대엘 가자구요?"

장기영의 가느다란 눈이 빛났다.

"누구 누굽니까? 네? 오장관님하고 저하고만요? 웬일입니까? 알겠습니다. 영광입니다."

수화기를 놓고 장기영은 고개를 갸우뚱했다. 오재경(吳在璟) 장관이 박정희 의장과 저녁을 같이하는 데 동행하자는 것이다. 자유당 때 공보실장을 지냈고, 5·16혁명이 일어나자 공보부장관을 지냈고, 지금은 국제관광공사 총재를 지내는 대단히 유능한 분. 일찍이 부산에서 《조선일보》를 맡을 때, 또 《한국일보》를 시작할 때 같이 하자고 청을 넣어 보았던 분.

웬일일까? 구중궁궐처럼 높은 데로만 보이는 청와대에서 박정희 의장과 저녁을 같이하다니……

필화사건 이후에 그들의 신경을 잘못 건드릴까봐 이쪽에서 쓰는 신경이 이만저만이 아니었다.

오재경 총재와 만나자, 장기영은 대뜸 눈을 휘둥그렇게 뜨고 물었다.

"나를 또 가두려고 그러는 거 아닙니까?"

오재경 총재는 웃었다.

"당신은 누가 중상모략으로 가둬 놓아도 금새 나오는 재주를 가졌으니, 말짱 헛일이 되고 말잖소. 이제사 얘기지만 5·16 직후에

내가 공보부를 맡았을 때 말이오, 부정언론인 숙청하라고 40명의
명단을 받잖았소? 그 속에 당신 이름이 있었지. 도저히 불가능한
일이라고 했더니 장기영 한 사람만이라도 처치하자고 하잖아……."

"그래서요?"

"못하겠다고 했지 뭐……."

"허허…… 그런 빚이 있는 줄 몰랐습니다."

그런 일이 있었으면서도 생색 한 번 안 냈었나?

청와대로 들어갔다. 이후락 비서실장이 맞이해 주었다.

2층에서 저녁을 같이했다.

"장 사장, 욕 봤지요?"

박정희 의장은 빙긋이 웃으면서 그를 바라보았다.

"예."

장기영은 넙죽 대답했다.

"그쪽 과정을 거치지 않아서 늘 찜찜했었습니다만, 이번에 공부
많이 했습니다. 감사합니다."

웃음이 터졌다. 술잔이 오갔다.

박정희 의장은 그의 통에 놀랐다. 겸손하게 굴지만 뱃속에는 쇳
덩이 같은 것이 들어 있는 느낌이다.

"어떻게 그렇게 단시일 내에 《한국일보》를 일류지로 만드셨나
요?"

착 가라앉은 목소리로 박정희 의장이 물었다.

"비결은 별로 없습니다. 남이 잠잘 때 안 자고 일한 것뿐입니
다."

"만든 신문을 다 읽으십니까?"

"다 읽습니다. 그래야만 잘된 거, 잘못된 걸 가릴 수 있습니다."

"잘못된 것은 어떡합니까?"

"기자를 불러서 치도곤을 안기죠. 가다가는 이놈 저놈, 이 자식

저 자식 소리가 나갑니다. 제 별명이 장 기자, 왕초, 돼지 등 여러 가지 생겼습니다."

와하하 웃음이 터졌다.

"이 나라 가난을 어떻게 하면 몰아낼 수 있을까요?"

"제 생각 같아서는…… 침을 놔야 됩니다. 모두 땅바닥에 주저앉아서 나는 가난하니까 아무 것도 할 수 없다고 비관만 하고 있습니다."

"무슨 침을 놓습니까?"

박정희 의장의 얼굴이 그에게로 다가갔다.

"잠에서 깨어나게 하는 약, 일어서서 일하게 하는 약, 뜻을 품게 하는 약, 의욕을 북돋아 주는 약, 여러 요소가 담긴 정신차리라는 침을 놔야 됩니다."

"흠…… 그 침, 지금 장 사장이 가지고 계십니까?"

그는 뜻밖의 물음에 당황했다.

"가지고 있진 않습니다만, 만들 수는 있습니다."

"흠……."

재미있는 사람이다. 박정희 의장은 술잔을 권했다. 기분이 참 좋았다.

"요는 국민을 잘살게 하면 되는 거 아닙니까?"

열심히 이야기하는 장기영의 얼굴을 박정희 의장은 조용히 바라보고 고개를 끄덕이었다.

"의장 각하의 뜻이 저 시골 가난한 농민의 가슴팍까지 전달돼야 합니다."

박정희 의장은 크게 고개를 끄덕이었다.

"《한국일보》의 협조를 바랍니다."

박정희는 술잔을 높이 들었다.

매우 뜻있는 밤이었다. 소심한 장기영은 혹시 실례되는 소리를 한 것이 아닌가 되새겨 보았다. 박정희 의장은 동감했을 것이다. 장기영은 하고 싶은 말을, 실제 그렇게 생각하고 있는 말을 했을 뿐이다.

여기서 잠시 장기영에 대한 최영철(崔永喆)의 이야기를 들어보자.

어느 날 새벽 5시쯤 됐을 무렵이었다. 아직 칠흑 같은 어둠이 채 가시지 않았는데 대문을 두드리며 큰 소리로 나를 찾는 이가 있었다. 옆집에서 개들이 요란스레 짖어댔다. 새벽 꿀단잠에서 채 깨어나지 않은 나를 하숙집 아주머니가 흔들어 깨웠다.

"이 시간에 날 찾아올 사람이 어딨어요?"

좀 짜증스레 투덜대며 밖으로 나갔다. 빗장을 따고 밖을 살펴보니 생면부지 낯선 사람이다.

"당신이 최영철 씨요?"

"그렇소."

"왜 하필 이런 데서 살아 나를 이렇게 고생을 시키시오? 새벽 3시부터 가파른 골목을 오르내리다 보니 파김치가 다 됐소이다. 자 어서갑시다."

그해 3월, 대학을 졸업하자 집에서의 보급이 중단되었다. 마음씨 고운 하숙집 아주머니는 취직될 때까지는 공밥을 먹어도 된다면서 아예 하숙비 독촉 같은 건 하질 않았다.

하숙집은 서대문 현저동 인왕산 뒤편에 있는 선바위 바로 밑이었다. 영천 전차 종점에서 하숙집까지 가려면 좁은 골목길, 그것도 코가 땅에 닿을 듯한 가파른 비탈길을 구불구불 오르내려야 해서 술이라도 취할 양이면 남의 집으로 들어가기 일쑤였던 곳이니, 운전 기사가 번지수 쪽지만 들고 모두들 자는 시간에 집 찾느라 고생깨나 했던 모양이다.

"가자니 어딜 가요?"

"왕초가 빨리 데려오래요."

"왕초라니……?"

퍼뜩 깡패 우두머리의 별명 같아 지레 겁부터 났다.

"왕초 몰라요? 아, 한국일보 장기영 사장을 모른단 말이오? 아이구, 그 사람 지긋지긋해요. 잠은 언제 자는지 꼭 새벽 두 시면 회사에 들어와 게라(校正刷)를 하나부터 열까지 다 읽어 보고 어떻게나 뜯어고쳐대는지 공무국에서는 죽을 맛이라고들 그래요. 하여튼 갑시다. 형무소(옛 서대문형무소) 앞에다 차 대 났으니 내려가요."

대충 옷만 걸치고 세수도 않은 채 그를 따라나섰다. 태양신문 사를 인수한 지 몇 해 안 된 한국일보사의 옛 사옥은 정말 하꼬 방을 서로 엮어 연결해 놓은 듯 형편 없었다.

현관에 들어서면 바로 왼쪽이 사장실이었다. 운전수를 따라 비서실에 들어가니 비서가 조심스레 사장실로 나를 밀어넣었다.

"야! 최영철! 너 날 도대체 어떻게 보고 이러는 거야?"

어떻게나 소리가 크던지 그 조그마한 사장실이 터질 것 같았 다.

"너 작년 9월달에 내가 뭐랬어? 그냥 오랬잖아. 야! 네가 뭔 데 내가 한 약속을 무시하는 거야? 용서할 수 없어!"

곧 두들겨 패기라도 할 듯이 내게로 달려왔다.

얼떨결에 비서실로 도망쳐 나왔다.

그 무렵 한국일보에서는 견습기자 시험을 춘추로 나눠 보았 다. 4학년 2학기 초 나는 응시를 했다. 1차 필기시험에 합격하 고 홍승면(洪承勉) 편집국장 등 몇 사람의 시험관으로부터 2차 면접시험도 치렀다. 그러고도 또 오종식(吳宗植) 사장 앞에서 3 차 시험까지 끝내고 첫 출근을 했었다. 그런데 왕초가 외국여행에서 돌아왔기 때문에 한 번 더 면접을 본다는 거였다. 웬 사장이 둘씩이나 되나? 이상하다면서도 다시 장 사장 앞에 차례로 나가 면접을 했다. 장 사장은 이것저것 자세히 물어보더니 이렇게 조용히 말했다.

"여보게, 자네는 아직 졸업을 안 했지 않나. 자네가 대학생이면서 응시, 합격하는 바람에 졸업한 사람이 하나 희생되게 됐어. 좀 측은하지 않아? 여보게, 학교 졸업하고 오게나. 한 사람 살리고 그리고 자네가 학교를 졸업하면 바로 출근토록 하지. 자네는 이미 사원의 자격이 있는 거야. 봄에는 시험에 응시할 필요가 없어. 그냥 나한테 오라구. 나는 한 번 약속한 것은 잊어버리지 않아."

취직했다고 얼마나 많은 친구들에게 '턱'을 냈던지 좋이 5개월 정도의 하숙비를 까먹어 버린 게 못내 아깝고 부끄러웠지만, 하릴없이 뒤통수를 긁으며 현관을 나왔었다.

"뭐 졸업하면 그냥 오라고? 흥! 그만두게 할 거면 좋게 그냥 그만두라 할 것이지, 뭐 졸업하면 바로 넣어준다고? 다시 시험 봐서 들어오면 될 게 아니야?"

며느리 숨어 시어머니에게 욕하듯, 실컷 혼자 중얼대며 무거운 발걸음을 옮겼었다.

그리고 이듬해 3월 다시 응시했던 것.

그런데 1차 합격자 발표에 내 이름은 들어 있지 않았다. '낙방했군' 하며 쓴웃음을 짓고 하루가 지났는데 왕초가 부른 것이다. 시험을 보지 말라 했는데 자기를 무시했다는 것이다.

나는 슬며시 사장실로 다시 들어갔다. 자리에 앉은 왕초는 나를 보고 입을 조그맣게 열고 호호 하며 웃었다.

"이봐, 앉아. 작은 약속도 약속이야. 내가 자네에게 한 약속을 나는 기억하고 있어. 1차 합격자 명단에 자네 이름이 있더군. 화가 났었네. 날 무시한 것 같아서 말이야."

그는 책갈피에서 봉투 하나를 건네주며 이렇게 말했다.

"양복이나 한 벌 맞춰 입고 출근해야지."

나는 왈칵 눈물이 솟구치는 걸 억누르지 못해 손으로 연신 눈밑을 훔쳐댔다.

그게 엊그제 같은데 벌써 32년이라는 세월이 흘렀다.

5. 마패를 차고

무더운 8월 어느 날.

난데 없이 임성희(任星熙) 공보부장관이 '반공애국 유적 부활운동'에 이바지한 바 크다고 감사장을 주었다. 무슨 징조인가?

장기영은 경복궁 안에서 벌어지고 있는 홀리데이 온 아이스쇼를 감독하느라 주변을 돌아보는 중이었다. 한 대의 지프가 나타나더니 한 사나이가 그에게로 다가왔다.

"사장님, 박 의장님께서 모시구 오라 하셔서 왔습니다."

"예? 내가 뭐 잘못한 일이라도 있습니까?"

"그게 아닙니다."

장충단에 있는 박정희 의장 공관으로 가는 차 안에서 장기영은 생각했다. 군복을 벗는가 마는가. 벗으면 최대의 명장 소리를 들을 것이지만 무엇 때문에 나라를 점령했느냐고 비웃음도 면치 못할 터.

그러나 안 벗는다면 이 해이해빠진 국민성을 한번 군인정신으로 휘어 고칠 용의는 없는가. 어쩌면 다시 오기 힘든 5천년 역사 절호의 찬스인데 말이다.

박정희 의장은 단도직입으로 식량 이야기를 꺼냈다.

"오나가나 이 가난한 나라에선 먹는 것이 문제요. 내년 3월 말까지 60만 톤이 부족한 형편입니다. 이런 폐단을 두드려 고치자는 게 내 주장인데, 당장 급한 대로 어디서 소맥분을 좀 구해 와야겠습니다. 장 사장, 좀 수고해 주시겠소?"

"미국에서 17만 5,000톤을 방출한다고 들었습니다만……."

"그 사람들, 어디 날 믿어 줘야지. 우릴 우습게 알고 있어요."

"그럼 어디서……."

"일본이오. 오노 반보쿠(大野伴睦) 자민당 부총재한테 밀서를 써 줄 테니 장 사장의 그 늠름한 솜씨로 한 번 요리해 봐 주시오. 장기영 사장 아니면 아무도 해낼 수 없는 일입니다. 5만 톤만 구해 오십시오."

"일본 경제계엔 좀 아는 사람들이 있습니다."

"그래서 장 사장에게 부탁드리는 거요."

박정희 의장은 비서실장을 불렀다.

"이봐, 김형욱(金炯旭) 정보부장 오라구 그래요. 여권을 즉시 만들어 드리도록 해요."

장기영은 박정희 의장을 자상히 관찰해 보았다.

깔끔한 인상. 눈빛은 정직, 그러나 너무 날카로운가. 때로는 강한 의지가 튀어나올 것 같아, 독기라면 심하지만 좀 싸늘하다.

"의장님은 가난을 미워하시지요?"

박정희는 한 포즈 두었다가 조용히 입을 열었다.

"어려서부터 너무 가난하게 자라서 그런지 철천지원수입니다. 뼛골에 사무친 한이지요. 이 나라 사람들은 그것을 운명이라고 했습니다. 나는 그 운명을 바라다보고, 단지 바라다만 보고 맥없이 사는 사람들을 증오합니다. 욕 얻어먹는 거 상관 없어요. 군복을 벗으면 어떻고 안 벗으면 어떻습니까. 나는 이 민족을 한번 크게 흔들어 깨우려 합니다. 근성을 심어 줄 작정입니다. 일어나서 일하라구요. 일하면 할 수 있는 일이 얼마든지 있다구요……."

장기영은 콧등이 시큰거림과 동시에 가느다란 두 눈이 벌겋게 상기되었다. 그는 두 손을 모았다.

"각하, 처음으로 각하의 참뜻을 알았습니다. 여태까지 알아 모시지 못해서 죄송했습니다. 모두들 모르고 있습니다. 중대한 역사의 고비입니다. 제가 할 수 있는 심부름은 무엇이든 하겠습니다."

깊숙이 고개가 수그러졌다.

박정희는 매우 기뻐하며 장기영의 손을 덥석 잡았다.

"힘을 빌려 주십시오. 정말 중대한 역사의 고비입니다."

공관을 나오는 장기영은 하늘을 우러러보았다. 빛깔이 다른 것 같다. 진짜 쓸 만한 지도자가 나오는가. 이 나라 백성들의 운명을 바꿔 놓을 대동력(大動力)이 창출되는가?

김형욱 정보부장은 장기영에게 여권을 만들어 주고, 신변을 보호해 주라는 지시를 받고 어리둥절했다.

"누굽니까, 이 사람이?"

"누굽니까라니? 천하의 《한국일보》 사장 장기영 씨를 몰라서 묻고 있나?"

"예……."

"밀사야. 일체 알리지 말도록."

"예."

정일권(丁一權) 외무장관이 불려 들어왔다. 그는 마패(馬牌)를 주어 보내라는 박정희 의장의 지시를 받고 미소를 띠며 고개를 끄덕이었다.

"잘 택하셨습니다. 일본 정계에 상당한 지기들을 가지고 있습니다."

"쓸모있게 뵈던데……."

"분명히 사내 대장부지요."

"이번 결과를 지켜봅시다."

조택원이 끼어든 정일권·장기영의 상봉은 상당히 정겨웠다.

"가난을 몰아내겠다는 그분의 집념, 감명 깊었습니다."

장기영이 말하자, 정일권은 반갑다는 듯이 손을 잡았다.

"정권욕 차원의 이야기로 듣지 마세요. 뭔가 있습니다. 나라에 대한 뭔가 집념스러운 생각이 있습니다. 그분께서도 장 사장이 굉장히 인상적이었다고 하십니다. 하여튼 성공시키고 오십시오."

"이거 혹…… 대통령 출마하시려고 그러는 거 아닙니까?"

"그건…….'"

정일권은 잡았던 장기영의 손을 한 번 더 흔들었다.

"신문사 사장의 센스로 판단하십시오."

공항 식당 구석에서 커다란 사나이가 차를 마시고 있었다. 안내 방송이 있자, 그는 슬그머니 일어서서 탑승구로 걸어갔다. 장기영이었다.

6. 밀사로 일본에

1963년 8월 12일.

도쿄에 도착한 장기영은 제국호텔에 들었다. 별관에 있는 아파트 스타일의 방이 일본 갔을 때의 그의 주소이다.

《한국일보》 도쿄지사장 김평윤(金平允)을 불렀다.

"오노 반보쿠 씨를 만나야 되겠는데……."

"왜 그러십니까?"

"그런 건 묻지 말고 즉시 만날 수 있는가 연락 좀 해 봐요."

김평윤은 일본에서 상당히 발이 넓다. 그는 무진 애를 쓰더니 오노가 있는 곳으로 장기영을 안내했다.

커다란 사나이가 정중히 내미는 친서를 오노는 두서너 번 읽고 나더니 장기영을 쳐다보았다.

"박정희 장군의 혁명사업이 잘 돼 갑니까?"

"오나가나 먹는 것이 문젭니다. 사정을 봐 주시면 그 은혜 잊지 않겠다고 하시더군요."

"음, 여기에도 그렇게 씌어 있는데, 일본도 소맥분을 들여와야 하는 판이거든요."

"어려운 줄은 알고 있습니다만, 간곡하게 부탁드린다고 하시더군요."

"여긴 미쓰이(三井)에 소개해 달라고 했는데……."

"미즈카미 다쓰조(水上達三) 회장을 만나 뵐 수 있게 해 주십시오."

그는 직접 미즈카미 회장과 통화를 했다.

"가 보시지요. 만나 주겠다니까……."

"감사합니다."

일어나서는 오노가 장기영에게 물었다.

"박 장군이 민정이양을 한다는 소리를 했다는데…… 사실인가요?"

"국가라는 것을 장난삼아 점령하는 사람은 없었다고 배웠습니다."

"흠, 함축성 있는 표현이시군요. 은혜를 잊지 않겠다는 박정희 장군의 말씀 매우 인상 깊습니다."

"제가 지켜보겠습니다."

굳은 악수를 나누었다. 한 마디로 덩치 큰 일본 정객이라고 생각했다.

일본 민족자본의 상당 부분을 형성하는 데 한 몫을 한 미쓰이의 미즈카미 회장은, 괴상하게 생긴 사나이가 내미는 밀서를 펴보더니 잠시 창밖으로 시선을 주었다. 실무자인 니시지마(西島) 상무가 동석했다.

"일본도 식량난인데…… 어려운 주문이시로군요. 우리도 농림성 (農林省)에서 식량을 수입하는 대리점 임명을 받고 하고 있는데……."

"알고 있습니다. 그래서 박정희 장군께서 각별히 부탁을 드리는 것이라 하셨습니다. 역사적인 도움이 되시리라고 생각합니다. 캐나 다와 미국에서 들여오시는 소맥분을 한국 백성들이 먼저 먹게 해 주시기를 바랍니다."

"그 정보를 어디서 얻었죠?"

"박 장군께서 알고 계셨습니다."

"희한하군. 밖으로 새어 나갈 정보가 아닌데……."

"그분은 지금 한민족의 운명을 바꿔 놓겠다는 결심을 하셨습니다. 제가 보기에는 능히 해내실 분입니다. 그래서 저도 감히 심부름을 하겠다고 나섰습니다. 10만 톤만 주십시오. 계약금은 내놓겠습니다. 다만, 연불(延拂)로 갚게 해 주십시오. 우리는 아직 가난합니다. 장사니까 밑지시는 일은 없도록 해 주십시오."

미즈카미 회장은 장기영을 한참 바라보았다.

"장사를 아십니까?"

"저는 상업학교 출신으로 졸업하자마자 조선은행에 들어가서 잔뼈가 굵었습니다. 나름대로 장사를 아는 기분으로 살고 있습니다."

"좋습니다!"

미즈카미가 큰 소리로 승낙했다.

"해 드리죠. 박정희 장군의 명령이라면 무엇이든 해 드리죠. 은의(恩義)를 드리니 선거에도 도움이 될 겁니다."

"감사합니다."

장기영은 일어서며 손을 내밀었다. 미즈카미의 손은 두툼했지만 이쪽 손아귀에 들어오는 것이었다.

이런 것을 사나이 대 사나이의 승부라고 한다. 섬나라 놈이니 쪽발이니 욕을 하지만, 그들 중에는 이런 큰 배포를 가진 사람들이 있어 재미있다.

이튿날 장기영은 미쓰이의 곡물 담당인 마쓰이(松井) 상무와 수입계약서에 서명을 했다.

소맥분 10만 톤
계약금 60만 불
잔액금은 통상금리 2%, 상거래금리 연 4.75%
12년 거치(据置) 상환.

이것은 한국측에 반드시 이로운 조건은 아니었다. 그러나 장삿속을 도외시하지는 않겠다고 한 이상 도리가 없다.

그 대신 미쓰이의 노고를 장기영은 알고 있었다. 지금 캐나다에서 5척의 배가 1만 5,000톤씩을 싣고 일본으로 오는 중이지만, 10만 톤을 채워 주자면 3만 톤 가량을 어디에선가 따로 구해야 된다.

미즈카미 회장은 라이벌인 미쓰비시(三菱)에다 협력을 요청했다. 그런 케이스라면 자기들도 오케이를 하겠다고 했다.

일본정부에는 일체 비밀로 하는 일이라고 했다.

장기영은 하늘의 별을 딴 기분이었다. 이때 청진의 벗 최세황이 도쿄에 와 있는 것을 알고 만났더니 얼굴이 새파래지며 걱정을 한다.

"당신 지금 어느 땐데 여기 와서 방황하고 있는 거요? 서대문호텔에서 나온 지가 언젠데……."

장기영은 껄껄껄 웃으면서,

"뽐낼 수도 없고 뽐낼 데도 없는데 최 검사 같으면 안심하고……."

정일권 외무부장관이 준 마패를 살금 보여주었다.

"헤……."

최세황은 눈을 휘둥그레 굴리면서 감탄했다.

"당신 재주는 참 흉내낼 수가 없어."

장기영은 그 순간이 무척 행복했다.

그는 급히 귀국하여 박정희 의장에게 보고해야겠다고 생각했으나, 전화로 암호처럼 성공을 알렸다.

내 시간도 있어야 될 것 아니냐. 내 인생이 나의 것인데 말이야.

전화통에 불이 났다. 조택원의 친구이며 일본정계의 실력자 면면들. 후나다 나카(船田中), 시나 에쓰사부로(椎名悅三郎), 다나카 다쓰오(田中龍夫), 노다 우이치(野田卯一), 자민당 간사장 마에오 시게사부로(前尾繁三郎), 부간사장 스즈키 젠코(鈴木善幸), 김종필과 메모를 교환한 오히라 마사요시(大平正芳), 사토 에이사쿠(佐藤榮作), 기시 신스케(岸信介), 후쿠다 다케오(福田赳夫), 관방장관 구로가네(黑金泰美), 세이란카이(靑嵐會)의 나카카와 이치로(中川一郎), 아시아를 제 집 앞마당처럼 나돌아다녔다는 야쓰기 가즈오(矢次一夫), 경단련(經團連)의 우에무라 고고로(植村甲午郎), 도코 도시오(土光敏夫), 곤(今日出海), 작가인 이노우에 야스시(井上靖), 그림쟁이 오카모토 다로(岡本太郎). 《문예춘추》의 이케지마(池島信平) 사장을 빼놓을 수 있는가.

바쁩니다, 바쁩니다. 이번엔 바빠서 못 만나고 가는 것을 사과하자. 유감이라는 사람이 대부분, 싫어하는 사람은 한 사람도 없었던 것 같다.

그러면 됐다. 장기영은 허허…… 웃으면서 김평윤을 바라보았다.

"아니, 당신 가서 안 자구 뭘해? 부인이 목이 빠져라 기다리구 계실 텐데……."

김평윤은 어처구니가 없다는 듯이 바라보며 말했다.

"저희 집 사람은 벌써 목이 빠져서 죽었습니다. 사장님 가신 뒤에 일 주일 가량은 '업무보고' 안 보내겠습니다."

"일 주일 가지고 되겠어? 한 달 동안 아무 것도 보내지 말라구. 보내면 벌을 줄 테야."

장기영은 봉투 하나를 내놓았다.

"이게 뭡니까?"

김평윤은 놀란다.

"응, 목 빠져서 죽은 양반 코에다 갖다 대고 좌우상하로 흔들어 보라구. 되살아날 거야. 후욱——하고 숨이 살아나거덩 확 막으라구. 당신 입으로……."

일본이란 땅은 장기영에겐 물이었다. 거기 들어가면 자유자재이다. 막히는 일도 막히는 데도 없었다.

귀국한 장기영은 박정희 의장에게 보고를 했다. 박정희는 그의 손을 꽉 잡았다.

"가난 추방 작업의 일환이었습니다. 내일이 보이는 것 같아요."

"가난 추방 작업에는 어떠한 심부름이라도 하겠습니다. 밀가루를 나눠 주실 때는 가가호호에 됫박이나 자루로 주시면 안 됩니다. 트럭으로 잔뜩 싣고 가서 동리 사람들에게 다 보여주라고 하시기 바랍니다."

박정희 의장은 한층더 힘을 주어 그의 손을 잡아 흔들었다.

얼마 후 박정희는 군복을 벗고 공화당에 입당, 총재가 되었다. 그리고 대통령 선거 출마를 선언했다.

대한민국 제2대 대통령에 당선되었다.

여기서 잠시 장재식(張在植)의 백상 장기영에 대한 회고를 들어

보자.

백상 선생과 자리를 함께 하여 대화를 나누게 된 기연은 내가 광화문세무서장에 막 부임한 1964년의 초여름이었다.

한국 언론의 거물 장기영 사장이 일선 세무서장실에 직접 찾아왔다는 전갈을 받고 놀랐을 뿐 아니라, 찾아온 사안이 중대한지라 긴장되어 맞아들였다. 그 육중한 몸에 두꺼운 '세법전'을 직접 팔에 끼고 손일근 이사를 대동하고 서장실에 들어올 때의 모습은 어딘가 텁텁한 서민상을 짙게 풍기면서도 일전을 불사할 것 같은 위압적인 것이었다.

그 당시의 신문사는 모두 적자운영의 어려움을 겪고 있는 형편이었고, 한국일보사도 창간된 지 얼마 안 되어 운영난에 허덕이고 있는 것은 사실이었는데, 소득세의 신고를 하지 아니한 탓으로 소위 인정과세(수입금액에다 소득표준율을 적용하여 산출한 금액을 소득금액으로 보아 소득세를 과세하는 방법)를 받게 된 것이다.

상식적으로 봐서, 소득이 없어 결손인데도 소득신고를 하지 아니하였다 하여 소득세를 부과한다는 것은 납세자의 입장에서는 너무나 억울하고, 이렇게 상식이 통하지 않는 세무서를 때려 부수고도 싶었을 것이다.

그러나 법의 굴레를 벗어날 수 없는 공무원의 입장에서는 납세자가 소득에 대한 신고를 하지 아니한 경우에는 소득표준율에 의한 추과과세를 하도록 세법에 명시되어 있으니 어쩔 수 없는 노릇이었다. 다만 나 '개인적으로' 다행인 것은, 한국일보사에 대한 문제의 소득세의 부과와 고지, 그리고 그 체납세금에 대한 신문사의 재산압류는 내가 부임하기 전에 모두 완료되어 있었다.

또 그 세금부과에 대하여는 정치적인 복선이 있었다는 등 말이 많았으나 나로서는 그것을 확인할 필요도 없었고, 또 과세의 동기여하에 관계없이 세무서장의 능력과 권한은 엄연히 한계가 있었던 것이다. 이와 같은 세무서장의 능력의 한계를 아무리 설명해도 백상은 그 독특한 스타일 그대로 막무가내였다. 그러나 그 분이 내 고충을 몰라서 그러실 분은 아니었음을 나는 잘 알고 있었다.

"내가 며칠을 두고 이렇게 세법을 직접 공부하였소. 내 설명을 잘 들어 보시오."

연필로 새까맣게 줄이 그어진 세법전을 펼치면서 예리하게 공격하시던 모습이 지금도 눈에 선하다. 저렇게 직접 사주가 회사세금 때문에 공부를 하였다니 대단하구나 하는 생각에 존경과 긴장감이 한꺼번에 몰아닥쳤다.

"소득세법 제○○조를 보시오. 여기에서는 분명히 '다음의 소득이 있는 자'는 그 소득을 신고하라고 되어 있지 않소? 그렇기 때문에 한국일보사같이 '소득이 없는 자(결손을 본 자)'는 소득신고의 의무가 없지 않소?"

세법의 불비를 너무나 예리하게 찔리고 나니 잠시 말문이 막혔다. 내 나름대로의 설명은 했지만, 법학을 전공하지 않은 사람이 어떻게 세법전문가들도 오랜 동안 부과한 법조문의 결함을 파혜칠 수 있단 말인가(참고로 말하지만 백상의 지적을 받고 세제당국에 건의하여 나중에 이 불비는 보완하였다. 즉 소득이 없이 결손이 생긴 경우에도 신고하도록 하였다).

두 시간 가까운 정력적인 토론을 하는 동안 젊은 패기로 맞선 나에게 거슬린 점도 많았겠지만, '과연 장서장은 내가 듣던 대로 우수하오'라고 말하며 서장실을 떠남으로써 거물다운 자세를 잃지 않았다.

"내가 신문을 팔 때 그 종이를 파는 것이 아니라 거기에 실린 뉴스를 파는 것이오. 마치 다방에서 찻잔을 팔지 않고 그 속에 든 차만 파는 것처럼."

"신고를 하지 아니하였다 하여 인정과세를 할 수 있다면 우리가 신고를 하지 않았던 첫해에 바로 인정과세를 해서 그 다음부터는 그런 일이 없도록 해주어야지, 가만 있다가 이제 몇 년 분을 한꺼번에 이렇게 과세하는 법이 어디 있소?"

그 분이 남기고 떠난 여러 가지 말들은 나로 하여금 값진 반성과 참고의 자료가 되었음을 기억하고 있다.

더구나 그 며칠 후에 백상은 나의 큰 처남(최세황 변호사)과 가장 가까운 지기임을 뒤늦게 알고 한국일보사 사장실로 찾아갔다. 그토록 미운 세무서장을 가족처럼 맞아 주시면서 젊은 사람에게는 그런 패기가 있어야 한다고 격려해 주신 것을 잊을 수 없다.

그 후 나는 백상 선생과 공적으로나 사적으로 자주 접촉하게 되었고, 그 분으로부터 많은 것을 배우고 얻을 수 있었다.

백상이 이 세상을 떠나시던 날 눈시울을 적신 최세황 변호사의 추억담 속에 백상의 인품에 대한 다음과 같은 말이 있었다.

"내가 어려운 공무원 생활을 하는 가운데 납북당하신 아버님 대신 수많은 동생들까지 키우다 보니 학교 등록 때에 부득이 백상을 찾아간 일이 있는데, 자기 신문사업도 허덕이면서 그 용도는 한 마디도 묻지 않고 필요한 금액만 묻고 무조건 도와주었던 백상의 인품이었네. (그외에 여러 가지 백상의 인품에 대한 장황한 설명을 하면서) 남들이 뭐라 해도 백상은 역시 거물이야. 아까운 별이 떨어졌네……."

7. 미국대사 대 줘

"이것들이 제대로 일을 하고 있나, 신문사 좀 가 봐야겠어."

장기영은 막역한 친지들과 저녁을 먹다 방석식 의자에 잠깐 기댄다는 게 그만 골아떨어졌다. 함께 있던 친구들은 다 가 버리고, 깨지 않게 비스듬히 눕혀 놨던 것이다. 그는 자기 코 고는 소리에 소스라쳐 일어났다.

골목길을 조심스레 빠져 나오면서 시계를 보니 새벽 3시가 다 돼 간다. 이런 시간의 이런 것을 두고 '암야행로(暗夜行路)'라고 해야 하나…… 시가 나오야(志賀直哉)를 생각하면서 신문사에 들어서니 세상과 더불어 자고 있나 보다. 인기척이라곤 없다.

1963년 11월 23일이다.

편집국에 올라섰을 때이다. 외신부의 텔레타이프가 토도닥거리고 있다. 다가가 보니 기자가 두엇 무엇인가를 열심히 들여다보고 있다.

"뭐가 들어왔어?"

사장을 보고 두 사람은 소스라치게 놀라면서 뉴스를 보여주었다.

"케네디가 총에 맞았다고 들어왔습니다."

"뭐, 케네디가?"

잡아채듯이 받은 종이에는 분명히 케네디가 총에 맞았다. XYZ XYZ…… 라고 되어 있다.

"이거 정말이야?"

"속보가 들어올 겁니다."

"큰일났군! 잘 보구 있어!"

그는 편집국장 자리에 가서 소리소리질렀다.

"윤전기를 멈추어라!"

"이 기사, 박 내무와 이 치안국장 오늘 중 인책사임(引責辭任)은 옆으로 밀고, 이거 이거는 버려!"

"지방에 보낼 호외 준비를 해라!"

"이 사람들 즉시 불러내!"

이때 휴게실에서 자다가 나온 박승탁의 모습을 보자 소리쳤다.

"박승탁 씨, 미국대사한테 전화 걸어서 나 좀 대주시오. 그리고 미국대사관 주변을 샅샅이 스케치하시오."

속보는 기사가 될 만큼 들어왔다.

미국대사가 나왔다고 하자 그는 수화기를 들고 서슴지 않고 말했다.

"Hellow ambassador. I am very sorry I can not say good morning to you. It is bad morning. Your President Kennedy were shot. He was killed. UPI sent us this news. You better phone to your government. I am very sorry to inform you this sad news."

속칭 장기영 국장은 이날 밤 국장의 면모를 유감없이 발휘, 다른 신문들을 앞질렀다.

《한국일보》 조간을 본 사람들은 모처럼 미국에 패기 있는 인물 하나 나타났는가 보다 했더니, 이게 웬일이냐고 놀랐다.

그러나 장기영 국장의 덕을 단단히 본 것은 주한 미국대사이다. 한밤중의 세계 여러 나라 대사관에서, 본국에 사실 여부를 물어 온 대사는 그뿐이었던 것이다.

경황 중에도 미국대사는 숨을 돌리자마자, 한국일보사 앞에 성조기가 달린 차를 세워 놓고 사장실로 들어갔다.

그는 '감사하다'는 말을 몇백 번을 해야 할지 모르겠다고 줄곧 한국식으로 머리를 조아렸다. 계산가 장기영은 정확하게 이것을 그의 가슴 속에 치부해 두었다.

박승탁은 다음과 같이 회고한다.

이날 아침 대사관 주변을 스케치하면서 들은 이야기이지만, 백상으로부터 제일 먼저 이 급보를 전해 들은 미국대사는 그 자리에서 워싱턴을 불러 체면을 톡톡히 세울 수 있었다는 것이다.

몸은 뚱뚱보였지만 생각은 날쌘 분이었다. 한국일보가 창간 10년도 채 못 되어 D일보를 바싹 뒤따르는 새벽의 전령으로 급성장한 것도 결코 우연은 아니었다.

세계를 뛰는 경제전쟁

역사의 흐름 전환은 항상 떠도는 여론 속에 그 징조가 나타난다.
이 징조를 통찰하고 다음에 대비하는 자가 현자이며, 영걸이리라

1. 박정희 대통령과 장기영 부총리

1963년 12월 17일 박정희는 군복 아닌 민간인 복장 차림으로 제
5대 대통령 취임식에 임했다. 군정이 아닌 민정인 것이다. 세상 공
기가 달라진 것 같다.

동아일보 사장 최두선(崔斗善)이 총리를 맡고 김유택(金裕澤)이
경제기획원장관에 임명되었다. 장기영은 그들이 이 어려운 판국을
잘 헤쳐 나갈까 걱정했다.

신문인은 신문을 만들면 된다. 더군다나 《한국일보》도 창간 10주
년을 맞이한다. 부수는 30만 부에 육박하고 있다. 대단한 성공이
다. 4·19를 전후해서 약간 야적(野的)으로 기울었다. 독자는 그런
것을 좋아하는 모양이다. 그러나 《코리아 타임스》는 외국인 상대이
다. 부끄러운 기사는 되도록 빼고 나라의 체면을 유지하는 데 신경
을 썼다.

'지구는 한울타리'라는 캐치프레이즈를 내걸고 조세형 외신부장으
로 하여금 '80시간의 세계일주' 4만 km의 붕정(鵬程)에 오르게 했
더니 역시 '세계 속의 한국'을 논할 기회가 많아졌다.

그것은 곧 정부에 대한, 또 국민에 대한 충고와 권유와 안내를
내포한 액션이기도 하다.

대학가의 소요가 그치지 않는다. 학생들의 순수한 동기가 4·19 혁명을 성공시켰지만, 어디까지 그들의 주장을 수렴해야 되는가. 위정자의 의연한 태도가 갈망된다고 생각할 때이다.

1963년 12월 11일 주미대사를 지낸 정일권이 만나자고 했다. 장소는 워커힐의 조용한 빌라.

심상찮은 예감이 들었으나 장기영은 들어가자마자 물었다.

"또 밀가루 구해 오라는 겁니까?"

"아하하, 맨날 밀가루만 구하러 다녀서야 되겠습니까? 이번엔 쌀을 구해 달라는 얘깁니다."

"쌀?"

"국민들이 배불리 먹을 수 있는 쌀 말입니다."

"그거…… 못 알아듣겠는데요?"

"장 사장!"

정일권은 그를 의자에 앉히면서 다정하게 말했다.

"나와 함께 내각에 들어가서 일 좀 합시다. 이 나라 운명을 한 번 바꿔 놔 보십시다."

"지금 난장판인데……."

"어떻게 보십니까, 장 사장은? 혁명정부는 경제개발 5개년계획을 세우고 줄곧 가난을 몰아내려고 애를 써 봤습니다. 농어촌의 고리채를 덜어 주려고도 해 봤고, 통화개혁으로 참신한 경계체제를 구축해 보려고도 해 봤고, 다 아시잖습니까? 세상은 어제의 세상이 아니라고 느끼면서도 경제 사정은 좋아지질 않고 민심은 붕 떠 있습니다. 박 대통령의 집념은 가난을 몰아내는 것입니다. 언젠가 장 사장도 그렇다는 길 느끼실 기회가 있었지요? 그린데 이렇게 잘 안 돼 가고 있어요. 궁리하던 끝에 장 사장의 경륜과 배포와 박력, 그리고 내 힘과 의지를 한 묶음으로 해서 비약적인 계기를 만들어 보라는 겁니다."

"누가요?"

"대통령 각하께서 말입니다. 김종필 의장도 환영의 뜻을 밝혔습니다."

"그 양반두요?"

"대환영입니다."

장기영의 머릿속에 기이한 광선 같은 것이 획 지나갔다. 그는 담배를 꺼내 물었다.

"궁합이 맞아야 장가도 가고 시집도 가는 거 아닙니까?"

"그렇죠. 내 구상은 이렇습니다. 장 사장은 총리가 된 기분으로 경제기획원을 맡아 주시고, 경제 각료 팀을 짜 주세요. 딴 부처는 내가 짜겠습니다."

장기영의 머릿속엔 몇 사람의 얼굴이 떠올랐다가는 사라졌다.

해 볼까? 그러나 팀웍이 맞지 않으면 단명하기 마련이다.

"나는 외교와 안보를 지키겠어요. 장 사장은 경제를 휘둘러 주세요."

"솔직히 말씀드려서 우리나라의 경제 사정은 지금 엉망입니다. 정권의 존속도 이 경제를 어떻게 하느냐에 달렸다고 생각합니다."

"경제에 관한 한 전권을 드립니다."

"정·장 연립내각입니다."

"말하자면 그렇죠."

"차제에 부총리제를 만들지 않겠습니까? 경제장관들을 이끌어나가자면 그런 타이틀이라도 있어야 맥을 출 것 같은데요……."

"그거…… 그거 한 번 각하와 상의하십시다."

"여태까지 경제 분야는 재무장관이 리드했거든요. 부총리가 중심이 되도록 해 주세요."

"맡아 주시는 거죠?"

장기영은 두 눈에 힘을 주었다.

"사양 않겠습니다. 전 불도저가 되어 밀고 나가겠습니다. 총리께서는 위에 타시고 돌격대장이 돼 주세요. 한·일 문제, 경제 문제, 아무도 우리가 가는 길을 막지 못할 것입니다."

두 사람은 뜨거운 악수를 나눈 후, 청와대로 들어갔다.

박정희 대통령은 기다렸다는 듯이 그들을 반가이 맞이했다. 그는 장기영을 보고 물었다.

"장충체육관에서 5·16 예술제를 할 때《잘살아 보세》라는 노래를 했습니다. 들어 보셨어요?"

장기영은 허리를 굽혔다.

"들어 봤습니다."

"요는 우리도 한 번 잘살아 보자는 얘깁니다. 여태까지 위정자들은 그런 소리만 했지 실천을 못했어요. 우린 그걸 실천으로 옮기자는 얘깁니다."

"각하의 집념, 저도 잘 알고 있습니다."

정일권이 가세했다.

"경제장관들을 이끌어 가자면 부총리 겸 경제기획원장관이란 직함이 필요합니다만……."

"부총리 겸 경제기획원장관?"

"우리는 정·장 연립내각입니다."

"아하하…… 연립내각 좋죠. 그렇게 해 보세요."

이 나라의 제2인자 김종필 공화당의장을 만나는 순서이다. 젊은 나이에 매우 침착하다. 장기영의 손을 다정하게 잡고 그는 말했다.

"혁명 직후부터 한·일 문제를 위해서 음으로 양으로 뛰어 주신 기 잘 알고 있습니다. 일본 정계에서도 장 신생의 인기가 대단하더군요. 이번에 경제 분야를 맡아 주신다는데, 장 선생은 프로가 아닙니까? 한 번 프로 솜씨를 유감 없이 발휘해 주세요."

"제가 공화당원이 아니라고 미워하지 말아 주십시오. 적과 편을 혼동하면 일이 안 됩니다."

"아하하…… 나는 장 선생을 비밀당원으로 알고 있을 게요."

"저는 의장님을 비밀당수로 모시겠습니다."

"아하하……"

그들은 필화사건에 대해서는 한 마디도 언급하지 않았다. 역사 속에 묻어 둘 것은 묻어 두자. 지금은 손 잡고 전진할 때이다.

장기영은 그의 측근인 신형식·김동환·김재순 등과도 만났다.

경제 각료 팀을 조직하려고 뛰었다.

해방 직후 조선은행 조사부 때부터 지금까지 매주 만나고 있는 수요회 멤버들 생각이 제일 먼저 났다. 송인상·김영휘·안호열·김기화·김봉진·유용대, 김익균의 형 김광균, 나익진의 면면들.

나익진(羅翼鎭)을 불렀다.

"내가 부총리 겸 경제기획원장관이라는 자리로 들어가는데 나 형이 상공장관 자리를 좀 맡아 주시오."

나익진은 상공부장관을 해 본 적이 있고, 산업은행 총재에다 금융통화위원회 위원이다.

그는 그러나 고개를 저었다.

"과정(過政) 때 잠깐 해 봤는데, 자신 없는데……."

"그때하구 지금은 다르잖아……."

"아냐, 융통성 있는 사람이 해야지 우리같이 고지식해선 일이 안 되는걸……."

"내가 높은 데서 호통칠까봐 그러나?"

"아니 아니, 당신 호통이 유명하긴 하지만 난 무섭지 않아."

"그럼 누굴 한다? 추천해 보시오."

나익진은 잠시 생각하다 한 사람을 추천했다.

"박충훈(朴忠勳)이 어떨까? 그 사람 같으면 잘 해낼 것 같은데……."

"박충훈······?"

"상역국장(商易局長)도 했었고, 차관도 지내 봤고······ 실무자 아닌가 지금······."

"좋아요, 박충훈!"

즉시 그를 불러 두말 없이 승낙을 하게 했다. 재무에 박동규, 농림에 차균희, 건설에 전예용의 라인업.

정일권을 만나 상의하니 내무에 양찬우, 법무에 민복기, 국방에 김성은, 문교에 윤천주, 보사에 오원선, 교통에 김윤기, 체신에 홍헌표, 공보에 이수영, 총무처에 이석제, 무임소에 김홍식·원용석이라는 것이 아닌가.

아는 사람이 대부분이다. 이 난국에 이만한 라인업이면 힘있는 전진이 가능하지 않겠는가?

두툼한 그의 두 볼엔 힘이 주어졌다. 이제는 출범이다. 한다면 한다! 그것뿐이다.

다음은 당시 한국일보 기자였던 이성구(李成求)의 회고.

입각 전야——

2층 편집국도 비교적 차분한 일요일 오후. 어쩐지 상기한 듯한 장 기자(애칭)가 거구를 이끌고 들어서더니 곧장 사회부로 왔다. 그리고는 대뜸 말했다.

"이성구 씨, 나하고 어디 좀 갑시다"

'어쩐지'란 사건이 터졌다 하면 기자들보다 먼저 흥분하고 신나는 사장이, 상기는 된 듯 하긴 한데 몸에서 풍기는 분위기가 전혀 달랐기 때문이다.

하여튼 사장이 애용하던 검정색 지프에 올라타자 '용산역엘 좀 가봅시다' 한다. 용산역이라니? 용산역이라면 이제나 그때나 본역인 서울역에 치여 별 볼 일이 없는 곳이 아닌가.

남대문을 스쳐 차가 서울역으로 꺾이자 사장은

"쌀 창고가 어느 쪽에 있어요?"

하고 묻는다——그때서야 나는 아하 세상사를 모두 끌어안고 걱정
해야 직성이 풀리는 신문사 사장이라 쌀값이 걱정돼 그러는구나 하
고 지레짐작이 갔다——최소한 그때만큼은 그랬다.

지금은 쌀이 남아 돈다고 복에 겨운 걱정을 하는 세상이니 세월
이 바뀌어도 많이 바뀌었다. 그러나 그때는 식량이 가장 큰 문제인
시절이었다. 그래서 이른바 '민생고를 시급히 해결하고……'라는
구호를 내걸고 군부가 정권을 잡은 시절이었다. 그러나 서슬 퍼런
군사정권인들 모자라는 쌀을 하늘에서 떨어지게 할 수는 없었다.
그래서 쌀 소동, 쌀값 파동이 일었다 하면 농림부장관의 목이 추풍
낙엽이었던 시절이다.

당시 서울 시민이 하루를 살아가려면 절대량으로 1천 5백 가마
정도의 쌀이 필요했다. 그 해도 보릿고개가 고비였던 그 무렵 지방
으로부터의 반입량이 턱없이 모자라 쌀값 파동이 일고 민심이 동요
되고 있었다.

하여간 양곡하치장에 닿은 우리는 사장 따로, 나 따로 쌀가마를
세기 시작했다. 정확하게 858가마였다. 그것이 그날의 입하량 전부
였고, 두 사람이 센 숫자도 꼭 맞아떨어졌다. 하치장 사무실에 가
양해를 얻고 입·출고일지도 살폈다. 그날의 입하량은 일지에도 같
은 수량이었다. 보름 가까이 많은 날이라야 1천 여 가마, 적은 날
은 8백 가마선이었다.

사장 얼굴에는 하치장에 있는 동안 내내 낭패스런 그림자가 드리
워져 있었다. 나중에 안 일이지만, 그럴 만도 하였다. 사장은 그날
점심때 청와대에서 부총리 겸 경제기획원장관 취임을 내락하고 쌀
값 안정에 최선을 다하겠다고 다짐하고 나왔기 때문이다.

당장 불똥은 발등에 떨어져 있는데 그날의 입하량은 수요에 자그

마치 3분의 1이 모자라는 숫자였고, 좀 낫다는 날도 4분의 1이 모자라는 셈이었다. 사장은 답답하다 못해 화가 난 듯 또 말했다.

"어디 다시 한 번 확인해 봅시다."

우리는 땀을 줄줄 흘리면서 두 번을 다시 세었다. 그러나 모자라는 쌀이 어디서 솟아날 리야 있겠는가.

나는 나대로 쌀값이 걱정스럽고, 사장은 내심 내일이면 큰소리 친 중책에 걱정이 태산 같았을 것이다. 우리는 못내 아쉬워 나직한 쌀더미 앞을 왔다갔다하면서, 묘안이 없을까 여러 가지 대화를 나눈 기억이 난다.

이튿날 입각한 장 부총리는 취임 직후부터 절약과 증산, 그리고 수입의 3면 작전으로 만성적인 식량난 해결의 돌파구를 찾기 시작했다. 그는 새로운 시도로 '주부와의 대화' 프로그램을 만들었다. 그는 국민들에게 조금 더 허리띠를 조여 식량 절약에 협조해 줄 것을 호소하는 한편, 미국 쌀의 수입을 소리 없이 추진했다.

'내일이면 부총리'가 될 그 거구에 땀을 흘리며 쌀가마니를 세던 모습이 희화(戱畵)같기도 하지만, 어떻게 보면 그 억척스런 추진력과 성실로도 비쳐져 '기사는 발로 쓰자', '첫째도 확인, 둘째도 확인'이라던 모습과 오버랩되어 눈에 선하다.

과문한 탓에 다른 부총리나 농림부 장관이 그와 같이 쌀가마니를 직접 세어 본 사람이 있는지 없는지는 모르겠고, 또 그 덕분인지 아닌지도 모르지만, 장 부총리 이후로 쌀이 모자란다는 소동은 없어졌고 쌀값 파동으로 부총리나 장관이 자리를 물러난 사람은 없었던 것으로 기억된다.

2. 첫 포문

'신임 장기영 부총리 겸 경제기획원장관──「국민들은 6개월만

참아 달라」'

신문의 대서특필이다. 만면에 웃음을 띤 장기영의 얼굴. 여태까지는 딴 사람들 사진만 실었는데, 이제는 장기영도 그 사진의 주인공이 되었는가?

장기영의 생활신조, 아니 좀더 차원 높은 말을 빌리자면 처세철학은 '담대심소(膽大心小)하게'라는 데 두고 있다.

이것 역시 얼핏 들으면 좀체로 이해가 안가는 말임에 틀림없다. '대담'하면 대담했고, '소심'하면 소심했지 어째서 대담소심하랴 하는 생각이 든다. 그러나 이러한 역설적인 신조, 그것이 바로 '장기영이즘'이 되고 있다.

"일은 대담하게 하되, 세부에 이르는 데까지 세심한 주의를 하라."

"대장부가 큰일을 하되 그 큰일을 성공시키려면 그야말로 지엽말단에까지도 신경을 쓰라."

"큰 돈은 아끼지 말고, 작은 돈은 아껴 써라."

어쨌든 이 역설적이고 양극적(兩極的)인 말은 실로 '인간 장기영'을 그대로 표현할 수 있는 가장 적절한 문구임엔 틀림없다.

그래서 그런지 그의 모든 행동이 그렇다.

배짱도 좋고 아이디어도 좋다. 그래서 큰일을 했다. 그리고 큰일들이 하나도 실패 없이 성공했다. 그것을 성공으로 이끈 바탕이 바로 그의 소심성(小心性)에 있음을 능히 알 수 있다.

1964년 5월 12일 월요일.

장기영은 언제나와 같이 까만 양복에 까만 중절모를 쓰고 집을 나섰다. 경제기획원으로의 첫 출근길이다.

비서실에 들어서니 모두 겁먹은 표정들이다.

"비서실은 다 그대로 일을 보는 겁니다."

일제히 얼굴들이 활짝 피었다.

취임식이 끝난 뒤 직원들과의 상견례 차례가 왔다.

"차관 김학렬(金鶴烈)입니다."

깡마른 사나이가 일어서서 이쪽을 쏘아보며 무뚝뚝하게 인사를 했다. 소문대로 만만치가 않겠다.

"기획차관보 김영준(金榮俊)입니다."

"운영차관보 이선희(李善熙)입니다."

"기획관리실장 이종환(李鍾桓)입니다."

자기 소개는 똑같은 형식으로 계속되었다. 관료 냄새가 물씬 나는구나. 장기영 장관은 지켜보고 있었다.

기획국장 우용해, 예산국장 진봉현, 경제협력국장 정문도, 기술관리국장 김상근, 경제계획관 정재석·심창유·김영배·김근수도 똑같이 관료 냄새를 피운다.

한 사람이 일어나 보고했다.

"해외주재관은 여기 참석하지 못했습니다."

"누구 누구죠?"

"미국에 장예준, 독일에 이문탁, 일본에 우윤희 씨가 있습니다."

조사통계국장 오홍근에 이어 이번엔 과장 차례이다. 총무과장 강용순.

"외자총괄과장 양윤세입니다."

저 친구 아직도 있었구나. 한·일회담 때문에 도쿄에 특사격(格)으로 갔을 때, 저 친구가 호텔에 들어와서 첫 인사를 하자마자 한 방 쏘았지.

"경제기획원에서는 외자도입을 뭐 그 따위로 합니까?"

그랬더니 저 친구 나를 쏘아보며 대꾸했었지.

"외자도입이 뭐가 어떻다는 말입니까?"

통명스런 첫 대화의 상대 양윤세. 기억에 선명하게 남아 있어.

자기 소개는 계속되었다. 황병태·김형국·최창락·이선기·전응진·

이희일.

"공보관 최성렬입니다."

오, 당신. 한국은행 때부터 나한테 드나들던 기자.

분위기는 묵직했다. 모든 눈초리는 묻고 있다. 엉뚱하게 들어온 당신이, 흐트러진 이 나라 경제질서를 어떻게 하겠다는 거야?

거기다 또 장관이 갈리면 후조(候鳥)처럼 데리고 다니는 패거리가 있는데, 당신이 우리 모가지를 자를 거야, 그대로 둘 거야?

장기영 부총리는 엉뚱했다.

"과장은 이사관입니까?"

모두 침을 꿀꺽 삼켰다.

"국장이 높습니까, 서기관이 높습니까?"

비웃음으로 들렸다. 그것도 모르고 신문사 사장 노릇을 했느냐? 우리를 뭘로 알고 모욕이냐?

누군가가 외칠 것 같은 분위기이다.

그러나 그의 안중에는 아무 것도 없었다. 그는 자기 할 이야기를 뱃심있게 계속해 나갔다.

"기자회견에서 나는 말했습니다. 국민들은 반 년 동안만 참아 달라……. 반 년 동안에 세상을 바꿔 놔야겠어요. 이거 살 만하다, 또는 이만하면 견딜 만하다는 데까지 경제 사정을 바꿔 놔야겠어요. 요는 일을 하자는 겁니다. 일을 일답게 하자는 겁니다. 경제기획원, 지금까지 죽어 있었어요. 국민들은 잘 몰라요. 여기가 뭐 하는 곳인지…… 다시 살려 놓아야 합니다. 팔팔한 고기처럼……."

흩어지는 직원들은 저마다 한 마디씩했다. 고생길이 훤하군. 여기가 신문사인 줄 아나 봐.

그들의 마음은 매우 뒤숭숭했다. 특히 도쿄 제국호텔에서 퉁명스럽게 첫 대화를 나누었던 양윤세는 심기가 착잡했다.

단 한 사람, 분명히 그와의 재회를 감격스럽게 생각하는 사람이 있었다.

공보관 최성렬이다. 한때 출입기자로서 그와 알게 된 인연이지만, 어느 부처고간에 역대 장관들은 저마다 신임 공보관을 배치하는 것이 상식인데 '비서실은 그대로 일하는 겁니다'라는 한 마디로 모든 암운(暗雲)을 걷어 주었으니, 그릇이 크지 않으면 있을 수 없는 일이 아닌가?

그는 신바람이 났다.

걸려든 것은 경제부처 장관들과 유관기관장들이다. 재무·농림·상공·건설·교통, 경제담당 무임소에다 외무장관을 빠뜨릴 수 없으며, 필요에 따라 총리가 지명하는 각료도 나오게 했다.

옵서버가 있어야 된다. 한국은행과 산업은행의 총재, 그리고 농협중앙회장이다.

실무를 맡은 사람들을 빼놓으면 이야기가 허공에 뜬 것이 될는지도 모른다. 따라서 각 부처의 장관은 그들도 데리고 오라고 했다.

회의는 하오 7시에 소집되었고, 사람들은 숙연히 장기영 부총리를 기다렸다. 그러나 그 시간에 그는 청와대에 있었다.

하오 9시에 회의를 연다고 연락이 왔다.

사람들은 저녁 먹을 생각도 안 하고 그대로 기다렸다.

가장 못마땅한 얼굴을 하고 있는 것은 차관 김학렬이었다.

이윽고 나타난 장기영은 다짜고짜 포문을 열었다.

"내가 야(野)에 있을 때 용무가 있어서 행정부 요인에게 전화를 걸거나 찾아가 보면 으레 회의 중이라는 바람에 만나볼 수가 없어서, 봐야 할 일을 못 볼 때가 참 많았어요. 이것은 정부로서 국민을 대하는 올바른 자세가 아니라고 늘 생각해 왔습니다. 그래서 나는 그러한 위치에 있다고 생각하는 경제장관 회의는 퇴근시간 후인 밤에 열기로 작정했습니다."

당시 공보관 최성렬의 회고를 들어보자.

이렇게 듣고 나니 그 회의를 밤에 여는 이유는 말하자면 대민봉사의 깊은 사려로서 내가 생각한 바와는 각도가 다르고 거리도 먼 것이었다.

이리하여 일주일에 두 번씩 열리는 경제장관 회의는 3년 5개월이라는 그의 재임 기간 예외없이 저녁에 열렸고 그 소요되는 시간도 짧아야 한 시간, 길면 두 시간 세 시간까지도 걸렸으므로 실무자들이 비명을 지르는 것도 무리가 아니었다. 이 회의를 가리켜 '체중 줄이는 회의'라고 불평할 만도 한 것이었다. 부총리 자신은 어디서 야금야금 간식 정도의 요기라도 하고 나오는지는 알 수 없으나 실무자들은 하루 종일 사무에 시달리다가 저녁 식사를 못 한 채로 회의 참석하게 되니 자연 밤도 늦어서 집으로 돌아가 그 때서야 공복을 달래야 하게 되는 처지, 체중이 줄 법한 일이었다.

그래서 얼마 후부터는 실무자들도 약아져서 그 회의가 있는 날은 어떻게 해서든지 저녁을 때우고 회의에 임하도록 하는 자위책을 강구하게 되었다.

저녁 식사를 했건 안 했건 간에 다른 부처의 직원들은 다 퇴근한 밤중에 두서너 시간씩 회의에 나가서 신경을 써야 한다는 것은 나의 경험으로 보아 사실 용이한 일은 아니었다.

그러나 장 부총리는 그 회의가 횟수를 거듭할수록 조금이라도 지쳐 보이기는커녕 더욱더 기운이 나는 것같이 보였다. '피아노'는 치면 칠수록 소리가 좋아진다더니, 그분이야말로 일을 하면 할수록 정력이 샘처럼 솟구치는 모양이었다.

이렇듯 경제장관 회의를 종횡무진하게 구사(驅使) 활용해 온 지도 어언 반년쯤 지난 어떤 날 역시 밤 회의에서 그는 서두에서 이런 말을 했다.

"이 경제장관 회의는 우리가 낮에 할 일을 다 하고 나서 '덤'으로 여는 것입니다. 여러분도 그렇게 이해하시고 나와 주십시오."

누구나 상상조차 할 수 없었던 그의 경제장관 회의에 대한 정의에 참석자 일동은 아연하지 않을 수 없었다.

'그러면 토요일 오후나 일요일에도 열리는 회의는 덤에 덤인가…….'

나는 이런 생각에 잠기며 남몰래 웃었다.

사람들은 그를 쳐다보며 참으로 희한한 사람도 다 있다고 생각했다.

첫째 그는 이쪽의 인격을 존중해 주는 것인지, 아닌지를 분간할 수가 없다.

그는 한국의 경제에 대하여 길고 일방적인 이야기를 늘어놓았다.

"우리 경제 팀은 관현악단과 같습니다. 각 연주자가 일사불란하게 지휘자의 동작에 따라 주셔야 비로소 밝고 정교한 화음을 낼 수 있을 거예요. 여러분들의 분투를 기대합니다. 앞으로 매주 월요일과 목요일 밤에 이 회의를 소집하겠습니다. 늦게까지 수고들 하셨어요. 장관들만 내 방으로 와 주세요."

모진 시어머니한테 걸렸다. 배고프고, 길고, 일방적이고, 이런 회의를 매주 두 번씩 한단 말인가. 불만스러운 표정들이 흩어졌다.

부총리실에서의 회의도 오래 끌었다. 정력적인 사업가라고 듣기는 하였으나 도대체 어디까지인가? 배고픔을 참으면서 장관들은 도리어 놀랍고도 신기했다.

그들을 놔 준 것은 통행금지 반 시간 전이었다.

장기영은 테이블 앞에 앉아 서류를 들여다보다가 가방에 챙겨 넣었다. 모사를 쓰고 나가니 최성렬이 아직 있다. 집이 어디냐고 물어 보니 동승시켜도 되겠다.

차 안에서 장기영은 거리 풍경을 내다보았다. 통행금지 시간 직전이라 모두 다급하다. 통금제도도 사실은 없애야 되는데…….

집 앞에서 내리면서 공보관은 집까지 그 차를 그냥 타고 가라고
했다.

그의 애마(愛馬)인 이 지프차에 대해서 혹자는 이렇게 쓰고 있
다.

공인 아닌 사인(私人)으로서의 그의 고집에 으뜸가는 것은 지프
애용이다. 예나 지금이나 지프를 전용으로 타는 그는 그 이유를 굳
이 밝히지는 않지만 앞을 다투어 고급승용차를 갖겠다는 장관들 틈
에 확실히 이채(異彩)로운 고집이었다.

어느 때인가 그는 약간의 취기가 있을 때 이렇게 지프예찬론을
하는 것을 들은 적이 있다. 지프는 머리를 숙이지 않고 조수석에
올라 탈 수 있고, '스피드'를 내고 달려야 할 때는 조수노릇을 하여
둘이서 네 눈으로 앞을 보고 운전하기 때문에 사고를 방지할 수 있
다. 세단은 양단치마 저고리를 입고 판자촌 길을 활개치고 걸어가
는 것 같다고 해서 주위에서 비웃고 쳐다보는것 같아서 도무지 성
미에 맞지 않는다고.

가난한 우리 형편에 지프가 알맞다는 모범을 예산장관으로서 보
이려는 것이 말없는 이유의 하나라고 짐작이 갔었다.

이것이 바로 말로만 떠들고 행동하는 사람이 없는 제2의 경제의
실천이라는 뜻인가도 싶었다. 기획원 장관용의 '캐딜락'이 물론 있
긴 있었으나 소박당한 여자 모양 기획원 주차장에 빈 차로 3년 동
안 독수공방하고 있다.

집에 들어서자 아내가 물었다.

"어디, 처음부터 짜지 않았어요?"

"응, 모두 바삭바삭 소리가 날 것처럼 말라 있어서 말야, 물을
좀 뿌려 주구 왔지. 내일부터 짤 거야. 밥 줘, 밥! 배고파 죽겠

다!"

3. 공격 개시

불도저 장기영이 입각을 했는데도 세상은 조용해 주지 않았다. 방탄내각(防彈內閣)에 비하여 강한 인상을 준 것인가. 5·16 군사혁명 기념일을 택하여 민주당은 비판강연회를 열고 박정희 대통령의 하야를 주장했다.

그러더니 서울시내 29개 대학 대표들이 서울대 법대에서 '난국타개 전국학생대책위'를 열고 정부에다 대일관계 시정 등 9개 사항의 건의를 했는가 하면, 6월로 접어들면서 고대생, 서울법대생들이 데모를 감행하는 사태로 번졌다.

이대로 두었다가는 4·19 꼴이 나겠다고 내다본 정부는 서울 일원에 비상계엄령을 선포했다. 이른바 6·3 사태이다.

장기영 부총리는 각의(閣議)나 청와대에서 군부 출신들이 얼마나 긴장하는가를 보았다.

역시 정권이란 잡는 것도 힘들지만 유지하는 것도 어려운가 보다. 김종필 공화당 의장이 사임하고, 전국의 대학은 일제히 문을 닫았다.

한·일 관계가 쟁점의 핵심이었다. 그러나 불도저는 경제장관 회의에서 힘주어 주장하였다.

"나의 경제정책의 기조는 한·일 국교정상화를 해서 일본으로부터 자본을 도입해 가지고, 그것을 밑천으로 고도성장을 이룩하자는 것입니다. 우리는 일본에서 60년대 초 이케다(池田) 내각이 소득 배증(倍增)을 내걸고 경제의 고도성장 정책을 밀고 나가 성공한 것을 참고로 할 필요가 있습니다."

이 와중에 배짱이 생겼다. 어차피 돌격내각이다.

"어떤 사람이 이렇게 말했어요. 영국 사람은 걸어가면서 생각한다. 프랑스 사람은 생각한 뒤에 뛴다. 에스파냐 사람은 뛰고 난 다음에 생각한다. 우리는 어떤 모습을 하고 있어야 될까요? 뛰면서 생각해야 됩니다. 단시일 내에 뭘 하자면 한국 사람은 뛰면서 생각해야 됩니다!"

약간은 멋이 있다. 그러나 경제장관으로서는 나올 수 없는 표현이다.

어느 날 그는 회의실에다 3계(三戒)라는 것을 써 붙였다.

會而不議
議而不決
決而不行

"이게 또 뭐냐?"

사람들은 한참 들여다본다.

한 사람이 명해석을 했다.

"만나지만 의논하지 않고, 의논하지만 결의하지 않고, 결의하지만 실행하지 않는다. 하하……. 완전히 뒤집어서 얘기한 거 아냐? 불(不)자를 싹 빼면 어떻게 되나? 불도저 철학이 되잖아!"

인간불도저 장기영.

김남중(金南中)은 그를 이렇게 말한다.

백상은 그 비행기의 엔진 같은 역할을 했다. 백상을 일컬어 '왕초' 운운하는 별명이 널리 퍼져 있지만 나는 도리어 적절치 않은 대명사라고 생각한다. 왕초 말고는 인간 불도저라는 말이 널리 알려졌었다. 왕초보다는 그 쪽이 훨씬 더 실감이 난다. 무슨 일이건 불도저처럼 밀어대는 기질과 정열, 그리고 그가 땀을 흘리고 있을 때의 모습이 또한 불도저를 닮았다고 할 만하다. 초인간적 불도저.

백상이 부총리직을 맡고 있을 때만 해도 한국에 불도저라는 장비는 귀한 존재에 속했다. 지금쯤 그의 별명을 찾는다면 우주적인 물체에서 찾았을 것이 분명하다.

엔진이 늘 걸려 있는 상태, 방사선이 사방 전후로 방사되는 상황을 상상할 수 있다. 같이 앉아서 대화를 하고 있을 때도 열이 화끈거리는 것 같은 인상을 느낀다. 나는 비교적 공사간에 백상을 자주 만난 사람 축에 들리라고 생각하는데, 공적인 용무는 그 당시만 해도 국산 신문용지가 수요를 채워 주지 못해 일본 왕자제지 등에서 한국신문협회가 수입을 해야 했었다.

이런 신문협회 일로도 자주 부총리실을 방문했었다. 언제나 제1, 제2의 응접실이 만원이고, 결재를 받으려는 기획원 각 국의 국장, 과장들이 줄을 서고, 때로는 차관도 한참 동안 대기하고 있어야 했다.

이렇듯 분주한 시간에 손님과 만나고, 나하고도 만나고 기자들과도 자주 만났다. 그러는 사이에도 부하직원들에 대한 지시가 연속 나간다. 결재도 동시에 이뤄지고 지시 명령 같은 것이 속사포처럼 발사된다. 아마 장기영 사주만큼 행정력의 속도를 구사한 사람은 전무후무할지 모른다.

불도저는 박정희 대통령이 주창하는 '한강의 기적'을 낳기 위하여, 1인당 GNP 98달러의 처참한 신세를 면하기 위하여 온갖 치유법을 써 봐야 된다고 주장했다.

싱부와 호흡이 잘 맞아들이갔다. 박정희 대통령은 그를 지지했다.

그는 물가대책위원회를 만들고 매일 아침 회의를 가졌다.

"사람들이 행복을 느끼지 못하게 하는 이 시대의 적(敵)은, 물가라는 이름의 괴물입니다. 이것을 때려잡아야 됩니다. 초급을 요하는 일이에요."

긴장도(緊張度)는 날이 갈수록 높아졌다. 관계관들은 이리 뛰고 저리 뛰었다.

새벽 4시부터 관계관들에게 전화질이다. 귀찮아하던 사람들도 그 열(熱)을 전수받지 않을 수 없게 되었다.

너무 혼자 쇼를 하는 것이 아닌가 하던 사람들도 차츰 이해를 하기 시작했다.

그가 열심히 뛰는 것은 눈에 보일 정도였다.

장기영은 매주 한 번씩 아침에 주부를 위한 물가해설을 라디오로 방송할 만큼 생활과 밀착된 생활행정에 주력했다. 부총리로서의 그의 경제시책은 추상적인 정책을 국민의 생활과 동떨어진 차원에서 하는 게 아니다. 국민 한 사람 한 사람, 시장에 장바구니를 들고가는 주부들 한 사람 한 사람이 피부로 느낄 수 있는, 생활에 밀착된 경제정책을 한다는 게 그의 경제정책의 철학이었다. 그래서 쌀이 모자란다면 직접 공판장에 지프를 몰고가서 출하를 감시했고 한 여름의 연탄 공장을 찾아가서 삼복염천(三伏炎天) 아래 연탄 가루를 덮어쓰는 신세타령을 속으로 중얼거리면서도 성수기에 대비한 연탄 증산을 미리부터 다짐했던 것이다.

물가를 안정시키고, 경제개발 5개년계획 추진에 소요되는 자금을 마련하자면 금리를 현실화하여 저축을 늘려야 한다.

그는 유관기관장들을 주 1회씩 은행집회소로 모아 아침식사를 같이 하면서 역설하고 당부했다.

바로 얼마 전까지 신문사를 하면서 부도 막느라고 뛰어다니던 저 사람이 이 커다란 나라일 하는 데도 저처럼 열심히 뛰는가, 거참 희한한 사람이라고 은행가들은 감탄해 마지않았다.

저축증대운동은 맹렬하게 벌어졌다.

불도저는 수출진흥 확대를 꾀하기 위하여 박 대통령에게 월 1회씩 수출업계 인사들과 직접 만나서 애로사항이 무엇인가를 듣고, 즉석에서 해결해 줄 것은 해결해 주자고 주장하여 그렇게 해 보니, 모두들 좋아하고 눈에 보이게 수출이 활발해지기 시작했다.

여기서 잠깐 '불도저'라는 장 부총리의 별명에 대해 최성렬의 회고.

이 별명은 입각 후에 받은 것이라 생각된다. 정 내각을 통털어 '불도저 내각'이라고들 하지만 역시 기수는 장 부총리. 대(大)를 위해 서슴지 않고 소(小)를 죽이는. 일부의 불만이나 불평을 감안하면서도 국가나 민족을 위해 부끄러움이 없다고 인정하면 불도저식으로 밀고 나가 버린다. 조금의 주저도 없다. 그리고 해치우는 폼이 그야말로 불도저로 길을 닦듯, 빠르게, 힘차게 땅이 다소 거칠다고 후퇴할 리 만무하다.

이 별명을 받고 있는 사람은 받고 그뿐이 아니겠지만, 그 누구에게보다도 그에게 더 어울리는 최상급품이다.

불도저는 대통령에게 월 1회씩 경제상황을 보고하도록 하겠다고 약속했다.

"왜 그런 어려운 일을 만들어서 하려구 그러십니까?"

한 실무자가 물었을 때 불도저는 서슴없이 말했다.

"아무리 내가 경제에 관해서 전권을 맡았다곤 하지만 대통령도 경제를 알아야 되고, 총리도 알아야 되고, 그래야만 '한강의 기적'까진 못 가더라도 '청계천의 기적'이리도 니올 거요. 우린 선진국의 위정자처럼 높은 데서 이만 쑤시고 있을 형편이 못 됩니다."

어느 날 대통령은 그에게 '인플레'라는 것이 무엇이냐고 물었다. 그는 즉시 대야에 물을 떠오라고 그러고 그 안에다 돌을 집어넣으며 설명을 했다.

대통령은 고개를 끄덕이며 좋아했다.

이따금 그는 학생에게 경제원리를 가르치는 것처럼 대통령 계몽에 열을 올렸다.

대통령은 그를 신임하고 의지했다.

외자도입에 대해서 그는 강하게 주장했다. 실무자도 장관들도, 심지어 대통령까지 우려하는 사람들이 많았지만 그의 신념은 그들을 압도했다.

"동네 구멍가게 주인이 식구는 많고 겨우겨우 가난한 살림을 꾸려 나가는데, 그 사람이 옆집에서 돈을 빌려 조그만 공장을 짓고 종업원을 채용하고, 고용증대에 기여하고, 자기 소득도 늘려서 살림을 향상시키는 것이 좋은 일이지, 평생 구멍가게만 지키라는 법은 없잖습니까? 나라도 마찬가지죠. 나는 가난을 이어받았을 뿐이라고 하늘만 쳐다보고 주저앉아 있을 것이 아니라 남의 자본과 기술을 도입해서라도 경제를 발전시켜 나가야 살 길도 생깁니다. 가난의 보따리를 팽개치는 길은 그것밖에 없습니다. 빚 많이 져 가지고 나중에 어떡허느냐만 걱정할 것이 아니라, 일 잘 하고 장사 잘 해서, 돈 벌어 갚고 나서 잘사는 것이 상책입니다."

장기영의 이 이론을 꺾을 사람은 아무도 없었다.

김남중(金南中)은 경제원리를 '안전고도 비행'으로 비유한 장 부총리에 대해 다음과 같이 회고한다.

백상은 비행기의 '안정고도'라는 말을 자주 썼다. 경제원리를 비행기의 안정고도에 비유했던 것이다. 비행기가 이륙 직후 상승할 때는 무척 힘이 든다. 연료의 소모도 배나 소요된다. 그러나 일단 일정한 고도까지 상승을 하고 나면 모든 것이 순탄해진다. 조종사의 불안도 가시고 연료도 절약되고 추락사고의 걱정도 없어진다.

창공을 기분 좋게 가르며 날아갈 수 있다. 백상은 부총리 시절 한국 경제의 발전을 기회 있을 때마다 비행기의 안정고도와 더불어 고도상승을 주장했다.

그는 이따금 정부조직의 담을 넘어서 어느 부처고 상관 없이 문제 해결의 열쇠를 쥐고 있는 실무자를 직접 상대했다. 그에게 불려 간 국·과장들은 부총리의 지시와 설득과 격려를 받고, '알아주는' 고마움과 보람을 느끼면 팔팔한 생선처럼 이리 뛰고 저리 뛰었다.

신문사를 경영하던 솜씨는 여기에서도 쓸모가 있었다. 처음엔 저항이 많았다. 어느 날 박충훈 상공장관은 이렇게 말했다.

"저희 국장을 부르셔서 지시를 하신 모양인데, 상공부 일은 저에게 지시해 주십시오."

불도저는 씩 웃으면서 대답했다.

"바빠죽겠는데 어떻게 일일이 계통을 밟아서 일을 합니까? 전선이 급할 때는 장군이 대위 역할을 함으로써 승리를 기할 수 있는 것이니까 양해하시오."

공군 소장으로 예편한 박 장관은 그 말을 알아들었다. 제너럴 캡틴 방식이다.

각 부처의 관료계층을 거치다 보면 시간이 많이 걸릴 뿐 아니라 정책 의도가 잘못 전달될 수도 있는 것이다.

사람들은 그의 방에 들어와서 이야기할 때 '부총리 각하'라고 부르는 경우가 많았다. 쑥스럽고 근지러운 이야기이다.

어느 날 그는 비서를 불렀다.

"부총리는 가하가 아니잖아?"

"예?"

"날 놀리는 거야 뭐야? 모두 와서 각하 각하 하는데 듣기 거북해. 써 붙여. 내 자리 뒤에다……."

"뭐라구 말씀입니까?"

"부총리는 각하가 아닙니다."

"예."

"복창해 봐요."

"부총리는 각하가 아닙니다……."

"즉시 써 붙여. 각하라구 부르는 사람이 없어질 때까지 붙여 둬요."

"예……."

담배를 피워 물고 그는 씩 혼자 웃었다.

인생극장이라고 했다. 이 무대도 재미있구나. 어디 연극 치고는 커다란 연극을 해 보자. 뭐든지 와라다. 뭐든지 해치우겠다.

당시 외자총괄과 사무관이던 박필수(朴弼秀)의 이야기를 들어보자.

이때 장기영 부총리를 만나러 온 사람은 당시의 유솜 처장 조엘 번스틴.

1964년 여름, 그는 킬렌 처장의 뒤를 이어 부임하여 미잉여농산물 판매대전(販賣代錢)의 한·미 양국간의 사용 비율과 그 내역을 결정하기 위해 찾아온 것. 한때 대충자금이라 일컬어지던 이 돈은 우리 정부의 세입예산(歲入豫算) 편성에 매우 중요한 비중을 차지한다. 당시 세수(稅收)는 보잘것없는 데다 이미 2년 전인 1962년에 착수한 제1차 경제개발 5개년계획에 소요되는 재정투융자자금의 수요 팽창 때문에, 미농산물의 매각대전을 한 푼이라도 더 얻어내는 것은 경제기획원의 여러 업무 중 어떻게 보면 가장 중요한 일이었다 해도 과언이 아니다.

특히 원장인 부총리의 대미교섭의 성패 여부는 당시의 자타가 공인하는 일등 관청 경제기획원을 평가하는 바로미터가 되기도 했다. 따라서 이때에도 몇 달 동안의 실무협의를 끝내고 이제 다음해의 예산안은 국회에 바로미터가 되기도 했다.

따라서 이때에도 몇 달 동안의 실무협의를 끝내고 이제 다음해의 예산안을 국회에 제출해야 하기에 연 사흘째 계속되는 두 거인(?)의 단독회담은 그 중요성이 매우 큰 것이었다.

양측이 모두 자기 주장만을 내세워 대담은 한 치의 양보도, 진전도 없었다. 그날 회담도 11시경에 시작하여 2시간이나 지났는데 그 전날 늦게까지의 주장이 끈질기게 되풀이되고 있었다.

당시 외국인과의 회담의 통역은 외자총괄과장인 양윤세(梁潤世)가 도맡아 했다. 양윤세 과장의 통역 솜씨는 이미 명통역으로 정평이 나 있어서 더 이상의 부연이 필요없다. 통역도 명통역이지만 부총리의 의중을 꿰뚫고 있는데다가 관련 업무에 대한 지식이 해박하기 때문에, 미처 백상이 빼놓는 대목까지 보충(?)해 가면서 상대에게 완벽한 뜻을 전한다.

한편 상대편이 하는 말은 몇 마디 통역을 안해도 백상은 무엇을 말하려는지를 용케도 미리 알고 자기 주장을 펴고 설명을 계속해 나간다. 그래서 대담은 늘 상대를 압도하고 굴복하게 한다.

그날도 그런 분위기에서 대담은 이어지고, 나는 외자총괄과 사무관으로 회담 기록을 맡고 있었다. 정오가 지났는데 양 과장은 부총리의 말을 받아 예의 명통역을 하고 있는 도중 부총리는 자연스럽게 자리를 떴다. 물론 오래 걸리는 회의이기에 중도에 간간히 화장실에 다녀오기도 했으므로 나머지 세 사람은 그렇게 알고 있었다.

그런데 그날따라 화장실에 다녀오기에는 훨씬 오랜 시간이 지났는데도 백상은 안 돌아왔다. 필자는 차츰 초조해지기 시작했으나 양 과장은 이를 전혀 개의치 않고 장 부총리의, 아니 한국 정부의 주장을 계속 이어 가고 있었다.

그런대로 약 반 시간 가량이 지났다. 참다 못해 본인은 펜과 기록장을 든 채 옆방으로 가 보았다. 백상은 자그마한 낮은 테이블에 밥상을 받아 놓고 태연히 식사에 열중(?)하고 있었다. 놀랍고 당황한 나를 흘깃 치켜본 그는 정말 자연스럽게 회담의 진행상황을 물었다. 이어 그는 어안이 벙벙해진 나에게 밥상 한쪽에 얹혀 있던 찐 옥수수 한 자루를 집어들어 먹으라고 내주었다.

얼마 후 회담장에 돌아온 백상은 태연하게 시가도 태우고, 차도 들어 가며 대화를 이어 갔다. 번스틴이나 양 과장이나 나는 점심시간이 훨씬 지나 허기에 차츰 지치기 시작했다. 그러나 이 대담은 그날 안으로는 결말을 지어야 했으므로 강행하고 있었다.

얼마 후 드르릉 하고 코고는 소리에 모두가 놀라 쳐다보니 백상은 소파에 기대앉은 채 졸고 있었다. 희한한 것은 졸고 있다가도 상대편의 말에 대한 통역이 끝날 무렵이면 반드시 눈을 뜨고 말을 이어 가는 일이다. 눈감고 존다고 해서 대담의 흐름이 끊기거나 다른 줄기로 빠져 가지 않는다. 그래서 그에게 초인의 능력이 있다고 하는 것일까?

아직 반 년이 안 되었다. 국민들아, 참아 달라. 참아 주시오, 좀 ……. 지금 한창 뛰고 있습니다. 컨디션은 괜찮습니다. 때려잡을 것은 무참하게 때려잡고 살릴 것은 이른 봄 꽃봉오리 다루듯 하겠습니다.

그런데 이 불도저는 혹사만 시켜도 괜찮을까? 때로는 기름도 치고 각 파트의 점검도 필요하다.

젊은 것들! 고 또렷또렷하고 말귀 밝은 엘리트들! 오늘 저녁에 한 잔 하자.

그즈음 이런 일도 있었다. 김병원(金昞源)은 회고한다.

"미스터 김! 당신 영어를 한다는데 전공이 뭐요?"

"전 전기관계 공부를 했는데요."

"경제가 무엇인지 알아요?"

아마 1964년 6월 하순 어느 날, 윗분의 심부름차 냉방이 잘 된 EPB 건물(당시로선 화제였던 빌딩)을 방문, 경제기획원장관실 별실에서의 일이다.

장기영 부총리 겸 경제기획원장관은 이 방면에 문외한인 나에게 참으로 진지하게 경제강의를 해주었다. 그 중에서 극히 평범한 말로서

"지금 우리나라 형편은 '집'을 지어야 하는데 기둥·벽돌·지붕 등 재료가 불충분한 상태가 아니요? 벽돌을 어떻게 하든지 쌓아올려 우선 지붕을 올려 씌워 비를 피할 수 있게 한 다음 벽이랑 창문, 그리고 잘 채우지 못한 벽돌과 틈을 보완해 나가야지 않겠소?"

이렇게 '퍼즐' 같은 그림을 그리시는 것이었다.

그 당시는 물론 후일에도 그분의 경제정책과 시행방법에 관해 참으로 말도 많았고 비난하는 분도 적지 않았으나 그때 나로서는 감명을 받았고, 그날 '앞으로의 삶은 경제를 모르면 사람 구실을 못하겠구나' 하는 생각이 들었다.

이야기하고 있는 도중 '집에서 저녁 준비를 해가지고 왔습니다' 하며 비서가 밥쟁반을 들고 들어온다. '이리 놓아' 하시더니 그냥 식사를 들면서 경제 이야기를 계속하신다.

나는 이야기를 들으면서 그 밥상 내용을 훔쳐 보았다. 건어물 조기 찢은 것, 여름철인데도 동치미 같은 통무 물김치, 밥, 국, 그리고 큰 대접에 눌은밥이 별도로 한 그릇, 이것이 유난히도 내 눈에 띄었다. 이 눌은밥에 대해서는 그분으로부터 한 번도 설명이나 좋아하시는 이유를 듣지를 못했고 질문도 못해 보았으나, 그 후에도 여러 번 그분의 식단에서 본 적이 있다. 좀 체구가 뚱뚱하고 거인

형이 즐기는 것인지? 사실은 그 '눌은밥' 한번 먹어보고 싶었었다.

벌써 20여 년 전 일! 일화가 될 수 있을지 의문이긴 하나 지금도 가끔 눌은밥을 대하면 그분 생각이 난다. 그리고 이 때 들은 경제강의가 동기가 되어, 체계적인 경제공부를 해야 되겠다고 작심, 경영대학원을 다니며 수학한 것이 힘이 되어 경제문외한을 면하게 되었고, 지금 중소기업을 운영하는 기초적인 상식도 그분 덕에 터득한 셈이다.

4. 돗대기 시장

"나한테 전화 오는 것은 모두 대 주세요. 회의 중일 때는 상대편을 알아 두세요. 내가 차를 타고 어딜 가더라도 통화하게 해 주세요."

"나를 찾아오는 사람은 누구든지, 지위고하를 막론하고 만나게 해 주세요. 우리 방 문턱은 높으면 안 됩니다."

"엘리베이터는 항상 깨끗이 해 두어야 됩니다. 우리 건물의 대문이에요."

불도저의 주문이다.

김기병(金基炳)은 장기영의 각별한 손님 접대 처세에 대해 다음과 같이 회고한다.

제2차 경제개발 5개년계획을 추진하면서, 고성능 불도저같이 밀어붙이니 경제장관회의, 외자도입회의, 물가정책회의, 대통령 주재 월간경제동향보고 등 주간·월간 회의가 하루에도 끊임없이 개최되었다. 따라서, 찾아오는 일반 손님을 면회할 시간이 없어 자연히 비서실은 기다리는 내객으로 북새통이 되기 마련이다.

어떤 때는 회의 중에 누구누구 씨가 기다린다고 메모를 들여보내면 '왜 기다리게 하느냐, 찾아오는 사람은 뭔가 불안 초조하기 마련인데 그 심경을 헤아려 친절하게 대하라' 하며 회의 중이라도 벌떡 나와 서서라도 잠깐씩 만나서 정성껏 얘기를 나누고 들어갔다.

경제기획원 장관실은 돗대기 시장처럼 붐볐다. '모처럼 뭐 될 것 같다'는 기분은 이 무렵 한국의 하늘 아래 곳곳으로 번져 가기 시작했다.

장관 비서실에는 다섯 개의 초인종, 열세 대의 전화가 있다. 남자 비서가 3명, 여자 비서가 4명인데 그들이 바삐 뛰어다니는 것을 보고 어떤 기자는 '꼭 트위스트 추는 홀 같다'고 하여 주위 사람들을 웃겼다.

출입기자들 눈에 불도저 장기영은 결코 심심한 상대가 아니었다. 대문짝만한 제하(題下)에 다루어야 할 빅뉴스도 가끔 쏘아대지만, 조그만 가십감은 매일같이 생산해 낸다.

그는 철저하게 신문기자를 이용하고 혹사했다. 일을 만들고 추진해 나갈 때는 낮과 밤을 가리지 않고, 휴일도 사정없이 그들을 불러내어 기사감을 주었다.

그래서 모두 정신없이 그의 페이스에 말려 들어가게 되었다. 가다가 불평을 이야기하는 기자가 있으면, 능청스럽게 또는 위트나 애교로 넘기어 웃기곤 했다.

기자들은 그를 미워하지 않았고, 그도 기자의 영향력을 새삼 평가하게 되었다.

당시 경제기획원 출입기자였던 이규행(李揆行)의 말을 잠시 들어보자.

지금 생각해 보면 부총리 시절의 왕초처럼 신문기자를 철저하게 이용하고 혹사한 사람도 일찍이 없었고, 앞으로도 없을 성싶다. 일을 만들고 추진해 나가는 데는 낮도 밤도 가리지 않고 휴일도 없이 기자들을 불러내어 기사감을 터뜨리는 통에 모두가 정신없이 그의 페이스에 말려 들어가 버리곤 했었다.

그런 왕초 앞에서 불평을 털어놓을라치면 때로는 능청으로, 때로는 재담과 애교(?)로 넘기는 통에 실소를 머금게 되고, 그의 숨결에 어느덧 불평의 멍울마저 녹아버린 건 비단 나만의 추억이 아니고 당시 출입기자 모두의 공통된 것이라고 믿는다.

나에게 있어서 또 하나 잊지 못할 추억은 왕초의 소개로 박정희 대통령을 만난 일이다. 지금도 그렇지만 경제기획원 회의실에서는 대통령 주재 아래 매월 초 월간경제동향보고회가 열렸는데, 어느 날 갑자기 박 대통령 앞에 끌고 가더니 '이 친구 똑똑한 기자입니다' 하고 인사시키는 데는 그저 어리둥절할 수밖에 없었다. 그러나 그 당시의 상황은 지금 생각해 보더라도 왕초의 그릇의 됨됨이를 그대로 드러내 주는 것이라고 아니할 수 없다. 그것은 어떤 의미에서 왕초의 힘을 보여 주는, 나에게 있어서의 하나의 큰 사건이었던 셈이다.

그러나 나의 왕초에 대한 인간적인 쇼크는 그의 실각으로 말미암은 것이었다. 사람이란 어떤 자리에 있을 때보다도 그만둘 때가 더 중요하고, 그만둘 때의 모습을 보면 그 사람의 그릇의 크기랄까 사람의 됨됨이가 적나라하게 드러나게 마련이다.

부총리를 그만두게 되었을 때 나는 왕초 아닌 '인간'을 비로소 볼 수 있었다. 그리고 그는 너무나 정이 넘치고 인간적인 거목임을 스스로 입증해 보였다. 부총리라는 감투를 쓰고 쇼맨십에 있어서 타의 추종을 불허할 정도의 불도저형이었던 왕초가 인간 장기영으로 돌아가는 모습은 그야말로 한 편의 드라마였고, 그 장면을 지켜본 나는 그만 인간적인 쇼크에서 한동안 깨어나질 못했었다.

그는 이임하면서 부하들 앞에 스스럼없이 눈물을 보였는가 하면,

집무실에서 애용하던 사물들을 모두 부하들에게 골고루 나누어 주기까지 했다. 뿐만 아니라 가장 그늘진 곳에서 고생하는 수위·청소부까지 불러 그 동안의 노고에 감사하고 금일봉을 아끼지 않았다. 그토록 왕초 밑에서 고생했던 부하들, 그토록 왕초를 원망하고 비난했던 부하들이 하루아침에 모두 왕초의 팬이 되었음은 말할 것도 없다.

어느 날 불도저는 김영준 차관보를 불러 종이에 쓴 쪽지를 내보였다.

'침수방지대책위원회'라고 적혀 있다.

"이게 무엇입니까?"

"지금 우리나라 경제는 구멍이 많이 뚫린 헐어빠진 물통과 같거든요. 한 구멍 한 구멍 차근차근 막아 나가야 해요. 침수를 막아야 합니다."

그가 취임하자마자 만든 것은 '물가대책위원회'라는 것이다.

물가를 안정시키고 저축을 늘려야 한다고 그는 외쳐댔다. 그분야에 관계가 있는 사람들은 여기저기 모여서 그의 주장을 익혀야만 했다.

김 차관보는 매일 아침 5시면 찌르릉 울리는 전화를 받아야만 했다.

"오늘 아침 쌀값은 어떻게 됩니까? 채소값은 얼마구요? 생선값은?"

그는 할 수 없이 새벽 4시면 중앙시장을 한 바퀴 돌고 와야만 되었다.

그런 전화는 그에게만 간 것이 아니다. 물가를 때려잡는 데 최전방에서 지휘해야만 하는 모든 사람에게 다 갔다.

"물가는 사회의 공적이다."

"물가는 신앙이다."

갖은 소리 다 해 가며 갖가지 기구를 다 만들어 놓았다.

쌀값, 구공탄값과 싸우는 것을 그는 흑백(黑白) 전쟁이라고 불렀다. 이 전쟁에서 수송이 조화를 부리는 진원임을 감지한 그는 수송대책위원회라는 것을 만들어 호령호령했다.

안경모(安京模)는 장 부총리의, 당시 유통 체계에 대한 획기적인 조치에 대해 다음과 같이 회고한다.

66년 어느 달의 경제동향 보고회의에서 있었던 일이다. 그 때의 21공탄 한 개의 고시가격이 8원일 때였다. 8원의 가격을 그는 2년 간이나 고수, 억제했다. 원탄(原炭) 연탄업자들은 해마다 정부에 탄가 인상을 탄원했지만 쉽사리 승인이 내려지지 않았다. 이 때 장기영 부총리는 자주 새벽에 동대문·남대문 시장으로 시장물가를 살피러 나갔다. 어느 날 아침 새벽 4시에 뚝섬으로 나갔다. 나가 보니 야채를 실은 리어카 수십 대가 통행금지 시간에 걸려 한강 남쪽에서 대기하고 있는 것을 보았다. 새벽 4시 정각이 되니까 리어카들은 일제히 무리를 지어 동대문 시장으로 달리는 것이었다. 이들 리어카상의 이야기를 월간경제동향보고회에 보고하면서 이들 리어카상에게는 통행금지 시간을 해제할 것을 제의했다. 대통령은 좋겠다고 말했다. 그 때 나는(교통장관 시절) 한 걸음 더 나아가 전국의 화물자동차의 야간통행 금지시간도 철폐할 것을 제의했다. 장 부총리는 내무장관과 상의해서 곧 철폐하겠다고 대답했다.

그렇다면 시범적으로 충청북도와 관광도시 경주와 제주도도 다같이 철폐할 것을 검토하자고 장 부총리는 비약했다. 대통령은 찬성했다. 그 후 이 조치는 즉각 취해졌다. 화물자동차는 24시간 국내 전지역을 달리게 되었다. 철도의 부담도 덜게 되고 유통이 빨라졌다. 장 부총리의 경제의 치료법은 이같이 평범한 것부터 시행해 나갔다. 그는 이와 같이 뛰면서 생각하고 생각하면서 뛰었다.

어느덧 그의 별명은 물가장관이 되었다.

미국의 저명한 경제학자 로스토 박사가 와서 강연을 할 때였다.

"한국 경제는 고도성장을 향하여 이미 테이크 오프했다. 오래지 않아 소비가 미덕이라는 시대가 찾아올 것이다."

이것을 듣고 불도저는 한편으론 기쁘면서 한편으론 경고를 해야 겠다고 생각했다.

"돈 좀 벌었다구 마구 쓰는 자는 얼간이놈이야. 돈은 벌 때보다 쓸 때 유용하게 써야 되는 거 아닙니까?"

당시 물가대책에 대해 장 부총리가 얼마나 관심을 기울였는지 '이른 아침 회의'에 대한 최성렬 공보관의 회고.

장 부총리가 취임한 지도 춘풍추우(春風秋雨) 어느 덧 만 2년이 지난 그 날짜도 잊히지 않는 1966년 8월 29일, 그러니까 이 날은 우리 민족이 잊으려야 잊을 수 없는 경술국치 즉 일제가 우리 한국 을 무력으로 병탄하던 그날이기도 하였다.

식당에서 점심을 먹고 올라오는 길에 복도에서 경제계획관 K씨 를 만났더니,

"내일부터 추석 전까지는 매일 아침 7시 반에 기획원 회의실에서 물가 분석위원회와 침수방지대책위원회 그리고 수송대책위원회를 번갈아 열게 되었소."

이런 소식을 일러주는 것이었다.

그가 일부러 나에게 그것을 자세히 알려주는 이유는 나의 직책이 공보관이므로 그 회의에 참석하든 말든 그쯤 알아서 선전을 잘 하 라는 것으로 나는 해석했다.

'물가분석'이나 '침수방지', 그리고 '수송대책' 등 위원회는 장 부총리가 취임하면서 그의 아이디어로 설치한 기구인 바 각 관계 부처의 국장급으로 구성된 것으로, 이 세 가지 위원회는 그 명칭이 다르고 따라서 토의되는 내용도 다르기는 하였지만 궁극적인 목적은 물가안정에 귀착하는 것이었다.

그러니 공보책임자인 나로서 이 회의들을 남의 일로 볼 수는 없었다. 그 때까지도 특별한 사정이 없는 한 그 회의에 출석하여 거기에서 결정되는 일들을 선전해 왔거늘, 물가앙등의 계절인 추석에 대비한 회의 같은데 시간이 이르다고 해서 모른 체하고 넘길 수는 없는 노릇이었다.

솔직이 말해서 나는 K씨로부터 그런 이야기를 듣는 그 시간까지 추석이 양력으로 언제이며 앞으로 며칠이나 남았는지도 모르고 있었던 것이었다. 그래서 부랴부랴 내 방으로 가서 달력을 자세히 보았다. 그 해 추석은 9월 29일이므로 앞으로도 장장 한 달 하고도 하루가 남아 있었다.

'이거 녹아났구나!'

나는 이런 생각을 하면서도 그 회의에 나갈 것을 결심하였다.

이리하여 7시 반 조조회의는 그 이튿날인 8월 30일부터 추석 전날인 9월 28일까지 꼭 30일 동안을 하루도 거르지 않고 세 가지가 번갈아 열렸고, 덕분에 나는 눈을 비비며 일어나서 새벽밥을 먹어가며 하루도 빠지지 않고 참석했다.

그 시기에 그런 새벽 회의를 연 것은 추석이 우리 한국 사람에게 있어서는 '설'에 못지않은 명절로서 이 때가 되면 생필품을 비롯해서 여러 가지 물가가 올라가게 마련이므로 그것을 억제하기 위한 대책이라는 것, 그래서 경제행정의 총수로서의 시의(時宜)에 합당한 선처였다는 것은 백번 수긍되고 또 경의마저 표하고 싶다. 하지만 하필이면 모든 공무원들의 출근시간보다도 한 시간 반이나 앞당겨서 이른 식전에 그 회의를 열어야만 하느냐에 대해서는 암만 해도 이해가 안 갔었는데 얼마 후에야 그 까닭을 들어서 알게 되었다. 그것은 다음의 두 가지 이유에서였다는 것이다.

첫째는 그렇게 이른 아침에 회의를 열게 되면 참석하는 위원들의 머리가 청신(淸新)하여서 좋은 '아이디어'가 나오리라는 것.

둘째로는 회의에 참석하는 사람들이 이른 아침 맑은 공기를 쐬고 나오게 될 것이고, 일찍 일어나기 위하여 그 전날 밤부터 음식 기타 모든 것을 주의하게 되니 더욱 건강에 도움이 될 것이라는 농담 겸 위로하는 말을 들었다.

추석도 지난 어느 날 그 회의에서 매일처럼 만나던 어떤 위원을 만났는데, 회의 참석 후의 소감을 이렇게 털어 놓는 것이었다.

"그렇게 일찍 나올 것을 생각하니 자연 집으로 빨리 들어가서 일찍 자야 되겠다는 생각이 들게 되고, 일찍 집에 들어가니 식구들은 좋아하기도 했지만 한 달 동안 그 회의를 치르고 나니 체중이 약간 빠졌던데……. 그러고 보면, 장관의 직원들에 대한 건강을 위한 특별 배려는 헛수고가 아니었군, 하하하……."

그 말을 듣고 나도 목욕탕에서 앉은뱅이저울에 앉아보니 그 위원의 말대로 그전보다 조금 가벼워진 것을 발견하였다.

그 때 출입기자들은 그 회의를 자기들끼리 '물가안정새벽기도회'라고 불렀었다.

'물가는 신앙(信仰)이다'라고 한 장 부총리의 '슬로건'에 비추어 생각한다면 기도회라고 부르는 것도 과히 망발될 것은 없을성 싶었다.

5. 국회의원 여러분

예산안이라는 것이 제출되면 정부를 물어뜯고 싶은 국회의원들은 때를 만난 것처럼 신바람이 나는가? 어디 물어뜯기지 않는 제안 설명을 한 번 해 보자. 그들과 싸워서 이겨 보자.

그 동안 참으로 많은 고생을 하면서 짜낸 예산안을 들고 장기영은 국회로 들어갔다.

역전의 투사들 표정은 역시 만만치가 않다.

"존경하는 국회의장, 그리고 국회의원 여러분! 저는 제3공화국이 탄생한 후 처음으로 편성된 1965년도 예산안과 1964년 제1회 추가경정예산안을 온 국민의 주시 아래, 오늘 이 자리에서 설명하게 된 것을 무한한 영광으로 생각하는 바입니다. 국제경제는 나날이 발전 변천하고, 국가 간의 경쟁은 격화되고 있습니다. 우리는 미약한 자본과 낙후된 기술을 가지고 몸부림치고 있습니다. 이러한 환경 속에서 안정과 발전이라는 두 가지 과제를 동시에 추진, 해결해야 할 우리의 사명과 책임은 크고 또 무겁습니다."

국회의원 여러분, 너희들이 이것을 아는가, 한 번 들어 봐라.

그는 GNP를 들고 나섰다. 1961년에서 63년의 3개년간 연평균 약 4%씩 증가했으며 광공업 생산도…… 수출 또한 60년의 3,300만 달러에서 64년에는 8,700만 달러에 달하고, 63년에는 1억 2,000만 달러 달성이 무난할 것으로 보인다.

국민경제의 동향은 이렇고, 전망은 이렇다. 물가지수는 이렇게 떨어졌다.

숫자 공세를 늘어놓았다. 알아듣겠느냐, 퍼센티지, 액수를 들입다 들이댔다.

이 예산안은 대통령 시정연설에서 밝힌 바와 같이 경제협정, 식량증산, 수출진흥, 중소기업의 육성, 개발사업의 추진 등에 중점을 둘 것이며……, 그는 숫자 설명으로 들어갔다. 1964년도 추경예산안의 내용과 숫자도 설명했다.

알아들었는지 모르지만 맺는 말이 중요하다. 영국의 명재상 디즈레일리나 처칠이 된 기분으로 그는 장내를 둘러본 뒤 선언하듯이 말했다.

"대한민국은 질적으로나 양적으로나 자립경계를 이룩하기 위한 상당하고 기본적인 발전이 이미 이루어지고 있습니다. 이것은 특히 제가 지난 5월 정부 안에 들어와 보고 느낀 솔직한 소감입니다. 밖에서 보던 것과는 달랐습니다. 그래서 정부는 이 기회를 놓치지 말고, 이 단계에서 후퇴하지 말고 한 걸음만 더 밀고 나가서, 한 단계만 더 올라간다면, 무엇인가 되고야 말 것 같은, 소위 테이크 오프할 자신과 안정 기조에 대한 희망과 의욕을 갖고 있는 것입니다."

더 큰 해외시장의 개척, 생산의 증대, 정액수입자와 서민층을 수탈해 온 인플레의 근원 제거.

오른손에는 집행도(執行刀)를 들고, 왼손에는 청사진(青寫眞)을 쥐고 신속하게 해나갈 작정. 무거운 짐을 지고 살얼음판을 건너가는 것같이 아직도 아슬아슬한 고비를 많이 넘어야 할 것이다. 이 무거운 짐을 덜어 주거나 얇은 얼음을 두껍게 얼려 주는 힘을 가진 분은 여러분 국회의원들이다.

그의 입은 한일(一)자로 다물어졌다.

"우리는 한국을 건설해야 합니다. 여야를 막론하고 경제를 헐뜯어서는 안 된다고 생각합니다. 국가와 국민의 이익을 위하여 인플레와 싸워야 하고, 물가와 싸워야 하고, 발전을 저지하는 모든 요소와 싸워야 한다고 생각합니다. 부흥과 번영의 책임은 우리에게 있는 것입니다. 어느 다른 누구에게 있는 것은 아닙니다. 국회의원 여러분! 한 푼의 세금을 아끼고, 한 장의 종이를 절약하여 적자 없는 예산으로, 침수 없는 예산으로, 잉태하고 회임하고 같은 기간에 출산까지 하는 예산으로, 홍역을 치르고, 체질을 개선하고 성장하는 예산으로, 하나의 사업이라도 매듭을 지어 가는 예산으로, 물자와 기계와 기술을 공장과 농민의 손에 쥐어 주는 친절한 납세자의 예산으로 편성하는 미충(微衷)을 다했다고 자부하고 싶습니다."

그러니까 통찰하시어 이 예산안들을 조속한 시일 내에 심의 의결해 주시기를 거듭 호소하는 바이다.

열렬한 박수가 터졌다. 여당은 여당이기 때문에, 야당은 그놈 배짱 한 번 돼먹었다는 기분에서 박수를 쳤다.

불도저 장, 왕초, 물건이다. 국민들을 웃기고 울리고 하더니, 뭐가 있다. 그런 박수였다.

불도저 장은 이 세상에 태어나서 가장 통쾌하게 한 번 놀아 봤다는 도취감에서 자동차 뒷좌석의 시트에 깊숙이 기댔다.

그와 더불어 무수한 밤을 새워 가며 위도 아래도 잊어버리고 예산안을 짜 온 젊은 엘리트들은 우리 보스를 보라, 누가 이렇게 할 수 있느냐, 역시 자동차 뒷좌석의 시트에 깊숙이 몸을 기대면서 통쾌해하였다.

한 잔 술이 없을소냐. 뒤는 걱정 말라. 장기영이 버티고 있다.

이날 불도저 장의 연설을 듣고 가장 많이 웃은 것은 정일권 총리와 박정희 대통령이었다.

통쾌한 만담을 들은 것도 같고 거인의 시정연설을 들은 것도 같았다.

그들도 맛있게 술잔을 기울였다.

이쯤에서 당시 국무총리였던 정일권의 회상을 잠시 듣기로 하자.

1965년 말 국회에서 새해 예산안을 통과시킬 때 일이다.

한·일 국교정상화 과정에서 생긴 후유증으로 야당은 예산안 통과를 적극 반대하고 나섰다. 반대하는 한 방법으로 국회에서 필리버스터를 취하고 있었다. 새벽 4시까지 질의·응답을 계속하고 있는데, 국무위원석에 같이 앉아 있던 백상이 '정 총리, 보십시오. 민주주의는 건강과 정신력이구먼요'라고 속삭였다. 나는 그 말이 무슨 뜻인가 하고 돌아보았더니, '저 의석을 보십시오. 깨어 있는 사람은 총리하고 저하고 질문하는 의원하고 세 사람뿐 아닙니까?'

그 다음 날 예산안 삭감을 놓고 국회에서 여·야 간에 협상을 벌이는데, 장 부총리는 정부측 대표로 참석하였다. 장 부총리는 박 대통령으로부터 협상의 '마지노선'을 통고받고 회의에 참석했는데, 박 대통령이 제시한 최종선보다 약간씩 정부측에 유리한 협상안을 세 가지나 만들어 가지고 회의에 임했다.

첫 번째 카드를 내밀자 야당측에서는 언어도단이라면서 말도 꺼내지 못하게 하였다. 한참 실랑이를 하다가 두 번째 카드를 꺼냈다. 야당측은 다소 후퇴하여 일부는 받아들이나 일부는 받아들이지 못하겠다고 나왔다. 다시 한동안 입씨름을 벌이다가 마지막, 대통령이 제시한 선의 제3카드를 꺼냈다. 야당측도 더 이상 버티지 못하고 제3카드의 협상안을 받아들여 예산안을 원만히 통과시켰다.

나도 협상에는 누구에게 뒤지지 않는다고 자신감을 가지고 있었는데, 백상의 협상 방법을 지켜보고 나는 속으로 나보다 한 수 위로구나 하는 생각을 금할 수 없었다.

다음은 최성렬 공보관의 회고.

회의실에는 수송대책위원회가 열렸다.

이 회의는 물가가 안정되려면 생산된 주요물자의 소통이 잘 되어야 하는 것이기 때문에 석탄·시멘트 등 주요물자의 원활한 수송을 꾀하는 데에 그 목적을 두고 있으며 그것은 장관이 취임하면서 그의 '아이디어'로써 설치된 기구이기도 하다.

그러나 장 부총리는 청와대 회의에 참석하랴, 국회에 참석하랴, 등등의 사정에 끌리어 그 위원회를 설치는 해놓고도 그 회의에 참석하는 때보다 못할 때가 더 많은 실정이었다.

그런데 그 날의 회의는 시기로 보아서 매우 중요한 것이었다. 왜냐 하면 시중의 구공탄값이 막 오르고 있었기 때문에 그 재료인 무연탄 수송의 보다 더 원활한 대책을 수립함으로써 긴박한 구공탄 사정을 완화해 보려는 중요한 그것이었다.

그날도 장 부총리가 참석치 않았기 때문에 실무자들끼리 그 대책을 의논하고 있으려니까 아무런 예고도 없이 불쑥 회의실에 나타났다.

실무자들은 지금까지의 이야기를 중단하고 장관의 발언을 기다리게 되어 실내는 정숙하고 조용해졌다.

장 부총리는 거기에 출석한 각 관계부처의 국장급인 위원들을 둘러보더니 말문을 열었다.

"경제행정이란 꼭 내 장사같이 해야 합니다. 그것을 남의 장사처럼 하려니까 실패를 하는 거예요. 남의 장사처럼 하면 백전백패할 수밖에 없는 것입니다."

그의 어조는 매우 근엄하게 들렸다.

밑도 끝도 없이 쏘아대는 이 말에 모두들 어리둥절했지만 '경제행정을 내 장사처럼 하라' 한 것은 지금까지 쓰지 않던 용어로서 겨울철을 눈앞에 두고 연탄 사정은 시민의 사활문제에 가까울 만큼 중요한 일이기 때문에 남의 일처럼 생각하지 말고 모두 자기의 일로 알고 정신을 가다듬어 일을 하라고 격려하는 경구로 해석되기도 했던 것이다.

그의 재임기간을 통하여서 본 경제정책의 성패나 시비는 날이 감에 따라 가려질 것이겠지만 어쨌든 그 자신이 경제행정을 자기의 장사처럼 열과 성을 바쳐 해 왔다는 사실만은 인정하지 않을 수 없었다.

모든 국가 공무원들이 모두 이런 식으로 맡은 바 일을 해 나간다면 하는 아쉬운 생각도 든다.

6. 서독 마르크 차관을

세상은 전진하고 있었다. 최병우의 유족이 장서(藏書) 1,000여 권을 최병우기념도서관에 기증했다는 소리를 듣고 불도저는 잠시 감상에 젖었다. 그 친구가 살아 있었더라면…….

《한국일보》가 창간 10주년을 기념하여 《주간한국》을 발간하고 도쿄에서 열린 올림픽을 상세히 보도하기 시작했다. 내가 없어도 할 것은 하고 있구나. 도쿄에서 남(南)의 아버지와 북(北)의 신금단이 좀더 오래 회포를 풀 시간이 있었으면 좋았을 텐데, 남북 간의 벽은 갈수록 높아지기만 하는가?

소련이 3인승 우주선을 쏘아 올리고, 세기의 코미디언 흐루시초프가 실각한 뒤 코시긴이라는 자가 그 자리에 앉았다. 미국은 전해에 패기만만하던 케네디 대통령이 암살된 뒤 존슨이 뒤를 잇더니 이번에 선거를 통해서 제대로 당선되었다.

일본 부흥의 기수 이케다 내각이 물러서고 사토(佐藤) 내각이 들어섰다. 사토는 친한파이다.

한·일회담 막후 교섭차 마패를 갖고 왔다갔다할 때, 최계월(崔桂月)이라는 재일교포가 일본 정계요인들과 가까워 편의를 얻은 적이 몇 번 있었다. 그때 들으니 사토는 한국에 대하여 호의적이었다. 앞으로 일을 해 나가는 데 잘 됐다.

그러나 또 섣불리 학생들의 비위를 건드려 놓으면 무슨 일이 있을지 모른다.

불도저는 양동작전(陽動作戰)을 생각했다. 정일권 총리와 박정희 대통령은 그의 의견을 존중해 주었다. 즉 유럽 쪽으로 손을 펼쳐 보자는 것이었다. 그런 제스처는 중화작용을 할 것이 분명하다.

그것도 세계의 놀라움 속에서 이룩한 '라인 강의 기적'을 직접 보고, 그들을 배우고, 또 협력을 얻을 것은 얻자고 했다.

그 사이에 일본과는 실무자 간의 한·일회담을 갖게 하여 실리를 얻어 보자는 것이었다.

박정희 대통령과 정일권 총리는 대단히 기뻐했다.

1965년 마지막 달 12월에 접어들면서 한·독 경제협정을 체결하자 세상은 상당히 밝은 인상을 받았다. 한강의 기적과의 연관선상에서 불분명하지만 내일의 꿈을 품을 수 있다는 인상을 주었던 것이다.

12월 6일 박 대통령 내외와 장기영 부총리, 이동원 외무장관, 이후락 비서실장 등은 장도에 올랐다.

취임 후 일본과 미국을 방문한 바 있는 박 대통령은 유럽은 처음이었다. 유럽 여러 나라들을 그는 꿈 속의 나라처럼 생각하고 있었다. 자주 왕래한 일이 있는 장기영으로서는 아는 척하고 안내할 수 있는 기회였다.

장기영은 이 기회가 매우 소중한 의미를 갖는 것이 되는지도 모른다고 생각했다. 입각 후 '반 년만 기다려 달라'고 한 국민들에게 이것이 바로 성적표입니다 하는 식이 되었다.

기상에서 술잔을 나누며 박정희 대통령은 매우 기분이 좋았다.

"장 부총리 별명이 불도저라면서요?"

"예."

"내가 보기에도 불도저입니다."

"총리와 각하가 뒤에 계시니까 장애물을 막 밀고 나갈 수 있습니다."

"사람들이 생기가 나는 것 같지요?"

"점점 얼굴빛이 밝아져 갑니다."

"10년 후엔 떵떵거리고 사는 민족이 될 거야."

"한·일 관계가 정상화되고, 기술이전과 자금 원조만 제대로 받을 수 있다면, 눈 깜짝 사이에 운명이 달라집니다."

"일본 친구들, 기시(岸信介)며, 오노(大野伴睦)며. 야쓰기(矢次一夫)며, 사토 수상이며, 시나(椎名) 외상이며, 모두 나를 도와주려고 발벗고 나섰으니까, 내년에 들어가면서 가조약이라도 맺어야 됩니다. 반대가 심하겠지만⋯⋯."

"반대 때문에 템포를 늦추실 필요는 없다고 생각합니다."

"늦춰 달라고 해도 늦춰 줄 수 없어요. 경제적인 면에서 실리를 추구하세요."

"철저하게 추구하겠습니다. 일본 사람들도 그 점 잘 압니다. 제가 뭘 생각하고 있는가⋯⋯."

"아마 일본 친구들도⋯⋯."

박 대통령은 웃었다.

"장 부총리의 정력은 당하지 못할걸요?"

"제가 져 주질 않습죠."

유쾌하게 웃었다. 젊은 이동원 외무도 만만치가 않다.

"제가 제일 젊은데 져 줄 수 있습니까? 내년 초엔 꼭 해내고야 말겠습니다."

무프트한사 항공기를 타고 14시간을 날아 도착한 곳은 또 다른 분단국 서독. 우리나라 광부와 간호사들이 공항에 나와 있었다. 박정희 대통령은 한국 경제 발전의 씨앗이 된 그들을 격려하기 위해서만 서독을 방문한 것이 아니었다. 그에겐 실패해서는 안 될 분명한 목적이 있었다.

1인당 GNP(국가총생산) 80달러. 세계에서 두 번째로 가난한 나라였던 한국. 박 대통령은 1961년 11월 미국의 원조를 기대하고 존 F. 케네디 대통령을 찾아갔지만 쿠데타 정권이라는 이유로 문전박대당했다. 그를 용인하면 아시아 전체로 쿠데타가 파급되리라는 것이 미국의 우려였다. 박정희 정권은 경제개발 5개년 계획을 실현시킬 돈줄을 눈이 빠지게 찾고 있었다. 1차 경제개발 5개년 계획의 골자는 고용확대, 수출기반 조성, 중소기업 육성, 농촌부흥, 기계공업 육성 등이었다. 이를 통해 GNP 7% 성장을 달성하자는 것이 목표였다. 그러자면 국민의 저축률이 21%는 되어야 하는데, 당시의 저축률은 3%에 불과해 해외에서 자금을 들여오지 않으면 안 됐다.

돈을 빌리기 위해 동분서주하던 한국은 지구상에 또 하나의 분단국 서독에 한가닥 희망을 걸었다. 그러나 서독이 아무것도 가진 것 없는 한국에 선뜻 돈을 내줄리 없었다. 그래서 서독에 광부와 간호사 4만 명을 파견하기로 했다. 이들의 3년치 월급을 독일에 묶어두는 조건으로 1억 5000만 마르크(4000만 달러)의 상업차관을 약속 받았다. 사실상 이들을 담보로 돈을 빌린 셈이다. 서독에 파견된 광부와 간호사들은 우리나라 개발연대를 이끌어온 정신적 씨앗이었다. 헌신적으로 일하는 이들에게 서독 국민은 박수를 보냈다. 서독 국회의원들은 대(對)정부 질의에서 한국에 관심을 가져야 한다고 했고, 이것이 박 대통령을 초청한 계기가 된 것이다. 그래서 2차 상업차관 2억 마르크를 받을 수 있었던 것이다.

독일 땅에 내린 일행은 잠시 여독을 풀고 9일 정상회담을 가졌다.

서독이 한국에 선사한 것은 상업차관만이 아니었다. 회담 내내 손을 내밀며 돈 꿔달라는 이야기만 하는 박 대통령. '한국 국민의 절반이 굶주리고 있다. 우리도 서독처럼 라인 강의 기적을 일궈내겠다. 군인은 거짓말을 하지 않는다.' 이런 그에게 서독의 에르하르트 수상은 만찬 자리에서 매우 귀중한 조언을 했다.

"한국은 산이 많다. 산이 많으면 경제발전이 어렵다. 한국에도 고속도로를 깔아야 한다. 그리고 그 길을 달릴 자동차를 만들어야 한다. 자동차가 다니면 고용이 늘고, 새로운 산업이 일어나고 세금이 들어온다. 그런데 자동차를 만들려면 철이 필요하다. 그러니 제철공장을 만들어라. 정유공장도 필요하다. 자동차 연료로도 필요하지만, 앞으로는 석유화학공업 시대다. 나일론 섬유, 플라스틱 공업 등 연관 산업이 일어난다. 독일은 마이스터라고 하는 기능장(技能長) 제도가 있다. 한국도 기술 인력을 육성하는 제도가 필요하다. 한 나라의 경제가 안정되려면 중산층이 탄탄해야 하는데 그러려면 중소기업을 육성해야 한다. 우리가 돕겠다. 경제고문을 보내주겠다."

실제로 박 대통령 귀국 이후 서독은 다섯 명의 경제고문을 한국으로 보냈다. 서독 수상과 나눈 두 시간 남짓한 대화가 한국의 역사를 바꾼 셈이다.

에르하르트 수상도 꽤는 심통스럽게 생긴 거인인데, 장기영도 질세라 배짱을 보여 주었다.

'에르하르트!' 장기영의 별명 중의 하나이다. 최성렬의 회고.

에르하르트를 가리켜 '서독 부흥의 아버지'니 '라인깅의 기적을 낳은 사람'이니 부른다.

누가 뭐라 해도 에르하르트가 경제상(經濟相) 때 보여준 솜씨란 가히 초인적이었음에 틀림없다.

이 별명은 장기영이 이 나라의 경제수반으로 등용되고부터 불려진 별명이지만, 그 실은 신문사 사장 때부터 그를 에르하르트라고 부른 사람이 많았다고 한다.

우선 그 생김생김이 비슷한 데다 그는 간부회의 때 경제정책을 극구 찬양했었다. 그래서 '장 사장이 한국의 에르하르트를 꿈꾸고 있구나' 하는 짐작은 쉽게 가질 수 있었다. 그런데 그것이 꿈이 아닌 현실이 되고 보니 필자 역시 감개 무량할 뿐만 아니라, 진실로 에르하르트처럼 '한강변의 기적'을 낳아 주었으면 하는 마음 간절하였다.

키가 작은 박정희 대통령은 두 사람 사이에 끼었을 때 거북했으나, 날카로운 기백으로 버티는 것 같았다. 눈치챈 장기영은 되도록 겸손하게 행동하려 했다. 그러나 한·독 경제협력의 기초작업을 하는 자리이다. 나설 것은 나서야만 했다.

이튿날의 양국 경제 고위회담에서 장기영은 말할 것을 다 말하고 사양하지 않았다. 돈 꿔 주고, 기술 가르쳐 달라는 데 우물거릴 것은 없다.

서독과는 럭키그룹의 금성사가 일찍이 기술제휴하고 있는 휘마이스타 회사가 있기 때문에 서로 어프로치하는 데 큰 도움이 되었다. 앞으로 여러 회사들이 열의를 가지고 선진국의 기술과 자본을 도입해서 기술을 내것으로 만들 때까지 피나는 노력을 한다면 반드시 그 혜택이 일반 국민들에게 돌아갈 것이다.

장기영은 그래서 더욱 신났다.

박 대통령은 독일에 도착한 이튿날 뤼브케 서독 대통령의 안내로 한국의 광부들이 일하는 탄광으로 향했다. 미국도 외면한 경제 원조를 서독이 약속하기까지 광부들의 역할은 절대적이었다. 감회가 남다를 수밖에 없었다. 박 대통령을 기다리며 선 500여 명의 광부는 얼굴에 석탄이 묻고 온통 흙투성이였다. 박 대통령은 탄가루와 때에 찌든 작업복을 입고 자신을 맞이하는 광부들을 보자 가슴이 턱 막혔다. 그는 "이게 무슨 꼴입니까. 내 가슴에서 피눈물이 나요. 우린 이렇게 못살지만 후손에겐 잘사는 나라를 물려줍시다. 열심히 합시다. 나도 열심히 뛰겠습니다"라고 연설을 했다. 그리고 애국가를 불렀고, 마지막엔 모두 눈물을 흘렸다. 서독 대통령도 울었고, 박 대통령 곁에 있던 육영수 여사도 울었다. 광부들은 대통령이 탄 리무진 창문을 붙들고 통곡을 했다.

일행의 스케줄에는 노르웨이도 방문하게 되어 있었다. 그런데 그것이 중지된다고 하자, 수행원의 한 사람이었던 김성진(金晟鎭) 박사는 장 부총리에게 호소했다.

"오슬로 대학에 내 막내딸이 유학가 있어서 만나기로 했는데, 섭섭해하겠네요……."

"그래요? 좋은 수가 있죠. 마지막에 뮌헨에서 3박 하게 돼 있으니까 그리로 오라고 그러세요. 내가 여기 정부 안내원한테 부탁해 놓을 게요."

뮌헨에서 박 대통령 내외는 결혼기념일을 맞이했다. 서독 정부는 그들을 위하여 특별히 오페라《피가로의 결혼》을 마련했다.

김성진 박사는 오슬로에서 날아온 막내딸과 나란히 앉아 행복한 연극관람을 했다. 1주일에 걸친 방문이 끝나자 공동 코뮈니케가 발표되었다.

'한국경제개발은 두 나라의 공동이익이며, 아낌없이 불가분의 협조를 할 것이며, 통일의 무기는 부흥뿐이며, 공동위원회는 연례회의를 갖기로 하였으며, 한국의 경제협력 3년계획을 지원하기로 합의를 보았다.'

이 나들이는 박 대통령을 계몽시키는 데도 큰 도움이 되었으리라고 장기영은 내심 만족하고 있었다. 그도 많은 것을 보아야 좋은 정치를 할 수 있을 것이다. 그도 경제를 알아야 한국인의 운명을 바꿔 놓을 수 있을 것이다. 장기영은 제2, 제3의 이와 같은 나들이를 마련해야겠다고 결심했다.

순탄하진 않지만 박 대통령 일행의 서독 방문은 성공적이었다. 귀국한 대통령은 밖으로는 미국의 반대, 안으로는 국민의 반대를 무릅쓰고 일본과 협력하여 건설 장비를 들여왔다. 그리고 경부고속도로를 건설하기 시작했다. 경북 구미에 35만 평을 조성해 산업단지도 만들었다. 또한 서독 수상의 조언대로 자동차 산업을 육성하기로 했다. 자동차 공장은 경기도 부평에 처음 설립됐다. 한국 최초의 자동차 공장은 국군 공병대에서 30만 평의 땅을 밀어 만들었다.

1964년 11월 30일 한국 역사 최초로 수출 1억 달러를 달성했다. 1963년 서독에 광부와 간호사들을 보내 상업차관을 도입한 한국은 수출을 통해 번 돈으로 빚을 갚아야 했다. 만일 서독에 빌린 돈을 갚지 못하면 광부와 간호사들은 현지에 억류될 수도 있었다. 그래서 한국이 수출할 수 있는 품목이 무엇인지 조사하기 시작했다. 국내에서 가장 유능하다는 세일즈맨 30명을 모아서 영국과 프랑스, 미국의 유명 백화점으로 보내 우리가 팔 수 있는 제품이 무엇인지 알아보라고 파견한 것이다. 하지만 아무리 둘러봐도 우리가 생산할 만한 것이 없었다. 그런데 하루는 미국 유명 백화점에 흑인들이 길게 줄을 서 호기심 어린 눈으로 뭔가를 보고 있는 것이 보였다. 뭔가 했더니 가발이었다. 저것이면 우리도 만들 수 있겠다 싶어 가발을 수출상품 1호로 선택했다. 박 대통령은 "우리나라에 머리카락은 많지" 하면서 전국에 단발령을 내렸다. '코리아 밍크'로 불리는 밍크코트도 주력 수출품이었다. 밍크는 쥐보다 약간 큰 동물인데 그당시 우리나라엔 큰 쥐가 많았다. 그래서 대통령령으로 전국에 '쥐잡기 운동'을 선포해 잡아들인 쥐의 털을 깎아서 만든 것이 코리아 밍크였다. 대통령이 직접 도지사들에게 잡아야 할 쥐 숫자를 할당했다. 할당량은 인구비례로 정했다. 또 조화(造花)와 동물인형도 많이 만들어 팔았다. 그래서 1964년에 감격의 1억 달러 수출을 달성할 수 있었던 것이다. 그때 박정희 대통령은 눈물을 흘렸다. 덕분에 이듬해 1인당 국민소득 100달러 시대를 맞았다.

불도저 저돌성 대왕초 용인술

무책이 도리어 상책으로 변할 경우도 있다.
요는 갈팡질팡 마음이 미혹하지 않을 만한
한 치의 여유만 견지하고 있으면, 그 힘 또한 대단히 큰 것

1. 쌀과 연탄

1965년이 밝아 왔다. 희망의 새해, 도약의 새해이다. '욱일승천이라더니 이런 때의 나를 두고 하는 말인가' 하고 장기영 부총리는 생각했다.

해마다의 일이지만, 오늘도 틀림없이 각계 각층의 무수한 사람들이 세배를 올 것이다.

잘 아는 데에서 웨이터와 바텐더를 불렀다. 본격적인 카나페 상을 차렸다. 벌써 열대여섯 명의 손님들이 찾아왔다.

"난 청와대에 가서 신년 하례를 마치고 와야 돼요."

장기영이 나갈 때이다.

대문에서 밴드와 함께 들어오는 가수들을 만났다.

"부총리님, 새해에 복 많이 받으십시오."

"오, 어서 들어가서 분위기 좀 띄워 줘요. 내가 돌아올 때까지 신나게 하는 거야."

장기영은 휘익 떠났다. 골목을 빠져나가 큰길로 나서니, 휘파람이라도 불고 싶다. 거리를 다니는 사람들, 모든 빌딩, 달리는 차들, 다 활기차구나. 금년 1년을 두고 봐라. 내년 초하룻날은 더욱 신나게 해 줄 테다.

청와대에도 사람들이 줄을 서고 있다. 각계의 이름 있는 사람들과 대충 악수를 하고 들어가니 박 대통령 내외가 반가이 맞이해 주었다.

"해내는 햅니다. 각하……."

불도저는 허리를 굽혔다.

"음, 해내는 해요!"

박 대통령은 그의 손을 꽉 잡았다. 육영수 영부인이 품위있는 미소를 지으면서 그의 손을 잡았다.

"불도저 부총리님, 주부들이 벼르고 있대요. 쌀하구 연탄 해결해 주시는가 하구요……."

"흑백전쟁, 이길 자신이 있습니다. 주부들하구 만나서 설명하겠습니다."

정일권 총리는 군인 출신인데도 참 부드럽다. 그와는 손을 마주 잡고 쳐다보고만 있어도 의사가 통한다.

"이젠 단순한 불도저가 아니고 컴퓨터 달린 불도저라고 합디다."

"조종만 잘 해 주십시오. 장애물을 모조리 제거하고 나가겠습니다."

그리고 더욱 힘 주어 서로의 손을 잡으면 된다.

각부 장관들. 경제부처는 날마다 만나니 그저 그렇고, 몇몇 타부처 장관들 중에 이상한 눈초리로 바라보는 사람이 더러 있다. 공화당 간부들 중에도 그런 눈초리가 있다. 그러나, 당신들이 모르는 것을 나는 알고 있으니 어쩌겠소.

높은 데서 대체로 내려다보는 기분으로 이날 하례를 마치고 황급히 집으로 돌아왔을 때였다. 동리 사람들 몇몇이 집 앞을 기웃거리고 있다.

안에서 흘러나오는 밴드 소리가 꽤 요란하다. 노랫소리도 제법 크다. 그러나 할 수 없는 일이야. 우리 집은 이렇게 안 할 수가 없어. 서로 모르는 사람들이 많이 오니까, 칵테일 파티도 생각했지만 딱딱해져. 노래 듣고 박수 치고, 노래 듣고 박수 치고 하면 서로 다 즐거운 거야.

홍승면(洪承勉)이 막 나오는 참이었다. 세상에서 가장 까다로운 감각을 가진 사나이. 유순하면서도 완강한 이론적 근거에 의지해서 사는 사나이.

장기영은 그의 손을 잡고 끌어들여 술 한잔을 더 권했다.

"서로 모르는 사람들끼리 서먹서먹할 테니까 스타일을 이렇게 꾸며 봤어요. 밴드가 있고 노래가 있으니까 손님들이 소리지를 것도 없잖아요? 술 마시다가 말다툼도 쉽게 일어날 수 있는 것이거든. 하하……."

"파격적입니다."

홍승면도 웃었다.

사실 손님들이 가지각색이다. 관청 사람, 은행 사람, 신문계 사람, 체육계 사람…….

손님들은 앞을 다투어 장기영 부총리의 손을 잡으려고 애를 썼다. 그들이 물러간 뒤에도 사람들은 꾸역꾸역 찾아들었다.

2. 말문을 열게 하라

그게 그렇게 되는 것인가.

해방 후 일본에 처음 갔을 때는 약간 어리둥절했다. 패전국(敗戰國)이라고는 하지만 어딘가 일일지장(一日之長)이 있는 나라.

그 복구 템포는 매우 빨라, 갈 때마다 눈을 크게 떠야 될 일이 있었지만, 정계(政界)도 거리도 사람도 접하는 사이에 차라리 평범해졌다.

구미 쪽도 그렇다. 처음 미국에 갔을 때는 꿈나라에 온 것 같은,

왠지 발이 제대로 땅을 밟고 다니는지 의심스러워질 정도였다. 몇 번 드나드는 사이에 그들은 그렇게 사는 나라라고 평범하게 받아들이게 되었다.

유럽도 마찬가지이다. 전통 색깔 짙은 거리도, 사람도 자주 접하다 보니 그저 그렇고 그렇다.

그렇지만 너희들은 17~19세기에 너희들의 선조가 세계의 순진한 공간을 내것이라 하고 마구 착취해 온 재산으로 그렇게 살고 있는 게 아니냐는 생각도 들었다.

그들에게 비친 내 자신을 돌아볼 때 미소를 머금지 않을 수 없는 일이 한두 가지가 아니다.

어디까지나 사람이 사는 세상이다. 사람이 문제이고, 그들과의 접촉에서 새로운 역사 창조에 필요한 지혜를 얻는 것이 중요하다.

그러나 한국 전체를 놓고 생각할 때는 그들과 까마득한 거리에 있다. 그 거리를 누가 어떻게 좁혀 가느냐 그것이 문제이다.

불도저 장은 몇몇 사람들이 구미 유학을 마치고 와서 자기 잘난 것만 과시하며 사는 것이 못마땅해졌다. 왜 적극적으로 나서서 남도 자기 수준과 같이 살 수 있기를 바라지 않는가. 왜 말을 안 하고 혼자만 뻐기는가?

이른바 그들은 문명이 무엇인지를 아는 선구자들이다. 그들을 끌어내야 된다.

그들이 대중과 접촉하게 하고, 그들이 말을 하지 않을 수 없는 위치에 있게 하고, 끝내는 자기 생각을 털어놓게 해야 한다.

신문! 그것이 그 위력을 가졌다. 아무도 이용할 수 없다고 했지만, 민중을 위해서라면 풀로 이용당하도록 해 보자.

1965년 초의 구상이었다.

1965년 1월 19일로 기억된다. 눈이 펑펑 쏟아지는 밤 9시 반께다. 편집국 야간국장 하는 정태연(鄭泰演)에게 장 기자(장 사주의 자작 애칭)로부터 전화가 걸려 왔다.

"자네 패스포트 있지?"

"네, 있습니다."

"차균희 농림장관 노부모님이 중공에서 돌아올 것이라는 기사를 봤지? 그분들이 오늘 홍콩에 도착한 모양인데, D신문이 미리 알고 Y기자를 보내 대기시키고 있단 말이야. 한 발짝 늦었지만 내일로 홍콩에 가서 꼭 그분들을 만나 기사를 보내야 하겠네. 해방 후 처음 있는 일이니, 놓칠 수가 없단 말이네. 아침 9시에 홍콩 직행 비행기(CPA)편이 있는 모양이니……."

"비자도 없고 비행기표도 없는데, 이 밤중에 어렵겠는데요."

"아니야, 방법이 있을 게야. 알아보고 집으로 전화하게."

이날따라 아주 가느다란 음성으로 조용조용 이야기하는 품을 보니 어물어물할 수가 없음을 직감했다. 그분이 큰 소리로 쾅쾅하고 나올 때는 오히려 괜찮을 때다. 목소리를 낮추어 조용조용히 할 때가 더 무서운 것을 알기 때문이다.

반도호텔의 S여행사 담당(금고 열쇠 가진 직원과 비행기표 끊어 주는 직원) 2명을 하나는 정릉에서 또 하나는 영등포에서 신문사 차로 불러내어 외상 비행기표를 확보하는 데 성공했다. 이번에는 비자 발급을 하는 영국대사관 영사를 전화로 불러냈다. 통금 시간이 훨씬 넘은 새벽 1시께다. 아침 출근 전인 새벽 7시 안으로 홍콩 비자를 발급해 달라는 말에 처음에는 화를 냈으나, 차근차근 설명하는 이쪽 이야기를 듣더니 발급해 주겠다고 승낙했다. 마침 발이 부러지는 사고로 깁스를 하고 있어 숙소에서 사무실까지 가는 데 15분은 걸릴 터이니, 새벽 6시 45분에 자기에게 전화를 걸어 깨워 주고, 7시 정각에 사무실에 와서 비자를 받아 가라는 것이었다. 이 쯤 되면 의외로 만사 OK다.

장 사장 댁으로 전화를 걸어 보고를 했다.

"됐네, 됐어. 지금이 1시 반. 늦어도 2시반까지는 비서 K군을 통해 출장비를 보내주지. 3박 4일분이면 되겠지?"

그때 하루 해외 출장비가 25달러 정도니까 100달러 내외. 실제 보내온 것은 20달러짜리 10장이다. 새벽 3시쯤 다시 전화가 걸려왔다.

"돈 받았지?"

"네."

"아껴 쓰고, D신문이 석간이란 말이야. Y기자가 보내는 기사를 싣는 게 조간인 한국일보보다 12시간쯤 빠르다는 계산이지만, 자네가 더 멋지게 써 보내고 편집을 잘 하면 커버할 수 있네. 또 '다찌기리(내리닫이)'로 연재하면 한국일보가 이길 수 있어. 잘 다녀오게."

참으로 눈코 뜰새 없는 야근이었다. 20일자 신문이 윤전기를 통해 쏟아져 나왔다. 야간국장 일은 완료한 것이다. 새벽 4시 반께 집에 들러 간단한 옷가지와 타이프라이터, 카메라를 챙겨들고 신문사로 되돌아가 약속한 6시 45분에 영국 영사 집으로 전화를 걸었다. 7시 좀 넘어 비자를 받아 들기가 무섭게 김포공항으로 달렸다.

홍콩에 이날 오후 3시께 도착. 공항에서 총영사관으로 전화를 걸었다.

그런데 이게 웬말인가? 차 장관 노부모님이 어제 저녁 홍콩에 도착하긴 했지만 있는 곳은 알려 줄 수 없다는 것이다. 우리 영사가 미리 만나 알아 볼 일이 있어 모처에 모시고 있으며, 내일쯤에나 만나게 해 줄 수 있다는 답변이다. D신문의 Y기자도 와 있다는데 아직 만나지 않았고 하니, 내일 점심때쯤 같이 만나라는 것이다. D신문의 Y기자가 아직 못 만났다는 말에 귀가 번쩍 했으나 그럴수록 고삐를 늦출 수는 없었다.

전화를 끊고 평소 홍콩에 들를 적마다 친해 놓았던 교포 활동가 K씨를 전화로 찾았으나 사무실에도 집에도 없고…… 앞이 캄캄해졌다. 비행장 대합실에서 전화에 매달려 3시간은 좋이 지냈을 때다. K씨를 전화로 잡았다. 그러지 않아도 총영사관의 A영사와 함께 그분네들을 어느 식당에 안내, 저녁 식사를 대접하고 피곤한 것 같아 일찍 쉬라고 호텔에 모셔다 놓고 오는 길이라 했다. 그 호텔이 바로 RITZ 호텔이고, 방 번호까지 대 주었다.

그 길로 RITZ 호텔로 달렸다. 바로 옆방을 차지하고 들어가 짐을 내던진 채 두 노인이 있는 방문을 두드렸다. 중공에서 갓 나온 차 장관의 80노부 노모이다. 영사도 돌아가고 없는 두 노인만을 대하니 이제는 마음 놓고 본업에 들어갔다.

우선 플래시를 연거푸 터뜨리며 두 분 사진을 여러 장 찍었다.

해방 후 줄곧 중공 땅 톈진(天津)에 살고 있는 한국인들의 근황, 중공 당국이 출국 허가를 해 준 경위, 근 20년 만에 고국 땅을 밟게 된 감회며 장관직에 오른 아들을 만나기 전야의 심정, 천진 한마을 동포들이 고국의 혈육에게 보내는 메시지와 그들의 사진들. 참으로 기사거리치고는 한아름이다.

밤 10시가 넘었다. 지방판 마감 시간에 대기는 틀렸지만 빨리 송고해야 한다. 정해 놓은 옆방으로 가 프레스 콜로 서울을 불렀다. 외신부 절반이 대기 중이라 했고, D신문에는 한 줄 비치지도 않았단다. 약 한 시간 송고한 후 필름을 카메라에서 빼 들고 홍콩의 AP 통신사를 찾아 사진 전송을 부탁(물론 한국일보 독점이다). 사진 전송이 끝난 게 1시 반. 그리고 호텔로 돌아가 옷도 벗지 않은 채 곯아떨어지고 말았다.

이튿날 아침 10시쯤 잠에서 깨어나 식당으로 가기 위해 엘리베이터를 기다리는데, D신문의 Y기자가 헐레벌떡 짐을 들고 엘리베이터를 내리는 게 아닌가? 반가워 악수를 청하는데 저쪽에서는 화를

벌컥내며 '에이, 여보시오. 그럴 수가 있소? 서울에 전화를 걸었더니 벼락을 내리더군, 벼락.'

Y기자는 총영사관의 말만 믿고 홍콩 변두리의 힐튼호텔에 느긋이 앉아 있다가 이 꼴이 됐다고 내뱉었다. 아예 짐을 싸들고 노인네 바로 건너편 방을 얻어 들어오는 길이라 했다.

21일자 한국일보 시내판 1면 톱을 장식한 특종은 이렇게 해서 탄생했다. 용의 해, 호랑이 시에 태어난 장 사주의 열화 같은 성품과 시간에 대한 욕심이 낳은 한 토막 장면이다.

3. 처칠 경이 가셨는가

제2차 경제개발 5개년계획을 짜고 있는 장기영 부총리실에 최성렬 공보관이 신문을 들고 헐레벌떡 뛰어들어왔다.

"처칠이 죽었습니다!"

"언제?"

"어제, 1월 24일 죽었습니다."

"이왕이면 '돌아가셨습니다' 하라구. 20세기를 풍미한 대정치가가 아닌가?"

"예……."

그는 신문을 펼쳤다. 하나도 귀여운 데가 없으면서 하나도 미운 데가 없는 커다란 얼굴. 무뚝뚝하지만 의지에 차고, 지혜가 번뜩이고, 도무지 작은 데가 없는 커다란 정치가. 그에게도 인생의 끝이 있었는가. 그도 생명만은 마음대로 되지 않았는가?

기사를 다 읽고 나서 한동안 멍하니 허공을 바라보던 그는 시가를 꺼내 물고 불을 붙였다. 깊숙이 소파에 몸을 누인 그는 눈을 감고 명상에 잠겼다.

그도 갔는가. 수십억 인간들의 운명을 마치 장난감 다루듯 하던 그도 가고야 마는가?

'아이언 커튼'이란 말을 창조하고, 2차대전으로 허덕이는 세계를, 스탈린을 상대로 루스벨트를 벗으로, 장개석을 설득하며 마무리 지은 거인. 당신의 스케일과 멋이 좋아 나도 흉내를 냈는데 당신은 갔는가?

시가를 빨고 확 연기를 뿜어 보았다. 그리고 간절히 그의 명복을 빌었다.

이날 만나는 사람들마다 '처칠이 죽었더구먼요' 하고 의미 있는 인사를 그에게 던졌다. 장기영은 아무 대꾸도 안 하고 고개만 끄덕이었다.

한 세대는 가고 한 세대는 오되 땅은 영원히 있는가? 하긴 거인은 다 가고 잡것들만 득실거리는 세상이 된 것 같다.

그 다음 날이 새자 제2한강교 개통식을 가졌다. 국회에선 드디어 월남파병 동의안이 통과되었다. 새로운 세계가 펼쳐진다. 그 세계에서 한국은 멍청하게 뒤에 서서 구경만 할 수는 없다. 이제는 앞줄에 나서야 된다.

처칠 경, 두고 보시오. 내가 뭘 어떻게 하는가. 우리는 3년 안에 식량을 자급자족하고, 증산·수출·건설에 총력을 기울이고, 반드시 이 나라의 운명을 바꿔 놓겠습니다.

4. 언론파동

군인들이란 엉뚱한 것을 생각해 낸다.

중앙정보부라는 것이 막강한 힘을 행사했다. 그들은 학생이 반대하건 국민이 어떻게 생각하건 일본과 손을 잡고 일을 해야 하겠는데, 장애가 되는 것들을 치워 버리면 될 것 아니냐고 생각한 것이다.

여론도 시끄럽거니와 그것을 보도하고 부채질까지 하는 신문의 논조는 미워하고 미워해도 화가 풀리지 않는다. 계엄령을 해제한 마당이다. 저것들이 또 어디로 날뛰고 다닐는지 모른다. 언론을 묶어 놓아라. 꼼짝 못하게 만들어 버려라.

언론윤리위원회법을 만들었다. 예상한 대로 반발은 맹렬했다. 김성곤 공화당 재경위원장은 정일권 총리와 상의하여 청와대에 드나들면서 정부의 강경 태도를 완화시키려 애쓸 무렵, 장기영이 사주인 《한국일보》는 진퇴양난의 궁지에 몰려 한때 이탈 지(紙)의 오명까지 뒤집어썼다.

결국 9월에 접어들면서 고재욱·최석채·김규환·이환의·홍종인 등이 박정희 대통령을 유성(儒城)으로 찾아가 언론윤리위원회법의 전면 보류를 결심케 하기까지 불도저의 심중은 편안하지가 못했다.

어느 날 《한국일보》 편집부국장이던 이원교가 기자 25명과 업무·공무국 사람들을 많이 데리고 새로 나오는 《중앙일보》로 옮겼다는 소리를 듣고, 그는 분통을 터뜨렸다. 해도 너무 했다. 나도 《한국일보》를 시작할 때 내 생각만 했지만, 당하고 보니 보통 일이 아니다.

"이원교를 당장 불러와!"

소리치니 그가 나타났다.

"사람 도둑놈이야. 이 국장은……. 그럴 수가 있어요?"

"미안합니다."

이원교(李元敎)는 허리를 굽혔다.

"내가 파견하는 것으로 알고 가되, 언제든지 부르면 되돌아와야 해요."

"예……."

"잘 하시오. 모처럼 이병철(李秉喆) 씨가 시작한 거니까……."

뒤는 없다. 그것으로 끝이었다.

5. 정보부장 김형욱

"장기영이 너무 독주하고 있다."
"공화당 의원들을 뭘로 아느냐?"
"그는 일부 재벌들에게 특혜를 주어 무슨 덕을 보고 있는 것이
아니냐?"
"왜 경제부처 장관들을 졸개처럼 여기는가?"
국회가 마땅치 않다고 생각되는 장관을 불신임하는 것은 민주주
의 사회 체제의 자랑이다.

'장기영, 돼먹지 않았다'는 첫 번째 소리는 취임한 지 얼마 안 되
어 언론윤리위가 말썽이 되었을 때 들려 왔다. 민중당의 방일홍(方
一弘) 의원 외 26명이 제안한 불신임안이었던 것이다.

언론계 출신인 그가, 딴 사람이 그런 주장을 내세워도 막았어야
할 입장인데, 불도저인 그가 선두에 나서서 한 게 분명하다는 의혹
에서였다.

장기영은 국회에서 이 일이 자기 소관 업무도 아니며, 전직 언론
인으로서 생각도 할 수 없는 일이라고 해명, 얼마 안 가 정부가 시
행을 보류하여 해임 결의안도 유산되었다.

그 결과 정상을 바라보던 《한국일보》의 성장세가 영향을 받아 장
사주의 가슴을 아프게 했다.

그러나 두 번째 불신임안은 여당의 신형식(申炯植) 의원 등 33명
이 발의했다는 데서 적이 우습게 됐다. 화신(和信)과 삼호(三護)
등 몇몇 재벌에게 어찌하여 편타대출(便他貸出)과 대불(代拂) 등
특혜금융을 해 주었느냐는 것이다.

돌봐 줄 상대는 기타 누구라도 좋다. 일을 할 사람이면 되는 것

이다. 의욕을 보고 지원하는 것이다.

그는 총리와 대통령에게 솔직한 심정을 이야기했다. 그들은 알아들었고 당과 본인에게 설득을 했다.

1965년 3월 25일의 국회는 불신임안을 제기한 신형식 의원이 행방을 감춘 상태에서 표결, 135명의 재석의원 중 찬성 54, 반대 16, 기권 65로 재적과반수인 88에 미치지 못하여 폐기되고 말았다.

이 무렵 《한국일보》는 연초부터 시작한 '전국 포플러조림 국민운동'이 요원의 불길처럼 번져 가고 있어 신이 나 있었다. 박정희 대통령도 흔쾌히 참여하고, 직접 현장에 나가 보기도 했다.

그는 이 운동이 농림경제에 도움이 될 것임을 확신하고 보수적이고 잠만 자는 그들을 깨워 일으켜 새시대를 전개하는 꿈을 구체적으로 갖기 시작했다. '새마을운동'의 착상이었다.

정 내각의 또 하나의 돌격병은 이동원(李東元) 외무장관이었다. 이 장관은 파월장병환송 국민대회의 열기도 채 가시지 않은 2월 중순 일본으로 건너가 도쿄 한복판에 진을 치고, 한·일 기본조약의 가조인을 하려고 벼르던 중이었다. 이때 최계월(崔桂月)을 만났다. 이동원 장관이 일본 각료와 상봉할 길을 찾는다고 말하자, 그는 '아 그러냐'고 하더니 이튿날 아침 뉴오타니 호텔에 자민당 간부와 몇몇 장관이 나타나게 해 주었다.

이야기는 일사천리로 진척, 2월 20일에 가조인을 마치고 공동성명을 발표했다.

국내에서의 반일 데모는 날로 격심해져 갔다. 마치 구한말 이완용(李完用)이 나라 팔아먹던 때와 똑같다는 독설은 자칫 추진자들의 가슴을 서늘케 할 만도 했으나, 박정희 대통령의 의지는 굽혀지지 않았다.

장기영 부총리는 그것에 따랐고, 4월 3일 마침내 양국 대표들은 청구권(請求權), 교포의 법적 지위, 어업(漁業)의 3대 현안에 합의를 보고 가조인, 교섭에 매듭을 지었다.

대어를 낚았다. 이제는 비료도 자급자족할 수 있게 될 것 같다.

삼성의 이병철이 일본의 미쓰이물산(三井物産)으로부터 차관을 도입하여 울산에 연산 33만 톤의 요소비료공장을 건설하기로 되었다. 그 액수가 자그마치 4,686만 달러이다.

장기영 부총리는 이병철이 도움을 청했을 때 흔쾌히 힘이 돼 주었다. 미쓰이와는 '소맥분' 이래 친근해진 사이이다.

그런데 5월 10일 아침이었다. 장기영은 평소와 같이 8시에 출근을 하고 캐비닛을 열었다. 어찌된 일인가. 그 안에 두었던 것이 몽땅 없어졌다. 비서도 전혀 모른다는 것이다. 캐비닛은 아무 일도 없었던 양 제대로 잠겨 있는 상태. 몹시 기분이 상했다. 누구의 장난인가?

이 무렵 중앙정보부장 김형욱은 대통령 앞에 물건들을 내놓고 설명하고 있었다.

"장 부총리가 재벌들과 결탁해서 온갖 부정을 자행한다기에 어젯밤 공작원을 투입해서 확인해 보았습니다. 현금이 30만 원, ○○사 단법인 명의의 예금증서, 일화(日貨) 1만 2,000엔. 여행자수표, 유가증권, 장신구 등입니다."

박 대통령은 아무 말도 안 하고 그 물건들을 들춰 보았다.

"외화 불법소지로 입건하겠습니다, 각하……."

"며칠 있으면 존슨 대통령을 만나러 나하고 같이 가야 될 사람이야."

"알고 있습니다, 각하……."

"다녀와서 애기하지……."

"예, 각하. 심려를 끼쳐 드려서 죄송합니다. 각하……."

장기영은 경찰에 도난신고를 했다. 불안하고 불쾌한 마음을 어떻게 하면 좋은가?

짚이는 데가 있다. 이렇게 감쪽같이 해치울 기술자는 두려움을 모르는 자일 것이다. 그것은 정보부장밖에 없다.

그는 즉시 청와대로 올라가 이실직고했다. 대통령은 빙그레 웃었다.

"대단한 도둑놈이 다 있군요. 그러나 며칠 있으면 떠나야 되잖습니까? 그쪽 준비나 하시죠."

차관 김학렬(金鶴烈)의 눈치가 보통이 아니다. 사사건건 반기를 들고 나오는 저 친구를 어떻게 할까?

6. Shrewd Negotiator

5·16 혁명기념일, 장기영은 박정희 대통령과 미국 방문길에 올랐다.

국민들 간에는 이상한 소문이 떠돌고 있었다. 미국은 박정희 정권을 믿지 않고 위험시하고 있다는 것이다. 그런데 존슨 대통령과 회담하기 위하여 미국엘 간다니 어찌된 일인가?

한국 국민들은 6·25전쟁 이후 미국을 믿고 의지해 왔다. 그들이 없으면 저 악착 같은 북(北)이 당장 쳐내려올까봐 걱정했다.

그 미국이 박정희 대통령을 불렀다. 군사정권에는 이 나라를 맡길 수 없다는 아우성을 뒤로, 그들을 태운 비행기는 유유히 미국 방문길에 올랐다.

장기영 부총리를 비롯하여 공식, 비공식 수행원은 25명.

기상에서 장기영은 서독에 갈 때와 전혀 다른 기분이었다. 며칠 전에 김형욱이란 무뢰한으로부터 당한 일이 머리에서 지워지질 않는다. 망할 자식이다. 내가 지금 하고 있는 일이 얼마나 엄청난 일인데 네 따위가 방해를 놓느냐.

박정희 대통령은 시치미를 떼고 그에게 말했다.

"미국도 두 번째 가는 길이라 그런지 낯설지 않군 그래."

"그렇습니다. 자주 왕래하다 보면 그저 그렇습니다."

"장 부총리가 우리나라에서 해외 여행을 제일 많이 하는 편이라면서요?"

"일을 하다 보니까 그렇게 됐습니다."

"매우 부럽소. 대통령이라는 건 몹시 외롭고 그리고 바쁜 자리요."

"고독한 정상입죠. 평민은 무엇이든지 맘대로 할 수 있지만……."

"요새도 매일같이 술 자시러 다닙니까?"

"예. 밤중까지 일하다 보면 푸는 시간도 필요해집니다."

"허허……. 난 그것도 할 수 없으니……. 춤도 잘 추신다면서요?"

"예, 그저 제 나름대로 몸을 흔들어 대는 거죠. 조택원(趙澤元) 씨는 제가 춤 추는 것을 보고 드럼통이 뒤뚱거리는 거 같다구 합니다."

"허허……."

미국 동부는 한국과 10시간의 시차가 있다. 말하자면 반나절이 더 생기는 길이다.

공항에는 이용훈 특파원이 나와 있었다.

언젠가 왔을 때 내리자마자 이렇게 물은 적이 있었다.

"신앙을 바꿨다는 것을 영어로 뭐라구 그러지? 개종(改宗) 했다는 소리 말이야?"

이용훈이 얼른 대답을 못하고 우물거리자 이렇게 말했었다.

"Convert라는 단어가 적절한지 알아봐! 이 사람들한테 신문인에서 관리로 개종했다는 소릴 할 작정이야."

그때 그 단어가 미국 사람들을 즐겁게 해 주었다. 이번에도 뭐 그런 케이스가 있음직하다.

박·존슨 회담은 두 차례 있었다. 1억 5,000만 달러의 차관 대목이 문제가 되었다.

'앞으로 5년 이내……'라는 구절에 존슨이 구애되는 낌새를 알자, 장기영은 Gradually(점차적으로)라는 단어를 삽입해서 존슨에게 제시했더니, 그 자리에서 'OK' 소리가 나왔다.

그 결과 차관의 조기 수입을 받게 된 것이다.

워싱턴에 모여든 설국환·봉두완·편용호《한국일보》특파원들에게 장기영은 자랑스럽게 이 이야기를 하면서,

"영어의 명수들이 모인 외무부의 관리들도 영어 실력이 나만 못한 것 아냐?"

씩 웃었다.

파티석상에서 존슨 대통령은 장 부총리에게 말했다.

"You are a shrewd negotiator."

장기영 부총리는 'Shrewd'라는 말이 무엇이냐고 따지다가 웃었다.

"아무래도 집요한 협상가라는 뜻일 거야. 내가 그럼 물렁물렁한 협상을 할 줄 알았나? 허허……."

공동 코뮈니케는 최대한 자립을 원조하고 1억 5,000만 달러의 차관을 해 주며, BA 정책도 완화해 주고, 한·일 국교가 아주(亞洲) 결속에 기여함을 확인하고, 한국군(파월장병) 봉급을 75% 인상하기로 합의했다고 말했다.

박정희 대통령은 요청해 온다면 2개 사단 병력을 더 월남에 증파할 용의가 있다고 시사했다.

장기영은 한국의 국력을 과시하는 동시에 전면적으로 월남전쟁에 개입한 미국을 돕는 것도 되며, 큰소리 칠 것은 못되지만 여러 가지 의미에서 수지맞는 일이 될 것이라고 내다보았다.

다음은 황병태(黃秉泰) 전 외국어대학교 총장의 회상.

'불도저' 부총리로 더 알려진 장기영 부총리를 모시고 일하던 때의 일이다.

당시 필자가 경제협력국의 과장으로 있으면서 정부간 차관의 교섭창구의 책임자로 일하고 있던 1965년 5월인가 6월에, 박정희 대통령이 존슨 미국대통령을 공식방문하면서 미국측 지원으로 1억 5,000만 달러의 AID 공공차관의 제공을 약속받은 일이 있었다. '불도저' 부총리는 다시 필자를 불러, 대외공작을 꾸몄는데 여기서의 작전은 다음과 같았다.

필자가 신청서들을 USAID에 제출함과 동시에 부본들을 가지고 과장이지만 정부를 대표 교섭하는 인상을 주면서 직접 AID 본부에 가서 참고서류 내지 보조서류 형식으로 제출하였다. 그리고 곧바로 관계직원의 방을 찾아 인사하고 당시의 국장인 아이브스 씨를 찾아가서, 여기에 제출한 사업계획서의 승인 금액이 최소 7,000만 달러가 될 때까지 이곳에 남아서 현지 교섭과 보충설명을 할 것임을 통고하기로 했다. 그 때가 11월 하순이었다.

이렇게 하면서 필자는 사업계획서의 설명에 관한 한 서울 정부를 대신할 것임도 아울러 통고하였다. 그러고 나서는 필자는 매일 아침마다 AID 관계관을 방문하면서 조기검토를 로비(?)하였다. 일종의 육탄교섭의 방식이었다.

한편 장기영 부총리는 매주 월요일마다 기획원 간부회의에서 장거리 전화로 일이 끝날 때까지 못올 것임을 명령하면서 다른 한편으로는 현저한 행정지원의 세심한 배려를 하여 주었다.

크리스마스가 지나고 새해를 외지에서 보내는 필자에 대한 동정심에서인지 어쨌든 AID는 다음해 2월까지 7,000만 달러 이상을 약속 승인하여 주었고 덕분에 필자는 3개월의 인질여행에서 해방될 수 있었다. 역시 장 부총리는 '불도저'식 저돌성과 '왕초'식 용인술의 치밀성을 조화 있게 해낸 '멋쟁이' 부총리로 60년대 우리 경제의 비약의 터전을 마련한 인물이었다.

7. 나라를 두들겨 고쳐야

미국에서 돌아온 박 대통령은 자신만만하게 한·일협정의 조속한 조인을 명했다. 젊은 이동원 외무장관은 각오를 단단히 하고 뛰고 있었다. 경제적인 조건이 제일 중요하다.

불도저 장은 그를 뒷받침해 주었다.

6월 22일 일본의 수상관저에서 이동원 외무와 시나(椎名) 일본 외상은 한·일협정에 조인하는 역사적인 시간을 가졌다. 해방 후 20년 만의 일이요, 14년간의 교섭에 종지부를 찍는 행사였다.

이것이 알려지자, 전국의 대학생들은 성토, 단식, 데모에 들어가고, 투위(鬪委)의 장택상(張澤相) 의장은 실력행사를 선언하고, 민중당원들은 민충정공(閔忠正公) 동상 앞에서 연좌 데모를 벌였으나 경찰이 강제 해산시키고 말았다.

박 대통령은 특별담화를 발표했다.

"민족과 국가가 부흥할 때, 우리는 자신과 용기와 긍지에 가득 찬 진취성을 가져야 할 것이며, 주체성을 살리면서 이웃 나라와 공동번영을 누려야 할 것이다. 만약에 일본이 무성의하다면 이것은 의의가 없는 것이 된다."

야당 의원들은 다시 투쟁으로 들어갔으며, 반대운동은 점차 번져 학생, 교수, 문인 등 걷잡을 수 없는 지경으로 발전했다.

공화당은 PR강연회 등을 열어 결코 굴욕적으로 된 것이 아니라고 역설했다.

이 무렵에 불도저 장기영은 무엇을 하고 있었는가? 그는 물가를 잡기 위한 치밀한 작전을 수행 중에 있었다. 우리는 바야흐로 국가를 두드려 고치는 총공세를 취하고 있다고 그는 장담했다.

장기영이 맡은 분야는 경제이다. 경제 분야에서 가장 급한 것은 물가를 때려잡아 재기불능 상태로 뻗어 버리게 하는 것이다.

그러자면 금리를 현실화해야 된다. 역대 경제장관들은 그 필요성을 절감하면서도 다 피하여 갔다.

장기영은 피할 수 없다. 장기영은 사채라는 가장 악질적인 병폐와 맞붙어 싸워서 이겨야만 된다. 세상을 보라. 은행에서 돈 꾸어 쓰는 것은 하늘의 별 따기보다도 어렵다. 그래서 울며 겨자 먹기로 대기업도, 중소기업도, 소상인들도, 개인도 이 가증스런 고리대금에게 피를 빨리고 만다.

전국을 조사해 본 결과, 200억에 가까운 돈이 사채로 나돌고 있다. 우리나라 통화량의 3분의 1이다.

미쳤다. 고리대금 하는 인종치고 멋쟁이가 드물다. 드문 게 아니라 없다. '베니스의 상인'도 고리대금업자였다. 성서에서도 욕하지 않았는가? 가진 자가 천국에 들어가는 것은 낙타가 바늘구멍을 통과하기보다도 어렵다고······.

장기영도 신문사에서 겪어 보았다. 이자 꾸려 대느라 기자들한테 보수 적다고 욕깨나 얻어먹었다. 잘 나가는 기업들이 저리의 돈을 얻을 길 없어 고리채를 쓰다 보니 제품값을 비싸게 받아야 되고, 소비자는 골탕을 먹고······.

고리채를 은행으로 끌어들여 국가적 안목에서 기업들에게 저리로 꾸어 주면 세상은 지금보다 확실히 살기 좋게 될 것이다.

불도저 장은 물가안정위원회를 강화하고, 기획원의 1개 과(課)에 불과했던 물가정책과의 기능과 권한을 대폭 확대했다.

또 경제장관회의를 활용해서, 공납금·철도요금 같은 것은 물론이고, 쌀·연탄·무·배추값에서 밀가루·시멘트와 곰탕·우동·다방의 커피, 이발·목욕·버스 택시요금에 이르기까지 거의 모든 물가와 요금이 기획원 물가 당국의 조정을 받게 했다.

쌀값이 오르면, 그 원인을 철저하게 캐고, 관계관에게 현물시장을 파악하게도 하고, 직접 조정에 나서기도 했다.

연탄값이 오르면, 공장으로 뛰어가서 실정을 파악하고, 수송에 문제가 있으면 그것을 원활하게 하기 위하여 관계장관에게 조처를 하도록 지시도 했다.

장기영은 주부들과도 대담하는 것을 서슴지 않았고, 소비자가 득을 보는 방안을 같이 연구하기도 했다.

한국 사람들의 대부분은 은행 창구와 관계 없는 것으로 생각한다. 잘못 되어도 한참 잘못된 일이다. 선진국일수록 모든 사람들은 현금을 가지고 있지 않고 은행에다 맡긴다. 은행에 돈이 있으니 꾸어 쓸 사람은 언제든지 환영받게 마련이다.

가만히 보니 한국에서는 줄을 잘 타는 재주꾼들이 얻기 어려운 저리의 은행 융자를 받아서 고리채로 굴려 재미를 보고 있는 얌체들도 있다.

금리를 현실화해야겠다. 그것은 이열치열(以熱治熱)로 가는 수밖에 없다.

역금리(逆金利)를 내세우자. 욕심꾸러기 고리에서 얻는 이자와 거의 맞먹는 이자를 은행에서 지불하자. 저희들이 안 맡기고 배기겠는가?

금융인들을 모아 설득을 했다. 모두 위험한 짓이라고 했다. 또 하나의 화폐개혁이라고 할 수 있는데, 잘못 되면 한국경제를 파멸로 끌어 넣는 것이 되지 않겠느냐고 우려들을 했다.

그러나 불도저 장은 드디어 9월 30일을 기하여 금리현실화를 명하고야 만다.

예금금리는 30%, 대출금리는 24%, 당좌대월 연26%, 연체금리 연36.5%였다.

불도저 장은 표면으로는 역금리로 보이나, 인상된 금리가 연 15% 미만의 단기예금이 대부분이기 때문에 예금대출의 실질적인 금리차는 은행측에 유리하며, 은행수지에는 영향이 없다고 반대자들을 일축했다.

보람은 단박 나타났다. 장롱 속에 갇혀 있었거나 귀금속 등으로 변해 있었던 유휴자금이 월리(月利) 2.5%(18개월 만기예금), 이자는 매월 지급이라는 매력에 끌리어 너도 나도 은행에 몰려들었다.

불도저 장은 저녁마다 시중은행장들을 불러 그날그날의 성적을 보고받았다.

"은행은 돈을 벌려고 하면 안 됩니다. 은행수지는 벌지도 않고 밑지지도 않는 상태가 가장 경제계를 위해서 공헌하고 있을 때라는 것을 잊지 말아 주세요."

8. 올챙이와 개구리

장덕진(張德鎭)이라는 새파란 사람이 재무부 이재과장으로 임명되었다. 장기영 부총리는 장덕진 과장에 대하여 소상히 보고를 받았다.

고대 법대를 나왔다는데, 학생시절 고시사법과(高試司法科)에 합격하고 이어서 행정과(行政科), 그리고 또 외교과(外交科)까지 모두 합격한 수재란다.

이제 겨우 나이 서른을 조금 넘었는데 이재과장이라?

장기영 부총리는 비서를 불렀다.

"새로 임명된 장덕진 이재과장, 내일부터 B 미팅에 나오라구 그래."

부임한 지 하루밖에 안 되는 장덕진 이재과장은 시간을 맞추어 부총리 회의실로 나갔다. 아무런 마음의 준비도 없었다.

장기영 부총리와 함께 시중의 각 은행장들이 죽 앉아 있다. 이재국(理財局)은 전금융기관을 관리 감독하는 곳이다. 장덕진은 그곳의 주무과장이다.

장기영 부총리는 시치미를 딱 떼고 물었다.

"새로 임명된 이재과장이 누구야?"

장덕진은 일어서서 분명히 대답했다.

"접니다."

"어제 정기예금 계수가 얼마지? 그리고 그저께보다 얼마나 늘었지?"

장덕진은 심히 당황했다.

"죄송합니다만, 어제 발령을 받았기 때문에 계수를 파악하지 못했습니다."

"이재과장이 잘못 임명됐군. 여기 한국은행에서 올라온 자료가 있어요. 숫자를 정확하게 알아 둬요. 그게 당신의 임무니까……."

그는 줄줄 읽어 내려갔다.

장덕진은 얼굴이 후끈 달아오르며 치솟는 모멸감과 수치감을 어찌 할 줄 몰랐다. 그것은 참담한 것이었다.

안절부절 못하는 그를 느끼면서도 모르는 척, 장 부총리는 회의를 계속했다.

장덕진은 재무부로 돌아와서 내내 기분이 언짢았다. 여러 사람 앞에서 무슨 모욕인가?

그날 밤 그는 과원(課員)들과 통행금지 시간이 가까워질 때까지 술을 퍼마셨다.

이튿날 아침에도 화는 풀리지 않았다.

좋다. 오늘 회의에는 금융관계 주요 계수를 몽땅 암기하고 가자.

그가 또 물으면 속사포처럼 쏘아 대자.

장덕진은 각 은행에 주요한 숫자를 묻고, 고시공부할 때보다도 더 열심히 숫자를 써 가면서 외웠다.

그날 6시, 회의가 시작되자마자 장 부총리는 물었다.

"이재과장, 어제 계수가 어떻게 되지?"

장덕진 과장은 자료도 보지 않고 줄줄이 외워댔다. 초등학생이 구구단 외는 것 같았다.

듣고 있는 각 은행장들은 이 흥미로운 장면을 맘껏 즐기면서 장 부총리의 얼굴에 생기는 변화를 응시했다.

다 듣고 난 그는 태연히 내뱉었다.

"역시 이재과장은 제대로 뽑았구먼!"

폭소가 터졌다. 말한 장본인도 껄껄대고 웃었다. 장덕진 과장 또한 웃지 않을 수 없었다. 어제 그렇게 모욕을 당했던 원한이 순간 스르르 눈녹듯이 녹아 버렸다.

끝나고 나서 장기영 부총리는 그를 자기 방으로 불렀다.

"앉으쇼."

"네."

장 부총리는 담배에 불을 붙이고 연기를 확 뱉으며 부드럽게 물었다.

"장덕진 과장, 인동 장씨(仁同張氏)라면서?"

"네."

"고시를 세 개나 합격했다면서?"

"네."

"어제는 섭섭했지?"

"솔직히 말씀드려서 그랬습니다."

그는 담배를 힘껏 빨고 훅 연기를 뱉었다.

"나는 장 과장이 어떠어떠한 사람인지 미리 잘 알고 있었어. 잘 키우면 좋은 재목이 될 수 있으리라고 생각했지. 중요한 시기에 업무를 빨리 파악하라고 일부러 그런 거야. 어제 술 좀 했나?"

"했습니다."

"허허……. 앞으로 잘해 보자구."

커다란 손을 내밀었다. 장덕진 과장은 그 손을 잡는 순간 머리가 절로 수그러졌다. 듣던 대로 큰 그릇이로구나.

"감사합니다. 맡은 일에 최선을 다해서 실망시켜 드리는 일이 없도록 하겠습니다."

뒷날 장덕진의 회상을 잠시 더 들어 보자.

그때 나는 부총리실 문을 나서면서 '역시 듣던 대로 큰 인물이로구나' 하는 생각을 금할 수 없었다.

그 이후 장기영 부총리와는 수도 없이 만나 뵈었고, 또 여러 가지 일을 의논도 드리고 가르침도 많이 받았다. 그러던 중, 1971년 국회의원 선거에서 그분은 종로 갑구에서, 나는 영등포 갑구에서 출마를 했다. 그런데 불행하게도 그분은 고배를 드셨고, 나만 당선이 되었다. 당시 나는 운이 좋았던 탓이었던지 서울에서 공화당 입후보자로서는 유일하게 당선이 되었고, 그 덕분에 자동적으로 서울시 당 위원장을 맡았다.

위원장이 된 후에 한 달에 한 번씩 지구당 위원장 회의를 열었는데, 묘하게도 자리 배치가 위원장이 가운데에 앉고 오른쪽 줄 첫째 자리가 종로 갑구 위원장 좌석이어서 여간 송구스러웠던 것이 아니었다. 더구나 그분은 회의 때마다 한 번도 빠진 적이 없었고, 반드시 회의 시작 5분 전에 나와서 위원장실에 들러 인사까지 하는 것이었다.

"장 위원장 별일 없었소?"

그럴 때면 면구스럽기도 하고 그렇게 고마울 수가 없어 일어나 인사를 드리고 위원장석을 권해 드렸다. 그랬더니 이렇게 말하였다.

"여보, 이제는 당신이 상관이오. 내가 지금 당신을 도울 수 있는 일은, 당신이 주재하는 회의에 빠짐없이 참석하는 일과 서울시 당부에서 정한 일을 지구당에서 충실하게 집행하는 일이오. 내 열심히 도와줄 테니 잘 해 보시오."

이런 말을 할 때는 이재과장과 부총리 사이의 관계를 맺었던 사이에서 어찌 쉽게 나올 수 있었겠는가? 더구나 나이로 보나 종친 관계로 보나(당시 장씨 대종회 회장이었다) 그토록 겸허한 자세를 취할 필요가 없었는데도 말이다. 그러나 백상 선생께서는 그렇게 대범하고 세심하게 젊은 사람을 도와주고 아껴 주고 키워 주셨다.

장기영의 이러한 쓴소리는 다 그럴 만한 이유가 있었는데 그에 대한 기록을 보자.

그는 누구보다도 잔소리가 많다. 넘치는 의욕을 실천하려면 손발처럼 일해 주는 부하가 필요하다. 그러나 좀체로 그의 의욕에 차게 일을 해 주는 사람이 드물다. 그래서 그는 자기 의욕에 맞는 사람을 만들어서 쓰게 마련, 그러자니 자연히 잔소리를 하게 되는 것이다. 따라서 이런 말이 생기기까지 한다.

"그에게 잔소리를 안 듣는 사람은 소외된 사람이다."

말하자면 앞으로 쓸 만한 사람에겐 잔소리를 하면서라도 사람을 만든다. 물론 그만한 일을 시킨다. 아마 오늘날 그에게 중용되고 있는 사람치고 백 번 천 번 서러운 눈물을 안 흘린 사람은 없으리라. 말이 잔소리지 그저 듣기 싫다는 정도의 잔소리가 아니다. 뼈에 사무치고, 혀를 깨물어 죽고 싶을 정도로 잔인한 잔소리들인 것이다. 자존심이나 인격을 송두리째 빼 던져 버리지 않고는 분해서 못견딜 격한 말들로 일관된다.

"월급 도적놈 같은 자식."

"IQ가 70밖에 안 되는 놈."

"낙제만 한 놈."

"소학교도 못다녀 본 무식한 놈."

"송장 같은 늙은이."

대충 적어 보아도 이런 유(類)이지만 실제에 있어서 도무지 입에 담기가 힘들 만한 험구가 기관총처럼 쏟아져 나온다.

그의 이러한 험구나 잔소리를 박차고 취임 당일에 그만둔 사람도 많거니와 참다못해 오래 있질 못하고 나가버리는 사람이 한 둘이 아니었다.

그러나 실제로 이러한 잔소리는 앞으로 중용할 사람에 한했지 결코 존재가 희미한 친구들에게까지 그런 것은 아니다. 이 고비를 넘기면, 말하자면 그의 의욕이나 인간을 이해하고 잔소리를 마다 않고 따르는 사람은 멀지 않은 장래에 빛을 보게 마련이다.

그의 이러한 성벽(性癖)은 흔히 서열과 체계에 뜻하지 않은 혼란을 초래하기 마련이다. 서열을 무시하고 실무자에 대해 직접 일을 시키는 수가 있는가 하면, 한 사람에게 지나치게 많은 일을 시키게 된다. 그러니 중용당하지 못한 사람이나 서열을 무시당한 당사자가 기분 좋을 리 없다.

그래서 이러쿵저러쿵 말이 나고, 어떤 경우에서는 가혹하리만큼, 치명적인 혹평을 받는 수가 허다했다. 그것은 입각 후에 더 두드러졌다.

그러나 그에 대한 이러한 혹평도 그런대로 무마돼 나간 것은 그러면서도 그는 부총리 겸 경제기획원장관으로 취임하면서 단 한 사람도 자기 사람이라는 사람을 채용해 본 일이 없었기 때문이다.

그가 현재 아무리 사랑(?)하는 사람도 결코 자기가 데리고 온 사람이 아니다. 전부터 근무한 사람을 능력과 재능을 발굴해서 백 프로 이용한 것이니까 그것을 나쁘게 말할 소재가 될 수는 없지 않는가?

　여하튼 그의 잔소리 내지는 험구, 아니 좀 더 적절하게 말하자면 독설은 유명하긴 하지만 어느 모로 보나 좋은 인상을 주는 것이 못 되는 것만은 사실이다.

　이러한 그지만 아무거나 다짜고짜 독설을 퍼붓는 게 결코 아니다. 매사에 솔선수범을 해놓고 그 다음에야 그것을 따르지 못하는 사람에게 욕설을 퍼붓는 것이다.

원대한 꿈

똑같은 타입의 사람을 모아서는 안 된다. 한 사람, 한 사람의 개성을 살린다.
그런 마음을 실천함으로써 강한 조직, 개성적이고 매력적인 집단이 형성된다

1. 장기영 경제학

3,000명이 넘는 전국 금융인들은 경제부처 장관들과 은행장들이
앉아 있는 단상에서 중앙 테이블로 나오는 거대한 체구의 사나이를
매우 흥미로운 시선으로 주시하고 있었다. 저 친구가 바로 불도저
장기영이구나. 밤낮없이 뛰어다니고 부하들을 제멋대로 혹사시킨다
는 폭군이로구나.

"정부가 시행해 온 여러 가지 현실화정책의 종국적인 전략인 금
리현실화정책을 단행하면서, 과거 여러분과 같은 은행원이었고, 지
금은 경제기획원의 장관으로서 특히 최근엔 이재과(理財課)의 사무
관 정도의 일을 하고 있는 사람, 이 세 가지 입장에서 충심으로 여
러분의 협력을 바라면서 몇 말씀 드리고자 합니다."

대뜸 본론으로 들어가는가. 들으나마나한 인사말은 한 마디도 없
다.

"금리현실화의 목적은 경제적 목적, 정치적 목적, 그리고 사회적
정책성의 세 가지로 나누어 생각할 수 있습니다. 경제적인 목적이
란 말할 것도 없이 내자조달(內資調達)입니다. 즉 저축입니다. 저
축 없이는 내자조달을 할 수 없으며, 지금 우리나라의 경제정책의
제일 당면한 문제는 내자조달입니다. 1965년도에 국내적으로 필요

한 내자는 530억 원이고, 내년도에는 740억 원이 됩니다. 또 지금 구상 중인 제2차 경제개발 5개년계획에 있어서는 5개년 동안에 필요한 내자는 4,900억 원입니다. 그 동안 외자는 11억 5,000만 달러가 필요합니다. 금리현실화, 다시 말하면 내자의 조달 없이는, 저축에 의한 투자 없이는 제2차 5개년계획은 실행할 수 없게 되는 것입니다. 정부가 금리현실화정책을 단행하게 된 것은 그 때문입니다."

선명한 전개이다.

"다음, 정치적 목적이란, 소위 금융의 이권화를 배제하자는 것입니다. 금리가 너무싸고, 비현실적이었기 때문에, 금융에 특혜성이 있기 때문에, 금융 자체가 이권처럼 되었기 때문에 금융의 가수요가 늘어나 그나마 얼마 안 되는 자금이 악순환이 되고 있습니다. 이 사태를 하루 속히 제거해야 되겠다는 것입니다. 종래에는 소위 금융을 위한 금융, 즉 사채를 놓기 위해서 은행에서 융자를 받아가는 사태조차 없지 않았다는 것은 여러분도 잘 아실 것입니다. 또 소위 금융 브로커라는 불명예스러운 직업조차 없지 않았습니다. 금융이 하나의 이권으로 행세하는 정치적 폐풍을 빨리 제거하자는 것입니다.

끝으로, 사회적 정책성이라는 것은, 고리채를 없애야 하겠다는 것입니다. 여러분이 아시다시피 작년 이래로 물가는 소강상태에 있습니다. 수출도 10월 15일로 1억 2,500만 달러를 넘었습니다. 작년 1년치를 넘었습니다. 이대로 가면 연말 목표액 1억 7,000만 달러를 넘을 것입니다. 생산에 있어서도 작년에 비해 공업, 특히 제약업 등에 있어서 작년보다 약 20% 증대하고 있습니다. 그러나 그렇다고 해서 지금 우리나라의 경제가 안정상태에 있는 것은 아닙니다. 고리채가 지금처럼 많아서는 안 됩니다. 고리채의 횡행은 오랜 인플레의 폐독이 누적된 현상입니다. 이것은 누구의 손에 의해서든지 마땅히 정리되어야 할 사태입니다.

인플레 상승시대는 지났습니다. 종래처럼 누구든지 사채를 놓아 그 이자로 생활할 수 있는 상태란 어느 의미로는 인플레의 누진상태에서는 불가피하다고도 볼 수 있습니다. 쉽게 말하면 인플레의 소득을 장사하는 사람과 돈 가진 사람이 분배해 먹는 상태인 것입니다.

지금은, 이런 물가 추세하에서는 고리채를 빌려서 수지맞을 만한 장사가 없습니다. 그런데도 타성적으로 많은 사람이 사채를 쓰고 있다는 사실에 주목하지 않을 수 없습니다. 그것은 사채의 중독상태입니다. 이런 중독을 떼어 주는 것이 정부의 정책입안자들의 임무일 것입니다.

사채가 아편이라면, 그 사채의 이자는 아편의 엑기스일 것입니다. 사채의 채권자 입장에서도 한 번 사채를 놓아 가지고 그 사채에서 돌아오는 이자 맛을 보면, 그 맛을 좀처럼 잊지 못하고 거기에서 손을 떼려고 하지 않습니다. 또 채무자 입장에서도 사채가 비교적 쓰기 쉽기 때문에 한 번 써 보면 좀처럼 벗어날 수 없습니다. 아편중독자와 마찬가지가 되는 것입니다.

이 중독을 떼기 위해서는 과감한 수술이 필요합니다. 그리고 어느 정도의 부작용은 각오해야 합니다. 어설프게 떼다가는 더 큰 중독에 걸립니다. 그러므로 이번에는 단단한 결심을 하고 완전히 뗄 때까지 정부가 정책을 추진해 나가고, 여러분이 협력해 주셔야 할 것입니다.

금리로 생활하는 사람이 이렇게 많은 것은 정상적인 상태라고는 볼 수 없습니다. 소위 체질을 개선해야 합니다. 지금은 피를 바꿔 넣어야 할 때입니다.

은행자금을 집어넣고 고리채자금을 은행예금으로 빨아들여야 합니다. 돈 가진 사람이 이윤만을 추구해서 위험한 직접융자를 하기보다는 은행 간접융자로 유도하는 것이 곧 금융의 정상화입니다. 이것이 금리현실화의 목적입니다. 아무튼 한국의 산업계 또는 경제계를 고리대금업자가 지배하는 상태에서 빨리 해방시켜야 되겠습니다. 이번의 금리현실화는 우리 사회를 정화하는 데 그 목적이 있다는 것입니다. 금융기관이 일치결속해서 이 목적을 향해서 모든 시책을 성실하게 이행한다면, 반드시 성공할 수 있습니다. 금융기관은 자금이라는 만병통치약을 가지고 있기 때문입니다. 사채를 아편으로 비유했습니다만, 그것은 돈 병인 것입니다."

별로 척하지 않고 여기까지 술술 이야기하는 것을 보고, 사람들은 고개를 끄덕였다. 그런 이야기를 뭐 그렇게 먼 지방에서까지 와서 들으라고 그랬는가 할 때이다. 그는 약간 미소를 머금고 다음 말을 이었다.

"금리현실화 구상에 있어서 정부는 세심한, 그리고 다각적인 검토를 했습니다. 예를 들면 새로운 예금이자율의 기준으로 6개월 정기예금의 이율을 처음에는 월 2%로 정했습니다. 다음에 그 안을 1.8%로 바꿨습니다. 그것을 다시 2.2%로 고쳤다가 9월 28일 저녁에 가서 2%로 되돌아 정했습니다. 이것을 우리는 '낚시질 작전'이라고 불렀습니다. 사채시장으로 들어갔던 고기들이 금융기관에서 어느 정도 길이의 낚싯줄을 드리워야만 그 고기가 와서 무는가, 또 가장 경제적으로 이 고기를 잡기 위하여 유도하려면 어떤 길이가 제일 좋은가, 제일 코스트를 싸게…… 물론 이만한 큰 수술을 하는 것이니까 상당한 댓가를 지불할 각오는 하고 있습니다. 그것은 결국 월 2%를 매월 지불하는 그러한 낚싯줄을 던져서 거기에서 물리면 그것을 잡아당겨 보고, 거기에서 물리지 않으면 더 길게 낚싯줄을 늘여 보자던 것인데, 대체로 2%가 지금 같아서는 가장 적절한 비율인 것 같습니다. 지금 상당한 고기들이 2%선에서 물고 있습니다."

사람들의 얼굴에 웃음이 번져 갔다. 불도저는 다소 신이 나기 시작했다.

"그러나 여기에서 여러분이 맡으셔야 할 것은 낚시작전보다도 더 중요한 것입니다. 즉 '연날리기 작전'을 해 주셔야 되겠습니다. 물고기가 미끼를 물었는데, 낚싯줄을 너무 세게 잡아당기면 안 됩니다. 또 저쪽에서 잡아당긴다고 너무 버티어도 안 됩니다. 풀어 주어야 됩니다. 연 날리는 것이나 마찬가집니다. 고리채 자금이 은행으로 환류(還流)하기 위해서, 또 그 도중에 특히 경과기간에 은행의 정상적인 루트에 의해서, 적격대출(適格貸出)을 원활하게, 소위 한도거래(限度去來), 창구거래를 신속하게 해야 되는 것입니다. 연이 올라서 자꾸 줄이 풀려 나갈 때는 자꾸 줄을 풀어 줘야 됩니다. 그래야 나중에 어떤 한계점에 달했을 때에 이쪽에서 쉽게 잡아당길 수 있는 것입니다. 도중에서 갑자기 연줄을 잡아당기면 끊어집니다. 그 신축 자재(自在)의 작전을 여러분에게 부탁드립니다. 낚싯줄을 풀어 주지 않으면 벌써 낚싯줄이 바닥이 난 줄 알고 고기들이 문 것을 놓습니다. 이 신축의 조정을 잘해 주셔야 되겠습니다. 그것이 금융입니다. 금융이란 문자 그대로 융통성 있게 해야 되는 것입니다."

반감을 가진 사람들은 우리를 뭘로 알고 지금 강의를 하는 거냐 생각했지만, 대부분의 사람들은 역시 우리 기획원장관은 다르다는 기분으로 점점 그의 이야기에 말려들어갔다.

"금리현실화정책만은 그야말로 현실적인 방법으로 해야 됩니다. 3월 23일에 실시한 환율현실화, 단일유동환율제도의 실시, 소위 환율의 플로팅 시스템, 이런 일련의 정책이 우리 경제의 체질을 개선하는 데 있어서 홍역을 치른 것이라면 이번의 금리현실화는 마마를 치르는 것입니다. 이 마마를 치러야 본연의 체질로 되는 것입니다. 성인이 되는 것입니다. 마마를 치르자면 우리가 아무리 좋은 약을 가지고 있다고 하더라도 어느 정도의 곰보가 되는 부작용 정도는 면할 수 없습니다. 그러나 빨리 이것을 발진시켜서 이 발진이 딱지가 굳어 떨어지도록 하는 것이 우리가 지금부터 할 일입니다. 독이 밖으로 빠지도록 해야 됩니다. 그러나 금리현실화, 금리의 인상이란 어디까지나 수단이고 우리의 궁극의 목적은 금융의 정상화입니다. 금융의 정상화란 시중은행에서 일하시는 여러분의 손에 금융시장과 금융 수급의 조절 기능을 돌려드리는 것입니다."

이야기는 점점 전문적으로 들어갔다. 금융인들은 불도저의 화술에 놀랐다. 저러고도 서울시장에 출마해서 낙선했단 말인가?

그는 시중에 있는 자금을 동원, 흡인, 순환하는 궤도, 루트를 정상화시켜서 내자동원의 목적인 1차, 2차 5개년계획에 필요한 원화 자금을 저축에 의해서 조달하여, 금리정책으로 그 수급의 완급을 자연 조절하고, 우리도 우리의 저축으로 투자를 하게 되는 성장 상태가 되는 것이고, 그것이 다름아닌 자립경제체제라고 역설했다. 또 내자를 동원할 수 있는 양이 외자 도입의 양도 좌우하게 된다는 것을 상기시켰다.

"사채의 생리와 생명력은 집요합니다. 그것은 우리 경제계에 빙하처럼 덮여 있습니다. 또 이것은 간단한 방법으로는 녹지 않습니다. 이 사채를 녹여 역으로 정상적인 금융 루트로 환류시키려면 여러 가지 정책이 필요합니다.

처음에 서울에서 일류 거래선에 대해서 금융기관의 재량 한도에 의해서 상당한 융자를 해 봤습니다. 사채에 대한 도전을 시작하기 위해서 빙하 속에 큰 파이프를 넣고 먼저 깊숙이 찔러 본 것입니다. 즉각 반응이 있었습니다. 이 괴물이 꿈틀거리기 시작했습니다. 이자가 즉각 하향, 5리(厘) 정도 내렸습니다."

장기영 스타일 냄새가 물씬 나기 시작했다.

"고리채가 점하고 있는 빙하 위에 대융자를 함으로써 중앙에서 큰 불을 놓고, 중소기업 금융을 소통함으로써 중간 불을 놓고, 소액금융을 지급함으로써 많은 수의 작은 불을 놓아 서울에서 중간 도시, 농촌에 이르기까지 요원의 불길처럼 연결되어 붙을 때, 이 빙하의 밑바닥이 녹아서 강(江) 즉 은행으로 환류하는 것입니다. 그런 작전을 썼습니다.”

사람들은 문학적이라고 생각했다.

신문사를 하던 사람이라 역시 다르다.

그는 꼬장꼬장 이번에는 숫자를 늘어놓으며 고리채가 꿈틀거리는 상황을 설명, 쓰는 사람이 고자세가 되어 가고 있다고 지적했다.

은행 이자의 맛을 보이자고도 했다. 예금하는 사람에겐 은행 이자의 단맛을 알게 하고, 대부를 받아 가는 사람들은 은행 이자도 얼마나 쓴 것인가를 알게 하여 가수요가 없어지고 금융의 수급이 조절될 것이라고 했다.

그가 예금주의 심리를 설명할 때, 사람들은 심장이 간지러워지리만큼 은행을 속속들이 아는 그에게 경악을 금할 수가 없었다. 알아도 너무나 잘 안다.

불도저는 입에서 나오는 대로 막 지껄이는 것 같은데, 거의 군더더기 없는 말들뿐이다.

금리는 이열치열식의 요법으로 고쳐야 한다고 주장했다.

웃음이 이따금 터졌다. 지루해질 시간이 되자, 불도저는 양념을 치기 시작했다.

“이제부터는 30대 이사가 나타나야 됩니다. 은행의 지점장 여러분에게 저의 짧은 은행원 생활에서 얻은 몇 가지 경험을 말씀드린다면, 일선에서 일하시는 여러분, 특히 대부거래선을 다루는 여러분은, 융자를 해 줄 때에 첫째 사채를 쓰지 말라고 얘기해야 됩니다. 나는 사채 쓴 것이 있느냐고 꼭 물어 봤어요. 사채 쓴 사람은 환자입니다. 중독자예요, 융자를 안 해 준다는 게 아닙니다. 어디에 병이 있는가를 알아야 되겠다는 말씀입니다. 은행이란 경제계의 병원입니다. 돈이라는 약으로 모든 것을 고칠 수 있을 것입니다. 여러분이 고칠 자신을 가져야 됩니다."

그는 거래선을 다루는 법을 만담처럼 유머러스하게 이야기하면서 은행에서 꾸어 준 돈은 꼭 100점을 맞아야만 되지 99점도 안 된다고 웃겼다. 상당한 시간이 흘러갔다. 불도저의 이야기는 어디까지 가는 것인지 아무도 예상할 수가 없다. 그는 금리현실화 이후에 정착성(定着性) 예금이 상당히 늘고 있다고 하면서 물을 마셨다.

"서울에 오래 사시는 분들은 아시겠지만, 이번 금리현실화정책은 저 동대문 근처에 있는 오관수문(五觀水門)인 청계천 천구(川口)가 홍수에 활짝 열려서 갖은 오물, 침전물을 한강으로 씻어 흘려 버리는 그런 혁명성 정책인 것입니다."

강철 같은 목소리는 지칠 줄 모르고 울려퍼졌다.

"이번 금리현실화로 실링(ceiling)은 여러분의 손에 돌아갔습니다. 여러분의 수중에 있어요. 돌려드렸어요. 한국은행이 쥐고 있던 실링 제도가 철폐되었습니다."

사람들은 입을 벌리고 웃었다.

"여러분은 실링에서 해방되었습니다. 그런데 오랜 실링에 의한 억류 생활의 습성이 몸에 배어 자기 자신이 아직도 실링에 매어 있는지 풀렸는지 지금도 의심하고 있단 말예요. 실링이란 환상을 물리치지 못하고 있어요. 새로운 정신을 가지고 일하세요. 여러분이 자유시장을 가지고 있습니다."

장기영은 예금은 오른발이고, 대출은 왼발이라고 비유하면서 보무도 당당하게 걸어가라고 했다.

"여러분은 실링이라는 얕은 지붕에 눌려 여지껏 빛이 없는 그런 동굴 같은 곳에서 오래 지내셨어요. 그래서 지금 실링이 없어진 밖에 나오니 눈이 부셔서, 과연 내가 해방이 되었는지 인식을 못하시는 것 같아요."

와 하고 모두 웃었다. 그도 웃었다. 기분이 좋다.

"다시 50억 문제로 돌아갑니다."

그는 사채의 가수요도 현실화된다고 단언했다.

"금융인은 돈 무서운 것을 알아야 됩니다."

그는 말했다.

"돈 무서운 것을 아는 사람, 돈을 아끼는 사람이 금융인입니다. 돈이라는 것은 불덩어리와 마찬가집니다. 또 금융인의 재산이라는 것은 사람을 볼 줄 아는 능력입니다. 담보만 가지고 융자에 100점 맞을 수 없습니다. 사람을 볼 줄 아는 것, 우리의 밑천은 그것입니다. 사람이, 채무자가 가장 중요한 담보입니다. 사람을 제대로 평가하고 감정할 만한 능력이 있어야 됩니다."

그저 돈만 만져 보자는 심보로 이 틈을 타서 가수요적인 융자를 신청해 오는 사람을 잘 식별해야 된다고 했다.

"은행에 오는 환자들은 당장 고리채 때문에 죽게 되었는 데도, 아편중독에 걸렸는 데도 자기 몸은 건전하다, 사채는 안 썼다, 사업은 잘 된다, 이렇게 말한단 말입니다."

그런 사람들을 경계해야 된다고 그는 힘주어 말했다.

"그러면 이 수술은 성공했는가?"

장기영은 자기가 단행한 금리현실화 수술을 자성(自省)했다.

"경과는 좋지만 속단해서는 안 됩니다. 맹장수술 경험 있으신 분은 아시겠지만 수술한 후에 가스가 나와야 되잖아요? 그 가스가 나와야 순환이 제대로 돌아갑니다. 그때 수술은 일단 성공이라고 보는 것이에요. 아직 가스가 안 나왔습니다. 지금 가스가 나오기 직전에 있습니다. 그래서 지금이 중요합니다. 그래서 여러분은 오늘 서울에 묵지 말고 곧 돌아가셔야 됩니다."

3,000여 명의 웃음이 한꺼번에 터졌다. 술렁이는 청중을 향하여

장기영도 유쾌하다.

"내일 아침에는 영업장에 가서 내가 말씀드린 것을 전달하고 실천해 주셔야 하겠습니다."

이야기는 이것으로 끝이 난 줄 알았다. 모두 어수선하게 술렁이는데, 불도저는 물을 마시고 끄떡도 않는다.

"다시 단편적인 것을 몇 가지 말씀드리고자 합니다. 일전에 이런 질문을 받았습니다. 외국에서 돈이 들어오면 어떻게 하느냐? 이렇게 정기예금 이자가 높아졌는데 정기예금을 갖다 하면 곤란하지 않느냐?"

사람들은 새로운 호기심이 생겼다.

"외국에서 외화를 달러로, 소위 '하드 커렌시(hard currency)'를 컨버터블한 것을 가져와서, 우리나라 돈으로 바꿔서 정기예금하는 것은 얼마든지 환영합니다.

다만 우리는 그 달러를 여기에서 팔 때에 매려조건(買戾條件), 즉 다시 살 수 있다는 조건만 안 붙여 주면 됩니다. 그것은 우리나라에 손해가 안 됩니다. 그런 돈이 들어오는 상태가 빨리 왔으면 좋겠습니다. 우리나라를 신용하고 외화가 들어오는 것이니까요."

그는 농촌에서 온 사람들을 위하여 미담(米擔)에 대해서도 이야기를 했다. 잘못하면 아무런 이익이 없을지도 모른다. 농촌 사람들을 골탕 먹여서는 안 된다. 지방 사람들에게 장학저축을 권장해 보라고도 했다.

"예금자에게 유리한 해석을 전부 설명하시고, 이제는 서울에 달마다 학비를 보내는 방법이 있다, 어떻게든지 정기예금을 20만 원만 만들어 보내면 아들 대대로 공부시킬 수 있다. 또 장학금 내는 사람도 마찬가집니다. 이것을 매년 낼 필요가 없어요. 20만 원 정기예금을 해서 보내면, 한달에 5,000원씩 학비 쓰고, 하숙비 내고, 졸업할 적에는 원금은 그대로 남아 있으니까 그 다음 장학생, 그

다음 장학생, 그 다음 동생이 또 공부할 수 있지 않아요?"

모두 웃었다. 만담 같다.

"웃는 걸 보니까 여러분이 처음 듣는 얘기 같군요."

"그리고 이것은 은행장님들한테서 들은 얘긴데, 정기예금을 해서 그 이자로 다달이 다시 적금을 부어 가는 것, 복식, 손자(孫子)저축, 이것이 아주 최고입니다."

이번에는 웃음이 폭발했다고 할까. 최고조에 달한 만담 같은 설명법이다. 사람들은 완전히 그의 손바닥 위에 놓였다. 오줌이 마려워도 나갈 수가 없다.

"그 다음에 서민금융, 서울로 말할 것 같으면 방산시장 뒷골목, 콩나물가게 많고 초식가게가 많은 거기까지 뚫고 들어가야 됩니다. 일수놀이하는 사람들과 싸워야 돼요. 거기에서 상호부금을 받고, 급부대부를 해 주고, 그럼으로써 이 서민금융의 진국을 피차 맛보게 하는 것입니다."

놀라운 이야기이다. 저 서민생활의 밑바닥에 대한 지식은 대체 어디서 얻은 것일까?

그는 도심에서 조그만 재산을 가지고 사는 사람들에게도 스마트한 소액 금융의 길을 열어 주라고 했다. 자기 손만 가지고 사는 사람들에게 서민금융을 해 주라. 이 순진한 생활 활동에 벌레처럼 붙어다니는 고리대금을 떼내어 주어야 한다고 했다.

장내는 순간 숙연해졌다. 대단한 철학이다. 여태까지 수많은 재무장관, 수많은 상사들을 대했지만, 그런 소리 할 줄 아는 사람은 한 사람도 없었다.

"다음에 신용조합, 그것은 여러분의 적이 아닙니다. 고리채를 다 없애 버릴 수는 없습니다. 최후의 패잔병이 남는 것을 어떻게 하는 가, 그것은 신용조합 같은 데로 모여들도록 하는 것입니다. 그들의 안주지(安住地)를 그것으로 만들어 주면 됩니다. 최근에 재무부에서 만든 신용조합법은 그것보다 더 인자스러운 것을 만들었더군요."

불도저는 물을 마셨다. 기름을 보충하는 것으로 사람들은 보았다. 도대체 몇 시간을 지껄일 작정인가? 두 시간은 훨씬 넘었다. 대학 강의도 두 시간 이상은 하지 않는 것이 상식이다.

그는 공공요금은 세금이라고 단언했다. 이를테면 강제저축의 하나라고 했다. 그것을 현실화하는 것이 다음 단계로 중요한 것이라고 했다.

마지막 정책으로, 징세현실화가 있다고 그는 지적했다.

"징세의 현실화라는 것은 세율을 인상해서, 더 큰 칼을 만들어 국민을 찌르자는 것은 아닙니다. 지금의 짧은 칼로도, 짧은 세금으로도, 몸을 사리지 않고 앞으로 내밀면 안 닿던 곳에 닿을 데가 많습니다. 골고루 세금을 내게 하는 것입니다."

그 중에서 부동산 소득에 대한 과세가 안 되고 있는 것은 사회적인 큰 불공평이라고 지적했다.

그는 외자를 물가안정책의 원병(援兵) 또는 예비사단이라고 표현했다.

"외자를 아무리 들여와도 내자가 동원되지 않으면 소용이 없습니다. 외자는 잔뜩 짐을 지고 와서 기다리고 있어요. 미국에서 1억 5,000만 달러가 올 것이고, 서독에서 4,000만 달러, 일본에서 대일 청구권이 오고, 또 스위스·프랑스·이탈리아에서도 오도록 교섭이 돼 있습니다. 외자를 잔뜩 지고 와 있지만, 지금 문을 못 열어 줍니다. 내자가 준비돼 있어야 하기 때문에 금리현실화로 내자를 준비하는 것입니다. 그래서 필요한 급한 외자부터 하나씩 끌어들입니다. 그래 가지고 내자와 맞춰야 되는 것이에요. 그래서 공장을 하나씩 짓는 것이에요. 외자를 시멘트라고 하면, 내자는 모래하고 물입니다. 모래하고 물을 준비해 가지고 외자를 들여다가 건설해야 됩니다. 모래하고 물이 없으면 암만 들여와도 먼지만 나지 곤란합니다. 그래 우리는 이런 신념을 가져야 합니다. 금년도 내·외자 필요한 것이 1,940억이고 그 중에 내자가 530억인데 민간저축으로 민간투자를 한다는 원칙을 가지고 있습니다. 그런 신념과 긍지를 가지고 금융기관이 내자동원을 수행해야 할 사명을 완수해야 됩니다."

결론은 그것 한 가지이다. 모든 이야기의 끝은 반드시 그리로 돌아온다. 그러나 불도저는 무엇을 생각하는가? 아직도 샘 솟듯 이야기는 바닥이 날 것 같지 않다.

중소기업은 국가의 골격이라고 그는 주장했다. 그는 특히 적격성 있는 중소기업에 대한 자금 공급을 민활하게 해야 된다고, 그래서 좀 인기를 얻어야 되겠다고 했다.

'금덩어리 같은 정기예금이다'라는 인식을 널리 퍼지게 하라고도 했다.

장롱 속에 금덩어리를 넣어 두고 금값 올라가기를 기다리는 사람들이 금을 팔아서 은행에 넣어 두는 것이 더 안전하고 득이라는 생각을 갖게 하라는 것이다.

'모든 이익은 여·수신자에게 돌아가게 해야 된다'는 역설은 숫자를 많이 넣은 설교였다.

"시중은행은 그렇게 이익을 낼 필요가 없습니다. 배당 너무 하면 안 된다고 생각합니다. 시중 금융기관은 사회화를 해야 된다고 생각합니다. 그 이익이 모든 사람에게 균점되어야 합니다."

그는 자신을 가진 표정으로 선언했다.

"가장 이상적인 상태는 배당을 제외하고는 손익이 플러스 마이너스 제로가 되는 상태로 가게 되는 것입니다."

세 시간이 흘러갔다. 사람들은 이제 피로를 생각할 겨를도 없이 이야기에 말려들어가서 나오지 못하는 취한 상태에 있었다.

이야기하는 사람의 초능력에 대해서도 이젠 감탄하는 것조차 잊어버렸다.

"고금리는 수단이에요. 저 이자가 목적입니다."

그는 잉글랜드은행법·한국은행법·일본은행법·연방은행법 등 중앙은행법을 들추면서 잘라 말했다.

"확실한 상업수표의 할인, 재할인, 그것이 모은행(母銀行)의 기능입니다. 원천은 거기에 있는 것입니다. 상업금융론을 다시 말씀드리면, 인체에 있어서 우리가 수혈이나 주사를 놓는데 정맥에다 하는 이유와 마찬가집니다. 급한 마음에 동맥에다 직접 났으면 좋겠지요. 성급한 사이비 의사는 그렇게 할는지 모르겠습니다. 그러나 동맥에 하면 사고가 납니다. 즉각 혈압이 오르게 돼요. 정맥에다가 새 피를 넣어서 가느다란 혈관을 통과하여, 심장으로 돌아서 다시 동맥으로 나올 때, 생산자금으로 재생되는 것입니다."

그는 물을 마셨다. 또 가솔린을 보충하는가. 아직도 달릴 거리가 많이 남아 있는가?

사람들은 그의 거동을 주시했다.

사실 이젠 웃을 기력도 남아 있지 않았다. 세 시간을 넘어선 것이다.

저 사람이 미쳤나? 잘난 것을, 이만치 내가 알고 있다는 것을 과시하는 것인가?

"끝으로 말씀드릴 것은……."

드디어 끝이 나는가 보다.

"정부의 이번 금리현실화 목적이 그렇게 근시안적인 데 있는 것이 아닙니다. 당장 요즈음 신문에서 매일 발표되고 있는, 뭐 서울에서 장기성 저축예금이 얼마나 늘었다. 거기에 목적이 있는 것이 아닙니다. 그것은 시초에 있어서 종래의 사채로 돌던 그 부동(浮動) 구매력을, 왼쪽으로 도는 것을 오른쪽으로 제대로 돌게 만드는 작용이 되는 것뿐입니다. 소위 부동 구매력, 구체적으로 당좌예금, 자기앞수표, 또는 기타 단기예금 상태로 있는 것이 장기성 예금으로 전환되는 것 그것입니다. 그것이 종국의 목적은 아닙니다."

그의 표정은 먹이를 노리는 사자처럼 사나워졌다.

"그것은 시작입니다! 다른 말로 말하면 이번 금리현실화는 정기예금에서 시작해서 적금으로 끝나야 되는 것입니다. 적금이 중요한 것입니다. 모세관에서 올라오는 피가, 영세한 돈이, 소득이, 매달 적금으로 모여 올라오는 것이 중요한 것입니다. 산골짜기에서 나오는 물이, 강을 거쳐 대해(大海)를 이루는 것이 중요한 거예요."

문학가다. 시인이다.

"영세한 자금을 우대하고 이자를 지불하여, 이것을 큰 자금으로 만드는 작용을 해야만 저축으로 내자를 조달할 수가 있는 것입니다."

빈틈 없는 실무자이다.

그는 미국의 월부 제도를 부러워했다. 우리보다 몇 배나 더 되는 소득이, 지출이 다 예약되어 있다는 것이다. 그래서 그는 경제란 동물성이며, 어떤 눈에 안 보이는 기틀 속에서, 그 궤도 밖에 나가지 않고 돌게 하고 있다고 갈파했다.

그는 물을 마시고 손수건으로 입을 닦았다. 어지간히 그도 이제는 끝내야 될 때라고 생각하는가?

"금리현실화는 지금 제 궤도를 찾는 도중에 있다고 말씀드렸습니다. 이것이 어느 때 가서 성공이 되느냐! 지금은 바야흐로 우주시대인데, 우주에는 여러 가지 궤도가 있어요. 제트기의 비행궤도도 있고, 우주선이 다니는 궤도도 있고, 천체 본래의 무한궤도도 있습니다. 그런데 우리의 새 금리현실화정책도 이 우주권에서 자기 비행궤도를 찾아 가지고 거기서 예금과 대출이 랑데부 비행을 시작하면, 그때 성공하는 것입니다. 아시겠어요? 무슨 의미인지?"

불도저의 얼굴은 벌겋게 상기되어 있다.

"그 무중력 상태에서, 그 무한히 안정된 상태에서 예금과 대출이 자동적인 일정한 궤도에서 비행하게 될 때, 금리의 조정을 받으면서 고도를 올렸다 낮추었다 하면서 움직이는 무한한 실링, 이것이 본연의 자태입니다. 그 때 여러분은 우주인이 되는 것입니다. 금리를 조정하는 데에서 대출을 늘렸다, 예금을 늘렸다 하는 것이에요."

그의 두 눈은 갑자기 독기를 뿜었다.

"여러분은 국가경제의 피, 국민경제의 혈맥, 그 순환을 지키시는 분들입니다. 여러분이 가지고 계신, 관리하고 있는 자금은 경제계의 혈액입니다. 여러분 은행원이야말로 국가경제 발전 건설의 꿈과 야심과 정열과 충성을 가지고, 그것을 실현 실천할 수 있는 힘의 실력자가 아니고 누구이겠습니까?"

강철 같은 목소리는 볼륨을 제한받지 않았다.

"금리현실화 없이는 내자 저축동원을 할 수 없습니다. 제2차 경제개발 5개년계획의 성패는 금리현실화정책 여하에 달려 있습니다.

금리현실화의 종국의 목적은 제2차 5개년계획에서 필요한 4,900억의 내자를 우리 손으로 조달 동원하여, 자금에 있어서 외자까지 컨트롤할 수 있는 자립경제체제의 원천을 우리 금융인의 손으로 만드는 것입니다. 이번 금리현실화정책이 성공하게 되면, 그것은 전적으로 여러분 일선에서 일하시는 분의 노력과 여러분의 공헌으로 되는 것이고, 만약 여의치 못하게 되면, 그 책임은 전적으로 중앙에 있는 우리 정책 입안자들의 손에 있다고 생각합니다. 그만큼 우리도 자신을 가지고 이것을 밀어 드릴 테니 여러분께서도 끊임없이 정진해 주시기 바랍니다. 우리는 일보도 후퇴할 수 없습니다. 못합니다. 금리현실화는 지금 마치 홉(hop), 스텝(step), 점프 (jump)에서 홉을 잘 하고, 자신을 가지고 스텝에서 점프로 자세를 옮기려는 가장 힘을 내야 할 찰나에 있는 것입니다. 이런 중요한 시점에 있어서 여러분께서 일선 점포에 돌아가시면 더욱 노력해 주셔서 점프하는 순간의 호흡을 맞추어 주시기를 간절히 바라면서 오늘 제 말씀을 그칩니다. 감사합니다."

그가 머리를 숙이는 순간 만당의 청중들은 우레 같은 박수를 보냈다.

장장 4시간, 꼼짝도 못하고 앉아 있게 한 마력, 피부에 와 닿게 하는 말 마디마디, 그것은 대웅변임에 틀림없다.

거대한 불도저이다. 컴퓨터 달린 불도저라고 하더니, 그 말 이상의 무엇이 있는 것 같다.

은행장들은 그의 손을 꽉 잡았다.

적의를 품은 일이 있었던 사람들도, 칭찬을 아끼지 않았다.

"대웅변이십니다. 이 나라 경제를 들었다 놓았다 하셨습니다."

불도저 장은 만족했다. 그렇게 많은 사람 앞에서 막히는 데 없이 그렇게 말이 술술 나와 주다니⋯⋯.

장기영의 여러 별명 중에 '3N'이라는 것이 있다. 그에 대한 최성렬의 기록이다.

'3N'

이것은 엄격히 따져서 별명이라기보다는 그의 경제기획원 장관으로서의 시정 삼대 목표라 하는 것이 더 가깝다.

Normalization(정상화 혹은 현실화)

Night-meeting(야간회의)

News-operation(여론조성)

이상 세 가지 시정목표의 영어 첫 자를 따서 부른 것이다. 아직 일반화된 별명은 아니지만 정말 그가 즐겨 시책면에서 활용하고 있는 것임엔 틀림없다.

그는 입각 후 실로 현실화 장관이란 말까지 들을 정도로 현실화에 전역량을 기울였다.

환율현실화, 물가현실화, 소득현실화, 무역현실화, 공공요금현실화, 그리고 저 유명한 금리현실화 등을 들 수 있다. 이 현실화정책이야말로 한국경제의 정지작업이며, 이 작업이 끝나면 이륙한다고 풀이해 오고 있다.

다음 여론의 조성, 신문사 사장까지 지냈으니까 매스컴의 생리를 잘 참작해서 100퍼센트 이용하리라는 것쯤 누구나 쉽사리 긍정이 가리라. 그러나 제 아무리 매스컴을 이해한다치더라도 그만한 '뉴스' 가치가 없는 이상 아무거나 마구 떠들어 줄 바보 같은 신문이나 라디오가 어디 있겠는가.

부총리라 해서, 장관이라 해서 그가 말하는 전부가 뉴스가 될 수 없는 것은 사실이다. 그런데 그는 이를 100퍼센트, 아니 좀 더 정확히 말하자면 120퍼센트 활용하였다.

두고 보라. 이 나라 경제가 어떻게 되는가. 오늘 이야기를 들은 저네들이 돌아가서 무엇을 어떻게 하는가를!

이런 날 술 한 잔을 먹는 거다. 모든 피로를 깨끗이 풀어 버리는 거다. 이날 연설의 초안을 짜 준 손일근·지동욱, 자네들 참 고맙다. 내 보배들이다.

2. 박정희 정일권 장기영 그들의 철학

"불도저가 아니라 탱크라고 그러던데 이제……."
정일권 총리는 웃었다.
"나는 전진만 하는 담당이니까 조종만 잘 해 주세요. 여태까진 잘 해 주셨습니다."

불도저의 대답이다.

"장관 자꾸 갈아치기할 때마다 가슴이 뜨끔해요."

"동물도 체온이 맞아야 잉태하는 거 아닙니까? 뱃장이 서로 맞아들어가야 일이 되죠."

"좌우간 어려운 고비 다 넘겨서 이젠 한·일 국교도 트였고, 이승만 박사님 유해도 국군묘지 안에 모셨고……, 월남에 파병까지 하는 나라로 격상했고……, 장기영 부총리의 패기로 산업계가 욱일승천하고 있고, 대전환은 확실히 느껴지지요?"

"운명을 바꿔 놔야 됩니다. 게을러빠진 타성을 일신해야 돼요. 새해엔 번영의 고지를 향해서 돌진합시다."

"가 봅시다! 강을 건너고, 산을 넘고 질풍노도처럼 달려가 봅시다."

1965년이 저물어 가고 있다. 대통령의 기분도 최상급이다. 제2차 경제개발 5개년계획에 그는 많은 기대를 걸고 있다. 그것은 꿈 같은 구상이다. 그러나 그것이 이루어지는 날엔 한국은 소생하게 된다.

소생할 뿐 아니라 가슴을 펴고 세계의 바닷가로 뛰어나가게 된다. 그 다음엔 어지간한 일이 있어도 대세가 형성되어 앞으로 쭉쭉 나가게 된다.

이웃 나라 일본은 좋은 본보기이다. 그들이 현대화된 것은 가까운 메이지 유신(明治維新) 이후가 아닌가?

그들이 잘 소화해 놓은 것은 그대로 본뜨면 되는 것, 잘못 소화한 것은 거들떠보지 않으면 되는 것, 서로 공영(共榮)을 누리는 시대를 전개하는 것이다.

이런 생각은 박정희·정일권·장기영이 공통되게 갖고 있는 철학이다.

김형욱을 비롯하여, 당에서 또는 딴데서 장기영을 헐뜯는 이야기는 이따금 대통령 귀에 들어왔다. 심지어 사람들은 그가 너무 독주하고, 너무 자기 현시(顯示)를 하기 때문에 모욕을 느꼈다고까지 말했다.

그의 바로 밑에서 일하는 김학렬(金鶴烈)은 사사건건이 맞서게 된다고도 했다.

그러나 대통령은 다 치부만 해 둘 뿐 장기영 부총리에게 전하지는 않았다. 박력 있는 일꾼이다. 누가 그처럼 달려갈 수 있는가. 누가 그처럼 기발한 아이디어를 가지고 이 나라 경제를 요리해 갈 수 있는가?

돈을 먹었다? 식성이 좋다? 먹으면 얼마나 먹었겠는가? 그는 그만한 일을 하고 있는 것이다.

대통령은 그를 믿고 있었다. 크게 의지하고 있었다.

3. 월남을 가다

연초(年初)인데 월남으로 떠났다. 감개가 인다. 여태까지 남의 신세만 져 오던 우리였는데, 세상엔 우리만 못한 처지의 나라도 다 있구나. 우리는 그나마 전쟁 없는 상태인데, 지금 한창 총성이 울리는 곳이 있구나.

장기영 부총리는 정태연(鄭泰演)을 비공식 수행원 속에 넣었다. 무엇을 시켜도 해내는 기자이다. 무수한 견습기자들이 엘리트이지만, 그 중에서도 가장 마음에 쏙 드는 일꾼이다.

특히 영어를 잘해서 좋다. 장기영이 술술 지껄이지 않아도 외국인들과의 접촉에서 완전히 불편을 느끼지 않게 한다.

그는 카메라를 항상 가지고 따라나선다. 중요한 장면은 찍어 놓고 보는 거다.

월남 정부는 극진히 그들 일행을 맞이했다.

장기영 부총리는 복합적인 계산을 하고 있었다. 우리 군대가 사상 처음으로 와 있는 땅. 6·25 때 미국이 우리를 도와 주었으므로 그들의 힘을 덜어 준다는 대의명분도 서지만, 이데올로기 전쟁의 경험자로서 십자군을 보낸 것 같은 이 위치.

한·월 경제회담에서 합작투자와 보세창고 설치 등에 합의해 주었다. 남의 난리통에서 우리는 명분이 서는 형식으로 돈 벌 기회가 있을지도 모른다. 어차피 현대 국가들이란 그렇게들 하고 있다. 사람은 죽지만 돈 버는 사람들이 있다.

미국과 조심스럽게 잘 접촉해 나가야 한다. '형님, 우리가 도와 주겠습니다'는 기분이라야 되고 그것이 꼭 전달돼야 한다.

장기영 부총리는 숙소인 영빈관에서 잠옷 차림으로 잠시 낮잠을 즐기고 있었다. 정태연이 들어오더니 이곳에 특파되어 있는 조순환(曺淳煥)《한국일보》기자가 왔다고 한다. 이곳에 도착하기 전에 그가 들어가기 어려운 캄보디아로 가는 날과 겹쳐 공항에는 나오지 못한다는 소리를 들었었다. 그가 들어왔다.

"자네 캄보디아 사람 다 됐구먼. 거기서 살지 여기는 왜 왔어?"

장기영이 빙그레 웃으니 조순환은 머리를 조아렸다.

"죄송합니다. 사장님……."

"나 사장 아냐. 부총리를 겸한 장관이야, 이 사람아……. 각하는 아니지만……."

그만 웃음이 터졌다.

"체재비 두 달치나 밀렸다면서? 그 동안 뭘 먹구 살았나, 그래? 내가 입체해 주지."

장기영은 조금 더 없은 봉투를 건네 주었다. 좋아하는 얼굴을 보면 이쪽도 좋아진다. 그 맛에 산다. 그 멋에 산다.

다음은 최성렬 공보관의 기록.

화장실에서 용변 중인 장관과 대화를 하고 지시를 받은 이야기이다.

장관의 기자회견은 일 주일에 한 번 오전 중에 갖기로 되어 있다.

이 날이 되면 나는 3층 회의실에서 준비를 해놓고 기자들이 모이는 대로 장관에게 알리고 혹시 그 전에 보고할 일이나 자료로 제공해 둘 것이 있으면 미리 해 두어야 한다. 그러한 절차가 끝나면 장관이 회의실로 나오는 것이 통례(通例)로 되어 있었다.

1966년 봄의 어느 기자회견 날이었다.

이 날도 시각 맞춰 모든 준비를 끝내고 예에 따라 장관실로 들어가니 장관이 있을 자리에 있지 않았다. 그래서 나는 장관이 있을 만한 곳을 찾아 이방 저방을 기웃거렸으나 역시 보이지를 않았다. 이날 따라 손님도 없어서 어느 방이나 조용히 비어 있었다.

장관실이라면 평소에 집무하는 큰 방 그리고 녹실(綠室)·별실(別室)의 두 응접실이 달렸는데, 별실은 7, 8평 남짓한 아담한 방으로 장관실과 회의실 사이에 끼어 있기 때문에 장관실에서 회의실로 가려면 아무래도 이 방을 통과하게 되어 있다.

그 이상 더 찾아볼 곳도 없기에 나는 장관이 이 날의 회견과 시간을 알고 있으므로 회의실로 가 있는 것이 아닌가 하는 생각이 났다. 그렇다면 거기에서 그가 도리어 나를 찾고 있지나 않을까 하는 생각이 문득 들어서 나는 빨리 회의실로 가 보려고 허둥지둥 장관실 문을 나와 별실에 들어서려니까 어디선가,

"누구야?"

장관의 굵직한 음성이 들려왔다.

그때서야 나는 장관이 화장실에 있는 줄을 알았다.

"공보관입니다."

장관이 먼저 말을 건 이상 나는 대답하지 않을 수 없는 일이다.

이리하여 장관과 나의 '역사적'인 화장실에서의 대화가 시작되었다.

"오늘 기자회견이 있지, 몇 시부터야?"

"×시부터입니다."

"오늘 조간 A일보에 보도된 그 기사 말이야, 그건 잘못된 거야. 공보관도 봤겠지?"

"네⋯⋯."

"B 과장 오라고 해."

"네."

"자네는 먼저 회의실에 가 있고. 그리고 내가 곧 나간다고 그래."

조금 뒤에 장관은 점잖게 회의실로 나와 기자회견을 시작했다.

그 뒤로 나는 장관이 화장실에 있는 것을 알면 서슴지 않고 용건을 말한다.

"공보관입니다."

그러면 그도 기탄 없이, '알았어' 혹은 '그건 안돼!' 하고 사무실에서나 다름 없는 대답을 들을 수가 있어 때로는 그가 화장실에 있는 것이 도리어 편하기도 하였던 것이다. 그 뒤에 전해 들은 이야기인데 화장실에 있는 장관과 사무적인 대화로 지시를 받은 직원은 나뿐이 아니었다.

그러고 보면 그는 화장실에서의 생리적 작용과는 별도로 조용하게 정신을 통일하여 사무적인 것을 생각하고 또는 긴 서류도 보고 처리해 나가는 것으로 과연 일이라면 장소와 경우를 가리지 않는다는 확증을 잡은 듯하였다.

《화장실에서도 일을 생각하고 일을 하는 새미를 느낍시다.》

이런 표어는 통할 수 없을까? 나는 이런 공상을 하며 웃기도 하였다.

4. 1억 달러 수익

1966년 2월 7일, 박정희 대통령은 동남아 순방길에 나섰다. 경제 각료를 이끌고 불도저 장이 따라나서지 않을 리 없다.

장기영은 기상(機上)에서 월남과의 관계에서 우리에게 달러를 얻을 기회가 주어진다면서 대충 자기 계산으로는 1억 달러를 예상한다고 대통령에게 이야기했다.

"작년에 수출한 것이 1,600만 달러인데요, 금년에는 한 3,000만 달러를 목표로 하고 있습니다만, 사실은 일반 수출 3,000만 달러, 물품군납 2,000만 달러, 건설군납도 2,000만 달러 될 거구요, 용역군납 2,000만 달러, 인력수출 1,000만 달러, 도합 1억 달러가 될 겁니다."

박정희 대통령은 고개를 끄덕이면서 미소를 머금고 그의 노고를 치하했다.

"이데올로기 전쟁인지 무기상들의 장난인지 이따금 알 수가 없습니다. 세계의 어디에선가 전쟁은 항상 일어나고 있잖아요?"

"허긴 미·소 간에 우주비행 경쟁이 벌어지고 있습니다만, 궁극적으로는 고도의 살상무기 경쟁이 아니겠습니까?"

"우리 남북 관계도 그 희생을 당한 꼴이지요."

우울한 면에서 보면 그렇다.

"그러나 모처럼만의 기회를 놓치지 않겠습니다. 국민의 사기가 달라져 가고 있습니다. 산업도 자극을 받고 있습니다."

그즈음의 장기영의 맹활동은 컴퓨터 달린 불도저였다고 이동원 외무장관은 말한다.

내가 외무부장관으로 재직중 한·일 국교정상화, 월남파병 등의 역사적인 사건에서 교섭의 일선 책무를 수행했다면 백상은 바로 그

'컴퓨터 달린 불도저'로 일본으로부터, 또는 월남파병에 따른 경제적 국가 이익을 도출한 핵심적인 업무를 창출한 장본인이다.

결국 일선의 외교는 내가 했지만, 외교 효과의 실이익이 되게 작전을 기획해 준 사람은 바로 경제기획원 장관 겸 부총리인 백상의 컴퓨터 머리에서 나온 것들이다. 다시 생각해 보면 가장 협조가 잘된 이상적인 팀이었는지도 모른다. 사실 외교적인 수완은 내가 더 있었는지 몰라도 경제적인 쪽, 특히 숫자 개념에 약한 나로서는 백상의 천재적 수리파악에 놀랄 때가 많다.

극히 일부의 사례에 지나지 않지만 우리가 월남에 국군을 파견하는 대신 한국군 현대화 등에 대한 미국의 지원을 문서로 약속한 것이 '브라운 각서'이다. 이 각서에 우리가 지원요청 내역을 요구할 때도 백상은 비상한 머리 계산을 했다. 예를 들어, 한국군은 월남에 가서 미국의 보급을 받되, 그 보급품은 한국이 납품해야 한다. 한국군은 김치 없이는 싸울 수 없기 때문이다. 그런데 납품 가격은 우리가 정한다는 식이었다. 외로운 전쟁에 고전하는 미국으로서는 우리의 모든 요구를 수용했다. 당시 미국업체식으로 산정된 통조림 김치 가격은 국내 김치값에 비해서는 턱없이 비싼 것이었다. 그러나 미국은 각서의 뜻대로 모든 것을 납품받아야 했다. 그리고 한국 기업들이 월남에 진출할 수 있는 기초를 다졌으며, 현재의 한진그룹 같은 대기업이 탄생하는 계기가 되었다.

일행은 말레이시아를 먼저 방문했다. 더위가 대단하다. 그런데서 사는 사람들이 어떻게 부지런하게 움직일 수 있겠는가?

태국도 마찬가지였다. 궁전 문화는 감탄할 만하지만, 국민들의 근면도는 의심스러웠다.

그런데 대만은 달랐다. 자유중국은 역시 덩치 큰 중국 대륙 사람들이 사는 고장이었다. 장총통의 일인천하(一人天下)라서 그런지

질서정연하고 산업을 일으키려는 열의가 엿보였다.

앞으로의 경쟁 상대는 아무래도 자유중국일 것 같다. 세 나라를 순방하면서 앞으로의 교역과 집단안보 문제를 토의했지만, 한국처럼 악착같이 일어서려는 민족적 열기는 느껴지지 않았다.

경제적인 안목에서 본 장기영 부총리는 결론을 내렸다.

"겨뤄 볼 만한 것은 자유중국밖에 없습니다. 역시 극동의 인간들이 제일 근면하고 똑똑한 것 같습니다."

무엇을 생각하는 것일까? 박정희 대통령은 싱그레 웃으면서 창밖을 내다보았다.

자신이 생겼다는 것일까. 해 볼 만하다는 정도일까? 어쨌든 3개국 순방에서 얻은 것은 여러 가지로 많았다.

"앞으로도 자주 외국 나들이를 하셔야겠습니다. 우리 한반도는 조그만 나라니까요……."

대통령은 여전히 창 밖을 내다본 채이다. 이윽고 그의 입술이 점점 한일자로 굳어 가는 것을 장기영은 보았다.

5. 니고시에이션(협상) 파이프

아무리 보아도, 언제 보아도 멋있다고밖에 할 수 없는 사나이 처칠 경.

국회에서 말하는 그 포즈, 시가를 물고, 중절모를 쓰고, 단장을 짚고 꾸부정하니 걷는 그 안하무인의 눈매.

통명스럽게 내뱉는 철언(哲言). 전세계를 내다보며 '나는 이렇게 생각하노라'고 눈썹 하나 까딱 않고 소신을 밝히는 담대함.

'담대하되 심소하라'가 좌우명의 하나라고 생각하지만, 백상은 처칠을 그지없이 좋아했다.

그래서 추운 겨울에는 슬쩍 중절모를 머리에 없는다. 두루마기에 목도리를 두르고 중절모를 쓰는 것은 한국적인 멋이다.

간혹 외국인을 대하거나 할 때엔, 그는 독한 냄새를 뿜는 시가를 물었다. 침을 발라 씹는 것처럼 빨아대는 순간, 조그만 이야기도 형편없이 커지는 수가 있다.

상대편이 담배를 피우고 안 피우고는 상관없다. 이쪽이 저쪽을 압도해야 될 경우, 그것은 큰 역할을 해 준다.

유럽이나 미국을 다닐 때, 거물이라고 하는 것들이 그렇게 해서 폼 재는 것을 보고 근사하다고 느낀 적이 한두 번이 아니다.

서울은 시골이 아니다. 아니 시골 사람만 사는 고장이 아니다를 알려 주는 것은 니고시에이션 때 매우 중요하다.

그래서 그는 시가를 가지고 다녔다. 그것을 가리켜 그는 니고시에이션 파이프라고 했다. 이따금 형편없이 쓸 때가 있다. 그러나 위력을 가진 것이 다소 쓴들 어떠랴.

그는 고백한 적이 있다.

"저쪽 유솜 처장 번스틴과 얘기를 할 때는 이것이 편리해요. 그 사람이 이 여송연을 피우지요. 그 사람 시가보다 압도적으로 큰 시가를 내가 물고 마주앉으면, 얘기가 아주 스무드하게 잘 넘어갈 때가 많거든. 그래서 이걸 피우는 거죠. 소위 연막전술을 피우는 데는 이놈이 제일이란 말야!"

6. 석유는 엄청난 미래 사업

충정로 집에 새벽같이 찾아오는 사람들은 모두다 무엇인가 청탁할 일이 있는 사람들이다. 어느 누구도 못 들어오게 저지당한 사람은 없다. 바삐 나갈 때는 잠깐이라도 이야기를 들을 기회를 가진다.

심지어는 차 타러 나가면서, 차에 오르고서도 듣는다.

그 중에 희한한 친구가 하나 있었다. 6척 거구에 콧날이 오뚝 서고, 이글거리는 두 눈은 기백이 있다기보다 전투적이다.

그 이름은 최계월(崔桂月). 청와대의 박종규(朴鐘圭) 경호실장이 소개해 주는 형식이 되었는데, 한·일 관계를 조정하러 일본으로 왔다갔다할 때 이미 만났었고, 일본 정계 요인들과 가깝다는 것도 아는 처지이다.

그런데 이 친구의 요구는 인도네시아에 가서 산림사업과 어업과 석유를 캐내는 세 가지 꿈 중, 우선 산림사업을 시작하게 돈을 꾸어 달라는 것이다. 그것도 막대한 돈을 말이다.

최계월은 김종필(金鍾泌) 의장과도 가깝고 박 대통령도 친히 만나 주는 사람이다.

수백만 달러를 달라는데, 지금 한국의 보유 달러가 얼마나 되는지 알고 달라는 것인지 모르겠다.

그러나 그 기개는 참 좋다. 이젠 그렇게 큼지막한 것을 노리는 사람도 나와야 할 때이긴 하다. 돈만 있으면 얼마든지 준다. 없으니까 못 주는 거다.

그는 호텔에 묵으면서 꼭두새벽이면 찾아와서 아무 말 없이 앉아 있다. 엄청난 액수를 달란다. 줄 수 있는 실력이 생기기 전에는 말할 거리가 없다.

어쩌다 안 오는 날이면 도리어 궁금하다. 어디 다니러 갈 때만 결근이다. 서울에 있으면서 안 오는 날은 없다.

또 하나 희한한 요청이 들어왔다. 석유를 하겠다는 사람이 나왔다. 럭키그룹이다.

럭키화학으로 한국의 칫솔·치약·비누들을 독점하다시피 만들어 팔더니 라디오를 만들고, 선풍기·전화기를 만들고, 이제는 냉장고·텔레비전까지 만든다는, 이병철의 삼성그룹에 이어 한국에서 두 번째 가는 재벌의 프로포즈이다. 청와대에서 잘 검토해 보라는 부탁도 받았다. 서정귀(徐廷貴)와 대통령은 대구사범의 동창이다. 럭키는 서정귀를 업고 나온 것이 분명하다.

어느 날 럭키의 구평회(具平會)를 만났다.

"일본이 패전 후 어떻게 부흥했습니까?"

그는 공자한테 글을 가르치려 들었다. 그래서 물어 보았다.

"자금은 어디서 염출합니까?"

"외국 차관을 얻어 와야 되지 않겠습니까?"

"교섭이 됐나요?"

"정부 허락을 얻으면 당장 나가서 얻어 오겠습니다."

"얻어 온 뒤에 얘기합시다."

외자도입법(外資導入法)이라는 것이 공포돼 있었다.

불도저 장은 정보를 조금 흘려 보았다. 경쟁에 참여할 생각을 가진 사람이 꽤 있다.

석유란 엄청난 사업이다. 재벌의 판도가 달라질지도 모를 분야이다.

대통령의 분부와 업계의 분위기를 정확히 파악해야 된다. 럭키한테 처음부터 언질을 줄 필요는 하나도 없다.

그러나 정유사업은 울산정유에 의해서 독점되어 왔다. 걸프 일색의 처녀시장이다. 가장 이윤도가 높은 근대산업, 석유화학공업과의 콤비나트를 용이하게 한다는 점에서 쟁탈전을 한바탕 벌이게 해 보자.

어느 날 느닷없이 '제2정유공장 실수요자 공모' 공고를 신문에 내도록 했다. 세상은 벌집 쑤셔놓은 듯 시끄러워졌다. 희망자들은 너도 나도 장기영 부총리를 찾아왔다.

난세를 걷는다

난세에서는 살아남는데, 몇 가지인가의 조건이 필요했다. 그 첫째는 물론
능력과 수완이었다. 허나 그것에는 이미 장기영은 급제했다고 봐도 좋았다.
그러나 제2의 것은 후천적인 소질 이상의 것…… '운(運)이었다

1. 뤼브케 대통령

제2차 경제개발 5개년계획을 짜고 있었다. 취임 이래 단하루도
빠짐없이 기획원에 나와서 경제부처 국·과장들과 밤 늦게까지 일하
는 불도저 장을 잘한다고 보는 사람도 많지만, 저 혼자 달려가는
것이 아니냐고 못마땅하게 생각하는 눈초리도 많았다.

한·일 무역협정도 그의 독무대였다. 딴 경제부처에서는 우리를
바지저고리로 아느냐고 불만이 노골화되었다. 그 불만이 대통령의
귀에도 자주 들어갔다. 또 그에 대한 비방도 가지가지였다.

"업자와 이러이러한 관계가 있습니다."

"매일 밤 요정에 갑니다."

"방약무인입니다."

"공화당원도 아닌 주제에 너무 큰 얼굴을 하고 다닙니다."

그러나, 일꾼인 걸 어떻게 하는가. 내년에 있을 대통령선거를 위
하여 알뜰히 신경 써 주고 있는 것을 어떻게 하는가. 열 사람이 해
낼 수 없는 일을 혼자 시원히 해내는 것을 어떻게 하란 말인가?

"이 사람하고는 일 못하겠습니다."

장기영이 말해 오면 꼼짝없이 그의 요구대로 경질을 해 주어 왔
다.

김학렬 차관의 험한 입이 여러 소리 하지만, 그 쇼맨십, 지금은 죽일 수가 없다. 대통령은 그렇게 생각했다.

5월에 그는 서독의 뤼브케 대통령을 방문했다. 경제협력 문제를 토의하고 나서 장기영은 긴장을 풀 필요가 있다고 생각했다.

"우리나라에서는 말이죠. 골프를 칠 때 실수 없이 또박또박 잘 치는 사람을 서독 기계라고 합니다."

뤼브케 대통령은 좋아했다. 장기영은 말을 이었다.

"서독은 '라인 강의 기적'을 이룩했습니다만, 우리는 '한강의 기적'을 기어코 성공시킬 것입니다. 서독 기계 같은 정확한 지식과 기술을 필요로 하니 싸게 많이 좀 주십시오. 아직 우리나라는 부자가 아닙니다. 내일 부자가 돼 있을 것입니다."

"아하하……."

뤼브케 대통령은 그의 손을 잡고 유쾌하게 웃었다.

그 길로 또 영국으로 건너갔다. '대한투자협의체'를 구성시키기 위해서이다.

참으로 세계를 자기 집 마당처럼 왔다갔다하는 사나이다.

장기영은 여행 중 이상백의 뒤를 이어 자기가 KOC 위원장이 됐다는 것을 알았다. 예산을 주무르는 나에게 스포츠 중흥을 부탁하는 것인가. 해 볼 만하다.

그러나 그 멋쟁이 이상백도 가고야 마는가. 인생이란 그런 것인가. 그 해박한 지식, 멋쟁이 스포츠맨, 어디 내놓아도 늠름하던 포즈. 그런 거 아깝지도 않았는가?

여창(旅窓)으로 내다보이는 자연은 태연하다. 한 사람 가고 오고 하는 것엔 관심이 없다.

그래, 산 사람은 일을 하고 있어야지. 한국은 이제 아시아의 조그만 반도가 아니다. 세계의 바닷가에 노니는 소수의 선진국을 따라가려고 장도에 올랐다. 우리는 쉬지 않고 뛸 것이다. 당신들이 유유히 즐기면서 가는 동안, 우리는 밤을 낮에 이어 뛰어갈 것이다.

아직 당신들이 돌아다봐야 우리 모습을 발견하지 못할 것이다. 그러나 한 10년 후쯤엔 아니 저게 누구냐고 거의 따라잡은 우리를 발견할 것이다.

장기영은 불룩 나온 배를 두드리며 실컷 먹었다.

윌슨 수상을 만났다. 그는 파이프 담배를 피웠다.

장기영은 큼지막한 시가를 꺼내 물고 불을 붙여 빡빡 빨았다. 그랬더니 윌슨 수상은 한참 그를 바라보다가 물었다.

"시가를 좋아하시는군요, 처칠 경처럼……."

"아, 한국에서는 나를 처칠 경 닮았다고 하는 사람들이 있습니다. 영광스럽게두 말씀이죠……."

"오, 그리고 보니까 시가 문 모습이 비슷합니다."

"그런데 수상 각하, 처칠 경은 대영제국의 수상 노릇을 했지만, 신문관계는 기껏 종군기자 노릇밖에 안 하잖았습니까?"

"그런데요?"

"도깨비한테 걸음을 걷게 하는 것처럼 어려운 게 신문사 사장 노릇이라고 하는데 나는 그걸 해 봤거든요."

"아하하……."

윌슨은 재미있어했다. 장기영은 보람을 느꼈다. 농담도 역시 영국신사들이 먹을 줄 안다.

"말이 나왔으니 말입니다만, 수상 각하. 우리나라엔 길다란 대나무로 만든 담뱃대라는 것이 있습니다. 대나무 속은 구멍을 뚫고, 댓고바리는 쇠로 만들고요."

"흠……."

"이렇게 길게 잡고 뻐끔뻐끔 몇 대 피우고 나선, 댓고바리로 재털이를 탁탁 치면서 재를 텁니다. 그 소리가 요란해요."

"호오……."

"이것을 나는 '니고시에이션 파이프'라고 합니다. 우리 조상들이 중국이나 일본이나 그런 상대들을 누르기 위해서 썼던 모양인데, 수상 각하께는 그럴 필요가 없을 것 같아서 안 가져왔습니다."

"아하하……."

윌슨 수상은 몸을 뒤로 젖히면서 껄껄대고 웃었다. 그 웃는 모습이 우스워서 불도저 장도 한동안 걸직하게 웃었다.

2. 국창 김소희씨가 이러면

비서가 쪽지를 내밀었다. '김소희(金素姬) 여사가 오셨습니다'고 적혀 있다.

바쁜 일이 산더미같이 밀려 있는데 웬일인가?

"들어오시라 그래요."

장기영은 일어났다.

"선생님, 죄송해요. 바쁘신데 찾아와서……."

김소희는 깊숙이 허리를 굽혔다.

"인간문화재가 웬일이십니까? 그리 앉으세요."

김소희는 앉으면서 말했다.

"선생님 계시는 데는 언제 어디서나 문턱이 높지 않은 것 같아 이렇게 감히 찾아왔습니다."

"문턱 없어요. 그런 거 필요 없어요. 뭐 또 계획하십니까? 《한국일보》가 잘 해 드리고 있죠?"

"예, 한국국악협회 이사장인가 뭔가 맡아 가지고 혼이 나고 있습니다."

"잘 해 보세요. 국악은 우리 민족의 자랑입니다."

"그런 거 저런 거 하다 보니까 박귀희 씨나 저나 주변머리가 없어서요……."

"내가 뭐 도와드릴 일이라도 있습니까?"

"예, 이런 걸 가지고 왔습니다."

김소희는 백에서 서류를 꺼내어 주었다. 들여다보던 장기영 부총리는 표정 하나 까딱 안 하고 물었다.

"이게 뭡니까?"

"그걸 글쎄 제가 부총리님을 안다는 걸 아는 사람이 가지고 와서 꼭 좀 성사시켜 달라고 그러잖아요. 그러면……."

"얼마를 주겠다고 그러던가요?"

"제가 연구소를 하나 내려구요……. 그 도움이 돼 주겠다구 그러잖아요……."

"검토해 보겠습니다. 두고 가시죠."

"꼭 좀 되게 해 주십시오. 선생님……."

"인간문화재십니다. 김소희 씨는……."

김소희는 부끄러워서 어쩔 줄을 몰라했다.

더군다나 가타부타 아무 소식도 없다.

그때 김소희는 매우 곤궁한 처지에 있어서 살고 있는 집까지 쫓겨나게 생겼었다.

'역시 그분도 높은 자리에 앉더니 우리 같은 존재는 눈에 띄지도 않는가?'

야속한 생각마저 드는 20일쯤 후, 비서가 들어오라는 전화를 주었다. 헐레벌떡 달려갔더니 장 부총리는 그때 맡긴 서류를 도로 내놓았다.

"돈 때문에 이런 부탁하는 일은 하지 마세요. 적어도 김소희 씨가 돈 때문에 이런 서류를 들고 다니신다면 말이 됩니까?"

그러면서 따로 봉투 하나를 내주었다. 김소희는 얼굴이 화끈 달아올랐다.

"말씀하신 액수보다 한 장 더 얹었습니다. 연구소 시설비도 더 필요하실 것 같아서…… ."

김소희는 눈물을 글썽이면서 그 봉투를 받았다.

"이 은혜…… ."

"이 부탁을 해 온 사람한테는 미안하다고 끊어 버리세요."

"예…… ."

"이 일은 김 여사와 나만 아는 일로 해 둡시다."

"예…… ."

나가던 김소희는 다시 한 번 돌아보고 눈물을 글썽이며 허리를 굽혔다.

장기영은 오래간만에 좋은 일을 한 기분이었다.

3. 한비 (韓肥) 폭풍

한국일보 입사 초기, 장기영 사주를 초대면한 장면을 박양주(朴良柱)의 술회로 들어보자.

1966년 9월 그분이 부총리 겸 경제기획원장관으로 계셨을 때의 일이다. 삼성 계열의 '한국비료 사카린 밀수' 사건이 터져 신문들은 연일 이 사건을 대서특필하고 있었다.

사건이 터지고 사흘이 지난, 내가 야근을 하던 날 의자에 앉은 채 잠을 막 청하려는 참이었다. 누군가 어깨를 흔들어 깨우며 말했다.

"왕초가 부른다. 빨리 사장실로 모여."

아직 한 번도 그분을 뵙지는 않았지만 '왕초'가 누구라는 것은 알고 있었다.

구건물 2층 편집국에서 목조계단의 첫 계단에 첫발을 내딛는 순간 계단 아래쪽에서 누군가 벌컥 소리를 지른다.

"에이, 신문 망쳐 먹을 놈들……."

영문도 모르는 나는 동료들 틈에 끼어 계단을 내려 밟으며 '아, 저분이 장기영 씨로구나' 하고 짐작했다.

1층 현관 옆 사장실 라운드 테이블에 10여 명이 모여 앉았다.

"1면 편집자가 누구야?"

"예, 접니다."

1면 편집자도 작살이 났다. 그분은 다시 신문을 1면에서 2면으로 넘기고 4, 5면은 그냥 넘어가고 마침내 사회면이 펼쳐진다. 입사한 지 얼마 되지 않은 나는 편집국 분위기에 익숙해 있지 않았고, 또 그분에 대해 전혀 아는 바가 없었던 터라 조금도 놀랄 것이 없었다. 태연한 마음으로 돌아가는 상황을 구경이나 하는 그런 심사였다. 그런데 내 잔잔한 가슴에 이렇게 큰 돌이 날아올 줄이야…….

"사회면 편집은 누구야?"

"예, 접니다."

그분은 한참 동안 내 이마를 응시한다. '이 녀석은 전에 본 적이 없는 놈인데' 하고 생각하며 적을 공격할 때 탐색하는 듯한 눈치였다. 탐색이 끝났다 싶을 때였다.

"이름이 뭐야? 당장 봇짐 싸 가지고 내려가! 신문이 뭔지도 모르는 촌놈들이……."

이 '사카린 밀수' 사건을 취급하는 데 있어서 《한국일보》의 입장이 여간 난처한 것이 아니었던 것 같다. 후에 안 일이었지만 그날 지방판에 실린 사설(사카린 밀수사건)이 사주의 마음에 거슬려 시내판에서 방향을 바꾸라는 지시를 내렸음에도 불구하고 한 자의 수정도 없이 그대로 발행된 것이 화근이 되어 '그날 새벽의 사건'이 터진 것이다.

그분의 말씀대로 봇짐을 쌀 결심을 굳히고 김훈 편집부장에게

'새벽 사건'의 자초지종을 애기했다. 그리고 상기된 표정으로 '봇짐을 싸야겠다'고 했더니 '나도 열 번은 봇짐 싸 봤어'였다. 그런 일로 한바탕 곤욕을 치르고 나서야 그분의 '봇짐 싸라'는 뜻을 깨달았고, '가능성이 있는 자'에게 호된 꾸지람을 서슴지 않고, 또 '가능성이 없다고 판단된 자'에게는 그분 밑에 10년을 있어도 말 한마디 건네지 않는다는 그분의 성품을 알게 되었다.

내 평생 누구를 존경한다든가, 필설로 어느 특정인을 높이 치켜본 일이 없는 터이지만 백상의 일거일동은 내가 살아가는 길에 가장 귀중한 교훈이 되고 있다.

"이 촌놈, 진짜로 봇짐을 싸 가지고 쫓겨나왔습니다."

지금도 편집국 '화요회'에서 쩌렁쩌렁한 목소리가 들려오는 듯하여 내가 경영하는 회사 간부회의에서 백상의 시늉을 내보곤 한다.

딴 부처라면 또 모르지만 바로 자기의 손발이 돼 주어야 할 사람이 사사건건 이의를 제기하고 덤빈다.

"당신 그렇게 하면 나하구 일 못해요!"

했는데도 뒤로 가서 도리어 욕설을 하고 다니는 모양이다.

김학렬 차관이다. 관료 출신이라 그런지 경우는 바르나, 불도저는 경우 따지다가는 날 샐 일이 허다하다. 거기다가 정치적으로 해결할 것은 경우만 가지고는 안 된다.

불도저가 장애물을 밀고 나가는데, 그 안에 탄 사람이 브레이크를 자꾸만 걸어서야 되는가?

많은 케이스를 겪은 뒤에 장 부총리는 비장한 각오를 하고, 대통령에게 그 사람하고 일을 더 이상 못하겠다고 진언을 했다. 대통령도 사람 쓰는 데 이력이 났다.

지금은 장기영의 시대다. 그의 페이스로 내년 선거까지 밀고 나가야 된다. 그러나, 지금 그에 대한 불만을 김 차관만 가지고 있는 것은 아니다. 그의 독주는 어느 정도 브레이크를 거는 사람이 필요하다.

대통령은 김학렬 차관을 재무장관 자리에 앉혔다. 그랬더니 기자회견에서 '단기 현금차관을 일체 중지한다. 장관직을 걸고 관철하겠다'고 나섰다.

여러 가지 외국자본을 주된 재원으로 개발정책을 밀고 나가던 장 부총리는 뜻하지 않은 포격을 받은 셈이다. 대통령은 나를 견제하는가. 엄청나게 벌여 놓은 상전벽해(桑田碧海)의 대역사들을 그도 모를 리 없는데……

그러던 어느 날이다. 9월의 하늘은 참으로 파랗다. 잠깐 내다보면서 저 하늘에 하얀 글씨로 시 한 구절 써 봤으면 하는데, 우당탕 소리를 내며 천지가 뒤집히는 것 같은 대사건이 터졌다. 삼성이 울산에 짓고 있는 한국비료에서 사카린 58톤을 백(白)시멘트로 위장해서 면세로 들여왔단다. 이것은 또 무슨 짓인가. 그렇게 해서 얼마를 벌겠다는 것인가?

신문이 대서특필로 보도하자, 정부나 청와대나 국회가 발칵 뒤집혔다. 이리 저리 변명을 하고 다니다 장기영도 화가 났다. 5,000만 달러 가까운 차관을 승인해 준 것은 딴 사람 아닌 바로 자신이다.

지난해 삼성 산하에 《중앙일보》가 창간되었다. 한국 제일의 재벌이 하는 신문이라 여타 신문들의 질투를 사기에 알맞은 짓을 많이 해왔다. 또 일반 국민들도 삼성이 뭐길래 그처럼 많은 돈을 벌 수 있느냐, 은근히 시기하는 마음을 가지고 있을 때였다.

장기영 부총리는 국회에서 신랄한 질문을 받았다.

"이렇게 해서 오늘날 재벌이라는 사람들이 돈을 벌었는가? 가증스러운 일이다. 세간에는 한비(韓肥)가 미쓰이(三井)로부터 5,000만 달러 가까운 차관을 들여올 때 장 부총리는 검토하고 지불보증을 해 준 사람인데, 항간에는 정치자금 염출과 관련이 있다는 설이 돌고 있다. 진상을 밝혀라."

"어느 나라고 정치를 해 나가자면 자금이라는 것은 필요한 것이다. 그러나 아무 돈이나 긁어 모아다 쓸 수는 없지 않은가? 여기서 정치자금을 염출한 일은 없다."

그러나 질문은 끈질기게 물고 늘어졌다. 대답은 '아니다. 그런 일 없다'뿐이다. 외도와 마찬가지다. 잡아떼는 것이 상책이다.

9월 21일 대통령은 특정인의 사유 폐단을 막기 위해서 언론과 재벌은 분리하도록 연구하라는 지시를 내렸다. 민중당(民衆黨) 대표 박순천(朴順天)도 한비와 판본(阪本)을 국유화하고 책임자도 구속하라고 주장했다.

9월 22일에도 국회에 나가게 되었다.

장 부총리는 이상한 꿈을 꾸었다. 기분이 찜찜한 채 국회에 나가니 정일권 총리가 먼저 와 있다.

"오늘은 뭔가 뜻하지 않은 일이 생길 것 같습니다."

장 부총리가 다가가며 말했다.

"왜요?"

"간밤 꿈에 깊은 오물통에 빠져서 오물을 뒤집어쓰고 허위적대며 애를 썼지만, 너무 깊어서 헤엄쳐 나오질 못했습니다."

정 총리는 웃었다.

"꿈에 오물을 보면 좋은 일이 생긴다는데, 오늘은 한비 사건이 마무리짓게 되나 봅니다."

"글쎄……. 그럴까요……?"

두 사람은 본회의장으로 들어갔다. 국무위원석에 앉아 이상철(李相喆) 부의장의 사회에 귀를 기울이는데 김두한(金斗漢) 의원이 무슨 통을 들고 올라오는 것이 아닌가?

장기영이 정 총리에게 소리쳤다.

"저 통을 주목하세요!"

그러면서 사회를 보고 있던 이상철 부의장에게 '저 통, 저 통' 하고 손가락으로 가리킬 때이다.

사카린 가루를 뿌리던 김두한 의원은 들고 온 통의 뚜껑을 열고 국무위원석을 향하여 사정없이 뒤집어씌웠다. 오물이었다. '이크' 소리를 지를 사이도 없었다.

김 의원은 오물을 뒤집어쓴 국무위원들이 나가는 뒷모습을 손가락으로 가리키며, '똥물에 튀길 자식들!' 하면서 영웅처럼 우뚝 서 있었다.

휴게실로 피난한 국무위원들은 내의까지 다 벗고 급히 몸을 씻었다.

정 총리와 장 부총리는 서로 보고 웃음을 터뜨렸다.

"어쩌면 당신 꿈이 그렇게도 들어맞습니까?"

"글쎄 말입니다."

옷을 갈아 입은 일동은 삼청동 총리공관에 모여 회의를 했다. 엄민영(嚴敏永) 내무가 흥분했다.

4. 박정희 정일권 장기영 공동의 꿈

입각해서 얼마 안 되었을 때의 일이다. 청와대에서 박 대통령이 부른다는 소리를 듣고 장 부총리가 딴 일 제치고 올라갔다.

한국 제일의 재벌 삼성그룹의 이병철이 먼저 와 있었다.

박 대통령은 그를 눈으로 가리키며 말했다.

"이병철 사장이 비료공장을 하겠다고 하셨습니다. 장 부총리가 모든 책임을 다 지고 후원해 드리세요."

"예, 도와드리겠습니다."

그러나 이병철의 표정은 그렇게 녹록한 것이 아니었다.

나중에 이병철을 만나 보니 처음엔 농약공장을 만들라고 하다가

이를 거절하니까, 혁명정부에 협조하지 않는 거냐 하더니, 당신을 불러 그렇게 말한 것이라고 밝혔다.

이 나라 1인자의 뜻이 어디 있는가를 알고 나자 장기영은 그 뒤 끈질기게 이병철에게 비료공장을 하라고 강권하다시피 했다. 그러자 이병철의 비료 공장 꿈은 1959년 자유당 말기에 이미 싹튼 바 있었다는 것이다.

당시 우리나라는 미국으로부터 연간 2억 5,000만 달러의 원조를 받고 있었으나 그 중 1억 달러는 비료 수입에 충당되었다. 이병철은 20만 톤 규모의 대규모 공장 건설을 꿈꾸고, 제일 부자 나라인 서독과 부딪쳐 약 5,000만 달러의 차관을 얻기로 되어 있었다. 그런데 4·19와 5·16이 연달아 일어났다. 꿈은 사라지고 도리어 자기는 부정축재자로 몰려 많은 재산을 빼앗겼는데, 이제 또 누구를 믿고 일을 벌이겠느냐는 반문이었다.

장 부총리는 거의 명령조로 말했다.

"알았습니다. 행정상의 문제에 대해서는 내가 모든 것을 뒷받침해 드릴 터이니, 비료공장을 세우십시오!"

이병철은 비로소 마음이 움직이는 것 같았다.

"연산 30만 톤 규모의 공장을 세우자면 정부가 아침에 한 소리를 저녁에 가서 바꾸면 안 됩니다. 대외교섭을 비롯해서 모든 권한을 삼성에 일임한다는 정부의 편지가 필요한데, 약속할 수 있습니까?"

"알겠습니다. 약속하겠습니다."

장 부총리는 그렇게 대답하면서 아주 기뻤다. 그 길로 박 대통령에게 경위를 보고했다.

며칠 후 박 대통령은 이병철을 불렀다.

"결심해 주셔서 고맙습니다. 어쨌든 비료공장은 이 사장이 건설해야 되는 것이니까 서둘러 주셨으면 합니다."

"변변치 않은 힘이지만 해 보겠습니다."

이병철이 그렇게 약속하고 시작된 일이었다. 말하자면 하나의 강요였다.

이병철 삼성 총수는 정부가 보내 준 서한을 가지고 일본으로 건너갔다. 잘 아는 사이인 미즈카미 다쓰조(水上達三) 미쓰이물산(三井物産) 사장, 이나야마 요시히로(稲山嘉寛) 야하타제철(八幡製鐵) 사장, 도지마 겐키치(外島健吉) 고베제강(神戸製鋼) 사장 등을 초청하여 정부 서한을 보여주고, 일본 것으로 하느냐, 미국 것으로 하느냐, 또는 구라파로 가느냐, 당신들과 이야기해 보고 작정하겠다고 말했다.

깜짝 놀란 이나야마는 최대한의 지원을 해 줄 터이니 일본한테 맡겨 달라고 했다.

연산 18만 톤밖에 안 되는 일본의 비료업계는 반발이 심하여 옥신각신했으나 결국 미쓰이물산으로부터 4,190만 달러의 아주 싼 이자 차관을 얻는 데 성공하였다. 그리고 공장 건설에 착수했을 때의 감격.

딴 나라에서는 40개월 걸릴 일을 단 18개월 만에 해치우려는 기개 속에 지금 70%쯤 진행되어 공장 윤곽이 드러났는데, 난데없이 OTSA밀수란 무슨 소리인가. 찬물을 끼얹어도 분수가 있다.

OTSA가 뭐냐고 물어 봤더니 요소비료 제조공정의 하나로 이산화탄소의 흡수재생과정에 촉매로 쓰이는 것이란다. 필요해서 들여온 것이지 밀수가 아니란다.

직원이 6톤(55만 달러 상당)을 허가 없이 판 것이 문제가 되었는데, 이것은 모두 벌금으로 수습되었다. 문제는 권력의 중추에 있는 인물 모(某)가 주식의 30% 증여를 요구한 데 있다는 얘기였다. 그것이 문제였다. 약진의 세(勢)에 편승하여 힘 안 들이고 이(利)를 보자는 심산, 그것이 문제였던 것이다.

세상 인심이 재벌을 미워하는 것을 안다. 그러나 그것은 사촌이 땅 사면 배 아파한다는 한국적인 감정으로 돌릴 수도 있다. 남이 애써 쌓아올린 탑을 '내것이오, 내놓으시오' 하는 것은 이상하지 않은가?

'상식이 아쉽다'는 소리는 그래서 나온 것이다.

5. 거창한 인물

《뉴욕 타임스》 도쿄지국장 에머슨 체이핀은 장기영 부총리를 찾기에 앞서 미국인 고문들과 만났다.

"장 부총리의 제2차 경제개발 5개년계획을 어떻게 생각하십니까?"

뚱뚱한 체구에 시가를 물어야만 어울리는 한 사람은 피식 웃었다.

"꿈 꾸는 자유는 누구나 가질 수 있는 것 아니겠소? 이 사람 꿈 꾸고 있단 말야. 너무 원대하고 너무 야심적이야."

"실현성이 없다는 얘깁니까?"

"제철소 만들겠다구 해요. 자원도 없는 나라에서 말야. 어디다 무슨 제철소를 만듭니까? 돈은 어디서 나고?"

그는 조소어린 입 모양으로 변했다.

"거기다 고속도로를 깐다는 거예요, 네? 이 아무 것도 없는 나라에 말야. 외국 가서 달려 보니까 기분 좋았던 모양이야."

"시기상조란 얘긴가요?"

"꿈 꾸고 있어요. 그 사람……."

체이핀은 장 부총리를 만났다.

"꿈 꾸고 있다는 소리가 들려오던데요……."

"꿈 꿔야지!"

장 부총리는 폭발적인 정력으로 의자를 박차고 일어났다.

"번영의 시초는 꿈입니다. 모든 분야에서 다 그렇지 않습니까? 시초는 다 꿈이에요. 이렇게 하고 싶다고……, 이렇게 해 보겠다고 ……."

"그러나 너무 원대한 것은 실현 가능성이 없잖아요?"

"없고 있고는 해 봐야 알 일이죠. 해 보지도 않고 안 된다는 것은 패배주의죠. 역사가 잠자는 것이죠. 전진이 없으면 죽어 버린 거나 마찬가지죠. 그래서 우리는 시작하는 겁니다. 힘껏 달려가서 안 될 때는 우리 다음 세대가 이어받아서 완성할 겁니다."

"다음 세대가 그 정신을 이어받을까요?"

"이어받도록 해야죠. 그것이 정치 아닙니까? 의식구조를 바꿔놔야 됩니다."

"자신이 있으신 모양입니다."

"모양이 아니라 있습니다. 두고 보세요. 한국인이 어떤 사람들인지 보여 줄테니!"

주먹을 불끈 쥐며, 고개를 끄덕이며, 빛나는 눈동자로 쏘아대는 거구 앞에서 체이핀은 어떤 위압을 느꼈다.

"두고 보겠습니다. 성공을 빕니다."

내미는 그의 손을 장 부총리는 확 잡았다.

"여러분이 보내주는 원조에만 기대어 살면 파멸입니다. 고통과 좌절 속에 희망의 꽃 한 송이를 심자는 겁니다. 그 꽃을 꼭 보세요!"

후일 에머슨 체이핀은 그 꿈의 꽃을 보고 놀랐다. 한국의 면모를 일신케 한 대규모 경제 건설은 이루어졌고, 그것이 '잠재력의 화신' 인 장기영의 정력 덩어리를 바탕으로 피어난 꽃임을 인정하면서 '거창한 인물'이라고 기억했다.

6. 어서 오시오, 존슨 대통령

오곡이 무르익는 10월 말, 우방 미국의 존슨 대통령과 러스크 국무장관 일행이 내한했다. 반가운 손님이다.

정부를 반대하고, 걸핏하면 한국의 민주주의를 의심하던 사람들도 미국 대통령이 오기만 하면 열렬히 환영을 한다.

북의 남침을 두려워하는 쓰라린 경험에서 우리를 보호해 주는 나라라는 인상을 강력하게 받아 왔기 때문이리라.

정부 대 정부의 이야기도 잘 됐거니와 Shrewd Negotiator(끈질긴 협상자)로 기억해 주는 우정을 장기영은 매우 영광스럽게 생각하고, 항시 그의 옆에 붙어다니다시피 했다.

'어서 오세요, 텍사스의 정다운 내외분'이라고 《한국일보》가 영어 사설을 크게 실어 주었다. 센스 있는 짓이다.

수행원 러스크 국무장관도 한국의 발전을 좋아했지만, 로스토 특별보좌관과의 이야기는 유익했다. 그는 한국경제는 테이크 오프했다고 했다. 이윽고 소비가 미덕인 시대를 맞이하게 되리라고도 했다.

테이크 오프는 좋다. 이제는 일정한 고도를 유지하며 날아가면 안전하고 빠르다. 그러나 돈푼깨나 벌었다고 사치를 부리다간 큰일 난다.

어쨌든 존슨 대통령과 박정희 대통령의 정상회담에서 한국의 통일문제·국방·경제 등을 토의하고, 국회에서 연설한 뒤, 한복차림으로 가나안 농군학교를 시찰하고, 눈보라 속에 휴전선을 방문하는 등 행사는 빈틈없이 짜여졌다.

워커힐에서의 파티 때 존슨은 커티사크 위스키를 좋아했다. 장부총리는 그에게 길다란 대나무 담뱃대를 주며 옥물부리에 새긴 Negotiation Pipe라는 글자를 자상히 보라고 했다.

"이것이 우리 조상들이 협상할 때 써먹던 무기입니다. 상대를 압도해 버리거든요."

"하하……."

존슨은 좋아했다.

"이제사 당신 협상의 비법을 알았소. 나도 이제부터 이걸 물고 협상을 해야지…… 하하……."

영접위원장 노릇을 빈틈없이 해냈다.

박·존슨 공동성명에서 미국은 한국의 제2차 경제개발 5개년계획을 적극 지원하겠다고 다짐했다.

한·일협정도 끝냈고, 한·미행정협정, 월남 파병, 정상회담 등 그 어느 때보다도 한·미 관계는 굳어져 간 것이다.

7. 제2 정유공장 어디로

박정희 대통령은 접견실로 나갔다. 대구사범의 동창 서정귀가 기다리고 있다.

두 사람은 평범한 인사를 나누고 나서 서로를 쳐다보았다. 서정귀가 입을 열었다.

"거 장 부총리가 왜 그러지요? 호남정유를 푸대접하는 건지 여기저기 끌어들여서 경합을 붙이고 있으니……. 다른 곳은 엉터리예요. 준비가 돼 있지 않아요. 우리만큼 모든 걸 갖춘 데가 없어요."

박 대통령은 담배 연기를 뱉으며 깊은 생각에 잠겼다.

이상하다. 알아들을 만큼 이야기를 했는데 왜 그러는 것일까. 돈을 달라는 건가. 무슨 장난을 치고 있는 건가?

서정귀는 말을 이었다.

"자기 가까운 사람들 다 끌어들였어요. 판본방적(阪本紡績)의 서갑호, 한국화약의 김종희, 롯데의 신격호, 한양의 김연준…… 호남

정유에 비하면 이 사람들은 석유의 석자도 모르는 사람들이에요. 왜 이러는지 모르겠어요."

대통령은 계속 입을 다물었다.

"럭키와 칼텍스는 손을 잡았어요. 이제 눈·코, 동체까지 갖춘 것은 럭키뿐이에요. 주의를 환기시켜 주셔야지 안 되겠습니다."

"알았습니다."

대통령은 비로소 입을 열었다.

"워낙 생각이 많은 사람이니 그럴 겁니다. 내가 이야기를 하지요."

그날 대통령은 장 부총리를 불렀다.

11월 17일 장 부총리는 내외 기자들을 불렀다.

"정부는 전남 여수(麗水)에 건설될 제2정유공장의 실수요자를 럭키화학계의 호남정유로 결정, 명년 초에 착공시키겠습니다. 대표는 구인회씨입니다. 차관선(借款先)은 아직 결정되지 않았으나 일본은 제외될 것이며, 차관 조건은 계속 조정할 계획이고, 시설 규모도 울산정유의 시설 확장과 관련돼 있으므로 유동적입니다. 제3정유도 연말까지는 결정할 것이며, 호남정유를 제외한 다른 5개 회사가 석유화학공업에 계속 투자하겠다면, 제3정유와 석유화학 콤비나트의 실수요자 선정에 합작 또는 단독으로 우선적인 고려를 하겠습니다."

이날까지 구름 잡는 사나이라고 손가락질을 받던 럭키측의 실무자 구평회, 한성갑 등은 승리의 기쁨보다도 커다란 허탈감에 빠졌다. 참으로 애를 많이 먹인 장 부총리였다.

세상엔 활기찬 풍문이 나놀았다.

"럭키가 삼성을 따라잡는 것도 시간 문제래. 석유산업이란 그렇게 대단한 거래."

장 부총리도 그것을 알고 있었다. 대통령의 특별 지시만 없었어도 진짜 나라의 먼 장래를 위해 좀더 공정하고 엄정한 선별을 할 수 있었을 텐데…… 메이 화즈다.

《한국》《조선》《경향》 편집부장출신 추영현의 회고담.

1964년 봄은 우리나라 농민들은 물론, 도시 서민들에게 매우 견디기 어려운 춘궁기였다. 전년 추수부터 흉작으로 식량사정이 대단히 심각하였기 때문이다. 지방에서 올라오는 기사를 보면 초근목피(草根木皮)로 연명한다고 비명을 지르는 군(郡)이 한 두 곳이 아니었다.

이 시기에 보도의 주류를 이루고 있는 기사는 '삼분폭리(三粉暴利)'가 단연 으뜸을 차지하였다. 제일제당이며 대한제분, 삼양제당 등 재벌회사들이 줄줄이 구설수에 오르고 있었다. 어려운 서민들이 밀가루라도 사서 입에 풀칠을 해야 되는 시기에, 재벌들은 담합(談合)을 하여 값을 올려 받고 있으니 그 비인간적 행위는 지탄받아 마땅하였다. 사회적 분노가 절정에 달하고 있었다.

이 무렵 나는 이런 우리의 사회현상을 이북에서 어떻게 보도하고 있을까, 하는 호기심에서 평양방송에 귀를 기울여 보았다. 그런데 뜻밖에도 이남 동포들의 어려움을 돕기 위하여 쌀 100만 섬을 보내주겠다고 하지 않는가! 그것은 어떤 정치적 이해관계를 떠난 동포애적 제의같이 내게는 들렸다.

서민들이 굶주림에 허리를 조이고 있는 판국에 이북의 쌀이라도 좀 받아 먹으면 어때? 하는 생각에 의협심의 발동이랄까, 문득 나의 뇌혈관을 전율시켰다. 《경향신문》 특집면 편집을 맡고 있는 나는 1964년 5월 13일자 신문의 특집면에 독자적으로 그 내용을 담은 글을 써서 내 보냈다. 이것이 가판으로 나가자 세상이 발칵 뒤집힌 듯 난리가 났다.

나는 반공법으로 곧 구속이 되고, 신문사에 본의 아닌 타격을 입혔다. 편집국장 등 간부들이 나로 인하여 날벼락을 맞았기 때문이다. 이것을 당시 신문들은 '경향신문 추기자 필화사건'이라고 보도하였다.

뒷날 《한국일보》심사부장으로 있는 친구에게 들은 얘긴데, 그 사건이 난 지 얼마 뒤에 부총리 겸 경제기획원 장관인 장기영 사주가 한국일보 '화요회'에 참석하여 많은 사원들이 모인 자리에서 나에 대하여 언급하였다고 한다.

"추영현 기자 그 사람은 공산당과는 거리가 멀어. 좀 순진한 로맨티스트랄까……."

예전에 한국일보사에 근무할 때, 나는 샤프한 편은 아니었지만 신문편집의 열성은 누구 못지않았다. 신문제작이 재미있기 때문에 편집을 끝내고 윤전기에서 초쇄(初刷)가 나올 시간이면 빨리 그날 신문을 확인해 보려고 언제나 윤전기 곁에 있었다. 이것이 장 사주께 신뢰감을 준 모양이었다.

필화사건으로 나는 8개월 정도의 옥살이를 하고 성탄절 특사로 석방은 되었으나 이른바 '블랙리스트'에 오른 사람이라, 어느 신문사도 나를 써주려고 하지 않았다. 그때 고향인 목포의 지방지에서 나에게 신문편집을 맡아 달라고 하였다. 얼마 동안 고향 신문에 도움을 준 뒤, 나는 용기를 내어 장 사주를 찾아갔다. 혹시나 하는 한 가닥의 희망을 품고 용기를 내어.

모두들 나를 기피하는데 뜻밖에도 장 사주는 당장 내일부터 나와서 열심히 일해 달라고 하지 않는가! 왈칵 눈물이 쏟아질 정도로 감격스러웠다. 그분이 구세주처럼 나에게는 보였다. 그 은혜는 평생 잊을 수가 없다.

뛰어난 능력과 놀라운 기지를 발휘하는 경영자이기 때문에 일화도 많고 사원들에게 별의별 말을 다 듣는 분이기도 하였다. 그러나 나에게는 지금도 따뜻한 체온이 느껴지는 은인이다.

한국일보사에 복직한 뒤, 일간스포츠를 창간한다기에 나는 정치색이 없는 환경에서 일하고 싶어 거기에 참여하였다. 그리고 스포츠지의 특색을 살리는 것이 장기영 사주님의 온정에 보답할 수 있는 유일한 방법이라고 생각하였기 때문이다.

질풍노도처럼

사람은 자기 목숨을 완전히 내던졌을 때에 야릇한 용기를 갖게 되는 법이다.
그 용기와 평소의 자기와 아무 관련이 없다고 생각하는 것은 잘못이다.
평소의 연마가 치밀하게 되면 그 용기의 질도 또한 치밀한 것이 되리라

1. 제2차경제개발5개년계획

"개발도상에 있는 한 국가경제의 급속한 성장과정에 있어서 적절한 재정활동이 얼마나 그 국가와 국민의 번영에 크게 기여하는가를 우리는 보아 왔습니다."

처음부터 강경하게 나갔다. 자신만만한 입장이다.

"우리가 과거에, 바로 1년 전에 또 바로 그 1년 전에 얼마나 시야가 좁고, 이른바 선견지명이 없고, 보수적이었으며, 한편 얼마나 조심스러운 계획을 했던가를 깨달았습니다."

그는 금년도 성장률이 10%를 초과할 것이 확실하다며 이번에는 거시적 각도에서 미시적 방식으로 계산해서 설계를 했노라고 했다.

연말까지의 외화수입은 일약 5억 달러 수준에 접근할 것이며, 10월 말의 저축성 예금은 909억 원. 말이 많았지만 금리 현실화로 고리채 자금을 생산자금화한 것은 엄연한 사실이라고 그는 단정했다.

물가는 건전한 방향으로 자리잡아 가고 있고, 계수로 따지면 이러이러하다.

"이제 우리 경제는 안정기조를 굳히고 '홉·스텝·점프'의 도약을 거쳐 이륙한 것입니다. 지금 영원히 착륙하지 않을 이 비행기는 상당히 무거운 짐과, 상당히 신경이 예민하고 불평을 잘 하는 승객을

많이 싣고, 더욱 안전한 고도와 기류를 잡으려고 조심스럽게 선회하고 있는 것입니다. 제2차 경제개발 5개년계획, 그것이 우리가 찾고 있는 새로운 고도인 것 입니다."

그의 표현이 재미있다고 듣고 있는 국회의원들은 씨익 웃었다. 보통 정치인들은 그런 멋있는 표현을 할 줄 모른다. 그래서 항상 모래 씹는 맛이다.

그는 제2차 경제개발 5개년계획을 구체적으로 설명하기 시작했다. 그것은 각 부문에 걸쳐 정부 각 부처와 민간 전문가를 동원하고, 어떤 때는 외국의 전문가를 불러들여 조언을 청하며, 1년 반에 걸쳐서 완성한 것으로 연인원 5만 명이 참여하고, 계산작업은 미국·일본의 전자계산기를 이용했으며, 30여 회의 내외 관계기관 연석회의를 열어 추진된 것이라고 고백했다.

그는 총량계획, 부문계획, 투자계획의 세 가지 체계를 설명했다. 총규모 9,800억 원의 투자 재원을 어떻게 조달하느냐. 국내 저축으로 61.5%를, 외자로 38.5%를 충당하는데, 외자는 거의 마련할 태세가 갖추어졌고, 나머지는 우리 노력 여하에 달렸다. 어쨌든 여태까지 무상원조를 받으면서 살아 온 탈을 벗는 것이 이번 계획의 근본정신이다.

총투자액의 사용 방안을 상세히 설명했다. 그것은 야심에 찬 것이었다.

농림·수산 부문에 16.3%인 1,600억 원, 광공업 부문에 30.7%인 3,010억 원, 사회간접자본과 기타 서비스 부문에 53%인 5,110억 원이다.

계획의 핵심은 식량의 자급자족과 석유화학, 종합제철 및 기계공업의 육성에 있다. 쉽게 말해서 농업 위에 공업이 건설되어야 하는 것이다.

수리(水利) 시설의 확장, 개간, 간척을 하겠으며, 가치창조 산업인 석유화학공업을 발전시키겠다. 제2정유공장은 내년 초에 착수하겠으며, 제철공장도 우선 50만 톤 규모로 내년 봄에 기공할 예정이다.

철강의 국내 생산과 기계의 국산화율을 점차 높여 공업화의 기초를 쌓겠다.

그 밖에 시멘트·비료·섬유·요업·펄프·식품공업 등을 크게 늘리겠다.

전력도 현재의 배 이상으로 늘리겠다. 현재 건설 중에 있는 군산·서울화력, 의암·팔당수력 등을 완공하고, 청평수력 증설, 화천수력 증설, 영동·영남화력, 충주·소양강수력 등의 신규 건설을 촉진함으로써 산업동력 수요에 응하고 농어촌 전화사업을 확대해 나가겠다.

교통수요가 크게 늘어났다. 철도·도로·해운 등 모두 중요하나 앞으로의 수송 패턴이 바뀔 것에 대비, 조사비 100만 달러를 들여 외국 전문가를 불러서 기본 조사에 착수하겠다.

통신도 농어촌 전화, 국제통신시설 등을 확대하겠다.

그리하면 경제의 여러 부문에서 자립도가 높아질 것이다. 그때엔 비로소 미국으로부터 원조를 받지 않아도 된다.

"존경하는 구태회(具泰會) 예결위원장, 존경하는 의원 여러분! 우리 경제개발정책 방향을 가리키는 두 개의 화살은 이미 활을 떠나 창공에 던져졌습니다. 하나는 성장이라는 화살이고, 하나는 안정이라는 화살입니다. 이 두 화살이 가로 박힌 십자가를 지고 우리 경제는 전진해야 하는 것입니다. 2년 전 우리는 무거운 짐을 지고 살얼음판을 걸었습니다.

모든 현실화 정책으로 침수를 막고 부력(浮力)을 얻으면서 대해(大海)로 출범했습니다. 이 배와 그 선원들은 다시 5개년계획이라는 '건너야 할 큰 바다'를 안고 있습니다. 우리는 파도를 헤치고 성날 때 가라앉히면서 이 바다를 꼭 건너야 합니다. 오직 필요한 것은 이 바다를 타고 넘을 용기와 영단과 지력(知力)입니다. 그런데 지금 이 전도다난한 항해를 앞두고 승무원들의 사기를 북돋워 주는 이 배를 인도하는, 샛별과도 같은 몇 가지 신호가 있습니다."

그는 장내를 훑어보았다.

"568개의 공장 완성, 5억 달러의 외화 획득, 2억 달러의 외자 보유, 3년 반 내의 목표 달성, 13%의 성장률, 1만 명의 해외 진출, 1억 달러의 용역건설 계약, 이 숫자들이 우리의 갈 길을 비춰 주고 유도하는 신호들입니다. 우리는 이미 외자 도입으로 건설에 착수한 568개의 대·중·소 공장을 반드시 건설하고야 말 것입니다. 금년에는 5억 달러의 외화수입을 획득해야 할 것입니다. 우리의 외화보유고는 이미 도달한 2억 달러 수준을 계속 유지할 것입니다. 2차 5개년계획은 3년 반에 그 대부분의 목표를 달성하고야 말 것입니다."

그는 계속 자신에 찬 국가적 야심을 문학적인 어휘를 섞어 가면서 토로했다. 그러고 나서 음성을 낮추었다.

"마지막으로 우리가 가장 두려워하고 경계해야 할 문제가 있습니다. 국제적으로 한국경제 발전에 대한 과찬의 범람입니다. 이러한 과대평가의 인플레적인 만연 경향은, 우리 내부의 화폐 인플레 경향보다도 더 두려운 것입니다. 우리는 이러한 과대평가에 당면할 때마다 당황합니다. 우리는 실속 없는 성장에 대한 안일한 감각이나 들뜬 평판에 사로잡히지 않을 것입니다."

자만하지 않겠다는 소리다. 정치적인 의욕과 행정적인 양식과 합리적인 정책 사상, 이 세 가지를 정점으로 하는 삼각형의 앵글 속에서 한 구심력을 발전시켜 나가야만 균형이 잡힌 항해를 할 수 있는 것이다. 그 삼각형의 하나는 적극적이고, 하나는 현실적이고, 다른 하나는 이상적인 변(邊)이라고 그는 생각했다.

이 뱃심 좋은 제안 설명에 여·야 의원들은 사심 없는 열띤 박수를 보냈다.

"과연 물건은 물건이야!"

기획원으로 돌아오는 차 안에서 장기영 부총리는 만족한 표정을 하고 있었다. 그의 머릿속엔 워커힐 빌라에서 이 설명을 짜느라고 밤을 새우던 손일근과 지동욱의 얼굴이 스쳐 지나갔다.

2. 아시안게임 유치

장 부총리는 유럽에서 대한(對韓)국제경제협의체(IECOK) 창립 총회를 마치고 뉴욕으로 왔을 때, 반가운 소식을 들었다.

방콕에서 열린 아시아경기연맹(AGF) 총회에서 4년 후인 1970년 제6회 대회를 만장일치로 서울에서 개최하기로 가결했다는 것이다. 거기다가 자기가 AGF 집행위원장으로 뽑혔다는 것도 알았다.

그는 귀국하자마자 대회 예산을 짰다. 총규모 7억 5,000만 원. 재원(財源)은 1967년부터 70년까지 해마다 1억 원씩 국고보조금을 쌓아 가고, 서울시비에서 해마다 5,000만 원씩 유보하여 2억 원을 만들고, 민간으로부터도 4년 간에 걸쳐 1억 원을 모금, 나머지 5,000만원은 대회 수입금에서 충당하기로 했다.

대회경기장은 기존 시설을 이용하고 선수촌 아파트를 신축하여 대회가 끝나면 일반 아파트로 분양해 준다.

한국의 약진하는 모습을 전세계에 과시할 둘도 없는 찬스이다.

겁들을 내지만 나만 믿어라. 거뜬히 해치우겠다. 지금 안 하면 언제 또 순서가 돌아올는지 모른다. 약진하는 나라는 약진하는 의기로 해치울 수 있다.

그러나 그가 너무 혼자만 주인공 노릇을 하는 것이 아니냐며 지켜보는 눈들은 많았다.

그는 대회조직위원장으로 김종필을 추천했다. 멋있게 해낼 것이다.

여기서 잠시 1936년 베를린올림픽 마라톤 영웅 손기정의 회상에 귀기울여 보자.

1966년 더위가 기승을 부릴 때였다. 당국으로부터 제6회(1970년) 아시안 게임을 유치토록 하라는 공한(公翰)을 받은 KOC는 분주하게 움직였다. 즉시 기본방침을 수립하고 대회 유치 사절단을 결성하여 추진에 들어갔다. 한 달 열흘 만인 8월 11일 나는 월터 정(鄭)과 함께 1진으로 미주 및 구라파 지역을 맡아 떠났다. 그 밖에 동경 담당의 2진으로는 이성구(李性求)·유태영(劉泰榮)·조동재(趙東宰) 위원이, 동남아 담당으로는 윤갑수(尹甲壽)·김극환(金克煥) 위원이 연달아 떠났던 것으로 기억한다.

당시만 해도 국내에서는 처음 열기로 한 경기이니만큼 모두들 흥분에 들떠 있어 KOC 위원들은 해외 각지에서 너나할 것없이 전력 투구하였다. 결과는 매우 좋았다. AGF는 12월 15일 5회 경기 개최 중 열린 총회에서 6회 경기를 한국에서 개최토록 만장일치로 결정한 것이다. 체육인들은 즐거운 함성을 지르며 희색이 만면하였던 것은 말할 것도 없다. 그러나 이러한 기쁨은 순식간에 불과했다. 많은 체육인의 노고도 아랑곳없이 이 결정은 수포로 돌아가고 말았다. 당국으로부터 국내 사정이 여의치 못하니 다시 반환하라는 것이었다. 체육계에서는 이 충격적인 사태를 맞아 어안이 벙벙했다. 대처할 방안이 없어 전전긍긍하지 않을 수 없었다.

이 때 5회 아시안게임 집행위원장이었고 아시아경기연맹 종신 회장인 장기영 부총리는 사태 수습을 위해 노심초사 동분서주하였다.

아시안 게임을 유치한다는 것도 어려운 일이었지만 다시 반환한다는 것은 더욱 어려운 일이었다. 국가적으로도 불명예스러운 일일

뿐더러 적자 예상액 30여만 달러(확실치는 않으나 그 당시 그렇게 들었음)를 찬조하라는 태국 정부의 요청으로 한층 어려운 상태에 빠진 것이다.

장 부총리는 시일이 오래 지체되면 수습하기가 더욱 곤란함을 간파하고 즉각 AGF 회원국에 이 찬조금에 대한 분담 요청을 하였다. 다수의 회원국이 분담에 응했으나 필요액의 절반 정도밖에 조달하지 못했다. 이 부족금에 대해서는 정부의 지원이나 체육회의 보조도 거의 없이 장 부총리가 개인적으로 보충하여 지불하였다고 알고 있다. 당시만 해도 별로 자랑할 게 못 되는만큼 자세한 숫자를 크게 공표하지는 않아서, 별다른 기록이나 증거를 본 일은 없지만, 어쨌든 장 부총리가 아니었다면 아시안 게임 문제로 큰 망신을 당할 뻔했던 것은 분명하다.

장 부총리가 뛰어난 기지를 발휘한 것은 이것만이 아니다. 어느 때나 순발적이면서도 한 치의 오차도 없는 판단, 미래를 내다보는 선각자적인 두뇌가 이따금 뭇사람들을 놀라게 했다.

또한 장 부총리는 겉보기와는 달리 인정이 많은 분이었다. 그분의 눈물을 본 사람은 흔치 않을 것이다. 그러나 이면에 남이 보지 않는 데서 남의 사정에 같이 울어 주던 그 따뜻한 정은 직접 겪어 보지 않고서는 알 길이 없다.

1953년 서울이 전후 복구되면서 안정되어 가자 나는 마라톤 진흥에 나섰다. 이승만 대통령, 이기붕 국회의장(체육회장 겸임) 등을 찾아다니며 지원을 요청하였으나 허사였고, 재무장관 김현철 씨의 도움을 받아 전란으로 불타 버린 풍국제분의 헌 창고를 불하받게 되었다. 여기에다 '풍국산업신흥회사'를 실립하여 나는 사장이 되었다.

그러나 육상연맹, 마라톤 일도 돌볼 틈이 없다보니 사업을 자연히 집안 사람들에게 맡긴 것이 화근이 되었다. 내 대신 일을 보던

자들은 세계제패 기념체육관을 만든다는 구실로 은행에서 대부를 받고, 그것도 부족하다며 다시 어음을 발행하여 종국에 가서는 부도 어음이 쏟아졌다. 은행 부채 말고도 사채만 1억 원이나 되었다.

당혹한 나로서는 해결 방법이 없었다. 이 와중에 국민훈장 모란장을 받게 되었는데 식장에까지 채권자들이 달려들어 소란을 피웠으니 그 당시의 내 처지란 말이 아니었다.

이러한 수렁에서 한 사람의 은인을 만나게 되었으니 그분이 바로 백상 장기영 선생이었다.

평소에 각별한 호의를 가졌던 백상 선생은 크리스마스 이브에 고문 변호사를 옆자리에 앉히고 채권자들을 한국일보사 13층에 불러들였다. 담보에 잡히지 않았던 문배동 400평의 땅을 정리하고, 채권자를 한 사람씩 만나 담판지어 결국 누구도 손대기 어려운 채권자의 회오리바람을 잠재우고 말았다.

다급한 일이 생길 때마다 당황하지 않고 뛰어난 기지, 명석한 판단, 저돌적 행동으로 헤쳐 나가는 탱크 같은 체구와 추진력은 가히 어디 비할 바 없었다.

삶의 쓰라린 고난 속에서 좌절의 쓴 잔을 마셔야 했던 나에게 재생의 문을 열어 주신 백상 선생이시다.

3. 누군가가 십자가를

1967년이 밝았다. 한국비료공장이 시동식(始動式)을 한다고 초청장을 보내왔다. 장 부총리는 만사 제쳐놓고 울산으로 달려갔다.

시동식이란 처음듣는 말이지만, 무엇인가 됐다는 이야기일 것이다. 이병철 사장의 노고가 컸다. 세계 제일의 비료공장을 만들겠다는 그의 의지를 누가 알아 주기나 했는가? 사카린 사건 후에도 그는 열심히 공장 건설에 매달렸다.

그때 그냥 7할 가량 된 상태에서 헌납하겠다는 것을 '공사 도중엔 곤란하다. 다 만들어 가지고 바쳐라' 했다. 그것이 상부의 뜻이었다. 참으로 희한한 노릇이다. 그런 소리를 듣고도 공장 건설에 매진한 이병철은 보통 사람이 아니다. 그것을 가장 잘 아는 내가 아니갈 수 있나?

언론계 손님들이 많았다. 사장실로 안내되자 방명록에 무엇을 하나 써야 된다고 했다. 그것도 첫 장에.

무엇을 쓸까? 몇 분 동안을 생각하다가 붓을 빼들었다.

누군가가 십자가를
누군가가 에밀레를
그러나 그러나
자주경제가 바라보는 신앙의 탑은
점화되었다 점화되었다

단숨에 썼다. 먼 후일 누군가가 읽고 이해해 줄 것이다. 혹은 아무도 이해해 주는 사람이 없어도 좋다.

나는 그렇게 생각한다. 희생 뒤에는 그 보답이 있는 법. 여기서 비료를 생산하여 한국 농촌은 물론 딴 나라까지 걱정을 덜어 주는 날은 반드시 올 것이다.

우리 세대는 점화에 의미를 갖는다. 캄캄한 이 땅 위에 무엇인가를 지어서 불을 붙이는 것이다. 그 결과는 우리들의 후손에게 빛을 비쳐 주는 것이 될 것이다.

한 시대 안에 모든 것을 해낼 수는 없다. 꽃피는 닐이 있으리라.

오래간만의 감상이었다.

이병철은 난국을 뚫고 여기까지 온 감개를 형용할 길이 없는 모양이다.

"지금은 일부 시운전을 할 뿐이지만 4월엔 완전히 준공됩니다. 한국 사람의 근면성·성실성, 개인시간을 철저하게 존중하는 서양 사람들과는 달리 맡은 일에 애착을 갖고, 희생정신을 갖고 목표를 향해서 전력 질주하는 습성이 이것을 만들어 냈지요. 이런 국민은 세계 어느 나라에도 없습니다."

그는 그렇게 말했다.

"그렇습니다!"

장 부총리가 맞장구를 쳤다.

"그러니까 우리 근대화 작업은 역사상에 없는 스피드를 낼 수 있습니다."

"정치를 잘 해 주세요. 큰 사업하는 사람들을 때려잡거나 기죽이는 것이 정치가 아닐 겁니다."

"알고 있습니다."

이병철은 그 말을 하고 어슬렁어슬렁 걸어가기 시작했다. 그의 심중을 익히 아는 장 부총리는 한참 동안 선 자리에 못박혀 있었다.

군인정신과 경제는 조화를 이룰 수 있는가? 그는 그것을 생각하고 있었다.

어떤 면에서는 주저하지 않고 목표를 향하여 돌진하기 때문에 많은 시간을 절약할 수 있다. 그러나 어떤 면에서는 경제에 대하여 모르기 때문에 엉뚱한 실수를 고집한다. 소위 방해자가 되고 만다. 그것을 어찌해야 할까!

다음은 최성렬 공보관의 회고.

1967년 1월 19일 《리더스 다이제스트》지의 특파원과의 '인터뷰'에서 나온 이야기이다.

"세상에서는 당신을 '불도저'라고 하는데……."

기자가 물으니까 장기영 장관은,

"당신은 장애물 경주를 해 본 일이 있습니까? 나라의 경제가 발전해 나가는 데에 있어서는 많은 장애물이 있는 것입니다. 세상에서는 나를 보고 독주(獨走)한다고 그러는데 나는 독주를 하고 있는 것이 아니라 '불도저'를 몰고 장애물 경기를 하고 있는 것입니다. 그런데 나를 보고 '불도저'라고 하는 것은 내가 그런 장애물을 밀고 나가야 하는 역할을 담당해야 하니까 그런 말이 나온것 같은데 사실 우리나라에는 '레드 테이프(繁文縟禮 : 쓸데 없는 허례)'가 많습니다. 그것도 끈덕지게 질기고 엉킨 것이 많습니다. 지금 나는 그 '레드 테이프'를 8할 5푼은 잘라냈다고 생각하는데 낮에 힘을 들여서 잘라 놓으면 밤에는 그 일부가 도로 살아 나는 것이 많습니다. 한국비료공장이 이렇게 빨리 완성된 것도 '레드 테이프'를 잘라 버렸기 때문이외다."

4. 여수 호남정유 탄생

무엇인가 싱싱한 의욕이 천지간에 꽉 차 있는 것 같다.

정부는 월남평정 참여계획이라는 것을 만들었다. 군수지원단 5만, 민간 용역이 2만에서 5만 예정이다. 건국 이래 처음 있는 대장정 길이다.

명분은 그렇지만 실상인즉 계산놀음이다. 장 부총리의 머릿속에는 계산기가 들어 있었다. 커다란 숫자가 왔다갔다 한다. 물실호기(勿失好機)이다.

2월 20일, 봄이라기엔 아직도 바닷바람이 차가운 아침부터 전라선 덕양(德陽)에서 삼일면(三一面) 원내리(院內里)로 가는 산길 20리를, 꽉 메운 사람의 행렬이 끊이지를 않았다. 순천시(順天市)·승주군(昇州郡)·광양군(光陽郡)·여천군민(麗川郡民)에다, 멀리는 호남 각지로부터 몰려든 대인파는 육로로, 수로로 원내리를 향하여 몰려들고 있었다.

호남정유 여수공장의 기공식을 보기 위해서이며, 박정희 대통령의 얼굴을 보기 위해서였다. 아무 것도 없는 쓸쓸한 어촌은 태고적부터 지켜온 침묵을 깨고, 바야흐로 현대사의 큰 물결을 맞고 있던 것이다.

이윽고 먼지를 피우며 자동차 행렬이 다가왔다. 박 대통령은 차에서 내리자마자 구인회 럭키 총수의 손을 꽉 잡았다. 이어서 장기영 부총리, 박충훈 상공, 김윤기 건설부장관, 그리고 브라운 미대사.

박 대통령은 치사를 시작했다.

"이 고장의 지형으로 볼 때 확실한 것은 모르지만, 400년 전 임진왜란 말기에 고니시 유키나가(小西行長)가 이끈 왜병이 이충무공(李忠武公)이 이끄는 우리나라 수군(水軍)에 쫓겨, 이곳을 최후의 거점으로 삼고 있다가 끝내 패주한 곳 같습니다. 이와 같은 역사적 유래가 있는 곳에 후손인 우리들이 조국근대화라는 큰 목표를 내세우고, 거대한 정유공장을 짓게 된 것은 뜻깊은 일이 아닐 수 없습니다. 정부는 앞으로도 8,000만 내지 1억 달러를 집중 투자하여 석유화학공업을 개발할 계획이며, 제2정유공장을 이곳에 설치하게 된 것은 호남지방이 특별히 공업시설의 혜택을 받지 못했기 때문에 이루어진 것입니다."

초등학교 교정이 좁아 높고 낮은 보리밭에 꽉 들어찬 하얀 옷의 호남 사람들은, 대통령의 다음 선언에 더욱 주의를 기울였다.

"정부는 금년에 34억 원을 투자하여 경전선(慶全線)의 건설을 마칠 것이며 이렇게 되면 여수·순천·삼천포·전주 지역이 새로운 공업권으로 발전하게 될 것입니다."

우레와 같은 박수갈채가 나왔다. 구인회 럭키 총수는 당국에 감사하고 모여든 인근 주민들에게 사의를 표했다.

칼텍스 본사에서 나온 터커 부사장도 한 마디 했다.

기공식의 마지막은 박 대통령과 구 총수가 누르는 시공 발파로 장식되었다. 폭발음은 수천 년 잠들어 온 이곳 산과 바다와 하늘에 메아리져 끝없이 울려 퍼졌다.

구 총수는 장 부총리의 손을 잡으며 슬그머니 웃었다.

"끝내 우리한테 주셔서 고맙소."

서정귀 사장도 그의 손을 잡으며 한 마디 했다.

"좌우간 일 많이 하십니다. 경의를 표합니다."

"좀 기다리시게 해서 죄송했습니다."

장 부총리도 그의 손을 흔들었다.

시원하다. 그러나 이렇게 해서 한국은 잠에서 깨어나는 것이다. 발파 소리여, 울려 퍼져라. 호남에도 영남에도, 태고적부터 깊이 잠들어 있는 모든 산골짝에 울려 퍼져라!

그것은 그에겐 베토벤의 교향악보다도 더 우람한 음악이었다.

5. 하늘의 별을 따다

공화당은 박정희 총재를 대통령 후보로 지명했다. 신민당(新民黨)은 윤보선을 지명했다. 국민들은 누구를 평가할까?

3월에 서독의 뤼브케 대통령이 다녀갔다. 국제적 지위 격상에 일조가 된 행차였다. 한비(韓肥)가 정식 생산을 개시했다. 감개무량하다는 한 마디에 그친다.

선린장학회 이사장직을 맡았다.

서울에서 한·월경제각료회의를 가졌다. 물론 주도권을 쥐고 흔들었다.

선거 열풍이 이 나라 전체를 화끈하게 달아오르게 하더니 뚜껑을 열어 본 결과 박 대통령의 재선이었다.

그렇게 가는 거다. 질풍노도와 같은 시류는 당분간 가 보고 나서 평가해 볼 일이다. 분명히 역사가, 이 나라 사람들의 성격 구조가 달라질 것이다.

재선 소식을 알면서 장 부총리는 테헤란으로 떠났다. IOC총회이다.

정월터가 로비 활동을 벌여 왔고, 브런디지 위원장이 납득한 것을 알고 출석하는 것이다.

파격적인 다수의 찬동을 얻어 그는 IOC 위원으로 선출됐다. 일본의 다케다 쓰네노리(竹田恒德), 캐나다의 제임스 워럴, 핀란드의 파보 훈카유리와 함께였다.

IOC는 귀족적인 스타일의 모임이다.

장 위원은 개선장군처럼 귀국했다. 총리 자리를 딴 것보다도 대통령 자리보다도 더 자랑스러운 자리를 얻어 가지고 나왔다.

그런데 웬일인가? 주변의 눈초리들은 싸늘했다. 사촌이 논 사면 배 아파하는 한국인의 못된 시기심인가? 그러나 이유는 훨씬 복합적인 것이었다. 하늘에다 사다리를 세워 놓고, 그는 혼자서 너무 많이 올라가 있었다.

6. 운당여관은 고전이오

서류를 들쳐보던 장 부총리는 이상한 것을 발견했다. 국악인 박귀희가 지금 경영하고 있는 비원(秘苑) 앞의 운당여관(雲堂旅館)을 3층짜리 관광호텔로 만들겠다고 교통부 승인까지 얻은 서류이다.

그는 벨을 눌렀다. 비서가 들어왔다.

"박귀희 여사 좀 오라구 그래요."

박귀희는 숨이 차게 달려왔다.

"이거 내가 봤어요. 건축도면도 봤는데, 박여사가 이대로 건축을 하면 어떻게 되는지 아세요?"

"지금 것이 너무 오래된 한옥이라 그래요."

"그게 좋은 거예요. 그게 우리 고유의 고전가옥이라는 겁니다. 이대로 건축을 하면 한 10년 지나면 뒤지는 경우가 있을 거예요."

"교통부에서 간신히 허가를 받았는데……."

"그 동안 서류 작성하느라구 든 비용은 내가 물어 주겠어요. 그대로 경영하세요."

"제 소견이 짧았나봐요."

"10년 후엔 아무 것도 아닌 게 돼 버린다니까……."

"부총리님은 워낙 선견지명이 있으신 분이니까 말씀대로 따르겠습니다."

"그렇게 하세요."

그는 느긋이 뒤로 몸을 젖히며 물었다.

"어때요, 요즘 창작 많이 합니까?"

"어떻게, 세상이 점점 국악을 안 알아줘요."

"창작을 하세요. 예술인이란 명칭은 자기 창작이 나와야 받을 수 있는 거예요. 박여사가 창작을 연구하시되, 우리나라는 민요가 적잖아요?"

"예……."

"민요에 관심을 두고 발굴해 보세요."

"명심하겠습니다. 선생님……."

"인생은 짧고 예술은 긴 겁니다. 미국 사람들은 정치가보다두요, 훌륭한 예술인이 나타나면 대통령 난 것보다 더 훌륭하게 생각해요."

"어디 우리나라 풍토가 그렇습니까?"

"차차 그렇게 되도록 할 거예요. 지금 우선 민생 해결하느라고 그쪽이 바빠서 그렇지, 예술은 고귀한 거예요. 민족의 얼이 담겨 있잖아요, 우리 국악엔 전통, 여러 가지 민속예술은 소홀히 할 것이 아니에요. 민족적 자긍심이 다듬어지고 길이 빛나도록 연구해야 해요."

"선생님처럼 국악에 이해가 깊으신 분이 이제 없어요. 이창배 씨를 도와 주셔서 창악에 대한 가사와 문자의 해설을 담은 책을 발간하게 해 주신 일, 또 박병기 씨가 국악개론하고 협회사를 계획하셨을 때 도와 주신 일, 저희들은 다 알구 있어요."

"명맥이 끊기지 않아야 됩니다."

박귀희는 두 손을 모으며 말했다.

"부총리님, 저 암만 해도 국악예술고등학교 같은 걸 하나 지어 가지고 후배들을 길러내야겠어요."

"그거?"

"도와 주세요. 부총리님……."

"알았어요. 해 보세요. 그거 정말 좋은 생각이군요."

"선생님…… 감사합니다."

7. 친구가 한 2만명쯤 되지

누가 찾아와서 무슨 청탁을 하면 장 부총리는 거의 즉석에서 전화를 걸어 상대할 사람을 알선해 준다. 친구의 수와 그 범위가 넓은 것을 잘 아는 것은 비서이다.

어느 날 한 비서가 부러운 듯이 말했다.

"부총리님은 언제 그렇게 많은 친구를 사귀셨는지 참 놀랍습니다."

"어허허허……."

장 부총리는 웃었다.

"친구가 몇 명이나 되느냐고 묻는 사람이 있길래 한 2만 명은 될 거라고 한 적이 있는데, 사실은 '누구나의 친구가 되고 싶어하는 사람은 아무의 친구도 아니다'라는 말이 있거든. 내 경우엔 조금 달라. 2만 명도 모자라. 더 많이 알고 지내고 싶은데 그럴 시간이 없어. 사실은 가장 깍쟁이로 사귀는 거야. 골라서 사귄단 말이야. 인생이 얼마나 짧은 건데 이 사람 저 사람 다 상대해? 내가 배울 것이 있는 사람, 내가 가르쳐 줘서 보람이 있을 사람, 내게 힘이 돼줄 사람, 내가 힘이 돼 주는 게 기쁜 사람, 어울리면 즐거운 사람, 필요할 때 써먹을 수 있는 사람……."

"결국 계산하시고 사귀신단 말씀입니까?"

"의식적인 계산도 있지만 무의식적인 계산도 있지. 그러나 진짜 우정이라는 것은 앞에서 봐도 뒤에서 봐도 똑같은 거라야지. 앞에서 봤을 때 장미꽃이고, 뒤에서 봤을 때 가시면 안 된다구 했잖아."

"돈 문제는 어떻게 될까요?"

"그거 어려운 거야. 돈 꾸어 달라고 할 때 안 꿔 주면 친구를 잃지는 않지만 돈을 꿔 주면 잃기가 쉽다고 하거든. 그러나 친구 사이에 어려울 때 돈도 안 꿔 주면 그게 무슨 친구냐는 말도 성립이 되지. 아무 것도 빌릴 수 없는 친구는 들지 않는 칼과 같다고 했지. 진짜 우정은 기쁨을 두 배로 만들고 슬픔은 반으로 줄여 준다는 말, 이 말이 맛있는 말이야. 나는 친구 없인 못 살아. 악당이라도 좋아. 친구가 있어야 돼. 친구는 최고의 재산이라고……."

장 부총리의 주변 인물 관리에 대해 최성렬의 회고를 들어보자.

사람이란 간사해서 평소 자기에게 별다른 관심을 갖고 있지 않으리라 생각한 사람으로부터 아주 사소한, 그야말로 쥐꼬리만한 대접이라도 받을라치면 막역한 사이에서 큰 대접을 받는 것보다 곱절도 더 반갑고, 고마운 생각이 드는 법이다.

가령 대통령이나 국무총리쯤 되는 사람이 국민학교 때의 소꼽친구에게 생일날 고기 한 근을 보내주었다고 치자. 주는 편에선 아무 것도 아니다. 그러나 받는 쪽에서 본다면 여간 영광스럽고 고마운 일이 아닐 수 없을 게 아닌가.

그런데 이 평범한 사교의 진리를 모르는 바보는 없다. 그러나 그 것을 실천하는 신사는 극히 드문 게 우리네 인간이다. 그래서 이런 이야기도 일화(逸話)측에 들 수 있을 법하다.

장기영 사장은 아주 옛날부터, 아니 언제부터인지는 잘 모르지만 (여하튼 사회적으로 이름이 알려진 후부터라 해도 좋다) 자기와 이 해관계가 있는 사람은 말할 것도 없고 별로 큰 이해가 얽히지 않는 사람에게까지 이러한 '조그마한 친절'을 게을리하지 않는 사람으로 도 유명하다. 관혼상제는 물론, 어린이의 돌, 진학, 졸업, 유학, 해외여행 등등, 말하자면 인간사에 이름이 붙는 날이면 잊지 않고 인사장 한 장, 연필 한 자루라도 잊지 않고 전한다. 이러한 수인사 는 오늘날에 와서는 국회의원이나 혹은 앞으로 국회의원이라도 하 려고 하는 사람이면 으레 하고 있는 사실이지만 장 사장의 그것은 낮 간지러운 눈 앞의 이해 추구와 직결된 것이 아닌 점에서 좋은 인상을 주는 것이다.

특히 과거 한국은행 때나 기획원 장관으로 있으면서 신문기자에 대한 대접은 그야말로 최상급이다. 그렇다고 용돈이나 혹은 무슨 부탁을 잘 들어 준다는 말은 아니다.

하기야 신문기자의 기질을 잘 아니까 그렇겠지만 미상불 세심하 게 한다. 1만 원을 쓰고 10만 원어치 효과를 노리는 경제수단의 하 나인지는 몰라도, 어쩌다가 기자들을 연회에 초대할 경우 그는 기 분껏 먹게 하고, 기분껏 놀게 하고 거기다 돌아갈 때는 반드시 차 로 집에까지 모셔다 주게 한다. 그리고 또 그것뿐이 아니라 술에 취해 집에 들어가 보면 어느 새에 누구를 시켜서 보내온 건지 그의 명함과 함께 부인 앞으로 선물이 와 있는 것이 통례다. 많아서가 아니다. 이만한 세심한 주의를 갖고 자기를 대접해 주었구나 하는 데서 그만 머리가 숙여지고 만다.

8. 찬란한 대화

여류작가. 그들과 상대해 보는 것은 재미있을 것이다. 이상을 향하여 걸핏하면 후루룩 날아가려드는 그들에게, 번영의 고지를 향해서 가는 길이 얼마나 구체적이고 어려운 것인가, 설명해 주는 것은 유익한 일일 것이다. 불도저 장은 그들을 만났다. PR정신으로 임하자. 그들은 붓대 하나로 세상에 알릴 수 있는 힘을 가진 사람들이다.

《고개를 넘으면》에서부터 《한국일보》와 정신적으로 가까운 박화성(朴花城) 여사, 시인 김남조(金南祚), 《한국일보》의 여장부 조경희(趙敬姬), 소설가 손소희(孫素熙), 극작가 김자림(金玆林) 등 반가운 얼굴들이 왔다.

장기영은 다짜고짜 물었다.

"제1차 경제개발 5개년계획 이후에 우리 한국 사람들이 달라졌다는 것을 여러분 느끼신 적이 있습니까?"

"얼마 전에 옛날의 한국인을 아는 어떤 일본 사람이 나한테 와서 이렇게 얘기하더군요. 사람이 사는 데 필요한 세 가지 조건, 즉 의·식·주 면에서 보니까 한국 사람들 매우 달라졌다. 첫째 명동 같은 데 다녀보니까 서울 시민들의 옷차림이 컬러풀해졌다. 둘째 얼굴 빛이 좋아졌다. 영양이 좋다는 얘기죠. 셋째 주거 빌딩이 늘어났고 대형화됐다. 전체적으로 활기 있게 변했다. 이겁니다. 이거 우리 정부가 잘했다는 얘기 아닙니까? 여러분 얼굴도 좋아지신 것 같은

데……."

웃음이 터졌다.

"물가가 자꾸만 이랬다 저랬다 하는데 마음을 놓을 수가 있어야 얼굴이 좋아지지요."

김자림의 첫 공격이다.

"경제개발은 성장과 안정이 최상책입니다. 0.5%선으로 물가가 올라가는 것이 이상적인데요. 우리나라는 급템포로 개발을 서둘고 있잖습니까? 그 소요 투자를 시민이 하면 좋습니다. 저축이라는 제도를 통해서 말이죠. 소비자가 깨달아 주면 물가는 안정됩니다."

그는 2차 5개년계획의 규모가 1조 원에 가까운 9,800억이라고 했다.

"이 중 6,030억은 내자로, 그러니까 국민들의 저축으로 충당하고, 3,770억은 외국에서 빌려 쓸 작정인데, 3억 달러는 이미 계약했고, 3억 5,000만 달러는 계약 예정이고, 나머지 1억 5,000만 달러만 해결하면 됩니다. 이 2차 계획은 3년 반 만에 완성할 예정이에요. 우리가 목표로 하는 고지가 있습니다."

조경희가 불쑥 나섰다.

"그 고지라는 게 뭡니까?"

"제철공업, 석유화학공업, 기계공업이 전략적 고지입니다."

모두 깜짝 놀랐다. 북한이 예로부터 제철공업을 하고 있다는 소리는 들었지만, 우리나라에서도 할 수 있단 말인가? 석유화학은 또 뭔가. 석유 한 방울 안 나오는 나라에서 무엇을 하겠다는 것인가? 기계? 한국이 기계 만들 재간이 있는가?

불도저는 많은 이야기를 자상히 했다. 경제개발, 건설, 증산의 자극 요소, 정부의 유류대책, 국제금융시장에서 한국은행권의 신용도가 올라갔다는 것, 농가 인구를 늘리고 도시 인구를 줄여서 공업 인구화해야 된다는 이야기, 보릿고개라는 것은 없어졌다는 이야기까지.

"소감을 말씀드리겠습니다"

김남조는 그의 이야기를 중단시켰다.

"말씀을 듣고 있자니 너무 허황하고 찬란해서 정신이 없습니다. 작업실에서의 부총리가 아닌 우리의 조력자로서, 우리의 노고를 기탄없이 말씀드릴 수 있도록 해 주세요."

묘한 말이다. 장내는 웃음바다였다. 불도저도 웃으면서 말했다.

"메모를 해 왔었는데요, 이걸 보지 않고 뺄 것을 빼고, 더 얘기할 것을 말씀드리다 보니 그렇게 됐군요. 문학 같은 창작활동은 종합예술이 아닙니까? 정부가 하는 일도 자세히 보면 종합예술이라고 할 수 있습니다."

더 한층 웃음소리가 넓게 퍼졌다. 불도저는 제한된 시간 내에 할 이야기를 다 하려는 눈치가 역력해진다.

"2차 5개년계획의 중심 사업은 저축과 가족계획에 있다고도 할 수 있습니다. 누가 문화인이고 누가 비문화인이냐는 가족계획을 제대로 하느냐 못하느냐에 달렸습니다. 구라파권이나 영국은 가족계획을 하거나 이민 정책을 성공적으로 했기 때문에 부강해졌지요. 현재 우리나라도 본궤도에 오르지는 못했지만 종래와는 달리 1만 3,000명의 해외이민을 보내서, 국내의 실업자·소비자 수를 적게 하고 물가를 안정시키는 데 기여를 했습니다."

"큰 얘기만 하시는데……."

박화성이 만만치 않은 표정이다.

"작은 얘기를 하십시오."

"전구 말입니다. '전기 다마'라구 해야 알아들으실까……. 걸핏하면 끊어집니다. 무슨 대책이 없으신가요?"

"불량품이 많을 때는 자유롭게 수입해서 팔 수 있도록 하겠구요, 그렇게 하면 국산품의 질도 향상될 겁니다. 소비자보호 운동은 그래서 필요합니다."

박화성은 자세를 고쳤다.

"우리는 작가입니다. 그러나 책상에 앉아서 그냥 쓰고 있는 건 아닙니다. 우리는 민법·사법·행정 모든 분야에 대해서 관심을 가지고 있습니다. 특히 경제기획원적 정책은 우리 생활과 직접 관련이 있기 때문에 중점적으로 관심을 기울입니다. 그래서 외모로는 볼품이 없지만……."

와악 웃음이 터졌다. 불도저도 웃음을 참을 수가 없었다.

"장 선생님을 매력 있는 남성으로 선정한 이유가 바로 여기에 있습니다."

"말씀하십쇼."

"우리 작가라는 것은 일반 주부들보다 100중 50의 역량을 갖고 있다고 자부하므로 부총리께서는 프라이드를 가져도 됩니다."

"감사합니다."

끝나지 않았다.

"보릿고개란 농민들한테는 가장 큰 역경인데, 이 난국을 어떻게 타개할 것인지, 부총리는 우리가 가장 신뢰할 수 있는 분이니까 책임을 지우려고 합니다. 부총리께서는 어머니처럼, 모든 행정에 걸쳐 은혜가 고루 미치도록 신경 써 주시고, 앞으로도 언제나 부르시면 기꺼이 달려오겠습니다."

"박선생님의 격려의 말씀 감사합니다."

누가 또 불쑥 튀어나왔다.

아무도 불도저를 무서워하지 않는다.

"농촌 자체를 근대화해 주셔야 됩니다!"

"좋은 말씀입니다. 영농 방법을 근대화한다는 것은 불도저를 사용한다는 것인데……."

작가들이 웃는다. 그도 웃었다.

"농촌 인구를 공업 인구로 전환시키는 소위 농공 병진정책은 말씀이죠, 첫째 농가별 단위면적을 늘려 주어 생산소득을 증대시켜 주고요, 둘째 농산물의 공업화, 농산물의 가격을 보장해 주고 유지시켜 주는 것입니다. 잘 살아야죠. 농촌이 잘 살아야죠. 여기서 생각나는 것이 하나 있습니다. 어떤 외국인이 한국엔 왜 목초가 없느냐고 이상하다고 했습니다. 성환목장 외에는 없어요. 이건 낙농이나 목축에 대해서 무식하기 때문입니다. 차관만 해 주면 낙농사업 한다고 하지만, 모르는 얘기예요. 사료정책을 써야 합니다. 사료를 심어서 사료값을 싸게 해서 낙농을 발전시켜 나가야 합니다."

　작가들의 의문은 다양하다.

　"이민 간 사람들 생활이 곤란한 것을 보고 왔는데요. 무슨 대책이 없습니까?"

　조경희가 나섰다.

　"정책은 좋았는데 국가적 뒷받침이 없습니다."

　불도저는 느긋한 미소를 머금고 말한다.

　"온대지방 사람들은 적응력이 강해서요, 어디 가든지 잘살게 돼 있습니다. 열대지방 사람들과 경쟁하면 이길 수 있어요. 반공포로들 중에서 에콰도르나 브라질에 간 사람들, 파이어니어 정신으로 잘 적응해서 살고 있잖습니까?"

　김자림이 별렀다는 듯이 묻는다.

　"부총리께서는 저축을 강조하셨지만, 우리 문인들에게 저축 권장은 신화적입니다. 작가로서가 아닌 가정 주부로서의 대화로 우리 얘길 들어 주시기 바랍니다. 노동의 대가를 제대로 못 받으면서 저축을 어떻게 합니까?"

　"신앙으로 해 주세요. 저축은 자립의 시초입니다. 시민의 수준이 이 저축 때문에 향상됐습니다. 정부는 물가 안정을 시켜서 저축을 장려토록 하겠습니다. 저축 자체, 절약 자체, 규모 자체가 자기 생활에 이익이 됩니다."

손소희가 화를 냈다.

"원고료를 인상해 주세요. 정부기관에서 원고료 인상을 방해하고 있어요."

불도저는 씨익 웃었다. 그러나 아픈 질문이다.

"원고료가 적으면 글 쓰지 마시죠. 여론을 일으켜 고료 인상을 하기 위해서 《한국일보》로 되돌아갈까요? 경제 안정이 돼야만 할 수 있는 일이니까, 되도록 여러분이 협조해 주시기 바랍니다."

경제성장률이 국민소득과 일치하는가?

원고료를 올려 작품활동에 도움을 달라. 경제개발의 성과에 대한 선전만 하지 말고, 이 대화의 광장을 통해서 허심탄회하게 주부이면서 작가인 우리들의 불평과 회포를 풀어 달라 등 날카로운 발언이 나왔으나 모두 배가 고팠다.

"점심 먹고 얘기합시다."

이 소리에 모두들은 움직이기 시작했다.

저축을 늘리자면 누구와 이야기를 해야 되느냐? 여자들이다. 여류작가들과 만났으니 이번엔 여기자 클럽과 만나 보자.

그는 회견 벽두에 세상이 달라지지 않았느냐, 거지도 줄어들었고, 깡패가 있긴 있으나 많이 없어졌고, 주로 정부의 업적을 강조하여 자찬하는 것 같았다. 그런데 부산은 어떤지 잘 모르겠다는 단서를 붙였다. 이 단서를 물고 날카로운 소리가 항의를 하고 나오자, 그는 눈을 똑바로 뜨고 귀를 기울였다.

"부산 《국제신보》 김기잡니다. 부산도 직할시가 아닙니까? 장관이 그것을 모르겠다는 것은 말도 안 됩니다. 노년층 거지가 줄어들었다는 것은 인정하나 소년 거지가 늘어난 것은 무시할 수가 없습니다. 시정해 주십시오."

불도저는 잠시 당황하다 마음을 가다듬고 조용히 입을 열었다.

"도시가 팽창하면 반드시 사회문제가 여러 가지 늘어나게 마련입니다. 사회문제는 법률이나 행정만으로는 해결할 수 없습니다. 법과 행정으론 10만을 다스릴 수 있으나 도덕, 도의 같은 것으로는 100만을 다스릴 수 있습니다. 따라서 경제 정책, 물가 안정 등만으로는 사회문제가 완치되지 못해요. 얘기가 나왔으니까 말이지 신앙으로는 억을 다스릴 수 있습니다."

"《경향신문》김대희 기잡니다."

다음 타자가 나왔다.

"정부가 주관하는 주택공사의 주택구조면으로 볼 때, 2차 5개년 계획이 실시되는 5년 내에는 문화생활 보장이 어려울 것 같은데요......"

"하우징 정책!"

힘주어 불도저는 답했다.

"부지런한 사람, 즉 저축하는 사람이 자기 집을 갖고 문화생활을 보장받을 수 있도록 하기 위한 정책의 일환으로, 공무원 주택을 지어서, 은행에 몇해 동안 월부제로 해서 제 집을 마련할 수 있도록 합니다. 미국정책을 도입한 것이에요. 주로 아파트를 지을 작정인데 하수도, 상수도, 마켓 등을 정부 원조로 구비토록 해서 자기 취향에 맞는 집을 꾸미도록 유도할 작정입니다. 원래 하우징 정책은 미국이 제일 활기있게 잘하고 있고, 프랑스나 영국은 잘 못해요. 최하위입니다."

국산 화장품 이야기가 나왔다. 그는 씩 웃으며 말했다.

"미인은 화장품을 쓸수록 미인이 되고, 추인은 쓸수록 추인이 되죠."

모두들 웃는다.

"현재 우리나라엔 외제 화장품이 연간 20억 원어치나 밀수입이 되고 있고——이건 미화로 1억만 달러 상당입니다——국산 매매는

10억 원어칩니다. 몰라서 그렇지 국산 화장품의 재료는 외제를 쓰고 있어요. 질이 좋은 게 있습니다. 이따가 견본을 드릴 테니 양·불량을 식별해 보세요. 더러는 상표가 비뚤게 붙여졌더군요. 그러나 용기는 좋아지잖았어요?”

이것은 왈가왈부 말이 많았으나 외래품에는 많은 세금을, 국산엔 지원을 아끼지 않겠다는 것으로 마무리지어졌다.

섬유에 대한 이야기가 나왔다.

“품질관리면에서 대만산이 최고이며, 국산으로 제일모직 것만이 세계 수준이라고 들었는데…….”

기자 말에 불도저는 즉각 대답했다.

“제일모직은 외국의 수입상들을 초빙했기 때문에 인정을 받은 것이구요, 다른 회사들은 자기들끼리 처리했기 때문에 알려지지 않았을 뿐이에요. 결코 국산이 세계 수준에 떨어지지 않습니다.”

“2차 5개년계획으로 우리나라가 어떻게 달라집니까?”

누군가가 물었다.

잘 질문해 주었다. 기다렸다는 듯이 불도저는 쏟아놓기 시작했다.

“여러분, 우리 농촌이 개량된 것을 보셨죠? 도시엔 빌딩이 많이 섰습니다. 사람들 행동이 변했고, 얼굴들이 좋아졌습니다. 생기있는 변화입니다. 2차 5개년계획에선 산과 강의 변화를 일으켜야겠어요. 산에는 식목과 사방사업을 실시하고, 강에는 준설작업을 펼쳐야겠어요. 유람선보다 생산성 있는 배를 띄워서, 다시 말씀드리면 물자 수송선을 띄워서 강을 이용해야겠어요. 로마는 디브레이, 와르소는 휘쓰라, 베오그라드는 도나우, 파리는 세느, 런던은 테임즈, 뉴욕은 허드슨 아닙니까? 이것은 모두 물자 수송을 위해서 호안공사를 한 것들이에요. 우리는 산과 강을 시퍼렇게 만들어야 됩니다.”

"구체적으로 어떻게 하겠다는 것인지 말씀해 주세요."

"충주, 영월, 마포 같은 데는 옛날 포구가 아니었습니까? 그걸 재생하는 것입니다. 여러분, 정직하게 보도하고 비판해 주세요. 작년에 우리 경제개발은 세계에서 1등을 차지했습니다. 그래서 영국 신문들이 추천하는 오스카상을 받았어요. 록펠러씨의 만찬회에 초대받아서 갔을 때의 얘긴데요, 테이블 스피치를 하라구 그래요. 난 말했습니다. '내게 야심이 있다면 영화감독이 되고 싶다는 것이다. 그러자면 우선 픽션 라이터가 돼야겠는데, 여러분이 우리나라를 잘 지원해 주면 내가 2차경제개발 5개년계획이란 픽션을 훌륭한 영화로 만들겠지만 지원을 안 해 주면 픽션 라이터에 그치고 말 것입니다'라고……."

여기자들은 황홀하게 듣고 있었다.

이젠 이야기를 마무리지어야 할 때이다.

"2차 5개년계획을 하는 데 있어서 왜 여성 여러분과 만나야 하는가? 그 이유는 이 계획 중 인구정책과 저축이 중요한데, 이걸 여성들이 해 주셔야 하기 때문이에요."

그는 장내를 훑어 보았다.

"2차 5개년계획에 필요한 자금은 1조 원입니다. 주로 공장건설용이에요. 이 중 내자는 6,029억 원이고, 외자는 3,771억 원입니다. 작년의 우리 무역 수출이 얼만지 아세요? 2억 5,500만 달러입니다. 비무역은 2억 3,200만 달러이구요. 도합 4억 8,700만 달러입니다. 재작년의 외화보다 2억 달러가 늘었어요. 물론 월남에 기술자를 파견한 데서 생긴 것이 있지만 말입니다. 그 결과 한국은행에서 보유하는 달러가 증가했어요. 그러니까 외국에서 돈을 꾸어 주겠다고 나오고, 현금거래 없이 물자 구입이 가능하게 됐습니다. 과거에 비하면 국민소득이 12%나 증가했어요. 건설사업을 해야 되기 때문에 이것이 즉시 국민생활에 반영되는 것은 아니지만, 어쨌든 우리는 상승하는 기세에 사는 국민입니다. 한강의 기적은 말만이 아니라는 것을 입증해 가고 있는 셈입니다. 여러분의 협조를 바라는 까닭은 바로 이와 같은 현실을 국민들에게 알리고 싶어서입니다. 부탁합니다."

박수가 터졌다. 안개 속으로 끌려들어갔다가 주위가 서서히 걷혀오는 느낌이었다.

기자들은 거구의 불도저 속에 있는 엔진의 활기찬 작동을 본 기분이었다.

9. 업을 일으키자 장을 마련하자

신록의 5월 경인고속도로 기공식을 갖고 며칠 안 가서 국내 보유 달러가 3억을 넘었다는 것을 확인했다. 건국 이래 처음이다.

제7대 국회의원 선거가 요란했다. 학원에서는 부정선거였다고 데모가 일기 시작했다. 그런 가운데 제6대 대통령 취임식이 거행되었다.

그 무렵에 《한국일보》 사옥도 기공식을 가졌다.

"김수근(金壽根) 씨, 아시안게임 치른 다음에 '올림픽을 해야 되니까, 올림픽 스타디움도 설계해 놔야 돼요. 꿈이 아니에요. 눈앞에 다가올 현실입니다."

차관망국론(借款亡國論)을 야당과 언론 일각에서 들고 나왔다. 천만의 말씀이다. 아침에 뭐가 일어나지 않으면 돈을 꿔 주지 말라는 말이 있다. 받을 수 있는 상대라고 인정할 때 비로소 돈을 꾸어 준다.

꾼 돈으로 흥청망청 놀아나자는 것이 아니다. 업(業)을 일으키자는 거다. 모든 사람이 일할 수 있는 장(場)을 마련하자는 거다.

한국인은 근면하고 성실하다는 것이 입증되었다. 또 교육 수준도 높아져 가서 머리도 좋다고들 한다.

머리를 가지고 빚 얻어 온 것을 굴려, 먹고 살고, 이득을 얻어 갚아야 하는 것이다.

촌놈들의 주장이다. 꾸는 것이 문제가 아니라 꾸어 주지 않는 것이 문제이다. 불도저 장은 호시탐탐 노리고 있었다.

미국의 눈치가 이상해졌을 때 유럽 쪽에 대한(對韓)국제경제협의체(IECOK)를 구성한 것은 잘한 짓이었다. 미국 아닌 유럽의 돈 있는 나라가 꾸어 줄 용의를 갖게 한 것이었다. 실제 업계에서는 그 혜택을 받고 있지 않는가?

그러나 가장 가까운 일본을 극복해야 된다. 그들이 우리의 주된 대상이다. 김(金)·오히라(大平) 메모 외에 거저 달라는 것이 아닌 차관을 요청할 필요가 있다. 그것은 힘주어 도전할 만한 일이다.

10여 년 간 몸담았던 언론계를 청산하고 하루아침 행정관료가 되어 내무부 기획관리실장을 지낸 이환의(李桓儀)의 회고다.

이 무렵 내무부 장·차관의 퇴근시간은 하오 6시 전후인데 거의 매일같이 6시 반경이 되면 나는 에누리없이 장관실에 불려갔다.

메모용 노트를 들고 긴장을 해서 장관실에 가 보면 결재서류를 들고 발을 동동거리는 국과장들과 방문객들이 비서실에 열을 지어 있는데도 장관은 아랑곳없이 이러는 것이었다.

"자, 오늘은 그만해 두고 지금부터 저녁 장소로 갑시다. 장 뚱뚱이한테서 빨리 오라고 연락이 왔어……."

그럴 때마다 '두 사람과의 대화 장소에 왜 내가 수행해야 하는지……?' 하는 회의를 느끼면서 엄장관 뒤를 따라 관11호차에 오르면 차는 으레 성북동에 있는 대연각이라는 요정으로 미끄러져 가기 마련이다.

김마담이라고 불리는 대연각 여사장은 숲 속에 자리잡고 있는 아늑하고 널따란 그의 내실로 우리를 안내해 주었고, 백상과 치봉(엄민영 장관의 아호) 중 누가 먼저 그곳에 왔느냐의 도착 순서에 따라 아랫목 웃목의 위치가 정해진 술상에 대좌하여 정론탁견이 교환되기 시작되는 것이었다.

"여보 장장관, 그래 힘 있는 사람은 은행의 정상금리로 돈을 쓰고 힘 없고 나약한 사람은 신탁금리나 고이자를 물면서 돈을 쓰게 하는 제도가 어디 있단 말이오……? 장총리의 역금리체제는 지금 시중에서 욕투성이오……."

치봉이 먼저 백상을 향해 쏘아붙인다.

"엄장관, 지금까지 이윤에만 치중하여 원리원칙만 따진 재정정책치고 성공한 예를 보셨소? 경제는 현실입니다. 지금 우리 실정으로는 무조건 외국 돈을 좀 빌려다 써야 합니다. 현금차관을 해 오자면 내자조달이 불가피하니 긴급책으로 이 도리밖에 없어요. 경제는 내게 맡기고 엄장관은 정치문제나 잘 챙겨요……."

정상지대에 난제가 쌓이고 시국이 어지러워질 때마다 이 두 사람의 대연각 밀회는 그 도수가 잦았고, 여기서 교환된 탁견은 바로 당과 내각의 정책으로 연결되었다.

아마도 이러한 두 사람의 의기투합된 영향력 때문에 엄·장 두 사람은 당시 김형욱 중정부장으로부터 미움을 샀고 심한 견제, 감시를 받지 않았나 생각된다.

10. 미키 외무대신 각하, 비가 올 때 고칩시다

박정희 대통령은 장기영 부총리를 청와대로 불렀다. 정일권 총리를 앉혀 놓고 박정희 대통령은 물었다.

"어떻게…… 한·일 각료회의에 갈 준비 다 됐습니까?"

"다 됐습니다."

"작전을 어떻게 짜셨나요?"

불도저 장은 싱긋이 웃으면서 호주머니에서 종이 접은 것을 꺼냈다.

"개회사에서 이겨 놔야 나중에 얘기하기가 수월할 것 같아서 적어 봤습니다."

"어디, 읽어 봐 주시지요."

"일본말로 썼습니다."

"누가 썼나요?"

"제가 직접 썼습니다."

"아하, 참 일본 문장도 대단하시다지요? 읽어 보세요. 어디 한 번?"

장은 읽어 내려가기 시작했다.

"존경하는 미키 외무대신 각하, 참석하신 대신 각위 각하, 그리고 대표 여러분, 본인은 대한민국 정부와 본 회의에 참석한 우리나라 각료 일동을 대표하여 우리들을 초청해 주신 사토 총리대신 각하에게 감사를 드리며, 이와 같이 훌륭한 회의를 마련해 주신 미키 대신과 일본 정부에 대하여 심심한 사의를 표하는 바입니다. 또한 본인은 이 자리를 빌려, 지난달 박 대통령 각하 취임식에 친히 참석하여 우리의 국경일을 축하해 주시고 한·일 양국의 친선을 위하여 외교상 역사적인 기록을 남겨 주신 사토 총리대신 각하의 정치적 영단에 대하여 다시 한 번 감사하고 경의를 표하는 바입니다."

"음……."

박 대통령은 담배 연기를 뱉었다. 정확한 일본말이다. 불도저 장은 전날 밤 연습한 것을 다행으로 생각했다. 들어 보시오 한 번.

"미키 대신 각하, 우리 두 나라의 국교가 정상화된 지 어언 20개월이 되었습니다. 날이 갈수록 한국과 일본은 지리적으로나 이념상으로나 공동 좌표 위에 서 있다는 것을 새삼느끼게 됩니다. 날로 넓어 가고 깊어 가는 양국민 간의 경제적인 왕래를 볼 적에, 이것은 아무도 막을 수 없는 바다로 흘러가는 강물처럼 무한한 자연의 힘이라고 생각합니다. 말 없는 여론인 것입니다. 나는 정부에 있는 한 사람으로서 한·일경제협력을 위하여, 내가 할 일이 무엇인가를 이 묵묵한 행동과 흐름 앞에서 조석으로 절실하게 느끼는 동시에 한·일경제협력의 의의와 필요성과 그 성공에 대한 신념을 굳게 하는 것입니다."

"흠, 잘 나가는데……."

박 대통령 마음에 들었다는 이야기이다. 이제부터입니다.

"미키 대신 각하, 날로 복잡해 가고 넓어져 가는 국제사회에 있어서 한국과 일본은 상호 협력하여 공동 번영에로의 길을 택할 도리밖에 없다고 생각합니다. 이것은 이 시대에 사는 우리가 먼 훗날에 우리 후손들의 행복과 문화적인 번영을 위하여 극복해야 할 숙명적인 과제라고 크게 말할 수 있을 것입니다. 이러한 사명을 통감하면서 본 회의에 임하는 우리 동료 일행은, 대소간의 문제 해결을 위하여 대국적인 견지에서 긴 장래를 바라보며 영원한 생명을 간직하는 국민의 여론을 반영하도록 노력할 생각입니다."

대통령은 썩 마음에 든 모양이다. 싱긋이 웃으며 정 총리에게 고개를 끄덕이었다. 정 총리도 느긋한 얼굴이다.

"대신 각하!"

장기영의 목소리는 점점 자신에 찼다.

"솔직히 말씀해서 의제(議題)나 과제(課題) 자체에 대해서 저는 더 말씀드릴 것이 없습니다. 다만 이제는 우리가 과거 20개월 동안에 이미 발견했고, 작년 간담회에서 일단 정리했으며, 그후 11개월간 더욱 발전된 과제와 의제와 문제점에 대해서, 이제는 구체적으로 하나하나 정해 나가는 작업을 하는 것뿐입니다. 이러한 조정업무에서 얻은 결론은 양국 최고 지도자의 정치적 재단(裁斷)을 거쳐서 본 회기 중에 알찬 결실을 얻을 것으로 기대하는 바입니다. 그러나 대신 각하!"

대통령과 정 총리는 깜짝 놀랐다. 장 부총리는 마치 거기 일본인 각료들을 앉혀 놓고 연설하는 것처럼 박력을 삼가지 않았다.

"본인은 작년 간담회에서 말씀드린 바 있습니다. 즉, '모든 문제를 경제적인 관점에서 경제인의 사고에서 상의코자하는 것입니다' 라고. 이러한 본인의 생각은 지금도 변함이 없습니다. 경제는 결국 자연입니다. 무리는 부자연한 것이며 약합니다. 이번 회의를 통해서 한국측의 제안이나 주장은 이상과 같은 원리에 입각하여 하나도 무리나 억지가 없을 것을 미리 명백하게 말씀드려 둡니다. 충분한 대화와 설명을 통해서 상호 이해의 바탕 위에 결실을 맺고자 하는 것입니다."

"아주 좋은데! 정 총리, 안 그래요?"

"박력 있고 좋은데요."

"아직 남았습니다."

장은 잠깐 웃고, 또 연단에 올라선 표정으로 돌아갔다.

"대신 각하, 일본 대표단 실무자 여러분! 여러 기회에 설명드린 바와 같이 한국은 지금 국가와 국민의 모든 힘을 기울여 2차 경제개발 5개년계획을 추진 중에 있습니다. 한국에 있어서 모든 대외·대내적 경제정책 활동은 제2차 5개년계획 성패에 직결되어 있으며, 그 판단의 기준으로 삼고 있습니다. 우리는 제2차 5개년계획을 3년 반에 완수할 것입니다. 그 방법과 가능성과 특히 내외 자원 여건에 대해서는 본 회의 기간에 여러분이 납득하실 수 있을 만큼 설명할 자신과 준비를 가지고 있습니다. 또한 여유를 가지고 있습니다. 한국의 경제개발, 특히 금년에 시작된 2차 5개년계획은 한국의 산업화, 공업화, 소위 산업구조 근대화의 기반이 되는 것입니다.

그 종국의 목적은 다시 말할 필요도 없이, 국민소득, 특히 일반 서민사회 소득 수준의 향상에 있는 것입니다. 이것은 우리 자유민주주의 진영 각국에 공통하는 사회적인 과제라고 본인은 생각합니다. 그러한 의미에서 한국의 공업화, 저소득층의 소득향상, 농촌의 부흥, 중소기업의 발전, 전반적인 국민 구매력의 증대를 목표로 하는 제2차 5개년계획의 진도에 대해서 특별한 관심과 조언을 아끼지 않으실 것으로 믿는 바입니다."

장기영은 흘금 대통령의 눈치를 보았다. 심취해서 듣고 있는 듯 지긋이 눈을 감고 있다.

"여기가 마지막 부분입니다."

장기영은 다시 읽어 나갔다.

"일본 대표 실무자 여러분, 사토 총리 각하의 특별하신 배려로서 지난번 일본 정부의 실무 중진 여러분이 한국을 방문하여 우리의 실정을 진지하고 성의 있게 보아 주셨습니다. 유익한 토론도 많이 있었습니다. 이러한 사전의 준비와 의사 소통은 본 회의의 진행을 충실하고 착실하게 할 것 입니다. 본 회의 각 의제의 타결에 성공하고 성과를 거두는 데 확고한 도움이 될 것을 믿어 의심치 않는 바입니다. 아무쪼록 시종 즐겁고 고무적인 분위기 속에서 건설적이고 능률적인 위대한 협의가 이루어지도록 본인 자신이 노력할 것을 다짐하며 또 그렇게 될 것을 확신하는 바입니다. 솔직한 대화에서 위대한 협조가, 위대한 협조에서 역사의 창조가 이루어질 것을 바랍니다. 감사합니다."

종이를 접는 장기영을 보고 정 총리는 커다랗게 고개를 끄덕이었다. 박정희 대통령은 고개를 뒤로 젖힌 채 눈을 감고 생각 중인 모양이다.

"각하, 마음에 안 드십니까?"

장 부총리는 물었다.

"아닙니다. 참 잘 쓰셨네요. 박력있게……."

"박력 있습니다. 일본 사람들도 깜짝 놀랄 겁니다 아마……."

정일권 총리의 견해다.

"그런데……."

박 대통령이 조용히 눈을 뜨며 물었다.

"요전번 타협을 본 것 외에, 2억 달러를 더 요구한다고 했죠?"

"네, 그렇습니다."

"줄까?"

"얻겠습니다. 얻어내고야 말겠습니다."

장 부총리의 입은 한일자로 다물어졌다.

"우리가 일본한테 구걸하는 겁니까?"

"구걸이 아닙니다. 그래서 여기 경제인의 사고를 역설한 겁니다. 그 사람들도 알아들을 겁니다."

"매판 자본의 주구라구 그런다는데……."

"남의 돈 꾸어 쓴다고 주종 관계가 성립되는 거 아니잖습니까? 우리가 벌어서 갚으면 되는 겁니다."

"자신 있으세요?"

"있습니다."

"장 부총리가 독주한다고 질투하는 사람들이 꽤 있던데요……."

"같이 뛰어 줬으면 좋겠는데 꾸물대는 사람들이 많아서요. 할 일은 태산 같은데 어떡합니까? 케네디 대통령은 비가 안 올 때 지붕을 고쳐야 한다고 했다지만, 우린 비가 올 때 고쳐야 제대로 됐나 확인할 수가 있습니다. 당분간 이해해 주시기 바랍니다. 아주 중요한 시기라구 생각합니다. 지금이란 이 시점이……."

박 대통령은 빙그레 웃으면서 몇 번이나 고개를 끄덕였다.

"하여간에 우린 역사의 심판만 받는 겁니다. 누가 뭐라던 상관 없어요. 축 쳐져 가난 속에서 기어다니는 습성을 완전히 고치는 겁니다. 민족성을 개혁하는 겁니다. 욕 얻어 먹을 각오 돼 있지요 두 분?"

"물론입니다!"

두 사람이 일어나자 박 대통령은 악수를 교환하고 나서 장에게 다정하게 말했다.

"이기고 돌아오십시오."

11. 뼈는 금융인, 피는 신문인, 몸은 국가공복

일본을 다스리는 또 하나의 정부라는 NHK가 인터뷰를 요청해 왔을 때 장 부총리는 흔쾌히 응했다. 이처럼 좋은 기회를 마다할 이유는 없다.

또 세계적으로 그 권위를 떨치고 있는 《니혼게이자이신문(日本經濟新聞)》이 기고를 요청해 왔을 때 밤을 새우며 원고를 썼다. 참으로 좋은 기회이다.

오래간만에 쓰는 일본 글이지만 어려서부터 익힌 솜씨이다. 작열하는 정신 상태를 붓끝이 술술 달려 주었다.

'나의 의견'이라고 했다. 《니혼게이자이신문》은 1면에 박스 기사로 냈다.

9일부터 열릴 첫 한·일 각료경제회의에서 주로 경제문제를 솔직히 이야기하고 그 대부분을 상업원칙으로 타결하여 양국 간에 개발 협력의 관계를 만드는 기회를 삼고 싶다. 또 이 각료회의가 문제의 출발점이 아니라 해결점이 될 수 있도록 노력할까 한다. 내가 양국 관계에 기대하는 것은, 양국간에 협력의 여지를 만들어 내면서 상호의 이익을 개발하는, 이른바 개발 협력이다. 가령 한국은 금년

현금 베이스만으로도 2억 달러의 대일 수입초과(수입액 3억 달러, 수출 1억 달러 미만)가 예상된다. 내년에는 이 격차가 더욱 커질 것으로 보인다. 이 입초(入超)분의 약 반, 금년 1억 달러, 내년분 1억 달러, 도합 2억 달러의 상업차관(플랜트류 등 연불 도입)을 이번 회의를 통해 약속받고자 하는 것이 이야기의 줄거리다.

한국은 제2차 경제개발 5개년계획을 3년 반에 조기 달성하기 위한 외자조달 계획의 일부로서 그것이 필요하다는 것은 충분히 설명할 용의가 있다. 한국경제는 지금 양에서 질, 정에서 동으로의 전환기에 있다. 정부도 의식적으로 체질을 단련하는 정책을 취하고 있다. 대외적으로 전달에 무역의 자유화를 단행했다.

국내적으로 세수(歲收)의 증대, 공공요금의 인상 등에 의한 안정 재정의 기반 조성을 도모하고 있다. 이런 것들은 한국경제의 체질 개선을 위한 준엄한 테스트라고 할 수 있다. 업계나 국민에게 그런 냉수마찰을 요청하고 정부 자신은 뜨거운 물을 마실 정도의 결의이다. 이런 시련을 겪어야만 제2차 5개년계획을 조기에 달성할 자신이 생긴다.

제2차 5개년계획은 금년부터 스타트할 것이다. 이 계획의 목표는 정치적으로 남북통일을 위한 실력을 양성하는 것이다. 말하자면 통일운동이다. 한국경제가 명실공히 실력을 가꿀 적에 민족의 숙제인 남북통일의 조건과 가능성이 생기는 것이다.

또한 경제적으로는 한국경제의 자주운동, 바로 그것이다. 영세농업에서 기업농업에로의 탈피, 기업농의 기반 위에서의 공업의 개발이라는 농공 병진책이 그 기본 전략이 되어 있다. 또한 사회적으로는 저소득층 레벨을 올려주는 대분배 정책이다.

종국적으로는 가난의 추방, 국민소득의 향상이며, 사회주의의 침투를 밀어내는 원동력이다. 국민 1인당 GNP는 작년에 이미 130달러를 넘었으나 당초의 계획은 최종연도인 1971년에는 136달러(65

년 가격, 이하 동일)로 하려는 매우 신중한 것이었다. 그래서 우리는 계획을 앞당겨 70년에 198 달러, 71년에는 217달러로, 200달러 대를 넘길 것을 기대하고 있는데, 우리는 성급한 고도성장의 꿈을 좇고 있는 것이 아니다. 충분히 발밑을 보면서 전진하고 있다.

제1차 5개년계획 중의 경제성장률은 연평균 8.3%로 계획을 웃돌았다. 그러나 그것도 국내 미개발 부분의 개발에 따르는 양적 성장이 주였고, 저임금을 기반으로 한 증산과 수출의 소산에 지나지 않은 점을 준엄하게 평가하고 있다.

과거의 한국경제는 안으로는 재정 인플레와 적자금융, 밖으로는 국제수지의 역조와 연이은 환율 인상으로 고생해 왔다. 그러나 지금 이 불안정 요소는 발본색원된 것으로 자부한다.

정부는 건전 금융과 균형재정의 견지에 의한 인플레 방지, 국제수지 개선에 의한 외환시세 안정이라는 내외의 균형을 정책운영의 기본으로 삼고 있으며, 이 두 다리로 대담하면서도 세심, 견실한 걸음으로 안정 성장의 길을 향하고 있다.

그러기 위해서는 국제경쟁을 견뎌낼 수 있는 경제체질에로의 전환이 선결문제이다. 업계의 강한 저항을 무릅쓰고 무역의 자유화 정책을 확립한 것은 물가수준의 안정을 피하기 위한 세례정책이었고, 말하자면 물가의 물결을 헤쳐서 대해의 파도 속에 안정을 구하는 심경이다.

나는 단기이든 중·장기이든 경제정책 결정의 기준을 모두 제2차 계획의 성패에 초점을 맞추고 있다. 50년계획의 3년 반 조기 달성은, 현재 한국의 정치와 행정의 생명이다.

이 2차 5개년계획 조기 달성을 위해 필요한 총투자는 약 41억 2,000만 달러(5년간 약 54억 달러)다. 이 중 9억 달러(5년간 11억 9,000만 달러)는 해외로부터의 장기자본 도입에 기대하고 있다. 특히 한국과 일본과의 경제체질은 전쟁 전과는 달리 국제분업의 견지에서 협력할 수 있는 소지가 충분히 있다.

계획 자체의 협력으로부터 공동 번영의 방책을 개발하는 여지는 너무나 많다. 어업협력도, 상업차관도 어디까지나 상업원칙으로 하면 된다.

나는 상업차관에 미리 일정한 한계를 둔다는 것은 원래 이상하다고 생각하고 있다. 민간 경제협력에는 가령, 경제적·자연적인 한도가 있어도 인위적인 한도가 있어서는 안 된다. 또 양국 간에 무상 3억 달러, 유상 2억 달러의 청구권 자금이 있다. 양국의 보다 강한 자연적인 경계협력관계 수립을 위해서도 이러한 자금관계의 자세는 빨리 해소되어야만 한다.

일본측에서는 특히 한국 주재의 상사에 대한 과세에 불만이 크다고 듣고 있다. 그것은 오해 없도록 충분히 해명할 용의가 있다. 법률상 일본상사에는 차별적인 고율과세를 하는 방법은 없다. 그러나 소득금액의 결정신고, 납부수속 등에 있어 문제점이 전혀 없지는 않을 것이다. 무리가 있으면 원리 원칙에 의해 시정되어야 하며, 조세조약의 체결에 대해서도 적극적인 자세에서 검토하고 있다.

나는, 뼈는 은행원이며 피는 신문인, 몸은 국가공무원인 지금도, 오로지 수지계산을 맞추고 싶은, 신속을 존중하는 버릇이 몸에 배어 곤란한 때도 있다.

숙제를 남기거나 타이밍을 잃는 것, 회이불결(會而不決), 그리고 외교사령(外交辭令)을 쓰는 데는 가장 서툴다.

12. 불도저 전법의 승리

도쿄 시바 시로가네(芝白金)의 영빈관.
한·일 각료회담은 이틀째로 접어들었다.
한국측은 장기영 부총리를 대표로 하여 최규하(崔圭夏) 외무, 서

봉균(徐奉均) 재무, 김영준(金榮俊) 농림, 박충훈(朴忠勳) 상공, 안경모(安京模) 교통장관과 김동조(金東祚) 주일대사, 이낙선(李洛善) 국세청장, 오정근(吳定根) 수산청장.

일본측은 미키 다케오(三木武夫) 외상을 대표로 미즈다(水田) 장상, 오하시(大橋) 운수상, 구라이시(倉石) 농상, 미야자와(宮澤) 기획청장관, 기무라(木村) 주한대사, 이즈미(泉美) 국세청장관, 히사무네(久宗) 수산 청장관 등이다.

있는 나라와 없는 나라의 대좌이지만 장대표는 조금도 겁내는 표정이 아니다.

그는 한·일 국교정상화 때 합의를 본 무상 3억 달러, 유상 2억 달러 외에 민간차관 3억 달러 이상의 한도에 추가해서 제2차 5개년 계획에 필요한 외자의 일부로서 새로이 민간차관 2억 달러를 달라고 주장했다.

일본측은 난색을 표명했다. 그러나 장대표는 끈질기게 물고 늘어졌다. 민간경협에 무슨 인위적인 한도가 있을 수 있느냐, 이것은 오히려 일본측에도 이익이 되지 않느냐고 육박했다.

일본측은 다음 날 아침에 다시 논의하자고 했다.

"내일은 우린 돌아가야 됩니다. 오늘 안에 결정을 봐야 합니다."

장대표는 그들을 놔주지 않았다. 시간은 자꾸만 갔다. 도쿄의 밤은 1시, 2시, 3시를 지났다. 4시가 되었을 때 미키 외상은 자기 측 대표들과 긴 상의를 하고 나왔다.

"아니, 장 부총리의 억지는 당할 도리가 없군요. 좋습니다. 원하시는 대로 응하겠습니다."

"감사합니다."

장대표는 벌떡 일어나서 그의 손을 잡아 들입다 흔들었다.

밖에는 양국 기자들이 기다리고 있었다. 장대표는 개선장군처럼 걸어나와 그들에게 알렸다.

"일본측은 2억 달러 플러스 알파의 차관을 주기로 원칙적인 합의를 보았습니다."

다음 날 도쿄의 조간들은 이번 회의는 장기영 수석대표의 불도저 전법에 말려든 것이었다고 대서특필했다.

거의 눈을 붙이지 못한 그는 아침 9시 반 사토 일본 수상을 예방하고, 11시 전체회의에서 공동성명을 채택, 기자회견을 가졌다.

불도저 장의 강렬한 인상은 일본 기자들 간에 화제였다. 그는 그 길로 외신 기자클럽 오찬회에 참석하고 한국경제에 관한 연설을 했다.

초인적인 인상을 마구 뿌리고 다닌 것이다.

회의 중 장기영 대표는 제국호텔 별관도 이용하고 있었다. 그가 돌아왔을 때 그의 방에는 일본의 유명상사들로부터 보내온 화분이 꽉 차 있었다.

백상이 대한민국 경제부흥 불을 붙였소

인간이란 운이 겨울을 향해 오면 연신 마음이 소란한 것,
그것을 깨달아 겸손하게 평정을 유지하는 게 좋다.
그렇지 않으면 더 커다란 불운을 맞을 수도 있다

1. 박정희의 생각

나는 태어날 때부터 보스 기질을 가지고 있었는가? 누가 있어
도, 어떠한 사람들이 모여도, 그곳이 어디든 간에 답답하게 입 다
물고 쳐다보고만 있을 수 없는 성미, 반드시 앞에 나서서 몇 마디
하고야 마는 버릇. 나는 왜 그런 것일까?

남의 지시와 명령에 따라 행동할 입장에 있다가도, 어느덧 나는
앞으로 나서고야 만다. 의견을 이야기해야만 속이 가라앉는다. 내
의견보다 훌륭할 때는 따라간다. 그렇지 않은 것 같을 때는 나는
견디지 못하고 간여한다.

대체로 이 나라 사람들은 소극적이다. 속에서 생각하는 것이 있
으면서도 내놓고 이야기를 안 한다. 나는 그러지를 못한다. 왜 그
럴까?

이 나라 사람들은 용기가 없다. 해 보지도 않고 안 될 거라고 자
기 혼자 판단하고 주저앉아 버린다.

이 나라 사람들은 대개 끙끙 속으로 앓고 있다. 남에게 알리고
상의해 보면 좋은 치료법도 알게 될지 모르는데 그냥 혼자서 앓고
있다.

이 나라 사람들은 사람을 평가해 주는 것을 싫어하고 깎아내리는

것만 생각하고 있다. 아무개, 그거 내 밑에서 일하던 사람이야. 그 사람 이러 저러한 결점이 있어.

한·일 각료회담은 성공적이었다. 이 나라 사정으로 보아 2억 달러 플러스 알파는 큰 힘이 될 수도 있다.

대통령은 노고를 치하해 주는 기색이 아니었다. 주변에서도 이상한 얼굴들을 하고 있다. 들리는 말에는 내가 혼자 나서서 다른 사람은 말할 사이가 없었다. 바지저고리 취급을 받았다. 혹은 액세서리 노릇만 했다고 불평이란다. 매스컴의 각광을 혼자만 받았다고들 한단다. 그것은 미안하게 됐다.

나를 주인공으로 해 달라고 기자들한테 애걸한 것은 아닌데, 그건 그렇게 됐다. 권하고 싶은 것은 이제부터는 당신들이 말하시오다. 앞으로 나와 주시오. 뒤로 물러서서 싸늘하니 남의 거동만 보고 있지 마시오.

이 판이 어느 판인가. 뛰어가는 한국이다. 남이 잠잘 때 일해서라도 앞에 가는 나라들을 따라가 보자는 판국이다.

주위의 눈이 차가운 것 같다. 한비사건의 뒷마무리가 안 되었다. 모두 나만 쳐다보고 있다.

여기는 자본주의 국가다. 사유재산을 함부로 빼앗을 수 있는가? 더군다나 그것은 안 하겠다는 사람을 붙들고 대통령과 내가 강권한 것이 아닌가?

이제 헌납은 기정사실이라 하더라도 전 주식의 반을 내놓으라니, 무력으로 나라를 점령한 사람들은 이래야만 되는 것인가?

2. 그래도 나는 가리라

9월이다. 가을 하늘이 파랗다.

불도저 장은 반도호텔에 재계 인사들을 모아 간담회를 가졌다.

그는 이 자리에서 10대 분배정책에 대한 소신을 밝혔다.

그는 먼저 새해 예산안의 뼈대를 설명했다. 공무원의 처우 개선은 불가피한 일이며, 그 재원 등 세수 확보를 위해서 세제를 개혁한다, 부동산 양도세를 제정한다. 공공요금을 현실화하고, 공정거래법을 제정하고, 네거티브 리스트 실시와 무역의 자유화, 지방재정의 강화가 필요하다고 했다.

그러나 재계 인사들은 경계의 눈초리로 그를 쳐다보았다. 모두 재계에 부담을 강요하는 이야기가 아닌가? 그들은 담대하게 맞섰다.

"모든 계획은 단계적으로 해야 된다."

"제2차 5개년계획의 강행은 무리이다."

"세제 개혁은 너무 부담스럽다."

"주식을 공개하라지만 은행금리가 30%인데, 배당이 적은 주식을 어떻게 공개할 수가 있는가?"

사랑하는 사이를 싸늘한 바람이 갈라놓은 것 같았다. 외자 도입과 내자 동원 등으로 같은 배를 타고 달콤한 이야기를 나누던 시절은 다 갔는가?

불도저 장은 싸늘한 눈초리로 장내를 훑어 보았다.

"기업가들은 사업을 벌여 놓고 재정 지원을 요청하면서 세금 못 내놓겠다는 것은 커다란 착각입니다. 세금을 더 걷어들이지 않으면 건설도 없습니다. 개인이 먹자는 거 아닙니다. 나라 다스려 나가자는 거예요. 돈 좀 번 양반들한테서 받아내서 전체 국민들한테 이익이 되도록 하자는 거예요. 협조해 주세요."

박수가 나오지 않았다. 그러나 불도저 장은 소신에 흔들림이 없었다.

무엇인가 돼 간다는 느낌을 전국민이 가지고 있다. 돈 번 사람들은 팔자가 달라져 공중에 붕 뜬 기분일 것이다. 그러나 소외된 기분으로 사는 사람들이 얼마나 많은가? 그들에게도 달라졌다는 실감을 안겨 주어야 정치라는 것이 아니겠는가?

가장 의지했던 청와대의 기류는 어째서 그토록 저기압으로 내려갔는가. 대통령은 나를 불신하는가. 그는 나를 버렸는가?

주변의 눈초리들도 이상하다. 마치 내가 없어도 저희들끼리 해 나갈 수 있다는 아주 불손한 태도 같기도 하다.

만에 하나라도 내가 여기에서 하차해야만 된다면 어떻게 할 것인가.

첫째 당황하지 말아야겠다. 둘째 비굴할 필요가 없다. 셋째 유유해야겠다.

모든 것은 한때다.

10월 1일, 시민회관에서 제4회 전국금융인대회가 열렸다. 장장 2시간 50분에 걸친 격려사였다.

어떠한 영웅호걸도 부침(浮沈)의 역사였다.

"사면초가(四面楚歌)란 고사가 있습니다. 초(楚)나라 항우(項羽)가 한(漢)나라 유방(劉邦)에게 쫓겨서 해하(垓下)에서 포위당했을 때 사면에서 들려오는 초나라 노래를 듣고 그만 낙심해서 스스로 목숨을 끊었다는 이야깁니다. 그러나 그때 초나라 노래를 부른 것은 초나라 백성이 아니라 한나라 병정이었다고 합니다. 모략인 사면초가에 낙심할 필요는 없습니다."

그렇게 말했다. 말할 때 어쩐지 옛날과 같지 않아 기운이 빠졌다. 일찍이 겪어 보지 못한 허탈감이었다.

3. 박태준의 불타는 두 눈동자

10월 2일 하오였다. 청와대에서 석유화학 관계자회의가 열렸다.

박 대통령이 나왔다. 그는 앉자마자 특유의 싸늘한 눈초리로 장 부총리를 쏘아보았다.

"장 부총리!"

"네……."

"장 부총리는 자기 혼자만 경제를 알고 딴 사람들은 다 바보라고 생각하나요?"

"네?"

여태까지 이런 석상에서 없었던 일이다.

"여러 사람들이 그런 이야기를 해 와도 나는 그냥 흘려 들었어요. 그런데 석유화학공업 실수요자 선정을 할 때, 내가 지시한 것을 무시하고 장 부총리는 복잡하게 일을 벌였었지요?"

장기영은 얼굴이 새하얘졌다.

"왜 그랬어요? 무슨 까닭입니까? 대통령, 너도 경제를 모르니까 나를 따라라…… 그런 소리였나요?"

"아닙니다, 각하……."

"나는 처음으로 여러 사람의 소리가 사실이었다는 것을 느꼈어요. 내가 모욕당한 기분이었으니까……."

"죄송했습니다."

끝났구나 싶었다. 당신과의 관계가 끝났구나.

장기영 부총리는 고개를 숙였다. 이만 저만한 힐책이 아니다. 이런 일은 없었다. 내가 외국에 나갔다오면 그 동안 허전했다고 하던 그였다.

이날 자리로 돌아온 그는 시가를 물고 많은 생각에 잠겼다. 회자정리(會者定離)라고 했다. 만난 사람은 헤어지게 마련이다.

그러나 나한테 그 자리에서 그런 식으로 이야기를 해야만 되는가? 딴 방법은 없었을까? 서운하다. 백 번 서운하다.

10월 3일 개천절날.

장 부총리는 황병태(黃秉泰) 경협국장과 비서를 데리고 부산행

KAL기에 몸을 실었다. 포항종합제철의 기공식이다.

역사적인 일이다. 그 일을 맡아 온 박태준(朴泰俊)의 불타는 두 눈동자가 보고 싶다.

그들은 부산 수영(水營)비행장에 내려 해운대(海雲臺) 호텔로 갔다. 점심을 먹으려는데 전화가 왔다고 했다. 수화기를 들으니 정 총리였다.

"장 부총리, 이런 때 뭐라구 하는 건지 모르겠네요……."

"뭡니까?"

"실은 장 부총리 후임에 박충훈 상공이 앉게 됐어요."

"오…… 그거 잘 됐군요."

그는 하늘의 일각을 내다보았다.

"잘 됐습니다. 그거……."

"장 부총리…… 이렇게 하지 않는 건데……."

"마찬가집니다. 염려 마십쇼. 해방시켜 준다니 고맙습니다 되려 ……."

"용서하시오."

"걱정 마세요. 포항은 어차피 내려온 거니까 참석하구요, 올라가서 말씀드리죠. 박상공이 잘할 겁니다. 이제부터 전 술 좀 먹구요, 또 신문쟁이로 돌아가야죠. 그쪽이 훨씬 성미에 맞습니다. 허허……."

웃어 보았다. 그러면서 수화기를 놓았다. 허전했다.

아무렇지도 않은 척 점심을 먹고, 아무 일도 없는 양 포항으로 향했다.

창 밖의 산천초목이 어제와 다르다. 이것이 인생인가? 이것이 부침이라는 것인가?

단상에 올라 축사를 하는 장기영을 사람들은 기이한 눈으로 쳐다보았다. 임시 뉴스로 그의 해임을 다 알고 있는 터였다.

그러나 그는 태연히 축사를 끝내고 단상에서 내려왔다.

서울로 올라오는 비행기 안에서 많은 생각을 했다. 권좌의 유희는 이런 것인가? 바로 코 위에 정상이 보이는 것 같았다. 그런데 순식간에 아득한 곳으로 멀어져 간다.

서울에 도착하자, 기자들이 몰려들었다.

"본래 물러가는 사람은 할 말이 없는 법입니다. 나로서는 과거 3년 5개월 동안 전심전력을 다해서 일하고 돌아가는 것이니까 아무런 유감도 없습니다."

그렇게 말하면서 웃어 보였다.

"앞으로의 계획은?"

"내일 하루 쉬고 모레부터 신문사에 돌아가서 조용히 일할 생각입니다."

마지막이 중요하다. 비굴해서도 안 되고, 너무 당당할 필요도 없고, 그러나 최소한 드라마틱할 필요는 있다.

그것은 내일부터 시작할 새로운 인생의 발판이 될 것이다. 하늘 높은 줄 모르고 사다리를 올라가는데 밑에서 흔들었다. 지상에 떨어져 박살이 나서는 안 된다. 사뿐히 내려야 한다. 그리고 우뚝 서 있어야 한다.

4. 대통령의 웃음

방심상태가 될 수는 없는 것일까? 텅 빈 마음. 아무 것도 들어 있지 않는 무(無)의 완전무결한 공간. 그런 것을 찾았으나 헛일이었다. 장기영은 시계를 보았다. 오후 4시까지는 아직 여유가 있다. 청와대로 들어오라는 전갈이다. 그와 운명을 같이하게 된 사람이 하나 있다. 교통부 안경모 장관이다. 안장관이 청와대에 도착했을 때 장 부총리는 아직 가지 않았었다.

박정희 대통령은 안장관을 맞이하여 위로의 말을 한 다음 조용히 심정을 토로했다.

"장 부총리는 정부에 들어와서 1년 반쯤 되니까, 장 부총리가 독주한다고 못마땅해하는 사람들이 생겨서 나한테까지 말을 해 왔었어요. 그러나 나는 그런 말에 귀를 기울이지 않았지요. 제1차 5개년계획을 성공적으로 이끄는 과정에서 나는 장 부총리 같은 사람이 필요했어요. 그는 잠자지 않고 쉬지 않으면서 성실하게 일을 하고 있었지요. 이 어려운 경제를 회생시키고 수술을 하자면 소신을 가진 사람이 있어야 되잖습니까? 그뒤 한 2년을 더 끌어 왔지만 이젠 그의 적이 더욱 많아졌어요. 내가 어쩔 수 없이 양보를 했습니다. 그분은 신문사에 돌아가도 나라를 위해서 더 많은 일을 할 수 있는 사람이기 때문이지요."

장기영의 거구는 그때 나타났다. 대통령은 그의 손을 잡으면서 말했다.

"포항 출장 중에 발령해서 미안하게 됐습니다. 야(野)에 있더라도 조국근대화 대열에서 협조해 주시오."

장기영은 허리를 깊숙히 구부렸다.

"그럼 전 이만⋯⋯."

안경모가 일어났다.

두 사람이 되었을 때 대통령은 장기영의 업적을 찬양해 주었다.

"적도 많았지만, 뭐니뭐니해도 대한민국 경제부흥에 불을 붙인 것은 장 부총리였습니다. 근대화가 제대로 돼 간다면 장 부총리의 이름 석 자는 영원히 빛날 것입니다. 수고 많으셨어요. 없는 동안에 발령한 것, 다시 한 번 미안하다는 말씀을 드립니다."

장기영은 똑바로 자세를 가다듬었다.

"이 사람 저 사람 비위 맞추고 상의해서 일하는 것이 원칙이겠습니다만, 시간을 절약하느라 그랬습니다. 그 대신 젊은 엘리트들,

방법을 가르쳐 주면 참 똑똑하고 일 박력있게 잘 해 갑니다. 그들을 주목해 주시기 바랍니다."

"무슨 뜻인지 알겠습니다."

"우리나라의 밑천은 인간밖에 없다고 생각합니다. 번지르르한 경력보다 실력 위주로 평가해 주시면 기운낼 사람들 상당히 많습니다."

"그 뜻도 알아듣겠습니다."

대통령은 고개를 끄덕였다.

"젊은 친구들하고 술좌석 많이 같이했다면서요?"

"했습니다."

대통령은 씨익 웃었다.

"부러웠어요. 이 자리는 그런 것을 못하게 돼 있단 말이야."

장기영도 웃었다.

"일을 열심히 한 사람은, 그만치 피로를 풀 권리가 있다고 생각합니다."

대통령은 계속 웃었다.

청와대를 나오면서 장기영은 높은 하늘에서 땅에 팽개쳐지지는 않았다고 느꼈다. 사뿐히 땅 위에 내려앉았다.

이튿날 10월 5일, 이취임식이 있다기에 경제기획원으로 나갔다. 손과 발이 되어 여태까지 열심히 뛰어 준 사람들이 부총리실로 모여들었다.

그는 애써 웃음을 머금고 말했다.

"가만 있자. 헤어지는 마당이니 기념될 만한 게 뭐 없나…….이 병풍, 이거 당신 가지시오. 이건 당신…… 저건 당신 갖고…….모두 내 사물이니까 상관없어요."

그는 닥치는 대로 집어서 하나씩 나눠 주었다.

사랑하던 부하들이다. 처음엔 대들고 야단이더니 거친 말 길들이

기였다. 내 말 참 잘 들어 주었고, 그만치 똑똑한 머리들을 가지고 있었다. 당신들이 이 나라의 보배이다. 당신들 같은 엘리트가 따지면서 나가면 내가 상관하지 않아도 잘 될 거다. 레일은 깔아 놓았다. 열심히 그 위를 달려가면 되는 것이다.

정일권 총리가 나타났다. 이례적이다. 그는 장기영의 큰 몸을 껴안다시피 하면서 위로했다.

"할 말이 없소. 그 동안 수고 많으셨소."

회의실에는 경제기획원의 사무관 이상 간부들이 모두 모여 있었다.

불도저 장, 왕초, 안중무인격으로 소리소리 지르고 다니던 저 사나이가 무슨 이야기를 하는가? 사람들은 침을 꿀꺽 삼키면서 연단에 등단한 그를 응시했다.

"나는 오늘로써 떠나가지마는 조국근대화의 대열에서는 물러설 수 없다는 생각을 갖고 있으며, 따라서 나는 앞으로 이른바 백의종군의 정신으로 우리 경제의 발전을 위하여 내 힘 자라는 데까지 노력할 것입니다."

침통한 표정이다.

"이제부터 여러분과 나 사이는 글자 그대로 친구입니다. 나는 사귀기는 비교적 힘이 들고 시간이 걸리는 사람입니다. 그러나 한 번 사귀어서 사이가 좋아지면 다시는 나빠지지 않는 성질을 갖고 있다고 생각합니다. 지나간 나의 50년의 생애를 돌아보아 예외는 한 번도 없었다고 말하고 싶습니다. 여러분들 중의 어떤 분하고는 아직 미완성의 우정을 갖고 있지만, 금후에 나는 정부에 있을 때보다 더 가까운 분위기 속에서 그들과의 우정이 두터워질 것이라고 믿습니다."

쩌렁쩌렁 울리던 목소리는 어디로 갔는가? 차라리 끝까지 그런 기백을 보여주기를 사람들은 기대하는 눈초리다.

그러나 그는 겸손하게 말을 이었다.

"이 자리를 빌려서 여러분에게 한 마디 남겨 놓고 싶은 말은 여러분은 동료들 간에 신의 있고 인기 있는 사람이 되라는 것입니다. 윗사람이나 아랫사람으로부터 인기 있는 사람이 되기는 쉽습니다. 그러나 과장은 과장들 간에, 국장은 국장들 간에 인기 있는 사람이 된다면 보다 더 승진할 수 있고 또 만족하면서 일을 할 수 있을 것이라고 나는 생각합니다. 지금은 바야흐로 국제경쟁 시대인만큼 여러분들은 어학을 부지런히 배우고 잘 닦아야 할 줄 압니다. 경제기획원 직원은 외교관이며 따라서 외교관으로서의 교양을 쌓아야 할 줄 압니다."

그는 잠시 포즈를 두었다가 나직히 말을 이었다.

"이 기회에 말씀드려 두고 싶은 것은 이제부터 한국 신문계에 여러분과 가장 가까운 친구가 생겼다고 생각해 줄 것과, 그리고 그 신문을 이용들 하시고, 또 잘못된 것이 있으면 여러분은 언제라도 항의 또는 충고할 수 있으며, 또 그렇게 해 주시기를 바랍니다. 이 뒤에 여러분 중에서 나한테 의논할 일이나 부탁의 말씀이 있을 때는 주저치 마시고 해 주십시오. 힘껏 보아 드리겠습니다."

어찌된 것인가. 저 저자세는? 정 총리도 후임 박충훈 신임 부총리도 고개를 떨어뜨리고 듣고 있다.

"금후에 내가……."

불도저의 목소리는 갑자기 촉촉해졌다.

"자주 만나지 못하거나 또 만날 기회를 만들지 못한다 하더라도 …… 행여나……."

말은 중단되었다. 그는 울고 있는 것이다. 그는 손수건을 꺼내어 눈물을 훔쳤다.

"행여나…… 마음이 변해서…… 그렇다고는…… 생각…… 생각지 말아 주시기 바랍니다."

장내는 숙연해졌다. 불도저가 울고 있다. 강철 같은 쇳소리가 촉촉히 젖어 있다. 이상한 감동이 번져 갔다. 저것이 장기영인가?

"이 뒤로 나는 과거 3년 반 동안 같이 고생한 여러분을 위해서, 내가 도울 수 있는 일이라면 내 힘이 있는 데까지 몸 안 아끼고 도와 드림으로써 그 동안 진 빚을 충실히 갚으려고 생각합니다. 이제 경제기획원 장관 아닌 한 신문인으로서 인간적인 우정의 신의를 저버리는 일은 절대로 없을 것입니다. 여러분의 건투를 빕니다."

그는 힘겹게 말을 맺었다.

사람들은 장기영이라는 사나이를 보았다.

현관을 나가자 청소부와 수위와 운전기사들이 그에게 마지막 인사를 했다. 금일봉을 건네 주면서 그 동안의 수고에 감사하고, 뒤따라 온 후임자 박부총리와 악수를 나눈 뒤 보통 사람 장기영은 지프에 몸을 실었다. 자유천지를 향하여 떠났다. 후회는 없다.

5. 당신은 위대했다

"그만뒀으면 그만둔 거지 이임 파티는 또 뭐야? 장관 하다 그만둔 사람 어디 한두 사람인가?"

장기영에게 감정깨나 있는 사람의 말투이다.

"그러나 한 번 가 볼까? 어떤 얼굴을 하고 있나 궁금하단 말이야."

장충단 영빈관에는 고급차들이 꾸역꾸역 모여들었다.

국내의 대소기업인들은 물론이고 외국공관의 장, 그리고 정부요인들, 수백 명의 남녀노소가 와글거리기 시작했다.

그것은 한 마디로 장기영이 어떠한 사람인가를 나타내 주는 하나의 폭넓은 현상이었다.

"당신은 위대했소. 당신은 한국을 근대화시키는 데 불을 붙인 장본인이다."

그렇게 대놓고 칭찬하는 외국인들이 있었다.

국내 기업인들도 그의 업적을 찬양했다. 대부분이 그가 한국경제를 회생시키는 데 결정적인 역할을 했다고 평가해 주었다.

장기영은 일일이 악수를 하며 고맙다는 인사를 했다.

그러나 개중에는 그의 손을 잡고 아무 말 없이 빙그레 웃으며, 그의 눈을 뚫어져라 쳐다보는 사람도 있었다.

그들은 그와의 사이에 특수한 관계가 있었던 사람들이다. 당신이 나를 애먹인 것을 잊지 않았다는 눈초리도 있다. 당신이 그때 이러지 않았느냐는 항의도 있다.

과정이었다. 이륙하자면 그런 저런 자극이 필요했었다.

경제각료로서 같이 일하던 장·차관들의 악수는 많은 뜻을 포함한 힘이 주어졌다. 그것은 격려와 동시에 경의를 담은 것이었다. 불도저의 초능력에 대한 평가였다.

특히 외국 공관장 부인들은 그와 이야기하고 싶어했다. 탁 트인 한국인, 멋을 부릴 줄 아는 사나이, 재미있는 거인으로 그들은 알고 있었다.

한구석에서 그를 쳐다보고 있는 한 기업인은 옆 친구에게 싱그레 웃으면서 중얼거렸다.

"참 배짱 하나 좋다. 욕심도 많고…… 소리 안 나는 총이 있으면 뒤에서 한 방 쐈으면 좋겠다. 그런데 저것이 물건은 물건이었단 말이야."

장기영 주변에는 계속 사람이 들끓는다. 그들은 커다란 소리를 내어 웃고 있다.

이날 밤. 장기영은 운동회가 끝난 날의 고요함을 한껏 맛보았다. 그것은 매우 쓸쓸한 것이었다.

6. 홈 스위트 홈

우주여행에서 지구로 돌아온 기분이다. 아니 지구의 이곳저곳을 누비고 다니다가 내 나라에 돌아온 기분이다. 아니, 나라 안 곳곳을 다니다가 내 집으로 돌아온 기분이랄까?

3년 반 동안 신문사를 지키느라 김종규(金鍾圭) 사장이 애썼다. 사주(社主)가 정부에 들어가 있다고 30만 부 돌파 고지에서 약간 내려와 있는 현재의 상황.

그 복구가 급선무이다.

"3·3·1로 가자!"

그는 외쳤다. 《한국일보》 유가지를 30만 부로 끌어 올릴 것. 《주간한국》 30만 부 보급망을 확보할 것, 지방지사·지국·보급소를 현재의 892개소에서 1,000개소로 확장할 것. 그러기 위하여 1인 7부 확장 운동을 전개할 것. 그것은 그러나 곧 1인 5부 운동으로 바뀌었다.

유공사원은 상금을 집으로 부쳐 준다. 만약 이 운동이 성공하면 국내 최대의 신문이 될 것이다.

기구개혁을 단행하고 강재(康在)를 기획실장 자리에 앉혔다. 이젠 데리고 있으면서 가르쳐야겠다. 재구(在九)도 그 밑에서 일하도록 했다. 나라 일에 정신을 몽땅 빼앗기고 있는 동안에 아이들 크는 것도 몰랐다는 게 솔직한 고백이다.

내 나이 쉰하고도 하나. 이때 혼을 넣어 주어야지 언제 넣어 주나.

신영수(申英秀)를 《서울경세신문》 부사장으로 임명했다. 사실은 그에게 은밀히 지시한 게 있었다. 이케가이(池貝)식 최신 고속 윤전기를 들여오는 작업을 그는 하고 있었고, 충실히 했다. 시간당 10만 부를 찍어 낸다면 경쟁에서 뒤질 까닭이 없다.

새 사옥 건축은 윤동현(尹東鉉)에게 맡겼다.

조세형(趙世衡)·정종식(鄭宗植)을 맞아들이고 세계 일류의 교양지를 지향해서 노력하고 공부하고 정진하자고 했다.

나라 살림을 걱정하다 회사 살림을 접하니 소꿉장난 같지만 재미있다. 요것도 제대로 요리 못 한다면 나라 운운할 자격도 없는 것이 아닌가?

새 기운! 새 의욕! 새 전투!

그는 차츰 유쾌해졌다. 휘파람이 절로 나온다.

홈, 스위트 홈!

우리 집, 내 집, 내 살림살이! 그곳이 진짜 안식처로구나. 하늘에서 떨어졌다는 기분을 불식하자. 할 일, 할 만한 일은 태산같이 많다.

7. 트위스트 3년반

1968년 초. 바깥엔 눈이 하얗게 왔다.

"나보고 쓰라구요?"

《신동아(新東亞)》기자의 요청에 백상은 놀라움 반, 웃음 반의 표정으로 물었다.

"쓰셔야 됩니다."

"됩니다입니까? 정신없이 뛰었을 뿐이에요. 이제 부총리 자리를 내놓은 지 100일이 돼 가는데……."

"그 시점에서의 회고를 독자들은 알고 싶어합니다."

"그럴까요?"

"선생님은 불도저였으니까요."

"허허……."

그는 웃었다. 그리고 며칠 동안 생각해 보았다. 손일근 비서실장과 상의했다.

의미가 있다. 내가 내는 신문에는 쓸 수 없지만 일반 잡지이다. 그는 마치 체조선수가 동작을 일으키기 전에 호흡을 가다듬듯, 두 눈을 감고 기승전결(起承轉結)을 짜 보았다.

붓을 들자, 그는 단숨에 써 내려가기 시작했다.

3년 반이라는 세월이 한 줄기 햇살처럼 지나갔다. 그만둔 후에도 석 달 열흘이 하루같이 지나가고 있다.

밖이 어두웠는지, 바람이 부는지, 날씨가 추운지도 모르고, 온종일 사장실 목제 의자에 앉아 있다.

정부에서 일하던 일, 그만둔 일, 다 까마득하다.

눈이 아플 정도로 신문 제작에 열중한다. 지방판이 나올 저녁 7시경이다. 그때면 정부에 가 있는 동안 잊었다가 되찾은 친구들이 하나 둘 모여든다. 정말 잘 그만뒀다.

4~5인이 되면, 그들과 한 지프차에 타고 저녁을 먹으러 어두워진 거리를 달리는 차 속에서 나는 이렇게 느낄 적이 많다.

행복이라는 것은 열중하는 상태라고 말한 사람이 있다. 나는 행복이란 것은 첫째는 정열이고, 둘째는 망각이고, 셋째는 친구라고 생각하고 싶다.

어깨가 날개처럼 가벼워졌다. 무거운 어깨를 풀기 위해 추던 트위스트는 이제는 과연 출 필요가 없는 것인가?

그렇지 않을 것이다. 그렇지 않을 이야기를 나중에 써 보려는 것이 이 수필의 제목이다.

이깨보다도 먼지, 딜리는 지프차보다도 가볍게, 마음이 춤추고 난다. 이 시간에 곧 왜 그만두었느냐고 묻는다면 공무원 요정 출입 금지의 압력이 싫어서 그만두었다고 서슴지 않고 대답할 것이다. 결국 자연이 그리워져서 돌아왔다.

여기까지 쓴 백상은 책상머리에 놓인 위스키를 한 모금 마셨다.

호흡이 가다듬어진 것 같다. 기왕에 하기 시작한 이야기, 거리낌 없이 정직하게 나가자.

정부에 있을 때, 나는 공무원이 아니라고 방언(放言)을 했다. 또는 밤 9시 이후는 특히 공무원이 아니라고 말했다.

밤 9시 이후에 피로를 느끼지 않거나 레크리에이션의 필요를 느끼지 않는 사람은 낮에 나라를 위하여 충성을 다하지 않은 사람이다.

이런 궤변으로 자기를 납득시켜 가면서 거의 9시 이후면 공무원 요정 출입금지 위반 행위를 감행했다. 밤 9시까지 일한 사람은 요정에 갈 권리가 있다고도 말했다.

낮에 일을 하고 그 메아리를 거기서 밤에 곧장 듣게 되는 것이 직무상 유익했던 것은 사실이다. 낮에 사무실에 와서 큰 소리치던 사람들이 아르키메데스의 원리가 작용하는 식탁에서 가벼워지는 그들의 참 무게를 달아 보는 것도 직업의식만이 아닌 나의 좋지 못한 취미의 하나였음을 자백해 둔다.

공무원 요정 출입금지란 한 공무원의 경험에서, 넌센스라고 말한다면 약간의 어폐가 있을지 모르지만 하나의 비인정(非人情)이고, 비자연(非自然)이고, 경제정책으로 말한다면 전연 무가치한 것이다.

모름지기 모든 경제정책은 가장 자연적인 교통규칙 정도로 끝나야 한다. 무리한 정책이나 규칙은 부패가 남지만 자유와 자연은 능률을 낳고, 사람의 마음과 환경을 샘물처럼 정화하는 것이 아니겠는가?

샘물 그것은 바로 에너지이다.

우리는 항상 그 무한한 효능을 갈망하는 것이다. 심하게 말하면 국민의 기본 인권과 인격을 무시하는 헌법에 근거 없는 규칙인 것이다.

이러한 무리한 규칙조차 필요한 우리나라의 현실을 누구보다도 뼈저리게 알면서도 사유재산제도를 신봉하듯 자유민주주의에 대한 신념같이 나는 생리적으로 이 규칙에 반항하지 않을 수 없었다. 이 생각은 과거도 그랬고, 현재도 그렇고, 장래에도 영원히 변동이 없을 것이다.

자유당 정부의 홀아비 외교나, 민주당 정부의 도시락 행정 같은 것은 위선적인 넌센스의 가치밖에 없다고 우리는 평가했었다. 민주주의 국가에서는 모든 것을 자기 책임 아래 하게 함으로써 개인의 인격이 존중되어야 한다. 심지어 자기 책임 아래라면 법을 범하고 벌을 받는 자유까지도 있다고 나는 생각한다.

인간사회에 있어서 연애의 자유도 마찬가지이다. 연애도 그 무엇인가를 범한다는 의식에서는 하나의 죄에 속하는 것이 아니겠는가? 거기에는 오히려 확고한 신념과 용기와 창작적 매력이 상반하는 것이다.

아주 우연한 일이었지만 공무원 요정 출입금지를 결정한 수차례의 국무회의는 내가 공교롭게도 국내에 없거나, 다른 일로 참석을 하지 못한 자리였다.

간혹 청와대에서 부드러운 자리의 화제가 공무원 요정 출입에 이르면, 박 대통령은 으레 내 얼굴을 물끄러미 쳐다보는 것을 느꼈다. 당신은 그래도, 규칙을 어기고서라도 다닐 자유가 있어 부럽소, 그런데 나는 그 자유조차…… 너무 혼자만 다니지 마시오, 나는 그렇게 그 표정을 읽었다. 이것은 나의 자격지심 때문에 그렇게 느꼈을지는 모른다.

백상은 여기서 일단 붓을 놓았다. 가만 있자. 이 글을 가지고 또

꼬투리를 잡으려고 하는 무리는 없을까?

그는 위스키를 한 모금 마시고 담배에 불을 붙였다. 연기를 후욱 뱉으며 허공을 바라보니 웃음이 새어나온다.

비밀요정 이야기를 써 버릴까? '너희들 요정에 드나들면 모가지다' 호통을 쳐 놓고는 쥐도 새도 모르게 드나드는 무리들. 마시고 춤추고 중추신경이 마비되면 온갖 짓 다 하는 패거리들.

기왕에 나온 이야기, 더 밀고 나가자.

나는 어느 날 이후락 비서실장이 무슨 보고서를 보았다고 말하는 것을 들은 것 같다. 요정 출입 빈도가 내가 최고 기록으로 나타나고, 자기는 한 번도 간 적이 없는 것으로 된 서류를 접수했다는 것이다.

그는 양심상 이 보고서를 묵살할 수밖에 없었다고 했다. 부정확한 그 보고서는 공무원 요정 출입 폐단의 몇 배 되는 해독을 가져온다. 역효과나 부작용처럼 무서운 것은 없다.

"요정 출입의 빈도가 많은 것은 비밀요정을 안 다닌다는 통계가 아니겠소. 또 고급 공무원은 일반 공무원의 요정 출입 여부를 확인 감독하기 위해서라도 매일같이 가 보아야 할 것이 아니겠소?"

나의 조크는 계속된다.

"요정에도 못 다니거나 안 다니는 비서실장이라면 그는 무능하기 짝이 없는 비서실장일 것이오."

이렇게 웃지 못할 농으로 넘겨 버린 일조차 있었다.

백상은 이 농풀이를 부연하여 정부에 있을 때 파티 석상에서 엘리트들의 부인들에게 한 소리를 썼다. 과장은 9시에 귀가하고 국장은 10시에, 차관은 11시에 집에 들어가야 제 구실을 하고 출세를 빨리 한다고 했었지. 그런데 그때 참뜻을 얼마나 알아들어 주었는지. 그는 뒤늦게야 '트위스트 3년 반'이라는 제목으로 쓰고 있다는 것을 깨달았다.

어떤 손님이 경제기획원 비서실을 와 보고 남녀 비서들이 트위스트를 추고 있는 것 같다고 말 한 적이 있다. 나는 속으로 가슴이 덜컥 내려앉았다. 이 친구가 내가 트위스트를 추는 것을 알고서 말하는 것이 아닌가 했었다.

그러나 그 친구는 비서실의 풍경을 아무 선입감 없이 직감적으로 잘도 표현한 것이다. 쉴 새 없이 장관실에서 부르는 벨 소리와 연속적으로 울리는 전화 소리가 들려온다. 큰 키에 하이힐을 신고 좁은 스커트를 입은 여자 비서들이 아스타일 위를, 남자 비서들과 미끄러지듯이 이리저리 뛰어다니는 광경이다.

경제기획원 비서들은 3년 반 동안 서서 일했다. 일했다는 것보다는 벨 소리에 맞추어 온종일 춤을 추었다.

비서들은 뛰어다니면서 유명한 트위스트곡인 《네버 온 선데이(일요일은 제발……)》를 마음 속에서 불렀는지 두렵다. 사실 3년 반 동안 일요일도 하루도 빠짐없이 나가서 밤 9시까지 바빴다.

트위스트는 나에게는 춤이 아니라 체조였다. 아류(亞流)의 철학도 거기 있었다. 상대편과 호흡을 맞추면서 속도를 내는 것이 트위스트의 극치였다.

여러 사람과 호흡을 맞추자면, 빙빙 돌면서 여러 상대편을 바꾸어 가면서 트위스트를 추어야 한다. 돌아다니며 추는 것 같지만, 같은 방향으로 전진하고 끌려가고 끌고 가는 춤의 묘미가 있는 것이다.

트위스트는 외국에서는 이미 올드패션인 것을 잘 알고 있다. 포테이토를 지나서 몽키시대로 지금은 고고로 전진하고 있는 것이다.

그러나 우리와 같은 후진국에서는 우리와 같이 바쁘고 손발이 맞아야만 개발할 수 있는 나라에서는, 단시간에 많은 동작을 할 수 있는 능률적이고 경제적인 트위스트 체조가 최고의 건강법이다.

이 사람 저 사람하고 추어야 하기 때문에 자기하고 오래 추지 않는 것을 독주라고도 어떤 사람들은 말했던가 싶다. 얼른 보기에는 미친 사람 춤 같이 날뛰고 있는 트위스트지만 같은 방향, 같은 목적, 같은 리듬으로 바쁘게 일하고 있는 것이다.

트위스트는 반드시 수입 스텝이 아니다. 그 증거가 있다.

어느 날 덕수궁 박물관에서 나는 우리나라의 유명한 단원 김홍도의 고화 한 폭을 유심히 보았다. 그의 화려하고 웅혼한 근대적인 터치 《평양감사취임도(平壤監司就任圖)》를 자세히 들여다보고, 나는 위대한 발견을 했다. 그림 속에 새로 취임하는 평양감사 앞에서 춤을 추는 평양 기생의 검무 스텝이 바로 트위스트의 그것과 똑같은 것이 아닌가. 둘이 마주보고 추는 검무가 바로 트위스트이다. 이쯤 되면 우리가 트위스트를 즐겨하는 것이 우연만은 아닌가 보다.

본론을 서둘러야겠다. 굴릴 만큼 굴렸으니 이제 매듭을 지어야 할 것이 아닌가?

옛날에는 정부에서 그만두는 것을 해골을 빈다고 말하였다. 뼈다귀만이라도 추려 가지고 고향으로 돌아가겠다는 말이다.

나는 운이 좋아서인지 트위스트 덕인지 1관 반 정도의 체중만 털어놓고 뼈다귀 이상의 것을 가지고 돌아와서 신문에 다시 열중하게 된 것은 천만다행이라고 할 수밖에 없다.

릴레이 팀의 주자가 그 속도가 떨어지기 전에, 또는 그 피크에서 바통을 다음 주자에게 넘길 수 있었다면, 그 팀은 최고기록을 세울 수 있는 것이다. 일을 오래하면 저항도 커지고 상처도 생긴다. 행정은 그렇게 고독한 것이다.

누구나 언젠가는 실패한다. 선거에 의한 양당 의회정치의 원리가 여기 있는 것 같다. 유한한 힘으로 트위스트를 끝없이 출 수는 없지 않겠는가?

이것은 우리 민주주의 신봉자들이 항상 겸양과 체념을 갖추어야 할 진리라고 생각한다.

50이면 지천명(知天命)이라고 했다. 식물이 부러울 정도로 바쁜 50년이었다. 트위스트에 의한 레크리에이션의 '세포 재창조' 덕택인지 우리는 아직 젊은 것만 같다. 옛날에는 30에 뜻을 세운다고 했는데 이제 다시 새로운 소망이 떠오른다.

8·15, 6·25, 4·19, 5·16 그리고 그 이전에 한국인으로서 스스로 마음 속에서 겪었던 혁명까지 합해 다섯 번 혁명을 체험한 한 한국인의 생활기록을 소설적인 자서전으로 만들어 보고 싶다. 이제라도 영화감독이 될 수 있다면, 이 모든 것을 재생해 보고 싶다. 그래서 요즈음 틈만 있으면 공부하는 마음으로 신·구, 내·외 영화를 마구 보러 다닌다.

붓을 탁 놓으면서 백상은 위스키를 홀짝 마셨다.

상쾌하다. 기분이 이렇게 좋을 수가 없다. 오래 참던 배설물을 시원히 처리한 기분이다.

그래, 이제부터는 멋있게 좀 살아 보자. 아직 늦지 않았다.

남의 눈치를 너무 보지 말자. 그게 내 최대의 결점이다.

소파에 깊숙이 누우면서 그는 빙그레 웃어 보았다. 나는 나다. 나는 내 것이다. 장기영은 장기영의 거다.

우두머리의 3가지 책임

그에게는 세 가지 책임이 있다. 첫째는 자기 그룹의 일을
완수하는 책임, 둘째는 자기 밑에 있는 인재를 키우는 책임,
그리고 셋째는 새로운 일을 창조하는 책임이다

1. 야인으로 돌아와서

천하를 내려다보다 조그만 고향으로 돌아온 기분이었다. 동산에
올라 옛날을 생각하니 마음이 편안해졌다.

우선 《한국일보》 사장으로 복귀했다. 동산을 산책하듯 편집국으
로 들어갔다.

화요회. 모든 자리를 꽉 메운 기자들의 시선이 자기에게로 집중
되었다.

"시작합시다. 뒤에 앉은 사람은 뭐 잘못된 사람 아녜요? 여직원
은 좀 앞에 나와 주세요. 얼굴을 좀 익혀야겠어요. 우리 신문사 앞
을 오후에 산책하고 있으면 묘령의 여성이 나에게 인사하는 사람이
있었어요. 그런데 누군지를 알아야지. 누구냐고 물으니까 경제기획
원 직원이라고 그래요. 내가 거기 있는 동안 얼굴을 익힐 걸 그랬
다. 잘못했구나 하고 느낄 때가 많기 때문에 여직원을 앞으로 나오
라는 겁니다."

웃음소리와 함께 약간의 움직임이 보인다. 좋은 새 출발이다. 경
계심을 확 풀어 놓고 흉금을 열어 호소하면 여기 있는 사람은 모두
내 가족.

"경제기획원과 《한국일보》 살림은 그 자체가 비슷한 점이 있어

요. 사람 수가 597명인데 비해 우리 신문사는 630명이란 말야."

정실인사는 안 되겠더라는 이야기가 술술 나왔다. 어디까지나 실력 위주의 인사를 할 테니 기대해 보시라.

계단을 올라오면서 생각한 일.

"전부 구독신청서 5장씩 받았죠? 이것을 이 다음 월요일까지 소화하세요. 나도 매일 5장씩 소화하고 있으니까."

그는 장내를 한 번 훑어 보았다.

"지금 내가 생각하고 있는 것은 《한국일보》를 우선 50만 부를 목표로 모든 체제를 갖추어 나가려 하는 것을 밝혀 둡니다. 50만 부를 언제 하느냐? 5년, 3년 반에 하는가?"

모두 웃었다.

"틀림없이 50만 부 됩니다. 50만 부! 여러분이 가지고 있는 신청서! 《한국일보》 고정독자는 28만 부 그대로 있어요. 금세 30만 부를 만들어야겠어요. 떨어진 독자를 찾아다니면서 이야기하세요. 《한국일보》가 그 전 체제로 돌아왔다, 아무개가 《한국일보》로 돌아왔다. 그렇게 선전하면 점차 부수는 회복된다고 봐요. 돌아오는 1주일이 대단히 중요한 기간인데 이 1주일 동안은 부수 2~3만 부를 늘리는 것은 노다지판이야. 물에다 손을 담가 좁쌀알을 만지는 것과 마찬가지로 손에 딱 붙어요. 이번 1주일 동안 5만 장 소화하세요. 신문이란 것은 팔리지 않으면 아무 것도 아냐. 첫 마디가 중요해. 《한국일보》 봐 주십시오란 그 용기! 한 번 용기를 내면 자꾸 재미가 나서 세일즈맨이 되는 것이야."

가족까지 배달원까지 모두가 신문기자라고 생각하면 2만 명이 넘는다. 그들이 모두 발동을 걸어서 움직이면 신문 네드워크라는 깃이 성립된다.

열변은 의기를 전달했다. 그것은 모든 기자들의 가슴을 자극하고 혈관을 뛰게 했다.

그는 마지막에 시를 생각했다.

"어저께 온종일 기분이 좋았습니다. 일요시단(日曜詩壇)에서 조지훈 씨의 시가 나온 것을 보았는데, 참 좋았어요. 매일 시를 1면에 내 볼 생각도 들더군요. 시와 그림이 가득 찬 신문! 이것이 장래의 신문입니다. 그렇지 않으면 라디오·TV에 져요."

기자들은 사주(社主)의 건재를 확인했다. 까마득히 높은 하늘 위에 있는 것이 아니라 같은 방 안에 같이 앉아 있는 사람이라는 것을 느꼈다.

그것은 다정한 일이었다. 침체된 《한국일보》라는 몸뚱이에 피가 다시 활기 있게 돌기 시작하는 것이다.

다음은 《한국일보》 광고부국장, 《서울경제신문》 광고국장을 지낸 예창해(芮蒼海)의 회고담.

평소 무섭게 일을 시키시면서도 항상 자상함을 보여 주시고 어려운 사람을 보면 누구보다도 참지 못하시고 도와 주시던 일들을 생각하고 있으면

"야, 예창해."

이러면서 수천, 수만 번도 더 찾으셨던 그 굵은 목소리가 바로 옆에서 부르시는 것처럼 들린다.

평소에 칭찬받을 일도 하지 못했었지만 왜 그렇게도 야단맞던 일들이 많았었는지……. 그 중에서도 늘 잊지 못하고 있는 일화가 있다.

그 어른께서 《한국일보》로 원대복귀하신 지 얼마 뒤인 1968년 여름 화재복구작업이 한창일 때의 일이다. 나는 대학을 갓 졸업하고 처음 들어온 직장이기 때문에 몸을 아끼지 않고 화재복구작업장에서 밤낮없이 뛰고 있었다.

학창시절 같으면 신나는 여름방학철인데 일요일, 공휴일도 없이 삼복 더위에 비지땀을 흘리며 근무해야 하는 비서생활이란, 더구나 사회 초년병으로서 도저히 견디기 어려운 일이었다. 이제 평생을 이렇게 보내야 한다는 생각을 하니 온몸에 맥이 풀리고 허탈할 지경이었다.

그 당시 비서생활은 충정로 사장님댁으로 출근하여 그곳에서 손님맞이, 전화걸기 외에도 이리저리 정신없이 뛰는 잔심부름을 하고 또 사장님께서 출근하실 때는 초록색 서류보자기를 안고 검은 지프차 뒷좌석에 앉아 따라가는 일로부터 하루 일과가 시작되었다.

그 날도 야간 공사장에서 야근을 하고 세수도 하는둥 마는둥 충정로로 바로 출근을 하여 공사장 야간근무 경과보고를 할 때였다. 스며나온 지하수 때문에 불도저 땅파기가 늦어지고 있다는 보고에 그 분풀이 날벼락이 드디어 나에게 떨어졌다.

"야, 이놈아! 왜 일찍 보고하지 않았느냐?"

"너같은 놈들 때문에 신문사 망친다."

이 말을 듣고 수양이 부족했던 나로서는 더이상 참을 수 없었다.

"저, 회사 그만두겠습니다. 안녕히 계십시오."

그러고는 뒤도 돌아보지도 않고 대문을 뛰쳐나와 버렸다.

"저놈 봐라."

이런 소리를 뒤로 들으면서……

그길로 바로 가서 12시 통행금지가 다 될 때까지 술을 정신없이 퍼마셨다. 술에 취해 한 달에 몇 번 자지도 못했던 당시의 종로예식장 앞 단칸 셋방에 돌아와 보니, 장갑영 비서실장이 통행금지 가까운 시간까지 두 번이나 다녀가면서 서류봉투를 놓고 갔다고 한다.

그때 나의 기분으로는 서류 따위는 별 관심도 없이 곧바로 쓰러지고 말았다.

그 다음 날인 일요일 아침, 장실장으로부터 다시 전화가 왔다.

"그놈 학생 때 편안하게 지내다 직장에 와서 갑자기 일 좀 시켰더니 신경쇠약이 된 모양이니 병원에 데려가라."

사장께서 이렇게 말씀하시더라는 것이며, 그 서류봉투에는 치료비가 들어 있다는 것이었다.

그 치료비는 그 당시 내 월급보다도 많은, 생각 밖의 큰 액수였다.

그때의 내 생각으로는, '이것이 퇴직금인가' 하고 영영 안 나타날 생각도 해보았다. 그러나 야단을 맞으면서도 나는 이미 그분의 생활철학에 물들어 있었던 셈이다. 자석에 끌리듯 나는 다음 날 평소보다도 더 일찍 충정로로 출근을 했다.

"너 병원 갔다 왔어?"

"예, 갔다 왔습니다. 이제 괜찮습니다."

이 대답 외에는 할말이 없었다.

이런 일이 있기 몇 달 전의 일이었다.

다음은 입사 후 며칠밖에 되지 않은 어느 날 아침이었다.

"《한국일보》 안내광고가 옛날보다 자꾸 줄어드는데 그 이유가 무엇인지 조사해봐."

이런 말씀이었다. 그 당시 신문광고에 문외한인 나로서는 조사할 엄두도 내지 못하고 있었다.

2~3일 지켜보아도 전혀 움직임이 없는 나를 보고 당시의 손실장께서

"이것봐, 사장께서 자네 테스트하고 있는 것이야."

하시며 조용히 방법을 자세히 가르쳐 주셨다.

10여 일을 매일 밤 늦게까지 조사부에서 먼지 묻은 신문철을 뒤져 안내광고 통계에 그래프까지 그려가며 내 나름대로 최선을 다하여 여러 장의 보고서를 만들어 사장실의 원탁 위에 올려놓았다.

3～4일이 지나도록 한 장도 넘긴 흔적이 없었다.

5일째 되던 날 그 보고서를 쓰레기통 속에서 찾았을 때는 실망이란 이루 다 말할 수 없었다. 오기로 다시 꺼내어 사장님 책상 위에 올려놓았다. 그러나 그 다음 날에도 여전히 쓰레기통 속에 들어 있었다. 그때의 섭섭함은 지금도 잊을 수 없다. 그 후 알게 된 일이었지만 그 보고서는 내용이 잘못된 것만은 아니라는 사실을 알았다.

그 10년 후 그 어른이 타계하실 때까지 비서로 가까이 두고 광고영업을 배우도록 수업을 시키신 하나의 교과과정이었던 것이다.

"저놈은 앞으로 광고국장 만들려고 합니다."

이런 말씀을 누구에겐가 하셨다는 것을 뒤늦게 전해 들었지만 그분의 말씀대로 지금은 광고국장직을 맡고 있다. 평생 내가 나갈 방향을 잡아주신 그 어른의 높고 넓으신 은혜를 새삼 깊이 깊이 되새긴다.

한국일보사에 들어서면 외래인이라면 도무지 이해할 수 없는 것이 몇 가지 있다.

우선 현관에서 편집국으로 올라가느라면 계단이 있는 벽에 쓰여 있는 글.

'구보(驅步)의 계단'

'뛰어 올라가라' 라는 말이다. 이것은 모름지기 신문기자란 뛰어야 한다는 뉴스 경쟁의식을 높이는 데 있다. 마감시간이 남아 있으니까 천천히 써도 좋다는 식의 태평주의로선 신문이 안 된다. 이것도 물론 장 사장의 아이디어.

그리고 이 '구보의 계단'에는 다음과 같은 '기자정신'을 상징하는 표어들도 눈에 뜨인다.

1. 사건이 발생한 그 시간이 마감시간이다.

1. 승부는 일요일 새벽 네시에 난다.

1. 숫자란 다시 보고 다시 묻고 써도 속는다.

1. 신문은 '내일'도 없고 '이따'도 없다.

이 얼마나 '뉴스의 신속성'을 강조한 역설적이고 기발한 표어냐.

다음 편집국에 들어가면 편집국장석 바로 뒷벽에 걸려 있는

'17세의 노인, 마릴린 먼로 함.'

물론 그 함은 그저 걸어 둔 것이 아니라 차분히 자기 구실을 할 뿐 아니라 모양도 깨끗하며, 큼직하게 '17세의 노인'이라 쓰여 있고 그 밑에 영문과 한글로 마릴린 먼로라 쓰여져 있다. 따라서 이 함을 보는 사람은 으레 그 유례를 묻게 마련인데, 말할 것도 없이 마릴린 먼로란 왕년의 세계적인 육체파 여우(女優)로 이름을 떨치고 자살한 마릴린 먼로 양의 이름을 딴 것.

하루는 어느 외국 기자가 이 함이 생긴 내력을 설명 듣고 가가대소를 한 바도 있었지만 미상불 이야말로 해외 토픽감임에 틀림없다.

한창 조석간으로 나올 때의 일.

24시간 눈코 뜰 새 없이 뉴스를 모으며 돌아가는 편집국, 그 중에서도 편집만은 하루 3교대를 해야 했다. 석간 담당, 조간 모판 (母版…地方版) 담당, 그리고 조간 담당, 이렇게 한 면을(사회면과 정치면의 경우) 세 사람이 맡아하는 판이라 사무적인 인계가 매우 중요한 것이다. 그것이 잘 안 되면 한 번 보도된 것이 두 번 나올 수도 있고, 어쩌다간 중요한 기사가 몽땅 빠지고 마는 수가 있다.

신문사의 내용을 모르는 사람에겐 잘 이해가 가지 않겠지만, 신문이란 큰 뉴스가 들어오기만 하면 언제고 그 기사를 갈아 끼워 찍게 마련이다. 단 천 명이나 백 명의 독자에게라도 한시 바삐 알리려는 뉴스업자의 의무감에서이다. 따라서 같은 날 신문이라도 배달되는 시간에 따라 엄청나게 다를 수가 있는 것이다.

그날은 마릴린 먼로가 자살한 날, 그 뉴스가 한창 신문이 윤전기를 통해서 인쇄돼 나오고 있는 판에 날아들어 왔다. 물론 기계를 멈추고 다른 것과 바꿔 넣을 수밖에. 그런데 이 같아끼운 그 시간과 판(版), 말하자면 어느 곳으로 배달되는 신문부터 그 기사가 들어갔다는 것을 인계에서 빠뜨리고 만 것이었다.

밤 열 두시쯤 출근하는 조간 편집자가 그 날 석간지를 대충 추려 보니까, 그 기사는 친절하게 보도돼 있었다. 따라서 조간에는 낼 필요가 없으니까 그것을 빼고 다른 뉴스를 실었었다. 그것이 바로 큰 미스, 아침에 신문을 본 장 사장이 노발대발할 것은 뻔했다. 다른 신문에게 완전히 한 대 얻어 맞은 편, 물론 늦은 대로 석간에 친절하게 다루어 보도했지만 어쨌든 한국일보로서는 역사에 기록될 미스 테이크였음은 사실이다.

원인을 캐본 사장이 인계의 미스에 있었다는 것을 알자, '인계함'을 만들라고 명령했다. 그러고는 그 함을 마릴린 먼로함이라고 명명한 것이다.

인간은 실수가 있을 수 있다. 그러나 두 번 다시 되풀이 말자. 그러자면 그 실수를 영원히 머리에 못박히게 해 두는 것이 상책이다. 이것이 그의 신념이다.

'17세의 노인'도 마찬가지, 세상에 17세의 소년이면 소년이지, 17세의 노인이 어디 있겠는가?

그것은 숫자의 미스 테이크를 풍자한 것. 기사의 가운데 연령표가 아라비아 숫자가 거꾸로 들어가 71세가 17세로 들어간 것이다. 그래서 이 전무후무한 '노인'이 장 사장의 창작으로 생겨난 셈이다.

또 하나는 외신부의 텔레타이프가 설치돼 있는 뒷벽에 하얀 나무 판자에 까만 페인트로 '고장은 특종의 신호다'라고 쓰여져 있는 것을 볼 수 있다. 그 글의 뜻은 신문기자라면 바로 알아볼 수 있는 것이지만 실은 신문기자의 기본 자세를 말하는 이 평범한 글귀의 뜻도 다른 어느 신문사에서는 찾아 볼 수 없으니 그의 착상을 높이 안 살 수 없다.

신문사란 두 말할 것도 없이 세계에서 일어나는 갖가지 뉴스를 모아서 그것을 팔아먹는 기업이다. 말하자면 뉴스의 장사, 따라서 일분 일초도 뉴스를 수집하는 데 게을러서는 다른 업자에게 지게 마련이다.

텔레타이프란 전 세계에 퍼져 있는 AP·UPI·로이타·AFP 등 우수한 외국통신사가 기자가 보내는 뉴스를 받아들이는 기계다. 기계인 만큼 고장이 없을 수 없다. 그래서 보통 사람이면 고장이 나면 수리공을 불러 고치면 된다고 생각하는 것이 상식이다. 그러나 그는 그러한 태평주의로는 뉴스의 장사를 못한다는 것이다. 그에 의하면 기계가 고장난 그 순간, 단 일초 일분 사이에라도 세계 어느 곳에서 무슨 경천동지할 큰 뉴스가 생길지 모른다는 것이다.

따라서 고장이 나면 바로 통신사에게 전화를 걸어 고장을 신고하고, 그동안이라도 무슨 큰 뉴스가 생기면 곧 연락해 달라고 부탁을 해 놓고 그 다음에 고장난 기계를 지체없이 수리해야 한다는 것이다. 정말 신문기자의 기본자세를 일러주는 좋은 교훈이 아닐 수 없다. 이런 점 그는 일급 신문기자라 아니할 수 없겠다. 그는 이 이론을 전화에도 적용시켜 사원들을 훈련시켰다.

"전화의 벨소리는 독자로부터의 특종 뉴스 제보가 아니면 사장으로부터 걸려오는 전화라고 생각하고 받으라. 신속히, 그리고 친절하게."

사실 독자로부터 좋은 뉴스를 제보받는 수는 허다하다. 그런 뉴스를 제보하는 사람에게 불친절해서는 될 말이 아니다. 시간에 쫓기는 생활의 연속이라 신문기자의 전화 받는 태도가 대체로 거친 것이 사실이다, 어느 신문사고. 그래서는 안 된다는 것이다. 이것은 비록 신문사뿐이 아니라 어느 사회에서도 통하는 좋은 생각이 아닐 수 없겠다.

2. 꿈의 싹

먼 곳을 자꾸만 보게 되었다.

IOC 위원이란 자격. 세계 어느 나라에 가든지 묵는 호텔에 태극기를 게양해 주는 귀빈 대우.

백상은 그것이 자기 같은 사람을 위하여 만들어진 제도 같다고 내심 웃었다.

첫째 언제나 어디서나 떳떳하다. 언제나 주인공이지 관객 속의 한 사람이 아니다.

자꾸만 먼 곳에 시선을 주게 되었다.

관(官)의 자리를 내놓은 뒤 한동안 엄습해 왔던 고독감이 서서히 걷히기 시작했다. 국내에서 자질구레한 일로 정신을 못 차리던 매일은, 끝이 없는 하나의 전쟁이었다.

이제 포성은 들려오지 않는다. 유연히 세계를 날아다니며 한국이라는 나라의 격조를 찾아내고 그것을 높이는 일.

언어 소통이 제대로 안 되면 불편하기 이를 데 없다. 내가 꼭 영어에 능통해야 되나? 정태연 기자가 있지. 지동욱 기자가 있지. 그들과 함께라면 세계 끝까지 가도 겁날 것이 없다.

그들은 또 카메라의 셔터를 눌러 준다. 잊을 수 없는 장면들을 놓치지 않고 수록해 준다. 인생은 가도 사진은 남는 것.

그들과 같이 다니면 임금님 행차다.

모든 뒷바라지를 빈틈 없이 해 준다. 하다못해 된장찌개까지도.

세계 각국의 IOC 위원들과의 접촉은 세계의 맥박을 짚어 보는 기분이다. 그것은 커다란 감흥을 불러일으킨다.

냉전 속에 꽁꽁 얼어붙은 20세기를 어느 모서리에서부턴가 녹여 버릴 가능성을 찾는 중인데 좀처럼 그 방법이 눈에 띄지 않는다. 그러나 언젠가, 무슨 계기가 나타나면 폭탄적 제의를 해서 세계사의 흐름을 교정해 줄 용의가 있다.

스포츠. 그것은 단순한 것이다. 그러나 그것 이상으로 냉전의 상대들이 접촉할 기회는 여간해서 없다.

올림픽을 한국으로 유치해 올 수는 없는 것일까? 분단된 나라에서 세기의 제전이 열릴 수 있다면 그 열기로 냉전의 한 모서리를 녹여 갈 수도 있을 터인데……

일본 IOC 위원들에게 슬쩍 지나가는 말로 해 보았다.

"가능하다면야 그 이상 좋은 것이 어디 있겠습니까?"
하고 그들은 말했다.

"불가능을 가능케 하는 것이 사나이 할 일이 아니겠습니까?"
하고 응수해 보았다.

그렇다. 그 꿈을 길러가 보자. 모든 기적은 무(無)에서 출발해서 이루어지는 것이다.

거대한 꿈!

서울에서 올림픽을!

멀리 내다보자!

3. IOC 위원

8·15 후 KOC 위원장을 지낸 사람은 여운형(呂運亨)·정항범(鄭恒範)·신익희(申翼熙)·신석우(申錫雨)·조병옥(趙炳玉)·이기붕(李起鵬)·김동하(金東河)·이주일(李周一)·이효(李曉)·이상백(李相佰) 등이다.

1966년 백상은 부총리 자리에 있으면서 KOC 위원장으로 추대되었다.

그의 첫 작업은 1970년에 있을 제6회 아시안게임을 서울에 유치하는 것.

AGF 총회는 방콕에서 열리고, 서울 개최를 안장일치로 가결, 백상은 AGF 집행위원장으로 뽑혔다.

그해 8월 이상백 IOC 위원 후임으로 입후보한 백상은 브런디지 IOC 위원장에게 그 뜻을 전하고, 1967년 테헤란 총회 개최 직전 KOC부위원장으로 있는 월터 정을 파견하여 로비 활동을 시켰다.

결과는 파격적인 다수표 찬성.

그곳에 날아간 백상은 영어로 취임선서를 했다.

"나, 대한민국 국민 장기영은 쿠베르탱의 숭고한 정신을 이어받아 모든 정치 각종 분파의 영향으로부터 아마추어 스포츠의 독립을 수호하는 성스러운 임무에 충성할 것을 엄숙히 선서하는 바입니다."

테헤란의 힐튼호텔 국기게양대에 태극기가 펄럭이었다. IOC 위원에 대한 경의 표시이다.

감개에 젖은 백상은, 그러나 북한이 들고 나온 호칭 문제 때문에 바로 긴장해야만 되었다.

1963년 바덴바덴 총회에서 한국은 Korea, 북한은 North Korea로 부르기로 결정했으나, 북한은 DPR Korea(朝鮮民主主義人民共和國)로 불러달라고 요청한 것이다.

소련과 다수 공산국가의 지지를 받은 북한은 자기들 주장이 관철되지 않으면 될 때까지 회의장에서 농성하겠다고 나왔다.

그것은 상식을 벗어난 것으로 간주되어, 다음 그레노블 총회 때까지 미루어졌다.

백상은 매스컴을 탔다. 그것은 남의 질시를 살 만큼 화려했다.

김종필을 다음 아시안게임 조직위원장에 추천한 것은 걸림돌이 되었다. 당시의 정치구조는 백상과 김종필이 손잡는 것을 방관하고 있을 모양새가 아니었다.

아니나다를까, 백상을 반대하는 사람들은 1·21 무장공비 서울 침입 사건과 푸에블로 호 나포사건 등이 잇따르자, 아시안게임 서울 대회 개최권의 반납을 주장하고, 1968년 3월 KOC 총회는 그렇게 결정을 내리고 말았다.

백상은 규모를 줄여서라도 개최하자고 주장했으나 통하지 않았다.

백상은 부총리직을 내놓고서도 이 문제 때문에 뛰어야만 했다.

결국 그는 참가 각국에 분담금의 기부를 간청하고 한국에서는 재계의 도움을 얻어 분담금 25만 달러를 내놓았다.

그리하여 1970년 방콕대회는 열렸다. 이 대회 개회식에 참석한 백상은 공로를 평가받아 AGF 종신 명예회장으로 추대되었다.

백상은 먼 하늘을 내다보았다.

어디까지 가야 걸림돌 없는 시원한 길이 나오는가?

4. 불

불이 났다. 《한국일보》에 불이 났다.

1968년 2월 27일 정오. 윤전실에서 '불이야!' 소리가 터져나오자마자 불길은 순식간에 모든 것을 휘감아 버렸다.

창간 이래 무수한 역사를 담아오던 《한국일보》 사옥은 온갖 노력에도 불구하고 잿더미가 되어 버렸다.

송재헌(宋在憲) 공무국장 등 7명은 화염 속에서 나오지 못했고, 중경상자들이 속출했다.

15년간 땀과 의욕을 담아 우리를 감싸준 건물. 내뿜는 화염과 연기를 쳐다보며 장 사주는 솟구쳐 오르는 오열을 가누지 못했다.

고옥은 맥없이 무너졌다. 그나마 새 사옥에 설치해 놓은 두 대의 윤전기(池貝式)가 생명의 연장이다.

신문은 하루도 쉴 수 없다는 철학을 당장 지켜 주겠다는 《신아일보(新亞日報)》 장기봉(張基鳳) 사장의 우정이 고마웠다.

뒤처리의 신속성은 《한국일보》답게 해야 한다. 절망 속에서의 소생은 불도저 장의 면모를 부각시켜야 한다.

장례식장.

홍종철(洪鍾哲) 문공부장관, 장태화(張太和) 신문협회 이사장, 이석제(李錫濟) 총무처장관 등 500여 명의 조객과 700여 사우들이 지켜보는 가운데 장 사주는 목메인 소리로 조사를 읽어 갔다.

1968년 3월 2일 《한국일보》와 자매지 발행에 종사하는 사원 일동은 삼가 고(故) 송재헌 국장, 최익선·유익균·이필흥·김정복·최석윤·이시복 순직 사우 동지들의 영전에 고하나이다.

하늘에 불측의 풍우가 있듯이 인생에는 무상의 화복이 있습니다. 그러나 여러분은 불의의 재화에 굴하지 않고 몸을 던져 싸웠습니다. 소화기를 들고 자모장(字母欌)을 메고 불길 속에 뛰어들었습니다.

몸은 비록 화마에 휩쓸렸으나 고귀한 자아희생의 정신은 영원히 불변할 것입니다.

지난 2월 27일 낮에 14년간 조석으로 닦아 온 사옥이 순식간에 화염을 내뿜었을 때 우리들 수백 사원은 통과 대야로 물을 나르며 불길만은 잡아 보겠다고 발을 굴렀습니다. 집이 타고 활자가 타고 윤전기가 타고 신문 용지가 탔습니다.

그 사나운 불길 속에서 여러분 일곱 사우의 육신과 더불어 불꽃같은 애사심이 타오르고 있었던 것을 우리들은 여러분 유해를 앞에 놓고 각골통한(刻骨痛恨)하였습니다. 원통하고 허무하고 원망스럽다는 표현만으로는 우리들의 심정을 달랠 길이 없습니다. 왜 그리 그 불길이 사나웠던가도 이제야 짐작이 가는 것 같습니다. 불 속에서 끝까지 싸우던 여러분의 분투와 분노의 모습까지를 우리는 역력히 보는 것 같습니다.

70고령의 송재헌 국장, 우리가 14년 전 덜거덕거리는 마리노니 윤전기 1대를 가지고 고심참담 밤을 새우기 낮과 같이 하던 그때가 생각납니다. 이필흥·김정복·최석윤 동지들, 창간 무렵 여기저기서 갖다 모은 활자 높이를 맞추느라고 날마다 밤을 새워 가며 망치를 두들기다 부르튼 손바닥의 아픔이 되살아납니다.

최익선·유익균·이시복 사우, 당신들이 마주 섰던 문선 상자, 잡고 씨름하던 정판대, 새벽에 잠깐 눈을 붙이던 숙직실, 무엇 하나 남김없이 당신들의 입김어린 자국을 다시는 매만져 볼 길이 없습니다.

그러나 우리는 비통을 깨물고 일어서야 합니다. 모든 것이 타버렸지만 '한국일보 정신'은 태우지 못했습니다. 불을 먹음으로써 오히려 더욱 탄탄해졌습니다. 이제 새로 주조기를 장만하고, 자모를 만들어 활자를 짓고, 문선상자를 세우고, 정판대를 마련하고, 새로 윤전기를 놓을 것입니다.

지형 뜨는 기계와 연판을 붓는 시설도 차리게 될 것입니다. 그럴 때마다 우리는 여러분을 생각하며, 여러분의 보이지 않는 비호(庇護) 앞에서 사옥을 세울 것입니다. 우리들 700사원은 신문사를 재건해 가는 굳센 의지로써 우리들의 식구인 당신들이 남기고 간 가족과 가정을 보호할 것입니다.

당신들의 어린 자녀와 함께 다시 일어설 것입니다. 몸은 갔으나 넋은 남았고, 넋은 눈에 보이지 않으나 우리들 가슴에 너무도 생생합니다.

여러분들은 험하고 긴 언론의 가시밭길을 지켰습니다. 어질고 굳은 의지를 가지고 빛나지 않은 자리를 지키던 언론인들이었습니다.

소화기를 들고, 자모장을 메고, 불길 속에 쓰러져 간 사우들이여, 끓는 쇳물 속에 뛰어드는 언론의 생명을 위해 평상보다 백 배나 천 배나 우리들은 더 일할 것입니다.

건물과 시설을 잃은 것은 되찾을 수 있는 작은 손실입니다. 사람을 잃은 것은 돌아오지 않는 큰 손실입니다. 그러나 용기를 잃는 것은 모든 것을 잃는 것입니다. 이것은 화재를 입은 우리들을 위로하는 백만 독자의 격려였습니다.

여러분은 우리에게 용기를 가르쳐 주고 갔습니다. 창공과 같이 푸르고 창해와 같이 넓은 그대들의 덕성(德性)과 몰아(沒我)의 정신은 우리들의 갈 길을 밝혀 주고 있습니다. 《한국일보》는 급속하게 재건되어 갑니다.

그러나 슬프다. 말도 없이 직장에 쓰러진 일곱 사우여, 굽어 보시라! 천지신명은 지선지성(至善至誠)한 이 순직 언론인들의 영혼을 길이 보호하소서.

정중하게 장례식을 치르고 나자 새 출발의 전쟁은 시작되었다.

신영수 관리국장은 다색도 인쇄용 윤전기(池貝式) 도입을 위하여 비상한 머리를 썼고, 도쿄지사장 김평윤은 번갯불에 콩 구어 먹는 활약을 했다.

사원들의 사기는 충천했다. 신사옥 공사는 박차를 가하고 하루가 다르게 올라가지 않으면 사주의 마음이 가라앉지 않았다.

세 사람의 부사장을 탄생시켰다.

홍유선은 신문 제작에 열중하라. 신영수는 화재 복구에, 윤동현은 신사옥 건설에 전념하라.

기획실장으로 있는 강재는 이사를 겸임하라.

총동원 태세다. 두 주먹 불끈 쥐고 도약의 새 계기로 삼아야 된다.

사주의 의지는 전사원의 의지였다.

세상은 쭉쭉 올라가는 《한국일보》의 신사옥을 보고 놀랐다. 중앙청 건너편, 중학동 언덕배기에 그것은 멋있는 웅자로 나타난 것이다.

그리하여 6월 초 새 윤전기가 가동되어 시간당 20만 부를 찍어내는 국내 최고의 고속윤전기 시대에 돌입했다.

사주는 아랫배에 힘을 주었다. 해냈다. 해내고야 말았다.

5. 잿더미를 딛고서

새해 벽두에 사원들에게 무엇을 말할 것인가? 기개를 충만시켜야 된다.

1969년! 백상은 그의 신문철학을 피력했다.

"잿더미를 헤치고 새로운 《한국일보》가 위용을 갖추며 새해를 맞이했습니다. 지난해가 전사원들이 심혈을 기울여 폐허에서 일터를 구축해 온 디딤돌의 해였다면, 본사 창설 15주년이기도 한 새해는 보람에 넘치는 이륙의 해로 기약하고자 합니다.

우리는 이 시점에서 1,000여 사원들의 유형무형으로 응집된 노력을 터전삼아 앞으로의 보다 폭넓은 전진을 다짐하고 있습니다.

《한국일보》를 비롯하여 《서울경제신문》·《코리아 타임스》·《소년한국일보》·《주간한국》·《주간여성》 그리고 앞으로 창간될 '스포츠 일간지' 등은 본사의 막강한 저력을 상징하는 것이며, 이 모두가 또 세계에서 가장 열심히 일하는 사원들에 의하여, 세계에서 가장 양식 있는 독자들의 벗으로 커 갈 것입니다.

신문의 자세가 인디펜던트하고, 임파셜하고 어브젝티브해야 한다는 것은 10여 성상을 온갖 고난과 시련의 고비를 넘어 오면서 잠시도 굽혀 본 일이 없는 우리들의 신념이었습니다.

새해에는 더 깨끗한 신문을 만들어야 하겠습니다.

본질적으로 쿠얼리티 페이퍼란 리버럴한 것이며, 그것은 리얼하게 현실을 그대로 보도하는 자세에서 나와야 합니다. 본인은 사원들의 처우 개선에 있어서도 모범을 보이겠습니다. 가까운 장래에 우리 나라에서 제일 좋은 대우를 해 드릴 수 있을 것입니다.

그러나 앞으로 《한국일보》가 용기있는 시민의 친구로서, 조국 근대화의 구심력으로서, 또 역사의 증인으로서, 계속 바르고 곧고 밝게 성장하는 데에는 전사원들이 '승리는 부채'라는 우리들의 계명을 새기고, 책임감과 친화로써 정진하는 길밖에 없다는 점을 재삼 강조하면서 사원 여러분의 건투를 기대합니다."

1월 1일부터 《주간여성》을 창간하니 그 반응이 고무적이다.

뭐라고 했나. 이젠 몇 면 안 되는 신문만 가지고는 독자들 욕구를 채워 줄 수 없다.

일곱 번째의 자매지 《일간 스포츠》는 이 해 9월에 가서야 창간했다. 그 출발도 화려했다. 한국에도 그런 시대가 온 것이다.

아나운서로 그즈음 청취자의 사랑을 한몸에 받았던 강영숙(姜映淑)의 이야기를 들어보자.

1967년도 서울시문화상 보도부문 수상자 발표를 《한국일보》 지상을 통해 처음으로 알았을 때, 그 신문이 그렇게 내 가슴에 와 닿을 수가 없었다.

금방이라도 사주에게 전화를 걸고 싶었으나 그것 또한 예가 아닌 듯하여 마음을 진정시켰다.

지금의 세종문화회관(시민회관)에서 시상식이 있었다. 방송생활 15년 만에 타는 상이기에 그렇게 기쁘고 흥분될 수가 없었다. 퓰리처(Joseph Pulitzer)상을 받는 것보다 더 기쁘고 감사했다.

상장과 금메달(1냥)과 상금이 있었다. 순서에 따라 등단한 나는 상장은 손에 쥐고 금메달은 목에 걸고, 다음에 받은 상금은 그 자리에서 방위성금으로 낼 것을 만장의 관객 앞에 공표를 하고 말았다. 우레와 같은 박수는 장내를 진동시켰다.

식이 끝나고 기념촬영이 있는 뒤 각자 나름대로의 가벼운 리셉션이 있었다.

그리고 난 뒤 몇몇 친구들만이 남았다. 아직도 흥분은 가시지 않았다. 그러자 아차! 하고 상금의 처리가 남았음을 안 나는 한국일보를 찾기로 마음먹었다.

제일 먼저 지상발표의 인연이었기에 방송인클럽 회원 5∼6명과 함께 한국일보 사장실을 노크했다. 그 시각이 7시가 지났을까 어둠이 깃든 때였다. 비서의 안내로 장기영 사장실을 보게 됐다.

가득 찬 책들, 어지러진 듯하면서도 정돈된 책상 위——.

방문자가 들어섰는데도 눈도 떠 보지 않고 무엇인가 쓰고 있었다.

20초, 30초, 1분! 찾아간 방송인 회원들의 표정이 굳어져 갔다. 이럴 수가 있을까. 우리가 다른 신문 다 버리고 찾아온《한국일보》팬인데……. 가지요! 소리가 나오기 직전이었다.

나는 책상에다 노크를 했다. 크게 콩콩콩! 그 때 사주는 묵직한 고개를 들어 '어, 왜 왔어요?' 하는 첫마디에 정말 놀람과 함께 이럴 수가 하는 마음에 지금까지의 기쁨과 흥분이 싹 사라지는 순간이었다.

"방위성금 내려고 왔습니다."

"방위성금을 왜 내요? 결혼하셨소?"

이렇게 묻는 뜻이 어디에 있을까? 대단히 고차원적으로 마음을 떠보는 듯했다. 나는 대답하기를,

"방위성금 내는 데도 결혼여부를 확인해야 받는지요?"

"아니 그건 아니지만, 살림에 보태 쓰지 뭘 내느냐 이 말입니다."

"나라가 있어야 가정도 있는 것 아닐까요?"

묘한 대화 속에 사주는 나를 테스트해 본 것 같았다.

사주는 그때서야 자리에서 일어서서 편한 소파에 앉으며 처음의 인상과는 달리 상냥하고 부드럽고 인심좋은 것은 말도 못하게 달라졌다.

그때서야 우리 회원들도 오해가 풀린 듯 둥그렇게 편히 자리를 같이했다.

"축하합니다. 상을 탄다, 합격이 됐다, 당선이 됐다, 이것은 다 부담을 안게 되는 것입니다. 강선생도 상을 탔으니 더 열심히 봉사해야 되는 것이지요. 상을 못 탄 사람은 더 노력을 하고, 또 낙선을 한 사람은 그것을 거울삼아 또 노력하니까 재산이 더 늘어난 것이지요."

쉬운 듯하면서도 큰 뜻이 담겨 있음을 새삼 알게 되었다. 벨을 눌러 비서를 불렀다.

"사진기사 오라고 해. 이 미인들과 기념촬영하도록 빨리 서둘러. 댁에들 가셔야 하니까……. 저, 주인 술 잘 하십니까?"

가득 찬 책 속에서 중국산 술 두 병을 꺼내더니 냉큼 말한다.

"자, 이것 주인 어른께 드리슈. 오늘 기쁘실 테니까. 그리고 이 책 읽어 봤나요?"

일본어책 2권도 함께 포장했다. 정신을 바짝 차려야 되겠다고 느꼈다. 또 장 사주 앞에서는 자신감을 가져야 되겠다고 느꼈다. 처음에는 거들떠보지도 않았다가 '국가가 있고 가정이 있는 것', 그러기에 상금을 살림에 보태지 않고 방위성금으로 낸다는 자신 있는 응답, 여기까지 오기에는 약간 기분도 상할 뻔했다.

그러나 사진기자를 불러서 미인이라는 단어에다 가정에 빨리 가야 한다는 자상한 생각, 당사자를 생각하는 것보다 남편에게 전하라는 중국 술 전달 등은 정말 그 분이 떠나신 8년 뒤에도 생생하게 남는 일의 하나이다.

사주 하면 최종결정만 하는 줄 알았는데, 순간순간에도 신문 구독에 온 신경을 쓰고 있음을 여실히 나타내 보였다.

"훌륭한 방위성금을 내셨으니 영수증을 해드려야지……."

"영수증은 필요 없습니다. 신문접수란에 나면 그것이 영수니까요."

"아무쪼록 우리 신문 많이 읽도록 권유 좀 하시구려."

여기까지의 대화에서 그 분의 치밀한 구상과 무뚝뚝한 가운데 정감이 넘쳐 흐르고 있다는 것을 느낄 수 있었다. 부하를 꾸짖을 때도 한편으로는 인자한 보살핌을 빠뜨리지 않기 때문에 증오심을 품지 않게 한다. 그것이 지금의 한국일보를 이룩했고, 어느 직장보다도 주인의식을 갖게 만들었고, 화합할 수 있게 만들어 놓은 게 아닌가 싶은 것이다.

6. 새 사옥을 세우고

《한국일보》가 신사옥을 짓는다니까 여러 가지 억측이 오갔다. 옳지. 사주가 부총리로 있는 동안에 그 힘을 빌려 살짝 해치우는구나. 엄청난 자금이 어디서 났겠는가?

구사옥을 화마가 앗아갔을 때 4층까지 올라간 신사옥은 그나마 의지가 되었다.

나머지 공사에 박차를 가하는 윤동현의 모습을 보고 저 사나이가 사주의 은밀한 지시를 받고 모든 일을 꾸민 사람일지도 오른다고 생각하는 이가 많았다.

장본인 윤동현의 회고는 엉뚱하다. 사주가 부총리로 가기 1년 전인 어느 날, 그는 안국화재(현 백상기념관 자리)의 한 방에 설계실을 차려 놓고 있는 김수근을 찾아갔다.

"한국일보 새로 하나 지어야겠어요. 설계 좀 해 주세요. 지금 그 건물이 신문삽니까, 어디?"

윤동현의 말에 김수근은 눈을 껌벅였다.

"그거 왕초 아이디업니까? 그렇다면 안하겠습니다. 그분 변덕 아시죠? 아하……."

"어?"

윤은 생각해 보았다. 그 말이 그른 말은 아니다. 분명히 백상은 변덕이 심하게 보인다. 그의 지시대로 하다가는 설계를 수십 번 뜯어 고쳐야 할지도 모른다는 뜻이다. 좋게 말하면 그만큼 항상 새로운 것을 생각하는 사람이다.

오래 생각하고 깊게 생각하는 사람을 따르기란 어려운 일이 아니겠는가? 언제나 네 생각보다는 내 생각이 옳다는 자만심. 자기가 결정하여 지시한 것은 두말 없이 싹싹 신속하게 해 주어야 직성이 풀리는 사람.

윤동현이 김수근과 이야기가 잘 되고 설계비조로 400만 원을 건네 주었으나 부지가 문제였다.

《한국일보》 바로 뒷집이 동아제약(東亞製藥)의 강사장 것이다. 그때 동아제약은 부도 직전의 어려운 사정이었다. 나날이 기운을 더해 가는 《한국일보》가 집을 팔라고 청해 왔을 때 강사장은 대금을 6개월 분할 어음으로 결재토록 했다.

김수근은 아버지 김용환이 고무공장을 개수한 한국일보 자리에 대를 이어 설계해 주게 된 인연을 신기하게 생각하고 있었다.

처음 그는 11층 건물 옥상에 헬기장을 갖춘 설계였는데 청와대의 반대로 설계를 변경, 지금의 라운지와 TV송신탑이 대신 들어서게 되었다.

돈이 없어서 4층까지만 짓기로 하고, 오양건설에 3,000만 원 정도로 공사를 시작하게 하였다. 때마침 사주가 부총리로 들어가 있을 때라 많은 오해들을 하게 되었다.

경제기획원 장관실 창 밖으로 공사 현장을 봐야만 하는 백상은 마음 편할 수 없었다.

장기영과 윤동현 사이엔 무엇인가 있다. 가리워진 흑막이 있을 것이라는 게 사람들의 뒷공론이었다.

그러나 불이 나기 전 4층이 다 올라갈 때까지 윤은 뒷공론 따위는 아랑 곳하지 않고 밤낮 없이 뛰어다녔다. 주로 약장수들을 통해 돈을 꾸었다.

신문사 살림도 하루살이처럼 이어가는 판국인데 이것은 또 무엇인가. 어마어마한 돈이 필요했다.

백상은 윤을 보면 상을 찡그렸다.

"여보시오, 누가 당신보고 빌딩 올려 달라구 그랬어? 내가 받는 오해는 어떡허구?"

"죄송합니다. 그러나 한국일보사 이제 빌딩 하나쯤 있어야 신문사 구실을 합니다. 좌우간 제가 만들어 놓을 테니까 걱정 마십쇼."

"말이나 할 줄 몰라야지."

"보구 계십쇼. 나중에 표창장 같은 건 받지 않겠습니다."

윤동현이 일을 시작할 때는 생각이 있었다. 왕초와 상의하면 자기 생각대로 내 아이디어대로 되지 않을 것은 뻔한 일.

일을 저질러 놓고 보자. 웅장한 빌딩이 올라가면 백 마디 변명이 필요없다.

그때는 내가 떠나는 날이다. 나도 내 사업하면서 깃발 한 번 올려 봐야 될 것 아닌가?

웅장한 빌딩이 올라갔다. 1971년 윤동현은 《한국일보》를 떠났다.

후일 밝혀진 바에 의하면, 자금은 외국차관이었다. 문종건(文鍾

健) 조흥은행장이 지불보증을 해 준 것이었다.

《한국일보》화재 무렵, 상공부 상역국 수입과 사무관으로 근무했던 이재권(李在權)은 다음과 같이 그때 일을 회상한다.

1968년 2월 27일 오전 11시 55분, 검은 연기에 뒤섞인 불길이 한국일보사의 사옥을 휘감기 시작했다.

필자가 여기에서 기록으로 남기고자 하는 것은 불길로 인하여 타버린 인쇄 시설들을 복구하는 과정에서 장기영 회장으로부터 받은 한 통화의 짧막한 대화 내용이다. 거기에는 과거의 권위나 체면을 벗어버리고 진솔하고 겸허한 자세로 상대편의 협력을 구하는 그분 특유의 진솔한 인간미가 담겨져 있었기 때문이다.

한국일보사는 화재로 인하여 상당한 경제적인 손실을 입기는 했지만 그것보다 더욱 큰 문제는 신문 발행을 하루라도 휴간을 할 수 없는 처지였다. 한국일보사는 동업 신문사에서 신문을 인쇄함으로써 하루도 빠짐없이 신문을 발간할 수는 있었지만 그쪽 신문사의 인쇄가 끝난 후에야 인쇄를 해야 하는 등 불편함은 이루 말할 수도 없었고, 이로 인하여 지불해야 할 인쇄비용도 만만치 않았음은 쉽게 짐작이 되었다.

화재 복구를 위한 신문사의 최우선 과제는 말할 것도 없이 인쇄 시설 도입이 급선무였음은 너무나 당연하였다. 그리하여 한국일보사는 화재가 발생한 이틀 후에 최신 인쇄 시설을 일본으로부터 수입키로 하고, 수입허가신청서를 상공부장관에게 제출하기로 하였다.

1968년도 당시의 한국외환 사정은 심히 어려워 모든 외화는 경제개발 자금으로 투입되고 수출물품이나 수입대체물품제조용 시설을 제외하고는 전반적으로 수입이 금지되었음은 물론, 특히 일본으로부터의 수입은 무역 불균형 시정 조치 수단의 하나로 수입을 최대한 억제하는 무역정책을 추진하고 있었다. 그리하여 수입 허가를 받기 위하여는 수입허가신청서 외에 갖추어야 할 까다로운 구비서류가 보통 10여 가지 이상이 요구되었다. 이러한 구비서류는 언론기관이라고 해서 예외가 될 수는 없었다.

상공부에서 함께 근무하고 있는 K과장이 수입허가신청서를 나의 책상 위에 던져 놓다시피 하면서 대단히 급하니 오늘 중으로 허가서를 발급해 달라는 것이 사뭇 명령조였다. 수입허가신청서는 수입하고자 하는 시설 목록이 적힌 신청서 한 장일 뿐 구비서류는 첨부되어 있지 않았다.

K과장은 장기영 회장이 경제기획원장관 겸 경제부총리 재직시에 수행 비서관으로 근무를 하던 중 그분이 경제기획원장관직을 그만둘 때에 상공부의 과장으로 온 사람이다. 나이나 행정 경력, 학력 등으로 보아 나보다는 후배에 속하는 분이다. 그러한 사람이 자기의 직속 부하도 아닌 나에게, 더욱이 부탁하는 사람의 입장에서 너무나 도가 지나쳤기에, 나의 불편한 심기를 그대로 토해 버렸다. 당신이 과장이 아니라 대통령이라도 이 서류로서는 허가를 해 줄 수 없으니 구비서류를 갖추어서 신청하라고 했다. 그러나 K과장은 신청서를 그대로 나의 책상 위에 두고 가면서 오늘 중으로 허가를 해주지 않으면 큰일이 날 테니 그리 알라면서 오히려 협박까지 하고 갔다.

그 이후 K과장은 매 시간마다 찾아와서 허가해 달라고 졸라 댔다. 나중에는 실토하기를 장기영 회장에게

"이 일을 위해서 제가 상공부에 온 것 아닙니까. 수입허가서는 제가 책임지고 하루 만에 받아낼 테니 조금도 염려하지 마시라."

이렇게 큰소리까지 쳐 놓았다고 하면서, 모든 책임은 자기가 질 터이니 제발 자기의 체면 좀 살려 달라고 애원가지 했었다. 그러나

나의 입장은 K과장의 체면을 살려 주기 위하여 나의 소신을 꺾고 공직을 걸 수는 없는 노릇이었다.

3일이 지난 후이다. 여직원이 전화를 받으라는 눈짓을 했다. 전화를 받으니 차관의 음성이 들려 왔다.

"잠깐 기다려."

그러더니 그 이후에 굵직한 음성이 흘러 나왔다.

"나, 장기영이에요."

"나, 이(李) 사무관의 입장 잘 알고 있어요. 알다시피 신문사가 워낙 급하니 어떡하면 좋아요. 구비서류는 나 장기영이의 명예를 걸고 2주 안에 제출할 것을 약속할 테니 한 번만 도와 주시오. 내가 부탁하는 사람의 입장에서 당연히 수입과에 찾아가서 정중하게 부탁하는 것이 도리인 줄 알지만 체면이 무언지 이렇게 전화로 부탁하니 좀 도와 주시오. 나, 이 사무관의 은혜는 결코 잊지 않을 거예요."

어쨌든 장기영 회장의 말에는 사람의 냄새가 풍겼다. '체면이 무언지' 하는 그분의 말에는 인간적인 연민마저 느꼈다.

"네, 알겠어요. 도와 드릴 테니 약속은 꼭 지켜 주세요."

나는 선뜻 대답을 하고는 전화를 끊었었다. 그리고는 K과장을 불러서 모든 구비서류를 2주 안에 제출하고 이와 관련된 모든 책임을 질 것을 약속하는 각서를 받은 후에 담당 직원에게 수입 허가를 위한 결재서류를 작성토록 하였다.

장기영 회장과의 짧은 대화로 완전히 무장해제되고 만 꼴이 되었다.

한국 속담에 '말 한마디로 천냥 빚을 갚는다'는 말이 있다. 장기영 회장과의 대화 속에 '체면이 무언지' 하는 그 말 한 마디가 나를 무척 혼란스럽게 만들었다. 그 말의 의미가 무엇인지 굳이 설명이 필요 없었다. 그 말 속에는 그분의 과거의 모든 권세와 자존심과 그리고 체면을 벗어던진 인간 장기영의 참 모습이 담겨 있었고, 불도저처럼 밀어붙이든 뚝심 속에는 내가 알지 못했던 그분만이 가지고 있는 진솔한 인간미가 있음을 느꼈기 때문이다.

12년 간 근무했던 공직 생활을 그만두고 1973년도에 미국 로스앤젤레스로 이주하여 생활을 하던 중 로스앤젤레스의 한국일보사를 방문한 적이 있었다. 뜻밖에도 그곳에서 화장실을 가기 위하여 복도로 걸어 나오는 장기영 회장을 만나게 되었다. 그분은 필자를 본 일이 없으므로 나를 알아볼 까닭이 없다고 느껴 그냥 지나칠까 생각하다가 인사를 드렸다.

"장 회장님, 안녕하셨어요? 저 상공부 근무했던 이재권입니다. 장 회장님은 저를 잘 기억못하시겠지만 저는 장 회장님을 크게 한 번 도와 드린 일이 있는 사람이에요."

말을 건네자 장기영 회장은 깜짝 놀라면서 물었다.

"그래요, 무슨 일이었지요?"

나에게 반문을 했다. 잠깐 설명을 드렸다.

"아, 그렇지. 그런 일이 있었지."

장 회장은 반갑게 나의 손을 잡아 끌면서 안쪽 회장실로 안내하였다.

나는 20여 분 동안 대화를 나눈 뒤 일어서면서 말했다.

"대접을 잘 받았습니다. 그때에 말씀하시기를 은혜를 꼭 갚겠다고 하셨는데, 오늘 너무나 과분한 대접으로 저에게 은혜를 충분히 갚으셨습니다. 오래오래 건강하시고 나라와 민족을 위하여 많은 수고 해 주시기를 바랍니다."

필자는 로스앤젤레스에서 그분과의 재회를 통해 또 한 번 놀랐다. 장기영 회장의 외모나 소문과는 달리 멀리 시집 보낸 딸 아이들을 돌보아주는 친정 아버지 같은 너무나 자상함과, 상대편을 배려해 주는 인간적인 참 모습을 발견하고 그때에 도와드린 일을 너무나 잘 했다는 생각을 하면서 흐뭇한 마음으로 집에 돌아왔다. 아직까지 한국일보의 도움을 받은 일이 있을까마는 그분과의 작은 아름다운 인연으로 인하여 특종기사를 한국일보에 제보하는 등 지금까지 한국일보에 대한 애정을 갖게 하고 있다.

저 먼 곳을 향하여

'시간' 얼마나 기묘하고도 불가사의한 것일까.
대체 누가 어느 때쯤 이 '시간'을 흘려 보내기 시작한 것일까……?
시간은 끝을 헤아릴 수 없는 영원한 과거로부터 영원한 미래를 향해
시시각각 한순간의 게으름도 없이 흘러가고 있다

1. 그레노블의 연설

IOC에서 북한의 호칭 문제는 참으로 골치였다.

알프스 산 속 호텔에서 김치찌개를 먹어야만 되겠다는 백상은 자기 뜻을 이루고야 말았다. 냄새가 뭐 어떠냐, 치즈는 더 냄새가 나잖느냐는 것이었다.

정일영(鄭一永) 스위스 대사와 한표욱(韓豹頊) 제네바 대사는 백상과 이마를 맞대고 기초연설의 초안을 봤다. 한대사의 영어는 외교관으로서 알아주는 것이다.

그러나 새벽에 원고를 본 백상은 글렀다고 했다. 그는 구술을 시작했다. 정일영 대사는 받아 썼다.

한국은 1947년에 IOC에 가입해서 48년의 런던올림픽에 참가할 때부터 Korea란 국호를 사용해 왔다. 북한은 15년이나 뒤인 62년에야 IOC에 가입, 64년 인스부르크 동계올림픽에 처음으로 참가해 North Korea란 국호를 사용하고 있다.

1966년 바덴바덴 IOC총회에서 종전의 국호 사용에 문제가 없음을 확인했다. 그런데 지금 또 그 문제를 다시 들고 나와 논의하자는 것은 유감이다. 어떠한 정치적 입김에도 의연해야 하는 IOC의

기본정신에도 어긋나므로 북한의 제의는 받아들일 수 없다.

총회에서 백상은 이상과 같이 이야기하고 "Korea is Korea, North Korea is North Korea!"라고 외쳤다.

투표 결과 그의 연설은 압도적 찬표를 얻었다. 스위스 IOC위원은 백상의 손을 잡고 "We got it! (우린 해냈다!)"라고 했다.

백상은 총회장에 들어가기 전에 입구에서 기다리고 있는 비서가 내미는 위스키 더블셧을 꼭 마신다. 그러면 브로큰이지만 뱃심 있는 말을 하게 되고, 그것을 또 모두 이해해 주고 좋아해 주었다.

특히 일본의 기요카와(淸川) IOC위원은 그를 든든한 존재로 알았고, 북한의 위원도 그에겐 은근한 예를 다하는 편이었다.

한 마디로 그는 덩치도 크거니와 배짱도 좋은, 난 사람 취급을 받았던 것이다.

브런디지 위원장이 그랬고 소련의 안드레아노프 부위원장도 결코 서먹한 상대로 보지 않았다. 모든 위원들과 따뜻한 악수를 나누는 장기영은 그러는 사이에 자라나는 우정을 아주 소중히 여겼다.

다음은 김주인(金周仁)의 회고.

지난 70년대는 김대중 씨 납치사건, 하야카와(早川) 및 다치카와(大刀川) 두 일본 학생 체포, 그리고 문세광 사건 등 한때 국교 단절의 위험수위에 이르렀던 한·일 양국관계가 오늘과 같은 평온을 되찾게 되기까지는 파란만장의 역정을 거쳐야만 했다.

그 동안 수면 아래에서 한일 국교의 조타수 역할을 해온 것이 한일협력위원회였다고 생각한다. 한·일 양국의 정·재계 지도자들이 1968년 10월경에 서울에서 회합하여 한일협력위원회를 발기하였고, 1969년 2월에 도쿄에서 창립총회를 개최한 후 20여 차례의 회의를 거듭하면서 두 나라 사이의 어려운 문제들을 대화를 통해 수렴하여 정치에 반영하도록 함으로써 매듭을 풀어 왔다.

장기영 선생은 한국측 발기인이었고, 창립총회에서는 대회 부의장에 선임되었으며, 한·일 대토론회에서는 한국측 사회를 맡는 중책을 다해 왔다.

창립총회는 1969년 2월 12일부터 3일 동안 도쿄경단련(東京經團連) 대강당에서 개최되었는데, 일본측에서는 기시 신스케(岸信介)·아다치 다다시(足立正)·이시자카 다이조(石坂泰三) 씨 등 정·재계 지도자 80여 명이 참석하였고, 한국측에서도 백두진·최두선·윤치영·장기영·김성갑 씨 등 50여 인사들이 참석하였다. 박정희 대통령과 사토 에이사쿠(佐藤榮作) 수상의 메시지와 기타 명사들의 축사를 받으면서 대회가 진행되었고, 대회 임원은 회장 기시 전수상, 부회장 장기영 전부총리, 대변인 김주인, 하세가와 히토시(長谷川仁), 사무총장 야쓰기 가즈오(失次一夫) 공동성명 기초위원 백남억·기우치 노부다네(木內信胤) 씨가 선출되었으며, 공동성명에서는 '한·일 두 나라 사이의 어려운 문제들을 토의를 통해서 개선해 나가기 위해서 한·일협력위원회를 창설한다'고 설립 목적을 밝히고 있다.

장기영 선생의 민간외교활동을 일일이 열거할 수 없지만, 특히 1974년 7월 3일 경단련(經團連) 대강당에서 개최되었던 '한·일문제 대토론회'에서의 활약은 특기할 만하다.

일본측에서는 기시 전수상 외에도 각계 지도자 260여 인사가 참가하였고, 우리 나라에서는 백두진·장기영·박준규·김경원·손제석·한태연 씨 등 20여 인사가 참석하였다. 회의는 '쇼와(昭和)의 괴물'로 알려진 야쓰기 씨와 장기영 씨의 사회로 진행되었다.

장기영 선생은 사회봉을 잡자 인사말을 통해서

"본인은 상임위원인 동시에 남북조절위원장서리의 자격으로 역사적 의의를 갖는 본 대회장에서 대연설을 하고자 했으나 한국측 의

장을 맡게 되어 본의 아니게도 토론을 단념하지 않을 수 없다. 그러나 본 대회에 참석하고 계시는 호겐 신사쿠(法眼晋作) 선생과는 별도로 심도 있는 대화를 하고 싶다."

이렇게 전제한 다음 말을 이었다.

"여러분께서 궁금하게 생각하고 있는 남북관계의 전망은 가장 불확실한 상황이고, 이와는 대조적으로 한·일 양국의 관계는 전망이 가장 확실하다고 단정지을 수 있다. 그 이유는 한·일 두 나라 국민이 선택할 수 있는 길은 오직 '우호친선'의 길밖에는 없기 때문이다."

장기영 선생은 만장의 박수를 받았다.

이날의 토론회에서는 한·일 두 나라의 지도급 인사들이 기탄 없이 의견을 교환함으로써 해묵은 오해를 풀고 불신을 해소하는 데 크게 공헌했다고 평가하고 있다.

그 당시 일본 국내의 여론은 김대중피랍사건과 하야카와와 다치카와 두 학생피체사건 등으로 흥분상태였고, 일본 국민에 대한 감정은 영점 이하의 상태였지만 이 두 사건에 대한 장기영 선생의 답변은 의연하고 당당하였다.

"한국의 정부가 두 학생을 체포한 것은 국법을 위반한 혐의가 있어서 체포한 것이고, 한국 재판소는 공개적으로 공정한 심판을 해서 흑백을 가려줄 것이다. 그리고 재판 결과가 두 학생에게 불리한 경우에도 외국인이란 특수신분 때문에 통치권자의 정치적 배려도 기대할 수 있다. 본인은 이러한 경우에 상임위원회의 자격으로 특사를 건의할 생각이다."

그의 소신을 당당히 피력하여 일본인들에게 감명을 안겨주기도 하였다.

"그리고 김대중 씨 문제는 본질적으로 한국의 국내문제이므로 외국에서 논의할 문제가 아니다. 김대중 씨는 한국 국법에 의해서 국법대로 처리될 것이며, 그의 생명은 절대로 안전하다고 보장할 수 있다. 정치적 보복이나 차별취급은 있을 수 없고, 있어서도 안될 것이다. 여러분이 걱정하고 있는 한국의 민주주의는 그 앞날이 밝고 긍정적이라 말할 수 있다. 한국에는 99개 대학이 있고, 대학생 수는 17만 명이며 대학 졸업자는 1백만 명에 달하고 있다. 민주주의를 학습한 이들 지식인들이야말로 한국 민주정치의 인적 자원이며 그 기반이다."

이렇게 답변하여 만장의 박수를 받았던 것이다.

우리측에서 토론에 나선 한태연 교수는

"제주도에서 밀감을 재배하려면 방풍림이 필수적이다. 한국에서 민주주의를 발전시키려면 어느 시기까지 보호조치가 필요하다. 바이마르헌법에서 민주주의의 방위 수단을 무시하였던 까닭으로 의회정치의 실천 과정에서 1933년에 나치스 독재정권을 탄생시키는 결과를 가져왔다. 민주주의 세계관에서 상대주의를 주장해 온 라드브루후 교수는 나치스에 의해 스위스로 축출당한 후에야 상대주의의 과오를 자인하였다. 일본의 민주주의도 패전 후에 미국에서 수입하였고, 주둔군의 보호하에서 공산주의까지 합법화하였다. 한국정치의 현단계에서는 민주주의 방위정책은 불가피하다."

고 역설하였다.

한국의 남북관계 전망에 대한 일본측의 집요한 질문에 장기영 선생은 남북조절위원장서리의 직책상 자유스러운 논평은 할 수 없으며, 더더욱 북한에 대한 중상이나 비방을 할 수 없지 않느냐고 의미심장한 반문을 하여 일동의 폭소를 자아내기도 하였다.

장기영 선생은 해박한 지식과 유머와 설득력 있는 화술로써 우리나라의 현실을 이해시키면서 대토론회를 원만히 마치도록 하였다. 장기영 선생이 두 나라 사이의 어려운 문제들을 풀어나가는 데 이바지한 공적을 매거하기 어렵지만 두 나라 국민감정의 대립이 절정에 이르렀던 시점에서 개최되었던 한·일 대토론회에서 선생이 연출한 민간외교의 일단면을 소개했다.

2. 장애물경주

서울대학교 행정대학원이라면 상대할 만한 사람들이 모여서 공부하는 곳이다.

1969년 4월 25일, 거기서 '한국 경제의 체질과 진로'에 대해서 이야기해 달라는 청을 받았다. 부총리 재임시절의 '독주(獨走)'란 인상에 대하여 해명할 기회이다. 그래서 '장애물경주 3년 반'이라는 부제(副題)를 붙여 달라고 했다.

장기영은 이렇게 말했다.

"저는 우리 정부에서 독주를 한 것이 아니라, 장애물경주를 했다고 해야겠습니다. 정부에 들어가보니까 시누이가 170명이나 있어요. 이 170명의 시누이란 여야 국회의원들을 말하는 것입니다. 그밖에 행정부·입법부를 비롯해서. 또는 사법부를 위시한 모든 헌법기관을 포함해서, 경제기획원 장관이 하는 일상업무를 감시하고, 독려하고, 간섭하고, 말썽을 일으키고, 부정확한 자극적인 정보 취미와 부족한 지식을 가지고, 솔직히 말해서 무식을 가지고 국무(國務)를 방해하는 데 큰 고통을 느꼈습니다. 이러한 기관이 얼른 내가 세어 보아도 40개나 있어요. 그 중에 거의 반이 내가 하는 일에 대해서 사전에 토의하기를, 사전에 의논하기를 희망하고, 사전에 알리지 않으면 심사를 부리고 트집을 잡는 것입니다. 이러한 장애물의 정글 속에서 무슨 재주로 독주를 하겠어요? 장애물이 있으면 있는 대로 내가 더욱 용기를 내고. 그 장애물을 배제하면서 밀고 나가려는 태도나 자세가 혹 독주하는 것처럼 보였다면 오히려 천만다행이라고 생각합니다. 처음에는 내가 장관들 하고 회의를 하고 있었어요. 차차 대리자를 내보내더군요. 나중에 보니까 어느덧 나는 주사(主事)들과 회의를 하고 있는 자신을 발견했습니다. 그래서 '아, 이것이 독주인가보다' 이렇게 생각을 했지요."

사람들은 웃었다. 진부(眞否)는 여하튼 간에 표현이 재미있다. 무식하지 않다. 자신만만한 포즈이다. 아마 저 포즈를 보고 그렇게들 말한 것이 아닐까 생각하는 사람들이 많았다.

3. 과연 왕초, 당할 수 없는 큰그릇

폴란드 바르샤바에서 IOC총회가 있었다. 어느 날 백상은 《한국일보》 파리 특파원으로부터 김학렬 청와대 경제수석비서관이 부총리 겸 경제기획원 장관이 됐다는 소식을 들었다.

자기가 정부에 있을 때 사사건건 대립하고 나오던 사람. 그래도 용케 2년간이나 같이 일을 해 왔지만, 끝내는 철천지 원수처럼 세상에 소문을 퍼뜨린 사람. 나를 '개새끼'라고 했다는 사람.

백상은 파리 특파원을 불렀다.

"여봐, 김부총리한테 전보를 쳐 줘요. '머나먼 곳에서 귀하의 부총리 취임을 축하합니다. 건투를 빕니다'라고……."

체증이 내려가는 기분이었다. 여태까지 자기에게 반감을 가진 사람을 요리 못해 본 적이 없는데, 이 사람만은 도무지 안 되었다. 직업관료군(職業官僚群) 중의 일학(一鶴)이었다.

회의를 끝내고 숙소로 돌아왔을 때이다. 한 장의 전문이 날아와 있었다.

'축전 감사합니다. 장위원의 애국적 활동에 경의를 표하며, 그곳 일의 성공을 빕니다. 김학렬.'

"하하하!"

백상은 혼자서 큰 소리를 내어 웃었다. 수년 동안 차가웠던 그와의 사이가 순식간에 녹아 버리는 것이 아닌가?

백상이 귀국했다는 소리를 듣고 김학렬 부총리는 신문사로 연락을 해왔다.

집에서 휴식을 취하고 있던 백상은 김부총리에게 전화를 걸었다.

"축하합니다. 누구보다도 기쁩니다. 지내 보시면 부총리 자리가 얼마나 고되고 어려운가 알게 될 거예요. 어쩌면 지난날 김부총리가 그렇게 비판했던 내 부총리 시절을 이해하게도 될 거예요."

"감사합니다."

김학렬 부총리는 부드럽게 인사했다.

"《한국일보》가 모든 자매지를 포함해서 당신을 전폭적으로 지지할 테니, 도움이 필요하면 언제든지 연락하세요."

"감사합니다."

"그리고 우리 엄일영(嚴鎰永) 기자한테 비서실장으로 오라구 그러셨다는데, 필요하다면 데려다 쓰세요. 부담스러우면 언제든지 되돌려 보내시구요……."

"여러 가지로 신경 써 주셔서 감사합니다."

수화기를 놓은 김학렬 부총리는 숙연해졌다. 그는 조용히 내뱉었다.

"과연 왕초는 왕초야. 당할 수 없는 그릇이야!"

다음은 김석영(金錫營)의 눈과 마음에 비친 장기영의 모습을 보기로 하자. 김석영의 회상이다.

호사다마라는 말이 있듯이, 백상이라는 아호가 무색할 정도로 아마도 그는 일 만들고 뛰어다니는 사람치고는 당대에 으뜸가는 근면인이었을 것이다.

언젠가 나는 백상이 기거하던 자택, 그것도 안방에까지 밀고 들어가 백상과 대좌하던 일이 생각난다. 일요일이면 으레 백상을 만나러 서대문집으로 가는 것이 나의 일과였다. 날이면 날마다 백상을 만나러 아침 일찍부터 와서 기다리고 있던 사람이 한두 사람이 아니었다.

왜 그렇게도 많은지. 사람들은 내심 생각하기를, 백상은 아예 일복이 많은 사람으로 여겨 한두 시간쯤 기다리는 것은 예사로운 일로 알고 있었다.

그러나 나만큼은 출입이 잦은 사람으로 여겨 아예 백상이 잠자고 일어나는 안방 앞에까지 드나드는 사람 축에 속해 있었다. 그러나 나는 백상을 꼭 만나고 가야 하겠기에, 몇 시간이라도 깊숙한 안방 옆에까지 가서 포진하고 있었다. 안방에 들어가 몇 번 목격한 일이지만 백상은 그때마다 웬일이 그처럼 바쁜 것인지, 나하고 말하는 동안에도 전화는 연상 걸려 왔다.

그런데 할일은 많고 몸은 건강해야 하겠기에, 장수하려는 의도에서인지, 백상은 스스로 큼직하고 불그스름한 당근을 부지런히 씹고 있었다. 그 당근 씹던 모습이 지금도 좀처럼 잊혀지지 않는다.

하루는 집안에 들어서니 백상이 잔디밭 위에서 아침식사를 드는 둥 마는 둥 하면서 신문사에서 가져온 결재서류를 만지작거리며 무엇인가 계속 생각하는 것 같았다.

당시 백상 자신이 말했듯이 '뛰면서 생각하라'는 말이 정말 피부에 닿을 정도였다.

백상이 국회의원에 출마했을 당시 나는 백상을 도우러 종로 관내에서 일어나고 있던 정황을 참모들에게 일러주곤 했다. 백상과의 기이한 인연이 이로부터 시작되었다.

또 내가 《판문점 20년》이란 책자를 중판할 때에는 추천사를 보고 이곳저곳 고쳐 서문 다음에 넣기로 응락해준 일도 있었다. 이럭저럭 백상과 만나는 기회는 비교적 한동안 계속되곤 했다.

그때마다 백상이 풍겨주는 체취와 모습들은 한결같이 시간에 쫓기고 일에 파묻히고, 사람들에게 치우치고 그런 인상이었다. 체구가 우람한데다 말은 강하고 빠른 편으로, 매사에 철판이라도 뚫을 듯한 기백과 용기는 백상의 무서운 눈초리가 입증해 주었다. 그야말로 무에서 유를 창출해 내는 초인적인 사람이었음이 분명했다.

하루에도 백 가지, 천 가지 생각을 하며 무엇인가 새롭게 만들어 내는 무서운 마력을 지니고 있었던 사람이 바로 백상이었음을 아는 사람은 그리 흔치 않을 것이다.

백상이 일이 잘 풀리질 않아 어떤 때는 측근에게 목소리를 높이는 것을 목격한 일이 있었다. 그러나 이면에는 백상이 남다른 의리가 있었고 숨은 인정이 사람들로 하여금 그를 따르도록 만들 만큼 눈에 보이지 않는 무서운 힘을 간직하고 있었다.

자신 곁을 떠났다가 되돌아온 사람들을 다시 자신의 동지로 받아들이기란 보통사람으론 여간해서 할 수 없는 일이었기 때문이다.

백상은 때때로 외국에 나가는 일이 많았지만 기름진 외국음식을 마다하고 우리의 구수한 된장국과 털털한 쌀밥을 곧잘 즐겼다니, 백상의 서민적이고 소탈한 일면이 있었음을 짐작할 수 있다.

남이야 어떻게 생각하든, 백상과 맺었던 얼마동안의 인연을 나는 매우 소중하게 간직하고 있다.

4. 고가 마사오 환영

'酒は涙か(술은 눈물이나)' '丘を越えて(언덕을 넘어서)'의 작곡가 고가 마사오(占賀政男)는 일본에서 가상 많은 녕곡을 삭곡한 사람이다. 그의 노래를 부르지 않은 사람이 없고 그의 영향을 받지 않은 사람이 없다.

고가 마사오는 서울 남대문 가까이에 살면서 어린 동생을 업고 다닐 때 술집에서 흘러나오는 조선 가락에 귀를 기울였다.

고가 마사오는 선린상업 출신이다. 그가 해방 후 처음으로 서울에 왔을 때 장기영은 신문사 사장으로서보다도 선린상업 후배로서 가장 따뜻한 영접을 해 주었다.

고가 마사오의 가락의 원조는 한국 멜로디라는 소리를 들었을 때 장기영은 비할 데 없는 기쁨을 맛보았다.

길옥윤(吉屋潤)은 장기영의 총애를 받는 한국의 대표적 작곡가로 고가 마사오와 만날 때 동석한 것은 물론이다.

고가 마사오는 한국의 작곡가들을 위한 상을 만들어 주겠다고 약속하고 갔다.

장기영은 정초에 충정로 집에서 파티를 할 때, 길옥윤을 꼭 불렀다. 또 도쿄에 가서는 '비원' 같은 데서 같이 놀고, 그가 운영하는 클럽에 와이셔츠 바람으로 가서 흥을 나누기도 했다.

훗날, 고가 마사오가 다시 내한했을 때 기쿠마사(菊正)라는 정종을 가져왔으나 백상이 고인이 된 것을 보고, 2세에게 건네 주면서 말했다.

"아버지가 이 술을 그렇게 좋아하셨어요. 먼저 가 버렸다니 참으로 유감이로군."

그러면서 그는 숙연히 고개를 떨어뜨렸다.

일본 《마이니치신문(每日新聞)》의 마에다(前田) 특파원이 그 장면을 지켜보고 있었다.

고가 마사오는 그 듬직한 언동과 완벽한 일본말을 구사하던 가장 자랑스러운 후배를 잃은 슬픔을 가누지 못하는 것 같았다.

잠깐, 서울대학교 행정대학원 원장을 지낸 이한빈(李漢彬) 교수의 이야기를 들어보자.

1969년 4월의 일이다. 내가 원장으로 있던 서울대학교 행정대학원의 창립 10주년을 맞이하여 기념행사의 일환으로 '율곡강연'이라고 이름을 붙인 특별강연 시리즈에 백상을 연사로 초청하였다.

우리 경제가 이륙하는 중요한 시점에 우리나라 경제정책의 사령탑을 맡았으니 '고도성장의 경륜과 전략'이라는 제목을 가지고 한번 스스로 펴던 경륜을 후진 앞에서 풀이를 해달라고 부탁하였다.

강연의 내용은 한국경제의 체질과 취약점, 경제정책결정과정에 있어서의 조정과 경험, 통화안정론과 한국 물가수준의 특질, 금리현실화정책 내지 조달방법, 현금차관 시비, 국제수지균형과 국내재정 수지 균형, 제2차대전 국제협정 조류, 대분배원리 중심으로 거론된 15개 경제정책 등의 소제목들이 암시하는 바와 같이 매우 충실한 것이었으며, 대학원 학생들과 교수들에게 많은 감명을 주었다.

그러나 무엇보다도 기억에 남는 말은 아래와 같은 맺는 말이었다.

'제가 정부에 있을 동안에는 아침에 일어나면 일어나기 전부터 전화가 옵니다. 이 전화는 대부분 먼저 말씀한 시누이(국회의원)들이나 불평불만을 가진 사업가들에게서 오는데, 이 전화를 받아 주지 않으면 안됩니다.

그런데 아직 자리 속에 있을 적에는 오히려 괜찮은데 화장실에 들어가서 이를 닦을 적에 전화가 오면 아주 곤란합니다. 칫솔을 물고 한 서너 번 닦자면 전화 왔다는 것입니다. 그러면 할 수 없이 치약을 뱉고 전화를 받고 나서 또 이를 닦아야 되는데, 이것을 하루에 세번 네번 되풀이하게 되니까 이를 세번 네번 닦게 되어 이가 좋아질 수밖에 없지요.

화장실에 다섯 대의 전화를 가지고 있는 것은 사실이고 아직도 그 전화가 있습니다. 지금도 물론 이를 닦는 동안에도 전화가 오면 받습니다마는 그 후에는 좀 기술이 늘어가지고 치약을 뱉지 않고 전화를 받는 방법을 알게 되었어요. 인간 오복의 하나인 치아가 좋아졌다, 이 말씀을 드림으로써 그 유쾌했던 《독주 3년의 회고》의 하나를 피력하고 오늘의 변변치 못한 말씀을 끝마치겠습니다.'

별로 학교를 많이 다니지 않고도 일세의 경륜을 폈던 이 명재상이 서울대학교 강단에 서게 된 데 대한 개인적인 만족감과 더불어 유머에 찬 그의 체취를 느낄 수 있는 기록이다.

나는 지금도 백상을 저 '율곡강연'의 단에 서게 한 것을 매우 흐뭇한 추억으로 간직한다.

5. 등에가 되지 말라

넓은 편집국에는 간부, 기자들이 꽉 들어차 앉아 있다. 점퍼 차림의 장 사주는 신문 한 장을 들고 거리낌없이 중앙의 국장석으로 다가간다.

앉는 그의 얼굴은 화가 잔뜩 나 있다.

1970년 2월 24일의 화요회(火曜會)다.

"사진부장 나왔어?"

제일성이 터져나왔다. 아무도 대답이 없다.

"조동표(趙東彪) 씨……."

또 답이 없다.

"김재영(金在泳) 씨 나왔어?"

"안 나왔습니다."

누군가의 답.

"이용일 국장 나왔어?"

"아직 안 나왔습니다."

또 누군가의 답이다.

"공무국장 나왔어?"

답이 없자 그는 재차 소리를 높였다.

"공무국장!"

누군가가 안 나온 이유를 말했다.

"음…… 홍유선 씨 나오시구요……."

바로 눈앞에 앉아 있다.

"오늘 애기할 첫째 제목은요…… 《일간 스포츠》…… 어…… 지방판 기사는 썩었다——이게 첫째 제목입니다. 《일간 스포츠》는 썩었다, 기사가 부패했다. 이런 애깁니다. 꼭 썩은 생선과 같은 냄새가 난다 이겁니다. 스포츠같이 팔팔 뛰는 생선 같은 이런 신선한 기사를 말이죠……썩혀서 내보내선 안 된다 이런 겁니다."

그는 화난 얼굴로 좌중을 훑어보았다.

"그걸 내가 모르고 있다가 어저께 그저께 일요일날 발견했어요. 일요일날 아침에 집에서 《일간 스포츠》를 보고, 저녁때 뭐 좀더 신선한…… 그…… 스포츠 뉴스를 갖다가 또, 《한국일보》에서만 나오는, 일요일날 저녁때 나오는 《일간 스포츠》 지방판, 거기다가 큰 기대를 걸고 그 신문을 봤더니, 아침에 집에서 본 신문과 똑같은 신문이야, 날짜만 달라졌지."

그는 눈을 부릅떴다.

"신문이 이렇게 썩을 수가 있어요? 이 책임은 지금 내가 네 분의 이름을 불렀지만, 네 분한테만 있는 게 아니에요. 《한국일보》 전체 분위기가 풀어진 데 있어. 만심을 일으킨 데 있어요. 여기 만장의 여러분 중에 정말 신문기자 자격이 한 분이라도 있었다면, 벌써 빌견해 가지고 이것을 어드바이스했을 거예요. 《한국일보》가 여러 가지 신문을 맨드는 그…… 특징은 말이지, 그 효력은, 일요일날 맨드는 지방판 《일간 스포츠》, 월요일날 아침에 배달되는 《일간 스포츠》, 이것이 하나의 정점이에요. 하나의 제일 가느다란 맨끝의

침이에요. 침 끝이야! 근데 그것이 이렇게 둔해 가지고 되겠어요? 그 신경이? 뭐 여러 가지 변명이 있지만 그거는 다아…… 그런 변명을 허는 사람들은 신문기자 아니야! 가서 약장수하는 게 좋아! 저기 가서! 할일없이 팔리거나 말거나 그 가위나 쩔거덕거리고 다니는 게 좋아요 차라리…… 부산에서 무슨 금융인 축구대회인가를 그날 3시부텀 해서 4시, 5시 이렇게 끝났는데…… 그날 저녁에 부산에 내려보내는 신문이, 이튿날 아침 부산에서 배달되는 신문이, 그 부산서 축구한 기사가 안 나요. 그 전날 게 난다 이말이야!"

그는 장내를 훑어보았다. 모두 얼간이들처럼 멍청한 것만 같다.

"난 《일간 스포츠》 지방판을 내게 된 이후부터, 모든 면에 있어서 《한국일보》가 앞서 있다. 그런 막연한 자부심을 가지고 있었어요. 그러나 그것은 물거품과 같은 것이었어. 오히려 그 역효과를 내는 것이었어. 썩은 기사를, 하루 묵힌 기사를 뻔뻔하게 날짜를 고쳐 가지고 지방 독자를 며칠 동안 속여 먹었지만, 그 후는 지방에서 《일간 스포츠》 지방판을 보지 않을 거야."

지시를 내릴 때이다.

"지금부터는 《일간 스포츠》 지방판은 마지막 마감을 해야 돼. 여기에 반대할 어떤 사람도, 어떤 사람도 반대할 권리를 가진 사람이 없어. 새로운 뉴스를 독자헌테 제공혈려고 그러는데 공무국이나, 편집국이나, 업무국에서 반대하는 사람은 그 시각부텀 《한국일보》 사원 아니야! 여기 와 있는, 우리를 뜯어먹는, 우리의 피를 빨아먹는 우리의……."

목이 답답하다. 그는 테이블 위의 물을 마시고 말을 이었다.

"땀을 빨아먹는 불필요한 사람들이야. 소 등에 붙어 가지고 한여름에 쇠피를 빨아먹는, 뭡니까 그게…… 뭐라고 그래…… 뭐라고 그래요? 거 뭐라고 그러죠? ○○ 기자!"

욕을 줄기차게 해 나가다가 막혔다. 그거 뭐라고 그러죠? 끈덕지게 묻고 덤비는 것도 장기영이 아니면 있을 수 없는 일이다.

○○ 기자는 멀리서 무어라고 대답을 했다. 장기자는 얼굴을 내밀며 귀를 기울인다.

"어? 어? ……등에지?"

"파리 같은 거 말입니까?"

"그래 파리 같은 거, 등에야, 그래. 등에 같은 거지. 그래, 끈질기게 말이지, 빨아먹는 줄도 모르게 빨아먹는……."

모두 웃었다. 저것이 장기자의 애교다. 저것이 밉다가도 웃게 되는 저 친구만의 마술이다.

"이거는 신문사의 사장 명령이니까 꼭 지켜 주세요. 《일간 스포츠》는 맨 마지막 강판, 8시 반 부산 가는 기차에 대게 맨들면 돼. 그렇지 않으면 신문 아니에요. 그리고 2면, 3면은……."

이러는데 무슨 웅성거리는 소리가 들려왔다.

"뭐, 누가…… 누가 반대하는 거예요?"

장내가 조용해졌다. 그는 한층 야무진 목소리로 선언했다.

"아무도 반대할 권한이 없어요. 문선부 사람도 그렇고, 공무국 사람도 그렇고, 조판부 사람도 반대할 사람 없어요. 제판부 사람도 그렇고……."

그는 물을 들이키고 소리를 질렀다.

"신문사 그만둘려면 반대하세요!"

장내가 숙연했졌다. 자주 듣는 소리라 별로 언짢아할 것도 없다.

"그래서 오늘부텀은 내가 《일간 스포츠》 지방판 나가는 것을 8시경에 보고 나가겠어요. 8시에 나오면 돼!"

물을 들이켰다.

"내 저번 교육시간에도 얘기했어요. 공무국장이 편집국장이에요. 공무국장 겸 편집국장이에요. 편집국에서 그렇게 한다는데 공무국에서 안 된다 그러지? 우리 하루 종일 고생하고 손에다가 먹칠을 하면서 맨들면서 썩은 신문을 맨들 수가 있느냐, 썩은 뉴스를! 윤전기에서 썩은 뉴스를 돌릴 수가 있느냐 이런 얘기예요. 적어도 마감을 7시쯤 해 가지고, 7시 반쯤 내려서, 8시, 8시 10분이면 발송 나가서, 우선 차 태워야 돼요. 그 전에까지 강원판(江原版)은 그 이튿날 아침의 시내판을 보내요. 업무국에서 이걸 반대해야 돼? 업무국장이 곧 편집국장이야! 다시 말하자면 모든 사람이 우리의 기자고 신문제작자야. 뉴스의 전달자야."

장기자의 말은 끝날 시간을 예상할 수가 없다. 여러 군중들을 모아 놓고도 저렇게 길게 이야기할 수 있을까. 만만한 사원들 앞에서만 저럴 수 있는 것일까?

기자들 대부분은 숙연하게 듣는 편이다. 그러나 어떤 기자들은 '또 시작하는구나' 한다. 장광설을 두고 하는 말이다.

그는 별의별 이야기까지 물을 마셔 가면서 계속한다. 김활란(金活蘭) 박사 장례식 때, 《한국일보》가 전에 실례한 적이 있었는데, 잘못을 시정하기 위하여 사후이지만 많은 신경을 썼다는 이야기이다.

그는 한참 사이를 두었다가, 이번에는 약간 옥타브를 겸손하게 유지하면서 말했다.

"3월 1일부터 주 48면 증면을 하게 되는데, 이제 이 증면이야말로 《한국일보》 실력을 발휘할 때가 온 거야. 1962, 3년경일 거야. 그때 조석간(朝夕刊) 시대예요. 《한국일보》가 조석간 시대로 들어가면서부터 우리가 더 열심히 해가지고, 앞에 선 《동아일보》의, 뛰어가는 《동아일보》의 뒷머리를 잘라다 붙여 버렸어요. 뒷머리를 붙잡았었어요. 그 뒷머리를 홱 잡아당기고 앞서면 우리가 한 머리를 앞서는 거예요. 경마헐 적에 한 코 앞서서 나가듯이…… 그 시기에 다 도달했는데, 그때 정부가 뭘 생각했는지 단간제(單刊制)를 갖다가 감행했어요. 100미터 경주에서 우리 1등할 자신이 있었어요. 그

후에 가서 우리 다음에 따라오는 사람에 대해서 20미터쯤 떨치고 있었어요. 그 단간제를 만드니까는 20미터 차가 10미터로 줄어 버렸어요. 50미터 경쟁이 되니까, 가까스로 붙잡았던 사람도 놓쳐 버렸어요. 그러한 천재일우의 기회가 다시 이제 오는 거예요. 나부터도 이제 정신을 바짝 채리고, 매일 8면, 우리가 숙망의 48면, 이것을 실행 함으로써 기사면에서나 인쇄면에서나, 배달·보급면에서나, 전력을 다해서 우리가 앞서야 될 겁니다. 인제 우리가 장거리 경주에 들어가는 거야. 장거리경주는 심장이 튼튼한 사람이, 평소에 체력을 연마한 사람이. 결국 승리하는 거야. 단거리경주에서는 다 실력을 발휘할 수 없어. 거기에 관련해서 편집국에서 열심으로 모든 기획을 허구 있는 걸 내가 알고 있어요. 또 최근에 《한국일보》 48면 허기 전에, 8면 허는 날에 기획이 종래보담 더 잘 돼 있다는 것도 내가 인정헙니다. 이 기회에 더 여러분 실력을 발휘해 가지고, 특히 내 생각에는 가정과 신문, 결국 신문은 가정에 배달허는 거니까. 가정과의 직결, 가정과의 유대라 그럴까, 가정의 신문을 맨들어야 돼요. 가정에서 필요한 필수품을 맨들어야 돼."

끈덕지고 줄기차다. 어디서 이야기가 끝날 것인가? 아직도 예측을 할 수가 없다.

"언젠가도 얘기했지만."

그는 계속한다.

"일본의 《요미우리신문》이 다른 신문을 앞서기 시작한 그 이유가, 그 원인이, 《요미우리신문》 역사를 읽어 볼 것 같으면 가정란을 충실히 허기 시작하고부터 신문이 늘기 시작했다는 거예요. 신문을 구독허는 데는 그 가정에서 주부의 의견이 이미 주도적인 역할을 허는 모양이에요. 문화부, 가정부, 또는 가정란 관계허는 사람을 더 늘리더래도, 가정란을 더 충실히 신선하게 맨들어야 돼."

여기서 끝나나?

"다음에는……."

장기자는 이제부터 이야기를 시작하는 것처럼 태연하시다.

"최근의 신문 보급을 위한 것이라고 그럴까, 새로운 신문으로서, 어떤 지역사회와 어떤 지역과의 신문, 어떤 특수한 사회와의 신문, 그런 데 주안을 두고 거기서 떨어질 수 없는 연결을 갖게, 이렇게 신문을 발전시켜야 될 거예요. 요새 신문학을 배우고 온 사람들, 소위 신문대학원에서 가르치는 교재, 이런 걸 보면 그런 시스템으로 어느 신문이, 그런 어떤 로칼 신문적인 그런…… 가정에 불가피한, 독자에 불가피한, 불가결한, 필수품적인 기사를 제공하면서 또 전국적인 내쇼날 페이퍼의 역할을 하는 것, 그런 신문이 최대공약수를 발견해 가지고 가장 큰, 또 내용 있는 신문이 생활필수품으로서의 신문을 맨들 수 있다, 이런 얘기예요."

그는 갑자기 한 옥타브 올리면서 장내를 훑어보았다.

"《한국일보》에서 여러 가지 사업을 하는데 흉을 보는 사람도 있어요. 왜 저렇게 쓸데없이 돈 안 생기는 사업을 많이 하는가? 그건 모르는 소리! 아까 내가 얘기한 바와 같이 어떤 특수한 직업을 가진 사람들, 어떤 지역과 불가분의 관계를 맨들기 위해서 허는 거예요. 언젠가도 얘기했지요? 연날리기대회를 한다. 연날리기 하는 사람은 다 그 신문 보게 돼요. 활쏘기대회를 한다. 활 쏘는 사람은 신문을 다 보게 돼요. 미스 코리아대회를 한다. 미인이라고 자처하는 사람은 다 이 신문을 보게 돼. 관심을 갖게 돼. 꽃꽂이대회를 한다. 글쓰기대회를 한다. 꽃꽂이나 글쓰기에 대해서 관심을 가진 사람도 이 신문을 보게 돼요. 그렇게 우리 전사회와 끊을 수 없는 인연을 맺어 가는…… 소위, 그것이 일종의 각 사회 부문의 공기로서의 역할을 하는 거예요. 사회 공기라는 것은 무슨 대언 장담하고, 비분개탄하고, 국가정치를 논하는 것, 그것만이 사회 공기 아니예요. 사회 각 부문의 각 집을 가진 사람의, 각 직업을 가진 사람의 매일 살아나가는 살림살이와 연결을 갖게 하는 것, 그것이……
…… 그것이 새로운 신문의 형태예요. 지역사회와 연결을 갖고, 동시
에 적극적인 신문이 될 수 있는 것, 우리 나라만한 인구 단위에,
또 요만한 좁은 지역에서 가장 신문을 많이 팔 수 있는 방법이에
요. 미국같이 넓거나, 또 인구의 조밀도가 약하거나, 그런 데서는
그런 신문을 맨들 수가 없어. 그런 점에 있어서는 우리 나라처럼
신문시장이 좁고 밀도가 있는 데가 없어요. 그런 특수성이 있어.
이러한 특수성에 맞춰서 신문을 맨들어야 돼요."

그는 3월 1일부터 증면하는 것과 더불어 실력 발휘하는 것을 촉
진하기 위하여 편집심의위원회(編輯審議委員會)라는 것을 만들 생
각이며, 한 번은 자기가 심의를 하는 입장에 서 보고, 한 번은 자
기가 심의를 받는 입장에 서게 하여 상업신문으로서 어떻게 발전시
켜 나갈 것인가, 반성, 연구, 격려하는 부서를 만들 작정이라고 선
언하고 나서 말을 이었다.

"《일간 스포츠》 같은 신문이 조금만 더 노력하면 이거…… 상당
히 많이 팔리고 독자를 많이 끌 수 있는 신문인데도 불구허고, 내
가 이상으로 삼았던 것보다도 지지부진하단 말이야. 밤낮 업무국장
만 야단치지. 그것만 가지고는 안 돼. 원인이 어디 있는가 좀 찾아
보니까는 지방판이 7시에 마감해서 보내 버렸어요. 그러면서 깜짝
놀랬어요. 일요일날 새벽인가, 언제 내가 새벽에 좀 일찍 갈 일이
있어서 나와 보니까는 그때 6시 반인데 《일간 스포츠》를 배달해요.
일요일날이 아니라 어저께 아침이군. 월요일날. 우리 집 근처에서
몇 부 배달허냐……."

그는 고개를 번쩍 들고 외쳤다.

"여기 아현보급소장 어딨어? 우리 집에 배달허는 그 배달원이
10부 배달헌대, 10부! 날더러 하루 보급허래두 50부는 허겠어요!"

그의 눈빛은 적의(敵意)에 가득 찼다.

"그렇게 게을러 가지고, 그렇게 배가 불러 가지고, 그렇게 배가 나와 가지고 신문을 늘릴 수 있겠어요? 보급소장이 뛰어야 돼! 보급소장의 배가 들어가야 돼! 《일간 스포츠》를 열심으로 헌 적이 없어! 열심으로 보급헌 적이 없어요!"

연속극처럼 크고 작은 고비가 없으면 이 장광설은 참고 듣기가 힘들는지도 모른다. 그러나 그는 꼭 그 고비를 설정하고 이야기하는 것 같다. 맨탕으로 이야기하고 있다는 인상은 거의 없다. 나름대로 절실한 기분으로 절규하고 있는 것이다.

"그런데는 물론 다른 상식도 많아야 되겠지만, 신문기자는 스포츠를 알아야 돼. 스포츠! 스포츠를 이해해야 돼! 일본서 유명한 신문기자, 다 은퇴한 사람들, 이번에 내가 일본 가서 필요가 있어서 몇 사람 만나 보았는데, 그 전에 내가 일전에도 얘기했지마는 체육기자 출신이 많아. 제대로 동경대학(東京大學) 같은 거 법과(法科) 졸업하고 나와서, 견습기자로 들어와서, 체육기자로 들어온 사람이 많아요. 운동선수 헌 사람이 허는 게 아니야. 제 말마따나 제국대학 법과 출신이 체육기자 허는 거야. 사쓰마와리, 경찰서 댕기는 거나 마찬가지야. 체육기자야말로 시간을 다투는 거야. 펄펄 뛰는 거, 움직이는 거를 쓰는 게 체육기자야. 시간을 다퉈서 1초 1분도 틀리지 않게 보도해야 돼. 체육기자 한 5년씩 허는 기자, 5년 허다가 그 사람을 사회부 데스크에 갖다 놓으니까는 제대로 허더라는 거야. 정치부에서 한 5년 하면 사회부장 시키면 못해. 체육기자 5년 한 사람은 그 펄펄 뛰는 생선 같은, 그 속도가 필요한 기사를 다뤄 보았기 때문에 그대로 사회부장이 되더라는 거야."

그는 마치 자기 자랑처럼 의기양양해졌다.

"처음에는 자기가 체육부에서 사회부장으로 오니까는 사회부 기자들이 얕보더라는 거야. '체육부장 하던 놈이 무슨 사회부장을 다 해' 하면서. 자기가 와서 사회부 데스크에 앉아서 허니까는 전부 속도가 달라지더라는 거야, 사회부에…… 바깥에 나가 있는 기자하고 연락하는 속도가 달라지고, 기사 다루는 속도가 달라지고, 편집에 넣는 속도도 달라지고…… 이 사람은 체육부 기자 출신이 다시 또 올림픽대회에 갔다 와서, 세계 일주를 허고 와서, 돌아와서 편집국장 되고 그리고 회사 중역 되고, 사장 되고 했어."

물을 마셨다.

"《한국일보》가 《일간 스포츠》를 맨들고, 《일간 스포츠》를 좋게 맨들려는 것도 좋은 기자를 양성할려고 하는 거야. 뭐…… 다른 정치·경제·사회·문화면에서도 다 움직이는 기사, 속도 있는 움직이는 취재 대상을 포착하고 있는 것이지마는 체육부에서 취재허는 것이 가장 빠르게 움직이는 거를 포착허는 거야. 앉어 있는 짐승을 잡는 게 아니야, 체육부에서는……. 나는 짐승을 잡는 거야."

그는 잠깐 포즈를 취하더니 말을 이었다.

"또 긴말할 것 없어 오늘은…… 《일간 스포츠》 지방판이 그러헌 상태에 있었다는 거, 그 썩은 기사를 갖다 신선한, 펄펄 뛰는 기사로 빨리 지방에다 보급을 시키자는 데 신문 경영의 요점이 있다는 것을 말씀함으로써, 우리가 어떻게 활약을 해야 하는가, 그 기준을 삼도록 허자, 그것을 여러분헌테 말씀하는 것이 오늘 화요회 화제의 중심입니다."

'아, 끝났구나. 드디어 장광설이 끝났구나' 하는 표정들이 '어?'하고 굳어졌다.

"그리고 어……."

왕초는 일어날 생각을 안 하고 있다.

"《문예춘추》 3월호 이번에 읽이 보니까는, 다른 긴 벌게 없는데, 그 중에 '신문은 물가에 약하다' 그런 말이 있어요. 모든 여러분이 명심할 문제예요. 논설 같은데서는 물가에 대해서 쓰지만, 기사면에서는 약하다 이런 말이예요. 그건 어느 의미에서는 신문기자를,

그……, 신문논평위원이지, 경고하고, 또 어느 의미에서는, 솔직히
말하면 모욕허는 말입니다. 물가에 대해서 정확하게 안 쓴다 이런
말입니다. 안 쓰는 원인은 어디 있느냐. 눈에 보이지 않는 압력을
받는 게 아니냐……. 그렇다고 해서, 내가 또 가장 두려워하는 것
이 사회부 기자, 센세이셔널리즘을 좋아하는 그 기자들이 물가에
대해서 사실 이상으로 선동적인 기사를 쓰는 것을 좋아하는 건 아
니지만, 정확하게는 보도하란 말이야, 물가를. 그렇다고 해서 행여
나 《한국일보》에다가는 '천장부지의 물가 앙등', 그런 말 쓰지 말
아! 천장부지라는 거 없어. 옛날에는 그런 용어가 많았어. 가장 무
식한 용어야. 천장을 독자한테 알으켜 주는 게 신문인데, 천장부지
라면 뭐…… 신문 맨들 필요 없지. 천장의 높이가 얼만가 알으켜
줘야지."

이야기가 조금 농조를 띠니 이제 그만 끝나는가. 그러나…….

"그리고 《한국일보》 요새 잉크가 달라지는지 인쇄가 좀 흐린 거
같애. 신문이라는 것은 매일 맨드는 거니깐, 매일매일 주의해야
돼. 하루를 승부내고, 또 하루를 승부내고, 매일 뛰는 거예요. 또
하나 미안한 말씀이지만, 《소년한국일보》! 이것이 큰 전환기에 지
금 와 있는 것 같아요."

그는 우리 전체가 아버지, 어머니, 한가족으로서 어떠한 기사를
소년들에게 보여 주어야 되나, 세심한 지식의 집결이 필요하다고
강조했다.

"소년신문이 시내에서 여러 개 나오고 있는데, 그 중의 몇 개가
쉬 그만두지 않나 이렇게 봐요. 그 그만두어야 할 신문이 절대로
《소년한국일보》일 수는 없어요."

그는 이번엔 주간(週刊)을 들먹이기 시작했다.

"도대체 주간지를…… 우리 주간을 내가 손에 붙잡으면, 가운데
펴 보고 싶은 생각이 들어야 할 거야. 전부 다…… 내가 동경서 전

화한 게 있어. 일본 주간지를 보니까는 얼마나 그 표지가 세련돼
있어? 그래서 전화했어. 우리 주간지의 제목은 전면을 화면으로
해라. 주간지 전면이 색깔이 들어 있어야 한다. 흰 부분이 들어 있
으면 안 된다. 요전에 뭐…… 미스 영 인터나쇼날인지 뭔지 할 적
에, 한 반을 하얀 게 나왔어요. 그런 건 안 팔려요. 지난 주에 일
본 《주간문춘(週刊文春)》 같은 거 나온 거 보세요. 프랑스 최첨단
을 가는 주간지의 뺨을 칠 만큼 그렇게 좋은 표지가 나왔어요. 그
러나 일본 사람, 신문기자 한 사람 개개인을 대해서 내가 얘기해
보면 우리 한국기자만큼 오히려 우수하지 못해요. 허나 개개인을
만나보면…… 그러면, 나온 신문이나 잡지를 보며는 훨씬 좋은 게
나와 있어. 그 사람들이 정말 신문 맨들 줄 알아요. 협조해서 맨들
줄 알아요. 모든 지혜를 모아서 맨들 줄 알아요. 창작이라는 것은
여러 사람 지혜가 합한 것이 창작이에요. 한 사람이 뭐 좋은 거 생
각하는 것도 창작이지마는, 그거는 하나의 단위야. 하나의 종합적
인 창작은 여러 사람 지혜를 합쳐서 맨드는 거야. 그것이 편집장이
헐 일이야. 편집국장, 편집장은 하루 종일 앉아서 눈 감고 졸고 있
어도 좋아요. 그러나 그 여러 사람 지혜를 어떻게 합치는가, 그 방
법에 대해서만 생각하고 있으면 돼. 그 문제만 꿈을 꾸고 있으면
돼요. 거기에 대한 인스피레이션만 얻으면 돼."

그는 물을 마셨다. 장광설은 새로운 빛깔을 띠기 시작했다. 사람
들의 눈은 호기심에 가득 차 있다.

"그 주간에 맨들 주간지의 편집이, 표지가, 그 편집 책임자 머릿
속에 언제든지 떠올라야 돼요. 그것이 시시각각으로 빛이 달라져야
돼요. 인쇄기 돌릴 그 순간까지…… 디 구체적으로 밀하면, 2월 며
칠자, 2월 5일잔가, 일본 주간지를 한 번 쭉 보시오. 동경 가 보니
까 주간지 전부 보내오데, 이리루……."

물 한 모금을 다시 마셨다.

"그 비싼돈을 써 가지고, 동경지사의 주간지 값이 이렇게 밀려 있어요. 여기서 얼마나 이용하고 있어? 당신들 다 보고 있어요, 그걸 다?"

오래간만에 반응이 나왔다.

"보고 있습니다아."

"보고 있다는 사람들이 그 정도 주간지를 맨들어요? 처음에는 좋아요……. 똑같은 것 모방해도 좋아. 모방하는 것도 창작이야. 모방은 곧 창작이야. 모방헐 용기 있어야 돼. 그 《주간문춘》 표지 말이에요, 거기 나오는 이중·삼중으로 그…… 찍혀 나오는 여자의 그…… 모습, 그 얼굴 그린 걸 보세요. 얼마나 매력적으로, 얼마나 그……독자의 눈을 끌게 맨들었는가. 한국의 주간지는 거기에 비하면 얼마나 시골뜨긴가…… 주간지 제작 방법에도 대혁신이 있어야 돼."

어지간히 이제는 끝났으리라고들 기대했다. 왕초는 만물이 소생하는 이 봄에, 우리가 합심해서 잘하자고 했다.

그런데 그는 갑자기 소리를 질렀다.

"조사부!"

"《한국일보》 조사부는 내가 좀 PR했더니 과장 PR이 되었어. 《한국일보》 조사부에 가면 없는 게 없다고 했는데, 있는 게 없을 거야 아마……."

장내를 가벼운 웃음의 바람이 스쳐 갔다.

"또, 도서관! 지지……부진허고 변모허지 않는 것의 하나가 《한국일보》의 도서관이야. 내가 한 서너 달 안 가 봤는데, 그후에 많이 충실해졌으리라 생각하지만, 한국에서 나오는 간행물은 전부, 어떤 간행물이고간에 우리 도서관에서는 사기로 돼 있어. 그리고 외지!"

다시 기세가 올라가기 시작했다.

"외국신문! 《한국일보》만큼 지금 돈 많이 내 가지고 사들이는 데 없어요. 이용도가 불충분해. 외지는 뭐 그날 보고, 들어오는 건 조사부에서 파일에 기록허고, 논설위원실에 그날 돌리고, 그날 회수허고…… 외지 그날 안 보면 아무 소용 없어요. 괜히 옆구리에 끼구만 댕겨야 아무 것도 아니야. 괜히 멋만 부리는 거지. 요전에도 외신부에 외지 쌓아놓구, 보지도 않구, 뭐 특집헌다고 해설랑은 논설위원실로 한 열흘 안 돌린 적이 있어. 그런 사람들은 아까도 말한 그…… 신문을 여럿이서 같이 맨들어야 되겠다, 좋은 자료를 여럿이 봐야 되겠다, 그런 정신의 결여를…… 그런 정신의 결여는 하나의…… 전형적인 실례예요, 그것이……."

한동안 침묵이 계속되었다. 왕초는 나직이 말했다.

"환절기가 되니깐 여러분이 특별히 건강에 주의…… 해 주시고, 또 항상 말하는 것처럼 여러분의 건강은 신문사의 건강이야. 여러분이 하루 무슨 병이 있어서 안 나오면 당장 우리가 아쉬워. 그야말로 지금 종합적으로 모든 신문을 합허는데 한 부분 부분이 항상 빠져서 속도가 안 난다 이 말이예요. 동시에……."

그의 목청은 다시 올라갔다.

"환경 정리에 책임 맡은 사람은 2월서부터 3월 초에 걸쳐서, 신문사 전체를 대청소를 해요. 그리고 신문사 건물, 환경 정화, 보존에 대해서 특별히 유의해야 되고…… 그 동안에 내가 여러 가지 제목을 주었는데, 벌써 한 가지 빠졌더군. 벌써 한 가지 잊어버렸어. 《한국일보》 아래층 주변에, 문간 들어오는데, 발송부 앞에 그…… 매놓은 채양 밑에, 또 《한국일보》 현관 채양 밑에…… 불이 있어요. 전깃불이 주욱 있는데, 내기 준 제목은 그 빛이 다 똑같아야 된다, 항상 100퍼센트 켜져 있어야 된다. 조사해 보니깐 다섯 여섯 개가 꺼지고, 빛깔이 다르고, 흐리고…… 전압이 떨어졌다 이런 말 하는데, 그런 건 변명이 안 돼. 《한국일보》의 주변에 있는, 소위 일종의 문등이 말이지. 제대로 말이지, 제 광도를 가지고 휘황하게 켜 있다는 것이, 《한국일보》가 살아 있다는, 《한국일보》가 생기가 있다는 하나의 바로메타예요. 그 점에 대해서 전사원이 관심을 가져 주시고. 요전에 내가 얘기한 대로 《한국일보》의 사기! 사기가 바람에 펄펄 날려야 돼. 접혀 있으면 안 돼. 수위는 10분 동안에 한 번씩 그것을 쳐다봐야 돼, 가서…… 그리고 어디 지방을 댕기든, 시내를 댕기더라도, 《한국일보》 사기가 더러운 것이 있으면 꼭 알려 줘야 돼. 내 자동차에도 있지만, 각종 사기가 여러 장씩 다 실려 있어요. 길에 지나가다 사기 더러운 것이 있으면, 그 자리에서 내려서 갈아 달아 주고 가요. 우리가 똑같은 정신으로 해야 돼요. 밤에도 무슨 어디 댕길 일이 있드래도, 조금 돌아가드래도, 꼭 신문사 앞을 돌아가기 마련이에요, 우리는…… 종로에서 서대문 가드래도 일주해서 일루 돌아가요. 여러분도 그런 기분으로 느을 《한국일보》 우리 신문사, 우리 신문사의 움직이는 상태, 그거와 연락을 갖고, 호흡을 같이 하는 그런 자세를 더욱 강하게 가져야 우리가 지금 닥쳐오는 새로운 경쟁에 반드시 이겨 나갈 겁니다. 고만합시다.”

장기영은 일어나면서 비서에게 물었다.

“야, 빨리 가자! 손님 와 있지?”

후다닥 편집국을 빠져나가는 사주 왕초의 뒷모습을 바라보면서 한 기자가 기지개를 켰다.

“아! 한 두어 시간 걸렸나? 이왕이면 온종일 할 걸 그랬어. 그러면 우리 개개인의 사생활까지 들먹일걸?”

그러나 저 사람이 부총리로 우리 나라 존재 형태를 송두리째 바꿔 놓은 사람이라는 것을 의심하는 사람은 없었다. 사람들은 크면서 섬세하고, 독단적이면서도 객관성 있는, 폭군적이면서도 정이 깃든 그런 모노드라마를 본 기분이었다.

통틀어 저것이 왕초 장기영 기자의 진면목이라고 생각했다. 그의 집념과 야심은 온 사내의 구석구석에 가득 차 있다.

군주는 배, 백성은 물

천지조화의 주인된 신은 이따금, 자신이 창조한 인간에게
심술궂은 장난을 하는 때가 있는 모양이었다.
아니, 그것은 장난이라기보다는 깊은 뜻의 위로일는지도 모른다

1. 선거 드라마

1971년 4월 1일 제7대 대통령선거가 있기 전, 백상은 민주공화
당 종로구당(鍾路區黨) 위원장이 되었다.

묘한 괴로움이 따랐다. 박대통령의 3선 출마는 만천하가 문제삼
고 있다.

5·16혁명 이후, 빈곤 추방의 기치를 내걸고 한국인의 운명을 바
꿔 놓는 기적적인 업적을 이룬 것이 사실이다. 그리고 그 기적이
세계의 놀라움으로 비쳐지는 것이지만 장기 집권의 폐단이라는 것
이 반드시 있게 마련이니, 두 손 높이 들고 찬성 소리를 지를 수만
도 없는 일이다.

종로구는 이 나라 정치의 1번지이다. 여기에선 역대로 야당 지지
율이 뚜렷했다. 박대통령의 업적이 높이 평가되고 있기는 하지만
나서서 유세를 다닌다 하더라도 승리를 장담할 수 없다.

그렇다고 나는 못하겠다고 등을 돌릴 형편인가. 부총리 그만두랄
때의 서운함이 있긴 하지만 여러 가지로 박대통령이 자기에게 걸고
있는 기대도 심경으로 느끼고 있는 터.

신문사의 간부들은 반대 기색이었다. 여당 편에 서면 망한다는
것이다.

그러나 그가 공화당 입당을 결심한 것은 벌써 그해 1월이었다. 그는 측근에게 지구당 위원장을 맡겠다고 하면서 사람은 때로는 마음에 없는 결단도 택해야 되는 법이라고 했다. 삿포로 프레올림픽 대회에 갔을 때의 일이다.

3월 7일, 종로구당 위원장에 취임한 백상은 박대통령의 3선을 위하여 온갖 지혜를 다 동원했다.

"이번이 마지막이다. 4선은 없다. 나라 운명이 달라지지 않았느냐. 한 번 더 밀어 주면 우리는 더 잘 살게 될 것이다. 한 번만 더 그분을 밀어 주자. 종로구에서 많은 표를 주면 큰 의미가 있다."

그렇게 새벽부터 밤중까지 연설하고 다녔다. 결과는 패배였다. 김대중 후보는 5만 2,000여 표, 박후보는 4만 1,000여 표였다.

이 쓰라린 경험을 미처 잊을 사이도 없이 백상은 국회의원 선거에 대비해야만 했다. 5월 25일까지. 상대는 신민당의 권중돈.

물심양면으로 최선을 다했다. 그러나 1960년 시장선거 때와 마찬가지로 대중 앞에 서면 입이 잘 열리지 않는다. 무슨 까닭인지 모른다. 좌담과는 딴판이다. 그러나 용기를 내서 한 말은 비겁하진 않았다.

"나는 욕심꾸러기, 겁장이, 일꾼의 별명을 가진 사람입니다. 국회에 보내면 일 좀 하겠지 기대해 봐 주세요."

"내가 국회에 나가려는 동기는 정부에서 3년 반 동안 국회의원들한테 너무 당해서 그 원수를 갚으려는 것입니다."

"거수기 노릇은 안 하겠습니다. 여당 속에서 야당 노릇을 하겠습니다."

"통일을 지향하는데, 그 기반은 경제 실력을 갖춰야 합니다. 빈부의 차를 없애고, 생활을 향상시키고, 이북을 능가하는 경제력을 가져야 합니다."

"나는 정부와 국민들 사이에서 국민 편에 서겠습니다. 나는 스포츠맨입니다. 한국의 중심, 서울의 중심, 정치 1번지인 종로구에서 체육인답게 공명정대하게 당선되고 싶습니다."

"공화당은 정신 차려야 됩니다. 장기 집권의 타성을 버려야 합니다. 그 안에 들어가서 폐단을 빨리 고치기 위하여 여당에 들어갔습니다."

"나는 원래 은행원 출신입니다. 은행원이란 남에게 신세를 지면 이자를 붙여서 갚는 습성이 있습니다. 당선시켜 주시면 푸짐한 복지사업으로 보답해 드리겠습니다."

그러나 운이 따르지 않았다. 방송에서 백상의 운동원이 대리투표를 하다가 발각되었다고 보도했다. 이것은 미묘한 영향을 주었다. 투표자 8만 5,000여 명 중 백상 표는 3만 6,000여 표. 권중돈(權仲敦) 후보는 4만 6,000여 표. 1만여 표의 차이였다.

아, 끝났다.

백상은 시가 연기를 확 뱉으면서 일어났다.

선거란 참으로 아리송한 것이로구나. 될 듯 될 듯하면서도 잘 안 되는 것이로구나.

그것도 하나의 인생 수업이다. 겪어 보았다. 맛도 알았다. 허허 …, 술이나 한 잔 먹자.

최정호(崔禎鎬) 교수의 회상을 들어보자

장기영 사장은 생전에 《한국일보》에 실리는 모든 사설을 신문에 인쇄되어 나오기 전에 직접 읽고 직접 고치셨다. 일본 출장 중에는 서울—동경간의 비싼 국제전화선을 한 시간이건 두 시간이건 열어 놓은 채, 서울의 비서실을 통해 내일 나갈 사설 원고를 읽도록 하고 그에 대한 수정 지시를 했다는 얘기도 들었다.

내가 《한국일보》에서 논설위원으로 근무하고 있을 때도 사설을 고치는 '그늘의 주필' 장기영 사장의 잊지 못할 추억들은 많다.

1970년 6월, 창간 16주년을 며칠 앞두고 장사장은 서대문댁으로 나를 부르시더니 창간기념 사설을 쓰라고 미리 주문을 하시면서, 웬 영문인지 10만 원의 당시로선 월급보다 많은 거금을 따로 특별 수당(?)으로 건네 주셨다.

6월 8일 스무 장이 넘는 긴 창간 사설 원고를 비서실로 전하자 장사장은 그 원고를 들고 그날 오후엔 워커힐의 호텔 방을 얻어 은신해 버리셨다. 그러고선 이내 비서실을 통해서 사설의 교정지를 보내온 것을 보니 크게 손댄 데는 없었으나, 다만 다음과 같이 사설의 한 문단에 나오는 동사의 시상(時相)을 모조리 과거형에서 현재형으로 바꿔놓고 있었다.

……물론 60년대에 이룩했던 사회변동의 과정엔 그 나름대로 하 많은 우여곡절과 시행착오의 얼룩자국도 있다.

근대화 작업은 양지에 못지않게 응달을 남겨 놓는다(내 원고엔 '남겨 놓았다'). 경제 개발은 사회계층간, 지역 상호간에 보다 그늘 짙은 소외현상과 주름의 오염을 부수한다(내 원고엔 '부수했다'). 우리들의 자연환경·사회환경은 공업화의 과정을 통해서 일찍이 몰랐던 오염과 부상(腐傷)을 유발한다(내 원고엔 '유발했다').

60년대의 급속한 개발의 부정적인 부작용이 '일어났다'는 과거 시상에서 '일어난다'는 현재 시상으로 바뀌게 되면 그것은 역사적·일면적 현상에서 보편적·반복적 현상으로 변환하게 된다. 피할 수도 있는 '우연'의 현상에서 피할 수 없는 '필연'의 현상으로 전락하게 된다.

장기영 사장은 60년대 중반에 정부에 들어가서 부총리 겸 경제기획원장관으로 우리 나라의 근대화·경제개발·공업화에 기관차적인 역할을 하셨던 분이다. 동사의 시상을 과거형에서 현재형으로 고친다는 것은 그러한 장사장에게 있어선 단순한 수사(修辭)의 차원을 넘어선 엄청나게 큰 무게를 지닌 낱말 선택의 문제였다. 나는 장사장의 뛰어난 언어감각에 이때 다시 한번 탄복한 기억이 난다.

워커힐에 은신한 '그늘의 주필'은 그것으로써 일을 마친 것이 아니었다. 사설의 주제목은 초호의 큰 활자로, 부제목은 2호 활자로, 그리고 사설의 사이사이엔 중간 제목까지 4호 고딕 활자를 단 이날의 창간 사설은 지방판 3판을 인쇄할 때까지는 '맑은 정치, 깨끗한 신문(주제) 한국일보 창간 16년에 다짐한다(부제)'란 제목을 얹고 있었다. 그러나 4판부터는 주제목의 어순을 '깨끗한 신문·맑은 정치'로 바꾸라는 워커힐의 '그늘의 주필'로부터 전화 지시가 내렸다. 그러고 나서 한 시간쯤 지나선 다시 5판부터 부제목을 한국일보 창간 16주년에 '다짐한다' 대신 '선언한다'로 바꾸라는 전화 지시가 왔다. 낱말 한 마디, 말의 순서 하나도 소홀히 하지 않고 신경을 쓰셨던 장기영 사장의 면목이 역연한 고사(故事)이다.

1950년대 말 편집국에서 기자생활을 할 때도 기사에 가필하는 장기영 사장의 '그늘의 편집국장'으로서의 '습벽'을 개인적으로 경험한 일이 있다.

1959년 6월 9일 창간 5주년 특집호에 밤을 새고 일하는 조간신문사의 자화상을 스케치하라는 장사장의 분부를 받고, 나는 '3만촉광 속에 자라는 15만 독자의 눈' 제하의 글을 쓴 일이 있었다.

마지막 대목이 "불야성의 신문사, 올빼미처럼 뜬눈으로만 지새는 25시의 신문사, 이래보니 자못 '밤은 우리들의 왕국이다' 싶은 것이다"로 끝나는 이 스케치 기사는, 그러나 다음날 아침에 배달된 신문을 보니 그 뒤에 "그 누가 역사는 밤에 이루어진다고 하였던가" 하는 또 한 줄이 덧붙여져 있었다. 이때 나는 그늘의 주필, 그늘의 편집국장이 기사에 가필하는 역사도 역시 밤에 이루어진다는 것을 확인한 셈이었다.

당시 장사장의 나이는 43세. 돌이켜보니 그것은 오늘의 나보다

15세나 젊은 조간신문 발행인의 도연(陶然)한, 내지는 호연(浩然)한 기개가 엿보이는 가필이었다고 느껴진다.

《백인백상》에서 이미 많은 분들이 증언하고 있는 백상의 여러 모습 가운데서 내가 직접 체험해서 알고 있는 것은 오직 신문인으로서의 장기영 사장뿐이다. 그리고 나는 신문인으로서의 그를 평가하고 존경하고 내 나름대로 사랑하고 있다.

그는 미국 개척기의 신문인들처럼 발행인이자 편집인, 논객이자 기자를 한몸에 아우른, 말의 전폭적인 의미에서의 신문인이었다. 그는 그러한 신문인으로서 '말'에 대한, '글'에 대한, 글의 '스타일(文體)'에 대한, 당대에 보기 드문 빼어난 감각을 지닌 저널리스트였다.

나는 그러한 신문 발행인 밑에서 젊은 날에 기자수업을 하고 그의 신문지면에 글을 쓸 수 있었던 경험을 개인적인 행운으로 여기고 있다.

2. 존경받는 국제신사

일본의 기요카와 마사지(淸川正二) IOC 위원은 장기영 위원이야말로 우리 아시아 각국 위원들의 지주였다고 실토한다. 그는 언제나 믿음직스러웠다는 것이다.

아시아 사람들은 회의석상에서 발언하는 것을 꺼렸다. 그러나 장위원은 용감하게 일어나 절묘한 영어는 아닐는지 모르지만 모두 유쾌하게 받아들일 수 있는 발언을 했다는 것이다.

사상적 색채로 거리가 있는 소련·동구권 국가들, 중국·북한까지도 그의 존재를 무시하지 않았을 뿐만 아니라 재미있는 사람으로 평가했다.

무뚝뚝하고 권위주의적인 인상을 풍기는 브런디지 IOC 위원장도 그와 이야기하다 보면 얼굴이 부드러워졌다.

정월터의 능란한 영어를 활용하면 어느 누구와 이야기를 해도 불편함이 없다.

1970년대에 들어서며 백상은 각국의 IOC 위원들을 차례로 불러들여 한국의 스포츠계를 관찰하게 했다. 프랑스의 보몽 백작, 노르웨이의 얀 스타우보 등.

브런디지 위원장이 왔을 때는 이화여대에서 가든 파티까지 해 주었다.

그들은 한결같이 도약하는 한국의 활력에 넘친 모습을 보고 많은 것을 느끼고 돌아갔다.

후일 한국에 올림픽을 유치할 때 긍정적인 표의 씨를 이때부터 뿌린 것이라 할 수 있을 것이다.

아시아 각국의 위원들이 그에게 많은 것을 의지한 것도 자연스런 경향이라 아니할 수 없다. 일본 황족 출신의 다케다 쓰네노리(竹田恒德)・아즈마 류타로(東龍太郎) 등도 그와 친했다.

백상은 1967년 테헤란에서 열린 IOC 총회에서부터 해마다 장소를 바꾸어 가며 열리는 총회에 빠짐없이 참석을 했다.

1969년 그레노블의 동계올림픽, 멕시코의 총회, 바르샤바, 70년의 암스테르담, 71년의 룩셈부르크, 72년의 삿포로 동계올림픽, 뮌헨의 하계올림픽, 73년의 바르나, 74년의 빈, 75년의 로잔, 76년의 인스부르크 동계올림픽, 76년 여름의 몬트리올 하계올림픽과 총회 참석이 마지막이었다.

71년의 삿포로 프레올림픽대회 때 북쪽의 한필화 선수가 참가하여 커다란 화제를 불러일으켰다. 결국 남쪽에 와 있는 오빠 한필성과 핏줄임이 밝혀져 상봉의 가능성이 엿보였지만, 백상의 노력에도 불구하고 남북 대립의 벽은 넘지 못하고 말았다.

그러나 백상은 북쪽의 IOC 위원에 대하여 항상 따뜻하게 대했다. 그들도 그것을 알고 백상에게 경의를 표하는 편이었다.

3. 한일협력위원회

백상은 한·일 간의 미묘한 감정을 누구보다도 잘 안다. 자칫하면 일본측이 옛날의 식민지 통치 시대 감정의 찌꺼기를 내세우는 게 아닌가 의심이 가는 언동을 할 때가 있고 또 한국측은 같은 찌꺼기 영향에서 열등의식을 갖는 게 아닌가 할 때도 있다. 그러나 모든 것은 이제 대등하다. 자신을 가지고 대해야 되는 것이다.

한·일협력위원회는 한·일 양국의 정계(政界)·재계(財界) 지도자들의 모임이다.

1968년 10월 서울 회동에서 발기했고, 이듬해 2월 도쿄에서 창립총회를 가졌다. 백상은 백두진·최두선·윤치영·김성곤 등과 함께 그 창립 멤버였다.

대회장은 기시 신스케(岸信介) 전 일본 수상, 부회장은 백상, 대변인은 김주인·하세가와 히토시(長谷川仁), 사무총장은 야쓰기 가즈오(矢次一夫).

1974년 7월이라면 한·일 관계가 아주 미묘해진 때였다. 김대중 피납사건에다 일본인 두 학생이 체포된 문제가 겹쳤다. 일본의 여론은 매우 싸늘했고, '한·일 문제 대토론회'에 참석한 한국측 대표들의 표정은 굳어 있었다.

그러나 백상은 그 어색한 분위기를 교묘하게 헤치고 나갔다.

"한국 정부가 두 학생을 체포한 것은 국법을 어긴 혐의가 있어서 그런 것이고, 한국재판소는 공개적으로 공정한 심판을 해서 흑백을 가려 줄 것이다. 재판 결과가 두 학생에게 불리한 경우에도 외국인이란 특수 신분 때문에 통치권자의 정치적 배려도 기대할 수 있다. 본인은 이러한 경우에 상임위원의 자격으로 특사를 건의할 생각이다.”

일본측은 감명 깊게 듣는 것 같았다. 백상은 말을 이었다.

“김대중 씨는 한국 국법에 의하여 국법대로 처리될 것이며, 그의 생명은 절대로 안전하다고 보장할 수 있다. 정치적 보복이나 차별 취급은 있을 수 없고, 있어서도 안 될 것이다. 여러분이 걱정하고 있는 한국의 민주주의는 그 앞날이 밝고 긍정적이라 할 수 있다. 한국에는 99개 대학이 있고, 대학생 수는 17만 명이며, 대학 졸업자는 100만 명에 달하고 있다. 민주주의를 학습한 이들 지식인들이야말로 한국 민주정치의 인적 자원이며 그 기반이다.”

박수갈채가 쏟아져 나왔다. 그 이상 달리 무슨 말을 한단 말인가?

한·일협력위원회에서 백상은 언제나 자유롭고 친근한 자세를 취했으나 결코 한국의 자존심을 팔지는 않았다.

야쓰기 가즈오는 그래서 그를 대화에 능숙한 물건으로 인식하는 데 주저하지 않았다.

일본 정계·경제계의 거물들이 한결같이 그를 물건으로 본 까닭은 이론 정연하고도 당당한 그의 자세 때문이었다고 한다.

한 발짝 물러서서 요정 같은 데 가면 그의 위트와 유머가 자리를 휩쓸었다. 광범하고 심도 있는 일본문학에 대한 그의 지식은 그들을 매료시켜 버리는 경우가 많았다.

문공부장관 지낸 김성진(金聖鎭)의 이야기를 들어본다.

지금 되돌아보더라도 백상 장기영 선생은 영락없이 ‘자상한 성품의 거인’이셨다. 이 사람이 청와대에서 근무하고 있을 때의 일이다. 어느 날 느닷없이 백상 선생의 전화를 받았다. 굵직한 음성으로 이렇게 말했다.

"김성진씨, 이번 축사는 좋았어! 문장이 쉬웠고 내용이 분명해 ……."

그분은 대통령의 각종 축사나 치사, 그리고 담화문은 하나도 빠짐없이 모두 전문을 통독하곤 하셨다. 그리고 한 마디 예기해 주어야겠다고 생각되면 언제나 전화기를 들었다. 그리고 거침없이 직설적인 평을 해주셨다. 누가 부탁한 것도 아니었건만 아마 선비로서의 의무라 생각하고 그렇게 하셨던 것이 아닌가 싶다. 어느 날은 이런 말을, 아니 '주의'를 해주셨다.

"국가 원수는 담화문이나 치사에서 국민을 꾸짖어서는 안돼! 만부득이 할 때는 좋게 타일러야지 절대로 꾸짖어서는 안돼……."

백상 선생의 이 한마디는 그 때부터 지금 이 시각까지 내 머릿속에서 한시라도 떠나 본 적이 없다. 아마 영원토록 남아 있을 것이다.

당태종의 《정관정요(貞觀政要)》라는 일종의 언행록의 '정체편(政體篇)'에 백상 선생의 그 말과 맥을 같이하는 대목이 있다. 태종과 측근 위징(魏徵)과의 문답 내용인데, 그 요지는 이러하다.

태종 : 옛날 제왕들의 사적을 살펴보니 아침 햇살 뻗어나듯 왕위에 올랐다가 해가 지듯 멸망의 길을 걸었다. 그 까닭은 군왕들이 지금 정치가 어떻게 돼 돌아가고 있는지를 몰랐기 때문이다. 마음이 바른 충신은 입을 다물고 아첨배들은 날뛰며 군왕은 스스로의 과오를 깨닫지 못한다면 이것이 바로 나라를 멸망케 하는 원인이 된다. 나는 이미 궁전 깊숙이 들어앉아 있어 정치가 태평하다 해서 마음을 놓아서는 안되오. 참으로 사랑해야 할 것은 군주가 아니더냐! 두려워해야 할 것은 백성이 아니더냐! 정치를 훌륭히 하면 백성은 명군으로 추대할 것이요, 무도한 정치를 하면 백성들이 그런 군주 같은 것 버리고 말 것이다. 이 점을 명심들 하시오.

위징 : 옛적부터 나라를 멸망케 한 군주들은 태평한 나머지 위급할 때의 대비책을 잊고 있었으며, 나라가 잘 다스려져 있다 해서 난에 대한 것을 잊어버리고 있었습니다. 지금 임금님께서는 나라가 평안함에도 더욱 정도에 마음을 쓰고 계시며, 심연에 임해서는 살얼음을 밟는 것처럼 신중에 신중을 기하고 계시니 나라의 앞길은 탄탄합니다.

옛말에 '군주는 배(舟)요 백성은 물(水)이로다. 물은 배를 뜨게도 하지만 또한 배를 뒤엎을 수도 있느니라'고 하였습니다. 임금님께서는 두려워해야 할 것은 백성의 눈이라 하셨으니 참으로 옳으신 말씀입니다.

국민을 꾸짖지 말라. 꾸짖는 것과 타이르는 것과를 구별해야 한다는 백상 선생의 말과, 두려워해야 할 것은 백성이라고 믿었던 당태종의 생각에는 서로 일맥상통하는 바가 있다. 이것을 굳이 민주의식이라고 해서 과언은 아닐까? 어쨌든 모든 사람을 평등하게 대하는 백상 선생의 마음가짐은 민본사상으로 이어지는 것이리라 생각된다.

그 뒤 몇 해가 지나 백상 선생은 국회의장이 되셨다. 의원직을 어느 정도 만족스럽게 여기셨는지는 알 수 없으나 원내에서의 활동은 차원 높은 것이었다.

그 회기는 확실히 기억나지 않지만 파란을 예상했던 임시국회가 조용히 막을 내리려던 마지막 본회의에서의 일이었다. 국무위원으로서 야당의 대정부 질의에 답변을 하게 된 이 사람은 무심코 안 해도 될 말을 사족으로 달았다가 그만 야당 원내총무로부터 맹공을 받게 되었다. 대수롭지 않게 생각하고 한 말이었으니까 지금은 그 내용이 잘 생각나지도 않지만, 어쨌든 회기를 조용히 넘길 수만은 없었던 야당에게는 그야말로 '물실호기'였다. 본회장은 갑자기 떠들

썩해지고 야당 총무의 고함소리가 발언대에서 마구 폭발했다.

이 때 의원석에서 난데없이 쪽지 한 장이 날아왔다. 흥분을 가라 앉히며 받아보니 백상 선생의 글이었다. 앞으로 답변할 때는 이러한 각도에서 이러저러하게 대답하라는 내용이었다. 다 읽고 나니 가슴이 뭉클해지는 것을 느꼈다. 의원석으로 시선을 돌려 보니 걱정스러운 표정으로 이쪽 국무위원석을 바라보고 계시는 백상 선생의 모습이 그날따라 유난히도 커다랗게 보였다.

"인생무별리(人生無別離) 수지은애중(誰知恩愛重)(인생에 이별이 없을진대 누가 그 은애(恩愛)의 무거움을 알리오.)"

4. 국회의원 당선

국회의원이라는 것이 무엇인가? 쟁취해야 될 자리이다. 이번엔 중선거구라는 것으로 한단다. 중구와 종로구를 합쳐서 2명을 뽑는단다. 양 구(區) 모두 야당의 아성이라고 하지만 상대가 묘하게 짜여졌다. 정일형·권중돈·김홍일 등이 야당으로 출마했다. 저희들끼리 표를 깎아먹으면, 어쩌면 어부지리로 내 표수가 상당한 말을 하게 될는지도 모른다.

1971년의 실패는 거울이 되었다. 유치하게 청중을 동원하는 짓을 할 필요가 없다. 야당에 호기심을 가진 사람들이 많을수록, 그쪽을 향하여 먹혀들어가는 이야기를 하자.

질의 응답식으로 유권자와 접촉할 때 마음이 편했다. 그는 말했다.

"정치란 국민을 안심시키는 것이며, 경제란 국민에게 많은 일자리를 주는 것이라고 나는 생각합니다. 민주정치란 국가가 건설되고 경제가 발전돼야 이룩되는 것입니다. 옛말에 항산(恒産)이 있어야 항심(恒心)이 있다고 했습니다. 즉 의식주가 해결돼야 예절을 안다는 얘깁니다. 250달러짜리 소득의 나라에 1,000달러짜리 선진국의 민주주의를 이식할 수는 없습니다. 먼저 경제를 건설해야 합니다. 내가 5년 전 정부에 있을 때, 차관을 들여와서 경제건설을 서둘렀을 때, 여야에선 차관망국한다고 공격이 대단했습니다. 그러나 그 차관으로 고도성장이 이룩된 거 아닙니까?"

전번과는 달리 무엇인가 자신이 생겼다.

"지난 11월 평양(平壤)에 가 보았습니다. 남북대화는 해 볼 만하다고 느꼈습니다. 여태까지 회의를 뒤에서 밀었으나 나를 당선시켜 주신다면 앞에서 끌고 나가겠습니다. 내가 부위원장으로 있는 남북조절위원회는 피를 흘리지 않는 통일의 길을 찾아내려고 하는 것입니다. 김일성도 만나 보았습니다. 키는 나와 비슷하더군요. 식사도 같이 하고 3시간 반 동안 이야기를 해 보았습니다. 그 결과 어떤 하나의 자신이 생겼습니다. 저 유명한 영국의 역사가 토인비는 천 년 전에는 이 지구상에 200여 민족이 있었는데 지금은 30개 민족밖에 남지 않았다고 했습니다. 우리 민족은 그 살아 남은 30개 민족 가운데의 하나라는 데에서 자신을 가져야 합니다."

장담해 버리자.

"이젠 우리도 원조받을 생각 따위는 갖지 말아야 합니다. 우리 힘으로 우리 목숨을 유지해 나가야 합니다. 어떻게 하느냐? 우리는 우리 힘으로 살아나갈 수 있다는 것을 요 몇 해 동안에 전세계에 보여준 민족입니다. 이 세상에 공짜가 어디 있습니까? 헛수고도 없는 법입니다. 천 년 전의 우리 조상은 누구한테 원조 받지 않고도 살았습니다. 깊은 물에 뛰어들어야 헤엄을 배울 수 있습니다. 한국은 세계의 바닷가에 노닐다가 이제 바닷물로 뛰어들었습니다."

청중들은 이 배짱 좋은 천하 일꾼의 자신에 찬 열변에서 도약해 온, 또 도약해 갈 한국의 위상을 그려 보았다.

"내가 당선되면 여당 중의 야당 노릇 하겠습니다. 정부에 있다가 민간에 나오니 답답한 일이 한두 가지가 아닙니다. 국회에 들어가면 여러분의 고충을 낱낱이 대변하고 싶습니다. 올해가 황소의 해입니다. 황소같이 일해 보겠습니다. 흔히들 독재정치한다고 비난들을 합니다. 독재? 그것이 어떻게 가능합니까. 1948년에 태어난 한국, 이제 겨우 스물다섯 살입니다. 스물다섯다운 지각은 생겼지요. 그러나 채찍질 없는 성장은 잘못되면 큰일납니다. 길을 안내하자, 시간을 절약하자, 번영의 고지에 확실히 올라서기까지는! 그 얘기일 뿐입니다."

유신체제에 대한 여당으로서의 해명이었다.

그는 다음과 같은 구호로 선전되었다.

'우리 위원장은 천하의 일꾼'

'인정 많고 의리 있는 사나이'

'배짱 있는 협상의 명수'

'컴퓨터 달린 불도저'

'뛰면서 생각하는 25시의 사나이'

'한국경제 성장의 기초를 이룬 사람'

'남북대화의 최적격자'

'서울의 서울에서 일꾼 중의 일꾼 뽑자'

결과는 재미나게 되었다. 백상은 5만 7,607표로 수위 당선, 2위가 신민당의 정일형으로 3만 3,183표였다. 권중돈·김홍일과 셋이서 쪼개 버린 것이다.

국회의원은 겸직을 불허한다.

1973년 3월 10일, 백상은 《한국일보》와 자매지 일체의 발행인직을 장남 강재에게 물려 주었다. 언론인으로서의 반생을 끝마무리지은 셈이다.

그는 먼 하늘을 내다보았다.

세계의 모든 나라가 보이는 것 같다.

활동 무대는 더더욱 넓어졌다. 무엇을 할 것인가. 어떻게 할 것인가. 그것이 문제였다.

5. 평양 가서 김일성 만나다

키신저가 중국에 다녀갔다는 이야기는 살며시 알고 있었다. 그것이 닉슨에 이어질 줄은 몰랐다.

온 세계가 깜짝 놀랄 일이다. 2차대전 후 팽팽하게 맞서 오던 공산권과 미국이 손을 잡게 되다니.

한국전쟁에서 다 끝나 가는 판에 개입하여 연합군에게 쓴잔을 마시게 한 중국은 무서운 나라로 부각되었다. 모택동은 10억 인구를 일사불란하게 통솔하는 세기적인 영웅이 되었다. 그 중국이 미국과 손을 잡은 마당에서 한국은 무엇을 어떻게 해야 되는가?

국민들은 텔레비전에 나온 이후락 정보부장의 고백을 보고 아연해졌다.

"저는 대통령 각하의 명을 받들어 북으로 가서 김일성 주석을 만나고 왔습니다."

이렇게 시작된 그의 고백은 듣는 이로 하여금 숨을 죽이게 했다.

그는 남북회담 개최에 쌍방간 원칙적인 합의를 보았다고 했다. 실로 전쟁 이래 20년 만의 일이다. 7·4 공동성명은 국내는 물론 전 세계에 충격적인 뉴스로 퍼져 갔다. 남북적십자 대표들은 서울과 평양을 오가며 대화를 교환했다. 서먹하고 서툰 접촉이었으나 새로운 역사의 장이 열린다는 희망은 온 국민의 얼굴을 밝게 해 주었다.

백상은 1972년 11월 남북조절위원회 부위원장이 되었다. 박대통령은 그를 불러 당부했다.

"협상의 명수 장선생 생각이 나더군요. 우리 한반도의 운명을 바꿔 놓는 대사 아닙니까? 한 번 큰 손으로 힘써 주세요."

"정말로 하는 겁니까?"

"분단의 비극에 종지부를 찍는 길이 따로 없잖습니까. 김일성도 어렴풋이 깨달은 게 있는 모양입니다."

"각하께서 그런 결심이시라면 한바탕 담판을 벌여 보겠습니다."

"묘한 세상이 됐습니다. 정부 고위층이 북측 고위층과 만나는 것은 괜찮고, 국민이 만나는 것은 국가보안법에 저촉되고……."

신문사 고참 기자들의 비아냥은 브레이크를 걸 수가 없을 정도다. 그러나 이것은 확실히 하나의 커다란 고비다. 잘만 엮어 나가면 획기적인 전기이다.

백상은 거동의 불편을 덜어 줄 수행기자의 필요성을 역설했다. 그 결과 뽑힌 것이 지동욱 기자이다. 몸집은 자그마하지만 날쌘 감각과 판단으로 가려운 데를 긁어 줄 사람이다.

뒷날 《백상 장기영》을 저술한 지동욱은 당시 상황을 다음과 같이 적었다.

남북조절위 공동회의에 참석한 한국측 일행은 백상 외에 이후락 위원장, 최규하 대통령특별보좌관, 강인덕 중정(中情) 제9국장, 정홍진 중정 협의조정국장과 10명의 수행원, 그리고 10명의 보도진이 동행했다. 대변인으로는 이동복이 임명되었다.

판문점에서 북쪽이 제공한 벤츠를 타고 개성에 가 거기서 헬리콥터편으로 평양 교외 역포 헬리포트에 내렸다.

대동강을 건너 모란봉 기슭, 강물이 내려다보이는 평양초대소 1호각에 도착했다. 초대소 바로 앞에 능라도가 보이는 한적한 곳이다.

북쪽의 박성철(朴成哲) 위원장대리와 제1차 회담을 끝내고, 밤에는 대동강 모퉁이의 옥류장이란 연회장에서 파티를 가졌다. 백상은 살아 있는 뱀을 소주에 담근 소위 불로주를 사양하지 않고 들이켜 옆에 앉은 북쪽 인사들에게 주량을 과시했다.

다음 날 오찬은 김일성과 함께 했다. 일행은 모란봉 꼭대기의 을밀대(乙密臺)에서 기념사진도 찍었다. 밤에는 평양대극장에서 가극 《피바다》를 관람했다.

백상의 눈에 비친 북한의 실정은 그가 남긴 메모에 이렇게 적혀 있다.

'색채가 단조로운 풍경이다. 조림이 되지 않았고 건물도 허술하다. 소비수준이 몹시 낮다. 모든 자원을 군수에 돌리고 있다. 내핍을 강요하기 위해서 선전과 학습으로 대중을 누르고 있으나, 그게 언제까지 갈지 의문이다.'

백상의 두 번째 평양 여행은 1973년 3월 14일부터 이틀간이다. 이때는 이미 남북 간의 화해 무드는 사라지고 냉랭해지기 시작한 때였다. 이번에는 헬리콥터편이 아니고 자동차로 개성에서 남천, 신막, 사리원, 중화를 거쳐 평양에 3시간 반 만에 갔다. 개성에서 평양까지 새로 건설된 도로 표지에는 201킬로미터라고 표시되어 있었다.

이번 회의는 전번과는 달리 휴전선 총격사건, 제주도 간첩사건 등으로 형세가 험악했다.

백상은 회의의 틈을 내서 김일성의 생가 만경대(萬鏡臺)를 관람했다. 밥공장을 보여 달라는 부탁은 들은 체 만 체했던 북쪽은 김일성 생가를 보겠다는 백상의 청을 금방 승낙했다.

만경대를 구경하는 백상을 북쪽 카메라맨이 요란하게 따라다니면서 사진을 찍었다. 아마 다음 날 신문에 선전자료로 크게 쓰려는 심산이었을 것이다.

백상은 대동강여관의 외국인 상점에 가서 옷감, 수저, 인삼차, 묘향차, 구두 등 미화 174달러 13센트어치의 쇼핑을 했다.

미 제국주의를 욕하는 북한의 외국인 상점에서 미 달러가 통용되는 것은 기묘한 일이기도 했다.

제2차 회담은 아무런 합의도 보지 못한 채 결렬되었다.

16일 서울로 돌아오는 결에 백상은 개성 자남산여관에서 점심을 들다가 바로 옆이 정몽주의 고사(故事)로 유명한 선죽교(善竹橋)라는 말을 듣고 찾아가 보았다.

이 여행이 그의 마지막 평양 여행이 되었다. 조절위 위원장회의는 1973년 6월의 서울회의를 마지막으로 무기연기되었다.

김대중 사건 후 이후락 중정부장이 한국측 공동위원장직을 사임한 다음 백상이 조절위원장대리로 승격했다.

남에서의 친공 무드 조성이 불가능할 뿐 아니라 남북회담으로 남쪽 바람이 스며들면 오히려 그네들 내부에 조반운동이 일어날 염려마저 있다고 판단한 북한이나, 유신체제로 탈바꿈한 한국이나 쌍방이 똑같이 회담 속행에 열의가 식어 버렸다.

1973년 6월 서울에서 열린 제3회 남북조절위 회의를 마지막으로 본회의는 북한의 거부에 의해 중단되어 버렸다. 그 후 판문점에서 위원장대리인 백상과 북한의 위원장대리인 박성철 사이에 근 한두 달에 한 번씩 형식적인 회담이 열렸으나 김 빠진 회의에 불과했다.

이동복 대변인의 증언은 매우 흥미롭다. '나는 배가 나와서 도와주는 사람이 있어야 행동이 민첩해진다'고 고집한 백상은 결국 지동욱 경제부 차장을 수행하게 했다는 것이다.

그는 다음과 같이 증언한다.

평양 체재 중 숙소였던 모란봉 내각초대소에서 왕초는 많은 화제를 남겼다.

왕초는 심리적 불안감(?)이 겹친 탓인지 잠을 이루지 못하고 방안을 서성대면서 계속 일본 가요를 부르는 것으로 긴 밤을 지새웠다. 아침에 '왜 하필이면 일본 노래를 부르셨느냐'는 질문에 대해 '그래야 저 사람들이 못 알아듣지 않느냐'고 대답했다.

그런가 하면 지차장은 왕초가 어디를 여행하든지 반드시 빠뜨리지 않고 챙기는 '대구포'를 서울에서 가져오지 않아 야단을 맞았고, 3박4일의 평양 체류기간 중 생각날 때마다 준비가 부족했던 사항에 대한 왕초의 지적을 노트에 받아 적었는데, 140여 가지 사항에 이르렀다는 이야기였다.

왕초는 남북조절위원회 일에 함께 관계하는 동안도 매일은 아니지만 사흘거리로 새벽 4시 반 전후해서 전화로 조기훈련을 시켰다. 어느 날 새벽 왕초의 전화가 걸려 왔다. 왕초의 말은 간단했다. '오늘 한국일보 사원 봉급을 인상한다'는 것이다. 그러나 15분 후 전화 벨이 다시 울렸다. 다시 왕초였다.

"내가 깜박 잊고 말할 것을 빼먹었어요. 아주 파격적인 인상입니다."

아침에 출근한 나는 《한국일보》로 '파격적 봉급 인상의 내역'을 알아보지 않을 수 없었다. 그 내용은 30% 인상에 근무성적 상위 7%는 60% 인상이고, 하위 7%는 불인상이었던가?

1973년 이후락의 퇴장 이후 북측과 남북조절위원회 회의에 나간 왕초는 기상천외의 행동으로 상대편의 정신을 뽑아놓곤 했다. 한참 동안 준비된 '기조발언문'을 읽은 왕초는 곧 이어서 '이것은 가서 읽으라고 시켜서 읽은 것이지 내가 하고 싶어서 한 얘기가 아니다'고 말하지 않는가?

그런가 하면 상대편의 얘기가 지루하게 길어지면 아무 소리 없이 일어나 회의실 안에 있는 화장실로 자취를 감추는 것이었다.

김일성과 백상의 대면은 어떠했는가?

백상은 평양으로 떠나기 전 김재순 의원이 그곳 출신임을 확인하고 이야기 분위기가 어색할 때 끄집어냈다고 한다.

"평양 출신 김재순 의원을 아십니까?"

"김재순?"

"공화당 원내총무를 하고 있는데요……."

김일성은 대남 책임자 유장식을 보고 물었다.

"누구지?"

유장식은 어리둥절해하며 백상에게 물었다.

"젊은 국회의원이죠?"

"예, 20년 전에는 젊었었죠."

한바탕 웃음이 터졌다.

김일성은 '장선생 장선생' 하면서 그와 이야기하고 싶어했다. 박성철의 각별한 소개가 있었던 모양이다.

'공산주의가 무엇인지 모르지만 같이 싸우지 말고 동족답게 살아봅시다' 하는 게 백상의 내심 깊숙이 깔려 있었다. '옛날엔 당신들이 우리보다 잘 사는 것 같다는 시대가 있었지만, 이제는 남쪽이 달라졌습니다. 여긴 이래 가지곤 안 되겠습니다'는 우월감도 있었다.

그러나 남북 간의 골은 왜 이리도 깊은가? 서로 버티고 자기가 더 잘났다고 생각하고만 있으니…….

언젠가는 그 기회를 포착하리라. 내 손으로 꼭 화합의 분위기를 만들어 보리라.

그렇게 다짐하며 그는 배에 힘을 주었다. 김일성, 그거 요리하는 데 그렇게 어려울 것 같지 않다는 자신감도 생겼다.

월간 샘터사 이사장이며 국회의장을 지낸 김재순(金在淳)의 백상 장기영에 대한 추억.

"김 총무이셔? 납니다. 귀하의 고향이 바로 평양 시내입니까?"

"예, 근데 이른 새벽부터 무슨 생각이 나서……."

"알았습니다……."

2, 3분 뒤 또다시 전화가 왔다.

"김 총무! 미안하게 됐어요. 귀하보다 내가 먼저 귀하의 고향에 가니까요. 갔다 와서 보고하지요."

1972년 11월 초의 일이던가, 백상이 남북조절위원회 참석차 평양으로 떠나는 아침의 일이었다.

한국일보의 식구가 아니더라도 백상과 가까이 지낸 사람이라면 백상으로부터 불의의 전화를 받은 경험이 많으리라. 그 전화는 밤중일 때도 있고, 이른 새벽일 때도 있고, 또 요리집(청운각·대원각·멕시코·까스등·라칸티나·화니 등)일 수도 있고, 자동차 안에서도 있었다.

"납니다. 나 여기 있습니다……."

"여기라니요?"

이쪽 얘기가 채 끝나기도 전에 저쪽 전화는 끊기는 수가 많다.

백상을 그의 사무실이나 또는 외국(주로 일본)에서 만났던 사람이라면, 그의 책상머리에 적어도 서너 대의 전화가 분주하게 작동하는 것을 보았을 것이다.

전화를 하는 동안에도 위스키를 들이키든가 때로는 마른 대구포나 육포를 씹는다. 그의 목소리의 옥타브가 높을 때는 비교적 몸이 건강할 때, 기분이 나쁘지 않을 때이고, 목소리가 쉬고 가라앉을 때는 감기 기운이 있든가, 숨이 차거나 기분이 썩 좋지 않을 때이다.

백상을 '25시의 사나이', '뛰면서 생각하는 사나이'라고도 한다.

백상은 나에게 이렇게 말했다.

"내 친구 중 K는 돌다리를 두들기며 건너가지요. 그러나 또 다른 K는 돌다리인데도 건너가질 않아요. 뒤에서 떠밀든가 끌고 가야지요. 또 한 친구 C는 돌다리거나 나무다리거나 상관없이 마냥 즐겁기만 하답니다. 휘파람 불며 춤을 추며 건너가지요."

"왕초는 뛰어가겠구먼요……."

"물론 뛰어가지요. 그러나 나는 그 전날 밤 철저하게 그 다리를 점검하지요. 튼튼한 다리라야 뛰어가지요. 뛰면서 생각하는 정도는 이미 뒤늦은 옛말이오. 자면서 생각하고 꿈 속에서 인스피레이션을 얻어야 하오."

《샘터》지를 창간(1970년 초)할 때 백상에게 원고를 청탁한 일이 있다. 제목은 《무엇에든 미쳐 보라》.

어느 정도 미쳐야 하는가. 백상은 이렇게 썼다.

'매일 밤 꿈 속에서도 홀연히 나타날 수 있을 만큼 깊은 잠 속에서도 꼭 붙들고 놓치지 않고 밤낮으로 애착을 느끼고 자신과 자신의 친구를 사랑하고 믿는 것이라야 한다……'

'신문사 윤전기실 옆에 사장실이 있다. 거기 침대 겸 소파가 있다. 처음에는 윤전기 소리에 잠을 이루지 못했지만…… 신문에 미친 다음에는 윤전기 소리가 들리면 자장가처럼 잠이 더 잘 오고, 윤전기 소리가 그치면 들었던 잠도 절로 깬다. 무슨 고장이나 난 것이 아닌가 하고……'

'1952년…… 밤이면 윤전기 소리가 나기 전에 고랑포(高浪浦) 방면에서 포성이 들리면 무서워서 잠이 오지 않았다. 그러나 며칠 후에는 포성이 안 들리면 혹시 우군이 후퇴하는 것이 아닌가 하고 잠이 깨었다.'

'신문에 미치어 기자를 힐 수 있소. 당신은 신문에 미칠 수가 있소? (견습기자 채용시험의 면접고사에서 백상이 묻곤 했던 말)'

《샘터》 창간호를 빛낸 백상의 원고는 일본 동경 여사(旅舍)에서 우리 기자에게 전화로 구술한 것을 받아 쓴 것이었다. 원고료는 지불했지만 전화 값도 안 되었으리라.

권력자 앞에 오금을 못 쓰는 어리광스런 치기도 곧잘 볼 수 있었다. 부총리 겸 경제기획원장관 시절——그가 한국의 경제발전을 시동한 공로는 그를 좋아하지 않았던 사람일지라도 높이 평가하고 있다.

할 일은 많고, 돈은 없고, 밖으로는 외자를 구걸해야 하고, 안으로는 청와대와 그 주변의 권력자들의 비위와 압력을 피해야 하고, 개발정책에 따른 온갖 부작용에 대해서 밤낮으로 국회에 불려가 언어맞아야 했다. 그의 성품의 일면, 유들유들한 점은 어려운 일들을 해결하는 데 윤활유가 되었다. 백상을 가리켜 국회에서는 '여야 원내총무'라고도 했다. 여당은 물론 야당 수뇌들의 회의에도 어슬렁어슬렁 찾아가서 미움 사지 않고 참견하고 돌아오기도 하였다.

6. 아버지와 아들

1974년 6월 9일, 《한국일보》 창간 20주년 기념행사가 전개되는 동안 백상은 1세와 2세 사이에 어떠한 차가 있는가 무의식중에 헤아려 보고 있었다.

자식은 아무리 나이를 먹어도 영원히 어리게 보인다. 저것이 제대로 내가 창업한 정신을 알며, 슬기롭게 이어받아 기우는 일 없이 경영해 나갈 수 있을까?

그러나 사장으로 취임한 장강재의 제일성은 그를 놀라게 했다.

"…(전략)…《한국일보》는 사회의 공기로서 한국신문사에 길이 남을 갖가지 금자탑을 이룩했습니다. 무(無)에서 비롯한 《한국일보》의 오늘은 분명히 신문으로서 대성공입니다. 그러나 신문도 하나의 기업입니다. 《한국일보》가 기업으로서 성공한 것이냐고 물을 때 우리는 자신이 없어집니다. 아시다시피 신문은 독자와 유리해서 생존할 수 없습니다. 독자로부터 신뢰 받는 신문이라야 산다는 것입니다. 나는 이 독자의 신뢰가 우수한 신문제작 못지않게 기업으로서의 충실도에도 바탕을 두고 있지 않나 생각합니다."

'제일가는 신문'을 만들겠다는 다짐 끝에 2세의 말은 옥타브가 높아졌다.

"《한국일보》는 스무 해를 커 오는 동안 여러 가지 '한국일보적인 것'이 생겼습니다. 이것을 '사풍(社風)'이라 할 수도 있겠고 전통이라 부를 수 있을지도 모르겠습니다. 그러나 그 중에는 좋은 것도 있고 좋지 않은 것도 있습니다. 이제까지는 좋았으나 오늘부터는 맞지 않는 것도 있겠습니다. 이런 것들은 아무리 '한국일보적'이라 해도 주저없이 시정하고 수술하는 지혜와 용기가 필요합니다."

단호하다.

"불평이 많은 사람이 일 잘하는 사람으로 대접 받는 것도 '한국일보적인 것'의 하나였습니다. 그러나 반드시 진리는 아닙니다. 불평이 없는 일터를 만드는 것은 사장이 맡겠습니다. 공정한 고과(考課), 냉정한 상벌(賞罰), 안정된 급여(給與)는 제 소신입니다."

뭐라고? 아버지는 잠시 긴장했으나 담배 연기를 뱉는 입가에 서서히 미소가 번져 갔다. 그러면 그렇지, 물론 나하고 의견을 달리할 수 있지. 그래, 해 봐라. 20년간 쌓아 온 공든 탑이다. 금상첨화로 가라. 너희들 시대는 너희들 것이다. 너희들 방식으로 가라.

한결 어깨가 가벼워졌다. 그러나 조심해야 된다. 아직 세부적인 것을 다 일러 주지 못했다. 하나하나 챙겨 가자.

한국일보 논설위원을 지낸 예용해(芮庸海)의 장기영 회고담을 여기에 옮겨본다.

그 무렵, 창간된 지 얼마 안 된 신문사에는 물씬한 열기와 풋풋

한 의욕과 그리고 걷잡을 수 없는 감격과 같은 것이 하나로 뒤엉겨져 드세게 회오리치는 부산 속에 있었다.

더욱이 편집국에서는 내외근끼리 아니면 국부장과 기자 사이에 서로 고함을 떠지르고 전화통은 연신 울리는데, 그런 사이를 뛰어다니는 사동 아이들의 발길 소리는 낡아 빠진 2층 목조의 마룻바닥을 울려 소음을 더하곤 하여서, 누가 보아도 난장판인데, 그런 소란 속의 압권은 뭐니뭐니 해도 백상 '장기자'의 거구가 쉴 새 없이 퍼붓는 질타와 호령이었다.

조·석간을 내던 때라 난장판에 주야가 없는데, 본격적인 소란은 자정도 훨씬 지난 조간 마감 무렵에 곧잘 벌어졌다.

외근에서 취기가 도도해서 들어와서는 느닷없이 데스크의 전화통을 내동댕이쳐서 박살을 내고 또 한편에서는 이에 질세라 발길질로 우지끈 책상다리를 부러뜨리고 하는 난동이 밤마다 다반사인데, 어느 날 밤에는 사회부의 외근이 만취로 동공이 흐린 눈을 부릅뜨고 편집국에 들어서자마자,

"장기자 때려 죽인다!"

불문곡직 달겨들고, 백상은 책상과 의자의 미로 사이로 그 육중한 몸을 피하느라 땀을 뻘뻘 흘려야 했던 촌극이 벌어지던 것도 이 시간대의 일이었다.

그런데 이와 같은 소동은 편집국의 혈기방장했던 젊은 탓만은 아니었다. 어느 논설위원은 취흥이 지나쳐서 사장 비서실과 사장실의 유리창을 주먹과 발길질로 차례차례 산산조각을 내고도 직성이 풀리지 않았던지, 평소 백상이 애지중지하던 화류탁자를 한주먹에 박살을 내었으며, 주필은 주필대로 이에 질세라 청진동 해장술에 대취해 귀가하던 지프차 앞자리에서 비분강개의 여세로 손짓발짓을 하다가 그대로 달리던 차에서 새벽 대로에 곤두박질을 치는 판국이었으니, 지금 생각하면 사내의 노소를 가릴 것 없이 파천황(破天

黃)을 방불케 했던 무렵이라고나 해야 할지.

이 무렵 사회부 일선기자로 영문도 모르고 바쁘기만 하던 이른 봄 어느 하루, 숨이 턱에 닿도록 다급하게 들어서던 백상과 신문사 현관에서 마주쳤다.

"여보, 당신 진해에 급히 가야겠어. 이제 막 해군참모총장을 만나고 오는 참인데, 벚꽃이 피었대. 빨리 화신을 전합시다."

그 길로 척추 카리에스 수술을 받고 미처 회복도 못한 김영배 사진부장과 동행해서 밤새 열차를 타고 이른 새벽 진해에 내려 보니 살을 에는 듯한 늦추위에 꽃망울은 얼어 붙고, 화신은 감감 소식이다.

그냥 돌아갈 수도 없고, 내친 걸음이라 남해 따뜻한 섬에서 화신이나 찾을까 하고 진해 남쪽 외진 포구인 태천에서 범선을 세내어 가다가 갑작스런 샛바람에 배가 뒤집혀 죽다가 살아났다.

이를테면 기사를 취재하러 갔다가 기사는 한 줄도 써 보지 못하고 도리어 기사거리가 되어 간신히 살아서 돌아온 꼴인데, 사장실 의자에 버티고 앉은 백상의 말은

"18사 2생이로군. 아니, 누가 바다 속에 꽃이 피었다 그랬소?"였다.

이때 나는 내 카메라를 바다에 빠뜨리고 시계는 소금물 녹으로 못쓰게 되었다.

그런데 세상사는 묘하여 한번 있었던 일은 거듭되는 것인지, 그로부터 몇 해 뒤 또 한번 카메라와 시계를 잃게 된다.

그것은 공주에서 백제 무령왕릉이 발굴되던 날 밤의 일이다.

지금까지는 맑게 개었던 하늘에 갑자기 먹구름이 짙게 덮이더니 마치 동이 물을 엎지른 듯 폭우가 내리쏟고 뇌성과 벽력이 하늘과 땅을 찢는 듯하여 동행했던 황수영 박사와 같이 든 여관방에서 '무령왕의 진노'라면서 서로 잠을 설치다가 새벽에야 잠시 눈을 붙일

수가 있었다.

아침에 깨어나 보니 몸에 걸치고 자던 T셔츠와 팬티만 남고 방 안의 것은 깨끗이 없어졌다.

없어진 물건 가운데 취재의 도움을 받고자 모시고 갔던 황박사의 라이카 카메라라는 평생을 통한 학문의 반려요 시계는 한·일수교조약의 기념품으로서 값으로는 따질 수가 없는 것들이라 양상군자의 소행이라고는 하나 민망하기가 이를 데 없었다. 내가 거듭 실물(失物)하게 된 카메라와 시계 생각을 할 겨를이 그때로는 조금도 없었다.

이 일보다는 더 민망한 것은 그때 내 신문사 직함이 논설위원이기는 하였으나 취재 일선에서 오래 동안 온갖 수라(修羅)의 장(場)을 넘나들며 지내느라 체면 따위의 치레는 아랑곳없었거니와, 평생을 상아탑 속에서만 살아온 백발의 당대석학이 속옷차림으로 소식을 듣고 찾아드는 위로객을 맞았던 일은 지금 생각하여도 등에 땀이 솟는다.

그나마 불행중 다행으로 도적이 연탄 광 속에 버리고 간 옷을 되찾아 입고 간신히 자동차편을 마련하여 돌아가는데, 중도에 서로 점심을 사 먹을 푼돈이 없어서 운전기사의 주머니를 털어 천안역전 목로판에서 사 먹었던 국수 맛을 잊지 못한다.

그런데 이 취재출장에서 가장 큰 실물(失物)은 백상이 무슨 생각에서인지 떠나려 하는 나를 사장실로 부르더니,

"이것 발굴현장에서 수고하는 분들 술이나 한잔 사고 오시오."

하고 건네 준 고액권 한 다발을 고스란히 도적맞은 것이다. 주거나 받으면서 서로 얼마라고 말하지도, 또 얼마냐고 묻지도 않아서 그 액수가 얼마인지를 알아볼 방도가 없다.

내일은 내일의 바람이 분다
인간이란 제 아무리 큰 소리를 치다가도
한 껍질만 벗기면 모두 불쌍한 면을 갖고 있다

1. 불가리아를 가다

1973년 불가리아에서 열린 IOC 총회에 갔을 때의 추억. 그것은 문학적으로 점철되어 온 백상의 인생에 하나의 정리 기간 구실을 해 주었다.

오래간만에 붓을 들어 꽤 자상하게 써 보았다.

'아테네의 아침 햇살'에 우뚝 솟은 아크로폴리스의 석주(石柱). 그리고 '바르나의 휴일'.

북한 친구들이 호텔방을 넷이나 예약해 놓고도 콩그레스 마지막 날까지 모습을 나타내지 않아 어딘가 한구석이 서운했다. 딴 사람은 몰라도 나는 그들과 만나 하지 못할 이야기가 없는 사람인데….

뉴스 격리 지대에 들어와 있으니 오히려 마음이 평온했다. 나흘째가 되었는데도 사방이 캄캄하다. 신문도 못 보고, 라디오는 있지만 그 나라 말만 나온다.

IOC 총회가 강행군으로 계속되었다. 공산권에서 '남한을 코리아라 부르는 것은 부당하다. 북한의 DPRK와 대등한 명칭으로 바꿔야 된다'는 주장이 나왔다.

전 의장이었던 브런디지는 그것을 묵살해 버렸다. 체코 출신 위원의 제안이었는데 브런디지 회장은 시치미를 떼었다.

"위원 여러분, 체코 동지가 제안한 이 개정안은 불행하게도 우리 집행위원회에서 미리 논의할 시간이 없었기 때문에 그대로 다음 안건으로 넘어갑니다."

브런디지는 천장을 보면서 방망이를 쳐 버렸다.

신임 회장도 센스가 있었다. 두 나라의 찬성 발언은 아예 내버려 두고 순식간에 이런 결정을 내려버렸다.

"이러한 개정안은 회원국 간에 새로운 분쟁의 씨를 뿌리는 정치성을 내포하는 것이라 생각하기 때문에 우리측 집행위원의 대부분 의견은 이것을 거절하자는 것이 지배적인데, 여러분도 이의가 없으면 부결을 선언합니다."

신기한 것은 공산측 위원들의 태도이다. 첫째 그들은 찬성 발언만 하고 동의를 하지 않았고, 둘째 이러한 날치기 통과를 해도 다시 불만을 표시하지 않고 잠자코 자리에 앉아 있는 것이다. 그들은 자기 할 말만 하고 나면 결과에 대해서는 큰 집착을 갖지 않는 것 같다.

백상의 눈에는 제안 자체가 타율적인 작용에 의하여 생긴 것이고, 찬성 발언은 형식적으로 의리를 지키는 것뿐이라고 비쳐졌다. 재미있는 현상이다.

백상은 적었다.

이제 파티가 계속된다. 나의 서투른 영어는 간혹 영국산 스카치를 마시면 제법 술술 나올 적이 있다. 잊어버렸던 단어가 이상스럽게 머릿속에 솟아오른다. 물 속에 물을 넣으면 밑에 가라앉았던 것들이 물 위로 떠 오르듯이⋯⋯.

킬라닌 회장과 농담을 주고받던 바로 옆자리에 진짜 적(敵)이 앉아 있었다.

오늘 헌장(憲章) 개정안을 가지고 또 우리를 깎아 내리려고 했던 체코의 구르텔 위원이다. 나는 미취(微醉)를 띤 기분에 진반농반(眞半弄半)의 말을 건넨다. 이 사람은 회의에서는 불어를 잘하지만 영어 실력은 그저 그렇다.

"여보, 구르텔 박사. 당신께서 오늘 제안하신 개정안을 보면 영토니 완전 통치권이니 그런 정치성 어휘를 많이 쓰셨는데, 당신은 변호사이고 법률가요. 잘 아시겠지만 남의 나라 탱크를 탄 통치권이라는 것도 있소."

그 진의를 알아들은 듯 즉각 반응을 보인다. 한잔 기운의 얼굴이 잠깐 더 붉어졌다 사라지더니 동문서답을 시작한다. 아마 명변호사임에 틀림없는 것 같다.

"미스터 장. 나를 오해하지 마시오. 몇 해 전 당신이 우리 나라에서 이모 기자(이기양 : 당시 《조선일보》 유럽주재원·《한국일보》 견습기자 5기 출신)가 없어졌다면서 찾아내라고 야단을 한 적이 있소. 나는 1년간을 두고 우리 나라 전국에 걸쳐서 성실히 조사를 하였소. 감옥이란 감옥도 샅샅이 조사해서 우리 나라 영토 안에 그 사람이 없는 것을 당신에게 알려 주지 않았소! 미스터 장, 나는 이래도 법을 감시하는 변호사요. 한국여자농구선수단이 처음으로 프라하에 왔을 때 나는 IOC 위원으로서 할 일을 다했소. 당신에 대한 최대의 우정과 호의를 이 선수단에게 베풀었소. 그것도 당신에게 그때 증언한 바 있지 않소? 부결된 의안을 가지고 더 이상 책망하지 말아 주시오. 나는 되풀이합니다. 그때 한국 여자농구선수단은 내가 국경까지 마중나갔소. 같은 버스를 타고 돌아갈 때는 또 국경선까지 배웅을 하였소. 남 모르게 그들을 보호한 나의 정성을 아는지 모르겠소. 그때, 또 하나 문제기 있지 않았소? 귀국 선수단의 한 임원을 추방해 달라는 말 못할 성화가 있었소. 결국 그 사람에게 출국 요청은 했지만 중요한 게임이 다 끝난 다음에 하였소. 우리들의 은근하고 깊은 고려였소. 사실 유명무실하게 해 버린 것이오. 오늘 내가 이 말을 다시 되풀이하는 것은 부결된 개정안에 대한 당신의 오해를 푸는 가장 적절한 설명이라고 생각하기 때문이오."

이 친구도 위스키를 마신 탓인지 평소보다 영어에 설득력이 있었다.

부결된 제안 자체에 아무 미련이 없는 듯 해명만 열심히 한다. 사회주의국가 위원들의 공통된 태도라고 할 수 있다. 국영사업과 민영사업의 생리 차(差) 같은 것일까?

그는 반백 머리에 스포츠 커트를 하였다. 돗수 높은 근시안경을 쓴 구르텔 박사에게 이상한 측은감마저 마구 솟아오른다. 나는 자주 화해의 맞술잔으로 카무플라주하였다.

오늘은 또 하나의 이심전심(以心傳心), 수지맞은 파티였다. 불가리아(不可利我).

이 무렵 한국일보에 보내온 장기영의 여행기를 옮겨 본다.

네 번째로 본 공산권.
13야(夜) 달빛 두고 작별.
불가리아를 떠난다. 네 번째로 본 공산권이다. 바르나에서 소피아를 거쳐 파리로 간다. 바르나 해안의 첫날밤을 잊을 수 없다. 죽은 듯이 고요하였다. 몇십 년 만에 밤 깊어가는 소리를 들었다. 시―ㄱ―시―ㄱ―시―ㅇ, 어려서 한남동 살 때 베갯 속에서 귀속으로 파고 들던 그 소리다. 밤 깊어 적막의 소리! 밤이 먼저 잠드니 나그네가 잠이 안온다.

다음 날부터 흑해는 성이 났다. 그렇게 조용했던 군자도 하룻밤 사이에 표변하는가. 밤이 깊을수록 포효는 커 간다.

숫제 이불 위로 파도소리가 기어올라온다. 달랠 길이 없다.

차라리 일어나 앉아야 했다. 소설이나 보면서 같이 밤을 새는 것이 현명하다.

청진과 나진 사이의 이진이라는 바닷가에서 자야 할 일이 있었다. 밤이 깊어 갈수록 파도소리가 점점 가까이 온다. 드디어 바닷가의 오막살이 지붕 위로 파도가 뛰어넘는 것 같은 착각에 놀랐던 기억이 되살아난다. 머나먼 전날 밤은 13야(夜) 달밤이다. 바다 위에 한 줄기 달빛이 머리 속에 인도된 채로 있다. 8일은 새벽부터 떠나는 채비에 바빴다.

해는 6시쯤 뜨는 모양이다. 커튼을 열어보니 어둠침침한데 새벽일 나가는 사람들은 남녀할 것 없이 모두들 자전거 행렬이다. 폴란드 사람은 소련인과 독일인에 대한 경계심 속에 긴장과 희망이 엿보였다. 유고에 갔을 때는 6개민족이 서로 대립하면서도 티토 밑에 대립하면서도 티토 밑에 힘을 합치는 프라이드에 원심작용(遠心作用)을 느꼈다.

북한에 대해서는 더할 말이 없다. 불가리아는 본래 동양민족에서 발상(發祥)해서 슬라브화했다고 말한다. 애끓는 역사의 끝을 쥐고, 농민국가적인 체념 속에 무엇인가 기다리는 듯! 어딘가 한곳을 응시하고 사는 듯 친절하고 순박하였다.

나대로의 느낌을 적는다. 이 나라에 장미의 계곡이 있다. 연간 4천 톤이나 피는 장미꽃에서 1톤 남짓한 장미의 에키스를 생산한다.

향기로운 얘기다. 세계 각국에 향수원료로 수출한다. 오리지널이라고 부르는 장미 향수의 원료를 선물로 판다.

일제시대에 같은 이름의 향수가 있었다. 휘발유 냄새가 나던 야릇한 그것과는 다르다.

도대체 이 농업국가에 계절의 과실(果實)이 너무 빈곤하다. 재래종 포도 외에는 먹을 것이 없다.

그래도 희랍에는 무화과(無花果)와 멜론의 풍미(風味)가 아침 식탁을 상쾌하게 하였다. 불가리아는 꽃은 있고 열매는 없단 말인가.

의식주 중에서 '식(食)'을 먼저 해결한 것 같다. '주(住)'는 가장 뒤떨어진 듯 여기저기 서두르는 아파트 공사가 많다. 실과(實果)만은 겨우 있다는 것이 우리나라에서 말하는 무기배와 사과는 있기는 있는데 초라한 꼴은 보아 줄 수가 없다. 그거나마 가게에서 돈주고 살 수 없다.

바르나 비행장도 소피아 비행장도 큰 야성(野性) 같은 벌판의 중심에 있었다. 주위가 거진 같은 높이의 구릉의 지평선이다. 마치 영화 《전쟁과 평화》의 장면에 나오는 그 전장(戰場) 마당이다.

아마 이 들판이 불가리아와 로마와 터키 용사들의 결전의 꿈자리가 아니었던가 상상한다. 전국토가 개간도 잘 되고 관개(灌漑)도 잘 돼 있는 것을 공중에서 바로 내려다본다. 바르나 해안의 언덕만은 관광지로 개간을 안하고 있다.

과수원 속에 세놓는 별장들이 여기저기 눈에 띈다. 지금 전화(戰火) 속에 있는 이스라엘에서 예루살렘으로 가는 도중의 과수원 지대가 있다.

모습이 몹시 흡사하다. 과수나무의 종자개량이 전혀 안되고 있는 것까지 똑같다.

바로 이 긴 언덕지대가 수백 년을 두고 팔레스타인 원주민과 이스라엘 토착민들이 2차대전 전까지 혈투를 하던 산비탈들이다. 하필 오늘 이 자리에서 이런 것을 느끼는 것이 너무나 우연하다.

이 나라 국민의 8할이 희랍정교의 전통을 이은 불가리아 정교의 신자로 알려지고 있다. 여기저기 오랜 교회건물의 위엄이 있다. 그러나 종소리는 못 들었다.

4백 년의 터키 역사 속에 이들에게 위안을 주는 구심점은 바로 이 교회에 있는 것 같다. 불가리아가 성서를 발행하는 유일한 공산국가라고 한다.

그 성서를 한권 보고 싶다는 친지가 있었다. 닷새째 일행이 번갈 아 책방을 누벼도 못 찾았다. 책방에는 정부간행물밖에 안팔고 있 다.

파리로 떠나는 비행기를 갈아타기 30분 전이다. 책방에는 없고, 교회에서 판다는 것을 알려준 사람이 있었다. 멀지 않은 곳에 큰 교회 건물이 보인다. 발을 동동 굴렀으나 시간이 어쩔 도리가 없 다.

그러나 성서는 무심하지 않을 것이다. 파리에서 꼭 구할 길이 있 을 것으로 믿고 떠난다. 몇 해 전 우리 나라 국내선에 취항하던 쌍 발 '프로펠러' F—27이 소란하게 바르나 활주로 위에 떠올랐다. 돌 아다보니 골든 샌드 해안 산 언덕에는 단풍이 한창이다.

"아, 이 나라도 금수강산이로구나. 오늘은 오늘의 바람이 불고, 내일은 내일의 바람이 분다."

2. 위당 정인보 선생

1974년 가을, 위당(爲堂) 정인보(鄭寅普)의 생존을 간절히 바라 던 가족들에게 청천벽력 같은 소식이 날아들었다. 그해 10월 10일 동경국제의원연맹(IPU) 총회에 북한 단장으로 온 홍기문(洪起文) 에게 장기영 의원이 깊이 존경하는 위당 정인보의 소식을 묻자, 홍 기문은 말하기를

"지금 북조선에 함께 있는 아우 홍기무(洪起武)의 장인이고 내 스승이기도 한 정인보 선생은 조선동란 중 평안북도 희천에서 폭격 을 맞아 돌아가셨고, 묘도 그곳에 있다."
고 확인해 주었다.

국문학자인 홍기문은 벽초(碧超) 홍명희(洪命熹)의 큰아들로 조 선일보 전무를 지냈고, 월북 후 북한에서 사회과학원장을 역임했

다.

"동경에서 밤에 한국일보 기자의 전화가 걸려 왔는데, 그때 미칠 것 같았어요. 제가 울면서 격하게 전화를 받으니까 옆에 계시던 어머니가 '왜 그러냐'고 하셔서 '잘못 걸려 온 전화'라고 둘러댔어요."

위당의 딸 정량완은 울먹이면서 당시를 회상한다. 가족들은 탄허 스님에게 재를 올렸다. 가족들은 어머니 조여사가 알세라 쉬쉬했다. 그러나 친척 중 한 사람이 발설하는 바람에 어머니가 알게 됐다고 한다.

"어머니가 얼마나 서러워하시던지, 그 친척 아주머니가 얼마나 미웠는지 몰라요."

연기인 최불암(崔佛岩)의 장기영 회고는 또한 남다른 바가 있다.

백상 장기영 선생은 다방면에서 선각자로서 큰 족적을 남겼다. 언론계는 물론이고 문화계와 체육계, 경제계 등 각 분야에서 아직까지도 이름이 오르내리는 것만 봐도 그분의 불도저 같은 삶은 알 수 있다.

특히 예술 문화 쪽에 관심이 많았던 백상 선생은 70년대 초반 TV 연기의 중요성을 결정적으로 인식시켰고, 내가 새로운 각오로 연기자의 길을 걷게 해준 은인이시다.

백상 선생과의 인연은 지금으로부터 18년 전인 1974년으로 거슬러 올라간다. 당시 나는 연극무대에서 10여 년을 보내다 TV로 옮긴 후 한참 물이 오르던 시절이었다. 하지만 그때만 해도 TV 보급률은 낮은 때였다.

백상 선생은 한국연극영화 TV예술상(백상예술대상)을 신설, 방송 계에 새 바람을 일으켰다. 그리고 나는 MBC 드라마《한백년》으로 최우수연기자상의 첫 수상자가 되는 영광을 안게 됨으로써 인생의 전기를 맞았던 것이다.

당시 상을 받던 날의 감격은 지금도 생생하다. 나는 한국일보 12층 홀에서 열린 시상식에 참석했으나 어색한 분위기에 몸둘 바를 몰랐다. 어찌된 일이지 행사를 진행하는 사회자도 보이지 않고 시상 절차도 없었기 때문이다. 참석자들은 익숙하지 않은 칵테일 잔을 들고 서로에게 축하와 감사의 말을 나눌 뿐이었다. 나는 어떻게 하면 빨리 자리를 뜰 수 있을까 생각하던 순간 갑자기 백상 선생이 단상으로 올라가셨다.

마이크를 잡은 백상 선생은 소란한 장내가 조용해지길 기다렸다가 대뜸

"최불암 씨, 어디 있소?"

외치며 두리번거리는 것이었다. 나는 순간 놀라 허둥지둥 잔을 테이블에 던지듯 내려놓고 단상 쪽으로 다가갔다. 평소 이름만 들어오던 백상 선생을 가까이서 보는 터라 밑에서 인사를 꾸벅 올리니 손을 내밀며 나를 끌어올렸다. 그리고 한 손으로 내 등을 툭툭 치더니 객석 쪽으로 몸을 돌려세운 후 관객들에게 나를 직접 소개했다.

백상 선생은 말했다.

"이 사람이 장안의 화제가 됐던 드라마 《한백년》에 늙은 머슴으로 출연했던 최우수 연기상을 탄 사람."

그러고는 질문을 쏟아냈다. 나이는 몇 살이며 고향은 어디고 조상은 누구인지 등을 물었다. 그리고 연기에 대해서도 관심을 보였다.

"풀상투(망건 없이 머리만 틀어올린 상투)와 발에 감는 감발은 어디에서 고증을 해 만들었는가?"

"서민들이 쓰던 남바위는 어디에서 구했나?"

"성문 밖 말투는 어디에서 익혔나?"

쉴 사이 없이 물어 왔다. 그 모습은 바로 모든 시청자들이 궁금함을 대신해 질문하는 연예 담당 기자였고, 뛰어난 순발력으로 좌중을 휘어잡는 훌륭한 사회자였다. 그리고 백상 선생은 객석을 향해 원고 없이 즉석 연설을 했다.

"여러분도 아시다시피 이번 한국연극영화예술상에서 TV부문을 처음으로 제정했습니다. TV 드라마도 연극 영화 못지않게 중요합니다. 또 최불암 씨는 주연이 아니면서도 주어진 역할을 잘 소화해내 최우수 연기상을 받은 것입니다."

그리고 나에게 마이크를 넘기면서 한 마디 하라고 했지만 '고맙습니다'라는 말 외에 다른 말이 생각나지 않았다.

큰 상을 받은 것도 그렇지만 부총리까지 지낸 분이 사회를 보고 칭찬까지 해주시니 얼떨떨했던 것이다. 무엇보다 놀라웠던 것은 백상 선생이 평소에 연기자의 연기 분석은 물론이고 분장, 의상까지도 전문가 이상으로 관찰했다는 점이다.

당시 백상 선생은 한국일보 사장이면서 국회의원, 국제올림픽위원회(IOC) 위원, 남북조절위원회 서울측 공동위원장대리 등 공식 직함만 해도 대여섯 가지를 가지고 있어 무척이나 바쁘시던 때였다. 나중에 이러한 이야기를 전해 들으니 아내(탤런트 김민자)도 백상 선생의 안목과 앞을 내다보는 혜안에 놀랄 뿐이었다. 그리고 그분이 직접 심사를 하신 것이 아니냐며 되묻기도 했다.

당시 TV부문을 예술상에 넣었던 것은 시대적 흐름도 있었겠지만, 파격적인 결정이었다. 그리고 당시 최고 일간지로 성가를 올리던 한국일보가 TV부문상을 신설하고 지면에 본격적으로 관련 기사를 늘린 것은 많은 사람들에게 신선한 충격을 주면서 비로소 TV 드라마 수준을 한 단계 업그레이드시켰다. 탤런트에 대한 이미지가 좋아진 것은 물론이며 연기자들에게 큰 자부심을 갖게 했다.

나는 당시 개인적으로 뜻밖에 큰 상을 받고 난 후 요즘 말하는

'스타'가 됐으면서도 백상 선생과의 만남은 연기자로서 책임과 진지한 자세를 지닌 계기가 됐다. 그때부터 연기를 할 때마다 백상 선생의 단호한 모습과 날카로움을 의식하고 있다. 내가 맡은 인물에 대해 철저히 분석하고 소도구들을 고증하며, 당시 역사적 배경까지도 직접 조사하는 열의도 생겼다.

항상 작가가 의도한 인물에 가까이 갈 수 있을 것이라고 되뇌면서 내가 아닌 다른 인물을 창출해낼 수 있는 방법을 연구하기도 한다. 이는 바로 백상 선생으로부터 배운 자세이다.

얼마 전 제38회 백상예술대상 수상자가 발표됐다. 한 해 동안 해당 분야에서 탁월한 업적을 쌓은 사람들이다. 그들에게 상을 주는 것은 앞으로 더 잘하라는 격려이자 편달이다.

돌아볼 때 내가 이렇게 연기자로서 명맥을 이어갈 수 있었던 것도 당시 받았던 상의 영향도 있었지만 부족한 것을 깨우쳐 주었던 백상 선생의 가르침 덕이라고 생각한다. 지금도 대본을 읽고 연기에 임할 때마다 언제나 그분의 말씀을 떠올리며 옷깃을 여민다.

3. 인생은 나그네길

1976년 4월이 다 가고 있었다. 음력 4월 1일은 생일이다. 환갑이라고 안팎으로 야단들이다. 4일 전 백상은 도쿄의 손일근 지사장한테 전화를 걸고 비행기에 몸을 실었다. 하네다공항에 나온 손이 말했다.

"환갑이 내일 모레신데 이렇게 나오시면 어떡합니까?"

"아예 그런 소리 내지 마. 그게 싫어서 온 거야. 난 70 되거든 할래. 아무한테도 얘기 말라고……."

예에 따라 제국호텔 1523호실에 여장을 풀게 하고 손은 거리로 나왔다.

그냥 있을 것인가. 그는 은방에 들러 실버 나이프를 하나 골랐다. 거기에다 영어로 새겨 달라고 했다.

'My Boss 60th birthday'

손은 오사카의 김충한(金忠漢) 지사장, 도쿄의 조두흠(曺斗欽) 특파원과 상의하여 회갑날 점심을 제국호텔 17층 폰텐블루에서 대접하기로 했다. 프랑스 요리부 책임자인 이곳 곤(今) 지배인에겐 점심이 끝난 뒤 생일 케이크를 들여오도록 요청해 놓았다.

또 뭘 준비해야 되나. 아차, 미역국이 필요하다. 조특파원 부인이 미역국을 맛있게 끓이지.

드디어 생일날 아침. 호텔 지하의 난다라에서 조찬을 먹기 전 보온병에 담아 온 미역국을 내놓으니 백상은 깜짝 놀랐다.

"이게 뭐야?"

"미역국입니다."

"생일날 미역국은 최고지."

"그래서 조특파원이 준비해 왔습니다."

그는 후루후룩 마시면서 이 소리를 몇 번이나 했다.

"맛있다. 최고다."

폰텐블루의 프랑스 요리를 백상은 사양했으나 정해진 스케줄이었다.

포도주를 마시며 식사를 즐기고 난 뒤에 손은 지배인을 '곤상, 곤상' 하고 불렀다.

"일본에도 권씨가 있나?"

"아닙니다. 곤 히데미(今日出海)의 곤입니다."

손은 손가락으로 가리키며 '그거 주십시오' 했다.

"하잇."

지배인은 준비되어 있던 케익 상자를 갖다 놓았다.

"이거 뭐 허는 짓이야?"

"죄송합니다만 저희들끼리 준비를 했습니다."

기다란 빨간 초 여섯 개와 조그만 것 하나에 불을 붙였다.

손은 '해피 버스데이 투유'를 선창했다. 김충한·조두흠 모두 감회 어린 합창을 했다.

백상의 두 눈에서 눈물이 주룩 흘러내렸다.

"내가 벌써 60이라니⋯⋯."

촛불을 불어서 끄는데 손 앞에 있는 것이 꺼지질 않았다.

"미스터 손이 꺼."

"네."

손일근이 불어 껐다.

빨간 포도주로 건배를 했다.

"오래오래 건강하십시오."

"드디어 60인가⋯⋯."

포도주잔을 물끄러미 내려다보며 백상은 또 한 번 음미하듯 중얼거렸다.

그날 밤 일행은 비원에 가서 한잔 먹었다. 백상은 그 언제보다도 감상적인 표정을 지었다. 그는 손이 간들어지게 부르는 '추풍령'이라는 노래에 흠뻑 젖어들어가는 것 같았다.

4. 바라춤

신석초(申石艸) 문화부장이 들어오자마자 백상은 물었다.

"김소월의 《산유화(山有花)》란 시 아시죠?"

"예."

"언제 만든 겁니까?"

"그러니까⋯ 한 60년 될 겁니다."

"우리나라 대표적 신시죠?"

"그렇습니다."

"우리 나라에 시를 새긴 비가 있어요?"

"아직 듣지 못했습니다만……."

"우리가 시작합시다. 한국신시 60년을 기념하여 시비를 세운다! 가장 사람들이 낭만적으로 볼 수 있는 고장에다가……."

"좋죠."

"어디가 좋을까?"

"남산이 어떨까요?"

"남산? 아베크족이 가장 많이 다니는 고장……."

머리가 번개처럼 돌아갔다.

"소월로의 교차점! 도서관 앞!"

이야기는 이렇게 시작되었다.

"좋은 생각입니다!"

신부장도 감격적으로 찬동했다.

"글씨는 김충현(金忠顯) 씨, 조각은 누구야?"

"홍대의 김정숙(金貞淑) 교수가 어떨까요? 김은우(金恩雨) 씨 부인입니다."

"좋지!"

일은 이렇게 시적으로 진행시켜야 한다.

김교수 부부는 삼청동 막바지 언덕 꼭대기에 살면서 새벽마다 공원을 산책하고, 감사원 구내의 다방에서 친구들과 담소하고 돌아온다고 한다. 그 시간을 택하는 것이 인상적이겠다. 그래서 아침 시간에 맞추어 갔더니 다방에는 김교수 내외는 없고 딴 사람들만 있었다.

"급한 일이 있는데…… 오시거든 한국일보 장기영이가 다녀갔다고 일러 주십쇼."

이때의 이야기를 김정숙 교수는 다음과 같이 회고했다.

그 다방에서 매일 만나는 서너 명의 손님들이 신기한 일이라도 일어난 것처럼 알려 주었다.

"김교수, 바로 조금 전에 그 유명한 한국일보 장기영 사장께서 아주 급한 일이라면서 김교수 내외분을 찾습디다. 어서 알아보슈. 무슨 일이 생긴 모양이오."

물론 우리 내외가 장기영 사장을 모르는 바 아니고, 가끔 만나는 일도 있었지만 모두가 공식 회의석상에서나 그저 간단한 인사 정도로 그쳤지, 일부러 찾아다닌 일은 한 번도 없었다.

그런데 이날은 도대체 뭣 때문에 그렇게도 바쁜 분이 아침 일찍부터 우리 내외를 찾았을까? 또 우리가 매일 아침 감사원 다방에 들르는 것을 어떻게 알았을까? 도무지 짐작이 가지 않았다.

집으로 돌아왔더니 한 30분쯤 지나서 이 양반이 점퍼 차림으로 지프차를 타고 우리 집으로 찾아오셨다. 집 안으로 들어오시지도 않고 지프차에 탄 채로 말했다.

"내가 찾아온 것은 조각하는 김정숙 교수요. 다름 아니고요, 이번에 김소월의 《산유화》 시비를 세워야겠는데, 김교수님한테 부탁하기로 했습니다. 마음대로 구상을 하셔서 김소월의 시혼(詩魂)을 살릴 수 있도록 제작해 보세요. 며칠 후에 연락 주시기 바랍니다."

여러 말이 필요없다는 듯 홀연히 장기영은 떠났다. 그의 간단한 말 중에는 뭔가 가슴 속 깊이 '소월시비(素月詩碑)'를 세우겠다는 정열적인 의지가 엿보였다.

나는 어떤 동상이나 조각을 할 때보다도 더 심혈을 기울여, 장사장의 그 정열과 소월의 시혼을 어떻게 하면 살릴 수 있을까 고민했다.

드디어 1968년 4월 13일 하오 1시에 제막식을 올리게 되었다.

그 이후 장기영은 만날 때마다 언제나 앞으로 계속해서 시비를 여러 군데 세우겠다고 말했다. 당신의 일생 업적 중에 이보다도 더 흥겹고 보람찬 일은 없는 듯, 그 어느 예술가나 문인 못지않게 시혼과 시심에 사로잡혔던 것 같았다.

그로부터 6년 후 장사장은 《한국일보》 창간 20주년을 기념하는 또 하나의 다른 시비를 나에게 부탁했다. 바로 그것이 삼청공원 안에 세운 두 개의 시를 두 폭의 병풍처럼 화강석으로 만든 시비이다.

오른쪽에는 정몽주 자당의 시 '까마귀 싸우는 곳에 백로야 가지 마라/성낸 까마귀 흰 빛을 새오나니……'

왼쪽은 정몽주의 시 '이 몸이 죽고 죽어 일백 번 고쳐 죽어/백골이 진토되어……'

이것도 조각은 내가 했고, 글은 김충현 선생이 썼다.

이 시비가 세워진 것은 1974년 6월 9일이었다.

그리고 3년 후 바로 장기영이 돌아가던 해인 것 같다. 이번에는 꼭 신석초의 시비를 세워야겠다면서, 다른 때와는 달리 시비의 조각 모양을 자신이 결정한 듯 바라춤을 추는 모습으로 했으면 좋겠다는 것이었다. 나는 여러 가지 바라춤 추는 모양의 조각을 시도해 보았다. 그리고 거의 작품이 완성되어 갈 무렵, 하루는 장사장께서 이 비를 세울 장소를 의논하자며 나를 불렀다.

장사장과 나는 한국일보사 13층 식당에서 차를 마시면서 의논했는데, 장사장은 건강이 요새 심상치 않다면서 눈에 띄게 인생의 운명에 대한 한계를 말하여 듣는 나로 하여금 당황하게 하였다.

건강에 조심하라면서 헤어진 바로 다음 날, 장사장은 그가 가졌던 시혼을 영원히 이 세상에 남겨 놓은 채 고인이 되셨다는 소식을 들었고, 아드님 장강재 사장은 신석초 시인의 《바라춤》 시비를 세울 장소를 고인의 묘역으로 정했다고 들었다.

신석초의 《바라춤》을 고인은 생전에 애송했다. 특히 서사(序詞) 중에서 다음 대목을 소리내어 외웠다.

　　문히리란다. 청산(靑山)에 문히리란다.
　　청산이야 변할 리 없어라.
　　내 몸 언제나 꺾이지 않을 무구(無垢)한
　　꽃이언만
　　깊은 절 속에 덧없이 시들어지느니
　　생각하면 갈갈이 찢어지는 내 맘
　　서러 어찌하리라.

　　문히리란다. 청산에 문히리란다.
　　나는 혼자이로라. 찔레 얽어진
　　숲 사이로 표범이 불러 에우고
　　재올리 바랏소리 빈 산을 울려
　　쩡쩡 우는 산울림과, 밤이면
　　달 피해 우는 두견(杜鵑)이 없으면
　　나는 혼자이로라.

5. 한국출판문화상

동서문화사 발행인 고정일(高正一)의 백상 장기영에 대한 기억 한토막이다.

1975년 봄이었던가, 〈한국출판문화상〉 시상식장에서였다. 그날 나는 수상자의 한 사람으로 참석하고 있었다. 심사위원인 구상 박 두진 시인과 함께 나란히 앉아 이야기를 나누고 있는데, 조경희 부장이 다가왔다. 장기영 사주가 나를 만나고 싶어 한다는 것이다.

조 부장은 나를 이끌고 장기영 사주에게로 데려가더니 싱끗 웃으며 소개했다.

"여기 동서문화사 고정일 사장이에요."

장기영 사주는 먼발치나 사진으로나 보아오던 대로 상대방을 제압하는 우람한 체구였다. 그 큰 얼굴에 친근한 웃음을 지어 보인다.

"반갑소. 그러잖아도 한번 만나보고 싶었소. 열심히 한다는 말을 듣고 있었지. 56년부터 출판일을 했다니, 그때 나이가 불과 열여섯이 아닌가. 거참, 신통한 일이야."

듣던대로 소탈했다. 내 손을 잡는 그의 커다란 손은 부드러우면서도 힘이 들어 있었다. 몸집이 작은 나는 그 거구 앞에서 압도당하는 느낌이었다. 칭찬을 받으니 좀 멋쩍기도 했다.

"책이 좋아서 책장사를 열심히 했습니다."

나의 대답에 그는 고개를 끄덕였다.

"기획과 광고를 고 사장이 직접 한다면서요? 예사롭지 않아 눈에 띈단 말이야."

언젠가 장기영 사주가 동서문화사 광고에 대하여 관심을 갖고 이런저런 것을 묻더라는 말을 이창영 한국일보 광고국장에게서 들은 일이 있었다.

그날 장기영 사주는 나에게 자신이 출판에 대해서 큰 관심을 가지고 있다고 말했다. 이는 을유문화사 정진숙 회장에게도 들은 바가 있었다.

"장기영! 참으로 대단한 사람이야. 월급 때가 되면 달려와서 돈이 모자란다고 당장 해내라고 막무가내로 떼를 쓰고는 했지. 덩치에 비해 싱긋 웃는 애교 또한 만점이라 누구라도 거절할 수가 없었을껄. 꼭두새벽부터 뛰는 부지런하고 능력이 넘치는 보기드문 큰 일꾼이었어."

장기영 사주가 한국은행 총재를 지낸 민병도와 가까운 사이로 5, 60년대 을유문화사에 자주 들러 월급부탁도 했지만 이런저런 출판 아이디어를 냈다고 한다. 그는 굉장한 노력가이고 참으로 아는 것도 많으니 출판기획력도 분명 뛰어나리라는 것이 정진숙 회장의 백상 장기영에 대한 평가였다. 장기영은 진지한 얼굴로 다정하게 말했다.

"고정일 사장, 앞길이 창창한 나이니 열심히 하세요. 출판은 좋은 사업이에요. 가끔 만납시다."

나는 정중하게 인사를 하고 돌아오면서 한 생각을 떠올렸다. 일본의 최대 출판사인 고단샤 창업주인 노마 세이지는 출판업에는 대성공을 거두었지만, 호치(報知)신문사 사업에는 실패했다. 한국의 유수한 신문사 한국일보 창업주인 장기영은 신문사업엔 크게 성공을 했는데, 그가 과연 출판업에서도 성공할 수 있을까.

괜한 걱정이다. 한국 최초 이 나라 출판문화진흥을 위해 1960년 〈한국출판문화상〉을 제정하여 매년 시행해오고 있는 그였다. 백상 장기영은 분명 출판업에서도 크게 성공할 수 있으리란 확신이 든다.

모든 생명은 땅으로 돌아간다
인간은 생사의 일점으로 이 우주에 단단히 매여 있다.
말하자면 우주의 부하인 것이다. 이를 어찌 깨달으리

1. 하늘과 땅만이 영원한가

여의도 허허벌판에 국회의사당만 덩그러니 솟아 있는 것이 아무래도 삭막한 인상이다. 나무들이 빙 돌아가면서 감싸 주면 얼마나 포근할까?

4월 5일. 식목일날. 백상은 은수원사시나무 두 트럭을 의사당 앞에 부렸다.

정일권 국회의장, 김용태 운영위원장과 삽질을 하며 희희낙락.

식목이 끝나자 백상은 안양 골프장으로 차를 몰라고 했다. 이병철 삼성 회장과 마찬가지로 주에 두서너 번은 라운드해야 비위가 가라앉는다.

두 홀을 마쳤을 무렵, 갑자기 숨이 가빠지는 것 같았다. 그는 더 계속할 수 없다고 단념, 차를 불러 급히 서울로 올라왔다.

기분 좋지 않은 일이 며칠 동안 있었다. 포항에서 화력 시범이 있었는데, 국방위원인 그가 가지 않았다고 청와대에서 뭐라고 했다. 몸 컨디션이 좋지 않아서라고 변명했더니 골프 칠 기운은 남아 있느냐는 것이 아닌가?

매우 기분 상하게 하는 일이었다.

회사로 돌아온 그는 서울병원 서정삼 박사를 찾았다. 가벼운 협심증이라고 했다.

《서울경제신문》의 신영수 사장이 서울대학병원의 한용철 박사를 데리고 왔다. 한박사는 절대안정을 권하고 골프는 당분간 나가지 말라고 했다.

백상은 산소호흡기의 신세를 지며 며칠을 보냈다. 가족들이 모여와 크게 걱정들을 했다. 산소호흡을 하면서도 자상히 업무지시를 하는 그는 곧 정상을 되찾을 것 같았다.

10일 아침, 그는 모처럼만에 상쾌한 기분이라면서 가벼운 산책을 했다. 그는 업무협의차 본사에 와 있던 손일근 도쿄지사장에게 전화를 걸어, 11일에 일본에 갈 터이니 미리 가서 호텔에 산소호흡기를 준비해 두라고 분부했다.

10일 낮에 그는 안양골프장으로 차를 몰라고 했다. 식당에는 이병철 회장과 그의 두 딸 인희와 명희, 그리고 김봉재가 점심을 먹고 있었다. 9홀을 돌고 났다는 것이었다.

백상은 그들과 어울리고 싶었다. 서울에 연락하여 급히 골프채를 가져 오라고 했다.

그들이 18홀을 다 돌고 왔을 때 백상은 구두를 신고 채를 들고 티그라운드에 섰다. 아주 상쾌하다. 이럴 때 살 맛이라는 것을 느낀다. 골프는 나이 먹은 사람들에겐 참으로 좋은 것이다. 신선한 공기, 파란 잔디, 푸른 하늘, 그리고 다정한 벗.

쉰아홉 고개를 넘길 때 '나도 이제 늙었나, 언젠가는 가야 될 시간이 다가오는가' 걱정하다가 60고개 위에 올라서는 순간 조망이 달라졌다. 무변한 미래가 시원하게 열려 있는 것 같았다.

예순아홉 고비까지는 또 열심히 뛰어야 된다. 대기만성이다. 내가 할 일이 분명히 있다. 그렇게 생각해 온 그였다.

첫 홀은 기분 좋게 출발했다. 이병철·김봉재 두 양반, 27홀째에 접어 들었는데도 끄떡없다. 그것은 참으로 좋은 일이다. 축하해 마지않을 일이다.

두 번째 홀에서, 세 번째 홀에서 다 돌 수 있다는 자신감이 생겼다. 중간 찻집에서 파트너들은 그의 건강 회복을 축하해 주었다.

그러나 후반에 들어가 그는 약간의 피로를 느꼈다. 골프에선 늘 있는 일이다. 그것을 견뎌내는 것이 골퍼의 의지라는 것이다.

9홀을 다 돌았을 때 파트너들은 진심으로 찬사를 보냈다. 그것 보십시오, 아무렇지도 않잖습니까.

저녁을 기분 좋게 먹고 서울 10층 사주실로 돌아온 그는 아주 상쾌하다고 하면서 도리어 전길창 비서를 걱정했다.

"자네 줄곧 내 옆에 있느라고 부인한테 원망 샀겠네. 결혼한 지 1년도 안 된 사람이 그래서야 되겠나. 들어가 봐라, 오늘 저녁엔……."

"괜찮습니다."

"들어가 보래도……."

부인 이문자 여사, 큰딸 일희, 큰아들 강재가 있었다.

"식구들 보게 집으로 들어가세요, 아버지……."

일희가 간청했으나 장사주는 시원스럽게 말했다.

"내가 뭐 어떤데? 걱정 말고 들어가요, 모두……. 별거 아니라니까."

모두 안심했다. 정말 별거 아닌 것 같다.

가족들이 간 뒤 수행비서 전길창은 아래 아이들한테 상세한 주의 사항을 일러 주었다. 그는 집으로 돌아가면서도 마음을 풀 수가 없었다.

16세 때부터 그분의 발을 씻겨 드리고, 목욕을 시켜 드리고, '대학 가야지'해서 대학을 다녔고, '장가들어라' 해서 장가간 그였다. 만약의 무슨 일이라도 있으면 천지가 무너지는 날이다. 갖은 정성을 다해서 모셔 온 귀한 어른. 옛날의 군주와 신하 관계로 따지자면 자기는 순장에 해당하는 존재다. 천지신명이여, 저분을 보살펴 주시옵소서.

발병 전의 생활을 돌아보았다. 한 마디로 60의 슬픔 같았다. 늙었는가, 아직 괜찮다. 일할 수 있는가, 할 수 있고말고. 그러나 이 세상은 어떻게 돌아가는가. 나는 어디에 있나.

백상은 한밤중에 가슴이 답답하다고 호소했다.

"지금 몇 시야? 빨리 날이 샜으면 좋겠다……."

당황한 주변들은 2시께부터 산소호흡을 시켰다. 사태는 점점 악화되는 것 같았다. 4시 반쯤에 이르러서는 의식을 잃었다. 5시 반에서 6시 사이 장기영은 서울대학병원 응급실로 옮겨졌다. 한용철 (韓鏞徹) 박사는 뺨을 때려 보았다. 전혀 반응이 없다. 인공호흡을 해 보았다. 심장이 박동했다. 됐다 싶었으나 오래 가지 않았다.

거대한 인물, 일벌레, 한국경제부흥에 제일 먼저 불을 당긴 사나이, 신문왕, 은행가, 스포츠맨, 왕초……. 당신도 결국 생명에 한정이 있었는가.

한박사는 달려온 신영수 사장과 함께 물끄러미 눈감은 거구를 내려다보았다.

가족과 자식들의 슬픔은 도리어 허망했다. 유언 한 마디 없이 그렇게 가셨나이까. 허공을 바라보며 그들은 오열했다.

한 세대는 가고 새로운 세대가 온 것이다. 오직 땅만이 영원했다.

시인 구상은 백상을 기리는 시를 남겼다.

백상송(百想頌)

원야(原野)를 일구는
화전민(火田民)의 정열.

대붕(大鵬)의 크고 넓은
도량(度量)과 경륜(經綸).

정곡(正鵠)을 찌르는 말솜씨와
쇄탈(灑脫)한 글솜씨.
들꽃의 피고 시듦에도
취하고 눈물짓는 시심(詩心)

6대주 5대양을
제 마을로 여기고 누빈
코즈머폴리턴.

2. 백 가지 생각을 접고 떠나다

거대한 사나이여, 엄청나게 일한 사나이여, 비상한 위트, 재간, 욕심꾸러기. 인간불도저, 불가능이 없는 사나이, 잘난 체하던 사나이, 그러면서도 자상한 인정도 베풀던 사나이…… 그대가 갔는가. 그대도 인명은 어찌할 수 없었던가.

사람들은 한동안 감개에 젖지 않을 수 없었다.

집을 나선 영구 대열은 《한국일보》에 들렀다. 호통 맞고 싸우고 격려 받던 기자들이 숙연히 고개 숙였다.

우리들의 왕초. 보스, 당신도 결국 가는 날이 있었는가.

홍유선 주필의 감회는 남다른 것이 있었다. 사회에 첫발을 들여놓았을 때부터의 장구한 인연. 그는 젖은 목소리로 고별사를 읽었다.

"……뜨거웠던 의욕에 비해 너무나 짧은 61년을 남들보다 열 갑절이나 더 노력하며 밀도 있게 살다 가신 당신의 유지는 《한국일보》터전 위에 길이 자라서 풍요로운 열매를 거둘 것입니다.”

영구는 대한체육회관 앞에 도착, 김택수(金澤壽) 체육회장 등 체육인들과 작별하고 선린상업고등학교로 향했다. 5,000여 재학생과 교직원들은 이 학교가 낳은 거목에 대하여 최고의 경의를 표했다.

국회의사당 앞 영결식장. 3부요인, 여야 의원들, 재계·사회단체의 각계 인사, 한국에 와 있는 외교사절 등 1,500명이 숙연히 도열해 있었다.

김용태(金龍泰) 총무위원장이 고인의 약력을 소개하면서 말했다.

“고인이 활동하고 간 생애는 바로 이 땅의 근대사로서, 평생을 국가발전을 위해 찬연한 업적을 남기셨습니다.”

정일권(丁一權) 국회의장은 침통한 표정으로 조사를 읽기 시작했다.

장기영 의원은 진실로 바쁘게 살다가 홀연히 가셨습니다.

바로 며칠 전 식목일 이른 아침 은수원사지나무를 한트럭 가득히 싣고 국회의사당에 들러 그 특유의 유머를 섞어 가면서 무의 일생을 설명하시던 장의원의 모습이 눈에 선합니다.

그런데 뜻밖에도 장의원이 타계하셨다는 부음을 전해 듣고 청천벽력 같은 놀라움과 비통함을 금할 길이 없습니다.

엊그제는 새벽같이 전화를 걸어 와 ‘IOC 일로 일본에 뛰어갔다 오겠다’는 인사말을 하기에 ‘이젠 건강도 생각하면서 쉬어 가며 일하시오’라고 권유하던 내 말이 채 끝나기도 전에 ‘쉬면 병이 납니다’라면서 웃던 장의원. 당신의 웃음소리가 아직도 귓전에 생생히 메아리치는데 우리와 유명을 달리하게 되었습니다.

도무지 믿기 어려운 사실이 되어 버렸으니 하늘도 너무 무심한 듯합니다.

나라 안팎으로 어려움이 더해 가고 있는 지금 가뜩이나 장의원과 같은 동량(棟梁)감이 필요한 이때, 이처럼 불현듯 우리의 곁을 홀홀히 떠나 버렸다는 것은 우리의 큰 아픔이요 손실이 아닐 수 없습니다.

회고하건대 장의원은 비단 정계뿐 아니라 언론계·재계, 그리고 문화·체육계 등 생활의 모든 분야에서 헌신적으로 일해 온 거목이었습니다.

지칠 줄 모르던 장의원의 정력은 항상 우리를 놀랍고 부럽게 했고, 그 때문에 장의원은 '25시의 사나이', '인간 불도저'라는 별명을 듣기도 했습니다.

장의원이 뛰고 스치는 곳에는 항상 유머와 일화가 그치지 않았습니다. 장의원이야말로 '뛰면서 생각하는 사나이'였고 찾아보기 어려운 입지전적인 인물의 전형이었습니다.

장의원처럼 매사에 자신감을 가지고 뛰어드는 사람도 없었습니다. 자신의 건강에도 자신감에 차 있었고 그 때문에 일만을 위해서 태어난 사람 같았습니다.

우리가 같이 내각을 구성하고 있을 때 1965년의 어느 날로 기억됩니다.

며칠 동안 국회에 나가 철야로 대(對)정부 질문에 응한 장의원(당시 부총리)은 재기발랄한 논전을 주고 받다 '민주주의는 바로 건강이다'라고 말했습니다. 이 한 마디에 그의 정치관과 건강에 대한 자신이 동시에 잘 표현되었다고 생각합니다.

또 노모를 모시고 있던 우리는 곧잘 어머님들의 건강에 유념하자고 다짐했고, 그때마다 남다른 효성을 보이던 일들을 회상할 때 오늘의 비보가 더욱 통분하기만 합니다.

일에 대한 정력과 집념은 부총리 겸 경제기획원장관으로 있을 때도 유감없이 발휘되어 제2차 경제개발 5개년계획을 세워 고도성장의 기반을 닦았습니다.

이른바 국회오물사건 때 우리는 총리공관에 모여 사후 대책을 협의했습니다. 내가 침통한 표정으로 '열과 성의로써 국가를 위해 일해 온 보람 없이 이런 사건이 생겼다'고 말문을 열자 장의원은 '후손들에게 얼굴을 들 수 없다'면서 '당장 일괄사표를 써 내자'고 주장, 우리는 그 말대로 모두 사표를 썼던 일이 바로 엊그제 같습니다.

공휴일도 없이 점심을 걸러 가면서 강행군을 하던 부총리 시절, 나는 장의원에게 '점심도 먹지 않고 어떻게 그처럼 정력적으로 일할 수 있는가'라고 물어 본 적이 있습니다. 장의원은 픽 웃으면서 '점심 안 먹고 일할 수 있습니까?'라면서, '곰탕을 시켜다 놓고 틈만 있으면 슬그머니 먹어 치우지요'라고 솔직한 고백을 했습니다. 그 인간미 또한 잊을 수 없습니다.

장의원의 이러한 인간미는 그가 찬연한 업적을 남긴 언론계에서는 이루 헤아릴 수 없으리만큼 많은 일화를 남긴 것으로 알고 있습니다.

장의원은 무엇보다도 이 나라 언론사에 독특한 인간상과 행동의 역사를 남긴 언론인이었습니다.

국회에 들어와서도 자신은 외도를 하고 있다고 말할 만큼 장의원은 우리 언론을 사랑하고 키워 온 큰 족적을 남겼습니다.

정계에 투신한 뒤에도 장의원은 끊임없이 독자의 입장에서 신문에 비상한 관심을 쏟았고, 신문에 심취해 있었습니다. 스스로 장기자라고 부르기를 좋아했던 그는 늘 동료 의원들로부터 '장의원'이라는 호칭보다는 '장기자'나 '장사장'으로 불리는 것을 좋아했습니다. 항상 예리한 기자같은 안목으로 해박한 지식을 구사하여 건설적인 충고를 아끼지 않았습니다.

이제 우리와 유명을 달리한 고인의 지난날을 돌아보고 앞날을 바라볼 때 장의원에 대한 그리움과 아쉬움이 가슴 깊이 사무칩니다.

백상 장기영 선생이여!

비록 몸은 타계하였을지라도 선생의 영혼은 애국애족하시던 생전의 큰 뜻으로 이 나라의 발전과 번영을 기원하실 줄 믿습니다.

일에 대한 집념과 일에 대한 욕심으로 한평생을 불사르고 가신 장의원이여, 생전에 취하지 못했던 휴식을 이제 평안히 가지십시오. 장의원에 대한 깊은 애정과 추억을 되새기며 남은 우리들도 부지런히 뛰겠습니다.

삼가 명복을 빕니다.

백상의 장례식이 국회장으로 치러지던 13일 《한국일보》는 미당(未堂) 서정주의 시 《곡 장기영 선생》을 1면에 실었다.

1954년
한국일보 창간 직후의 어느 날
한국일보사엘 들렀더니
소사(小使) 차림의 한 사내가
너무나 열심히 실내 청소를 하고 있다가
우리를 보고 시무룩히 미소해 보여서
"참 충실한 소사지?"
내가 어느 기자에게 물으니
"아니다. 그가 장기영 사장이다"고 했다.
어찌 소사 노릇뿐이리오.
소사요 급사요 기자요 사장으로서
그의 심장의 피는 뛰고 뛰고 또 뛰고 있을 뿐이었다.
백상이라는 그의 아호는 딱 들어맞는 것이다.
사람들이 한 가지로만 생각하고 사는 일을
그는 늘 백 가지로 생각하고
백 가지로 실천하고 살으셨으니까……

그리하여 그의 이 백상백천(百想百踐)의 심장은
한 신문사의 틀을 넘어 벗어나서
이 나라의 체육을 세계에 앙양하는 길로,
이 나라의 정치를 바로 이끄는 길로,
이 나라의 통일을 기어코 이루는 길로,
언제나 그 맨 앞에 달려가서
똑딱 똑딱 똑딱 뛰고만 있었다.
그러기에 이번 그의 육신의 죽음을
나는 죽음이라고는 도무지 생각지 않는다.
사람들 백 갑절로 뛰고 있던 이 심장이
가시적(可視的)으로 똑딱 똑딱 열심히 뛰고 있다가
저 하늘과 영원 속으로
범위를 아주 넓혀 옮겨 들어선 것으로만 본다.
이 나라에 정신과 성의가 있는 날까지는
이 나라에 육체가 있는 날까지는
이 나라에 애국애족심(愛國愛族心)이 있는 날까지는
그의 심장의 고동은
언제나 그 어디에 들어박혀
백 갑절로 열심히 뛰고 있을 것이다.

3. 넓고 따뜻한 사람

백상과 무용가 조택원 내외는 깊은 우정을 나누던 사이였다. 조택원의 아내 김문숙은 백상의 인품에 대한 이런 기억을 들려준다.

함박눈이 펑펑 내리는 어느 날 아침 '김문숙 씨 바쁘십니까?' 하는, 항상 바쁜 어조의 장관님의 전화였다.

"네, 별일 없는데요."

"그럼 잘 됐군요. 지금 곧 조선생님과 같이 사무실로 나오세요."

백상 선생님이 이 당시 부총리로 재직중이었다.

"무슨 급한 일이 생겼나. 왜 급히 오라고 하실까?"

두 내외는 성급히 사무실로 달려갔다.

사무실에 다다르니 바쁜 듯이 걸어나오시며

"자 나갑시다."

그러면서 우리와 함께 현관으로 내려가셨다. 높직한 지프차에 가시더니

"어서 타세요, 김문숙 씨. 그리고 조택원 씨."

큼직한 몸집으로 선뜻 올라타시며

"자 가자!"

운전사에게 재촉을 하신다.

우리 내외는 어리둥절, 무슨 일이 있길래 이른 아침부터 이렇게 서두르실까 하며 백상 선생님만 바라보고 있었다. 아주 만족하고 즐거운 듯 실눈을 더욱 가늘게 뜨시고 창 밖의 펑펑 내리는 눈발을 어루만지듯이 내다보시며 묵묵히 앉아 계시더니,

"자, 워커힐 쪽으로 가자!"

차는 눈 속을 헤치듯이 워커힐 쪽으로 달렸다.

창 밖의 설경은 그림과도 같이 아름답다. 차에서 뛰어내려 마냥 눈을 맞으며 걷고 싶은 충동을 느낄 정도였다.

"조 선생님, 설경이 좋지요? 너무 아름답군요."

차는 묵묵히 세 사람을 태운 채 마냥 달리고 있다. 갑자기 침묵을 깨뜨리시며 백상 선생님은

"김문숙 씨, 나는요, 눈 내리는 날 만나고 싶은 사람이 있거든요."

비밀스러운 미소를 띠시고 창 밖을 내다보신다. 앞이 안 보일 정

도로 쏟아지듯 퍼붓는 눈속을 차는 계속 달리고 있다. 나는 속으로 무척이나 궁금했다.

'눈 오는 날 보고 싶은 사람은 누구일까? 남자일까, 아름다운 여성일까? 또 무슨 곡절이 사무친 추억이 있으신가?'

그분은 자나깨나 일 말고는 안중에 없는 분으로 알았는데, 뚝뚝하신 외모와는 달리 이렇게 낭만적이고 섬세하고 예쁜 감정이 깃들어 있으실 줄이야! 지금도 큰 눈만 오면 그 날 지프차로 워커힐 드라이브웨이를 묵묵히 사색에 잠긴 채 몇 시간을 헤매던 광경이 눈앞에 떠오른다. 그분이 눈오는 날 보고 싶다 하시던 사람은 누구일까? 영원한 미스테리로 나도 고요히 이 일을 가슴깊이 간직하기로 했다.

매일 아침 5시만 되면 백상 선생님과 조 선생님은 애인들의 속삭임처럼 소곤소곤 통화를 하시는 일도 그 날의 일과의 시작이다. 내가 아침 잠이 많아서, 전화 벨 소리에 행여 내가 깰까봐 소곤거리는 것이다. 매일 아침 무슨 일이 급해서 새벽부터 이렇게 물리지도 않고 매일매일 되풀이하는지, 어젯밤에 만나 실컷 같이 계시고 5~6시간도 미처 안 됐는데! 때때로 내가 화를 냈다.

"아니, 무슨 동성연애를 하시는 거예요? 매일 낮에도 만나시면서 새벽부터 무슨 중대사나 하듯이 전화예요? 아주 전화통을 서로 안고 사세요."

그러면 조 선생님은 아주 즐거운 듯이

"우리는 그래! 왜 질투가 나나?"

장난스럽고도 만족스러운 미소를 지으시며 웃어 넘겨 놓으시고는, 나중에 이런 얘기를 고스란히 백상 선생님에게 그대로 일러 바치시곤 했다.

이렇게 오리발같이 매일 만나시고 전화하고 같이 많은 시간을 보내시던 두 분이, 조 선생님께서 갑자기 암이라는 진단을 받으시고 일본에서 수술을 받으시게 되니, 백상 선생님의 침통한 심정은 이루 표현할 길이 없을 정도였다.

내가 일본·서울간을 왕복하며 모든 문제를 백상 선생님과 상의해서 지시대로 처리했다. 일본서 한국으로 돌아오실 때는 KAL 1등실 전부를 전세내시어, 간호사 한 명을 대동시켜 공주 침대같이 아름답게 백색 레이스로 장식한 침대를 만들어 일본으로 보내셔서 그 편으로 조 선생님이 귀국하셨다. 우환 중에도 그분의 따뜻하고 섬세한 우정에 가슴이 뭉클, 눈시울이 뜨거웠던 그 때의 일을 지금도 잊을 수가 없다. 귀국 후 메디컬 센터에 입원생활 중에는 모든 경비를 돌보아 주시면서도, 한 번도 직접 오셔서 만나지는 않으셨다. 전화는 여전히 매일 시간을 가리지 않고 때없이 하시며 상세히 병세를 체크하시곤 했다.

나는 너무 섭섭해서 한번 오셨으면 좋겠다고 말씀드렸더니,

"나는 마음이 약해서 수척한 그분의 모습을 직접 뵐 수가 없어요. 도저히 못가 뵙겠어요. 용서하세요. 조 선생님도 내 이 마음을 잘 알아 주실 거예요."

그러면서 눈물 어린 얼굴을 돌리셨다.

여전히 전화는 계속, 친살붙이가 아플 때와 같이 가슴 아파하셨다.

처음에는 나는 이해하기 어려워 섭섭히 생각했었지만, 일에 대한 광적인 정열과 다정다감하시고, 섬세하시고, 반면에 겁이 많으신, 어린아이같이 순수한 면을 그분한테서 볼 수가 있었다. 특히 그분한테서 전화를 뺀다면 어땠을까? 내가 받은 전화 통화수는 밤하늘의 별만큼이나 많았다.

그 두 분이 돌아가신 지도 어언 10년이 다 되어 가지만 아직도 여러 가지 추억이 주마등같이 생생히 눈앞에 어른거린다.

저승이 정말 있다면, 그 곳에는 전화가 없을 텐데! 두 분이 어떻게 통화를 나누시고 계실까…….

4. 한국국민 백상에게 감사해야 합니다

일본 정계 사람들은 백상을 범상치 않은 대물(大物)로 기억한다. 그들은 하나같이 사나이 장기영의 당당한 풍모와 이야기할 때의 박력, 설득력에 매료되었다는 인상이다.

일본 정계의 배후 조종자 역할로 유명한 야쓰기 가즈오(矢次一夫)는 그의 국제문제연구소로 찾아간 필자에게 대뜸 한마디 던졌다.

"한 마디로 물건이었지."

그러고는 창밖을 내다보았다.

"일본말을 우리보다 잘했어요. 조리가 딱딱 맞고 반대할 것과 합의할 것을 현명하게 잘 구분했고……. 한국경제부흥에 불을 붙인 사람이 바로 그 사람 아니오? 한국 국민들은 백상에게 감사해야 됩니다. 참으로 일 많이 한 사람이에요."

한·일의원연맹 일본측 회장이었으며 중의원 의장을 지냈던 일본 정계의 거물 후나다 나카(船田中)는 다음과 같이 말한다.

내가 장기영 선생과 친히 교제를 하게 된 것은 한국에서 민주혁명이 성공한 직후였다.

한국과 일본은 일의대수(一衣帶水)의 이웃 나라요, 지리적·역사적·문화적으로 보아 긴밀하고도 깊고 넓은 연계를 지니고 있다. 그러나 1945년 8월의 종전 이후 한동안은 국교가 끊긴 채 불화 분쟁의 세월이 계속되었다. 1957년 10월, 정계로 복귀하자마자 나는 한·일어업문제 조정역을 맡게 되었으며, 그로부터 두 나라의 부자연스런 관계를 해소하고 국교를 회복, 우호친선관계를 맺고자 내 나름으로 미력을 다해 왔다.

그러던 중 한국에 민주혁명정권이 수립되고 한·일 화해의 국시

(國是)가 내세워짐에 따라 두 나라 정부 사이에는 몇 가닥의 루트를 통한 비공식 은밀 교섭이 오고 갔다. 이케다(池田) 내각의 말기에 해당되는 1963년, 장기영 선생을 만나 뵙게 된 후 우리는 곧 의기투합하여 자주 간담을 거듭하였으며, 선생은 스즈키 젠코(鈴木善幸) 자유민주당 부간사장을 통해 이케다 수상, 오히라(大平) 외상 등과도 직접 회담, 한·일평화조약 체결의 기틀을 다지는 데 성공을 하신 것이다.

한·일평화조약은 1965년 봄, 사토(佐藤) 내각의 시나(椎名) 외상이 서울로 출장, 조인하였고 그해 11월 내가 중의원 의장으로서 야당의 반대를 밀어젖히며 비준 승인을 결의시켰었다.

장기영 선생은 본디 언론인이었으므로 늘 정론을 토하였고, 권위에 굴하는 일이 없었다.

한·일 문제에 있어서도 결코 속론(俗論)에 영합한 적이 없었으며 따라서 친구끼리 격론을 벌이는 일도 잦았다. 그러나 선생은 시종 성실하였으며, 애정으로써 교제할 수 있는 드문 분이었고, 실로 존경할 만한 외우(畏友)였다.

《뉴욕 타임스》 외신부장이며 도쿄 지국장을 지낸 바 있는 애머슨 체이핀 장기영을 추억했다.

장기영 씨에 대한 내 기억은 그가 한 마디로 '거창한 인물'이었다는 사실로 요약된다.

폭발하는 정력, 지칠 줄 모르는 관심, 민족주의적이고 애국적인 사관(史觀), 언제나 사려 깊고 관대했던 성품……

고인과의 첫 대면은 남산(南山)에서 열린 유세장에서였다. 1963년 대통령선거의 열기가 막바지로 치닫던 무렵이었다. 청중들의 맨 뒤쪽에 앉아 연설을 묵묵히 듣고 있던 그의 모습이 지금껏 눈에 선하다.

선거가 끝나 가던 어느 날 밤, 그가 보인 정치적 기민성 또한 잊지 못한다.

커다란 탁자를 그득하게 메운 여러 대의 전화기를 가운데 두고, 고인은 선거 결과에 대한 예리한 예측을 들려 줬다.

갖가지 예측이 정곡을 찌르지 못했던 당시 상황에 비추어 그의 예측이 100퍼센트 적중했던 사실이 기억에 새롭다.

그가 부총리 겸 경제기획원장관직에 재임하고 있을 때도 몇 차례 만났다.

당시 그는 소위 '경제적 도약'을 지향하는 제2차 경제개발 5개년계획을 수립하는 데 심혈을 쏟고 있었다.

이때 미국인 고문들은 이 경제계획의 달성 목표가 너무 원대하다는 것, 다시 말해서 계획 자체가 너무 야심적이라는 사실에 주목했었다. 더군다나 제철소 건립이라든지 고속도로의 건설 등은 시기상조의 것으로 받아들여지고 있었다. 그러나 그는 실현 가능성이 있다고 버티었다.

그의 평가는 옳았다. 경제계획은 제대로 진척되었고, 그 결과 역시 만족스러웠다. 한국의 면모를 일신케 한 대규모 경제건설은 실로 이 정력덩어리이며 '잠재력의 화신'인 인간 장기영으로 인하여 이루어졌다고 할 수 있다.

그는 훌륭하고 어진 사나이였다. 그러나 뭐니 뭐니 해도 가장 강조해 둬야 할 일은 그가 경제적 혁명을 이루기 위해 분골쇄신했다는 점과 고통과 좌절의 비극 위에 있던 조국——한국을 새롭고 희망적인 차원으로 끌어올렸다는 이 두 가지 사실이다.

1977년 7월 19일. 백일재(百日齋)날.

검단산(黔丹山) 묘소에서는 묘비 제막식이 거행되었다. 이 날 모윤숙 시인이 《장기영 선생 영전에》를 낭송했다.

　　밝은 얼로 우리에게 생기 주시고
　　낮과 밤의 자갈길을 겨레 위해
　　거친 바람 속 앞장서며
　　시간보다 빨리 달리셨습니다.

　　뛰어난 그 뜻 이 땅에 남기시고
　　이제 고요히 여기 잠들어 계시오니
　　열풍에 휘말려 가신 이여
　　사무쳐 그 사신 날 우러릅니다.

　　수고와 곤고의 이생을 잊으시고
　　저 수미산 보리수 그늘 아래
　　고통 없는 영광의 별이 되어
　　영생하소서, 극락영생하소서.

　　장기영 조선은행 입행 일 년 선배이고 한국은행 부총재를 지낸 김상영(金尙榮)의 정겨운 옛이야기가 있다.

　　해방된 다음해 2월 20일 북경에서 천진을 경유, 인천에 상륙, 지금은 상상할 수조차 없는 무개차를 타고 다음날 심야에 서울에 도착했다. 역 부근 여인숙에서 하룻밤을 지새우고 난 다음날 아침 일찍 은행에 연락을 하자마자 제일 먼저 달려와 두 손을 내밀어 악수를 청하던 청년이 바로 백상이었다.
　　"우리 둘이서 불출세동맹을 맺읍시다."
　　그때 그의 첫 인사가 이 말이었다. ——나는 그 말을 무슨 뜻으로 하는 말인지 한참 뒤에야 해득할 수 있었다. 해방 전 조선은행에서 조선인 행원 중의 '트리오'로 불리어 오던 한 사람으로 피차 그 존재가 뚜렷했기에 처음 만나자마자 손을 내밀고 동맹 체결을 요청해 왔으니, 괴물이구나 하는 첫 인상을 받았다.

그로부터 5년 뒤 조선은행이 한국은행법으로 간판을 갈면서 백상은 부총재의 한 사람으로 발탁되어 불출세동맹의 조건위반을 먼저 하고 나섰다. 나는 초대 광주지점장으로 멀리 밀려앉게 되었다. 후배가 먼저 부총재가 되고 나는 시골 지점장으로 전락하게 되어 실력의 차이로 알고 체념할 수밖에 없기는 했으나 정식 부임 후 이틀 만에 6·25가 발생, 생명의 위협과 피란생활의 쓰라림을 적게 받게 된 것은 그야말로 '인간만사 세옹지마'라는 말뜻을 되새기게 하는 것이기도 했다.

내가 최고회의 자문직에서 민정이양 후 금융계에 되돌아가지 못하고 해외 유학을 간다고 나설 때 부총리실로 나를 불러 도와달라고 부탁하던 백상의 목소리가 지금도 잊혀지지 않는다. 그러나 그러한 남아간의 약속도 성사되지 못하고 세계일주여행 후 귀국하자마자 전경련 상임부회장직을 인수해 달라던 강권(?)은 날이 갈수록 고마운 생각만 든다.

9대 국회의원으로 원내에 들어온 백상은 자신이 경영하는 언론기관을 통해 자기 소신을 피력하는 데 기회도 많았겠지만 나를 경제계 출신이라고 해서 그 많은 경제문제를 거의 단독으로 처리하다시피 하게 했던 것과는 너무나 대조적이었다.

그러나 내가 1978년도 정기국회에서 공화당 대표로 경제문제 질의자로서 주어진 시간 45분 동안 사자후를 토하고 내 자리에 돌아오자마자 재빨리 쫓아와 손을 내밀어 악수를 청하면서 큰 소리로 '오늘 처음으로 공화당 실력을 유감없이 발휘했다'고 칭찬하던 백상의 모습과, '야당보다 잘했다'고 야당석을 향해 외치던 김용태 원내총무의 기뻐하던 모습은 잊을 수 없는 장면이다.

환국 당시 역 부근 오막살이 여인숙에 찾아와 '불출세동맹'을 맺자고 내밀던 냉엄한 악수가 시초였다면, 국회 본회의장에서 질의를 마치고 돌아온 나에게 힘차게 흔들던 따뜻한 백상의 손의 촉감은 끝내 잊혀지지 않는다.

'그가 백세(百歲)까지 수(壽)를 했다면', ──박완서가 쓰고 있다.

그분이 100세까지 장수하셨더라면 아마 남북조절위원회 위원장 같은 건 되시지는 않았을 것이다. 왜냐하면 그때는 이미 남북이 통일돼 있어서 남북조절위원회 같은 건 해체된 후일 테니까. 〔중략〕

또 하나 그분이 100세까지 장수하셨더라면 되었음직한 상상중 가장 유쾌한 것으로 IOC위원장이다. 우리 나라에서 IOC위원장이 나온다는 것은 지나치게 황당한 상상일지 모르지만 그분에겐 이런 파격(破格)이 자연스럽게 어울리는 멋이 있다. 그분이 생존시 우리의 정계, 언론계, 경제계에서 거둔 화려한 성공은 상고출신이란 그분의 초라한(?) 학력으로 확실히 파격적인 것이었다.

그분은 자신의 학력에 대한 열등감은커녕 오히려 그것을 사랑하고 자랑스러워했던 것 같다. 그만큼 그는 자신만만했고 당당했다. 입지전중(立志傳中)의 인물이 흔히 빠지기 쉬운 편협한 교만기가 그에겐 없었다. 그가 지닌 이런 탁월한 개방성(開放性) 때문에 그를 세계적인 인물로 상상해보고 싶은 것이다. 그분이 IOC위원장이 돼서 백발을 휘날리며 올림픽대회 개회사를 하는 것을 상상하는 것은 즐거운 일이다. 〔중략〕

그러나 어떤 위대한 죽음을 위해서도 결코 세상은 그 움직임을 멎어 주지 않으니, 이런 말의 향연은 결국 생자의 사자에 대한 마지막 아침에 지나지 않게 된다. 멋있는 사자(死者)라면 생자(生者)의 이런 낯간지럽고도 상투적인 아첨을 거부하리라. 특히 장기영 씨같이 파격(破格)의 멋을 아는 개방적인 신사라면 능히 그럴 수밖에 없으리라.

모든 삶이 철저하게 불평등했던 것을 보상이나 하려는 듯이 모든 죽음은 철저하게 평등하다. 왕후 장상의 죽음이나 장삼이사(張三李四)의 죽음이나 그 죽음이 결코 세상의 움직임을 일순도 멈추게 할 수 없다는 점으로. 어떤 위대한 죽음에도 불구하고 세상은 결국 될 대로밖에 안된다.

그가 살았더라면 하는 가설로 그의 죽음을 부정(否定)하기보다는 죽음을 죽음으로써 담담히 받아들이는 생자(生者)의 태도가 나의 성미에는 더 맞는다.

생전의 그분을 존경했던 이는 그분의 죽음까지도 존경하라.

생전의 그분을 사랑했던 이는 그분의 죽음까지도 사랑하라.

생전의 그분에 무관심했던 이는 그분의 죽음에도 무관심하라.

역사는 언제나 청춘, 그들의 것이었다

청춘이란 인생의 어떤 기간이 아니라 마음가짐을 말한다.
장미의 용모, 붉은 입술, 나긋나긋한 손발이 아니라
씩씩한 의지, 풍부한 상상력, 불타는 정열을 가리킨다.
청춘이란 인생의 깊은 샘의 청신함을 말한다.

1. 한국 최강의 CEO

그는 매력 있고 재미난 '대물(大物)'이었다. 그처럼 바쁘게, 자상하게, 다양하게 낭만적으로 갖은 에피소드 다 뿌려 가면서 신나고 유쾌하게 산 인생이 또 있을까. 장기영은 한국경제 부흥에 최초 점화자였다. 시대는 바뀌어 달라져 가지만 그의 청년정신 불도저 이야기는 미래 한국을 생각하는 사람들에게 생명을 잃지 않으리라.

"백상을 아는가?"

한 젊은이에게 물어보았다.

"네?"

"백상 장기영이라면 알겠는가?"

"어디서 들어본 적이 있는 것 같은……."

"백상예술대상은 아는가?"

"한국일보가 해마다 주는 예술인에 대한 상 아닙니까……."

"그 한국일보를 누가 시작했는지 아나?"

"……잘 모르겠는데요."

"미스코리아대회, 누가 본격적으로 시작했는지 아나?"

"글쎄요……."

"보릿고개라는 것이 있었다네. 해마다 그 무렵이 되면 보리밥도 제대로 못 먹던 시대. 그 시대를 서서히 주물러서 밥 세 끼 먹게 한 게 누구였지?"

"잘은 모르지만 박정희 군사정권 때 그랬다는 것 아닙니까?"

"새마을운동!"

"예!"

"그거 누가 박정희한테 권했는지 아나?"

"새마을운동했다는 소리만 들었습니다."

"빈곤추방! 가난의 보따리를 팽개치라고 권한 것이 누구인 줄 아는가?"

"글쎄요. '잘살아보세 우리도 한 번 잘살아보세' 노래는 들었습니다만……."

"그게 바로 백상 장기영일세. 자네 지금 몇살인가?"

"마흔이 가까워졌습니다만……."

"30년 전! 그러니까 자네가 대여섯살 때 들었겠군. 새마을노래 ……."

"생각납니다. 어른들이 부르면서 일들 열심히 하셨지요."

"그 시기! 그게 한국이 소생하는 계절이었어! 외국에서 돈 꿔다가 공장 짓고, 사람들 채용하고, 우리도 제법 살게 되는가보다, 꽤 사는 모양을 하고 있구나, 자부심을 갖게 한 시절! 우락부락하고, 거칠긴 했지만 우리는 커다란 머슴을 가지고 있었다네."

"머슴요?"

"구멍가게에서 디파트를 짓게 한 큰 머슴들!"

"누굴 말씀하시는지…… ?"

"청년정신 불도저 장기영이 있었단 말이야. 그는 배짱 하나로 한국을 먹고 살게 만들었어! 외국에서 돈 꿔다가 공장 짓고 빌딩 세우고, 불도저처럼 밀고 나갔단 말이야."

"헤에…… 그랬습니까?"

"재벌이라는 게 어디 있었어. 도둑놈 심보 가진 사람들이 욕심껏 일하다 보니까, 뭔가 제법 가진 나라, 꽤 사는 나라 시늉을 하게 됐지."

"그렇습니까?"

"자네들, 지금 세계를 상대로 거래하고 따지지?"

"네, 그러믄요."

"이제 코리아가 세계에서 맥깨나 추는 나라로 인정받고 있지?"

"물론입니다."

"자네, 남산 올라가 봤나?"

"예?"

"서울을 한번 쫙 내려다보라구."

"빌딩숲이죠."

2. 모두가 천지개벽

"옛날 뭐가 있었어? 기껏해야 화신백화점을 중심으로 종로가 있었고, 청계천 주변에 기와집들이 좀 있었고, 경복궁 뒤에 삼각산이 삐죽했고, 창경원 근처가 제법 고궁 냄새를 풍겼고, 영천고개? 독립투사 가두던 형무소가 있었고, 오른쪽으로 인왕산이 우릉소리 한 번 지르지 못하고 누워 있었고……."

"그랬지요……."

"그 남산에 지금 올라가 내려다보면 뭐가 보이나? 빌딩숲, 거미줄처럼 엉킨 자동차 행렬, 빈틈없을 정도로 빼곡한 아파트숲! 동서남북 어디를 봐도 한가한 데가 없는 바쁘디바쁘게 달리는 거리!"

"그 속을 오가는 무수한 사람들도 있지요."

"한국 사람뿐인가. 외국 사람들이 이 거리에서 뭐 얻을 것이 없나 기웃거리고 혹은 몰려다니는 모습!"

"대단하기는 합니다."

"외국 사람들이 뭐라는지 알아? 아니 저 사람들, 왜 저렇게 활기차? 저기 다니는 여자들 왜 저렇게 쭉쭉빵빵 예뻐?"

"그런 소리도 합니까?"

"여자들은 모두 탈렌트 같다나. 남자들은 모두 씩씩하다나."

"헤, 그런가요?"

"그러니 희한할 수밖에……. 늙은 우리 눈에도 모두가 천지개벽 기적이야, 기적……."

"저흰 별롭니다만."

"기적이야……."

"담배 피우시겠어요? 불 여기 있습니다."

"후우…… 기적이야. 아무것도 걸친 게 없던, 헐벗고 굶주리던 사람들이 어떻게 저렇게 좋은 옷을 걸치고 활보하노."

"슬퍼지십니까?"

"기쁨이 지나치면 눈물이 나는 법이야. 이제 괜찮은 나라가 됐구나 하고……."

"남북문제가 아직 저 모양인데요."

"정신들 차리라구 그래. 아이들이 혁명정신 가지고 세상판을 뒤집으려고 할 때가 있는데, 그거 잘 안 될 거야. 북(北)! 저래가지고는 안 돼. 세상을 너무 몰라. 세계를 도통 몰라. 빨치산 하던 정신으로 버티면 뭐가 될 줄 아나? 시대에 뒤져도 분수가 있지. 어디다 대고 혁명이야? 세계를 까마득히 모르고 있어. 그러니까 자꾸민 목숨을 걸고 도밍치 나오지. 아이새끼들 그렇게 굶겨시 무슨 징래가 있어? 사람들을 배부르게 먹이고 자유롭게 활동할 수 있게 하고 마음을 편안하게 해주는 것, 그것이 정치라는 것이고 행복 평화라는 것이야."

"옳은 말씀 같습니다."

"좋은 기회 다 놓쳤어. 세계열강이라는 것들이 2차세계대전이 끝나자마자 한반도를 남북으로 갈라놓고, 이데올로기의 시험장으로 만들어놨거든. 1950년 김일성이 소련 스탈린과 짜고 북한 점령군 사령관 스티코프작전에 따라 한반도를 통째로 차지하겠다고 남쪽으로 쳐내려온 것이 저 6·25! 김일성은 구사일행으로 겨우 전진을 가다듬었지. 더 이상 손쓸 방법이 없을 때, 남쪽에서 5·16군사쿠데타가 일어나서 '옳지 됐다' 했다지 뭔가. 그런데 이들이 '우리도 한번 잘살아 보세' 하며 새 기운을 얻는가 보다 했는데, 이게 어떻게 어느새 북을 능가하는 경제력을 갖추더니 어느날 밀사가 내려왔단 말이야, 남에서는 박정희 밀사로 중앙정보부장 이후락과 장기영이 올라가고!"

"만났습니까?"

"만났지."

"어떻게 됐습니까?"

3. 청년정신 장기영을

"김일성이가 장기영을 껴안고 그렇게 반가워하더래. 백년지기처럼 정답게 주고받은 많은 이야기. 그때 사실 김일성은 남쪽 경제성장에 대해서 잔뜩 겁을 먹고 있었거든. 어떻게 그렇게 단시일 내에 커졌느냐고."

"그때 주고받은 이야기 아십니까?"

"나도 몰라. 서로 잘해 보자고 했겠지."

"찬스였을 텐데요."

"절호의 찬스지. 불도저 장기영이 그런 것을 잘하거든. 김일성이가 그렇게 좋아했다니까."

"그 뒤 우의가 계속 됐나요?"

"1972년께였던가. 북쪽 사람들이 왕창 왔어. 당시 장충단에 새로 생긴 타워호텔에 그들이 묵었어. 눈이 휘둥그레질 수밖에. 6·25 때 폐허가 됐던 서울이 어찌 이렇게 새로운 모양을 하고 있느냐. 저 수 없이 왔다갔다하는 자동차는 뭐냐. 그들 누가 물었다잖아.

'지방에서 차 동원하느라 욕봤겠습네다.'

그러니까 이쪽 대답이,

'말씀마십쇼. 저 우뚝 선 빌딩들을 옮겨오느라 혼났습니다.'

모두 입을 딱 벌리고 말을 못하더래요."

"그게 7·4공동성명이었던가요?"

"그렇지. 남북공동성명이었지."

"그 뒤 잘 됐던가요?"

"북이 겁을 좀 먹은 것 같아. 자기네 세상하고 워낙 다르니까."

"그랬군요…… 아까운 찬스였군요."

"그때 그 명맥으로 남북회담이 계속됐으면 훨씬 세상이 달라졌을지도 몰라."

"그거 참 아깝군요."

"아깝다마다…… 백상 장기영의 무대가 바뀌었어요. 국회의원 시대로……. 김일성하고의 연줄은 끊기고 말았지."

"장기영 씨가 언제 돌아가셨나요? 저흰 기억에 없는데요."

"환갑 지나자마자……."

"그렇게 빨리요?"

"숨을 거둘 때까지 왕성하게 뛰어다니던 사람, 요즘 CEO라고 그러잖아? 우리나라 현대화 CEO의 원조라고 해도 과언 아니지. 뛰면서 생각하고 재빨리 실천에 옮기던 피끓는 만년청년이었으니까."

"요즘 젊은이들이 알았으면 좋겠네요."

"좋겠네요 정도가 아니야. 알아줘야 한다고. 알아서 본받아야 할 사람이야. 분주하게 휘젓고 다니면서도 인간의 평범한 욕심 다 채우던 사람이야. 술, 여자, 우정……. 에피소드가 참 많지. 요즘 젊은 사람들 너무쩨쩨해. 피 끓는 청춘이 무엇인지도 몰라. 그 바보들에게 권하고 싶어. '뛰면서 생각하라!'

가만히 앉아서 '불공평하다, 기회를 안 준다, 세상 돼먹지 않았다'고 불평할 일이 아니야. 실업자가 많아? 3D가 어쨌다구? 동남아 가난한 나라 사람들 와서 그런 거 맡아하라구? 신부가 없어? 그래서 데려와야 돼? 무슨 소리들 하고 있는 거야.

더러운 것들 해치우면서 땀 뻘뻘 흘려본 적 있어? 없어? 몇 푼 벌어가지구 맥주 한 잔으로 목 축일 때의 그 상쾌감, 알아? 몰라? '노동이 신성하다'는 경구 음미해본 적 있어? 말끔하게 차려입고서는 일이 잘 풀리지 않는다고 징징대면서, 잔뜩 찌푸린 얼굴로 우두커니 앉아 있는 젊은 늙은이 그대들.

나는 외치고 싶네. '한국의 청춘들이여, 청년정신 장기영을 아는가! 벌떡 일어나 활짝 가슴을 열어라! 그리고 뛰어가라! 그러면서 생각하라! 모든 것이 용기와 도전이야! 정열을 불태워 봐! 인생을 너무 심각히 생각지 말라. 멋있게, 맛있게, 신나게 살아야 해! 그것이 꿈이 있는 인생이라는 것,

그리하여 역사는 언제나 청춘, 그들의 것이었다!'"

인물색인

한운사(韓雲史)

충북 괴산에서 태어나 청주상고 나와 일본 주오대학에 유학 중 학도병 징집 해방될 때까지 운전병. 1946년 경성대학 예과 거쳐 서울대학교문리대불문과 재학중 방송 극작가로 데뷔. 1954년 한국일보 입사, 문화부장 역임. 1957년 장편소설《이 생명 다하도록》, '아로운전(傳)' 3부작《현해탄은 알고 있다》(정음사),《현해탄은 말이 없다》(한국일보사), 그 외《승자와 패자》(사상계),《아낌없이 주련다》,《빨간 마후라》,《남과 북》,《레만호에 지다》,《잘돼 갑니다》,《대야망》,《엽전》등이 소설 드라마 영화로 만들어져 대성공. 자전적 에세이《구름의 역사》(민음사)가 있다.

1956

한국적 최강 CEO장기영

뛰면서 생각하라

한운사 지음

초판 발행/2006년 10월 1일

발행인 고정일

발행처 동서문화사

창업 1956. 12. 12. 등록 16-345 (윤)

서울강남구신사동 540-22 ☎ 546-0331~6 (FAX) 545-0331

www.epascal.co.kr

잘못 만들어진 책은 바꾸어 드립니다.

＊

사업자등록번호 211-87-75330

ISBN 89-497-0380-7 03320 (반양장)